Die Alte Kapelle in Regensburg

Werner Schiedermair

Die Alte Kapelle in Regensburg

mit Beiträgen von

Lothar Altmann, Renate Baumgärtel-Fleischmann, Georg Bertelshofer, Karl-Heinz Betz, Josef H. Biller, Dagmar Dietrich, Raymond Dittrich, Hermann Fischer, Harald Gieß, Dirk Götschmann, Johann Gruber, Klaus Guth, Walter Haas, Martin Hoernes, Achim Hubel, Paul Mai, Georg Paula, Rainer Preis, Hermann Reidel, Wilhelm Schätzler, Werner Schiedermair, Alois Schmid, Peter Schmid, Bernd Schneidmüller, Richard Strobel, Eva Christina Vollmer, Theodor Wohnhaas

und Fotografien von

Philipp Schönborn

SCHNELL + STEINER

HERAUSGEGEBEN
IM AUFTRAG DES KOLLEGIATSTIFTS
UNSERE LIEBE FRAU ZUR ALTEN KAPELLE
IN REGENSBURG

Umschlag: Blick in das Presbyterium der Alten Kapelle in Regensburg mit dem Hochaltar.

Einbandvorderseite: Heutiges Stiftskreuz der Kanoniker des Kollegiatstifts zur Alten Kapelle in Regensburg. Rückseite. Email auf Metall, 5,2 cm x 5,2 cm.

Abbildungen auf Seite 1: Bildnisse Kaiser Heinrichs II. (reg. 1002–1024, als Kaiser 1014–1024) und der Kaiserin Kunigunde. Emailmalerei, 4 cm hoch. Augsburg 1712. Teil des Heinrichsciboriums, gefertigt von Johann David Saler (1665–1724), gestiftet von dem Kanoniker Johann Carl de May († 1723).
Regensburg, Alte Kapelle.

Abbildung auf Seite 2: Blick in das Presbyterium der Alten Kapelle. Aquarell von Adolph Menzel (1815–1905).
Papier, 40,2 cm x 26,2 cm.
Berlin, Kupferstichkabinett, Staatliche Museen Preußischer Kulturbesitz.

Die Deutsche Bibliothek - CIP-Einheitsaufnahme

Die Alte Kapelle Regensburg / im Auftr. des Kollegiatstifts Unsere Liebe Frau zur Alten Kapelle
hrsg. von Werner Schiedermair. Mit Beitr. von Lothar Altmann ... und Fotografien von Philipp Schönborn. - Regensburg : Schnell und Steiner, 2002
ISBN 3-7954-1496-2

1. Auflage 2002

Konzeption und Gestaltung: Werner Schiedermair, München.
Gesamtherstellung: Verlag Schnell & Steiner GmbH, Regensburg.
Printed in Germany

ISBN-Nr. 3-7954-1496-2

Inhaltsverzeichnis

Vorwort

Ein Jahrtausend ist vergangen, seit der bayerische Herzog Heinrich IV., der spätere deutsche Kaiser Heinrich II., von der Alten Kapelle in Regensburg Besitz ergriff, sie wiederherstellte und zu seiner Pfalzkapelle erhob. Das Jubiläum der tausendsten Wiederkehr dieser Ereignisse bildet den Anlass für dieses Buch.

Die Alte Kapelle in Regensburg zählt zu den bedeutendsten Stätten der Christenheit in Bayern. Der Überlieferung nach soll von ihr aus sogar die Christianisierung des Landes ausgegangen sein. Als glanzvolle Mariengnadenstätte genießt sie noch heute einen hervorragenden Ruf. Ihrem Mysterium versucht sich das vorliegende Buch, nach einer Einführung und einem geschichtlichen Abriss, in drei Kapiteln zu nähern. Das erste ist den historischen und wirtschaftlichen Grundlagen gewidmet, die die Existenz der Kirche bis zum heutigen Tag garantieren. Das zweite setzt sich mit dem Gotteshaus als Kunstdenkmal von hohem Rang und geschichtsmächtiger Stätte selbstbewusster Glaubensausübung auseinander, im dritten schließlich sind verschiedene Aspekte versammelt, die von der Vielfalt des religiösen Lebens in der Alten Kapelle und ihrer Ausstrahlung berichten. Mit allen drei Kapiteln soll zugleich Kontinuität aus religiöser Überzeugung als herausragendes Leitmotiv des Kollegiatstifts Unsere Liebe Frau Zur Alten Kapelle, dem Eigentümer und Träger der Kirche, verdeutlicht werden.

Als Herausgeber danke ich allen Autorinnen und Autoren für ihre Bereitschaft, an dem Buch mitzuwirken, sowie insbesondere Philipp Graf von Schönborn, München, der die meisten Aufnahmen schuf. Für zahlreiche Anregungen und Hilfestellungen sei gedankt: Herrn Professor Dr. Konrad Ackermann, Bayerische Akademie der Wissenschaften, München, Monsignore Dr. Paul Mai, Bischöfliches Zentralarchiv, Regensburg, Frau Dr. Sabine Heym, Bayerische Verwaltung der staatlichen Schlösser, Gärten und Seen, München, sowie Herrn Werner Mayer, Kunsthistoriker, Regensburg. Ein besonderer Dank gilt dem Kollegiatstift zur Alten Kapelle, das die Herausgabe des Buches ermöglichte, mit seinem Dekan Wilhelm Schätzler und dem Administrator, dem hochwürdigsten Herrn Georg Bertelshofer an der Spitze sowie Herrn Christian Wanninger, der sich nicht nur der Finanzierung des Unternehmens annahm, sondern auch bei vielen organisatorischen Aufgaben hilfreich zur Seite stand. Dem Verlag Schnell & Steiner mit seinem Geschäftsführer Herrn Dr. Albrecht Weiland bin ich für die vertrauensvolle Zusammenarbeit verbunden. Meiner lieben Frau Lucie danke ich für das große Verständnis, das sie für die im Jahre 1997 begonnene, erhebliche zeitliche Zusatzbelastung verursachende Erarbeitung des Buches aufbrachte.

Das Buch ist den Mitgliedern des Kollegiatstifts Unsere Liebe Frau zur Alten Kapelle in Regensburg gewidmet.

Werner Schiedermair

Das Kollegiatstift
Unsere Liebe Frau zur Alten Kapelle
vor tausend Jahren – und heute

Wilhelm Schätzler

Abb. 3
Siegel des Kollegiatstifts Unsere Liebe Frau zur Alten Kapelle in Regensburg heute. 3,5 cm Ø.
Die Umschrift lautet: *SIG[ILLUM]: CAPITULI COLLEG[II]:B[EATAE]: V[IRGINIS]: M[ARIAE]:Ad VET[ERAM] CAPELL[AM]: RATISB[ONA]:* (Siegel des Stiftskapitels der seligen Jungfrau Maria zur Alten Kapelle in Regensburg).

In Regensburg kursiert seit eh und je der Spruch, dass es ein „mächtiges", ein „prächtiges" und ein „schmächtiges" Kapitel gebe. Sieht sich der Besucher Regensburgs um, dann wird es ihm nicht schwer fallen, dem Domkapitel mit dem massiven, hochaufragenden Dom die Bezeichnung „mächtig" zuzuordnen. Das Kapitel von Sankt Johann Baptist und Johannes der Evangelist wäre seiner einfachen und schlichten Kirche wegen, wie könnte es auch anders sein bei Johannes dem Täufer als Patron, demnach das „schmächtige" und das Stiftskapitel Unserer Lieben Frau zur Alten Kapelle mit der Basilika am Kornmarkt und ihrer reichvergoldeten Rokokoausstattung „prächtig" zu nennen. Es ist der ins Auge fallende Eindruck des Beschauers der drei Gebäude, der diesen Spruch provoziert. Wer das hier vorliegende Buch über die Alte Kapelle durchblättert, die Bilder vom imponierenden Hochaltar von Simon Sorg (1719–1792), von den vielgestaltigen, phantasievollen Stuckaturen von Anton Landes (1712–1764) und von den farbenfrohen Fresken von Christoph Thomas Scheffler (1699–1756) und Gottfried Bernhard Göz (1708–1774) betrachtet und dann noch die reiche Vergoldung sieht, die dem ganzen Kirchenraum ein besonderes Gepräge gibt, der hat wohl keine Schwierigkeit, der Alten Kapelle und – natürlich mit erheblichen Einschränkungen –den Kanonikern des Stiftskapitels das Prädikat „prächtig" zuzugestehen. Ein solcher erster Blick berührt aber nur die Oberfläche. So faszinierend er auch ist, so wenig verrät er, was die Alte Kapelle bei näherer Betrachtung alles mitzuteilen hat. Ihre Geschichte verschafft nämlich über allen äußeren Prunk hinaus auch eine Erkenntnis, die das Buch Kohelet des Alten Testaments in Erinnerung bringt: *Doch dann dachte ich nach über all meine Taten, die meine Hände vollbracht hatten […],* und erkannte *[…] alles ist Windhauch und Luftgespinst.*
Ludwig der Deutsche (reg. 833–876) hat im Jahr 875, so besagt es eine Urkunde aus dieser Zeit, eine der Muttergottes geweihte Pfalzkapelle mit einer reichen und prächtigen Ausstattung gebaut, in der die Liturgie für den Königshof gefeiert wurde und für das Herrscherhaus gebetet werden sollte. Nach dem Tod Ludwigs des Deutschen verlegte einer seiner Nachfolger die Pfalz nach Sankt Emmeram, und damit übernahm ein anderes Gotteshaus in Regensburg die Aufgaben der Pfalzkapelle. Stadtbrände und kriegerische Unruhen taten das ihrige dazu. Das Bauwerk verfiel und sein äußeres Erscheinungsbild wurde zunehmend bejammernswert. In diesem Zustand verkörperte die Alte Kapelle die Vergänglichkeit irdischen Tuns. Erst Heinrich II. (reg.1002–1024, als Kaiser seit 1014) stellte 125 Jahre später die Kirche wieder her und rettete sie vor dem völligen Verfall. Er verlegte die Königspfalz an den Kornmarkt zurück und nutzte die Alte Kapelle, die er größer als vorher aufbauen ließ, erneut als königliche Pfalzkapelle. Damit verwies er sie auf einen Weg, auf dem sie sich noch heute befindet.

Den Stempel der Vergänglichkeit wird ein Bauwerk, mag es noch so prächtig gewesen sein, auch wenn es Jahrhunderte besteht und übersteht, nie vollkommen los, zumal wenn es, wie das bei der Alten Kapelle der Fall war, einmal bis zur Ruine heruntergekommen war. Die Erinnerung an dieses wechselvolle Schicksal blieb lebendig, Stadtbrände, aber auch die ganz normale Abnutzung, gingen außerdem in den nachfolgenden Jahrhunderten an unse-

◁ Abb. 2
„Dann erschien ein großes Zeichen am Himmel: Eine Frau, mit der Sonne bekleidet; der Mond war unter ihren Füßen und ein Kranz von zwölf Sternen auf ihrem Haupt" (Offenbarung des Johannes 12,1).
Die apokalyptische Frau (Maria; Kirche), Zentrum des Hochaltars der Alten Kapelle. Holz, gefasst, vergoldet. Gefertigt von Simon Sorg (1719–1792). Regensburg, 1769/1776.

Abb. 4 ▷
Maria als Königin des Himmels inmitten aller Heiligen und Seligen. Deckengemälde in der Vierungskuppel der Alten Kapelle. Fresko. Gemalt von Christoph Thomas Scheffler (1699–1756). 1752. Siehe zur Beschreibung im Einzelnen S. 164.

rer Kirche nicht spurlos vorüber. Es verwundert deshalb nicht, dass sich das Stiftskapitel entschloss, zur 750-Jahr-Feier der Wiederherstellung der Alten Kapelle durch Heinrich II. den Kircheninnenraum neu, nach dem damaligen Zeitstil des Rokoko, ausgestalten zu lassen; für ein solch großes Jubiläum erschien das bestehende Gebäude nicht glanzvoll genug. Das 1754 begonnene Werk wurde 1797 mit der Errichtung der Orgel abgeschlossen. 1886 bedurfte die Ausgestaltung des 18. Jahrhunderts aber schon einer ersten Renovierung. Leider hatten die Verantwortlichen damals keine sehr glückliche Hand. Sie wollten das Innere der Kirche auf ein Erscheinungsbild zurückführen, das mehr dem Zustand um die Jahrtausendwende entsprochen hätte. Die Wände wurden mit einer leicht bräunlich getönten grünen Ölfarbe gestrichen, doch brach man diese „Denkmalschutzmaßnahmen", Gott sei Dank, auf halbem Weg wieder ab. Eine weitere Restaurierung erfolgte 1936. Mit ihr wurde ein Schritt in die richtige Richtung getan; die Fassung des Innenraums, wie sie in den Jahren nach 1754 ausgeführt worden war, wurde im Großen und Ganzen wieder hergestellt. Bomben schlugen im Jahr 1944 in die Nordwand der Kirche ein; ihre Folgen setzten den Innenraum über geraume Zeit der Witterung unmittelbar aus und bewirkten dauerhafte Schäden, auch am reichen Stuck. In den 1980er Jahren schließlich fielen große Stuckbrocken von der Decke herab und gefährdeten die Besucher. Das Stiftskapitel als Eigentümer der Kirche sah sich vor die Frage gestellt, sie zu schließen oder zu renovieren. Die Entscheidung fiel nicht leicht, da die Renovierung vorhersehbar gewaltige Kosten verursachen würde. Das Kollegiatstift entschloss sich dennoch, eine fachgerechte Instandsetzung und Restaurierung des Gebäudes in Angriff zu nehmen. Dabei ließ es sich von der Überzeugung leiten, dass der Erhalt der Kirche zu den ureigensten Aufgaben des Kollegiatstiftes zählt. Mit den staatlichen Zuschüssen, mit denen man angesichts der – nach den alsbald eingeholten Kostenvoranschlägen – extrem hohen Kosten rechnen durfte, war es nicht so weit her. Schon die Mehrwertsteuer, die das Kollegiatstift im Zuge der Baumaßnahme an den Staat abführen musste, verschluckte etwa die Hälfte der staatlichen Zuschüsse. Gar nicht zu reden von den Steuern, die sich aus den Arbeitslöhnen errechneten und die ebenfalls in die Staatskassen flossen. Die Höhe dieser Abzüge ist umso unverständlicher, wenn man bedenkt, wie viele hochqualifizierte Arbeitsplätze bei einer Reihe mittelständischer Betriebe in der Region erhalten werden konnten. Hier wäre anzumerken, dass andere europäische Länder denkmalpflegerische Restaurierungsmaßnahmen vom Rang der Instandsetzung der Alten Kapelle großzügiger unterstützen. Trotz aller finanzieller Nöte wurde die Restaurierung durchgeführt, die Alte Kapelle prunkt heute wieder in dem Glanz, der ihr in der Rokokozeit gegeben wurde.

Bei der Wiederherstellung der Kirche ging es nicht primär um die Erstellung eines „Museums" mit Kunstwerken und Fresken aus der Rokokozeit, sondern in aller erster Linie um die Erhaltung eines würdevollen Kirchenraums zur Feier der Eucharistie, für den Lobpreis Gottes und die Verehrung seiner Heiligen durch die andächtigen Besucher. Die Mitglieder des Stiftskapitels sehen sich daher weder als Museumswärter, noch als Platzhalter und Angestellte der jahrhundertealten Geschichte. Die leise, aber nicht zu überhörende Sprache der Steine, der Bilder und Figuren unterstützt das Stiftskapitel aber dabei, seine geistige und geistliche Aufgabe zu leisten und zu erfüllen, die von den bayerischen Herzögen und Königen, vor allem aber von Kaiser Heinrich II., dem Kollegiatstift anvertraut wurde. Die Kanoniker haben die Führungen in der Alten Kapelle selbst übernommen – bei rechtzeitiger Anmeldung ist jede Gruppe, und sei sie noch so klein, gern gesehen –, da es eben nicht genügt, die kunsthistorischen und historischen Daten bei einer Führung auszubreiten und dem Besucher nahe zubringen. Zur Erschließung der geistig-geistlichen Idee, die im Bau der Alten Kapelle Gestalt angenommen hat, bedarf es vielmehr der Erklärung der Ikonographie.

Das Programm der Innenausstattung der Basilika hat, im Zusammenwirken mit dem Stiftskapitel, 1750 Simon Sorg, der Hofbildhauer des Fürsten von Thurn und Taxis, entworfen, und in den Skulpturen der Altäre und des Presbyteriums auch weitgehend eigenhändig ausgeführt. Simon Sorg greift die dramatische Struktur der großen Welttheaterentwürfe der Barockzeit auf. Der ganze Kircheninnenraum stellt in den Fresken des Langhauses und des Querhauses sowie in den vielen Skulpturen das Leben Kaiser Heinrichs II. in Begebenheiten und Legenden dar und führt es dem Betrachter vor Augen. Den künstlerischen Gestaltungen liegt das Lebensgefühl des Barock und des Rokoko zugrunde, wie es ein Autor um 1635 in die Worte kleidete: „Das Leben ist eine Komödie, die Welt ein Theater, die Menschen sind Schauspieler, Gott ist der Autor. Ihm fällt es zu, die Rollen zu verteilen, den Menschen aber, sie gut zu spielen." In Calderons Stücken „Großes Welttheater", „Großer Jahrmarkt der Welt", „Das Leben ein Traum", alle um diese Zeit entstanden, findet sich auch der Vers: „Triff du die Wahl, was jeder spielen solle – denn spielen müssen wir –, gib du die Rolle". Dieser freie Wille Gottes, des Herrn des Spiels, der die Rollen verteilt, findet sich in den Fresken ausgedrückt. So wird auf einem der Gemälde im Langhaus dargestellt, wie Bischof Wolfgang, der Erzieher des heiligen Heinrich, seinem Zögling in einer Prophezeiung kundtut, dass er von Gott gerufen wird. Heinrich bezieht diese Aussage zunächst auf die Dauer seines Lebens und fürchtet seinen baldigen Tod. Als er nach sechs Jahren zum deutschen König gewählt wird, begreift er, was die Prophezeiung eigentlich bedeutete: Gott hat ihn gerufen, die Aufgabe und Rolle des Herrschers zu übernehmen.

◁ Abb. 5
Blick in das Presbyterium der Alten Kapelle.

Die Lebensphilosophie des Barock und Rokoko eignet sich auch sonst in besonderer Weise dazu, die Auffassung Kaiser Heinrichs und seiner Frau Kunigunde zum Leben und zu der Rolle, die sie darin zu spielen haben, darzustellen. So vermerkt Heinrich beispielsweise in einer Urkunde: „Alles was wir offenkundig besitzen werden oder besitzen, das haben wir von dem erhalten, der uns in seiner Macht aus dem Nichts geschaffen und in Barmherzigkeit bis zu dem, was wir nun sind, heraufgeführt hat." Aus diesen Worten spricht der gleiche Geist, der dem Leser in den Theaterstücken Calderons und anderer barocker katholischer Autoren entgegentritt. Ihre dramatische Zuspitzung und Erfüllung findet die Darstellung dieser Lebensauffassung im Presbyterium der Alten Kapelle, zumal in der Gestaltung des Hochaltares. Ihr liegen Visionen vom Ende der Welt, die in der geheimen Offenbarung des Johannes, dem letzten Buch des Neuen Testaments, aufgezeichnet sind, zu Grunde. Kaiser Heinrich und Kaiserin Kunigunde treten vor den Richterstuhl Gottes, des Spielleiters dieses Welttheaters, und geben ihre Herrschaft, ihre Rolle, die sie zu spielen hatten, an den, der sie ihnen verliehen hat, zurück. In seinem Testament bekundet der Kaiser ausdrücklich, dass er nach seinem Tod die ihm von Gott anvertraute und geliehene Herrschaft in die Hand Gottes zurückgeben wolle. Als Zeichen dafür gibt das auf dem Hochaltar dargestellte Kaiserpaar seine Herrschaftsinsignien, den Reichsapfel und ein Modell der Alten Kapelle, ihrer Pfalzkapelle, zurück und legt sie vor dem Richterstuhl Gottes nieder. Diese Handlung ist rechts und links vom Hochaltar dargestellt, wo zwei Engel die beiden Gaben in Empfang nehmen. Auch wird im Hochaltar gezeigt, dass der Kaiser und die Kaiserin zu dem eschatologischen Mahl geladen sind, das für alle, die seinem Ruf folgten, bereitet ist. Es sind die Gerechten, die in weißen Gewändern vor Gott hintreten, um ihn anzubeten.

Das Engagement Gottes in der menschlichen Geschichte mündet in die Erfüllung der Verheißung, die uns in der frohen Botschaft des Evangeliums gegeben wurde. Dies betrifft aber nicht nur die beiden Heiligen Heinrich und Kunigunde, sondern die ganze Menschheit und den Kosmos. Sie alle geben sich im Presbyterium ein Stelldichein, um Gott zu huldigen, der am Ende der Zeiten die allumfassende und unumschränkte Herrschaft antritt. Damit ist

Abb. 6 ▷
Der Auszug über dem Hochaltar mit Gottvater auf der Weltkugel und der Taube des Heiligen Geistes in einem Kranz von kleinen Engeln. Holz, geschnitzt, gefasst und vergoldet. Gefertigt von Simon Sorg (1719–1792). 1769/1776. Über dem Auszug Marienmonogramm mit den in sich verschlungenen Buchstaben *M.A.R.I.A.* Unten in Kartusche die Inschrift *DEO TRINO UNI AC VIRGINI NATAE 1793* (Dem dreieinigen Gott und der als Jungfrau Geborenen).

auch das Ziel dieser dramatischen Innenausstattung der Alten Kapelle aufgezeigt. In seinem Mittelpunkt steht der gläubige Mensch, der sein irdisches Dasein auf ein ewiges Leben bei Gott ausgerichtet hat. Dabei geht es um jeden Menschen, nicht etwa nur um die oberen Zehntausend. In dem „großen Welttheater" ist nicht entscheidend, was man für eine Rolle spielt, sondern wie man sie spielt, König und Bettler sind am Schluss des Lebens gleichgestellt, die Seligpreisungen in den Evangelien lassen darüber keinen Zweifel aufkommen.

Das Stiftskapitel weiß sich der geistlichen Überlieferung, wie sie sich in der Ausgestaltung der Alten Kapelle niedergeschlagen hat, verpflichtet. Alle seine seelsorglichen Aktivitäten sind deshalb darauf ausgerichtet, den Blick der Menschen für das eigentliche Ziel seiner Existenz, über das irdische Leben hinaus, offen zu halten. Schon allein die renovierte Kirche, mitten in der Stadt mit ihrem lauten Getriebe, weist unübersehbar durch ihren Bau, ihre Gemälde, Fresken, Heiligenfiguren und Reliefs darauf hin, dass das menschliche Leben nicht mit dem Tod endet, sondern wie das Leben Heinrichs und Kunigundes in das ewige Leben bei Gott einmünden soll. Die Seelsorge des Stifts will mithelfen, dass die Menschen nicht nur auf die Erde starren und ihr verhaftet bleiben. Deshalb wird die heilige Eucharistie vor Arbeitsbeginn und an den Werktagen in der Mittagszeit gefeiert. Damit soll den Mitfeiernden nahegebracht werden, nicht voll und ganz in den Alltagsgeschäften aufzugehen, sondern den Durchblick auf das ewige Ziel zu bewahren. Das Angebot, das Bußsakrament zu empfangen, gibt denen, die diese Möglichkeit wahrnehmen, Gelegenheit zu überprüfen, ob sie zielstrebig den Weg des gläubigen Pilgers gehen, der in die Freiheit und Geborgenheit des Reiches Gottes führt.

Kaiser Heinrich II. hat sich auf seinem Weg zum einen der Gebetsgemeinschaft des Kollegiatstifts Unserer Lieben Frau zur Alten Kapelle versichert und zum anderen der Unterstützung der Frau, die bei der Menschwerdung des Sohnes Gottes eine zentrale Rolle im Heilsgeschehen spielte, Maria. Heinrich nennt sich in der Schlichtungsurkunde im „Gandersheimer Streit" „Knecht Jesu Christi, meines Herrn, und Sohn seiner Magd". In dieser Formulierung offenbart sich seine Gläubigkeit. Er braucht die Unterstützung Gottes und Marias, um seine Rolle als Kaiser, die ihm von Gott verliehen wurde, recht zu erfüllen und zu spielen, so wie sich Maria um unserer Erlösung willen ganz in den Dienst Gottes stellte. Ein Biograph Heinrichs nennt dessen Marienverehrung eine „politische Marienfrömmigkeit". Diese hat im Übrigen im Gnadenbild der Alten Kapelle, dem ältesten Gnadenbild Bayerns, ein sichtbares Zeichen gefunden. Das Kollegiatstift sieht es deshalb auch als seine Aufgabe an, die Marienverehrung in der Alten Kapelle lebendig zu erhalten. Es erfüllt diese Verpflichtung mit einem Gebet zu den Stiftern an jedem Samstag, mit der Anregung zu Wallfahrten zum Gnadenbild, mit der Einladung zu Marienandachten und auch mit dem Hinweis auf einen persönlichen Besuch des Gnadenbildes in der Gnadenkapelle. Maria ist für alle da, „für den Bettler, wie für den Kaiser".

Die Feier der hohen Feste des Kirchenjahres, auch ein besonderes Anliegen Kaiser Heinrichs II., wurde über alle Jahrhunderte in der Alten Kapelle, unterstützt durch eine besondere Pflege der Kirchenmusik, mit Aufwand und mit Sorgfalt begangen. In sie sind stets alle Anliegen, die die Kirche ihrem Auftrag entsprechend zu erfüllen hat, einbezogen. Ihre Gestaltung wird deshalb auch in Zukunft ein besonderes Anliegen des Kollegiatstiftes sein.

An Einfällen und Bemühungen, die altehrwürdigen geistlichen Traditionen der Alten Kapelle auch heute und in der Zukunft lebendig zu erhalten, fehlt es nicht. Doch müssen bei all diesen Aktivitäten auch die Grenzen der Möglichkeiten der Kanoniker – es sind Priester im Ruhestand – gesehen werden. Dass es trotz aller Grenzen und Zwänge über tausend Jahre hinweg gelungen ist, die Alte Kapelle mit ihrem besonderen geistig-geistlichen Auftrag lebendig zu halten, macht das Kollegiatstift mit seinen Mitgliedern stolz und ist ihm Ansporn für die Zukunft.

DEO

C.Thomas
Scheffler
Pinxit

Die Geschichte des Kollegiatstifts Unsere Liebe Frau zur Alten Kapelle Ein historischer Abriss

Werner Schiedermair

Die Alte Kapelle zu Regensburg zählt mit ihrer mehr als tausend Jahre umfassenden Geschichte, ihrer imponierenden Größe und der strahlenden Innenausstattung zu den ehrwürdigsten und zugleich prachtvollsten Gnadenstätten der Christenheit in Bayern. In der Mitte der Stadt am Alten Kornmarkt, parallel zum Dom, erbaut, verweist das mächtige Gotteshaus allein mit seiner Situierung auf eine enge Verbindung zur Historie der traditionsreichen Ratisbona. Seine archivalisch gesicherte Geschichte, die bis zum Jahre 875 zurückreicht, spiegelt sich in dem Gebäude mit seinen vielen Bau- und Ausstattungsphasen für jedermann sichtbar wider. Die Kirche versorgt seit ihrer ersten Erwähnung ein Priesterkollegium. Daran hat sich über alle Generationen hinweg nichts geändert. Wie in den vergangenen Jahrhunderten obliegt dem Kollegiatstift Unsere Liebe Frau zur Alten Kapelle in Regensburg auch in der Gegenwart ihre wirtschaftliche wie spirituelle Betreuung. Das Stift ist ihr Eigentümer, seine Geschichte ist die des Gotteshauses, sie soll im Folgenden skizziert werden.

◁ Abb. 7
Die Taufe des Agilolfinger Herzogs Theodo durch Bischof Rupert. Erstes (westliches) Deckengemälde im Langhaus der Alten Kapelle.
Fresko. Gemalt von Christoph Thomas Scheffler (1699–1756). 1753/1754.
Siehe zur Beschreibung im Einzelnen S. 162.

Die Zeit vor der ersten urkundlichen Erwähnung

Die Ursprünge der Alten Kapelle liegen im Dunkeln. Die Tradition führt ihre baugeschichtlichen Wurzeln in die Regierungszeiten der römischen Kaiser Marc Aurel (reg. 161–180) und Commodus (reg. 180–192) zurück. Ihre Mauern sollen sich über dem heidnischen Sanctuarium der von diesen zwischen den Jahren 174 und 179 errichteten *Castra Regina*, eines römischen, militärischen Stützpunktes, erheben, das nach der Anerkennung der christlichen Religion durch Kaiser Konstantin (reg. 306–337) im Jahre 313 in eine der heiligen Maria geweihte Kapelle umgewandelt worden sei. Einen archäologisch oder gar urkundlich gesicherten Beleg hierfür gibt es nicht, ob die Überlieferung einen historischen Kern enthält, muss deshalb offen bleiben.[1] Eine Variante dieser Tradition hängt eng mit der Christianisierung Bayerns zusammen. Nach ihr ließ sich der Agilolfinger-Herzog Theodo mit den Vornehmsten seines Reiches im Jahre 616 von dem heiligen Rupert in einer ebenfalls aus einer heidnischen Anlage hervorgegangenen, von diesem der Gottesmutter geweihten Kapelle taufen.[2] Deren Reste sollen sich, nach der einen Version der Geschichtsschreibung, in der westlich der Vorhalle der Alten Kapelle gelegenen „Kapelle unter der Stiege", nach einer anderen, von dem Stiftskapitel aber im Jahre 1880 aufgegebenen, in der östlich der Vorhalle situierten Vituskapelle erhalten haben.[3] Von dort habe die Christianisierung Bayerns mit der Taufe des Herzogs ihren Anfang genommen.[4] Konkrete Nachweise, die diese These belegen könnten, fehlen aber ebenfalls. Schließlich soll, nach einer Abhandlung aus dem 14. Jahrhundert, Kaiser Karl der Große (reg. 768–814, als Kaiser seit 800) die Alte Kapelle gegründet haben. Er habe danach bei seinen – historisch gesicherten – Aufenthalten in Regensburg die von den Agilolfingern errichtete Hofkapelle zu seiner eigenen Pfalzkapelle erhoben, aus der dann die Alte Kapelle hervorgegangen sei. Auch diese Überlieferung ist nicht haltbar, sie verwechselt, wie schon Ludwig Schmid (1853–1923), der fleißige Historiker des Kollegiatstifts, einräumte, Karl mit seinem Enkel Ludwig dem Deutschen (reg. 817–876, als König seit 833).[5] Im Übrigen deuten neuere Forschungen darauf hin, dass das Niedermünster in Regensburg den Ort markiert, an dem sich die Hof- und Pfalzkirche der Agilolfinger befand, und dort der religiöse Mittelpunkt ihres Herzogshofes war, nicht aber im Umfeld der Alten Kapelle.[6]

Alle drei über viele Jahrhunderte sorgfältig gepflegten Traditionsstränge unterstreichen, unabhängig von ihrem historischen Gehalt, die Ehrwürdigkeit der Alten Kapelle und lassen ahnen, dass diese, in welcher Form eines Vorläuferbaues auch immer, schon vor ihrer ersten schriftlichen Erwähnung als religiöse Kultstätte bestanden haben dürfte. Allein durch ihre Existenz betonen sie darüber hinaus die Bedeutung des Gotteshauses, heben dieses unter den vergleichbaren Orten der frühen Christenheit in Bayern hervor und dokumentieren seinen Rang als herausragenden Kulminationspunkt uralten christlichen Lebens.

Die erste urkundliche Erwähnung im Jahre 875

Erstmals fassbar wird die Alte Kapelle in einer Urkunde vom 18. Mai 875. König Ludwig der Deutsche schenkte „zur Vermehrung seiner eigenen Verdienste, zum Seelenheile seines Großvaters und Vaters sowie für das Wohl seiner geliebten Gemahlin Hemma und ihres beiderseitigen Sohnes an seine Kapelle zu Regensburg, die zu Ehren der Hl. Maria erbaut wurde, das Kloster Berg mit allem, was dazu gehört, und zwar in der Weise, […] dass dieses zur Nutznießung der Brüder gehören soll, die an der von ihm zu Ehren der heiligen Gottesgebärerin und immerwährenden Jungfrau erbauten Kapelle in Regensburg Gott dienen, damit sie um so eifriger für sein und der Seinigen Wohl beten mögen“.[7] Mit diesen Formulierungen werden einige für die Geschichte der Alten Kapelle wesentliche Bereiche berührt.

Aus der Urkunde ergibt sich zunächst, dass die Kirche im Jahre 875 jedenfalls bereits bestand. Wahrscheinlich hatte sie Ludwig nach 826, als er Regensburg zur Hauptstadt seines Herrschaftsgebiets erhob, aber vor dem Jahre 852, einem Höhepunkt seiner politischen Macht, errichten und reich auszieren lassen. Aus der Bezeichnung „seine Kapelle“ ist zu schließen, dass die Anlage Funktionen erfüllte, die sich unmittelbar auf den Herrscher und seine Person bezogen, dass sie also als Pfalzkapelle diente.[8]

Dem Schriftstück aus dem Jahre 875 kommt aber auch deshalb außerordentliches Gewicht in der Geschichte der Alten Kapelle zu, weil es mit der Verwendung des Wortes „Brüder“ (*fratres*) klarstellt, dass die gottesdienstliche Betreuung der Kirche schon damals durch mehrere Geistliche erfolgte. Zwar ist nicht ausdrücklich überliefert, dass eine Kongregation in förmlicher Weise institutionalisiert war, doch kann aus dem Begriff *fratres*, der „Kanoniker“ bedeutete, geschlossen werden, dass die Gruppierung der Kleriker die von Kaiser Ludwig dem Frommen (reg. 814–840) zum Reichsgesetz erhobene Institutio canonicorum des Aachener Konzils von 816 akzeptiert hatte.[9] Vermutlich führten die der Alten Kapelle zugeordneten Priester danach ein gemeinsames geistliches Leben, in dessen Mittelpunkt die rechte Feier des Gottesdienstes stand. Wenngleich aus der Zeit Ludwigs des Deutschen kein Name eines Vorstands der Religiosenvereinigung überliefert ist, darf dennoch angenommen werden, dass es einen solchen, der Regel entsprechend, gab. Das heute bestehende Kollegiatstift kann demnach seine Existenz wie die Alte Kapelle selbst bis zum Jahre 875, der ersten Erwähnung der Kirche, zurückverfolgen.

Schließlich dokumentiert die Urkunde des Jahres 875 mit der Schenkung des Klosters *Berg* eine wirtschaftliche Absicherung der Alten Kapelle, die in der Folgezeit durch weitere

Zuwendungen Ludwigs des Deutschen sowie seiner Nachfolger, insbesondere Kaiser Karls III., des Dicken (reg. 876–887), wie auch des letzten Karolingers Ludwig IV., des Kindes (reg. 900–911), gefestigt wurde. Mit ihnen sollte insbesondere die Versorgung der Mitglieder des Stifts, aber auch der Unterhalt des Gebäudes gewährleistet werden. Dem Grunde nach wirkt die damals getroffene Regelung bis in die Gegenwart fort, bis zum heutigen Tag garantiert noch immer Grundbesitz die wirtschaftliche Selbständigkeit der Alten Kapelle.

Die Urkunde vom 18. Mai 875 enthält also mehrere grundsätzliche Aussagen zu den Aufgaben, zur Organisation und zum Rang der Alten Kapelle. Auch wenn sie keine „Gründungsurkunde" darstellt, kann sie im Hinblick auf ihre zentrale geschichtliche Bedeutung dennoch als Magna Charta der Alten Kapelle und ihres Kollegiatstifts angesehen werden.[10]

Die Entstehung der Bezeichnung „Alte Kapelle"

Der Rang, den die Alte Kapelle unter Ludwig dem Deutschen einnahm, war außerordentlich hoch, er wird verständlich, wenn man sich die politischen Verhältnisse des mittleren 9. Jahrhunderts in Deutschland vor Augen führt, die von der Teilung des Reiches Karls des Großen geprägt waren. Bayern war Ludwig dem Deutschen zugesprochen worden, dieser gestaltete Regensburg zum wichtigsten Zentrum seines Einflussbereichs aus. Da die mittelalterliche Königswürde auch religiös begründet war, kam dem sakralen Kult um den Herrscher bedeutendes politisches Gewicht zu. Bei Karl dem Großen hatte er sich mit großer Ausstrahlungskraft in der Pfalzkapelle zu Aachen manifestiert, die aber, da nicht auf seinem Territorium gelegen, dem Zugriff Ludwigs entzogen war. Um seinem Königtum entsprechend den Vorstellungen seiner Zeit eine religiöse Mitte zu geben, sah er sich veranlasst, eine eigene Pfalzkapelle zu errichten. Seinem Anliegen sollte der Bau der Alten Kapelle Rechnung tragen. Dieser sollte, groß und beeindruckend ausgestattet, als liturgischer Mittelpunkt des Königshofes in Regensburg für das Reich Ludwigs des Deutschen die Funktionen ausfüllen, denen die Aachener Pfalzkapelle für das Imperium Karls des Großen so erfolgreich gedient hatte. Die Alte Kapelle in Regensburg ist also als königliche Kirche konzipiert und als solche verwirklicht worden.[11]

Nach dem Tod Ludwigs des Deutschen schwand das Interesse an seiner Pfalzkapelle. Von Karlmann (reg. 876/877–879), seinem Sohn und Nachfolger, sind keine Maßnahmen zu ihren Gunsten bekannt, von Karl III. haben sich zwar Verfügungen erhalten, die den Schluss auf eine besondere Beziehung zu ihr erlauben, doch weiß man von ihm auch, dass er die Kirche mit einer Schenkung an einen „Abt Engilmar" aus der unmittelbaren königlichen Verfügungsmacht entließ.[12] Der Verlust der Eigenschaft als Pfalzkapelle deutete sich damit an. Endgültig erfolgte er unter Kaiser Arnulf von Kärnten (reg. 887–899) mit der Verlegung der Regensburger Pfalz in die Nähe der Kirche von Sankt Emmeram,[13] politisch motivierten sakralen Zeremonien hatte die Alte Kapelle nicht mehr zu dienen. Kaiser Otto I. (reg. 936–973, als Kaiser seit 962) überließ sie Bischof Rihpert von Brixen zur Absicherung seiner Versorgung, Otto II. (reg. 967/973–983) schenkte sie diesem aufs Neue, wiederum zu dem gleichen Zweck.[14] Aus der dazu ausgestellten Urkunde vom 15. Oktober 967 ergibt sich, wie stark das Interesse an dem Gebäude zwischenzeitlich gesunken war, es wird als „ganz verfallen" bezeichnet.[15] Damals tauchte erstmals, wohl im Hinblick auf ihren früheren Rang als königliche Pfalzkapelle, der Name „Alte Kapelle" (*antiqua capella*) auf.

Die Bezeichnung „Alte Kapelle" bezog sich also im Zeitpunkt ihrer Entstehung auf die Gründung durch Ludwig den Deutschen und die ursprüngliche besondere Zweckbestimmung der Kirche, hieran erinnert sie auch noch heute.

Kaiser Heinrich II. und die Erneuerung der Alten Kapelle als Pfalzkapelle

Abb. 8 ▷ Kaiser Heinrich II. (reg. 1002–1024, als Kaiser seit 1014) empfängt von Papst Benedikt VIII. (reg. 1012–1024) das Gnadenbild der Alten Kapelle. Fresko. Gemalt von Christoph Thomas Scheffler (1699–1756). 1752. Siehe zur Beschreibung im Einzelnen S. 162.

Eine neue und zugleich überragende Blütezeit begann, als der bayerische Herzog Heinrich IV. als Heinrich II. deutscher König wurde (reg. 1002–1024, als Kaiser seit 1014). Er wandte sich vom Jahre 995 an aus politischen Gründen, um seine Anwartschaft auf die Kaiserwürde zu dokumentieren, demonstrativ der Alten Kapelle zu. Wohl überlegt und mit voller Absicht stellte er, an die karolingische Tradition in Regensburg anknüpfend, ihre ursprüngliche Funktion als Pfalzkapelle wieder her.[16] Seinen Freund und Berater Tagino, den späteren Bischof von Magdeburg, berief er zum Vorstand des Kanonikerstifts, dieses stattete er reich mit verschiedenen Gütern aus. Eine Urkunde vom 16. November 1002 hält die Vorgänge zusammenfassend mit den Sätzen fest, Heinrich habe „mit seiner Gemahlin, der Königin Kunigunde, innerhalb der Stadt Regensburg im Königshof eine gewisse Kapelle, die man einst die Alte nannte, zu Ehren der hl. Gottesgebärerin Maria von Grund auf zur Mutterkirche erhoben“[17], dieser königliche Freiheit erteilt und der daselbst zum Dienste Gottes bestehenden Kongregation von Kanonikern unter dem Abt oder Propst Tagino zum Unterhalte unter anderen das ihm gehörige Gut Eining im Chelsgau mit allem Zubehör geschenkt. Mit der Rückführung in die unmittelbare Nähe des Königs und späteren Kaisers erlangte die Alte Kapelle die ihr von Ludwig dem Deutschen ursprünglich zugedachte Bedeutung wieder, erneut bildete sie, wie sich aus dem Begriff „Mutterkirche“ ergibt, bewusst herausgehoben vor allen anderen Regensburger Gotteshäusern, eine königliche Pfalzkapelle. Mit Recht verehrt deshalb das Kollegiatstift seitdem Heinrich als „zweiten Gründer“.

Baulich gesichert und wirtschaftlich gestärkt schenkte dieser seine Kirche mit Urkunde vom 1. Juni 1009 dem von ihm zwei Jahre zuvor gegründeten Bistum Bamberg. Vermutlich lagen auch dieser Maßnahme politische Erwägungen zu Grunde; wahrscheinlich sollte mit ihr eine Kontinuitätsbrücke zwischen der traditionsreichen Herzogstadt Regensburg und Heinrichs bevorzugter Residenzstadt Bamberg geschlagen werden, vielleicht ging es aber auch nur darum, den amtierenden Regensburger Bischof Gebhard I. (reg. 994–1023), mit dem der Herrscher verfeindet war, zu kränken.[18] Die auf diese Weise geschaffene Regensburger Exklave des Bistums Bamberg hielt sich bis zum Jahre 1803. So eigentümlich diese Regelung auch entstanden sein mag, bildete sie letztlich die Ursache dafür, dass das Kollegiatstift über die Säkularisation der Jahre 1802/1803 hinweg gerettet werden konnte, auf sie ist faktisch der Fortbestand des Stifts bis hin zur Gegenwart zurückzuführen. Andererseits bedeutete die Schenkung an Bamberg auch einen schwerwiegenden Eingriff in den Status der Alten Kapelle. Sie verlor, aus dem unmittelbaren Bereich des Königtums ausgeschieden, an politischem Gewicht. Daran änderte auch die Tatsache nichts, dass sie bis in die Stauferzeit bei Königsaufenthalten in Regensburg als Pfalzkapelle diente.[19] Mit der Schenkung war sie eine bischöflich-bambergische Eigenkirche geworden, und verblieb es bis 1803.[20] Mit seiner Titulatur hielt das Stift aber die Erinnerung an seine große Vergangenheit wach; es nannte sich fortan „Kaiserliches Kollegiatstift“.[21]

Kaiser Heinrich II. spielt aber noch aus einem weiteren Grund eine hervorragende Rolle in der Geschichte der Alten Kapelle. Er soll ihr nämlich das angeblich von dem heiligen Evangelisten Lukas gemalte, ihm nach der Tradition von Papst Benedikt VIII. (reg. 1012–1024) im Jahre 1014 anlässlich der Kaiserkrönung geschenkte, vielverehrte Gnadenbild der Mutter Gottes überlassen haben. Nach den neuesten wissenschaftlichen Erkenntnissen ist das heute in der Kirche aufbewahrte Gemälde zwar erst in der ersten Hälfte des 13. Jahrhunderts entstanden. Doch handelt es sich bei ihm vermutlich um ein Nachfolgebild der möglicherweise bei kriegerischen Unruhen oder Stadtbränden zugrunde gegangenen,

ursprünglichen, päpstlichen Mariendarstellung. Die späte Datierung der heutigen Tafel schließt also nicht zwingend aus, dass es ein vom Kaiser seiner Regensburger Kirche geschenktes Heiltum tatsächlich gegeben hat. Unabhängig von dieser Zweifelsfrage ist die Person Heinrichs jedenfalls schon seit so vielen Jahrhunderten mit dem Gnadenbild verknüpft, dass sie aus dessen Geschichte nicht hinweg gedacht werden kann. Die Verbindung mit dem heiligen Herrscher trug auch, selbst wenn sie nur auf frommer Überlieferung beruhen sollte, erheblich zur Steigerung des Kults um das gnadenreiche Bild bei. Diesem verdankt die Alte Kapelle ihre bis zum heutigen Tag weitverbreitete Popularität. Obwohl nach dem gegenwärtigen Kenntnisstand offen bleiben muss, ob das Gemälde tatsächlich auf Heinrich zurückzuführen ist, wirken sein Ansehen und seine Gunst insoweit noch immer nach.[22] Verständlicherweise pflegt das Kollegiatstift deshalb heute sein Andenken vor allem im Hinblick auf das Gnadenbild.

Abb. 9
Siegel des Stiftsherrn Petrus Veichtner († 1538) an einer Urkunde vom 5. Mai 1499. Braunes Wachs, 6,5 cm Ø. Inschrift: + *S[IGILLVM], CAPITVLI S[AN]C[T]E MARIE VETERIS CAPELLE RATISPONE.* Regensburg, Bischöfliches Zentralarchiv, Urkunden Alte Kapelle I 1457.

Abb. 10
Siegel des Stiftsdekans Johannes Hayden († 1490) an einer Urkunde vom 23. August 1478. Rotes Wachs, 6 cm hoch, 3,5 cm breit. Inschrift: *S[igillum] Iohannis Haiden decani eccl[es]ie Ueteris Capelle Ratispone[n]sis.* Regensburg, Bischöfliches Zentralarchiv, Urkunden Alte Kapelle I 1162.

Von der Inkorporierung in das Bistum Bamberg bis zum Ende des 15. Jahrhunderts

Die Geschichte der Alten Kapelle nach dem Ableben Kaiser Heinrichs II. bis zum Beginn der frühen Neuzeit ist im Großen und Ganzen, trotz mancher auch wirtschaftlich schwieriger Situation, vor allem von Gleichmäßigkeit und Stetigkeit geprägt. Dies kommt zurückblickend nicht zuletzt dadurch zum Ausdruck, dass das Kollegiatstift, der Träger der Alten Kapelle, immer mehr in den Vordergrund der historischen Entwicklung rückte, während das Gotteshaus als Bauwerk, dem bisher, angesichts seines herausragenden Rangs als Pfalzkapelle, alle Aufmerksamkeit galt, stärker zurücktrat.

Das Bistum Bamberg festigte zielstrebig seinen Anspruch auf das Kollegiatstift, Kaiser Konrad II. (reg. 1024–1039, als Kaiser seit 1027) und sein Sohn König Heinrich III. (reg. 1039–1056, als Kaiser seit 1046) bestätigten seine Rechte mit Urkunden vom 21. April 1034[23] und vom 10. Juli 1039[24]. Ihnen folgte bekräftigend König Heinrich IV. (reg. 1056–1106, als Kaiser seit 1084) mit Urkunde vom 16. August 1057,[25] nachdem sein Vater die Alte Kapelle dem Bistum einige Jahre zuvor entzogen hatte. Er bezeichnete im Übrigen das Stift ausdrücklich als „Propstei" und stellte damit eine entscheidende Weiche für dessen künftige Verfassung. Von dieser Zeit an bis zum Jahre 1811 stand dem Kollegiatstift nämlich ein vom Bischof von Bamberg ernannter, dort meist als Domherr ansässiger Propst vor, in Regensburg, also vor Ort, erledigte dagegen, wie auch heute noch, ein von den Kanonikern freigewählter Dekan die täglichen Geschäfte, insbesondere die Vertretung des Stifts nach außen.

Die räumliche Trennung von Propst und Stift verursachte zahlreiche Meinungsverschiedenheiten, die in nicht geringem Maße das geschichtliche Bild der ersten paar Jahrhunderte mit kennzeichnen. Verschiedentlich rief das Stift Rom erfolgreich zu Hilfe. Die Päpste Alexander III. (reg. 1159–1181) und Lucius III. (reg. 1181–1185) nahmen es in ihren Schutz, Letzterer traf mit Urkunde vom 27. Februar 1185 wichtige organisatorische Regelungen, etwa zur Besetzung von Stiftspfarreien sowie zur Verwaltung des Stiftsvermögens.[26] Ähnliche Schutzmaßnahmen ergriffen die Päpste Honorius III. (reg. 1216–1227) unter dem 12. Mai 1221,[27] Gregor IX. (reg. 1227–1241) unter dem 17. Januar 1235,[28] Innozenz IV. (reg. 1243–1254) unter dem 11. Mai 1250,[29] Innozenz VI. (reg. 1352–1362) unter dem 7. Oktober 1358,[30] Bonfatius IX. (reg.

1389–1404) unter dem 11. Januar 1390[31] sowie Paul II. (reg. 1464–1471) unter dem 2. Oktober 1465[32]. Vorschläge, den Streitigkeiten dadurch vorzubeugen, dass die Kanoniker auch den Propst wählen sollten, setzten sich nicht durch, die Ernennung blieb weiterhin dem Bischof von Bamberg vorbehalten. In der Praxis spielte sich das Zusammenwirken von Propst und Stift dahingehend ein, dass dieser zwar stets die üppigste Pfründe des Stifts erhielt, ansonsten aber aus der Leitung und aus dem gemeinsamen Leben im Stift ausgeschlossen wurde.[33] Zur Festigung der wirtschaftlichen Stellung des Kollegiatstifts trugen in diesem Zeitabschnitt die Inkorporation der Pfarrei Sankt Kassian bei, die Bischof Konrad IV. von Regensburg (reg. 1204–1226) unter dem 20. November 1224 verfügte,[34] sowie zahlreiche Schutzbriefe weltlicher Herren, wie etwa des Pfalzgrafen Heinrich (reg. 1310–1339) vom 7. März 1339[35] sowie König Ruprechts (reg. 1400–1410) vom 29. August 1401[36].

Die insgesamt gesehen positive Gesamtentwicklung des Stifts während der ersten Jahrhunderte offenbart sich auch bei einer Betrachtung der geistig-geistlichen Seite. Sie scheint unter anderem in verschiedenen schriftstellerischen Arbeiten von Mitgliedern des Kollegiatstifts auf. So wurde im letzten Viertel des 11. Jahrhunderts in der Alten Kapelle eine Sammelhandschrift erstellt, in der so brisante Themen wie Simonie, Zölibat, Wiedereinsetzung abgesetzter Kleriker oder Einfluss der Laien in der Kirche abgehandelt werden.[37] Von dem Dekan Johannes von Reinbach († 1401) hat sich ein Gedicht auf die Alte Kapelle erhalten,[38] der Kanoniker Ulrich Ohnsorg († 1491) verfasste eine Chronik von Bayern[39]. Für die geistige Regsamkeit der Mitglieder des Stifts spricht auch, dass dieses seit dem 12. Jahrhundert eine Schule unterhielt, die der Ausbildung von Klerikern diente.[40] Aus den „Regensburger rhetorischen Briefen“ ist zudem bekannt, dass zu Beginn des 12. Jahrhunderts auch Schülerinnen unterrichtet wurden.[41] Vom damaligen Ansehen des Stifts kündet auch die Tatsache, dass der Dekan Albertus de Eglofsheim (erwähnt 1313–1326) als Schiedsrichter in einem Rechtsstreit wirkte, in den der Bischof von Regensburg geraten war.[42] Zu den bemerkenswerten Entwicklungen dieser Zeit zählt schließlich die Tatsache, dass seit dem späten 14. Jahrhundert in zunehmendem Maße Bürgerliche in das Kollegiatstift aufgenommen wurden; offenbar konnte die fehlende adelige Abstammung durch eine entsprechende Universitätsausbildung ersetzt werden.[43] Nachhaltige Verdienste um das Stift zur Alten Kapelle erwarben sich damals die Kanoniker Chunrat der Sunnär (erwähnt 1352–1369), der ein Salbuch anlegen ließ,[44] Rudolf Volkard von Häringen († 1465), der auch als Generalvikar dreier Regensburger Bischöfe und als Rat des Herzogs Ernst von Bayern-München tätig war,[45] sowie Johannes Hayden († 1490), auf dessen Veranlassung im Jahre 1467 die Stiftsstatuten schriftlich fixiert wurden, die im wesentlichen bis zum Beginn des 19. Jahrhunderts in Kraft blieben. Er verfasste selbst zahlreiche Kapitelprotokolle, die wertvolle historische Aufzeichnungen enthalten.[46]

Wie sehr sich das Kollegiatstift gefestigt hatte, beweisen auch zahlreiche Umbau- und Reparaturmaßnahmen am Gebäude der Alten Kapelle, wie etwa die Wiederherstellung der Kirche nach den Stadtbränden von 1152 und 1176 oder die Erhöhung des Kirchturms um 1235, die Reparatur des Daches im Jahre 1410, sowie der Erweiterung des Chores ab 1441 ff. Vom wachsenden Ansehen des Stifts in der Öffentlichkeit zeugen daneben zahlreiche fromme Stiftungen, die in immer stärkerem Umfang seit dem 14. Jahrhundert belegt sind.[47] Seit dieser Zeit kann auch eine Wallfahrt im Sinne einer dauerhaft fassbaren Massenbegehung zum Gnadenbild der Mutter Gottes nachgewiesen werden.[48]

Abb. 11
Epitaph für den Stiftsdekan Sigismund Pender (Dekan von 1527–1560) unter der Empore, an der Westwand der Alten Kapelle. Roter Marmor. 170 cm x 85 cm

Abb. 12
Unterschrift des Stiftsdekans Sigismund Pender († 1560) auf einer Urkunde vom 3. Februar 1530. Regensburg.
Der Text lautet: *Ego Sigismundus Pender, decanus ecclesiae sanctae Mariae veteris capellae Ratisponensis, meo et venerabilis capituli iam dictae ecclesiae nomine manu propria subscripsi in praemisorum omnium attestationem et obervationem.* (Ich, Sigismund Pender, Dekan der Kirche der Heiligen Maria zur Alten Kapelle in Regensburg, habe in meinem und im Namen des ehrwürdigen Kapitels der schon genannten Kirche eigenhändig unterschrieben zur Bestätigung und Einhaltung alles Vorausgehenden). Regensburg, Bischöfliches Zentralarchiv, Urkunden Alte Kapelle II 188.

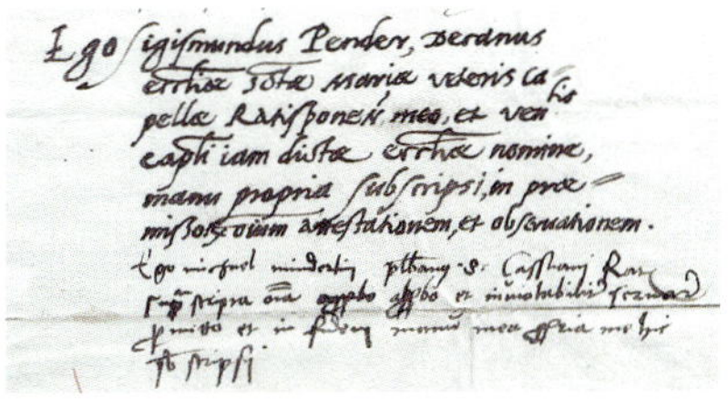

Vom Beginn des 16. Jahrhunderts bis zum Ende des 17. Jahrhunderts

Die Reformation mit den Glaubenskriegen, der Dreißigjährige Krieg und das dann einsetzende Wiedererstarken des Katholizismus prägten die Geschichte Bayerns vom Beginn des 16. Jahrhunderts bis zum Ende des 17. Jahrhunderts, als maßgebliche Zeitfaktoren wirkten sie auch auf die Historie des Kollegiatstifts zur Alten Kapelle ein.

Reformatorischen Bestrebungen widerstand das Stift, seine Mitglieder hielten, obwohl sich die Reichsstadt Regensburg den Lehren Martin Luthers öffnete, unter ihrem bedeutenden Dekan, dem „hochgelehrten" Sigismund Pender (Dekan von 1527–1560), treu am alten Glauben fest.[49] Doch verstärkten die Folgen der Reformation die alsbald nach dem Beginn des 16. Jahrhunderts entstandenen finanziellen Sorgen. Als sich einige dem Stift inkorporierte Pfarreien der neuen Glaubenslehre zuwandten und die aus ihnen bisher gezogenen Einnahmen ausblieben, sah sich das Stift gezwungen, die Zahl der Plätze für Kanoniker zu reduzieren, um dann mit den dadurch frei werdenden Mitteln notwendige Fördermaßnahmen zu Gunsten der von ihm getragenen Schule vornehmen sowie Paramente für die gottesdienstlichen Feiern in der Alten Kapelle anschaffen zu können.[50] Das Ringen um den wirtschaftlichen Bestand des Stifts kann auch mancher Eingabe entnommen werden, mit denen sich die Kanoniker der Hilfe weltlicher Mächte, vor allem der bayerischen Herzöge, zur Verteidigung ihrer Einkünfte und sonstigen Rechte versicherten. Schutz- und Freiheitsbriefe wurden mit Urkunden vom 14. April 1502,[51] vom 1. Juli 1510,[52] vom 1. August 1525[53]

Abb. 13
Der Platz vor der Alten Kapelle (links außen im Bild) in Regensburg (heute Alter Kornmarkt). Federzeichnung in Sepia auf Papier. 32 cm x 63 cm. Regensburg 1572. Meister nicht bekannt. München Bayerisches Hauptstaatsarchiv, Plansammlung 11 269.

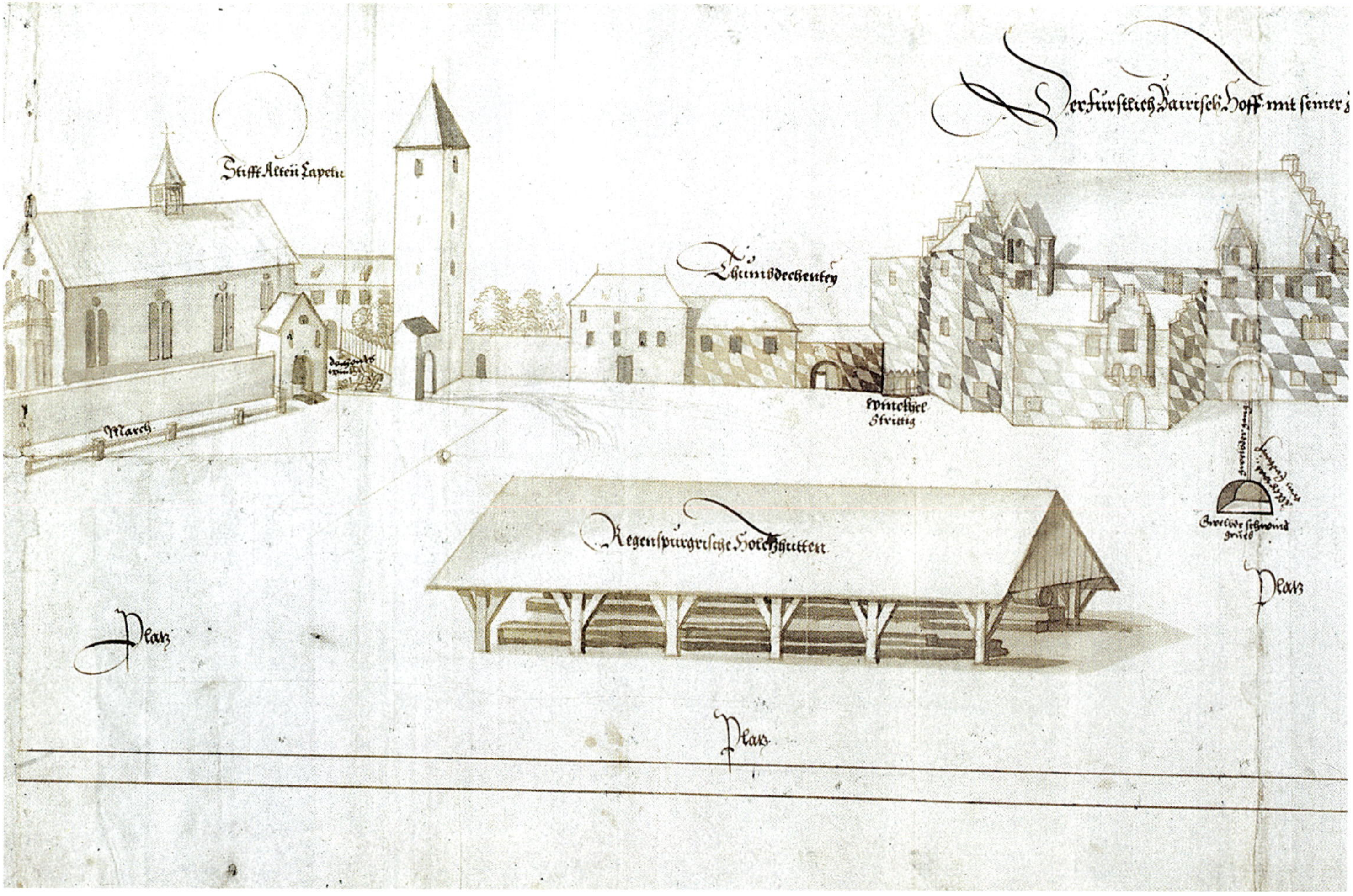

und vom 26. März 1582[54] erneuert oder erstmals ausgestellt. Der Stiftsherr Petrus Veichtner († 1538) zeichnete in verdienstvoller Wese alle wesentlichen Begebenheiten zwischen den Jahren 1496 und 1538 auf.[55]

Trotz mancher Bedrängnisse verlor die Alte Kapelle im 16. Jahrhundert nie ihre Anziehungskraft als Gnadenstätte. Jahrestage wurden gestiftet und Mittel für die feierliche Begehung kirchlicher Feste gespendet.[56] Bedeutung erlangte in dieser Zeit der Kanoniker Caspar Macer († 1576), der zahlreiche Gedichte und Predigten veröffentlichte.[57] Eine zwar kurze, aber spirituell bemerkenswerte Blüteperiode entfaltete sich an der Wende zum 16. Jahrhundert. Viele Stiftsherren verfügten Zuwendungen an die Alte Kapelle wie Johann Grimelius († 1616), Gisbertus Horstius († 1637) und Georg Müller († 1627),[58] der Kanoniker Johann Mülich († 1636) zeichnete sich als Komponist aus,[59] die Kirche Sankt Kassian konnte 1604 renoviert werden. Ihren äußeren Höhepunkt erreichte diese Blütezeit in einer prunkvollen Feier, die am 2. Juli 1603 aus Anlass der Konsekration des Altars Mariae Heimsuchung an der Südseite des Presbyteriums stattfand, den der Stiftsherr Wiebhardt von Rauchlechsperg († 1614) gestiftet hatte. Die Weihe vollzog *in honorem Visitationis B[eatae] Mariae Virginis* der päpstliche Nuntius Philippus Spinelli, Erzbischof von Colossae, in Gegenwart illustrer Gäste wie des Erzherzogs Mathias von Österreich, des Bischofs Wolfgang von Regensburg, des Generals des Franziskanerordens sowie vieler anderer fürstlicher Persönlichkeiten und Gesandter beim Immerwährenden Reichstag zu Regensburg.[60]

Abb. 14
Ansicht von Regensburg aus der Vogelschau. Die Alte Kapelle, links vom Dom, mit der Ziffer 5 gekennzeichnet. Radierung von Matthäus Merian (1593–1650). Entnommen aus: Matthäus Merian, Topographia Bavariae, Frankfurt 1644, S. 33. München, Privatbesitz

Alsbald ereilten das Stift aber die Folgen des Dreißigjährigen Krieges. Soldaten wurden einquartiert, Kontributionen waren zu leisten. Ihre Höhe zwang dazu, den Kirchenschatz zu ihrer Begleichung hinzugeben. Die Kriegslasten mündeten schließlich in der Vertreibung der Kanoniker aus dem Stift, sie mussten drei Wochen lang im Dominikanerkloster Quartier nehmen. Erst nach der Entsetzung Regensburg von den Schweden konnten sie in ihre angestammten Häuser zurückkehren. Drastisch beschreibt der Kanoniker Johann Pullinger († 1655) die missliche Lage: „Alle Stiftsgüter wurden derart ruiniert, abgebrannt und verwüstet, daß man davon in vielen Jahren nichts oder wenig genießen werden kann; überdies ist der größere Teil der Stiftshäuser und Chorherrenhöfe sehr verderbt, zerrissen und deren 3, nämlich auf der Greth und in der Pfabengasse (Pfauengasse), ganz auf den Boden geschleift worden, die anderen aber also zugerichtet, dass man noch daran zu reparieren. Aus diesem allem ist leicht zu erraten, wie schwer sich die canonici erhalten und den täglichen Gottesdienst verrichten, daneben den Kastner und Mesner besolden und die notwendigsten Gebäude wenden können."[61]

Im letzten Viertel des 17. Jahrhunderts gelang es dann aber, Hand in Hand mit der allgemeinen wirtschaftlichen Gesundung des Landes, auch die Finanzkraft des Stifts zu erneuern. Wiederum stellten sich zahlreiche Stiftungen von Jahrtagen, Messen und Andachten ein, kostbare Geschenke wurden dem Gnadenbild gewidmet, die Schule erhielt erhebliche finanzielle Unterstützungen.[62] Damals traten die Brüder Balthasar († 1677) und Gedeon Forster († 1675) im Stift hervor, ersterer durch mancherlei Zuwendungen an die Alte Kapelle, letzterer vor allem durch die Herausgabe asketischer Schriften.[63] Als großzügige Stifter erwiesen sich auch die Kanoniker Johann Ignaz Brandtl († 1691) sowie Johann Georg Sartory († 1691) und Johann Adrian Nefzer († 1692).[64] Am 8. September 1694 fand schließlich die Übertragung des Gnadenbildes in die Sankt Jakobskapelle statt, die seitdem Gnadenkapelle heißt.[65]

◁ Abb. 15
Das Element Luft. Vase im Presbyterium der Alten Kapelle. Stuckiert von Anton Landes (1712–1764). 1761/1762.

Das 18. Jahrhundert und die Periode der Säkularisation bis zur Integration des Kollegiatstifts in das Königreich Bayern

Für die Alte Kapelle entwickelte sich das 18. Jahrhundert, nach der Überwindung des Spanischen Erbfolgekrieges (1701–1714), ganz überwiegend zu einer besonders glanzvollen Epoche. Das Gotteshaus erhielt in einer sich über etwa 50 Jahre erstreckenden Bauzeit, im Zusammenwirken von örtlichen Kräften mit bedeutenden, von auswärts verpflichteten Künstlern, jene prachtvolle Innenausstattung, die es auch heute noch besitzt.[66] Zahlreiche Stiftungen entstanden. Als besonders freigiebig zeichneten sich die Kanoniker Johann Karl von May († 1723), Johann Erasmus Walther († 1726), Aegidius Mayr (1654–1730), Franz Xaver Ignaz Carl von May († 1763) sowie der große Bauherr Dekan Johann Michael Franz Velhorn († 1782) aus.[67] Mit Beschlüssen vom 8. März/5. April 1793 trennte das Kapitel die deutsche Schule, die im Jahre 1804 mit der Domschule vereinigt wurde, von der lateinischen.[68] Das Ende des 18. Jahrhunderts konfrontierte die Stiftsherren dann allerdings im Jahre 1796 mit der Bedrohung Regensburgs durch französische Truppen; sie entschlossen sich, zu fliehen, ihr Barvermögen, das Archiv und das wertvolle Silbergerät aus den Kirchen ließen sie nach Österreich verbringen und retteten es auf diese Weise.[69]

Wenig glücklich für das Stift gestaltete sich der Beginn des 19. Jahrhunderts. Bei der Beschießung Regensburgs durch Napoleon I. im Jahre 1809 verlor es mehrere Häuser, ebenso zwei Kanonikerhöfe sowie den Ökonomie-Bauhof.[70] Kurze Zeit später zeichnete sich seine Einvernahme durch das Königreich Bayern ab. Dieser ging ein für die Existenz des

Abb. 16
Seite 2 des Schreibens vom 12. März 1826 (Entwurf?), mit dem die Wiederbesetzung von drei Kanonikerstellen erlaubt und die Voraussetzung für einen Weiterbestand des Kollegiatstiftes nach der territorialen Neugliederung der deutschen Länder zu Beginn des 19. Jahrhunderts geschaffen wurde. 34,5 cm x 21,3 cm.
Regensburg, Bischöfliches Zentralarchiv, Bestand Alte Kapelle 1096.

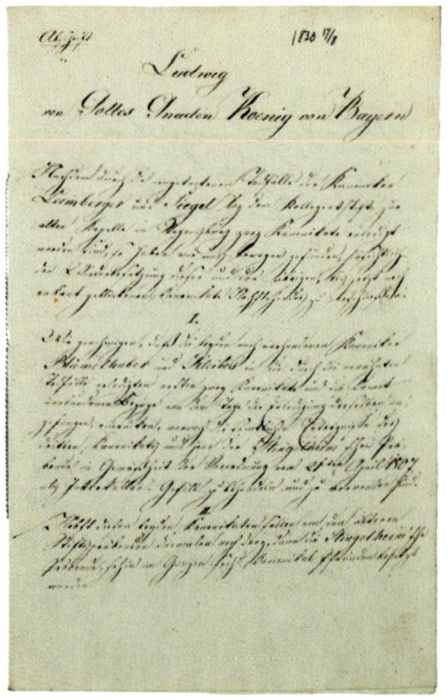

Abb. 17
Seite 1 des Reorganisationsdekrets vom 17. August 1830 (Abschrift). 35 cm x 21,7 cm.
Regensburg, Bischöfliches Zentralarchiv, Bestand Alte Kapelle 3437.

Kollegiatstifts bedeutsames Intermezzo mit dem letzten Erzkanzler des Alten Reiches, dem früheren Kurfürsten und Erzbischof von Mainz, Karl Theodor von Dalberg, voraus, der im Jahre 1803 mit dem Fürstentum Regensburg bedacht worden war. Er hatte mit diesem zwar von dem Kollegiatstift zur Alten Kapelle Besitz genommen, von einer Säkularisierung, die er hätte durchführen können, sah er aber ab. An diese für den Fortbestand des Stifts wegweisende Vorgabe hielt sich überraschend sein Nachfolger, das junge Königreich der Wittelsbacher, dem Regensburg und damit auch das Stift 1810 zufielen, als Dalberg als Großherzog nach Frankfurt wechselte; das Kollegiatstift wurde auch von ihm nicht säkularisiert, seine Existenz als eigenständige Rechtspersönlichkeit blieb gewahrt. Ausschlaggebend hierfür dürfte, neben wirtschaftlichen Erwägungen, auch eine sich wandelnde politische Einstellung gegenüber kirchlichen Einrichtungen gewesen sein.[71] Allerdings griff die bayerische Verwaltung dennoch massiv in die stiftischen Bestandsverhältnisse ein. So wurde das Gnadenbild der Muttergottes zusammen mit verschiedenen Kunstschätzen nach München verbracht, ein Zehntel der jährlichen Einkünfte war abzuführen,[72] das für die in das Stift inkorporierten Pfarreien ausgeübte Präsentationsrecht ging verloren, die Bestellung eines neuen Propstes nach dem Tod des letzten Amtsinhabers am 7. November 1811 unterblieb, Neuwahlen von Stiftsherren wurden untersagt. Im Jahre 1826 lebte nur mehr ein einziger Kanoniker, das Stift drohte personell auszusterben.[73] In dieser fast ausweglosen Situation entschloss sich König Ludwig I. von Bayern (reg. 1825–1848), einer Intervention Papst Leos XII. (reg. 1823–1829) stattzugeben, er erlaubte mit Schreiben vom 12. März 1826 die Wiederbesetzung von drei Kanonikerstellen.[74] Die nach der französischen Revolution im Zuge der territorialen Neuordnung der deutschen Länder entstandene existenzbedrohende Lage des Stifts war damit überwunden und die entscheidende Voraussetzung für einen Neubeginn nach dem Zusammenbruch des Alten Reichs geschaffen.

In den folgenden Jahren und Jahrzehnten festigte sich die Position des Stifts auf allen Ebenen. Mit Allerhöchstem Reskript vom 8. Februar 1829 erhielt es zunächst sein Selbstverwaltungsrecht zurück,[75] dann sicherte das Reorganisationsdekret vom 17. August 1830 den Fortbestand des Stifts mit der Alten Kapelle und der Pfarrkirche Sankt Kassian definitiv zu, es legte seine künftige Zweckbestimmung fest und regelte zugleich die Ernennung des Stiftsdekans sowie der Kanoniker; von der Wiedereinführung des Amtes eines Propstes sah es aber ab.[76] Ein Schreiben vom 31. Januar 1835 gestattete die Wiederherstellung der 1874 dann endgültig aufgehobenen aula scholastica,[77] das Gnadenbild der Muttergottes konnte 1862/1864 zurückerworben und in die Alte Kapelle zurückgeführt werden.[78] Diese wurde in diesem Zeitraum organisationsrechtlich zur Nebenkirche der Pfarrei Sankt Kassian erklärt. Kluges Wirtschaften ermöglichte es alsbald, die Zahl der Plätze der Kanoniker auf sieben zu erhöhen.[79] Viele Mitglieder des Stifts traten damals auch, beflügelt von der rechtlichen wie wirtschaftlichen Konsolidierung ihres Hauses, mit ihren Arbeiten an die Öffentlichkeit, so etwa Michael Köberlin (1768–1837) mit seinem Lehrbuch der Mathematik und der Herstellung physikalischer Instrumente,[80] Karl Proske (1799–1850) als herausragender Musikwissenschaftler, dem Johann Georg Mettenleiter (1812–1858) als Chorregent zur Seite stand,[81] Johann Thomas Wiser (1810–1879) als theologischer Schriftsteller,[82] ebenso Anton Eberhard (1807–1887),[83] Michael Haller (1840–1915) als fruchtbarer Komponist[84] und, als Historiker des Stifts, Joseph Schmid (1853–1923).[85] Den allgemeinen wie spirituellen Aufschwung dokumentieren auch verschiedene Restaurierungsmaßnahmen in der Alten Kapelle, die in den Jahren 1886 und 1887 in Angriff genommen wurden, der Neubau eines Studien- und Musikseminars zu Beginn des 20. Jahrhunderts sowie die Instandsetzung der Sankt Kassians Kirche im Jahre 1908/1909. Dem Kollegiatstift zur Alten Kapelle war der Übergang in eine neues Zeitalter gelungen.

Das 20. Jahrhundert

Eine konsequente Verfolgung seiner Zweckbestimmung zeichnete das Stift im 20. Jahrhundert aus. Das gilt auch für die Zeit des Ersten Weltkriegs; er und die nachfolgende Wirtschaftskrise konnten im Großen und Ganzen, wenngleich mit erheblichen finanziellen Einbußen, überstanden werden. Im Jahre 1937, während des Dritten Reiches, renovierte das Stift demonstrativ, mit großem Aufwand, seine Alte Kapelle. Verschiedene Kanoniker gerieten mit den Nationalsozialisten in Konflikt, wie etwa Johann Brunner († 1981),[86] Maximilian Eckl († 1988)[87] und Franz Xaver Schaller († 1969).[88] Am 20. Oktober 1944, während eines Fliegerangriffs auf Regensburg gegen Ende des Zweiten Weltkriegs, fielen sieben Bomben *auf die Alte Kapelle, sie rissen die Nordostwand des Querhauses bis unter das Dach auf, drei Nebenaltäre [wurden] zertrümmert, ebenso die Taufkapelle* (Veitskapelle).[89] Der Umsicht des Kanonikers und späteren Dekans Joseph Poll († 1954) ist die unverzügliche Sicherung des stark beschädigten Gebäudes und von 1945 an auch dessen Wiederherstellung zu verdanken.[90] Sie führte sein Nachfolger Johann Baptist Kurz († 1968) tatkräftig zu Ende.[91] Im Jahre 1964 wurde die Alte Kapelle zur Basilika minor erhoben. Eine umfassende Restaurierung des Gotteshauses nach modernsten denkmalpflegerischen Grundsätzen erfolgte von 1990 an und zog sich bis zum Jahre 2002 hin.[92]

Heute präsentiert sich das Kollegiatstift mit seiner Alten Kapelle und der Pfarrkirche Sankt Kassian als markante Regensburger Institution. Es bildet, rechtlich als Körperschaft des öffentlichen Rechts konstruiert, eine selbständige juristische Person. Ihm gehören bis zu sieben, vom Bischof von Regensburg auf Vorschlag des Kollegiatstifts zu ernennende Kanoniker an, die aus ihrer Mitte den Dekan, den Administrator und den Pfarrer von Sankt Kassian wählen. Sie führen, ähnlich wie die Augustiner-Chorherren, ein gemeinsames geistliches Leben. Im Mittelpunkt ihrer Tätigkeit steht die geistliche Führung der Alten Kapelle, wie schon vor mehr als tausend Jahren.

Die Geschichte des Kollegiatstiftes U.L.Frau zur Alten Kapelle in Regensburg

Von Dr. theol. et phil. Joseph Schmid
Kgl. Geistl. Rat und Stiftsdekan

Mit Titelbild und 152 Text-Illustrationen

Regensburg 1922. + Verlagsanstalt vorm. G. J. Manz, Buch- und Kunstdruckerei A.-G., München-Regensburg

Abb. 18
Buchtitel. *Joseph Schmid, Geschichte des Kollegiatstifts U. L. Frau zur Alten Kapelle in Regensburg*. 27 cm x 20 cm. Regensburg 1922.

Abb. 19
Blick auf die Alte Kapelle von Süden. Luftbild 1982.

Geschichtliche Grundlagen

REX REGU(M) RECTOR CLEMENS SEMPERQ(UE) BENIGNE;
SUSCIPE DIGNATUS QUE DEFERT MUNUSCLA SERVUS;

Die Alte Kapelle als Pfalzkapelle

Peter Schmid

Sakrale und religiöse Vorstellungen spielten in der Ideenwelt, die das mittelalterliche Königtum umgab, ihm seine besondere Würde verlieh und es in eine erhabene Sphäre entrückte, eine gewichtige Rolle.[1] Diese Vorstellungswelt manifestierte sich auf vielfältige Weise und fand ihren augenfälligen Ausdruck auch in herrscherlichen Kirchenbauten, die Raum für die Feier des herrschaftlichen Gottesdienstes boten und zur Unterbringung des vom Königshof auf seinen Reisen mitgeführten Reliquienschatzes, der kostbaren Messgeräte und Bücher sowie der Insignien der Königsherrschaft dienten.[2] Solche Kirchenbauten in Palastanlagen stehen in einer bis in die Antike zurückreichenden Tradition[3] und entwickelten sich in karolingischer Zeit zu unverzichtbaren Bestandteilen der Königspfalzen, insbesondere an den Plätzen, die sich vor anderen durch den Rang von Residenzorten auszeichneten.[4] Maßstäbe für die Pfalzkapellen an hervorragenden Residenzorten setzte für die Karolingerzeit Karl der Große mit dem Marienstift, das er in der Aachener Pfalz errichten ließ.[5] Das Besondere und zugleich Vorbildhafte der *basilica sanctae Dei genitricis Aquisgrani opere mirabili constructa*[6] war neben ihrer architektonischen Einzigartigkeit vor allem die Verbindung mit einem Kanonikerstift,[7] dessen Mitglieder den Gottesdienst am Kaiserhof zu versehen sowie für die Herrscherfamilie und das Reich zu beten hatten.

Aachen mit seinen Pfalzanlagen und dem Karlsgrab umgab bald nach dem Tode Karls des Großen eine Aura, die es zum Symbol des Reiches und zum Inbegriff der neu entstandenen kaiserlichen Macht werden ließ. Diese ideelle Vorrangstellung Aachens wurde für diejenigen Söhne Ludwigs des Frommen, die im Zuge der Reichsteilungen keinen Anteil an Aachen erhalten konnten, allem Anschein nach zu einem Problem, das ihnen zu schaffen machte.[8] Offenbar betrachteten sie den fehlenden Zugang zu Aachen als Ausschluss aus der Karlstradition und empfanden dies als Makel ihres Königtums. Um dieses Defizit zu kompensieren, gingen sie dazu über, in ihren Herrschaftsbereichen eigene Residenzen zu errichten und nach dem Aachener Vorbild auszugestalten,[9] um wenigstens auf diese Weise Anschluss an die Tradition Karls des Großen zu finden. Aus diesem Grund verdient die Errichtung von Pfalzkapellen mit angegliedertem Kanonikerstift an den Hauptorten der einzelnen karolingischen Teilreiche besondere Aufmerksamkeit und Beachtung, denn neben dem Willen zur Repräsentation geben diese Einrichtungen auch politische Ambitionen zu erkennen.[10]

◁ Abb. 21
König Ludwig dem Deutschen (reg. 833–876) (?) wird von einem Mönch ein Buch überreicht.
Miniatur, Deckfarben, Gold. Pergament, 19 cm x 14 cm.
Entnommen dem Martyrologium des Wandalbert von Prüm.
Das in Rom aufbewahrte Exemplar des Martyrologiums ist eine im dritten Viertel des 9. Jahrhunderts entstandene Abschrift des ursprünglich Kaiser Lothar I. (reg. 840–855) gewidmeten, um 848 vollendeten Originals. Vermutlich wurde es auf der Reichenau für Ludwig den Deutschen hergestellt. Aus diesem Grund wird, wenn auch nicht unbestritten, vermutet, dass es sich bei dem „Rex" titulierten Herrscher um Ludwig den Deutschen handelt, nicht aber um Lothar I., dessen Bildnis die Dedikation des Exemplars von 848 sicher schmückte.
Die Inschrift über der Darstellung lautet: *Rex rerum rector clemens seniorque benigne Suscipe dignatus que fert munuscula servus* (Gütiger und hoher König, Herrscher der Welt, nimm gnädig an die kleinen Geschenke, die darbringt ein ergebener Diener).
Rom, Biblioteca Apostolica Vaticana, Reg. Lat. 438, fol. 1v.

Die Alte Kapelle als Pfalzkapelle Ludwigs des Deutschen

Ausgeschlossen von Aachen, dem ideellen Mittelpunkt des Frankenreiches, sah sich auch Ludwig der Deutsche (reg. 833–876), der dritte Sohn Ludwigs des Frommen (reg. 813/814–840) und Enkel Karls des Großen (reg. 768–814), dem 817 in der Ordinatio imperii[11] Bayern als Teilregnum zugesprochen wurde. Auch wenn er seit 830 bestrebt war, einen möglichst großen Anteil am Reich zu erstreiten[12] und möglichst auch Aachen in seinen Herrschaftsbereich einzubeziehen,[13] so musste er sich schließlich doch im Vertrag von Verdun 843 mit der Herrschaft über das ostfränkische Reich begnügen und Aachen seinem ältesten

◁◁ Abb. 20
Personifikation des Glaubens (Fides).
Kopf und Gliedmaßen Holz, gefasst, Gewand mit Gips und Leim getränkte Leinwand. 1763.

Bruder Lothar (reg. 840–855) überlassen. In seinem ostfränkischen Reich hatte sich Ludwig einzurichten und dort die Zentren seiner Königsherrschaft zu schaffen. Dabei kristallisierten sich Regensburg und Frankfurt als seine bevorzugten Residenzen heraus, die zugleich auch die politischen Zentren seines Königreichs wurden. Besonders eng war Ludwig mit Regensburg, der bayerischen Metropole und alten Herzogsstadt verbunden, in die er bereits im Jahr 826 als junger *rex Baioariorum* einzog[14] und die er zum Mittelpunkt seines bayerischen Königtums machte. Regensburg, in dem auch die Königsfamilie ihr Zuhause hatte, behielt seine herausragende Bedeutung für das Königtum Ludwigs auch im erweiterten Herrschaftsbereich des ostfränkischen Reiches nicht nur bei, sondern avancierte zu Beginn der fünfziger Jahre zur *civitas regia* seines Reiches.[15] Regensburg war somit von der ersten Stunde an aufs engste mit dem Königtum Ludwigs verbunden und hatte einen würdigen Rahmen für die Präsentation seiner Königswürde zu bieten,[16] worauf er als ausgesprochen selbstbewusste Herrscherpersönlichkeit hohen Wert gelegt haben dürfte. Regensburg kam seinen Wünschen insofern in besonderer Weise entgegen, als er hier bereits die Pfalz der agilolfingischen Herzöge vorfand, bei der es sich um eine durchaus repräsentative Anlage gehandelt haben muss, denn sie hatte in den Jahren 788, 791–793 und 803 seinem Großvater Karl den Großen mit seiner Familie und seinem Hofstaat eine angemessene Unterkunft geboten und die Abhaltung mehrerer Reichsversammlungen sowie einer großen Kirchensynode ermöglicht.[17] Auch wenn es dafür keine unmittelbaren Nachrichten gibt, so ist dennoch mit an Sicherheit grenzender Wahrscheinlichkeit davon auszugehen, dass Ludwig diese Pfalzanlage seinen gegenüber den agilolfingischen Herzögen gesteigerten Repräsentationsbedürfnissen angepasst und zu einer großen, den heutigen Alten Kornmarkt als Innenhof umschließenden Anlage ausgebaut hat.[18] Diese Neugestaltung der Pfalzanlage darf daraus geschlossen werden, dass Ludwig die im Bereich der Agilolfingerpfalz zweifellos bereits vorhandene Kirche[19] durch eine neue Pfalzkapelle ersetzte. Notker der Stammler († 912) aus dem Kloster Sankt Gallen überliefert, dass Ludwig *oratoria nova ad Franconovurt et Reganesburg admirabili opere construxit*.[20] Auch wenn sich Notker über das genaue Datum dieser Baumaßnahmen ausschweigt, so darf doch wegen der seit 826 bestehenden engen Beziehungen des Königs zu Regensburg davon ausgegangen werden, dass das *oratorium* in Regensburg einige Zeit vor der im Jahr 852 geweihten Frankfurter Pfalzkapelle[21] fertiggestellt worden ist.[22]

Bei dem *oratorium* handelt es sich um die Alte Kapelle,[23] die den Pfalzbereich nach Süden hin gegenüber der Stadt abschloss. Die Errichtung der Alten Kapelle war allem Anschein nach ein Aufsehen erregendes Ereignis, das lange Zeit in Erinnerung blieb, denn noch ein halbes Jahrhundert später wusste Notker über die näheren Umstände dieses Kirchenbaus zu berichten. Demnach reichte wegen der Größe des Bauvorhabens das zur Verfügung stehende Baumaterial nicht aus, so dass man sich zu dem ungewöhnlichen Schritt gezwungen sah, Teile der Stadtmauern abzubrechen, um die benötigten Steine zu gewinnen. Dabei stieß man in Grabnischen, die sich auftaten, auf so reiche Goldschätze, dass man damit nicht nur das Gotteshaus reich ausschmücken, sondern auch die Deckel der neu geschriebenen liturgischen Bücher fingerdick mit Gold belegen konnte.[24]

Über die architektonischen Gegebenheiten und das Aussehen der Pfalzkapelle Ludwigs ist allerdings nur wenig bekannt.[25] Nach neuesten Befunden stellt sich die von Ludwig dem Deutschen errichtete Kirche als weiträumiger dreischiffiger Bau mit einem knapp 9 m breiten Mittelschiff und schmalen, etwa halb so breiten Seitenschiffen dar, die von eng gereihten Arkadenpfeilern abgetrennt waren. Im Westen überspannte eine Empore alle drei Schiffe, von der aus die Obergeschosse der seitlich anschließenden Nebenkapellen zu betreten waren. Dieser Befund lässt auf ein Westwerk mit Kaiserempore schließen. Mit Sicherheit kann der Turm – wenigstens bis zur Hälfte seiner heutigen Höhe – der karolingischen Bausubstanz zugerechnet werden. Über den östlichen Abschluss der Kirchenanlage lassen sich dagegen nach wie vor keine zuverlässigen Angaben machen. Soviel scheint allerdings sicher zu sein, dass es sich beim östlichen Querhaus um eine Erweiterung aus ottonischer Zeit handelt. Als Möglichkeiten für die architektonische Gestaltung der Ostseite kommen ein kleiner Rechteckchor, eine Rundapsis oder ein Dreiapsidenschluss in Betracht.[26]

Dieser Kirchenbau, der der Frankfurter Pfalzkapelle zu vergleichen ist,[27] und der Neu- bzw. Ausbau der Pfalzanlage durch Ludwig den Deutschen sind jedoch nicht isoliert für sich zu betrachten, sondern stehen in einem inneren Zusammenhang mit dem Namen *civitas regia*, Königsstadt, den Ludwig seit Anfang der fünfziger Jahre in seinen Königsurkunden exklusiv für Regensburg gebrauchte.[28] Die Bezeichnung *civitas regia* ist mehr als eine bloß äußerliche Attitüde, sie ist eine Aussage über den Charakter Regensburgs als der Königsstadt seines Reiches. Es drängt sich die Vermutung auf, dass dabei Aachen, die *Roma secunda*[29] des von Karl dem Großen erneuerten Imperiums und der Inbegriff der Königsstadt des karolingischen Königtums schlechthin,[30] Pate stand und dass Ludwig auf diese Weise die mit Aachen verbundene Gedankenwelt auf sein Reich transferieren wollte, denn die Nachahmung des Aachener Vorbilds ist bei der Regensburger Pfalzkapelle nicht zu verkennen.[31] Sie ist wie die Aachener Pfalzkapelle der Muttergottes geweiht und war von Anbeginn an mit einer unter der Leitung eines Abtes stehenden Kanonikergemeinschaft verbunden.[32] Es liegt auf der Hand, dass Ludwig mit der Errichtung einer Pfalzkapelle in Regensburg spezielle Ziele verfolgte und nicht etwa notgedrungen einem bestehenden Mangel an Kirchen abhelfen musste, denn es gab in der Stadt etwa mit dem Dom, der Niedermünsterkirche oder der Emmeramskirche, der er zudem aufgrund der von ihm besonders gepflegten Verehrung des heiligen Emmeram persönlich nahestand,[33] durchaus Gotteshäuser, die einen würdigen Rahmen für den Kult am Königshof abgeben konnten und die Ludwig auch zu bestimmten Zeiten für Gottesdienste aufzusuchen pflegte.[34] Es war also offenbar ein ideell begründetes Bedürfnis Ludwigs, mit der Pfalzkapelle und dem dazugehörigen Kanonikerstift ein eigenes liturgisches Zentrum für den Königshof zu schaffen. Die Konzentration auf die liturgische Funktion wurde auch dadurch unterstrichen, dass die Kanoniker der Alten Kapelle keine speziellen Aufgaben im Rahmen des Geschäftsgangs am Königshof zu erfüllen hatten. Ähnlich wie für Aachen[35] lassen sich keine engen Verbindungen zwischen dem Kanonikerstift und der königlichen Hofkapelle nachweisen. Sicherlich wird die Alte Kapelle den Hofkaplänen bei den zahlreichen Aufenthalten des Königshofes in Regensburg als vorübergehende Heimstätte gedient haben,[36] es kann aber keineswegs von einer weitgehenden Identität zwischen den Mitgliedern der königlichen Hofkapelle und den Kanonikern an der Alten Kapelle ausgegangen werden. Ganz im Gegenteil, die in Regensburg agierenden Mitglieder der Hofkapelle wie *Erchanfredus diaconus atque cappellanus noster*[37] oder *Baturicus venerabilis episcopus summusque cappellanus noster*[38] können nicht in Verbindung mit der Alten Kapelle gebracht werden. Beide standen vielmehr in engem Kontakt zu Sankt Emmeram und erlangten die Regensburger Bischofswürde, die in Personalunion mit der Abtwürde von Sankt Emmeram verbunden war. Die Nähe der Hofkapelle zu Sankt Emmeram wird auch nachdrücklich durch die Tatsache unterstrichen, dass der königliche Notar Adalleod dort sein Schreibbüro einrichtete.[39]

Die Alte Kapelle stellte ein wesentliches Element der Manifestation des karolingischen Königtums in der *civitas regia* dar. Entsprechend persönlich gestalteten sich auch die Beziehungen Ludwigs und der Königsfamilie zur Pfalzkapelle. *Ob nostrae mercedis augmentum et pro salute domni avi ac genitoris nostri nec non etiam pro salute dilectae coniugis nostrae Hemmae atque carissimae prolis*[40] beschenkte Ludwig im Jahr 875 die Kanoniker der Alten Kapelle und

Abb. 22 ▷
Urkunde König Ludwigs des Deutschen (reg. 833–876) vom 18. Mai 875. Sie enthält den ersten urkundlichen Nachweis der Alten Kapelle. Pergament, 46 cm x 53 cm. Bamberg, Staatsarchiv Bamberger Urkunden (Münchner Abg. 1993), Nr. 2 (ex K 546).

verpflichtete sie dafür in besonderer Weise zum Gebet für das Herrscherhaus.[41] Im Unterschied zum Aachener Marienstift war der Alten Kapelle aber nicht die Funktion der Grablege der Königsfamilie zugedacht. Dafür war offenbar die Kirche des heiligen Emmeram vorgesehen.[42]

Ludwig hat seine Pfalzkapelle sicherlich in auskömmlicher Weise mit Besitz ausgestattet, um den Kanonikern einen angemessenen Lebensunterhalt zu sichern und seiner Einrichtung Bestand zu verleihen. Davon darf analog zur umfangreichen Ausstattung der Pfalzkapellen in Aachen, Attigny, Compiègne, Frankfurt und Altötting[43] ausgegangen werden, auch wenn die Schenkung des Klosters Berg am 18. Mai 875 als einzige Dotation aus der Hand Ludwigs urkundlich überliefert ist und auch sonst über den frühen Besitz der Alten Kapelle nur wenig bekannt ist. Wichtige Hinweise auf die Grundausstattung der Alten Kapelle liefert die Urkunde Karls III. (reg. 876–887) vom 23. August 885. Danach gehörten neben dem Kloster Berg mit seinem Zubehör *monasterium ad Uuezinesprunnin et quicquid illuc pertinet, cappellam ad sanctum Cassianum et quicquid illuc pertinet, cappellam ad Mosaheim et quicquid illuc pertinet* zur Alten Kapelle.[44] Vor allem die Zugehörigkeit des Klosters Wessobrunn lässt erahnen, mit welch weitläufigem Einzugsbereich der Regensburger Pfalzkapelle gerechnet werden muss. Die Kirche zu Moosham und die Sankt Kassianskirche in Regensburg mit den dazugehörigen Besitzungen in Lappersdorf und (Regensburg-)Königswiesen begegnen später wieder in der Urkunde, mit der Papst Lucius III. (reg. 1181–1185) am 28. Februar 1184 die Alte Kapelle mit ihren Besitzungen dem apostolischen Schutz unterstellte.[45] Bemerkenswert ist vor allem die Zuordnung der Sankt Kassianskirche zur Pfalzkapelle Ludwigs, denn sie gibt einen Hinweis auf die Struktur der kirchlichen Organisation des königlichen Bereichs der Stadt. Aller Wahrscheinlichkeit nach handelte es sich bei der Sankt Kassianskirche um die Pfarrkirche, von der aus die in Verbindung zur Pfalz stehenden Personen seelsorglich betreut wurden.[46] Für diese Annahme spricht auch die kirchliche Zuständigkeit von Sankt Kassian für die Königsbesitzungen Lappersdorf und (Regensburg)-Königswiesen.[47]

Mit dem Tode Ludwigs des Deutschen im Jahr 876 ging die erste Blütezeit der Alten Kapelle dem Ende entgegen. Von Karlmann (reg. 876/877–879), dem Sohn Ludwigs des Deutschen, der im Zuge der Reichsteilung im Jahr 877 als *serenissimus rex Bauuariorum*[48] die Herrschaft im *regnum Bauuariae* antrat, sind keine Zuwendungen an die Alte Kapelle in Regensburg bekannt. Vielmehr widmete er der Pfalzkapelle in (Alt-)Ötting seine besondere Aufmerksamkeit.[49]

Eine, wenn auch nur kurzfristige Veränderung zugunsten der Alten Kapelle deutete sich unter Kaiser Karl III., dem dritten Sohn Ludwigs des Deutschen, an, der im Jahr 882 Bayern unter seine Herrschaft brachte und zum letzten Mal in der fränkischen Geschichte das Gesamtreich in einer Hand vereinigte. Von ihm sind drei Urkunden erhalten, die sich auf die Alte Kapelle beziehen und zugleich wohl auch seinen Anspruch auf die königlichen Besitzungen in Regensburg unterstreichen sollten. Am 23. März 883 überließ er seinem Getreuen Euprant die Kapelle in Piering mit allem Zubehör, die dieser bisher zu Lehen hatte, zu lebenslänglicher Nutznießung mit der ausdrücklichen Verfügung, dass sie nach dessen Tod *ad cappellam nostram in Regina civitate sitam, que est constructa in honore sanctae Mariae* fallen solle und dass *rectores ipsius ecclaesiae eandem cappellam secundam voluntatem suam et utilitatem praefate ecclaesiae regant et disponant*.[50] Diese Verfügung war der erste Rechtsakt, den Karl III. bei seinem ersten Aufenthalt als Herrscher in Regensburg vollzog. Darin darf sicherlich eine Geste besonderer Aufmerksamkeit gegenüber der Pfalzkapelle seines Vaters Ludwigs des Deutschen gesehen werden, an dessen Tradition er damit anzuknüpfen gedachte. Auch bei seinem nächsten Aufenthalt in Regensburg verabsäumte es der Kaiser nicht, wiederum mit

Der in lateinischer Sprache abgefasste Text lautet:
In nomine sanctae et individuae trinitatis. Hludouuicus divina favente gratia rex. Notum sit omnibus sanctae dei eccelesiae fidelibus nostrisque praesentibus scilicet et futuris, quia nos ob nostrae $\frac{x}{x}$ *mercedis augmentum et pro salute domni avi ac genitoris nostri nec non etiam pro salute dilectae coniugis nostrae Hemmae atque carissimae prolis concessimus ad nostram cappellam ad Reganesburc, quę est constructa in honore sanctae Mariae, illud monasterium ad Bergae cum omnibus ibidem adiacentiis vel pertinentibus, ea videlicet ratione ut nullus ex successoribus nostris neque ulla persona inde quicquam auferre vel minuere pręsumat neque in beneficium prestare cuiquam, sed in usus fratrum domino famulantium in pręfata capella nostra ad Reganesburc, quam in honore sanctae dei genetricis semperque virginis Mariae construximus, perpetualiter permaneant*[a] *absque alicuius contradicentis obstaculo, ut eis pro omnium nostrum prosperitate domini clementiam delectabilius exorare delectet. Et ut haec auctoritas largitionis nostrae firmior habeatur et per futura tempora a fidelibus nostris verius credatur et diligentius observetur, manu propria nostra subter eam firmavimus et anuli nostri inpressione assignari iussimus.* [… Handzeichen, Datum …]

Die deutsche Übersetzung lautet:
Im Namen der heiligen und unteilbaren Dreifaltigkeit, Ludwig durch die Gunst der göttlichen Gnade König. Bekannt sei allen Getreuen der heiligen Kirche und unseren (Getreuen), den gegenwärtigen und den zukünftigen, daß wir zur Vermehrung unserer eigenen Verdienste, zum Seelenheil des Herrn Großvaters und unseres Vaters sowie für das Heil unserer geliebten Gemahlin Hemma und der teuersten Nachkommenschaft unserer Kapelle in Regensburg, die zu Ehren der heiligen Maria erbaut ist, das Kloster Berg zugestanden haben mit allem, was darum gelegen ist und dazu gehört, und zwar unter der Maßgabe, daß keiner von unseren Nachfolgern noch irgendeine Person sich anmaßen soll, etwas von dort wegzunehmen oder zu mindern, noch jemandem zu Lehen zu geben, sondern daß es zum Nießbrauch der Brüder, die Gott in unserer genannten Kapelle in Regensburg, die wir zu Ehren der heiligen Mutter Gottes und ewigen Jungfrau Maria erbaut haben, dienen, ewig bleibe ohne das Hindernis eines, der Widerspruch leistet, damit sie Gefallen finden, für das Gedeihen unser aller die Güte des Herrn um so gefälliger anzuflehen. Und damit dieses Beweisstück unserer Freigebigkeit als um so sicherer angesehen werde und durch künftige Zeiten von unseren Getreuen um so wahrhaftiger geglaubt und um so sorgfältiger befolgt werde, haben wir es mit eigener Hand unten bekräftigt und befohlen, es mit dem Abdruck unseres Siegelringes zu kennzeichnen. [… Handzeichen, Datum …]

der ersten Rechtshandlung die Alte Kapelle zu bedenken. Am 19. September 884 übereignete er ihr Besitzungen in *Marlingon* mit der Auflage, zu seinem Seelenheil ein Ewiges Licht zu unterhalten.[51] In dieser Anordnung, die über seinen Tod hinaus seinen Namen und die Erinnerung an ihn unzertrennlich mit der Alten Kapelle verbinden sollte, darf ein Zeichen seiner emotionalen Nähe zur Regensburger Pfalzkapelle gesehen werden. Umso befremdlicher mutet deshalb seine Entscheidung vom 23. August 885 an, dem Abt Engilmar auf Lebenszeit die Alte Kapelle mit allem Zubehör zu überlassen.[52] Auch wenn es sich bei dem mit der Schenkung bedachten Abt Engilmar um den Vorsteher des Kanonikerstifts an der Alten Kapelle und um ein Mitglied der königlichen Hofkapelle gehandelt haben dürfte[53] und die Verpflichtung, für den Kaiser und seine Eltern zu beten, die Verbindung des Kanonikerstifts zum Kaiserhaus in ideeller Hinsicht aufrecht erhielt, so gab Karl III. dennoch die Pfalzkapelle in Regensburg mit allem Zubehör für eine befristete Zeit aus seiner unmittelbaren Verfügungsgewalt. Eine Erklärung für dieses Verhalten des Kaisers könnte möglicherweise in seinem Bestreben zu sehen sein, seinem wenig geliebten Neffen Arnulf von Kärnten, dessen Einfluss in Bayern zu dieser Zeit spürbar zunahm und der sich immer stärker als möglicher Nachfolgekandidat im Reich profilierte,[54] den Zugang zu den Königsbesitzungen in Regensburg zu erschweren.[55]

Verlust der Funktion als Pfalzkapelle

Inwieweit die Entscheidung Karls III. aus dem Jahr 885 dafür mit verantwortlich gemacht werden kann, dass die Alte Kapelle ihre Bedeutung für das Königtum Arnulfs von Kärnten eingebüßt hat und von ihm konsequenterweise nicht mehr mit Gunsterweisen bedacht worden ist, lässt sich nicht beurteilen. Der Hauptgrund dafür, dass sich Arnulf von Kärnten von der Alten Kapelle als Pfalzkapelle abwandte, ist zweifelsohne in seiner besonderen Verehrung des heiligen Emmeram zu sehen, die in der Verlegung der Königspfalz in den Klosterbereich von Sankt Emmeram kulminierte.[56] Mit dem Umzug des Königs in den Bereich von Sankt Emmeram war auch der Übergang der Funktionen einer Pfalzkapelle auf die Sankt Emmeramskirche verbunden, die damit die Alte Kapelle in ihren Kernbereichen beerbte.[57] Für die Alte Kapelle zog diese Veränderung der Verhältnisse weitreichende Konsequenzen nach sich. Für etwa ein Jahrhundert verlor sie die Bedeutung, die ihr ursprünglich bei den Königsaufenthalten in Regensburg zugekommen war, und damit auch ihren Stellenwert für das Königtum. Dieser Funktions- und Bedeutungsverlust fand seinen Niederschlag in der Bezeichnung *antiqua capella*, die zum ersten Mal in einer Urkunde Kaiser Ottos II. (reg. 967/973–983) aus dem Jahr 967 begegnet.[58] Wie präzise diese Bezeichnung die Situation der Kirche im 10. Jahrhundert charakterisierte und dabei gleichzeitig die Erinnerung an ihre frühere Bedeutung wach hielt, ist daraus zu ersehen, dass sie bis auf den heutigen Tag namengebend geblieben ist. Trotz ihrer Zurückstufung verblieb die Alte Kapelle aber auch während der Regierungszeit Arnulfs von Kärnten (reg. 887–899) im Umfeld des Königs. Sein Sohn und Nachfolger Ludwig das Kind (reg. 900–911) schenkte jedenfalls *canonicis in capella Radisponensis civitatis in honore sanctae genitricis constructa* Besitzungen[59] und bestätigte auf diese Weise die Existenz des Kanonikerstifts an der Alten Kapelle noch in der Endzeit der karolingischen Dynastie. Das Ende des Stiftes fiel in die Zeit der Wirren, die nach dem Erlöschen der karolingischen Königsdynastie im Jahr 911 die Atmosphäre zwischen dem wiedererstandenen bayerischen Herzogtum und dem sich neu formierenden Reich schwer belasteten und dem König für Jahrzehnte den friedlichen Zutritt zur Stadt verwehrten. In dieser Zeit nahm die Bausubstanz der Alten Kapelle vermutlich im Gefolge des verheerenden Stadtbrandes von 891[60] und der erbitterten Kämpfe, die in den Jahren 953 bis 955 um die Stadt am nahegelegenen Osttor ausgetragen wurden,[61] schweren Schaden. Jedenfalls musste eine Urkunde Kaiser Ottos II. aus dem Jahr 967 ihren baulichen Zustand als schon seit längerem *dilapsa atque distructa* bezeichnen.[62] Als Ruine hatte die Alte Kapelle offenbar für die Ottonen jeden Wert verloren, so dass sie Otto I. (reg. 936–973) Bischof Rihpert von Brixen auf Lebenszeit überließ und Otto II. am 15. Oktober 967 diese Schenkung bestätigend erneuerte.[63] Das 10. Jahrhundert stellte somit den absoluten Tiefpunkt in der Geschichte der Alten Kapelle dar. Sie hatte ihre Funktion für das Königtum verloren, war dem Verfall preisgegeben und war für eine gewisse Zeit aus dem unmittelbaren Verfügungsbereich des Königs ausgeschieden.

Kaiser Heinrich II., der Neubegründer der Alten Kapelle

Eine nachhaltige Wendung zugunsten der Alte Kapelle nahmen die Dinge um die Jahrtausendwende. Mit dem bayerischen Herzog Heinrich IV. (reg. als Herzog 995–1004, 1009–1018), dem späteren Kaiser Heinrich II. (reg. 1002–1024, als Kaiser seit 1014), erlebte die Alte Kapelle ihre Renaissance, und zwar in zweifacher Hinsicht.

In einer Urkunde vom 16. November 1002 formulierte Heinrich II. als sein besonderes Anliegen, *collapsa vetustate aut negligentia sanctorum loca* zu erneuern, und begründete damit, *qualiter nos una cum dilecta coniuge nostra Cunigunda videlicet regina intus in urbe Radesponensi in curte regia quandam capellam, quam olim Veterem vocabant, in honore sanctae dei genitricis Mariae a fundamentis in matrem aecclesiam ereximus, dataque ei per preceptum libertate regali, institutae ibi in dei servicio canonicorum congregationi sub abbate vel preposito nomine Tagini.*[64] Heinrich hat demnach die Alte Kapelle von den Grundmauern auf neu erbaut, bei ihr wieder ein Kanonikerstift errichtet und sie mit königlicher Freiheit beschenkt. Er hat also unmittelbar nach seiner Königswahl die ursprüngliche Bestimmung der Alten Kapelle als königliche Pfalzkapelle in Verbindung mit einem Kanonikerstift wieder hergestellt. Veranlassung für die Rückführung der Alten Kapelle in ihre ursprüngliche Funktion als königliche Pfalzkapelle war, dass Heinrich II. nach seiner Königswahl die Pfalz der ottonischen Herzöge, die am Alten Kornmarkt im Bereich um Niedermünster zu suchen ist,[65] nicht zugunsten der Königspfalz bei Sankt Emmeram aufgegeben, sondern im Gegenteil die Königspfalz von Sankt Emmeram wieder an den Alten Kornmarkt zurückverlegt hat.[66] Seine neue königliche Pfalzkapelle beschenkte Heinrich II. am 20. November 1002 mit der Ortschaft Oberweiling[67] und am 8. Februar 1004 auf die Fürbitte des früheren Leiters des Kanonikerstifts an der Alten Kapelle und zwischenzeitlich zum Erzbischof von Magdeburg aufgestiegenen Tagino mit den Dörfern Dürn und Mantlach.[68]

Der Wiederaufstieg der Alten Kapelle zur königlichen Pfalzkapelle basierte auf einer Vorgeschichte, die in den Quellen zwar nicht unmittelbar aufscheint, aber dennoch für die Geschichte der Alten Kapelle von einiger Bedeutung ist und Aussagekraft über die Stellung des bayerischen Herzogs gegen Ende des 10. Jahrhunderts in Regensburg hat. Es ist aus zeitlichen Gründen ausgeschlossen, dass die Errichtung der Alten Kapelle, die mit Ausnahme des Ostchors in ihrer heutigen Bausubstanz im wesentlichen auf Heinrich zurückgeht, und die Wiederbegründung des Kanonikerstifts in der kurzen Zeit zwischen der Königswahl im Juni 1002 und dem 16. November 1002, dem Ausstellungsdatum der genannten Urkunde, vonstatten gegangen sein konnten. Daraus ergibt sich zwangsläufig, dass sich Heinrich bereits während seiner Herzogszeit, die im Jahr 995 begann, der Alten Kapelle zugewandt und mit den Baumaßnahmen zur Erneuerung der Kirche und des Kanonikerstifts begonnen

Abb. 23
Heinrichskelch (Doppelhenkelkelch). Kristallschale fatimidisch, um 1000. Fassung Silber, Silber vergoldet, vermutlich deutsch, 12. Jahrhundert. 13 cm hoch, 15,5 cm breit, Durchmesser der Fußplatte 11 cm. Einhenkelige Kristallschale mit erhaben geschnittenen Palmetten, durch vergoldete Silberfassung zur Doppelhenkelschale umgestaltet. Fuß runde Platte mit nach oben trichterförmig sich verjüngendem Teil. Auf der Platte zwischen Rankenornamenten aus vergoldetem, gekerbtem Silberdraht schildförmige Plättchen mit Niello-Arbeit, außerdem ein antiker Amethyst-Intaglio, fünf Amethyste und ein Saphir eingefügt. Über dem Fuß, von Spangen gehalten und durch einen schmalen Reif voneinander getrennt, Kristallkugel (Nodus), darüber die Kristallschale, die ein silbervergoldeter Lippenrand einfasst. Der Kelch war alter Besitz des Kollegiatstifts; er ist im Fresko mit dem Kelchwunder des heiligen Heinrich wiedergegeben (siehe Abb. 36, S. 72). Im Jahre 1811 wurde er in die Reiche Kapelle nach München verbracht. München, Schatzkammer der Residenz, Inv. Nr. Res. Mü. Schk. 7.

haben muss. Dieser aufgrund naheliegender sachlicher Überlegungen gewonnene Zeitansatz wird auch durch Beobachtungen zur Person Taginos erhärtet. Kaiser Otto III. (reg. 983–1002) schenkte Tagino, den er bei dieser Gelegenheit als seinen und Herzog Heinrichs *fidelis* bezeichnete, im Jahr 998 einen Hof in unmittelbarer Nähe der Alten Kapelle.[69] Im Jahr 1000 ist Tagino als *capellanus* Herzog Heinrichs bezeugt,[70] und im Jahr 1002 begegnet er als *abbas vel prepositus* der Kanonikergemeinschaft an der Alten Kapelle.[71] Es ist aufgrund der aufgezeigten Umstände wohl anzunehmen, dass Tagino bereits im Jahr 998 *capellanus* Herzog Heinrichs IV. gewesen und schon damals in Beziehung zur Alten Kapelle gestanden ist. So darf davon ausgegangen werden, dass die Alte Kapelle bereits um die Jahrtausendwende eine neue Funktion, und zwar als herzogliche Pfalzkapelle zu erfüllen hatte und dass bereits damals an ihr ein Kanonikerstift bestand, das die Aufgaben einer herzoglichen Hofkapelle wahrzunehmen hatte. Möglicherweise darf der im Unterschied zum Jahr 967[72] in der Kaiserurkunde des Jahres 998[73] fehlende Hinweis auf den ruinösen Zustand der Alten Kapelle als ein Indiz für die Neubaumaßnahmen gewertet werden.

Die Hinwendung Herzog Heinrichs IV. zur Alten Kapelle wirft eine Reihe von Fragen auf, deren Beantwortung das Verhältnis zwischen König und Herzog in Regensburg gegen Ende des 10. Jahrhunderts berührt. Das Hauptproblem liegt darin, dass die Alte Kapelle nicht zum herzoglichen, sondern zum königlichen Bereich gehörte. Auf diesen rechtlichen Tatbestand spielte Kaiser Otto III. offensichtlich im Jahr 998 an, als er anlässlich der von Herzog Heinrich IV. angeregten Schenkung einer Hofstätte in der Nachbarschaft der Alten Kapelle an Tagino von *nostra capella et nostra edificia*[74] sprach und damit indirekt, aber unmissverständlich dem Herzog zu verstehen gab, dass er die Alte Kapelle und die an der Westseite angrenzenden Pfalzgebäude als Eigentum des Königs betrachtete. Dieser Hinweis auf die rechtlichen Gegebenheiten scheint notwendig gewesen zu sein, denn allem Anschein nach schickte sich Herzog Heinrich IV. an, seinen Verfügungsbereich vom herzoglichen Bereich um die Niedermünsterkirche auf das gesamte Pfalzareal am Alten Kornmarkt auszudehnen, ohne dabei auf die kaiserlichen Rechte sonderlich Rücksicht zu nehmen.[75]

Bei der Suche nach Gründen für die Expansionsbestrebungen des Herzogs und sein Eindringen in den königlichen Bereich lässt sich zunächst eine plausibel erscheinende sachliche Notwendigkeit benennen. An der Niedermünsterkirche, die sein Großvater Herzog Heinrich I. (reg. 948–955) um die Jahrhundertmitte als herzogliche Pfalzkapelle hatte neu erbauen lassen,[76] hatte sich, begünstigt durch die lange Abwesenheit des Herzogshofs im Gefolge der Aufstände Herzog Heinrichs des Zänkers (reg. 955–976, 985–995), unter der Leitung Judiths, der Großmutter Herzog Heinrichs IV., in der zweiten Hälfte des 10. Jahrhunderts ein Frauenkloster etabliert.[77] Dieses konnte naturgemäß nicht die Aufgaben einer Pfalzkapelle erfüllen. Dieses Manko fiel allem Anschein nach zunächst nicht besonders ins Gewicht, denn die Herzöge Otto (reg. 976–982) und Heinrich III. (reg. 983–985) waren in Regensburg kaum präsent, so dass sich die Notwendigkeit einer eigenen Pfalzkapelle nicht ergab. Eine grundlegende Veränderung der Verhältnisse trat allerdings ein, als mit Herzog Heinrich dem Zänker die herzogliche Hofhaltung im Jahr 985 wieder nach Regensburg zurückkehrte. Jetzt bestand wieder dringender Bedarf für eine eigene herzogliche Pfalzkapelle. Der Zugriff auf die in Sichtweite der herzoglichen Pfalz gelegene Alte Kapelle bot sich von daher förmlich an.

Es erscheint allerdings fraglich, ob dieser sachliche Gesichtspunkt als Erklärung für das Ausgreifen Herzog Heinrichs IV. ausreicht oder ob nicht nach tieferliegenden Motiven gesucht werden muss. Einen Hinweis kann dabei das stark ausgeprägte Bewusstsein des Herzogs von seiner Herrscherwürde geben, das seinen Ausdruck in einer autokratischen Herrschaftsführung fand und in seinem Anspruch kaum dem Herrschaftsverständnis der ottonischen Kaiser nachstand. Als *unser einziger Herr nach Gott,* als *höchster Fürst* und *königlicher Herzog* galt er als der mächtigste Herzog im Reich und verstand sich auch selbst so.[78] Ein solches Selbstverständnis verlangte förmlich nach einer entsprechenden Repräsentation, die aller Wahrscheinlichkeit nach ihre Verwirklichung in einer eindrucksvollen Kirchen- und Stiftsanlage finden sollte, die die Südseite des Alten Kornmarkts nahezu vollständig ausfüllte. Vor diesem Hintergrund dürfen der Zugriff Herzog Heinrichs IV. auf die Alte Kapelle und die gleichzeitige Ausweitung seines Verfügungsbereichs auf die gesamte karolingische Pfalzanlage am Alten Kornmarkt als Hinweise auf ein bewusstes Anknüpfen an die karolingische Tradition gewertet werden.[79] Soweit war noch kein Herzog im 10. Jahrhundert gegangen. In dieser Eigenmächtigkeit könnte auch ein Grund dafür zu sehen sein, dass es Kaiser Otto III. im Jahr 998 offensichtlich für angebracht hielt, dem Herzog die Zugehörigkeit der Alten Kapelle und der bei ihr gelegenen Pfalzgebäude zum Königsbesitz in Erinnerung zu rufen.[80]

Das ausgeprägte Herrschaftsverständnis, von dem Herzog Heinrich IV. durchdrungen war, legt auch die Vermutung nahe, dass er nach Höherem strebte. Auch in diesem

Zusammenhang kann die Inbesitznahme der Alten Kapelle als Ausdruck eines planvollen Vorgehens verstanden werden. Es hat den Anschein, dass sich Herzog Heinrich IV. mit dem Gedanken trug, sich zu gegebener Zeit als nächster männlicher Verwandter um die Nachfolge Kaiser Ottos III. zu bemühen. Auf diese Bereitschaft deutet jedenfalls sein Verhalten beim Tode des Kaisers hin, als er nicht zögerte, das Geleit, das er dem Trauerzug gab, zu nutzen, um sich in den Besitz der Reichsinsignien zu bringen und sich auf diese Weise für die anstehende Nachfolgeentscheidung einen ausschlaggebenden Vorteil zu verschaffen.[81] Zu diesem ambitionierten Vorhaben passt auch seine Hinwendung zur Alten Kapelle und zur alten karolingischen Königspfalz am Alten Kornmarkt. Man kann darin im Hinblick auf die angestrebte künftige Thronfolge ein vorausschauendes Anknüpfen an die karolingische Tradition in Regensburg sehen, denn Tradition und Kontinuität waren wesentliche Elemente zur Begründung von Herrschaftsansprüchen und zur Legitimation von Herrschaft. Dieser Eindruck wird noch dadurch verstärkt, dass Kaiser Heinrich II. zu Beginn seiner Königsherrschaft die Pfalz am Alten Kornmarkt zu einem in Deutschland einzigartigen Zentrum der Königsmacht ausgestaltete. Dazu griff er die unter Kaiser Otto II. erkennbaren Ansätze, die Bischöfe Bayerns und angrenzender Gebiete mit Höfen in Regensburg auszustatten, auf und gestaltete sie zu einem Programm aus. Die Hofstätten der Bischöfe von Augsburg, Bamberg, Brixen, Eichstätt, Freising, Passau und Salzburg, die schließlich gleich einem Kranz die Pfalz umgaben, hoben die Pfalzanlage im Erscheinungsbild der Stadt in besonderer Weise hervor und ließen sie zur sichtbaren Repräsentation des Königtums in Regensburg und in Bayern werden und brachten den Hauptstadtcharakter Regensburgs in einzigartiger Weise zum Ausdruck.[82] Mit dieser augenfälligen Hervorhebung der Pfalz am Alten Kornmarkt war sicherlich auch eine besondere Aufwertung der Pfalzkapelle verbunden, die in diesem Umfeld den sakralen Charakter des Königtums in entsprechender Weise zum Ausdruck bringen sollte.

Die Anknüpfung an die karolingische Tradition der Alten Kapelle und ihre enge Bindung als Pfalzkapelle an das Königtum Heinrichs II. dürften wohl auch mit ein Grund dafür gewesen sein, dass Heinrich II. die Alte Kapelle am 1. Juni 1009 der von ihm kurz zuvor im Jahr 1007 gegründeten bischöflichen Kirche von Bamberg schenkte,[83] wo er künftig seine bevorzugte Residenz nahm. Es liegt die Vermutung nahe, dass er dadurch eine Kontinuitätsbrücke zwischen der altehrwürdigen kaiserlichen Tradition Regensburgs und seiner Neugründung Bamberg schlagen wollte.[84]

Latron/Lateran

Im Zusammenhang mit der Alten Kapelle ist auch auf den Latron/Lateran einzugehen, eine Bezeichnung, die in der Mitte des 13. Jahrhunderts erstmals in Urkunden als Name für ein Häuserviertel südlich der Schwarzen Bärenstraße zwischen Schäffner-, Weißer-Lilien- und Königsstraße begegnet und sich gegen Ende des 17. Jahrhunderts wieder verliert.[85] Dieser Bereich, in dem sich früh eine Massierung von Königsgut nachweisen lässt, grenzte unmittelbar an die Alte Kapelle an.[86] Die Zuordnung dieses Bezirks zur Pfalz am Alten Kornmarkt darf allerdings nicht nur wegen der räumlichen Nähe als weitgehend gesichert angenommen werden. In ihm liegen auch einige der Höfe, die Bischöfen als Herberge dienten, wenn sie an den in der Pfalz tagenden Reichsversammlungen teilnahmen.[87] Auch der Eintrag im niederbayerischen Herzogsurbar aus dem Ende des 13. Jahrhunderts, wonach *der pfallentzgraf von dem Rottal an dez hertzogen stat sitzen [soll] in dem Latran, vnd sol rihten veber dem hertzogen*,[88] weist den Latron/Lateran als Gerichtsstätte dem Pfalzbereich zu und erinnert an die Stadtbeschreibung der Translatio Sancti Dionysii Areopagitae aus dem 11. Jahrhundert, wonach die Aufgabe, die der Herzog im Pfalzbereich wahrzunehmen hatte, darin bestand, den Vorsitz im Gericht zu führen.[89] Sollte die Bezeichnung Latron/Lateran vom Lateranpalast in Rom abgeleitet sein und der Titel *mater aecclesia*, mit dem Heinrich II. die Alte Kapelle auszeichnete,[90] auf den Titel *caput ecclesiarum, matrix ecclesiarum, magistra ecclesiarum*[91] der Lateranbasilika in Rom anspielen, dann wäre dies ein Beleg für die Existenz der Ideenwelt einer Roma secunda in Regensburg, die sowohl mit Ludwig dem Deutschen wie mit Heinrich II. in Verbindung gebracht werden kann.[92] Der besondere Rang der Alten Kapelle in ihrer Funktion als Pfalzkapelle und Repräsentantin der sakralen Komponente des Königtums Ludwigs des Deutschen und Heinrichs II. würde dadurch eine Bestätigung und imperiale Überhöhung erfahren.

Zweifellos bedeutete die Schenkung an die Kirche von Bamberg im Jahr 1009 eine tiefe Zäsur in der Entwicklung der Alten Kapelle, denn sie schied dadurch aus dem unmittelbaren Bereich des Königtums aus, auch wenn sie zunächst noch über die Bamberger Reichskirche mit dem Königtum in Kontakt blieb. Letztlich wurde sie aber zu einem bischöflich-bambergischen Eigenstift, das bis zum Ende des Alten Reiches von einem Bamberger Domherrn als Stiftspropst geleitet wurde. Dennoch gingen die Verbindung zum Königtum und die Bedeutung für das Königtum in Regensburg mit der Schenkung von 1009 nicht vollkommen verloren, denn ungeachtet der Übertragung an Bamberg erfüllte die Alte Kapelle offensichtlich bis in die Stauferzeit während der Königsaufenthalte in der Stadt auch weiterhin – wenigstens gelegentlich – die Funktion der königlichen Pfalzkapelle.[93] Ungeachtet der besitzrechtlichen Veränderung lebte in der Alten Kapelle auch die Erinnerung an die Zugehörigkeit zum Königtum weiter und wurde in gewisser Weise bewusst gepflegt. Als Beleg dafür kann gelten, dass im Spätmittelalter der Todestag Karls des Großen in der Alten Kapelle feierlich begangen wurde.[94]

Abb. 24
Die Alte Kapelle in romanisch-historisierender Form. Dargestellt als Votivgabe hinter der Skulptur des heiligen Kaisers Heinrich II. am Hochaltar der Alten Kapelle.
Holz, geschnitzt und vergoldet. Bildhauer Simon Sorg (1719–1792).
Regensburg, 1769/1776.

TRACTANDO IUSTUM · DISCERNITE SEMPER HONESTV̄ ·
UTILE CONUENIAT · CONSULTUM LEGIS UT OPTAT ·
SOLUIMUS ECCE TIBI · REX CENSUM IURE PERENNI ·
CLEMENS ESTO TUIS · NOS REDDIMUS ISTA QUOTANNIS ·

Heinrich II. als zweiter Gründer der Alten Kapelle in Regensburg

BERND SCHNEIDMÜLLER

Am 16. November 1002 beurkundete König Heinrich II. (reg. 1002–1024, als Kaiser seit 1014) die Erneuerung der Alten Kapelle in Regensburg von Grund auf, die Besserung ihrer kirchlichen Rechtsstellung und die Gewährung königlicher Freiheit.[95] Vier Tage später und nochmals am 8. Februar 1004 folgten Güterschenkungen.[96] Doch schon am 1. Juni 1009 übertrug der Herrscher die Alte Kapelle an das 1007 begründete Bistum Bamberg, das fortan für viele Jahrhunderte die Geschichte des ehrwürdigen Instituts prägte und seinen bedeutenden Fernbesitz in allernächster Umgebung des Regensburger Bischofs pflegte.[97] Die Förderung von 1002 und die Schenkung von 1009 gehören zur großen Geschichte jenes Königs und Kaisers, der als einziger Herrscher des deutschen Mittelalters bis heute als Heiliger verehrt wird.[98] Motive und Absichten seines für die Geschichte der Alten Kapelle so einschneidenden Handelns sind nur im Blick auf die Herrscherpersönlichkeit und die Politik in Kirche und Reich zu erhellen. Nicht im Sinn einer umfassenden biographischen Schilderung kann das hier geschehen.[99] Auch die Einfügung von Heinrichs Verfügungen in die lange Geschichte der Alten Kapelle mit ihren karolingerzeitlichen Voraussetzungen und langen Wirkungen bis an die Schwelle der Moderne ist hier nicht zu analysieren.[100] Der Blick richtet sich vielmehr auf Heinrich II. als zweiten Gründer der Alten Kapelle wie als konsequenten Förderer der Bamberger Bistumsgründung, dessen Maßnahmen aus seinem Gestaltungswillen wie aus seiner hartnäckigen Gegnerschaft zu Bischof Gebhard I. von Regensburg (reg. 995–1023)[101] resultierten. In fünf Schritten sollen der besondere Rang der bayerischen Heinrichslinie, die Wege Heinrichs II. zum Königtum, die Ordnung von Geschichte und Recht aus der Rückschau des Siegers, die Regensburger Prägung des Liudolfingers und sein Handeln am Hauptort des bayerischen Herzogtums skizziert werden.

◁ Abb. 25
Krönungsbild König Heinrichs II. (reg. 1002–1024, als Kaiser seit 1014) und seiner Frau Kunigunde. Deckfarben, Gold. Pergament, 42,5 cm x 32 cm. Reichenau, zwischen 1007 und 1012. Entnommen dem Perikopenbuch Heinrichs II. Die Miniatur ist zweigeteilt. Sie zeigt oben Christus, wie er dem Königspaar Heinrich und Kunigunde Kronen auf die Häupter setzt. Petrus und Paulus wirken dabei als Vermittler. Der untere Teil der Miniatur wird als eine Personifikation der „Roma" gedeutet, der „Germania" und „Gallia" zur Seite stehen. Die Inschriften lauten oben: *TRACTANDO IUSTUM DISCERNITE SEMPER HONESTUM. UTILE CONVENIAT. CONSULTUM LEGIS UT OPTAT* (Wenn es um das Recht geht, entscheidet immer nach dem, was ehrenhaft ist. Das Nützliche möge sich finden, wie der Rat des Gesetzes es verlangt.), unten: *SOLVIMUS ECCE TIBI. REX CENSUM IURE PERENNI CLEMENS ESTO TUIS. NOS REDDIMUS ISTA QUOTANNIS.* (Siehe, wir zahlen Dir König, unsere Abgaben nach dauerhaftem Recht. Sei gnädig den Deinen, wir erbringen diese so viele Jahre). München, Bayerische Staatsbibliothek, Clm 4452, fol. 2r.

Die Heinriche auf dem Weg zum Königtum 936–1002

Lang gerieten die Wege Heinrichs II. zur unangefochtenen Königsherrschaft im Jahr 1002/1003 in doppelter Weise. In heftigen Auseinandersetzungen waren sein Großvater und sein Vater von der Königsherrschaft ausgeschlossen worden. Damals setzten sich die Thronfolge des erstgeborenen Königssohns und die Unteilbarkeit des Reichs als wichtige Nachfolgeprinzipien der alteuropäischen Monarchie durch.[102] In fränkischer Zeit waren Reich und Herrschaft noch unter allen legitim geborenen Königssöhnen aufgeteilt worden. Doch die zunehmende Formierung des ostfränkisch-deutschen Reichs nach 888, die Verfestigung adliger Mitspracherechte und die Etablierung der neuen Dynastie der Liudolfinger/Ottonen seit 919 brachten eine revolutionäre Veränderung in der Sukzession mit sich. 936 folgte Otto I. der Große (reg. 936–973) seinem Vater Heinrich I. nach, der offenbar selbst noch zu Lebzeiten – entweder 929/930 oder 936 – seine jüngeren Söhne Heinrich und Brun von der Königsherrschaft ausgeschlossen hatte.[103]

Während Brun in der geistlichen Laufbahn bis zum Erzbischof von Köln aufstieg, fand sich Heinrich mit dem Verlust der Krone nicht leicht ab und forderte sein legitimes Recht auf das Königtum gewaltsam ein. Die Spannungen fing der Mönch Widukind von Corvey später in seiner Sachsengeschichte in einer knappen Notiz zur Aachener Wahl und Krönung Ottos I. ein. Auch wenn die Nachrichten heute in ihrem Zeugniswert für den Ablauf der Ereignisse kontrovers diskutiert werden,[104] beobachtete der Corveyer Mönch den Riss durch die Königsfamilie gewiss ganz richtig: Als die Herzöge des Reichs beim Krönungsmahl Ottos in der Aachener Pfalz ihren symbolischen Dienst versahen, fehlte in der illustren Runde Siegfried, „der hervorragendste Sachse und der zweite nach dem König, Schwager des früheren Königs, nun ebenso mit dem König verschwägert“. Er „verwaltete zu dieser Zeit Sachsen, damit unterdessen nicht ein feindlicher Einfall geschehe, und hatte als sein Erzieher den jungen Heinrich bei sich“.[105]

Dass die Abwesenheit Heinrichs kein Zufall war, ergab sich aus wiederholten Konflikten unter den beiden Brüdern, die bis 941 mehrfach das Reich erschütterten. Nur aus der Perspektive Ottos I. erschienen die Auflehnungen Heinrichs als Verschwörung oder Rebellion, während der übergangene Königssohn aus eigener Überzeugung nur sein gutes Recht einforderte.[106] Eine kurzzeitige Ausstattung Heinrichs mit dem Herzogtum in Lotharingien brachte keine Lösung. Erst die Erhebung Heinrichs zum bayerischen Herzog 948 als Ergebnis der Aussöhnung im Königshaus leitete ein tragfähiges Miteinander ein. Es bewährte sich im ersten Italienzug Ottos I., als Heinrich Adelheid, die zweite Gemahlin Ottos, zu ihrem neuen Gemahl geleitete. 953 stützte der bayerische Herzog seinen Bruder erneut in einem gefährlichen Aufstand des Königssohns Liudolf. Die Zuweisung des bayerischen Herzogtums an Heinrich diente nicht allein der angemessenen Ausstattung des unruhigen Liudolfingers, sondern führte auch eines der wichtigsten Herzogtümer näher an die neue Königsfamilie heran. Seine Ehe mit der luitpoldingischen Prinzessin Judith, der Tochter Herzog Arnulfs von Bayern († 937), ebnete dem aus Sachsen stammenden Herzog die Wege in sein neues Herrschaftsgebiet mit dem Zentrum Regensburg, das Thietmar von Merseburg im frühen 11. Jahrhundert als Hauptstadt des bayerischen Reichs (*Bawarii caput regni*) bezeichnete.[107] Hier gründete das Herzogspaar das der Muttergottes gewidmete Kanonissenstift Niedermünster, das zur Grablege von Heinrich und Judith wurde und ihre Memoria bewahrte. Die Ausbildung der frühstädtischen Sakrallandschaft im alten Zentrum des bayerischen Herzogtums ist trotz aller bayerischen Voraussetzungen ohne die gestaltenden liudolfingischen Impulse und den Willen zur Anknüpfung an die karolingische Königstradition nicht denkbar.

Ihren Anspruch auf monarchischen Rang bewahrten sich die nunmehr bayerischen Heinriche[108] auch in den nächsten beiden Generationen. Herzog Heinrich II. von Bayern († 995), dem Spätere den Beinamen „der Zänker“ beilegten, gab seinem königlichen Herkunftsbewusstsein durch die Ehe mit Gisela, der Tochter König Konrads von Burgund, Ausdruck. Als Otto der Große 973 starb und seine Herrschaft auf den bereits 961 zum Mitkönig und 967 zum Mitkaiser erhobenen gleichnamigen Sohn überging, trug auch der zweite Ottone dem Rang der Heinriche Rechnung. Am 27. Juni 973 ehrte er nicht nur deren geistliches Zentrum Niedermünster in Regensburg durch Güterschenkungen,[109] sondern wies auf Betreiben seiner Mutter Adelheid dem geliebten, namentlich nicht genannten Vetter, dem Herzog der Bayern, die Stadt Bamberg (*civitas […] Papinberc*) und den Ort Stegaurach zu.[110] Dies war wichtiger ottonischer Besitz im östlichen Franken. Nach Bamberg hatte Otto der Große 964 seinen italienischen Rivalen Berengar verbannt, der in dieser Königsburg 966 gestorben und beigesetzt worden war.[111]

Dem Ausgleichsversuch in der liudolfingischen Familie blieb kein Erfolg beschieden. 974 verschwor sich Herzog Heinrich II. von Bayern mit den Herzögen von Polen und Böhmen gegen den kaiserlichen Vetter. Beim Griff nach der Krone fand er die Unterstützung seiner

Bayern, der Angehörigen der alten luitpoldingischen Herzogsfamilie ebenso wie die Bischof Abrahams von Freising. 974 in Ingelheim in Haft genommen und 976 entwichen, endete der Kampf, als Otto II. Regensburg eroberte und 978 Heinrich in Utrecht inhaftieren ließ. Die Zuweisung des bayerischen Herzogtums an Herzog Otto von Schwaben und die Abspaltung Kärntens als eigenständiges Herzogtum, das an den Luitpoldinger Berthold fiel, sollten die Herzogsherrschaft der Heinriche beenden. Reflexe des Unrechtsbewusstseins hatten sich indes erhalten, denn noch waren die neuen Normen der Individualsukzession auf dem Thron nicht so verfestigt, dass man Heinrich als Hochverräter hingerichtet hätte. Die Huld der beiden ersten Ottonen begleitete die erfolglosen Versuche des Sohnes wie des Enkels König Heinrichs I. zur Einforderung eines Rechts, das bis 936 ganz legitim gewesen wäre.

Aus dieser Perspektive erklärt sich auch der Anspruch auf die Macht im Reich, den Heinrich beim unerwarteten Tod Ottos II. 983 erhob. Der Kaiser hatte zwar noch zu Lebzeiten seinen 980 geborenen Sohn Otto als Kleinkind zum Mitkönig wählen und in Aachen krönen lassen. Doch in den Turbulenzen um Ottos II. Tod kam Heinrich frei, bemächtigte sich des Kindkönigs, wurde im März 984 in Magdeburg als Herrscher gefeiert und zu Ostern 984 in Quedlinburg als König ausgerufen.[112] Geschickt hatte Heinrich die Erinnerungsorte seines königlichen Großvaters Heinrich I. und seines kaiserlichen Onkels Otto I. für den Zug nach Sachsen genutzt. Nur dem beherzten Eingreifen seiner aus Italien kommenden Großmutter und seiner Mutter, der Kaiserinnen Adelheid und Theophanu, verdankte Otto III. das politische Überleben. Ein mühsam erzielter Vergleich, der Heinrich die Hoffnung aufs Königtum raubte, wurde im Frühsommer 984 in Rohr erzielt und im Juni 985 in Frankfurt am Main in Szene gesetzt: Heinrich unterwarf sich in aller Form (*deditio*), wurde von den beiden Kaiserinnen in Gnaden wieder aufgenommen und erhielt sein bayerisches Herzogtum zurück. Bei einer Bekräftigungskrönung Ottos III. zu Ostern 986 in Quedlinburg leistete Heinrich für seinen Griff nach der Krone an diesem Ort Genugtuung und versah den Tischdienst. Solche Symbolakte begleiteten im Spielregelsystem der Zeit die öffentlich präsentierte Konfliktbeilegung.[113] Bald fielen die verlorenen Gebiete wieder an den Bayernherzog zurück, 989 Kärnten, 993 die Marken Verona und Friaul. Fast vollständig hatte Heinrich die Herrschaft des Vaters wiederhergestellt. Dass der Zänker 995 sein Grab im alten liudolfingischen Kanonissenstift Gandersheim[114] fand, bezeugt noch einmal die alten sächsischen Bindungen wie Hoffnungen der Heinriche. Des Zänkers Frau, die burgundische Königstochter Gisela, wurde vom inzwischen zum König aufgestiegenen Sohn Heinrich 1007 wieder im alten Hausstift der bayerischen Liudolfinger beigesetzt, in Niedermünster in Regensburg.

Der Ausgleich von 984/985 hielt viele Jahre. Unangefochten gelang 995 die Nachfolge im bayerischen Herzogtum, als Heinrich – in der bayerischen Zählung Heinrich IV., als König seit 1002 dann Heinrich II. – seinem gleichnamigen Vater folgte. Seinen jüngeren Bruder Brun wies man in die geistliche Laufbahn ein. Während der Königsherrschaft Heinrichs II. stieg er 1006 zum Bischof von Augsburg auf. Die nach der Mutter benannte Schwester Gisela heiratete Ende 997 den ungarischen Herrscher Waik, der nach seiner Taufe als Stephan I. das christliche Königtum in Ungarn begründete und später – wie auch sein Schwager Heinrich II. – heiliggesprochen wurde.

Heinrich II. auf dem Weg zum Königtum 1002–1003

Herzog Heinrich IV. erwies sich als treuer Gefolgsmann seines kaiserlichen Herrn Otto III. Noch als er zum Nachfolger im Königtum aufgestiegen war, benannte er den verstorbenen Großcousin wiederholt als früheren Lehnsherrn und widmete seiner Erinnerung zahlreiche

Abb. 26 ▷
Heinrich II. als König. Deckfarben, Gold, Minuskel in Gold und brauner Tinte. Pergament, 29,8 cm x 24,1 cm. Entnommen dem Sakramentar König Heinrichs II. Regensburg, zwischen 1002 und 1014.
Die Miniatur zeigt Heinrich II., den Stifter der Handschrift, der von Christus gekrönt wird, während zwei Engel ihm Lanze und Schwert übergeben; die Heiligen Ulrich und Emmeram stützen seine Arme. Die Inschriften geben den Bildsinn wieder. Folgende Inschrift umrahmt den König, die beiden Heiligen und die Engel:
ECCE CORONATUR DIVINITUS ATQUE BEATUR REX PIUS HEINRICUS PROAVORUM STIRPE POLOSUS. HUIUS ÔDALRICUS COR REGIS SIGNET ET ACTUS, EMMERAMMUS EI FAVEAT SOLAMINE DULCI. PROPULSANS CURAM SIBI CONFERT ANGELUS HASTAM, APTAT ET HIC ENSEM CUI PRAESIGNANDO TIMOREM.
(Siehe, von Gott wird gekrönt und gesegnet der fromme, durch den Stamm seiner Ahnen hochberühmte König Heinrich. Ulrich möge das Herz und die Taten des Königs segnen, Emmeram möge ihn mit süßem Trost beglücken. Ein Engel bringt ihm die Lanze und wehrt dadurch ängstliche Sorge von ihm ab; der andere übergibt ihm das Schwert, mit dem er Furcht verbreiten wird.)
Im Rahmen der Mandorla Christi steht:
CLEMENS, CHRISTE, TUO LONGUM DA VIVERE CHRISTO, UT TIBI DEVOTUS NON PERDAT TEMPORIS USUS.
(Christus, gib deinem Gesalbten gnädig ein langes Leben, dass er, dir ergeben, den Gebrauch der Zeit nicht vergeudet.)
München, Bayerische Staatsbibliothek, Clm 4456, fol. 11r.

bedeutende Kirchenstiftungen.[115] Doch in den Jahren von Ottos Kaisertum bis 1002 hatte der bayerische Herzog die Hoffnung seiner Väter auf das Königtum wohl begraben. Seine Ehe mit Kunigunde, einer edlen Dame aus dem moselfränkischen Geschlecht der Luxemburger, bahnte Heinrich manche Wege in die Adelsgesellschaft des Reichs.[116] In der Italienpolitik diente er wie die anderen Großen seinem Kaiser. Aber mitten in den Verhandlungen um eine Ehe mit einer byzantinischen Prinzessin starb Otto III. unerwartet, erst 21-jährig und ohne Kinder, im Januar 1002 in Paterno. Nur mit Mühen vermochte seine Gefolgschaft die Leiche ins nordalpine Reich zu geleiten, da sich in Oberitalien sogleich Aufstände gegen die ottonische Herrschaft ausbreiteten. Als der Bayernherzog Heinrich in Polling auf den Leichenzug stieß, stand sein Wille zur Nachfolge fest. Wie bei allen früheren Thronfolgen seit 936 griff die bayerische Heinrichslinie erneut zu und nutzte ihren Anspruch auf die Herkunft von König Heinrich I. im Mannesstamm. Da die Ottonen 1002 ganz ohne männliche Leibeserben waren, gestaltete sich die Nachfolge schwierig. Dabei demonstrierte Heinrich seinen Anspruch auf den Thron sehr geschickt, indem er sogleich den üblichen Dienst des Sohnes am verstorbenen Vater verrichtete: Auf seinen Schultern trug er den toten Kaiser in feierlicher Prozession, so wie es später Heinrich III. mit dem toten Kaiser Konrad II. in Speyer tat.[117] Schon in Polling hatte Heinrich die Reichsinsignien an sich gebracht und die Herausgabe der vorausgeschickten Heiligen Lanze als des wichtigsten Herrschaftszeichens der ottonischen Könige wie als Unterpfand ihrer Unbesiegbarkeit durch die Gefangennahme Erzbischof Heriberts von Köln erpresst. Außerdem sollten die Großen durch Versprechungen für eine Königskandidatur gewonnen werden. Schließlich ließ der Bayernherzog noch die Eingeweide Ottos III. in Sankt Afra in Augsburg beisetzen, um dann den Leichenzug nach Aachen zu entlassen.[118]

Doch Heinrich hatte mächtige Gegner. Sie akzeptierten seinen Thronanspruch als Liudolfinger nicht, warfen ihm vielmehr mangelnde Eignung vor. Als Otto III. zu Ostern 1002 im Aachener Marienmünster, in der Nähe der Gruft Karls des Großen, bestattet wurde, fand der hier anwesende Herzog Hermann II. von Schwaben breite Zustimmung der Fürsten für einen Königsplan. In Sachsen meldeten Markgraf Ekkehard von Meißen und Graf Brun Ansprüche auf die Krone an. Im Ringen um den Konsens der Sachsen wurde Ekkehard ermordet, und auch Brun vermochte keine Erfolge zu erzielen. Hermann II. von Schwaben blieb der schärfste Rivale. In einem Reich ohne verbindliche Verfassung bedeutete der Ausfall der direkten Königslinie stets eine Krise. Über Wochen und Monate zogen sich die Debatten über die richtige Nachfolge hin. In solche Kontroversen setzte Heinrich ein markantes Zeichen. Mühsam hatte er sich, unterstützt von seinen bayerischen Gefolgsleuten, den Weg nach Mainz gebahnt, wo er im Juni 1002 von Großen aus Franken und Oberlothringern – ohne Wissen der Sachsen, ohne Beteiligung von Niederlothringern wie Thüringern und gegen den Willen der Schwaben – zum König gewählt und am 7. Juni 1002 von Erzbischof Willigis von Mainz gekrönt und gesalbt wurde.[119]

Doch Wahl und Salbung verschafften angesichts der Rivalen zunächst nur einen kleinen Vorteil. Heinrich II. benötigte einen langen Umritt durchs Reich mit heftigen kriegerischen Auseinandersetzungen, wiederholten Wahl- und Konsensakten des Adels in den Teilen des Reichs und mehreren Symbolhandlungen, bis die Durchsetzung an der Jahreswende 1002/03 endlich gelungen war.[120] Heinrichs Weg zum Königtum gehörte damit zu den schwierigsten und langwierigsten Thronfolgen im mittelalterlichen Reich. Schon diese Mühen widerlegen die Vorstellung, der einzig verbliebene Liudolfinger im Mannesstamm hätte seinen ottonischen Verwandten einfach beerbt.

Feldzüge gegen Herzog Hermann im Juni 1002 bis zum Bodensee brachten keine Lösung. Über Bamberg und Thüringen zog der angefochtene König nach Sachsen, wo ihm noch im

ECCE TRIUMPHATIS TERRARUM PARTIB; ORBIS
INNUMERE GENTES DOMINANTIS IUSSA GERENTES
MUNERIB; MULTIS VENERANTUR CULMEN HONORIS
TALIA NUNC GAUDE FIERI REX O BENEDICTE
NAM DITIONE TUA SUNT OMNIA IURA SUBACTA
HEC MODO SUSCIPIAS CELIS SUMTURE CORONAS

Juli 1002 die sächsischen Großen huldigten. Heinrich hatte ihr Recht als bisheriges Reichsvolk geschickt anerkannt. Herzog Bernhard von Sachsen nahm es stellvertretend für sein Volk wahr, übergab dem neuen König die Heilige Lanze als Herrschaftszeichen und wies ihn so in die Herrschaft ein. In der Pfalz Grone (bei Göttingen) traf der König seine Gemahlin Kunigunde und zog mit ihr nach Paderborn, wo Erzbischof Willigis von Mainz sie am Laurentiustag (10. August 1002) zur Königin weihte. Der Festtag war geschickt gewählt, denn Laurentius wurde als Siegesheiliger der ottonischen Monarchie verehrt: Am 10. August 955 hatte Otto der Große auf dem Lechfeld die Ungarn besiegt und eine Bistumsgründung zu Ehren des Heiligen gelobt. Dieses Bistum Merseburg, schon unter Otto II. wieder eingegangen, sollte wenig später von Heinrich II. kraftvoll wiedererrichtet werden.[121]

Auf dem weiteren Umritt durchs Reich folgten in Duisburg am 18. August der Empfang durch Erzbischof Heribert von Köln wie durch die Bischöfe von Cambrai und Lüttich, vom 24. bis 27. August ein Zug über Nimwegen nach Utrecht und am 8./9. September in Aachen – nach der Huldigung der Lothringer – die Setzung auf den Thron Karls des Großen. Programmatisch war für diese Traditionspflege an den Gräbern Karls des Großen und Ottos III. der hohe Festtag Mariae Geburt gewählt worden. Nun stand der Anerkennung Heinrichs durch seinen großen Rivalen Hermann von Schwaben nichts mehr im Weg. Am 1. Oktober 1002 unterwarf sich der Herzog dem neuen König in Bruchsal und „erlangte seine barmherzige Gnade“[122]. Über Augsburg ging die Reise nach Regensburg, in das Zentrum aus der bayerischen Herzogszeit. Dass der König im November 1002 endlich „nach Hause kam“, lässt der Bericht Thietmars von Merseburg deutlich erkennen: „Der König reiste nach Bayern, um ihnen durch seine Ankunft und ganze Zuneigung zu zeigen, daß er sie vorzugsweise unter allen anderen liebe. Den nach Regensburg Kommenden empfing Gebhard, der dortige wackere Bischof, unter dem Jubel des Klerus wie des ganzen Volkes und erwies ihm viele Ehren, als er hier das Fest des heiligen Martin feierte“.[123] Vom 11. bis zum 24. November verweilte Heinrich in Regensburg, so lange wie an keiner Station zuvor auf dem ruhelosen Zug durchs Reich. Die bislang ungewohnte Stetigkeit nutzte die Kanzlei zur Ausstellung von elf Urkunden, darunter die beiden Stücke für die Alte Kapelle.

Dann ging die Reise weiter. In Frankfurt am Main feierte der König das Weihnachtsfest und empfing erneut Hermann von Schwaben. Am 15. Januar 1003 weilte Heinrich schon wieder in Diedenhofen. Trotz mancher Schwächung durch seine „angeborene Kränklichkeit“[124] zog er nach Aachen und beging das Jahresgedächtnis seines früheren Herrn. Am Grab des Vorgängers stellte er sich noch einmal in dessen monarchische Tradition. Maastricht, Lüttich, erneut Aachen, Köln, Nimwegen, Minden, Hildesheim, Magdeburg und Quedlinburg waren die nächsten Stationen ruheloser Reisen, die fortan Heinrichs ganzes Leben prägen sollten.

Ein Jahr hatte der Weg des Bayernherzogs durchs Reich zum unangefochtenen Königtum gedauert. Am Ende mühevoller und gefährlicher Züge stand der Triumph. Bischof Leo von Vercelli kleidete das stolze Selbstbewusstsein schon früh in rühmende Worte:

> „Bayern jubelt im Triumph, das tapfere Franken muß dienen,
> nach niedergedrückter Untreue beugt Schwaben den Hals,
> die Hand reicht Lothringen, auch Thüringen ist treu,
> kriegerisch eilt Sachsen herbei, um sich zu unterwerfen.
> Der Slave erhält schimpflich das übliche Joch,
> damit er unter Tributzahlungen diene, so wie er es früher machte“.[125]

Dieser Ton trifft die Dinge. Mit Heinrich II. begann eine regelrechte Bajuwarisierung des Reichs. Er tauschte die politische Umgebung seines Vorgängers weitgehend aus, schuf sich eine loyale Helferschicht vor allem bayerischer Geistlicher, entschied sich für eine Wende

◁ Abb. 27
Heinrich II. (reg. 1002–1024, als Kaiser seit 1014) als König.
Deckfarben, Gold, Minuskel in Gold und brauner Tinte. Pergament, 29,8 cm x 24,1 cm. Entnommen aus dem Sakramentar König Heinrichs II. Regensburg, zwischen 1002 und 1014.
Die Miniatur zeigt Heinrich gekrönt auf einem Thron, unter einem Baldachin. Über seinem Haupt die Hand Gottes. Ihn begleiten seine Waffenträger, mit Füllhörnern huldigende Provinzen nähern sich ihm. Über und unter ihm steht die Inschrift:
ECCE TRIUMPHATIS
TERRARUM PARTIBUS
ORBIS
INNUMERE GENTES
DOMINANTIA IUSSA
GERENTES
MUNERIBUS MULTIS
VENERANTUR CULMEN
HONORIS.
TALIA NUNC GAUDE FIERI
REX O BENEDICTE
NAM DITIONE TUA SUNT
OMNIA IURA SUBACTA,
HEC MODO SUSCIPIAS,
CELI SUMPTURE
CORONAS.
(Siehe, nachdem die Teile des Erdkreises besiegt sind, führen unzählige Völker die Befehle des Herrschers aus und verehren mit vielen Geschenken den Gipfel der Ehre. Freue dich, gesegneter König, dass jetzt solches geschieht, denn deiner Macht ist alles Recht unterworfen. Nimm dieses jetzt an, künftig wirst du die himmlischen Kronen erlangen.)
München, Bayerische Staatsbibliothek, Clm 4456, fol. 11v.

der Politik gegenüber den östlichen Nachbarn des Reichs, setzte neue räumliche und inhaltliche Schwerpunkte.[126] Bevor dieser Neubeginn auf Regensburger Fundamenten gewürdigt wird, sollen uns die Umdeutung der ottonischen Königsgeschichte und die neue Formulierung der Herrschaftsansprüche Heinrichs auf das Reich beschäftigen.

Die Ordnung von Geschichte und Recht

Aus der Rückschau ordneten die Sieger die Geschichte der Heinriche bis zum Königtum Heinrichs II., der seine Herrschaftsidee aus dem erblichen Recht über ein ungeteiltes Reich entwickelte. Recht betrachtet, schien nach 1002 alles auf diesen Erfolg hinzulaufen. Dabei entwickelten die Zeitgenossen unterschiedliche Verstehensmodelle, die erst in der neuesten Forschung klarer hervortraten. Neben die sächsische Reichsgeschichte, in die Thietmar seinen König programmatisch einfügte, könnte auch ein karolingisch-lothringisch-welfisches Herkunftsmodell treten, das Bischof Adalbold von Utrecht propagierte. In genealogischen Herleitungen der Zeit wurde nicht allein die Abstammung Kunigundes von Karl dem Großen betont, sondern die von Heinrich I. (prononciert als „Kaiser" bezeichnet, obwohl er diese Würde nie errang) ausgehende Heinrichslinie an Wertigkeit noch vor die Folge der Ottonen gerückt.[127] Solche Vielfalt ergab sich aus den vielen Wurzeln politisch-genealogischer Zuordnungen, aus denen Heinrich II. und Kunigunde lebten und in denen sie von ihrer keineswegs homogenen Umgebung begriffen wurden.

Thietmar († 1018) verdankte seinem König die Einsetzung zum Bischof von Merseburg. Indem er ihm die Hälfte seiner achtteiligen Geschichte der sächsischen Könige widmete, band er den früheren Bayernherzog mit fester Feder in die Folge des einen Heinrichs und der drei Ottonen. Dabei waren dem schreibenden Reichsbischof die Urgründe der Zwistigkeiten um die Nachfolge des Dynastiegründers wohl bekannt. Die lange Erzählung vom ungehemmt-sündenhaften Sexualleben Heinrichs I. sollte die Konfliktgeschichte des 10. Jahrhunderts erklären und stellte das Glück Heinrichs II. in das Spannungsverhältnis von Erfolg und Misserfolg des Satans, wenn der Bischof in scheinbar abgeklärter Nüchternheit die triebhafte Entgleisung Heinrichs I. und Mathildes nicht verschwieg:

> „Stärker aber als die natürliche Standhaftigkeit des Menschen ist seine Neigung zum Ausgleiten; ich will deshalb zur Abschreckung und als warnendes Beispiel den Frommen auch nicht verschweigen, wie elend er [König Heinrich I.] sich einmal verging: Am Gründonnerstage hatte er sich betrunken und unerlaubterweise in der folgenden Nacht seiner heftig widerstrebenden Gemahlin vom Teufel getrieben beigewohnt. Der Anstifter solchen Vergehens, Satan, der Schädiger menschlichen Heils, verriet diese Tat einer ehrwürdigen Dame mit den Worten: ‚Nun hat doch eben Königin Mathilde auf mein Anstiften in das Verlangen ihres Gemahls gewilligt und einen Sohn empfangen, der mir sicher ist. Nur mußt du das große Geheimnis sorgfältig hüten!' Da packte sie insgeheim tiefer Kummer, sie teilte es rasch der Königin mit und riet ihr, immer Bischöfe und Priester um sich zu haben, um gleich bei der Geburt des Knaben durch hl. Taufwasser abzuwaschen, was an ihm, wie der unselige Geist sich brüstete, zu seiner Freude geschehen sei. Und damit dankte sie Gott. Als aber der Dämon … sich getäuscht sah, schmähte er die Frau und fügte hinzu: ‚Ist auch jetzt meine Absicht durch dein schandbares Schwatzen vereitelt, das eine habe ich doch an ihm gewonnen: Meine Gefährtin, die Zwietracht, wird ihn und alle, die später seinen Lenden entstammen, niemals verlassen; nie sollen sie ruhigen Frieden genießen!' Diesen Wunsch sprach der lügnerische Wahrheitsfeind aus; hoffentlich geht er nie in Erfüllung! Doch wie die folgende Niederschrift zeigt, bestätigen viele, daß zu seiner und seines Sohnes Zeit häufig Unruhe und wenig beständige Sicherheit herrschte. In diesen Tagen aber, da Heinrich, der dritte in der Zahl der Herzöge, der zweite in der Reihe der Szepterträger, die Herrschaft angetreten hat, ist das böse Unkraut verdorrt und die strahlende Blüte heilsamen Friedens aufgebrochen; sollte ihm jetzt noch etwas Ähnliches wie seinen Vorgängern zustoßen, dann ist es nicht seine, sondern des ruchlosen Ränkeschmiedes Schuld".[128]

Die Forschung hat immer wieder Thietmars Bindung an seinen Herrscher als Beweggrund dieser Geschichtsschreibung stilisiert und dabei die vielen Passagen seiner Heinrichs-

Ferne übersehen. Die genannte Geschichte gehört gewiss in den Kontext des ambivalenten Herrscherbilds, das in manchen Passagen der Chronik zutage tritt. Sie als unbefangene Quellen für das Selbstbewusstsein des letzten Liudolfingers zu lesen, gehört zu den törichten Kühnheiten der deutschen Mittelalterforschung: Zuneigung und Distanz gehen in der Chronik vielmehr Hand in Hand, eine Re-Lecture des komplizierten Texts ist dringend geboten. Der Heinrich dieser Quelle ist Thietmars Heinrich, nicht der Heinrich II. der Wirklichkeit. Wer nur die „Hauptquellen“ kennt, übersieht die wichtigen Schlaglichter der „Nebenquellen“. Und selbst der Heinrich Thietmars bleibt am Ende der Herrscher der Resignation, wie es der Schluss der Chronik eindrucksvoll beweist:[129] Thietmar hatte mit seinem König und Kaiser schon zu viel erlebt, um die Begeisterung des Anfangs zu teilen!

In diesen Optimismus zielte dagegen die jüngere Mathildenvita, die vermutlich in Nordhausen oder Quedlinburg verfasst wurde.[130] Aus der offensichtlichen Nähe zum Sieger des Jahres 1002 wird in der Lebensbeschreibung der Königin Mathilde († 968), Gemahlin Heinrichs I., die Geschichte zurechtgerückt: Schon Otto der Erlauchte, Herzog in Sachsen († 912), hatte zwei Söhne, Thankmar und Heinrich. Nachfolger und König wurde nicht etwa der ältere, sondern der fähigere, der jüngere Bruder. 936 stellte sich die Entscheidung zwischen dem älteren Otto I. und dem jüngeren Heinrich erneut. Otto war schon vor der Königsherrschaft des Vaters, Heinrich dagegen „auf dem königlichen Thron geboren“ (*in regali solio natus*). Mathilde, die Mutter, richtete auf den jüngeren ihre besondere Liebe, so als sei es ihr einziger Sohn.[131] Gleichwohl setzte sich 936 Otto I. durch. So undenkbar die jüngere Mathildenvita in der Regierungszeit Ottos I. oder Ottos II. gewesen wäre, so unumgänglich wurde sie nach 1002 zur historischen Begründung des Heinrichs-Königtums. Wie so oft ordnete die komponierende Rückschau vergangene Wirklichkeiten aus ihrem sinnvollen Ergebnis.

Aus diesem Legitimationskartell der sächsisch-ottonischen Herleitung Heinrichs II. brach eine bislang nicht hinreichend bedachte Quelle aus. Die Vita Heinrici II imperatoris Adalbolds von Utrecht reicht zwar nur bis 1004, überliefert aber aus der engsten Umgebung des Herrschers ein regelrechtes Gegenstück zur ottonischen Geschichtsschreibung. Adalbold wurde als Schüler Notkers in der Kathedralschule von Lüttich ausgebildet, trat in die Hofkapelle Heinrichs II. ein und wurde auf sein Betreiben 1010 zum Bischof von Utrecht erhoben. In den wesentlichen Passagen folgt die Lebensbeschreibung der großen Chronik des Merseburger Amtskollegen. Die wenigen gezielten Änderungen, Streichungen und Ergänzungen sind um so beachtlicher. Konsequent strich der Biograph sämtliche sächsischen Bezüge seines Helden. Sogar die Übergabe der Heiligen Lanze durch den Sachsenherzog Bernhard in Merseburg fiel dem Vergessen des lothringischen Autors anheim. Für ihn besaß Heinrich II. keine sächsischen Vorfahren. Sowohl die Folge der drei ottonischen Kaiser als auch die Herkunft der bayerischen Heinrichslinie von König Heinrich I. wurden konsequent verschwiegen, wenn zur Nachfolge Heinrichs II. im Königtum 1002 berichtet wird:

> „Dieser hatte in jener Zeit das Herzogtum im bayerischen Reich inne, regierte sein Volk in Frieden, verbreitete den Frieden, mehrte das Vermögen der Kirchen und förderte Gesetz und Glauben. Kurz, er lebte im Herzogtum so, daß es allen gefiel, daß er vom Herzogtum zur Königsherrschaft geführt wurde, von der Lehensfahne auf den ererbten Thron hinaufgelangte. Ererbt sagen wir, weil er von Karl dem Großen väterlicherseits im siebzehnten, mütterlicherseits im sechzehnten Grade abstammte, wie wir von jenen hören, die die Abstammungsverhältnisse zu berechnen wissen. Darüber hinaus waren Otto III., nach dessen Tod er zum König erwählt wurde, und er selbst miteinander im dritten Grade blutsverwandt, denn seine Mutter war eine Tochter König Konrads“.[132]

Diese Herleitung Heinrichs II. von Karl dem Großen bereitet der genealogischen Forschung zwar Probleme,[133] aber die Botschaft Adalbolds ist klar genug: Heinrich tritt hier als Karolingerspross entgegen. Seine Verwandtschaft mit dem Vorgänger Otto III. resultierte nicht etwa von König Heinrich I. als dem Urgroßvater in männlicher Linie, sondern ergab

+ IUDICIO VOMERUM CUNEGUNDIS VIRGO PROBATUR
+ CETUS OB HOC GERUM MIRANS IPSAM VENERATUR
herembot

sich aus der gemeinsamen Herkunft vom burgundischen Königshaus der Welfen. Die von Heinrich II. so intensiv gepflegten Verwandtschaftsbande zu Otto III. konnte man in der Tat auch aus der mütterlichen Linie begründen: Otto III. war ein Enkel der burgundischen Königstochter Adelheid, Heinrich II. ein Sohn der burgundischen Königstochter Gisela. Beide Herrscher hatten nicht nur in Heinrich I., sondern auch in König Rudolf II. von Burgund einen gemeinsamen Urgroßvater.

Neben die sächsisch-liudolfingische und die karolingisch-welfische Ordnung der Geschichte trat in der „Bamberger Tafel" eine weitere Variante in Form zweier Stammbäume.[134] Der ausführlichere der beiden läßt die Geschlechterfolge der Karolinger auf Kunigunde, der knappere eine von „Kaiser" Heinrich I. ausgehende Linie der Heinriche auf Heinrich II. zulaufen, den drei Ottonen signifikant vorangestellt. Das unscheinbare Blatt, eines der frühen Zeugnisse genealogischer Darstellung überhaupt, präsentiert also die doppelte kaiserliche Abkunft des Kaiserpaars Heinrich II. und Kunigunde.[135]

Solche komplizierten Herleitungen sollen hier nicht genealogischer Verwirrung dienen. Sie bezeugen vielmehr unterschiedliche Möglichkeiten der Einfügung Heinrichs II. in die monarchischen Eliten des früheren Mittelalters: Ob er zuvorderst als Angehöriger der Heinriche, der Ottonen, der Karolinger oder der Welfen begriffen wurde, hing vom jeweiligen Darstellungszweck ab. Die Unterscheidung nach bayerischer, sächsischer oder ostfränkisch-deutscher Identität erschien einer Welt, der nationale Kategorien erst langsam heraufzogen, noch nicht vordringlich. Man wird indes nicht fehlgehen, wenn man Heinrichs ursprüngliche Prägung ganz entscheidend im süddeutsch-bayerischen Bereich verortet. Kaum König geworden, trat er in die Traditionen eines Amts ein, das seit Generationen die vielen Völker des Reichs verklammerte und sich aus dem besonderen Bezug zu den himmlischen Urgründen königlicher Legitimität begriff.

Von Heinrich II. wurde dieses Wissen in einer berühmten Urkunde für die Straßburger Bischofskirche vom 15. Januar 1003 – am Ende der Kämpfe um das Königtum und im Wissen um den Triumph über die Widersacher – in deutliche Worte gekleidet. Wieder bezog sich der neue König auf seinen Vorgänger Otto III. und beschwor die enge Verwandtschaft (*parentele et consanguinitatis affinitas*). Seinen Erfolg verdankte Heinrich der göttlichen Vorsehung, der einmütigen Wahl von Volk und Fürsten sowie der erblichen Nachfolge in eine Königsherrschaft ohne jene Teilung (*[...], ut deo praeside concors populorum et principum nobis concederetur electio et hereditaria in regnum sine aliqua divisione successio*)[136].

Im Regensburger Sakramentar, dem Hauptwerk der Regensburger Buchmalerei jener Zeit, wird das göttliche Handeln am neuen König auf Regensburger Fundamenten eindrucksvoll gezeigt, indem der Miniator seinen Herrscher in zwei Herrscherbildern präsentiert (entstanden zwischen 1002 und 1014, vermutlich am Anfang dieses Zeitraums).[137] Später wurde die Handschrift, wie auch die Alte Kapelle, zur Ausstattung des Bamberger Bistums verwendet und kam im 19. Jahrhundert mit den kostbarsten Bamberger Codices in die Bayerische Staatsbibliothek München. Nur allzu knapp kann hier auf die Botschaft dieser Bilder eingegangen werden, die in räumlicher wie zeitlicher Nähe zur Wiederbegründung der Alten Kapelle 1002 entstanden und ganz offensichtlich Vorstellungen vom Königtum aus der engsten Regensburger Umgebung des neuen Herrschers transportierten.

Das Thronbild auf der Versoseite zitiert eindeutig die Darstellung Karls des Kahlen im Codex aureus, der im 9. Jahrhundert nach Sankt Emmeram gelangte,[138] und knüpft damit an die karolingische Herrschertradition an. Heinrich II. thront unter einem Baldachin inmitten von sechs Personen, zwei waffentragende Laien und vier bekrönten Frauengestalten, die mit verhüllten Händen Füllhörner halten. Die in goldener Tinte geschriebenen Verse fangen den Sieg des Königs ein: „Siehe, nachdem die Teile des Erdkreises besiegt sind, führen unzähli-

◁ Abb. 28
Pflugscharprobe der heiligen Kunigunde.
Federzeichnung, leicht koloriert. Pergament, 28 cm x 19 cm. Entnommen aus: Vita S. Heinrici und S. Cunegundis, Handschrift, Bamberg, um 1200.
Das Blatt ist in zwei Abteilungen aufgeteilt. Die obere gibt mit erklärender Umschrift die Feuerprobe der heiligen Kunigunde wieder. Es handelt sich um die älteste Darstellung des Pflugscharwunders. Die untere Abteilung zeigt, ebenfalls mit erklärender Umschrift, den Kaiser, Bischöfe und andere, die vor der Heiligen knien. Am unteren Rand des Blattes ist „her Reinboto" mit betend erhobenen Händen dargestellt. Die Umschrift oben lautet: *IUDICIO. VOMERUM. CUNEGUNDIS. VIRGO. PROBATUR* (Die Jungfrau Kunigunde wird durch das Urteil der Pflugscharen geprüft). Die Umschrift unten lautet: *CETUS. OB. HOC. PROCERUM. MIRANS. IPSAM. VENERATUR* (Die darüber erstaunte Menge der Vornehmen verehrt sie).
Bamberg, Staatsbibliothek, R.B. Msc. 120, fol. 32v.

ge Völker die Befehle des Herrschers aus und verehren mit vielen Geschenken den Gipfel der Ehre. Freue dich, gesegneter König, daß jetzt solches geschieht, denn deiner Macht ist alles Recht unterworfen. Mögest du doch auch dies annehmen, der du die Kronen des Himmels empfangen wirst".[139]

Das Krönungsbild auf der Rectoseite präsentiert die ganz enge Verbindung, ja geradezu die Verschmelzung von König und Christus. Mit Haupt und Brust, den gesalbten Körperteilen, ragt Heinrich in die Mandorla Christi hinein und erhält vom thronenden Weltenrichter die Krone aufs Haupt. Zwei Siegesheilige aus karolingisch-ottonischer Zeit, der heilige Emmeram von Regensburg und der heilige Ulrich von Augsburg, stützen die Arme des Königs, die von zwei Engeln mit velierten Händen die Heilige Lanze und das Schwert empfangen. In einer neueren scharfsinnigen Bildinterpretation konnte gezeigt werden, wie einprägsam hier Gedanken des ottonischen Krönungsordo mit dem alttestamentlichen Vorbild des siegenden Mose verknüpft wurden. Dieses Mose-Königtum Heinrichs II. stammte direkt von Christus! Und der Herrscher erfuhr im Akt seiner Krönung die Hilfe der Heiligen, des Regensburgers Emmeram ebenso wie des Augsburgers Ulrich.[140] Die Bildumschrift entfaltet diese Botschaft: „Siehe, von Gott wird gekrönt und gesegnet der fromme, durch den Stamm seiner Ahnen erhabene König Heinrich. Ulrich möge das Herz und die Taten dieses Königs segnen, Emmeram möge ihn mit süßem Trost beglücken. Um Sorge abzuwehren, bringt ihm ein Engel die Lanze; der andere übergibt ihm das Schwert zur Verbreitung von Schrecken".[141]

Solche Präsentationen des christlichen Königtums überstrahlten die vielfältigen zeitgenössischen Verortungsmöglichkeiten von Heinrichs Herrschaft aus unterschiedlichen politischen Traditionen. Aber das Regensburger Sakramentar als herausragendes Denkmal beleuchtet gleichwohl die Regensburger Fundamente, auf denen Heinrich II. seinen Weg vom Herzog- zum Königtum antrat.

Regensburger Fundamente

Das Geburtsjahr Heinrichs II. steht nicht exakt fest. Ganz gleich, ob er am 6. Mai 973 oder am 6. Mai 978 geboren wurde: Seine Jugend war erfüllt von den Auseinandersetzungen des Vaters im Kampf um die Königsherrschaft. Die schulische Ausbildung übertraf die Standards der Zeit und insbesondere die Normalausbildung mittelalterlicher Könige bei weitem. Als König wurde Heinrich II. zum Kollegen seiner Bischöfe. An Kenntnissen und Fertigkeiten stand er ihnen nicht nach, vielen war er sogar überlegen. Manche seiner Urkunden zeichnen sich durch ein solch eigenwilliges und gekonntes Latein aus, dass man diese Formulierungskunst dem Eingreifen des Herrschers persönlich zuschreibt.[142] Für Heinrichs Ausbildung sorgten die bedeutendsten bayerischen Bischöfe der Zeit, Abraham von Freising (reg. 957–993/994) und Wolfgang von Regensburg (reg. 972–994). Außerdem besuchte der Herzogssohn noch die Domschule von Hildesheim, die damals zu den vornehmsten geistlichen Zentren des Reichs gehörte.

Prägend wurde die Begegnung mit Wolfgang, der bald nach seiner Erhebung zum Regensburger Bischof konsequent die monastische Reform in Sankt Emmeram beförderte. Unter der Leitung des aus Sankt Maximin bei Trier geholten Abtes Ramwold stieg das Kloster rasch zum führenden Reformzentrum in Bayern auf. Die geistliche Erneuerung ergriff auch die Regensburger Damenstifte Obermünster und Niedermünster. Auch wenn sich die Stifterin, die Herzogswitwe Judith, bis zu ihrem Tod 986 gegen die Reform sträubte, dürfte Bischof Wolfgang seine Erfolge nur mit Zustimmung Herzog Heinrichs des Zänkers erzielt haben. Die Bedeutung Wolfgangs für dessen Sohn war so immens, dass Thietmar von Merseburg den Regensburger Bischof später als den Lehrer schlechthin darstellte: „Bischof Wolfgang erzog den vornehmen Schüler, der dem Herrn Christus mit ganzem Eifer folgte“[143].

Beim Tod Wolfgangs 994 kam es um die Nachfolge im Regensburger Bischofsamt zu einem schweren Konflikt zwischen König Otto III. und Herzog Heinrich dem Zänker, der seinen gleichnamigen Sohn damals gerade als „Mitherzog“ für die Nachfolge aufbaute. Unser Wissen um diese Vorfälle beruht hauptsächlich auf der durchaus parteiischen Darstellung Thietmars von Merseburg. Die Kenntnisse verdankte er seinem Metropoliten, Erzbischof Tagino von Magdeburg (reg. 1004–1012).[144] Tagino aber war eine Schlüsselfigur in den Regensburger Ereignissen zwischen 994 und 1002.

Folgen wir Thietmar, so hatte Bischof Wolfgang mit größter Zielstrebigkeit und symbolhaftem Handeln auf dem Totenbett Tagino zu seinem Nachfolger auf dem Regensburger Stuhl bestimmt. Dieser Plan wurde nach Wolfgangs Tod von Otto III. vereitelt, der in seinem Reich das Recht der Bischofseinsetzung wie seine Vorgänger und Nachfolger konsequent wahrnahm.[145] Auch nach dem Ausgleich mit den bayerischen Heinrichen kam dem Bistum Regensburg 994/995 eine entscheidende Rolle als königlicher „Außenposten“ im Vorort des bayerischen Herzogs zu.[146] Im Vorfeld des Übergangs der Herzogsherrschaft hatte Heinrich der Zänker den im reformerischen Sinne erzogenen und lebenden Tagino als Bischof präsentiert. Einstimmig gewählt begab er sich zum Herrscher. Doch Otto III. bestimmte nicht ihn, sondern seinen eigenen Hofkaplan Gebhard zum Regensburger Bischof. Nur einmal, beim Empfang des neuen Königs im November 1002 in Regensburg, benennt Thietmar diesen Amtsbruder als „wacker“ (*egregius*)[147]. Ansonsten verfolgt er ihn mit bissigen Seitenhieben. Das beginnt schon beim Bericht von der Bischofserhebung in der Gegenüberstellung von Gutem (*bonum*) = Tagino und Bösem (*malum*) = Gebhard. Die Regensburger Schmach von 994/995 vergaß Tagino wohl nie.

Thietmar fügte seine Erzählung von Gebhards Nachfolge in der Rückschau an die von Heinrich II. nachdrücklich betriebene Erhebung Taginos zum Erzbischof von Magdeburg an. Mit konsequenter Hartnäckigkeit hatte der König dem Kirchenrecht Geltung verschaffen wollen und den in seinen Augen unrechtmäßig ins Amt gekommenen Erzbischof Giselher von Magdeburg[148] verfolgt. Im Angesicht seiner Verurteilung verstarb der alte Mann 1004 und machte den Weg frei für die Erhebung des bayerischen Gefolgsmanns des Königs. Im modernen Urteil hat diese Episode zu scharfen Kontroversen um den Charakter Heinrichs II. geführt.[149] Als Ergebnis bleibt festzuhalten, dass der König einen Regensburger Vertrauten der ersten Stunde endlich 1004 mit einem angemessenen geistlichen Amt ausstatten konnte, nachdem er ihn schon 1002 als neuen Propst der Alten Kapelle seinem alten Widersacher, Bischof Gebhard I. von Regensburg, gegenübergestellt hatte.

In dieser konsequenten Einkreisung des Regensburger Bischofs dürfen wir getrost eine ebenso langfristig wie hartnäckig betriebene Strategie Heinrichs II. erblicken. Diese Aussage ist deshalb wichtig, weil in der neueren historischen Forschung intensiv über Möglichkeiten diskutiert wird, ob wir überhaupt aus unserem modernen Urteilsvermögen noch Konzepte von Herrschern im Abstand von 1000 Jahren erkennen und ob wir aus den Fakten auf die Motive zurückschließen dürfen.[150] Die Regensburger Ereignisse zwischen 994/995 und 1009 machen Mut, die Politik Heinrichs II. als anti-bischöfliches Handeln zu begreifen, das sich vor allem aus personellen Animositäten erklären lässt.

Am Anfang soll Thietmars ausführlicher Bericht vom Sieg Gebhards I. über Tagino 994/995 stehen, da er das Gedächtnisvermögen aus mittelalterlichen Konflikten ebenso einfängt wie Symbolakte zur Nachfolgesicherung an der Wende vom ersten zum zweiten Jahrtausend. Thietmar wollte nicht für uns, sondern für seine geistliche Gemeinschaft in Merseburg schreiben.[151] Darum sind seine Worte erstaunlich offen und manchmal verletzend, eben gewollte Perspektiven der Zeit vor 1000 Jahren. Als Spiegel einer Welt von Heiligkeit, Sakralität, Intrigen und Persönlichkeit verdienen sie gerade in ihrer Ausführlichkeit unsere Aufmerksamkeit. Über Tagino, den neuen Erzbischof von Magdeburg, schreibt Thietmar:

> „Er war ein Geistlicher des hochwürdigsten Wolfgang, der als frommer Hirte in mönchischer Tracht und Lebensweise die Kirche von Regensburg geleitet hatte. Dem war er so lieb, daß er ihn von klein auf wie einen Sohn hielt und ihn in späteren Jahren über alle seine Güter setzte. Überdies verschaffte er ihm so hohe Huld beim Herzog und Kaiser, daß er in ihm mit Sicherheit seinen Nachfolger sah, wenn er dereinst nach Gottes Gebot von diesem Lichte scheiden sollte. Als der hochwürdigste Bischof nun in bewundernswerter Heiligkeit seine Pilgerfahrt vollendet hatte und tödlich erkrankt war, ließ er den geliebten Tagino zu sich kommen und sprach: ‚Lieber Sohn, lege deinen Mund auf den meinen und empfange so von Gott den Hauch meines Geistes, damit von der Gewalt des Höchsten und von meiner Neigung zu dir Maßhalten auf dich übergehe, wenn im Aufwallen jugendlicher Hitzigkeit die zweifache Liebe in dir erkalten sollte. Und sollte dir meine Würde vielleicht vorenthalten werden, so wirst du dich gewiß nach zehn Jahren einer höheren erfreuen, während ich bei Gott für meine Sünden büße.' Dann ließ sich der heilige Mann in die Kirche tragen, da er im Geiste sein Ende vorausspürte. Er verrichtete die Gebete, während die Brüder die übrigen Pflichten erfüllten, empfahl sich und die ihm Anvertrauten Gott und gab am 30. September in Frieden seinen frommen Geist auf. Tagino begab sich nach einstimmiger Wahl zum Kaiser, erhielt jedoch das Versprochene nicht, denn der Kaiser verlieh damals das Bistum seinem Kaplan Gebhard. Dem wurde er wohl warm empfohlen, und er genoss bei ihm auch hohes Ansehen; doch gut und schlimm passen nicht zusammen, und so blieben sie wegen ihrer ungleichen Charaktereigenschaften nicht lange beisammen. Er schloss sich nämlich sofort dem damaligen Herzog Heinrich an, gefiel auch diesem wegen seiner sauberen Haltung und Lebensführung, diente ihm bis zu dem geschilderten Tage den Bösen zur Last, den Guten zur Freude bei Tag und Nacht und mühte sich, Gott und den Menschen das Ihre zukommen zu lassen. Deshalb erfüllte der König auch aus Verehrung für den von ihm außerordentlich hoch geschätzten heiligen Mann [Handschrift 2 der Überlieferung ergänzt: „der des Königs Lehrmeister gewesen war"] dessen Voraussage, nachdem damals gerade zehn volle Jahre verflossen waren, wie Herr Tagino selbst mir oft erzählt hat".[152]

Sinn machte Wolfgangs Prophezeiung vor allem aus ordnender Rückschau. Tagino hatte es in Regensburg nach dem Sieg seines Rivalen Gebhard wohl nicht ganz leicht. Noch zu Lebzeiten des Zänkers musste ein Konflikt mit dem neuen Regensburger Bischof auf einem Hoftag Ottos III. in Magdeburg beraten werden: „Dabei wurde die lange Fehde zwischen ihm und Gebhard von Regensburg durch gute Vorschläge beigelegt". Sogleich erkrankte der Herzog tödlich in Gandersheim und wurde hier, im Stift seiner Schwester Gerberga, beigesetzt. Auf dem Sterbebett rief er den Sohn zu sich und gab ihm den letzten, entscheidenden Rat, der auch ein wenig Thietmars Harmoniebedürfnis in bewegten Zeiten spiegeln mag: „Da ließ er seinen gleichnamigen Sohn zu sich rufen und gab ihm folgende Anweisungen: ‚Zieh schnell heim, ordne die Regierung und widersetze dich niemals deinem König und Herrn! Ich fühle tiefe Reue, daß ich es einst getan habe. Denk an deinen Vater, du wirst ihn in dieser Welt nicht wiedersehen.' Der Sohn reiste gleich ab; der ruhmreiche Herzog aber sang in seiner Krankheit unablässig von Herzen das Kyrie eleison und ging am 28. August zu Christus hinüber; bestattet wurde er dort mitten in der Kirche vor dem Heiligenkreuzaltar. Auf diese Kunde hin nahm der Sohn durch Wahl und mit bairischer Unterstützung vor dem Könige des Vaters Güter in Besitz".[153]

Taginos Nähe zum Zänker übertrug sich auf dessen Sohn, den neuen Herzog. Gleichwohl erfreute sich Tagino als Kaplan der Gunst des Kaisers wie des Herzogs.[154] Seine Stunde kam 1002, als sein bayerischer Herr das Königtum erlangte. Endlich verschaffte diese Würde jene Gestaltungsmöglichkeiten, die der Herzog von Bayern in Regensburg bisher nur sehr eingeschränkt besaß. Zwar stellte König Heinrich II. niemals die Bischofswürde Gebhards I. in Zweifel. Aber er tat alles, um dem ungeliebten Regensburger Hirten seine Grenzen zu demonstrieren. Erst als König war Heinrich II. in der Lage, den Bischof und seine Domburg regelrecht einzukreisen, durch Heilige, Institutionen, Rechtsakte und Menschen.

Heinrich II., die Alte Kapelle und die Einkreisung eines Bischofs

Durch Tagino eröffnete König Heinrich II. die Jagd auf Bischof Gebhard I. Die Alte Kapelle wurde ein wichtiges Mittel zum Zweck. Seit 1002 verfügte Heinrich II. über den königlichen Besitz in Regensburg und nutzte diese neue Gestaltungskraft zielstrebig aus. Die königliche Pfalz, die unter Arnulf von Kärnten in die Nähe des Klosters Sankt Emmeram verlegt worden war, rückte er wieder an den alten karolingerzeitlichen Platz südöstlich des Doms. Am Alten Kornmarkt hatten bislang die bayerischen Heinriche ihren Herrschaftssitz gehabt, der nun zum königlichen Mittelpunkt in Regensburg erwuchs. Geistliches Zentrum dieses Areals wurde die Alte Kapelle, die damit in ihre ursprüngliche Funktion aus der Zeit Ludwigs des Deutschen einrückte.[155] Am 16. und 20. November 1002 erhielt sie zwei nahezu gleichlautende Schenkungsurkunden des Herrschers, die sich bis heute als Originale im Staatsarchiv Bamberg erhalten haben; sie dokumentieren die Übertragung der Orte Eining und Oberweiling.[156] Doch die Pergamente transportieren noch eine andere, wichtigere Botschaft. Heinrich II. verkündet zuvorderst, dass er gemeinsam mit seiner Frau Kunigunde „die Kapelle, die sie einst die Alte nannten, zu Ehren der heiligen Gottesgebärerin Maria von Grund auf zur Mutterkirche *[in matrem aecclesiam]* erhoben habe“. Das in der Urkunde genannte Präzept, mit dem der Herrscher die königliche Freiheit (*libertas regalis*) verlieh, hat sich nicht erhalten; vielleicht wurde es nach der Übertragung der Alten Kapelle an das Bistum Bamberg und dem damit einhergehenden Verlust der direkten Königsbindung kassiert. An der Alten Kapelle richtete das Herrscherpaar eine Kanonikerkongregation unter der Leitung des Abtes oder Propstes Tagino ein (*abbas vel prepositus nomine Tagini*).[157]

Die Rechtsform des weltlichen Kollegiatstifts[158] erlaubte dem Stifter erhebliche Eingriffsrechte und wertete die geistliche Gemeinschaft gegenüber einer Kapelle ganz beträchtlich auf. Der Begriff „Mutterkirche“ (*mater ecclesia*) bleibt freilich erklärungsbedürftig, da er nicht zum kirchenrechtlichen Formelgut vergleichbarer Institute gehört. Neuerdings wurde auf eine zeitgenössische Parallelstelle hingewiesen, die zwischen Kirchen (*matres et plebes*) unterschied,[159] und gefolgert: „Damit sollte offenbar neben der Domkirche eine zweite Hauptkirche in Regensburg geschaffen werden, die allein dem König unterstand – gleichsam eine Vorstufe zu Bamberg“.[160] Diese Deutung kommt den Denkmöglichkeiten der Zeit wohl näher als die These, Heinrich habe hier an die römische Lateranbasilika, die Mutter aller Kirchen, anknüpfen wollen. Selbst der in Regensburg seit dem 13. Jahrhundert fassbare entsprechende Ortsname[161] dürfte nur schwerlich eine derart weitreichende Aufwertung der Alten Kapelle im Jahr 1002 bezeugen. Bei allen Unsicherheiten wird man dem skeptischen Referat des besten Sachkenners beipflichten müssen: „Es bleibt allerdings fraglich, ob Heinrich II. für eine solche Gedankenwelt in Regensburg als Urheber in Betracht gezogen werden kann“.[162] Vielleicht deuteten erst spätere Jahrhunderte, denen die Konfliktpotentiale des Jahres 1002 nicht mehr vertraut waren, die „Mutterkirche“ Heinrichs II. zu dem um, was ihnen als *mater ecclesia* vertraut war, also zum Lateran? Ihn überhaupt mit der Alten Kapelle gleichzusetzen, fällt schon aus räumlichen Gründen schwer. Die unspezifische Bezeichnung von hervorgehobenen Kirchen als *matres* lässt sich gerade im Regensburger Sprachgebrauch des frühen 11. Jahrhunderts beobachten, der die Parallele zur Lateranbasilika sehr unwahrscheinlich macht.[163]

Plausibler erklärt sich der Begriff „Mutterkirche“ aus der anti-bischöflichen Stoßrichtung der Heinrichsurkunden vom November 1002. Für Tagino, den treuen Gefolgsmann und Kaplan aus herzoglichen Zeiten, wurden ein Amt und ein Wirkungskreis geschaffen, welche die Niederlage von 995 neutralisierten. Dem Parteigänger des neuen Königs wuchs in Regensburg ein Entfaltungspotential zu, das ihn vom Rang her fast an die Seite des Bischofs

Abb. 29 ▷
Urkunde König Heinrichs II. (reg. 1002–1024, als Kaiser seit 1014) vom 16. November 1002 über die Wiedererrichtung der Alten Kapelle in Regensburg sowie über ihre Erhebung zur Mutterkirche und die Schenkung des Ortes Eining. Pergament, 35 cm x 52,5 cm. Lateinischer Text entnommen aus: Die Urkunden Heinrichs II. und Arduins, hrsg. von Harry Bresslau (Monumenta Germaniae Historica. Diplomata regum et imperatorum Germaniae 3), Hannover 1900–1903, Nr. 26, S. 29–30. Bamberg, Staatsarchiv, Bamberger Urkunden (Münchner Abg. 1993), Nr. 15 (ex KS 194).

rückte. Noch als Erzbischof von Magdeburg brachte Tagino seine innige Bindung an das Regensburger Stift zum Ausdruck. Auf Fürsprache des einstigen Propstes (*quondam eiusdem capellae praepositus*) schenkte Heinrich II. im Februar 1004 erneut Besitz an die von ihm wiederhergestellte (*a nobis reparata*) königliche Kapelle der heiligen Maria.[164]

So war dem Regensburger Bischof 1002 in unmittelbarer Nähe des Doms eine machtvolle Konkurrenz erwachsen, die durch weitere Verfügungen noch verschärft wurde. Zwischen Juli und November 1002 übertrug Heinrich II. den Klöstern Niederalteich und Tegernsee sowie dem Bischof von Säben-Brixen Hofstätten in Regensburg.[165] Doch der neue König holte nicht allein fremde geistliche Herren in die Bischofsstadt an der Donau. Unmittelbar nach der Erhebung der Alten Kapelle zur „Mutterkirche" unter Tagino verlieh er am 20. November 1002 der eigenen, ebenfalls der Muttergottes gewidmeten Familienstiftung Niedermünster, dem auf Heinrichs Großmutter Judith zurückgehenden Zentrum des Gebetsgedenkens der bayerischen Heinriche, weitreichende Rechte. Der Königsschutz, die Immunität und das freie Wahlrecht der Äbtissin lösten das Institut weitgehend aus der Verfügungsgewalt des Bischofs. Er oder sein Beauftragter wurden in der Liste derjenigen Personen, die künftig keine Herrschaftsrechte am Kloster mehr wahrnehmen durften, ausdrücklich nach Herzog, Markgraf, Graf oder Vizegraf genannt. Prononciert nutzte Heinrich II. seine neue königliche Machtstellung, die ihm die Beförderung des Niedermünsters in ein königliches Frauenstift ermöglichte: „Mit königlichem Wort und Präzept befehlen wir deshalb" (*Regio igitur verbo et praecepto iubemus*). Wie andere Herrscher in ottonisch-salischer Zeit wandte Heinrich II. seine besondere Verehrung der Gottesmutter zu. Eine zeitgenössische Miniatur eines in Seeon hergestellten und nach Bamberg gestifteten Evangelistars zeigt diese Devotion in einem Doppelbild: Der fromme König Heinrich (*HEINRICUS REX PIUS*) bringt demütig seine Büchergabe der heiligen Gottesgebärerin Maria (*SANCTA MARIA THEOTOCOS*) dar.[166]

Die königlichen Marienkirchen, die von Ludwig dem Deutschen gestiftete Alte Kapelle, das von Herzogin Judith begründete Niedermünster und das Obermünster,[167] umgaben den Petrusdom des Bischofs. Gebhard I. erhielt – im Gegensatz zu der Alten Kapelle, zum Niedermünster, zum Obermünster und zu Sankt Emmeram – niemals eine Urkunde Heinrichs II.[168] Der König und Kaiser, der sich in einzigartiger Weise seinen Bischöfen verbunden empfand, ja sogar als „Kollege" (*simpnista*) der Bischöfe oder als „Mitbischof" (*coepiscopus*) angesprochen wurde,[169] mied nach Möglichkeit den Kontakt zum Regensburger Hirten bis zu dessen Tod 1023. Für das Oberhaupt einer bedeutenden Diözese war es schon ein Kunststück, in den echten Urkunden Heinrichs II. zwischen 1002 und 1024 nur einmal namentlich aufzutauchen. Die kopial überlieferte Zeugenreihe einer Notitia über einen Tausch Heinrichs II. mit dem Kloster Fulda von 1015, in der Gebhard als letzter der bischöflichen Testierenden auftaucht, kann hier vernachlässigt werden,[170] ebenso die indirekte Nennung des Regensburger Bischofs als möglicher Schädiger (*quod absit*) in einem Diplom Heinrichs II. für Kloster Prühl von 1009.[171] So kam Gebhards Name nur ein einziges Mal in ein königliches Pergament, als er am 1. November 1007 mit Dutzenden seiner Amtsbrüder unter den Suffraganen des Salzburger Erzbischofs das Frankfurter Synodalprotokoll über die Gründung des Bistums Bamberg unterzeichnete.[172]

Heinrich II. vergaß nicht leicht. Königliche Gunst vermochte der Regensburger Hirte nie zu erlangen. Als Zerstörer reformreligiöser Anstrengungen wie als schlechter Fortsetzer der Politik seines heiligmäßig verehrten Amtsvorgängers ging Gebhard ins historische Gedächtnis ein. Thietmar von Merseburg, kein Sprachrohr, wohl aber intimer Kenner der königlichen Umgebung, verdunkelte die Erinnerung an den Amtsbruder planmäßig. Von der Weihe des Bamberger Doms am 6. Mai 1012, dem Geburtstag des Königs, berichtet der

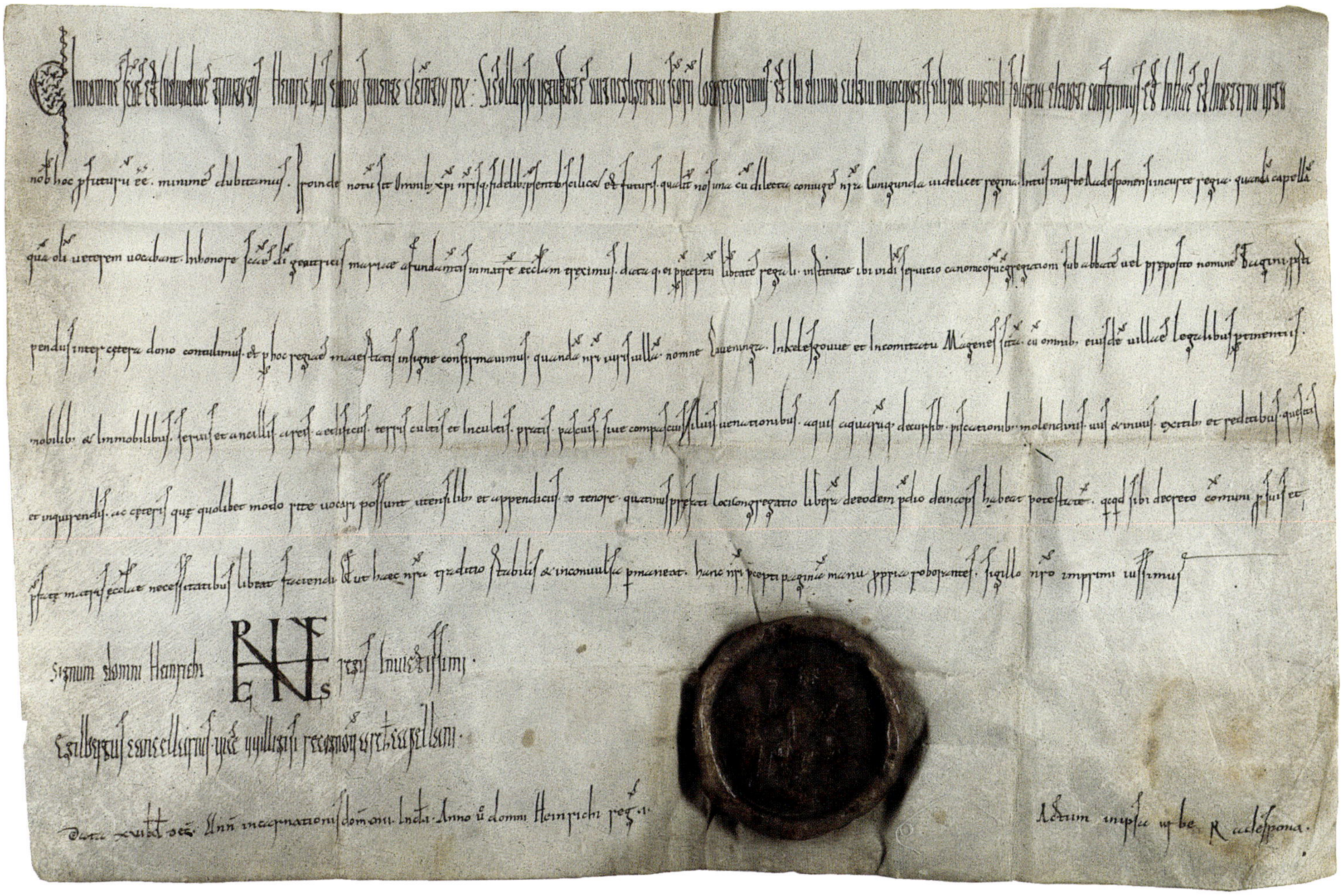

Der in lateinischer Sprache verfasste Text lautet:
In nomine sanctae et individuae trinitatis. Heinrichus divina favente clementia rex. Si collapsa vetustate aut negligentia sanctorum loca reparamus et ibi divino cultui mancipatis aliqua vivendi solatia devoti conferimus, et in hac et in aeterna vita nobis hoc profuturum esse minime dubitamus. Proinde notum sit omnibus Christi nostrisque fidelibus pręsentibus scilicet et futuris, qualiter nos una cum dilecta coniuge nostra Cunigunda videlicet regina intus in urbe Radesponensi in curte regia quandam capellam, quam olim Veterem vocabant, in honore sanctae dei genitricis Mariae a fundamentis in matrem aecclesiam ereximus, dataque ei per pręceptum libertate regali, institutae ibi in dei servicio canonicorum congregationi sub abbate vel pręposito nomine Tagini pro stipendiis inter cętera dono contulimus et per hoc regiae maiestatis insigne confirmavimus quandam nostri iuris villam nomne Ouueninga in Kelesgouue et in comitatu Mágenes sitam, cum omnibus eiusdem villae legalibus pertinentiis mobilibus et immobilibus servis et ancillis areis aedificiis terris cultis et incultis pratis pascuis sive compascuis silvis venationibus aquis aquarumque decursibus piscationibus molendinis viis et inviis exitibus et reditibus quęsitis et inquirendis ac cęteris quę quolibet modo rite vocari possunt utensilibus et appendiciis, eo tenore quatinus pręfati loci congregatio liberam de eodem pręDIO deinceps habeat potestatem quicquid sibi decreto communi pro suis et pręfate matris ęcclesiae necessitatibus libeat faciendi. Et ut haec nostra traditio stabilis et inconvulsa permaneat, hanc nostri pręcepti paginam manu propria roborantes sigillo nostro imprimi iussimus. [… Handzeichen, Datum …]

Die deutsche Übersetzung lautet:
Im Namen der heiligen und unteilbaren Dreifaltigkeit. Heinrich durch das wohlwollende Walten der göttlichen Milde König. Wenn wir die durch Alter oder Vernachlässigung zerfallenen Stätten der Heiligen erneuern und demütig gewisse Tröstungen zum Leben an diejenigen, die dort zum Gottesdienst eingesetzt sind, übertragen, so zweifeln wir keineswegs daran, dass uns dies im hiesigen und im ewigen Leben nützlich sein wird. Daher sei all denen, die Christus und uns treu sind, den gegenwärtigen wie den zukünftigen, bekannt, dass wir zusammen mit unserer geliebten Gemahlin, der Königin Kunigunde, innerhalb der Stadt Regensburg im Königshof eine gewisse Kapelle, die sie einst die Alte nannten, zu Ehren der heiligen Gottesgebärerin Maria von Grund auf zur Mutterkirche erhoben haben. Nach urkundlicher Übertragung der königlichen Freiheit haben wir der dort im Dienst an Gott eingerichteten Kanonikergemeinschaft unter dem Abt oder Propst Tagino folgendes zur Entlohnung als ein Geschenk unter anderen übertragen und durch dieses herausragende (Dokument) unserer königlichen Majestät bestätigt: Das uns gehörende Dorf Eining, im Kelsgau in der Grafschaft des Mágenes gelegen, mit allen rechtmäßig zum Dorf gehörenden Dingen, beweglichen und unbeweglichen, Knechten und Mägden, Grundstücken, Gebäuden, bebauten und unbebauten Länderein, Wiesen, Weiden und Gemeindeweiden, Wäldern, Jagdgründen, Gewässern und Wasserläufen, Fischereien, Mühlen, Wegen und Unwegen, Ausgaben und Einkünften, erworbenen und einzufordernden und allem übrigen, das irgendwie zu Recht Nutzung und Zubehör genannt werden kann. Das geschah mit der Maßgabe, dass die Gemeinschaft des vorgenannten Ortes fortan die freie Gewalt über dieses Gut haben solle zu tun, was ihr auf gemeinen Beschluss für die eigenen und die Bedürfnisse der vorgenannten Mutterkirche beliebt. Und damit diese unsere Übertragung fest und unverändert fortbestehe, haben wir diese unsere Urkunde mit eigener Hand bekräftigt und befohlen, ihr unser Siegel aufzudrücken. [… Handzeichen, Datum …]

Abb. 30 und Abb. 31
König Heinrich II.
(reg. 1002–1024, als Kaiser seit 1014) und die heilige Gottesgebärerin Maria. Deckfarben, Gold, Pergament. Beide Miniaturen jeweils 24,5 cm x 17,6 cm. Entnommen dem Evangelistar aus Kloster Seeon. Seeon, zwischen 1007 und 1014. Die beiden Miniaturen bilden das Dedikationsbild. Der König überreicht das Buch der Muttergottes. Über dem König steht *HEINRICUS REX PIUS* (Heinrich, der fromme König), über Maria steht *SCA* (Sancta) *MARIA THEOTOCOS* (heilige Gottesgebärerin Maria). Bamberg, Staatsbibliothek, Msc. Bibl. 95, fol. 7v, fol. 8r.

Merseburger Bischof: „Auch ich Sünder war zugegen und fand sie in allem so prächtig, wie es sich für den höchsten König gebührt. Dann fand hier eine große Synode statt, auf der Gebhard, der Bischof der Regensburger Kirche, von seinem Erzbischof [Hartwig von Salzburg] beklagt wurde und Dietrich, der Bischof der Metzer Kirche, vom Könige einen scharfen Verweis erhielt, weil er ihn rechtswidrig durch ein Schreiben beim Papste verleumdet hatte. Doch das alles und viele andere Fragen wurden durch kluge Vermittlung beigelegt“.[173]

Zwar wird uns der Grund der Auseinandersetzung verschwiegen. Aber Thietmar hatte schon zuvor im Bericht vom königlichen Hoftag im April/Mai 1009 in Regensburg[174] die Schlechtigkeit Gebhards herausgearbeitet. Natürlich handelt es sich nicht um eine objektive Beurteilung. Vielmehr spiegeln Thietmars Worte scharfe Auseinandersetzungen zwischen dem Regensburger Bischof und den Mönchen von Sankt Emmeram um die richtige Ausgestaltung der Klosterreform wider.[175] Anders als sein Vorgänger Wolfgang besaß Gebhard auf diesem Feld offenbar kein Geschick und geriet in Konflikt mit seinem König, welcher der angemessenen Regelhaftigkeit in seinem Reich höchste Bedeutung zumaß. Thietmars Worte lassen sowohl an Schärfe als auch an Doppelbödigkeit nichts zu wünschen übrig:

„Weiter brachten dort die Brüder vom Kloster des Märtyrers Christi Emmeram fußfällig und unter Tränen vor dem Könige einmütig schwere Klagen vor über ihren Bischof Gebhard, und die anwesenden Laien schlossen sich ihnen mit lauten Beschwerden an; – Kaiser Arnulf hatte das Kloster zu Emmerams Ehren

errichtet und sich zur Ruhestätte seines Leibes erwählt; – ich habe alles mit angehört. Es ist schwer wiederzugeben und man wird mir kaum glauben, was alles seine Untertanen über seinen eitlen Wahn und Schädigungen an seiner Seele aussagten. Nur eins weiß ich sicher: An Haltung und ungewöhnlichen Gaben kenne ich nicht seinesgleichen, nicht einmal aus alten Schilderungen. Wenn sein Wesen mit der äußeren Erscheinung übereinstimmt, ist er besser als andere, sonst freilich weit schlimmer. Beste alte Gewohnheiten hebt er auf, um Neuerungen müht und sorgt er sich; die Heimat verläßt er mit den ihm Anvertrauten; Fremdes verehrt er mit übermäßigem Aufwand, auch wenn es noch so fern liegt. Ich erzähle das nicht nur, um ihn zu tadeln, Gott sei mein Zeuge! Wir sollten die eigene Schwäche an uns Nahestehenden verdecken und allein um der Besserung willen rügen; nur Wahrheitsliebe veranlaßt mich dazu, und wie viele andere wundere ich mich sehr. Gott sei ihm gnädig! Handelt er in guter Absicht, dann möge er gerechtfertigt vor Gott ohne Beschwerde den Weg dieser Pilgerfahrt zurücklegen. Tut er alles mehr aus aufgeblasener Eitelkeit als aus herzlicher, frommer Liebe, nur um sich über die Art seiner Zeitgenossen abfällig zu äußern, dann möge er von seinem Unrecht lassen, durch Gewinnung von Weltkindern sich um Erbauung gläubiger Seelen bekümmern und keinen Schaden an seiner eigenen Seele nehmen. Glückselig ist in Christus, wer durch gerechte Taten ewiges Angedenken erwirbt und frei von böser Nachrede zur Rechten Gottes berufen werden kann".[176]

Was die richtige Wahrheit (*veritas*) in den Regensburger Auseinandersetzungen des Jahres 1009 war, welche Argumente gar Gebhard für sein Handeln ins Feld führte, ob der König die Einschätzung Thietmars teilte – all das kann aus dem Dunkel der Quellen im Abstand eines Jahrtausends nicht eindeutig entschieden werden. Heinrich II. gab auf die Kämpfe um den Regensburger Bischof allerdings zwei klare Antworten. Die ersten Worte der Arenga seiner späteren Schenkungsurkunden vom 3. Juli 1021 für Sankt Emmeram verwiesen pro-

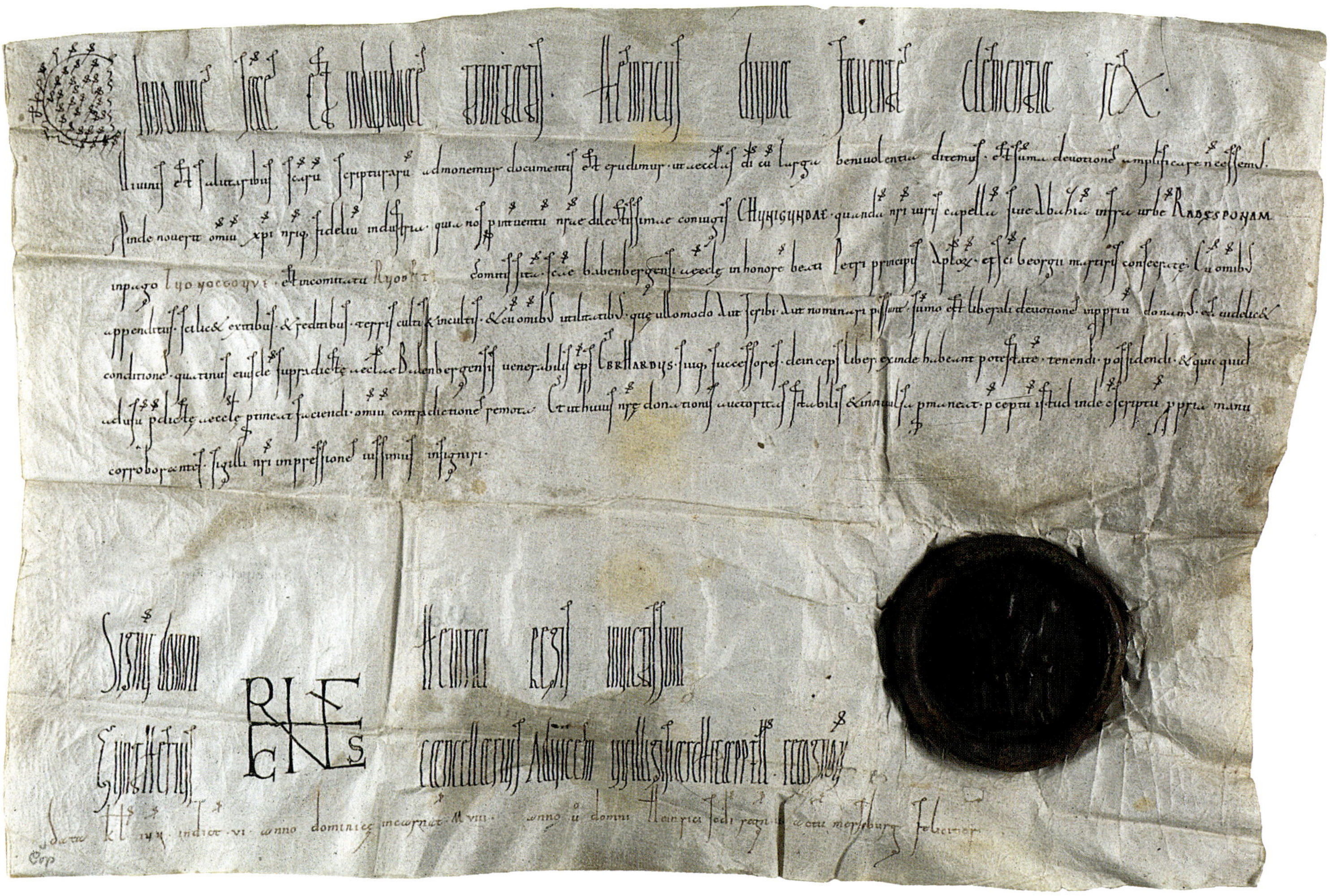

Der in lateinischer Sprache verfasste Text lautet:
In nomine sanctae et individuae trinitatis. Heinricus divina favente clementia rex. Divinis et salutaribus sanctarum scripturarum admonemur documentis et erudimur, ut aecclesias dei cum larga benivolentia ditemus et summa devotione amplificare non cessemus. Proinde noverit omnium Christi nostrique fidelium industria, quia nos per interventum nostrae dilectissimae coniugis Chunigundae quandam nostri iuris capellam sive abaziam infra urbem Radęsponam in pago Tuonocgouve et in comitatu Ruodperti comitis sitam sanctae Babenbergensi aecclesię in honorem beati Petri principis apostolorum et sancti Georgii martiris consecratę cum omnibus appenditiis, scilicet exitibus et reditibus terris cultis et incultis et cum omnibus utilitatibus quę ullo modo aut scribi aut nominari possunt, summo et liberali devotione in proprium donamus, ea videlicet conditione quatinus eiusdem supra dictę aecclesiae Babenbergensis venerabilis episcopus Ebrhardus suique successores deinceps liberam exinde habeant potestatem tenendi possidendi et quicquid ad usum praedictę aecclesię pertineat faciendi, omnium contradictione remota. Et ut huius nostrę donationis auctoritas stabilis et inconvulsa permaneat, praeceptum istud inde conscriptum propria manu corroborantes sigilli nostri impressione iussimus insigniri. [… Handzeichen, Datum …]

Die deutsche Übersetzung lautet:
Im Namen der heiligen und unteilbaren Dreifaltigkeit. Heinrich durch das wohlwollende Walten der göttlichen Milde König. Durch göttliche und heilbringende Zeugnisse der heiligen Schriften werden wir ermahnt und belehrt, daß wir die Kirchen Gottes mit reichlicher Großzügigkeit ausstatten und nicht aufhören sollen, sie durch größte Frömmigkeit zu erhöhen. Deshalb soll der Eifer aller derjenigen, die Christus und uns treu sind, wissen, dass wir auf die Intervention unserer liebsten Gemahlin Kunigunde eine gewisse uns rechtmäßig unterworfene Kapelle oder Abtei, gelegen in der Stadt Regensburg, im Gau Donaugau und in der Grafschaft des Grafen Roudbert, der heiligen Bamberger Kirche, die zu Ehren des heiligen Apostelfürsten Petrus und des heiligen Märtyrers Georg geweiht ist, mit allem Zubehör, nämlich mit Ausgaben und Einkünften, bebauten und unbebauten Ländereien und mit allen Nutzungen, die auf irgendeine Weise aufgeschrieben oder benannt werden können, in höchster und freigiebiger Frömmigkeit zu Eigen geben und zwar dergestalt, dass Eberhard, der ehrwürdige Bischof dieser oben genannten Bamberger Kirche, und seine Nachfolger fortan die freie Gewalt haben sollen, sie innezuhaben, sie zu besitzen und zu tun, was immer zum Nutzen der vorgenannten Kirche gehört, unter Hintansetzung jeglichen Einspruchs von wem auch immer. Und damit die Gültigkeit dieser unserer Schenkung fest und unverändert besteht, haben wir diese zu diesem Zweck niedergeschriebene Urkunde mit eigener Hand bekräftigt und befohlen, sie durch das Aufdrücken unseres Siegels zu kennzeichnen. [… Handzeichen, Datum …]

grammatisch auf die „kaiserliche Erhabenheit unseres Namens" (*imperialis nostri nominis excellentia*). In den dispositiven Teilen wurde dem Regensburger Bischof oder jeder anderen kirchlichen und richterlichen Gewalt der Zugriff auf die Schenkungen oder die Entfremdung klösterlichen Guts untersagt.[177] Damit war auch der Besitz des Klosters Sankt Emmeram vom Zugriff des Bischofs gelöst.

In engerem zeitlichen Zusammenhang mit den Klagen, die gegen Gebhard I. auf dem Regensburger Hoftag von April/Mai 1009 vorgetragen wurden, stand die auf Intervention der Königin Kunigunde zustande gekommene folgenreiche Entscheidung Heinrichs II., die Alte Kapelle in Regensburg an die Bamberger Bischofskirche zu schenken. Die im Original erhaltene und im Staatsarchiv Bamberg aufbewahrte Urkunde wurde am 1. Juni 1009 in Merseburg ausgestellt und gehört in jene nach Dutzenden zählende Serie von Schenkungsdiplomen an Bamberg.[178] Die Bistumsgründung auf Kosten der bestehenden Diözesen von Würzburg und Eichstätt gelang allein wegen des beständigen planenden Handelns des Königs, der in zähen Verhandlungen umsichtig und hartnäckig seine Ziele umsetzte. Die unglaubliche, neiderregende Ausstattung des neuen Bistums an der Regnitz erfolgte in einem ungeheuren Transfer von Reliquien, Büchern und Schätzen aus den großen geistlichen wie künstlerischen Zentren. Materielle Grundlage bildete ein Güterbesitz in weiten Teilen des Reichs.[179] Es hat den Anschein, als hätte Heinrich II. alle ihm damals verfügbaren Besitzungen seiner späteren Grablege zugewandt, darunter auch große Teile des bayerischen Herzogsguts.[180] Bamberg wurde nicht nur Eigentümer im östlichen Franken, in Sachsen, am Mittel- und Oberrhein, in Schwaben und vielleicht schon damals in Kärnten, sondern vor allem in Bayern, im Raum um Regensburg und im Salzburger Land. Immer wieder wurde nach der Funktion dieser verstreuten Güter und Rechte gefragt, die in der Tat kaum gleichmäßig zu verwalten und wirtschaftlich zielstrebig zu nutzen waren. Doch vielleicht zielt die moderne Rationalität bloßer Nutzbarkeit am mittelalterlichen Plan vorbei. In der Konzeption Heinrichs II. sollte Bamberg zum Modellbistum werden, die Krönung seiner Zentralisierungspolitik im Reich, von integrativer Kraft für eine raumübergreifende neue Organisationsform von ausgebreiteter Erinnerung an den Stifter.[181]

Darum wurden dem neuen Bistum auch bestehende geistliche Einrichtungen aus weiter Entfernung zugewiesen, Klöster oder Stifte wie Stein am Rhein, Haslach, Gengenbach, Deggingen, Bergen, Neuburg, schließlich die Alte Kapelle. Sie alle halfen mit, den hohen Rang des neuen Reichsbistums zu stärken und die Memoria des Stifters beständig zu pflegen. Zur Sicherung seiner Gründungsleistung unternahm Heinrich II. gewaltige Anstrengungen, als er Bamberg den besonderen Schutz der Päpste verschaffte und damit die einzigartige mittelalterliche Rechtsentwicklung des Regnitzbistums und seiner Bischöfe einleitete.[182]

Die Übertragung der Alten Kapelle kann aus der konsequenten Bamberg-Politik Heinrichs II. gut erklärt werden. Sie markierte allerdings einen Kontinuitätsbruch gegenüber der Förderung des Instituts von 1002. Im größtmöglichen Affront gegenüber dem Regensburger Bischof setzte der König dagegen seine bisherige Regensburger Politik fort. Beide Gesichtspunkte – Neuorientierung wie hartnäckige Konfrontation – verdienen eingehenderes Interesse.

Bisher wurde außer Acht gelassen, dass der Kanzleischreiber am 16. November 1002 zwei wichtige Herrscherurkunden verfasste. Die landesgeschichtliche Reduktion der Mediävistik hat die eine in den Zuständigkeitsbereich der bayerischen, die andere in den der sächsischen Forschung gerückt. Dabei gehören sie aus der Perspektive des Ausstellers vielleicht nicht zufällig eng zusammen. Am Regensburger Novembertag wurden nicht allein der programmatische Neuanfang in der ehrwürdigen Alten Kapelle, sondern auch die Bestätigung von Immunität und Besitz des sächsischen Klosters Memleben wie seine rechtliche Einreihung unter die königlichen Klöster Fulda, Corvey und Reichenau auf ein Pergament der

◁ Abb. 32
Urkunde König Heinrichs II. (reg. 1002–1024, als Kaiser ab 1014) vom 1. Juni 1009 über die Schenkung der Alten Kapelle in Regensburg an die Bischofskirche von Bamberg. Pergament, 34 cm x 51 cm. Lateinischer Text entnommen aus: Die Urkunden Heinrichs II. und Arduins, hrsg. von Harry Bresslau (Monumenta Germaniae Historica. Diplomata regum et imperatorum Germaniae 3), Hannover 1900–1903, Nr. 196, S. 230–231. Bamberg, Staatsarchiv, Bamberger Urkunden (Münchner Abg. 1933), Nr. 50 (ex KS 249).

Kanzlei gebannt. Das Stück hat sich bis heute als Original im Hessischen Staatsarchiv Marburg erhalten.[183] Auf den ersten Blick mag Memleben nur wenig mit der Alten Kapelle gemein haben, so dass ihre Privilegierung auf zufälligen Aktivismus eines Kanzleischreibers zurückgehen könnte. Bei näherer Betrachtung ergeben sich Gemeinsamkeiten, die um ein weiteres Mal den Nutzen vergleichender Landesgeschichtsforschung belegen.

Während die Ordnung der Regensburger Angelegenheiten im November 1002 Heinrich auf den Nägeln brannte, dürfte die Verfügung für Memleben der dringenden Bitte des eigens nach Regensburg gereisten Abtes Reginold entsprungen sein. In beiden Fällen ging der kurzfristig zur ortsfesten Ruhe gekommene Hof im Ringen um allgemeine Anerkennung im Reich sehr weit: Erhebung der Alten Kapelle zur Mutterkirche und Rechtsstellung Memlebens als Königskloster in der Tradition ehrwürdiger Institute. Beides resultierte vielleicht eher aus der prekären lokalen wie reichsweiten Situation jener Tage als aus ruhigem vorausschauenden Handeln des neuen Königs.

Nur aus Regensburger Perspektive mag das heute ruinöse Kloster Memleben klar hinter den eindrucksvollen Bau der Alten Kapelle zurücktreten. 1002 boten beide Plätze ein immenses Erinnerungspotential im Ringen um das ungeteilte Königtum. Die Alte Kapelle blickte auf karolingische Wurzeln zurück und war dem ehemaligen Bayernherzog Heinrich bestens vertraut. Die Pfalz in Memleben bezog ihre Bedeutung aus der Tatsache, dass hier die beiden ersten liudolfingischen Herrscher gestorben waren, Heinrich I. 936 und Otto der Große 973. In dieser Doppelung mag dies trotz der individuellen Ausgestaltung des königlichen Reisewegs kein bloßer Zufall gewesen sein; am Sterbeort des Vaters bestattete man sogleich die Eingeweide Ottos des Großen. Die Gebeine Heinrichs I. und Ottos I. wurden dann in Quedlinburg und Magdeburg an sehr unterschiedlichen Erinnerungsorten der liudolfingisch-ottonischen Monarchie beigesetzt.[184] Ihr scheinbar unbedeutender Sterbeort verband Vater und Sohn. Es war kein Zufall, dass Otto II. und Theophanu hier ein Kloster stifteten, das sich noch der besonderen Förderung ihres Sohnes Otto III. erfreute.[185] Die gewaltige Anlage beförderte Spekulationen, ob der zweite Ottone hier, am Platz des Sterbens zweier großer Herrscher, mehr als ein bloßes Königskloster plante.

Wie sollte Heinrich II. mit diesem Gedächtnis, mit der Todesstätte seines königlichen Urgroßvaters umgehen, dem er den Anspruch auf das eigene Königtum verdankte? Der Schluss von den Fakten auf die Motive gestaltet sich schwierig. Heinrich II. beförderte die ausdrücklich genannte Gründung Ottos II. 1002 in den Rang der vornehmsten Königsklöster. Doch konnte und wollte er dem Handeln des Ottonen, jenes großen Gegners seines Vaters, an Memleben damit Stetigkeit verleihen? Wusste er überhaupt um die Konkurrenz der ottonischen Erinnerungsorte, die Memleben den Ottonen, Regensburg den bayerischen Heinrichen zuordnen könnten? Und wenn der letzte der Liudolfinger überhaupt Probleme mit dem Sterbeort Ottos des Großen gehabt haben könnte, hob dann nicht der Tod Heinrichs I. 936, des Stammvaters der Ottonen wie der Heinriche, allen Streit um die rechte Nachfolge im liudolfingischen Königtum auf?

Die Antwort auf solche Fragen fällt deshalb nicht leicht, weil wir nicht genau wissen, ob sie nur unsere Fragen sind. Die genannten Optionen machen aber plötzlich deutlich, dass die Urkunden für Memleben und für die Alte Kapelle im Umgang mit der eingangs behandelten Vergangenheit der Liudolfinger, der Ottonen, der Heinriche ganz eng zusammen gehören. In beiden Fällen entschied sich der neue König – vielleicht aus sehr unterschiedlichen Interessen am jeweiligen Platz – für eine entschiedene Aufwertung. Der Abt vom Memleben erlangte jenen monastischen Platz, den er sich ersehnte, der vielleicht von den letzten beiden Ottonen sogar in Aussicht genommen worden war. Die Alte Kapelle knüpfte an ihre alte Pfalzfunktion an und trat als „Mutterkirche“ in personalpolitischer Konkurrenz an die Seite der Domkirche. Karolingische und liudolfingische Traditionen erfüllten also das Regieren Heinrichs II. am 16. November 1002.

Die Optionen der frühen Monate für Memleben und die Alte Kapelle wandelten sich bald. Tagino war 1004 zum Magdeburger Erzbischof aufgestiegen. Im gleichen Jahr veränderte die Wiederbegründung des von Otto dem Großen gelobten und von Otto II. verworfenen Bistums Merseburg die ottonische Traditionspflege Heinrichs und sein Strukturierungsbestreben in Ostsachsen ganz entscheidend. Am Ende standen die Übertragung der Alten Kapelle an das Bistum Bamberg 1009 und die Schenkung des Klosters Memleben an das Kloster Hersfeld am 5. Februar 1015.[186] Die Zuwendungen des ersten Jahres veränderten sich, als Heinrich II. endlich die unangefochtene Herrschaft im Reich errungen hatte und dann sehr rasch entscheidungsfähig geworden war. Jetzt griff auch die Zentralisierung der Klosterherrschaft,[187] die Heinrichs Handeln an seiner Reichskirche entsprach. Und darum erweist sich bei allen Voraussetzungen wie Zielen im Umgang mit der Alten Kapelle und dem Kloster Memleben auch eine Gemeinsamkeit: 1002 musste der neue König in eingeengten Handlungsspielräumen auf die Herausforderungen von Vergangenheit und Gegenwart reagieren, 1009 und 1015 gestaltete er seine Kirchenherrschaft planvoll um, zugunsten von Bamberg oder Hersfeld.

In Regensburg blieb die Herausforderung! Bischof Gebhard I. musste bald nach seinem Konflikt mit den Mönchen von Sankt Emmeram hinnehmen, dass die Alte Kapelle 1009 an den Bischof von Bamberg fiel. Heinrich II. hätte sein Verhältnis zu Bischof Gebhard I. nicht klarer demonstrieren können als durch diese Übertragung von 1009. Die Dinge wirkten indes über das bloße Tagesgeschäft hinaus. In unmittelbarer Sichtweite zum Dom etablierte sich eine fremde Macht, die als Herausforderung in Regensburg seinesgleichen suchte. Ein Jahrhundert später trat das bambergische Prüfening vor den Toren der Stadt dazu. Die Saat der Zwietracht, die Kaiser Heinrich II. in seinem Kampf mit Bischof Gebhard I. gesät hatte, entwickelte sich kraftvoll. Die Regensburger nahmen die Herausforderung auf ihre Weise an. Der Stachel im Fleisch diente der Präzisierung der eigenen Würde. In der historischen Konkurrenz um Standortvorteile ging nicht das früh satt gewordene Bistum an der Regnitz als Sieger hervor. Es behielt zwar mit der Alten Kapelle in Regensburg seinen herausfordernden Besitz in der Bischofsstadt an der Donau bis zum Ende des Alten Reichs. Doch was hätte das Modellbistum für die Integration des Reichs mehr daraus machen können als die bloße Einpflanzung der Stifterverehrung? Im Erwartungshorizont eines mittelalterlichen Herrschers könnte freilich schon dies ein angemessenes Ergebnis gewesen sein.

Als zweiter Gründer der Alten Kapelle in Regensburg handelte Heinrich II. aus einer Mischung von älteren Erfahrungen und aktuellen Zwängen. Eines der ursprünglichen Ziele, die angemessene Ausstattung Taginos, erledigte sich bereits 1004, als Heinrich seinen Gefolgsmann aus Regensburger Zeiten zum Erzbischof von Magdeburg machte. Bald wurde die Alte Kapelle zum Objekt neuer Pläne. Als der König sie 1009 an Bamberg überwies, vollendeten sich Regensburger Konfrontationen in der strahlenden Zukunftshoffnung, die sich damals auf das Regnitzbistum richteten. Doch wie alles planvolle Handeln rutschten die hochfliegenden Pläne schließlich in die Normalität der Geschichte hinein. Zum Bistum unter anderen geworden, verteidigte Bamberg über Jahrhunderte hartnäckig seinen exzeptionellen Besitz in unmittelbarer Nachbarschaft des Regensburger Doms. Das Gefühl für diese zeichenhafte Herausforderung des Regensburger Bischofs mag einer zunehmend säkularisierten Welt abhanden kommen. Wer in Regensburg die Schritte von der Alten Kapelle zum Dom abschreitet, erahnt die alte Rangkonkurrenz zweier ehrwürdiger Kirchen vom 11. bis zum 19. Jahrhundert. Heinrich II., der Stifter und Schenker, hatte sie 1002 und 1009 gezielt eröffnet.

Kaiser Heinrich II., der Heilige
Eine hagiographische Annäherung

Klaus Guth

Sich dem Geheimnis eines Menschen zu nähern, ist schon zu Lebzeiten mit Widerständen und Fehldeutungen verbunden. Umso schwieriger wird das Unterfangen, den Spuren eines Königs und Kaisers des frühen Hochmittelalters nachzugehen, die er bei seinen Zeitgenossen oder im Gedächtnis der Nachwelt hinterlassen hat. Die historischen Quellen zur Sachsen- und Salierzeit erlauben es, wie jüngst geschehen, ein Bild des Herrschaftsraumes, der Politik und des Wirkens Heinrichs II. in der Öffentlichkeit zu zeichnen. Schwieriger wird es, sich an seine religiöse Biographie heranzutasten. Als Vertreter hochadeliger Heiligkeit des frühen Hochmittelalters ist Kaiser Heinrich nur andeutungsweise zu fassen. Die Welt des Herzens, durch den *homo interior* in der Sprache des Apostels Paulus (Eph 3,16) umrissen, manifestiert sich im einzelnen Christenleben oft nur indirekt. Das wusste bereits der Verfasser der Vita sancti Heinrici: *Res etenim spirituales per corporales exprimuntur imagines [...]* („Geistliche Ereignisse finden in körperlich-greifbaren Bildern [Bildgeschichten] ihren Ausdruck").[188] In nachfolgender hagiographischer Skizze stehen zuerst Schlüsselereignisse und Handlungen des Herrscherpaares in Auswahl im Mittelpunkt der Darstellung. Auf die politische Geschichte, auf die Vorstellung des Umfeldes und der zeitgenössischen religiösen Kultur verzichtet sie.[189] Spuren in Liturgie, Kult und Legende werden den Weg zur Kanonisation Heinrichs II. und Kunigundens verdeutlichen. Die Wirkkraft des heiligen Paares auf die Nachwelt dokumentieren zahlreiche Zeugnisse der Frömmigkeit und Kunst.

◁ Abb. 33
Der Himmel der Heiligen mit dem heiligen Kaiserpaar Heinrich und Kunigunde
Deckengemälde im Presbyterium der Alten Kapelle.
Fresko. Gemalt von Gottfried Bernhard Göz (1708–1774). 1762.
Siehe zur Beschreibung im Einzelnen S. 168.

Ausrichtung

Kaiser Heinrich II. war zeitlebens eingebunden in die Familie der Herzöge von Bayern, aber ebenso in die Wert- und Ordnungsvorstellungen der frühhochmittelalterlichen Adelsgesellschaft im deutschen Reich, der Reichskirche und Klöster, des römischen Papsttums wie der herrschenden Kultur. Seine Ausbildung führte den am 6. Mai 973 geborenen Sohn Herzog Heinrichs des Zänkers (reg. 955–976, 985–995) an die Domschule zu Hildesheim (978–985). Von dort wechselte der vorübergehend für die geistliche Laufbahn bestimmte Herzogssohn nach Regensburg und erhielt durch den im Geiste von Cluny wirkenden Reformabt, den späteren heiligen Bischof Wolfgang von Regensburg, seine menschliche und geistige Formung. Nach dem Tod des Vaters im August 995 zu Gandersheim erfolgte seine Wahl zum Herzog von Bayern als Heinrich IV. Im gleichen Jahre oder im Verlauf der nächsten fünf Jahre, wie die Forschung feststellt, schloss der Herzog mit Kunigunde, der Tochter des Grafen Siegfried von Luxemburg, den Bund der Ehe. Dass er, mächtiger Herzogssohn und aus königlichem Geblüt, die Tochter eines Grafen ehelichte, lässt eine Wahl des Herzens vermuten. Beide blieben zeitlebens einander in Liebe und Treue verbunden. Kunigunde war die Gefährtin in der Herrschaft (consors regni), ob als Königin (ab 1002) oder Kaiserin (ab 1014). Zahlreiche Intervenienzformeln in 149 Schenkungsurkunden Heinrichs II. auf die Fürsprache Kunigundens bestätigen ihren politischen Einfluss.[190] Nach der Wahl Heinrichs zum deutschen König und seiner Salbung und Krönung am 6. Juni 1002 durch Erzbischof

Abb. 34 ▷
Der heilige Kaiser Heinrich am Hochaltar der Alten Kapelle.
Holz, weiß gefasst, vergoldet. Geschnitzt von Simon Sorg (1719–1792). Regensburg, 1769/1776.

Abb. 36 ▷
Das Kelchwunder des heiligen Heinrich. Deckengemälde im Querhaus der Alten Kapelle. Fresko. Gemalt von Christoph Thomas Scheffler (1699–1756). 1752/1753.

Willigis von Mainz erfolgte die Weihe Kunigundens im August des gleichen Jahres in Paderborn. Damit vereinten das Königspaar die gleiche Würde und die gleiche Berufung zur Königsherrschaft. Im Mainzer Krönungsordo wird der König zum vicarius Christi erhoben. Er ist der Verteidiger der Kirche und als Gottes Stellvertreter Haupt aller irdischen Ordnung.[191] Im Perikopenbuch Heinrichs II. (Clm 4452), zwischen 1011 und 1013 für Bamberg entstanden, stehen beide, Heinrich und Kunigunde, in gleicher Größe vor Christus und werden von diesem gekrönt.[192]

Kunigunde übte diese Mitherrschaft im Reich auch aus. Wenn der Herrscher im Westen des Reiches weilte, um den Aufstand der Schwäger niederzuschlagen und im Osten der Angriff des Polenherzogs Boleslaw Chrobry drohte, war sie als Königin zusammen mit den Großen des Reiches zum Handeln gezwungen.[193] Ihre klugen Entscheidungen, ihr Weilen vor Ort im Kriegslager, gezielte Schenkungen zusammen mit Heinrich an Kirchen und Klöster, ob in Merseburg, Paderborn oder Fulda, dann an bayerische Adelige in Regensburg oder Freising charakterisieren eine kluge und situationsgerechte Politik. Noch in der Liturgie klingt diese in der paritätischen Anrede (in den Laudes regiae) nach: „Wir bitten dich, o Herr, sei gnädig und beschütze […] unseren glorreichen Kaiser Heinrich und zugleich auch die erlauchteste kaiserliche Kunigunde".[194] Am 14. Februar des Jahres 1014 war Heinrich von Papst Benedikt VIII. zum Kaiser in Rom gekrönt worden. In der darauf folgenden Synode vom Februar des gleichen Jahres wurde auf des Kaisers Betreiben das *filioque in* das Credo der lateinischen Kirche eingefügt und die trinitarische Frage in der Formel vom Ausgang des Heiligen Geistes aus Vater und Sohn entschieden.[195]

Einbindung

Ein König ohne Gefolgschaft scheiterte im Kampf um die Macht und deren Erhalt. Auf der Ebene der Politik hatte Heinrich II. seine Königsherrschaft im Konsens oder Konflikt mit den Großen des Reiches zu stabilisieren. In Etappen brachte ihm der Umritt durch das Reich die Zustimmung der einzelnen Stammesherzöge und ihrer Adeligen. Für den Erhalt seiner Macht und zur Sicherung des Friedens im Reich benötige er in Konflikten mit dem Adel kontinuierlich Helfer und Getreue. Sie fand er vor allem bei den Reichsbischöfen, oft herausragende Persönlichkeiten und spätere Heilige. Das heißt jedoch nicht, dass sie bisweilen den Konflikt mit dem König als Abkömmlinge des Hochadels scheuten. So hat sich der Kaiser erst spät mit Erzbischof Heribert von Köln, der in weiblicher Linie der mainfränkischen Adelsfamilie der Konradiner entstammte, am Ende seines Lebens (1021) versöhnt.

In der Frage der Verwandten-Ehe (Nahehe), nach dem Kirchengesetz verboten, bezogen die Bischöfe auf Reichssynoden die Position des Herrschers. Der Fall Ottos von Hammerstein belegt des Herrschers Einstehen für das kirchliche Recht. Daher erwartete er auch von Erzbischof Erkanbald von Mainz am Hoftag zu Bürgel (bei Offenbach) die Bestätigung der Unrechtmäßigkeit der Ehe zwischen Graf Otto und seiner Frau (Irmingard). Das Verdikt (1018) jedoch ließ die Gräfin an den Papst appellieren.[196]

In Heinrichs pragmatisch und hierarchisch ausgebautem Herrschaftssystem waren Bistümer und Klöster im Reich Bastionen königlicher Macht. Auf Reichsumritten versicherte er sich der Treue und Zustimmung der kirchlichen Würdenträger und behandelte sie wie Gleichgestellte. Er hatte nach Thietmar von Merseburg[197] als oberster König oder Kaiser die Amtsgewalt (potestas), Bistümer im ganzen Reich zu besetzen. Mit den Bischöfen war er, ähnlichen Bildungs- und Reformbestrebungen entstammend, freundschaftlich verbunden. Von Heinrich konnten sie den Schutz ihrer Kirchen und Klöster erwarten.[198]

◁ Abb. 35
Die heilige Kaiserin Kunigunde am Hochaltar der Alten Kapelle. Holz, weiß gefasst, vergoldet. Geschnitzt von Simon Sorg (1719–1792). Regensburg, 1769/1776.

In Heinrichs Regierungszeit waren 64 Bistümer neu zu besetzen. „Nur in einem einzigen Fall konnte sich ein Bischof behaupten, der sein Amt gegen den Willen des Königs erlangte."[199] Es war der Sonderfall der Nachfolge des Bischofs Adalbero II. von Metz (reg. 984–1005). In der Regel rückten Freunde des Königs und Anhänger der lothringischen Reformbewegung auf Bischofsstühle nach. Oft waren sie hoch gebildet wie Bischof Heribert von Eichstätt, Thietmar von Merseburg, Adelbold von Utrecht oder Meinwerk von Paderborn. Sie förderten nicht nur ihre Domschulen, sondern führten wiederholt die Aachener Kanoniker-Regel in ihren reformierten Domstiften ein. Unter den Helfern ragen die später heilig gesprochenen Bischöfe Bernward (reg. 993–1022) und Godehard (reg. 1022–1038) von Hildesheim heraus.

Einflussnahme des Königs auf die Wahl geeigneter Äbte fand durch die Reformen nach dem Vorbild von Gorze (Lothringen) auch in den Klöstern Unterstützung. An den Domkirchen wurde, wie in Sankt Emmeram zu Regensburg, das Domkloster Sankt Emmeram von der Kanoniker-Gemeinschaft des Domstiftes unter Bischof Wolfgang getrennt (975), ein Modell, das sich auf die Salzburger oder Augsburger Kirchenverfassung auswirkte. Die Neugründung des Bistums Bamberg und die Errichtung der Kanonikergemeinschaft dort war von Anfang an autonom. Die Trennung zwischen Kanoniker- und Klosterverfassung an Domkirchen förderte auch die gegenüber Otto III. vermehrte Einrichtung von Gebetsverbrüderungen mit dem König in einzelnen Domkanonikerstiften, so in Magdeburg, Bamberg, Hildesheim oder Paderborn.[200]

Die Ziele der cluniazensischen Klosterreform waren dem Herrscher seit seiner frühen Jugend vertraut: Rückkehr zur strengen Regeln des Gründers, feste Zucht und klösterliche Lebensweise im Rhythmus von Arbeit und Gebet, straffe Leitung der Gemeinschaft durch den Abt. Bereits zu Regensburg hatte er bei Bischof Wolfgang die Regel des heiligen Benedikt kennen gelernt und sie später (um 1013) als Handschrift bei Abt Gerhard von Seeon (reg. 1004–1021) in Auftrag gegeben. Zusammen mit anderen Mönchsregeln, in einem Codex vereint, kam sie an das Bamberger Domstift und von dort an das Kloster Sankt Michael. Von des Kaisers Verehrung für den Mönchsvater Benedikt wie für Engel und Heilige zeugen das Basler Antependium, nicht minder aber auch sein Leben und gemeinsames Beten im Geiste der Mönche. Im Urteil der Heiligsprechungsurkunde führte er ein Leben nicht in der Art eines Kaisers (imperialiter), sondern als ein Mann des Geistes (spiritualiter).[201] Christus stand in der Mitte des kaiserlichen Lebens: Das Baseler Antependium, wohl um 1019 von Heinrich an die Kirche von Basel gestiftet, zeigt Heinrich und Kunigunde in kauernder Demutsgeste vor Christus. Im gemeinsamen Chorgebet mit den Mönchen und in der Meditation trat dem Herrscher eine Lebensform gegenüber, die ihn gerade gegen Ende seines Lebens anzog. Die Bitte um Aufnahme in das Kloster Saint-Vanne beim gemeinsamen Besuch mit Kunigunde in Verdun am 15. August 1023 bleibt wohl eine Legende.[202]

Kontemplation und Aktion bilden im Herrscherleben eine Einheit. Klöster waren nicht nur Stätten des Gebets, sondern auch Orte der Bildung und Verortung königlicher Macht durch Besitz und auf Grund der Einkünfte. Daher ordnete er die Klosterlandschaften im Deutschen Reich neu, indem er die alten Rechte und Besitzungen der Klostergemeinschaften bestätigte. Sie erhielten oft ihre Eigenrechte und Freiheit in Abtrennung von der adeligen oder bischöflichen Grundherrschaft zurück. So werden sie wieder Reichsklöster mit voller Immunität und eigener Gerichtsbarkeit.[203] Schon zu Beginn seiner Herrschaft erhalten zwölf Klöster die Bestätigung ihrer Rechte und Besitzungen. Darunter waren so bedeutende Klöster wie Sankt Florian (bei Linz), Werden, Corvey, Lorsch, Nienburg, Hersfeld oder Ellwangen. Auch stellte er Memleben mit den Reichsklöstern Fulda, Corvey und Reichenau auf die gleiche Stufe. Um den Reformgeist in Bayern aber sorgte sich schon zur Zeit Herzog

Heinrichs der Niederaltaicher Abt Godehard. Später reformierte dieser das Kloster Tegernsee, das Reichskloster Hersfeld und verbreitete, wieder in Niederaltaich, das klösterliche Reformwerk durch Schüler in Böhmen und Mähren, in Kärnten und Ungarn. Sein Lebenswerk aber vollendete der spätere Heilige (1131) als Bischof von Hildesheim (reg. 1022–1038), ein Amt, in das ihn der Kaiser rief.

Stiftungen

Trotz aller Belastung durch ein Regieren im Umherziehen ordneten der liturgische Kalender des Jahreskreises und die Festtage der Heiligen den Rhythmus seiner politischen Arbeit. Wenn möglich versuchte er, gerade die Fest- und Feiertage an Dom- und Klosterkirchen in Gemeinschaft mit den „Mitbrüdern", den Bischöfen und Äbten, zu begehen und vor wichtigen Entscheidungen und Ereignissen um ihr Gebetsgedenken zu bitten. Hier zeigt sich eine politische Frömmigkeit des Herrschers, in der, stärker als bei Herrschern zuvor, Welt- und Gottesdienst eine persönliche Einheit bildeten. In Gemeinschaft mit den Heiligen und im Glauben an deren reale Wirkmacht hoffte er, wie etwa vor dem Feldzug gegen die Slawen 1004, auf Hilfe und Sieg. In einer Vision des Herrschers in Merseburg vor der siegreichen Schlacht ziehen die Heiligen Georg, Laurentius und Adrianus dem Heer voraus.[204]

Den Heiligen und ihren Reliquien in neuen und bereits bestehenden Dom- und Klosterkirchen galt die Verehrung des Herrscherpaares. Bei Neugründungen oder ergänzender Ausstattung mit Gütern waren die Heiligen der Kirche die Empfänger. So erhielt Sankt Erentrudis im Frauenkonvent Nonnberg in Salzburg oder Sankt Peter und Sankt Rupert vom Benediktinerkloster am gleichen Ort für ihre Kirche die Zuwendungen Heinrichs und Kunigundens.[205] Mag diese Personifizierung von Heiligen als Kirchenherren für die früh-hochmittelalterliche Gläubigkeit noch als selbstverständlich gelten, so weisen die persönliche Anwesenheit bei Kircheneinweihungen und die oft damit verbundenen Stiftungen einen charakteristischen Zug seiner eigentümlichen Frömmigkeit aus.

Der Weihe der Klosterkirche in Nienburg an der Saale (1004) in Anwesenheit des Herrscherpaares gingen große Schenkungen in der Lausitz voraus. Gleichzeitig versammelte der Weihetermin aber auch die am Polenfeldzug Beteiligten und stärkte die Hoffnung auf einen glücklichen Ausgang, „da in allernächster Zeit ein Feldzug ins Land der Slawen bevorstand."[206] Ähnlich wichtige Termine verband der Herrscher mit weiteren Kircheneinweihungen. Kurz vor dem Polenfeldzug 1010 feierte er die Weihe der Klosterkirche von Niedermünster in Regensburg. Die Kirchweihe des Nonnenklosters auf dem Münzenberg von Quedlinburg oder die der Nordkapelle der Domkirche von Magdeburg gingen einem weiteren Polenfeldzug 1017 voraus. Dieser wie andere Ereignisse, so der Feldzug nach Burgund (1018) oder die Italienfahrt waren mit der Domweihe von Worms (1018) und mit den Kircheinweihungen (1021) der Quedlinburger Stiftskirche, des Merseburger Doms und von Sankt Michael in Bamberg verbunden. Letztere wurde auf den Titel des Erzengels Michael und des heiligen Benedikt geweiht. Bei der Feier in Sankt Michael[207] nahm der Kaiser, wie auch anderswo, im Chor der zu weihenden Kirche an der heiligen Liturgie teil. Er hatte den Vorsitz unter den Bischöfen,[208] wahrhaft ein Mitfeiernder (simpnista = symmysta), Amtskollege, ja fast ein Mitbischof[209] als Stellvertreter Gottes (vicarius Dei), ein Gesalbter unter den anwesenden Mönchen und Bischöfen. Die Siegel-Umschrift des Herrschers umreißt zugleich auch sein politisches und kirchliches Programm: „Erneuerung des Frankenreiches (renovatio regni Francorum), ein Programm, das, bescheidener als das seines Vorgängers Ottos III. (reg. 983–1002, als Kaiser seit 996) formuliert,[210] die Gestaltung eines überschauba-

ren Herrschaftsraumes im Auge hatte. Die Doppel-Choranlage des Bamberger Domes verdeutlicht Heinrichs Anspruch auf eine Doppel-"Gewalt" (potestas). Sie umfasst die Besetzung kirchlicher und nichtkirchlicher Stellen. So residierte der König mit seinem Gefolge im Georgen-Chor am Weihetag des Domes, am 6. Mai 1012[211]; der Westchor, dem heiligen Petrus geweiht, war liturgischer Ort des mitkonsekrierenden Reichsepiskopates und zugleich im Gegenüber von Peters- und Georgen-Chor Abbild geistlicher und weltlicher Herrschaft.

◁ Abb. 37
Das Pflugscharwunder der heiligen Kunigunde. Deckengemälde im Querhaus der Alten Kapelle. Fresko. Gemalt von Christoph Thomas Scheffler (1699–1756). 1752/1753.

Gedenken

In der Liturgie, im Kult, in kirchlicher Architektur, in der Kunst und in Legenden sind bis heute Zeugnisse aus dem religiösen Leben des Kaiserpaares überliefert. Sie verdeutlichen weniger die Politik jener Epoche als die Memorialkultur aus der Sicht der beschenkten Kirchen und Klöster im Reich. Unter den frühen Zentren der Verehrung ragen die Orte Bamberg, Basel, Straßburg, Merseburg, Regensburg und Kaufungen heraus. Doch bis heute bleiben, neben Regensburg, seine Lieblingsgründung Bamberg Zentrum der Heinrichs-, Kloster Kaufungen der Kunigundenverehrung.[212]

Zeugnisse außergewöhnlichen Christenlebens entziehen sich oft dem Betrachter. Es wird am Maßstab der drei göttlichen Tugenden und der vier Kardinaltugenden gemessen und offenbart sich in der Umsetzung in das persönliche Leben. Dieses daraus resultierende Ethos prägt unterschiedliche Lebensformen. Doch auch die sind von biblischen Vorbildern, Aussagen und zeitbedingten Vorgaben bestimmt.

Heinrich und Kunigunde erreichten in verschiedenen Jahrhunderten und unter unterschiedlichen frömmigkeitsgeschichtlichen Bedingungen ihre offizielle Kanonisation: Kaiser Heinrich in staufischer Zeit (1146), die Kaiserin, als das Papsttum auf dem Höhepunkt seiner Macht stand und die Marienverehrung blühte. Bereits vor seiner offiziellen Heiligsprechung wurde Heinrich als *rex pius,* als frommer König vom Volk wie vor allem in seiner Grabeskirche in Bamberg durch Herrscherlob und Totenklagen, im Totengedenken der von ihm beschenkten Kleriker- und Mönchsgemeinschaften *per viam cultus* als heiliger Herrscher verehrt.[213] Der Bamberger Bischof Eberhard II. (reg. 1146–1170), später der erste Kanzler des Reiches noch vor Rainald von Dassel, konnte die Elevation als Abschluss des juristisch neu strukturierten Kanonisationsverfahrens am Grab Kaiser Heinrichs vollziehen (13. Juli 1147). Grundlage dazu waren die von einem Anonymus verfasste Vita und die erweiterte Bearbeitung durch den Diakon Adelbert, die Voraussetzung für den Kanonisationsakt war. Sie enthalten die Mirakel und Legenden des heiligen Herrschers.[214]

Glückliche Umstände beschleunigten den Kanonisationsakt. Der Antrag an den Papst von 1145 durch Bischof Egilbert (reg. 1139–1146) war erst nach Überprüfung der Mirakel (1145) durch die beiden päpstlichen Legaten in Bamberg 1146 von Erfolg gekrönt, als König Konrad III. (reg. 1138–1152) und der Zisterzienserorden die Kanonisation unterstützten. Im Pontifikat des Zisterzienserpapstes Eugen III. (reg. 1145–1153) blieb Kaiser Heinrichs Kanonisation, am 12./14. Juli 1146 ausgefertigt, das einzige Verfahren; für die Nachwelt ist Heinrich der einzige heilige deutsche König und Kaiser. Warum diese Ehrung?

In der Kanonisationsurkunde werden Gründe und Motive der Heiligsprechung erläutert. Auch für diesen Prozess gilt bereits das Prinzip des beeideten Nachweises durch Zeugen der *virtus morum et virtus signorum*[215], also des herausragenden Lebenswandels und der erfolgten Mirakel. Dieses Postulat, später im Prozess zur Heiligsprechung Kunigundens formuliert, galt auch schon in Kaiser Heinrichs Verfahren. Die dort überlieferten Elemente lassen

Rückschlüsse durch Mirakel und Bildgeschichten auf epochenspezifische hagiographische Heiligkeitsmodelle zu. In Spuren finden sich dabei aber auch Elemente eines Christenmenschen in Grenzbereichen seines Lebens. Solche Schlüssel-Ereignisse sind in Bildgeschichten überliefert, so aus der Stunde seines Todes (*sub ipsa etenim hora exitus*)[216], in der Merseburger Kelchlegende, durch die Heilung in Montecassino (1022) vom Steinleiden, im Umgang mit der Kinderlosigkeit (Pflugscharprobe) und in der Sorge um ein Leben nach dem Tod, an das seine Stiftungen und die seiner Frau erinnern (Schüssel-Mirakel von Sankt Stephan und die Gründung des Bistums Bamberg).

Aus den fünf in der Vita Heinrichs überlieferten Legenden sind die von der Seelenwägung und dem Merseburger Kelch am weitesten verbreitet. Sie charakterisieren Heinrichs angefochtenes Leben als Herrscher. Sein ambivalenter Umgang mit der Kirche, dem Kirchengut und dem Adel brachte ihm den Vorwurf der Versündigung ein;[217] denn im Umgang mit Reichsbischöfen und -äbten verfuhr er nach seinen Ordnungsvorstellungen, die er oft mit Gewalt durchsetzte. So illustriert die Legende von der Seelenwägung in der Todesstunde die Macht des Bösen im Leben Heinrichs. Im Zeichen des Kelches, den in der aitiologischen Bildgeschichte der heilige Laurentius auf die Waagschale legt, dann zu Boden fällt und real Schaden nimmt, wendet sich das individuelle Gericht des Kaisers zum Guten. Der Kelch steht als Symbol für viele andere großzügige Stiftungen und Geschenke des Herrschers an arme Kirchen und Bedürftige. In der Zusatz-Erzählung von der Kelchreinigung durch den Herrscher wird auch seine Funktion als kaiserlicher Diakon sichtbar.[218]

Die Kinderlosigkeit des Herrscherpaares hat schon Zeitgenossen zum Nachdenken angeregt. Reale und klerikale Deutungsmuster sind bekannt. Indirekt weist die historische Bildgeschichte von der Heilung des Kaisers vom Steinleiden mit Benedikts Hilfe, von der schon der Chronist Leo Marsicanus am Ende des 11. Jahrhunderts wusste und die in der Vita zur Kanonisation wieder auftaucht,[219] auf chronische Krankheiten des Kaisers hin. Sie wurden durch die Strapazen des Regierens im Umherziehen, auf Feldzügen in Ost und West oder bei den drei Italienzügen noch verstärkt.[220] In vorliegendem Bericht der Vita, eine historisch bezeugte Mirakelerzählung, wird die Heilung im Schlaf dem Messer des heiligen Benedikt zugeschrieben. Er legt dem Kaiser den Stein in die Hand, den dieser am nächsten Morgen nebst seiner vernarbten Wunde seiner Umgebung weist. Die im Einzelnen aufgeführten Schenkungen an das Kloster sind sichtbarer Ausdruck des Dankes.[221] Im Hochgrab des Bamberger Domes hat Riemenschneider das Mirakel in Stein gemeißelt.

In Zusammenschau mit der Legende, wie Kunigunde über glühende Pflugscharen ging, die bereits in der Heinrichs-Vita in Kurzform zitiert wird,[222] deutet sich die Antwort auf die Frage nach einer Ehe ohne Kinder an. Kunigunde wird vom Teufel in der Gestalt eines jungen Höflings bedrängt und muss sich durch Gottesurteil vom Vorwurf der Untreue reinigen. Dieses Motiv der Feuerprobe, ein Ordal, das zu Lebzeiten Kunigundens schon nicht mehr vollzogen wurde, hat Künstler in den der Kanonisation nachfolgenden Jahrhunderten zu zahlreichen Werken angeregt, in denen sie der Heiligen als bevorzugtes Attribut die Pflugschar verleihen. Bisweilen trägt sie auch die Stiftskirche Sankt Stephan in der Hand.

Der Bau von Sankt Stephan (1020), der sich in der Erzählung vom Schüssel-Mirakel („Der gerechte Lohn“) spiegelt und die Gründung des Bistums Bamberg durch das Herrscherpaar 1007 weisen auf eine Wendung im gemeinsamen Leben hin, das sie in Treue verband. Ihr Leben ohne Kinder bedeutete Abschied von der in Erbfolge gesicherten Macht. Indem sie, wenn auch unter Widerständen, „Gott zu ihrem Erben einsetzten“[223] und Bamberg als Sitz des neuen Bistums bestätigten, verzichtete Kunigunde auf ihre Morgengabe in und um Bamberg, der Herrscher auf zahlreiche Erbgüter. Nur dadurch, dass sich der König auf der Frankfurter Synode im Herbst 1007 demütig zu Boden warf, wenn von anderen betroffenen

Kirchenherren Widerstand gegenüber seinen Schenkungen an Bamberg drohte, gelang es ihm, seine vor allen anderen Orten „innig geliebte“ Babenburg[224] als Bistumssitz überreich auszustatten. Der künftige Bamberger Kirchensprengel umfasste Gebiete in den Bistümern Würzburg, Eichstätt, Liegenschaften aus dem mütterlichen und väterlichen Erbe im Herzogtum Bayern, alte Königshöfe in fränkischen Gauen, im bayerischen Nordgau und Regensburg, an der Isar, am Inn, um Salzburg, in Ober- und Niederösterreich, in Kärnten und in der Steiermark. Sie wurden durch Männer- und Frauenklöster am Rhein, an der Donau, im Elsass und anderswo ergänzt. Mit Zustimmung seines Bruders Brun, Bischof von Augsburg, und seiner Gemahlin Kunigunde verteilte er sein Erbe[225] an die Kirche von Bamberg.

Über die realpolitischen Motive zur Bistumsgründung hat sich die jüngere und ältere Forschung unterschiedlich geäußert.[226] Thietmar von Merseburg sieht die Stiftungsfrömmigkeit seines Herrschers im Zusammenhang der Kinderlosigkeit seiner Ehe und im Glauben an Christus begründet.[227] Dieser reale Glaube an die Wirkkraft Christi im gegenwärtigen wie zukünftigen Leben stand im Zentrum des gemeinsamen Lebens des Herrscherpaares, das aber auch noch nach der Stiftung des „Großbistums“ Bamberg die Hoffnung auf einen leiblichen Erben nicht ganz verloren hatte.[228] In der Kanonisationsurkunde des Kaisers[229] steht die kinderlose, in Treue geführte Ehe mit Kunigunde an erster Stelle. Sie wird bei der Heiligsprechung der Kaiserin bereits als „Josephsehe“ gedeutet und im Begründungszusammenhang der Heiligsprechung durch die Pflugscharprobe belegt. An zweiter Stelle der Argumentation im Heiligsprechungsprozess für Heinrichs vorbildliches Leben (*virtus morum*) steht die Gründung des Bistums Bamberg, die Wiederherstellung anderer Bistümer, seine Solidarität mit den Armen, seine missionarischen Beziehungen nach Ungarn und sein christlicher Tod.

Am Grab des Kaisers ereigneten sich nach dem Tod Mirakel. Sie legten, wie im Kunigundenleben, Zeugnis für ein vorbildliches Leben ab. Die Heiligsprechung[230] Kunigundens erfolgte erst im Abstand von fast zwei Jahrhunderten nach ihrem Tod. Doch ihre Verehrung überflügelte im Zeitalter des wachsenden Marienkultes bald die des Kaisers. Kunigunde wurde wie Maria als „Königin und Jungfrau“ über alle Stände hinweg seit dem Hochmittelalter verehrt. Die Legenden des Spätmittelalters bevorzugen die Vorstellung ihres vorbildlichen Lebens als Nonne. Sie verdeutlichen im marianischen Kontext ihr Vorbild als klösterliche Frau durch die Kraft der von ihr gewirkten Mirakel. Ihr gemeinsames Leben mit Heinrich und ihr Wirken als Kaiserin deuten in der hochmittelalterlichen Vita nur zwei Bildgeschichten an: Der Bau von Sankt Stephan und ihre Treueprobe in Gegenwart des Kaisers.

In den Urkunden zur Kanonisation der Kaiserin wie des Kaisers wird gerade die Stiftungsfrömmigkeit in Gemeinschaft gerühmt. Indem sie „Christus zum Erben einsetzten“[231], belegen ihre Schenkungen an Kirchen und Klöster nicht nur realpolitisch zu motivierende Maßnahmen. In der Fülle und Mannigfaltigkeit der Gaben, die nicht nur die Institutionen umsorgten, sondern auch deren geistliches und geistiges Wohl ermöglichten, wird ein im Glauben begründeter Wunsch nach einem Weiterleben im Gedächtnis der Glaubensgemeinschaft deutlich. Dies ist umso bemerkenswerter, als die damalige Welt von apokalyptischen Vorstellungen bedrängt war,[232] wie sie in der Bamberger Apokalypse verdichtet sind,[233] die Heinrich dem Kanonikerstift Sankt Stephan schenkte. Doch schützten den Herrscher ein nüchterner Glaube und sein pragmatisches politisches Handeln[234] vor jener Endzeitstimmung. Die Erinnerung daran lebt in den kaiserlichen Stiftungen an Bamberg weiter. In ihrer Schönheit künden die Gaben von der „Maiestas Domini“, von einem göttlichen Kaisertum, von der das irdische nur Abbild ist.[235] Hier wie bei anderen frommen Stiftungen im Reich wird der reale Glaube eines kaiserlichen Christenmenschen an die Gemeinschaft aller Getauften im Himmel wie auf Erden, im Leben wie nach dem Tod, greifbare Wirklichkeit.

Abb. 38
Heinrichs- und Kunigundenreliquiar (Reliquienmonstranz).
Silber, Silber vergoldet, Halbedelsteine, Glassteine. Gegossen, getrieben, ziseliert, graviert. 38 cm x 17 cm. Süddeutsch, erstes Drittel 18. Jahrhundert. Meister nicht bekannt.
Auf dem Türchen der Rückseite des Ostensoriums Marienzeichen eingraviert. Cedulae mit den Bezeichnungen *S. HENRICI IMP:* und *S. CUNIGUND. IMP:* Wie die Monstranz mit Reliquien des heiligen Kaiserpaares Heinrich und Kunigund erinnern auch andere gottesdienstliche Gerätschaften an die große Verehrung, die das Kollegiatstift seinem zweiten Gründer und seiner Frau entgegenbringt, so etwa die Heinrichsmonstranz (Abb. 152) und der Heinrichskelch (Abb. 23). Regensburg, Alte Kapelle.

Das Kollegiatstift und die unterbliebene Säkularisation

Dirk Götschmann

Im Frieden von Luneville, der am 9. Februar 1801 den Zweiten Koalitionskrieg beendete, erhielt Frankreich die okkupierten linksrheinischen deutschen Gebiete. Damit war das Schicksal derjenigen deutschen Staaten besiegelt, deren Landesherrschaft von Geistlichen ausgeübt wurde. Denn nach den Bestimmungen dieses Vertrages sollten diese Staaten „säkularisiert", das heißt in weltliche Herrschaften umgewandelt und dazu verwendet werden, jene Fürsten zu entschädigen, die Gebiete an Frankreich abtreten mussten.[236] Die Säkularisation betraf zunächst die Hochstifte, also die Territorien, in denen Erzbischöfe und Bischöfe als „Fürstbischöfe" weltliche Herrschaft ausübten, aber auch die übrigen, unmittelbar dem Kaiser und dem Reich unterstehenden geistlichen Institutionen – vornehmlich Klöster und Stifte –, und zwar auch dann, wenn sie über keinen oder einen nur sehr geringen Herrschaftsbereich verfügten. Auch an deren Übernahme hatten die Fürsten ein großes Interesse, da sie oft Besitz, Einkünfte und Vermögen von beträchtlichem Umfang besaßen.

Es begann nun ein regelrechter Wettlauf der deutschen Fürsten um die Gunst Napoleons, dessen militärischen Genie Frankreich seinen Sieg verdankte und der jetzt unumschränkter Herrscher des neu erstarkten Frankreichs war. Ohne sein Einverständnis oder gar gegen seinen Willen konnte keine wichtigere politische Entscheidung mehr getroffen werden.

Der Korse erwies sich auch als geschickter Diplomat und kam mit Russland und England zu einem raschen Ausgleich, womit er allen Hoffnungen auf ein erneutes militärisches Vorgehen gegen Frankreich die Basis entzog. In Absprache mit dem Zaren gab er auch dem Kaiser und den deutschen Fürsten vor, wie sie die Säkularisation durchzuführen hatten. Dazu kam im August 1802 in Regensburg eine Reichsdeputation zusammen, die sich am 25. Februar 1803 auf den berühmten Reichsdeputationshauptschluss einigte. Mit ihm verschwanden 112 bis dahin reichsunmittelbare geistliche Herrschaften von der politischen Landkarte des Reiches, das damit eines wichtigen Grundpfeilers beraubt wurde. Auf Betreiben Bayerns, das seit dem Regierungsantritt des Kurfürsten Maximilian IV. Joseph (reg. 1799–1825, als König ab 1806) und seines Beraters Maximilian von Montgelas (1759–1838) einen tiefgreifenden Modernisierungsprozess durchlief und sich bereits eng an Frankreich angeschlossen hatte, wurde eine Bestimmung eingefügt, die den Fürsten auch die Säkularisierung der landsässigen Klöster erlaubte.[237] Diese unterstanden schon bisher der Herrschaft eines weltlichen Fürsten, doch wurden ihre Existenz und ihr Vermögen bis jetzt vom Reich geschützt. Damit verlor die katholische Kirche nicht nur ihren politischen Einfluss, sondern auch ihre eigenständige materielle Fundierung. Seither war sie auf den Staat angewiesen, in dessen Ermessen es lag, in welchem Umfang der Kirche die Mittel zuflossen, die sie zur Erfüllung ihrer Aufgaben benötigte.

Da es sich auch beim Kollegiatstift zur Alten Kapelle um eine Einrichtung handelte, die nach dem Frieden von Luneville zur Säkularisierung anstand, hat man hier diese Vorgänge sicherlich mit großer Sorge verfolgt, zumal lange Zeit nicht feststand, welchem der Fürsten das Hochstift Regensburg und die dortigen Klöster und Stifte zufallen würden. Dass es sich bei diesem neuen Herrn schließlich nicht um den Kurfürsten von Bayern, sondern um den einzigen geistlichen Fürsten handelte, den es nach Abschluss dieser Umwälzungen im Reich noch gab, sollte sich sowohl für das Stift wie für alle anderen

Abb. 39 (links)
Carl Theodor von Dalberg, Kurfürst von Regensburg (reg. 1802/1803–1810), Großherzog von Frankfurt (reg. 1810–1814), Erzbischof von Regensburg (reg. 1802/1803–1817). Lithographie. 21,5 cm x 13,7 cm (Blattgröße). 1810. München, Privatsammlung.

Abb. 40 (rechts)
König Ludwig I. von Bayern (reg. 1825–1848). Lithographie. 19,8 cm x 16,6 cm (Blattgröße) München, um 1830. Künstler nicht bekannt.
München, Erzbischöfliches Archiv, Porträtsammlung.

geistlichen Institutionen im neu zusammen gezimmerten Herrschaftsbereich dieses Fürsten als folgenreich erweisen.

Nach den Plänen Napoleons I. (reg. 1804–1814/15) sollten zunächst sämtliche geistliche Fürstentümer einschließlich der geistlichen Kurstaaten säkularisiert werden. Das entsprach auch den Wünschen der deutschen Fürsten, insbesondere des Königs von Preußen, der sich davon großen Gewinn erwartete. Teilweise auf Druck Russlands, das eine zu starke Machterweiterung Preußens befürchtete, teilweise aus politischem Kalkül entschloss sich Napoleon jedoch, das Kurfürstentum des Erzbischofs vom Mainz, des Erzkanzler des Reiches, bestehen zu lassen. Dabei spielte auch die Persönlichkeit des damaligen Erzbischofs Carl Theodor von Dalberg (1744–1817) eine Rolle, den Napoleon kannte und schätzte.[238] Da große Teile dieses Kurfürstentums auf linksrheinischem Gebiet lagen und andere bereits vergeben waren, musste für Dalberg ein neuer Herrschaftsbereich geschaffen werden. Dieser bestand schließlich aus dem Fürstentum Aschaffenburg und einem neu gebildeten Fürstentum Regensburg, dem das bisherige Hochstift, die Reichsstadt Regensburg sowie alle in dieser Stadt beheimateten reichsunmittelbaren geistlichen Institutionen zugeschlagen wurden.[239]

Welche Bedeutung dem Kollegiatstift zur Alten Kapelle in diesem Fürstentum zukam, belegt eine Bestandsaufnahme, die Dalberg sofort nach seinem Herrschaftsantritt vornehmen ließ.[240] Danach beliefen sich die landesherrlichen Einnahmen aus dem Fürstentum Regensburg auf insgesamt 646 268 Gulden; ihnen standen laufende Ausgaben von 449 724 Gulden gegenüber, so dass sich ein Überschuss von lediglich 169 544 Gulden ergab. An den Einkünften war das Kollegiatstift mit 41 823, an den Ausgaben mit 23 242 Gulden beteiligt; sein Beitrag zum Überschuss betrug somit 18 581 Gulden, das waren mehr als 10 Prozent. Das Stift rangierte damit nur hinter dem Domkapitel, das einen Überschuss von 43 908 Gulden auswies. Die Stadt Regensburg trug zum Überschuss übrigens lediglich 2 069 Gulden bei.

Noch aufschlussreicher ist ein Blick auf das „Aktivkapital" dieses Fürstentums, das hauptsächlich aus verzinslich angelegten Darlehen geistlicher Institutionen und Stiftungen bestand. Das gesamte Kapital belief sich 1 075 496 Gulden, hinzu kamen 124 917 Gulden an Ausständen. Dem standen Schulden in Höhe von 1 618 770 Gulden gegenüber, wovon 1 463 751 Gulden auf das Konto der ehemaligen Reichsstadt gingen. Ohne die beträchtlichen Kapitalien der geistlichen Institutionen wäre diese Bilanz somit geradezu trostlos ausgefallen.

In Hinblick auf das Kapital aber rangierte das Kollegiatstift unangefochten an der Spitze. Es verfügte damals über Aktivkapitalien von insgesamt 204 703 Gulden, zu dem Ausstände in Höhe von 15 421 Gulden kamen; dem standen keinerlei Schulden gegenüber. Deutlich abgeschlagen folgte an zweiter Stelle das Karmelitenkloster, das 168 016 Gulden Kapital nachwies und ebenfalls schuldenfrei war, dann das Domkapitel mit einem Kapital von 135 189 Gulden und 30 172 Gulden Schulden, und das Stift Niedermünster mit einem Kapital von 111 149 Gulden und 39 578 Gulden Schulden. Beschlossen wurde diese Reihe von der Stadt Regensburg, die über keinerlei Aktivkapital verfügte.

Nach den Bestimmungen des Reichsdeputationshauptschlusses war Dalberg wie seine weltlichen Standesgenossen dazu befugt, die geistlichen Institutionen aufzulösen und sich deren gesamten Besitz anzueignen. Von dieser Möglichkeit hat er jedoch einen sehr zurückhaltenden Gebrauch gemacht. Diese Institutionen wurden zwar der zentralen Administration unterstellt, viele blieben aber bestehen; nur bei solchen Institutionen, bei denen der Verfallsprozess bereits weit fortgeschritten war, wurde die Auflösung in die Wege geleitet.[241] Die funktionsfähigen aber blieben erhalten und konnten auch fortan weitgehend selbständig wirtschaften. Zu letzteren zählte das Kollegiatstift zur Alten Kapelle, deren Mitgliedern Dalberg in Anerkennung der guten Wirtschaftsführung und der zweckmäßigen Verwendung der Mittel im Juni 1803 die bisherigen Präbendebezüge auf Lebenszeit bewilligte.[242]

Wenn Dalberg auch gewisse Hemmung gehabt haben mag, geistliche Institutionen aufzulösen und deren Vermögen einzuziehen, so hat er doch nicht darauf verzichtet, diese finanziell abzuschöpfen. Schon vor der offiziellen Inbesitznahme seines Fürstentums ordnete er eine genau Erfassung von deren Vermögen und Einkünften an,[243] auf deren Grundlage dann die Abgaben festlegt wurden. Im Falle des Kollegiatstiftes bestanden diese aus einer *Decima* und den gesamten *Renten-Überschüssen*.[244] Wie lange die *Decima*, eine 10-prozentige Steuer auf das Vermögen, eingefordert wurde, ist nicht klar zu ersehen. Dagegen wurden die *Renten-Überschüsse*, das heißt der nach Abzug der Präbenden und Verwaltungskosten verbleibende Überschuss, anscheinend kontinuierlich an Dalberg abgeführt, der auf diese Zahlungen auch dringend angewiesen war.[245]

Im Februar 1810 musste Dalberg das Fürstentum Regensburg auf Geheiß Napoleons an den König von Bayern abtreten.[246] Hier war noch immer Montgelas der allmächtige Minister, und zweifellos wollte er die bisher unterbliebene Säkularisierung nachholen. Aber dies ließ sich nicht so leicht realisieren, wie die bayerische Regierung zunächst gedacht haben mag. Denn im Reichsdeputationshauptschluss war für den Fall, dass ein Landesherr von seinen Rechten hinsichtlich der Säkularisierung keinen Gebrauch machte und seine Herrschaft dann abtrat, keine Vorsorge getroffen. Es war daher fraglich, ob der neue Landesherr berechtigt war, die bei der Übernahme noch bestehenden geistlichen Institutionen aufzulösen und deren Vermögen einzuziehen. Jedenfalls wurde ihm dieses Recht unter Hinweis auf eine Bestimmung des Friedens von Pressburg vom Jahre 1805 streitig gemacht. Dieser Vertrag enthielt eine Klausel, wonach in abgetretenen Gebieten keine Veränderungen der inneren Verhältnisse stattfinden dürften. Diese Bestimmung war zwar auf die Gebietsabtretungen gemünzt, die mit diesem Frieden erfolgten, sie war aber so allgemein formuliert, dass sie auch auf andere Fälle bezogen werden konnte, und dies ist in der Folgezeit auch geschehen.[247]

Dass sich die bayerische Regierung bei der Übernahme 1810 von dieser juristischen Argumentation stark beeindrucken ließ, darf man jedoch bezweifeln. Jedenfalls hat sie im ehemaligen Fürstentum Regensburg sofort damit begonnen, die bisher unterbliebenen Säkularisierungsmaßnahmen einzuleiten. 1811 wurden die Kunstwerke, Einrichtungsgegenstände, Gebäude und Liegenschaften des Kollegiatstifts wie die aller anderen geistlichen Institutionen erfasst und geschätzt, viele wertvolle Gegenstände wurden eingezogen. Doch das Stift an sich blieb bestehen und behielt seinen Haus- und Grundbesitz, seine Einkünfte und sein Vermögen. Denn mittlerweile hatten sich die Verhältnisse bereits deutlich gewandelt, und die Zeit arbeitete gegen Montgelas. Bayern hatte 1808 seine erste Konstitution erhalten, die das Eigentum der Bürger und der Religionsgemeinschaften schützte, zudem hatte sich gegen manche seiner Reformen inzwischen ein so starker Widerstand formiert, dass Montgelas erste Rückzieher machen musste. Vor allem aber hat die außenpolitische Entwicklung bald alle Energien der bayerischen Regierung absorbiert und sie dazu gezwungen, innenpolitischen Belastungen möglichst zu vermeiden. 1812 begann mit dem Russlandfeldzug eine für Bayern höchst prekäre Phase, in der die Souveränität und Integrität des neuen Königreichs auf dem Spiel stand, und als dieser Zeitabschnitt 1817 zu Ende ging, musste Montgelas seine Position räumen. Die Zeit der großen Umbrüche und Reformen war damit endgültig vorbei.

In diesen Jahren ruhten die Säkularisationsmaßnahmen, was auch dem Kollegiatstift zugute kam. Das Problem von dessen Weiterexistenz wollte die Regierung gewissermaßen auf natürlichem Wege lösen, indem sie keine neuen Kanoniker ernannte und so das Stift aussterben ließ; 1826 gab es dort nur noch einen einzigen Kanoniker.[248] Tatsächlich aber war eine Auflösung und Enteignung des Stiftes nicht mehr durchführbar. Denn sowohl das 1817 geschlossene Konkordat wie die Verfassung von 1818 garantierten das Eigentum der Kirchen in dem Umfange, wie es zum Zeitpunkt von deren Inkrafttreten bestand. Ein Rückgriff auf den Reichsdeputationshauptschluss war jetzt kaum mehr möglich und hätte auf jeden Fall eine ernsthaften Störung des Verhältnisses zur katholischen Kirche nach sich gezogen. Angesichts dieses Situation war es wesentlich klüger, die Verhältnisse unangetastet zu lassen, zumal auch so der größte Teil der Erträgnisse des Stiftes in die Staatskasse floss.

Hinzu kam ein weiterer Umstand, der es ratsam erscheinen ließ, das Stift nicht förmlich aufzulösen, und dies hing mit der Art zusammen, in der der größte Teil des Kapitals angelegt war. Nach Angaben vom Jahr 1802 verfügte das Stift damals über verzinslich angelegtes Kapital in Höhe von 138 691 Gulden; hinzu kamen 24 624 Gulden, die das Stift für Stiftungen angelegt hatte. Bis 1814 wuchs dieses Kapital auf rund 195 675 Gulden an. Diese Summe setzte sich zusammen aus den *Wiener Kapitalien*, die sich 1814 auf 174 6560 Gulden beliefen, und zahlreichen kleinen Darlehen an bayerische Institutionen (vor allem die Landschaftskasse und die Hofkammer) und Privatpersonen, die zusammen 21 175 Gulden umfassten. Bei den *Wiener Kapitalien* handelte es sich um Anleihen an die *Wiener Stadt-Banco-Lotterie* und um *Wiener Banco*-Anleihen; beides waren österreichische Staatsanleihen, die regulär mit fünf beziehungsweise vier Prozent verzinst wurden. Diese Form der Geldanlage praktizierte das Stift – wie viele andere geistliche Institutionen in Bayern – seit dem frühen 18. Jahrhundert, und zwar *hauptsächlich aus dem besonderen Vertrauen und der besonderen Anhänglichkeit an das allerhöchste Erzhaus Österreich, welche diesem Stift, welches als kaiserliches Kollegiatstift im besonderen Schutze des römischen Kaisers stand, von jeher eigen waren.*[249]

Angesichts der hohen und wachsenden Verschuldung des Österreichischen Staates war diese lukrative Anlage nicht ohne Risiko, denn vielfach ist Österreich seinen Verpflichtungen vor allem ausländischen Gläubigern gegenüber nicht oder nicht vollständig nachgekommen.[250] So verfügte die Regierung 1811/1812 eine Halbierung der Zinsen, die erst ab

Abb. 41
Tragaltar (Portatile). Porphyr, Silber, Silber vergoldet und graviert. Eichenholz. 24 cm x 16 cm. Regensburg (?), um 1200. An den Randseiten vergoldetes Silberband mit getriebenem Fries aus Ranken und Trauben und der Inschrift: *OMNES IS TI SANC TI QVI SVNT HIC INSCRIP TI ILLOR SANCTVARIVM EST HIC* (Alle diese Heiligen, die hier verzeichnet sind, deren Heiligtum ist hier). In den Arkaden über den gravierten Heiligendarstellungen jeweils der entsprechende Name eingraviert. Obere Schmalseite: Die Heiligen Petrus, Paulus, Johannes der Täufer und Andreas zu Seiten einer Kreuzigungsgruppe. Linke Längsseite: Die Heiligen Jakobus, Stephanus, Vinzenz, Martin, Nikolaus und Maria Magdalena. Rechte Längsseite: Die Heiligen Bartholomäus, Laurentius, Adalbert, Malachias, Bernhard und Agnes. Unten: Die Heiligen Cäcilia, Agatha, Margareta und Juliana mit einer Darstellung der thronenden Muttergottes mit Kind in der Mitte. Die Darstellungen beziehen sich auf die Reliquien im Innern des Altares. Deshalb zeigen die Heiligennamen meist die Genitivform. Der Tragaltar wurde 1811 als Säkularisationserwerb aus der Alten Kapelle in die Reiche Kapelle nach München verbracht. München, Schatzkammer der Residenz, Inv. Nr. Res. Mü. Schk. 12.

Abb. 42
Standkreuz.
Silber, Silberguss vergoldet, Glas.
23,5 cm x 13,5 cm.
Regensburg (?), um 1580/1590.
Kreuzsockel aus Glas achteckig. Kreuzstamm randgekerbte Glasstäbe, auf Silberstab aufgereiht. An den Kreuzenden silberne Medaillons mit Evangelistendarstellungen in Hinterglasmalerei. Fußsockel eingefasst mit silbervergoldeter Kerbleiste. Christuskörper sowie Johannes und Maria vergoldeter Silberguss. Das Standkreuz wurde 1811 als Säkularisationsgut aus der Alten Kapelle in die Reiche Kapelle der Münchner Residenz verbracht.
München, Schatzkammer der Residenz, Inv. Nr. Rs. Mü. Schk. 67.

1818 sukzessive wieder rückgängig gemacht wurde.[251] Mit besonderen Schwierigkeiten war die Rückforderung des Kapitals verbunden, da jährlich nur eine kleiner, per Los bestimmter Teil eingelöst werden konnte. Zudem hat Wien versucht, den Inhabern solcher Anleihen, deren Ausstellung oft schon mehrere Jahrzehnte zurück lag, den Anspruch darauf abzusprechen; so mussten sie unter anderem den Nachweis erbringen, dass sie rechtmäßig im Besitz dieser Anleihen waren, was naturgemäß nicht immer leicht war.[252]

Nach Angaben des Kollegiatstiftes hatte die Wiener Regierung beim Übergang des Fürstentums Regensburg an Bayern die weitere Auszahlung der Zinsen von dem Nachweis abhängig gemacht, dass das Stift *in seiner vollen Integrität und Selbstständigkeit noch bestehet und also nicht unter die säkularisierten mit ihrem Vermögen dem Staatsärar incorporierten ehemaligen geistliche Corporationen gehört.*[253] Obwohl völlig offen war, worauf Österreich seinen Anspruch begründete, den eventuellen Rechtsnachfolgern des Stiftes Zinsen und Kapital vorzuenthalten, hat sich das Stift dieses Argumentes selbstverständlich immer dann bedient, wenn von staatlicher Seite Anstalten getroffen wurden, doch noch zu einer Auflösung zu schreiten.[254] Diese Darstellung hat auch in der Forschung Eingang gefunden, in der die Auffassung vertreten wurde, dass das Stift seinen Fortbestand nur dem Umstand zu verdanken hätte, dass bei einer Aufhebung „die auf eine halbe Million geschätzten Vermögenswerte des Stiftes in Österreich verloren gegangen" wären.[255]

Die bayerische Regierung aber hat diesem Argument offenbar kein großes Gewicht beigemessen. Das lässt sich einer Debatte in der Abgeordnetenkammer der bayerischen Ständeversammlung im Jahr 1837 entnehmen. Damals wurde zum wiederholten Male die Problematik erörtert, ob die Einkünfte, die der Staat aus den nicht säkularisierten geistlichen Institutionen der früheren Fürstentümer Regensburg und Aschaffenburg bezog – es handelte sich um insgesamt knapp 78 000 Gulden jährlich – , als reguläre Staatseinkünfte zu gelten hätten und daher im Budget ausgewiesen werden müssten.[256] Dabei wurde auch wieder das Argument vorgetragen, dass diese Einkünfte zum großen Teil aus Zinsen von Kapital stammten, das im Ausland angelegt sei, und dass diese Zinsen nur so lange ausbezahlt würden, wie die *freie Existenz* der betreffenden Institutionen nachgewiesen werde. Bei der Säkularisation in Augsburg seien dem Staat deswegen Hunderttausende verloren gegangen.[257] Nach einem Disput über die Frage, ob der Staat berechtigt sei, diese Institutionen aufzulösen – woraus abzuleiten sei, ob deren Einkünfte als Staatseinkünfte einzuordnen seien –, ergriff als Regierungsvertreter Ministerialrat Carl von Abel (1788–1859), der bald darauf Innenminister werden sollte, das Wort. Er teilte der Kammer mit, dass die Regierung der Auffassung sei, dass diese Institutionen fortbestünden, und dass deren Bestand garantiert sei. Die Aufnahme ihrer Einkünfte in das Budget sei einem Versehen zuzuschreiben und werde künftig unterbleiben. Ein *Heimfallrecht* des *fremden Staates* an diesen Kapitalien aber gäbe es nicht, und das habe die Regierung diesem auch klar zu verstehen gegeben.[258]

Die Gefahr der Auflösung und Enteignung war zu diesem Zeitpunkt schon längst gebannt. Sie bestand seit dem Regierungsantritt Ludwigs I. (reg. 1825–1848) im Jahre 1825 nicht mehr; denn er sah eine seiner wichtigsten Aufgaben darin, die Wunden der Säkularisation zu heilen und ließ deshalb auch zahlreiche Klöster wiedererrichten. Schon am 12. März 1826 erging die Anordnung, dass *das Kollegiatstift nach dem wesentlichen Zweck seiner ursprünglichen Richtung fortbestehen solle.*[259] Dem von Abel 1837 angekündigten Schritt, dass die Einkünfte dieser Institutionen nicht mehr als Staatseinnahmen behandeln würden, folgte bald ein weiterer, mit dem die Existenz des Kollegiatstift dauerhaft gesichert wurde. Am 10. Mai 1838 verfügte der König, *daß die von dem vormaligen Fürsten Primas einigen nicht säkularisierten Stiftern und Klöstern zu Regensburg auferlegte Abgabe der Decima und der Ablieferung der Renten-Überschüsse vom 1. Oktober 1837 an in eine ständige unwandelbare und jeden Nachlass ausschließende Abgabe umgewandelt* werde, deren Höhe für das Kollegiatstift auf 400 Gulden jährlich festgesetzt wurde; auf etwaige Nachforderungen wurde verzichtet.[260]

Im Rückblick wird so deutlich, dass das Kollegiatstift seinen Fortbestand, der zwei Mal – nach dem Reichsdeputationshauptschluss 1803 und nach der Übernahme des Fürstentums Regensburg durch Bayern 1810 – ernsthaft gefährdet war, nicht einem Umstand, sondern einer ganzen Reihe von Motiven und Entwicklungen politischer, fiskalischer, juristischer, finanzieller und schließlich auch religiöser Natur verdankte. Dieses Motivbündel war so eng miteinander verschlungen, dass man es kaum in seine einzelnen Stränge zerlegen kann. Auf diese Weise stellt die Geschichte des Kollegiatstiftes in den ersten Jahrzehnten des 19. Jahrhunderts ein getreues Abbild der „großen Politik“ in jener Ära des Umbruchs dar, in der Kräfte unterschiedlichster Art miteinander im Wettstreit lagen und zu unvorhersehbaren Resultaten führten.

Abb. 43
Die Alte Kapelle im Jahre 1845.
Stahlstich von Bernhard Grueber.
8,8 cm x 12,2 cm (Blattgröße).
Entnommen aus: Bernhard Grueber und Adalbert Müller, Regensburger Vergissmeinnicht, 2. Auflage. Regensburg, Verlag Georg Manz. Ohne Jahrgangsangabe.
Regensburg, Bischöfliche Zentralbibliothek, SWS Geogr. 1913.

Zur wirtschaftlichen Absicherung des Stifts und der Alten Kapelle

Johann Gruber

Wenn heute irgendwo die Gründung eines Klosters oder Stiftes erwogen wird, müssen sich die Initiatoren und die verantwortlichen kirchlichen Behörden, aber auch die interessierte Allgemeinheit angesichts des gravierenden Nachwuchsmangels, dem viele bereits bestehende klösterliche Institutionen ausgesetzt sind, in erster Linie fragen, ob genügend Männer und Frauen als Mönche, Chorherren oder Ordensschwestern für die neue Einrichtung gewonnen werden können. Wirtschaftliche Probleme stellen sich natürlich auch, erweisen sich aber meist als vergleichsweise leichter lösbar. Im Mittelalter dagegen hing die Lebensfähigkeit von Klöstern und Stiften vor allem von einer ausreichenden wirtschaftlichen Ausstattung ab. Ihre Absicherung stand deshalb stets im Vordergrund, wenn eine neue Gemeinschaft von Ordensleuten oder Weltklerikern ins Leben gerufen werden sollte.

Schon der erste Gründer der Alten Kapelle, König Ludwig der Deutsche (reg. 833–876), versuchte, seine Stiftung durch Schenkungen auf eine solide wirtschaftliche Basis zu stellen. Mit Urkunde vom 18. Mai 875 übertrug er ihr das Kloster Berg mit allem Zubehör.[261] Berg im Donaugau, dessen Lage unklar ist,[262] wurde 1019 von Kaiser Heinrich II. (reg. 1002–1024, als Kaiser seit 1014) an das Hochstift Bamberg übertragen, wobei aus dem Text der betreffenden Urkunde zu ersehen ist, dass in Berg zu dieser Zeit vermutlich kein Kloster mehr bestand, sondern nur noch ein Gut.[263] Auch sonst bedachte Ludwig seine Kapelle sicher mit reichen Schenkungen, worüber allerdings keine Urkunden erhalten sind.[264] Höchstwahrscheinlich waren die in einer Urkunde König Karls III. vom 23. August 885 neben dem Kloster Berg aufgeführten Güter der Alten Kapelle,[265] nämlich das *monasterium ad Uuezinesprunnin*[266] (Wessobrunn, Landkreis Weilheim-Schongau), die *capella ad sanctum Cassianum* (Sankt Kassian in Regensburg) und die *capella ad Mosahaim* (Moosham, Gemeinde Mintraching, Landkreis Regensburg), jeweils mit allem Zubehör, schon zu Zeiten Ludwigs des Deutschen an das Stift gekommen.

Wessobrunn ist später nicht mehr in dessen Besitz nachweisbar. Die Pfarrei Sankt Kassian, die 1224 von Bischof Konrad IV. von Regensburg (reg. 1204–1226) der Alten Kapelle inkorporiert (Inkorporation = Einverleibung oder Eingliederung einer juristischen Person kirchlichen Rechts in eine andere, meist einer Pfarrei in ein Kloster oder Stift) wurde,[267] ist bis heute mit dieser verbunden.[268] Für die Pfarrei Moosham übte das Stiftskapitel noch 1952 das Präsentationsrecht (Recht, im Bedarfsfall einen neuen Pfarrer vorzuschlagen) aus.[269] Kaiser Karl III. (reg. 876–887) übereignete 883 seinem Getreuen Euprant die Kapelle in Piering (Gemeinde Salching, Landkreis Straubing-Bogen) mit allem Zubehör, die dieser bisher zu Lehen hatte, zu lebenslänglicher Nutznießung, mit der Bestimmung, dass sie nach Euprants Tod an die Alte Kapelle in Regensburg fallen solle.[270] Zum erwähnten Zubehör dieser Kapelle gehörte sicher auch der Hof in Piering, der im Dreißigjährigen Krieg eingeäschert, einige Jahrzehnte später wiederaufgebaut wurde und danach weiter bis ins 19. Jahrhundert im Besitz der Alten Kapelle nachweisbar ist.[271] Unklar ist die Identität der Kirche mit Haus und Hof *ad Marlingon*, die Karl III. 884 einschließlich zweier Huben und fünf Eigenleuten, die zu dieser Kirche gehörten, an die Alte Kapelle gab und zwar zur Unterhaltung des Ewigen Lichtes.[272] Möglicherweise ist *Marlingon* mit Langenerling (Gemeinde

Hagelstadt, Landkreis Regensburg) gleichzusetzen. Dort ist seit 1324 ein Hof der Alten Kapelle urkundlich belegt.[273] 1667 wurde er an Johann Georg Freiherr von Königsfeld verkauft.[274] Eine Kirche in Langenerling lässt sich jedoch sonst nie im Besitz der Alten Kapelle nachweisen.[275] Ebenfalls nicht bestimmen lassen sich die Güter, die König Ludwig das Kind (reg. 900–911) dem Stift übereignete, weil in der betreffenden Urkunde keine Ortsnamen genannt sind.[276]

Abb. 44 ▷
Urkunde des Papstes Lucius III. (reg. 1181–1185) vom 27. Februar 1185. Pergament. 60,5 cm x 45,7 cm. Regensburg, Bischöfliches Zentralarchiv, Alte Kapelle, Urk. I. 3

Zu dieser Zeit hatte bereits der Niedergang der Alten Kapelle eingesetzt.[277] Sie hatte schon im ausgehenden 9. Jahrhundert ihre Funktion als königliche Pfalzkapelle verloren. Bald nach der Erwähnung in der genannten Urkunde Ludwigs des Kindes löste sich das Kanonikerstift weitgehend auf. Auch die Kirche und die übrigen Stiftsgebäude verfielen. Erst als 1002 der Bayernherzog Heinrich IV. als Heinrich II. zum Herrscher des Heiligen Römischen Reiches aufstieg, wendete sich das Schicksal der Alten Kapelle wieder zum Besseren.[278] Schon am 16. November 1002 schenkte er ihr die Ortschaft Eining (Gemeinde Neustadt an der Donau, Landkreis Kelheim), vier Tage später die Ortschaft Oberweiling (Gemeinde Velburg, Landkreis Neumarkt) und am 8. Februar 1004 die Dörfer Dürn (Gemeinde Günching, Landkreis Neumarkt) und Mantlach (Gemeinde Lupburg, Landkreis Neumarkt).[279] In Eining ist spätestens 1161 auch eine Eigenkirche der Alten Kapelle nachweisbar.[280] Für diese Kirche, vermutlich schon eine Pfarrkirche, war das Kollegiatstift präsentationsberechtigt. Seit dem 16. Jahrhundert war die Pfarrei Eining dem Stift inkorporiert, brachte ihm jedoch wenig materiellen Gewinn, da sie mäßig dotiert war. Die übrigen von Heinrich II. tradierten Orte erscheinen später nicht mehr unter dem Besitz der Alten Kapelle.[281] Wahrscheinlich wurden sie wegen der relativ weiten Entfernung von Regensburg früh verkauft oder vertauscht. Am 1. Juni 1009 schenkte Heinrich II. die Alte Kapelle der zwei Jahre zuvor von ihm gegründeten bischöflichen Kirche von Bamberg.[282] Sie blieb danach bis zum Ende des Alten Reiches ein bischöflich-bambergisches Eigenstift, an dessen Spitze ein Bamberger Domherr als Stiftspropst stand.[283] Ihr Vermögen blieb jedoch von dem des Hochstiftes Bamberg getrennt.

In einer Schutzurkunde Papst Lucius' III. (reg. 1181–1185) vom 27. Februar 1185 sind erstmals die wichtigsten Besitzungen der Alten Kapelle aufgezählt.[284] Neben den schon berührten Pfarreien bzw. Kirchen Regensburg-Sankt Kassian, als deren Zubehör Lappersdorf (Landkreis Regensburg) und Königswiesen (Stadtkreis Regensburg) genannt sind, Moosham und Eining, welcher Pfarrei wiederum die Orte Laimerstadt (Gemeinde Altmannstein, Landkreis Eichstätt) und *Harlan* (wohl Sandharlanden, Gemeinde Abensberg, Landkreis Kelheim) zugeordnet sind, sind dies die Pfarreien Roding (Landkreis Cham), Nittenau (Landkreis Schwandorf), Zeitlarn (Landkreis Regensburg) und Pfakofen (Landkreis Regensburg), ein Gut in *Harthusen* (Oberharthausen, Gemeinde Geiselhöring, oder Niederharthausen, Gemeinde Aiterhofen, beide Landkreis Straubing-Bogen), ein Gut in Wolfersdorf (Gemeinde Bernhardswald, Landkreis Regensburg), ein Hof in der Vorstadt von Regensburg, ein Hof in Hölkering (Gemeinde Pentling, Landkreis Regensburg) mit vier Weingärten sowie weitere elf Weingärten *in monte* („auf dem Berg"; wahrscheinlich die Winzerer Höhen, die heute zum Stadtgebiet von Regensburg gehören) und die Zehnten von allen Weingärten innerhalb der Grenzen (der Stadt Regensburg). Ein Hof in *Harlanden* ist noch 1407 im Besitz der Alten Kapelle.[285] Aus Laimerstadt flossen dieser bis ins 19. Jahrhundert Einkünfte zu.[286] Das im ausgehenden 13. Jahrhundert vorübergehend heruntergekommene Gut in Wolfersdorf war spätestens 1392 auf zwei Höfe aufgeteilt,[287] danach ist wieder nur noch von einem Gut oder Hof daselbst die Rede.[288] 1510 verkaufte das Stift diesen Hof unter Vorbehalt des Zehnts an Heinrich Kastner zu Regensburg, weil es für notwendige Bauarbeiten Geld benötigte.[289] Den Zehnt von diesem Hof erhielt die Alte Kapelle bis ins 19. Jahr-

Der in lateinischer Sprache abgefasste Text lautet:
Lucius[421] episcopus servus servorum dei, dilectis filiis Erbordo decano et canonicis sancte Marie Ratispon(ensis), que dicitur antiqua Capella, tam presentibus quam futuris canonice substituendis in perpetuum. | Pie postulatio voluntatis effectu debet prosequente compleri, ut et devotionis sinceritas laudabiliter enitescat et utilitas postulata vires indubitanter assumat. Eapropter dilecti in domino filii vestris iustis postulationibus clementer annuimus et prefatam ecclesiam sancte Marie Ratisponen(sis), que dicitur antiqua Capella, in qua divino mancipati estis obsequio, ad exemplar felicis recordationis Alexandri[422] pape, predecessoris nostri, sub beati Petri et nostra protectione suscipimus et presentis scripti privilegio communimus, statuentes, ut quascumque possessiones, quecumque bona eadem ecclesia inpresentiarum iust[e][423] et canonice possidet, aut in futurum concessione pontificum, largitione regum vel principum, oblatione fidelium, seu aliis iustis modis pres[tante domin]o poterit adipisci, firma vobis vestrisq[ue] successoribus et illibata permaneant, in quibus h[ec] propriis duximus exprimenda vocabulis, ecclesi[as in fundo] vestro sitas, Rotig[e]n s[cil]icet [cum] appenditiis su[is], ecclesiam Nitenhowe cum appenditiis suis, ecclesiam Cydelarn cum appenditiis suis, ecclesiam Phaphinchouen cu[m appendit]iis suis, ecclesiam Moseheim cum suis appendit[iis], ecclesiam Oynigin cum appenditiis suis Leumerstat et Harlan, ecclesiam sancti Cassiani cum appenditiis su[is L]ei[t]fridestorf et Chuniswisen, predi[u]m Harthusen cum appenditiis suis, predium Wolhartestorf cum appenditiis suis, curiam in suburbio [civitatis si]tam cum appenditiis suis, curiam Helkeringin cum quatuor vineis, quinque vineas in monte ad prebendam pertinentes, et sex ad oblationem cum [su]is appen[dit]iis, decimationes etiam omnium vinearum in termino vestro sitarum. Statuimus autem, ut decedente preposito [v]estro, qui pro tempore fuerit, nullus ibi qualibet surreptionis astutia seu violentia preponatur, nisi quem fratres communi consensu vel fratrum pars consilii sanioris secundum deum providerint eligendum. Inhibemus [et]iam, ne preposi[t]o liceat, villas, curias, decimas, mansos, seu aliud beneficium ecclesie vestre collatum alicui personaliter dare vel locare, s[eu a]lio modo alienare sine communi consensu capituli aut maioris et sanioris partis. Nichil etiam de bonis ecclesie in usum suum convertat, priusquam preb[enda] fratrum plenarie, sicut ab antiquo statutum est, fuerit dispensata, et cellerario, quem fratres utilem ac fidelem sibi elegerint, ad dispensandum commissa. P[reterea d]e oblation[ib]us, que s[u]i iuris non sunt, nichil sibi vendicare presumat, sed camerarius oblationum, qui specialiter ex antiqua et rationabili institutio[n]e [ad] ea[s] observandas distribu[en]dasque preficitur, debi[ta] provisione dispenset. De vino vero sive de cervisia fratrum nil subtrahat, nisi que ad portionem sua[m iu]xta ecclesiae vestre consuetudinem noverit perti[nere]. Interdicimus insuper, ne preposi[tu]s ecclesias [ves]tras contra iusticiam alicui per se tantum sacerd[ot]i concedat, sed cum decano et aliis fratribus in capit[u]lo residens sacerdotem honeste conversationis eligat, et electum cum aliis senioribus episcopo representet, a quo animarum curam recipiens ei de spiritualibus, vobis autem de temporalibus debeat respondere. Auctoritate quoque apostolica nichilominus duximus prohibendum, ne advocatus vester locum ipsum, vel que ad eum pertinent, gravare seu quibuslibet indebitis exactionibus fatigare presumat, sed his, que antiquitus sibi concessa sunt et ad iustitiam suam pertinent, contentus existat. Sepulturam preterea ipsius loci liberam esse decernimus, ut eorum devotioni et extreme voluntati, qui se illic sepeliri deliberaverint, nisi forte excommunicati vel interdicti sint, nullus obsistat, salva tamen iustitia illarum ecclesiarum, a quibus mortuorum corpora assumuntur. Hec autem omnia, sicut ab antiquo statuta sunt et servata, vobis et per vos eidem ecclesie auctoritate apostolica confirmamus. Decernimus igitur, ut nulli omnino hominum fas sit, prefatam ecclesiam temere perturbare aut eius possessiones auferre vel ablatas retinere, minuere, seu quibuslibet vexationibus fatigare, sed omnia integra conserventur eorum, pro quorum gubernatione ac sustentatione concessa sunt, usibus profutura, salva sedis apostolice auctoritate et diocesani episcopi canonica iustitia. Si qua igitur in futurum ecclesiastica secularisve persona hanc nostre constitutionis paginam sciens contra eam temere venire temptaverit, secundo tertiove commonita nisi reatum suum digna satisfactione correxerit, potestatis honorisque sui dignitate careat reamque se divino iudicio existere de perpetrata iniquitate cognoscat et a sacra[tissimo co]rpore ac sanguine dei et domini redemptoris nostri Ihesu Christi aliena fiat atque in extremo examine divine ultioni subiaceat. C[un]ctis autem eidem loco sua [iura servantibus sit pax domini] nostri Ihesu Ch[risti, quatinus et] hic fructum bone actionis per[ci]piant et apud districtum iudicem premia eter[ne] pacis inven[ian]t. Amen, Amen, Amen.

(R)[424] Ego Lucius catholice ecclesie episcopus ss. (BV)[425]
† Ego Theodinus Portuen(sis) [et] sancte Rufine sedis episcopus ss.
† Ego Heinricus Albanen(sis) episcopus ss.
† Ego Theobaldus Hostien(sis) [et] Velletren(sis) Episcopus ss.
† Ego Johannes presbyter cardinalis tituli sancti Marci ss.
† Ego Laborans presbyter cardinalis sancte Marie trans Tiberim tituli Calixti ss.
† Ego Arditio diaconus cardinalis sancti Theodori ss.
† Ego Gratianus sanctorum Cosme et Damiani diaconus cardinalis ss.
† Ego Soffredus sancte Marie in via lata diaconus cardinalis ss.
† Ego Albinus diaconus cardinalis sancte Marie nove ss.

Datum Veron(e) per manum Alberti sancte Romane ecclesie presbyteri cardinalis et cancellarii, III Kal. Martii, indictione III., incarnationis dominice anno M.C.LXXX.IIII., pontificatus vero domini Lucii[426] pape III. anno IIII^{to}.

Original Pergament lateinisch; 60,5 cm hoch, 45,7 cm breit, Umbug 3 cm; durch Löcher und Moderflecken stark beschädigt (deswegen unleserliche Stellen sind in der vorliegenden Edition in eckige Klammer gesetzt und nach Möglichkeit erschlossen); ehemals an gelben Seidenfäden anhängende Bleibulle liegt lose bei; Verschiedene Rück- und Archivvermerke 14.–17. Jahrhundert. Zur Übersetzung ins Deutsche siehe S. 365.

Abb. 45 ▷
Seite 10 des ältesten Urbars des Kollegiatstifts zur Alten Kapelle von 1367 mit dem Beginn des Verzeichnisses der Einkünfte von Häusern in der Stadt Regensburg. Pergament, 33 cm x 25 cm. Regensburg, 1367. Regensburg, Bischöfliches Zentralarchiv, Bestand Alte Kapelle 1436.

hundert.[290] Aus Hölkering bezog das Stift bis Ende des 17. Jahrhunderts Einkünfte.[291] Ober- oder Niederharthausen kommt nach 1185 nicht mehr in Urkunden oder Besitzverzeichnissen der Alten Kapelle vor.[292]

Es hat seinen guten Grund, dass unter den Besitzungen besonders die Eigenkirchen hervorgehoben werden. Der Eigenkirchenherr hatte nämlich nicht nur das Recht, die an diesen Kirchen tätigen Priester einzusetzen oder zu entlassen, sondern es standen ihm auch die überschüssigen Einkünfte dieser Kirchen zu. Aus dem Eigenkirchenwesen entwickelten sich die Rechtsinstitute des Patronats und der Inkorporation.[293] Auch die Pfarreien der Alten Kapelle wurden früher oder später dieser förmlich inkorporiert oder wie inkorporierte Pfarreien behandelt, wobei der Inkorporationsinhaber in wirtschaftlicher Hinsicht ähnlich dem früheren Eigenkirchenherrn gestellt war. Da die Pfarreien in der Regel Überschüsse abwarfen, erwies sich die Inkorporation als sehr vorteilhaft. Im 20. Jahrhundert führten neue kirchenrechtliche Bestimmungen sowie Beschlüsse des Zweiten Vatikanischen Konzils, die sich gegen die Inkorporation alter Prägung richteten, dazu, dass die Alte Kapelle nach und nach auf ihre Patronats- und Inkorporationsrechte, von der Stiftspfarrei Sankt Kassian einmal abgesehen, verzichtete.[294]

Das Stift gewann im Laufe der Zeit außer den schon genannten die Pfarreien Appersdorf (Gemeinde Elsendorf, Landkreis Kelheim), die es 1356 von Bischof Friedrich I. von Regensburg (reg. 1340–1356) erhalten hatte, Bruck in der Oberpfalz (Landkreis Schwandorf), welche zu einem nicht genau bekannten Zeitpunkt der Alten Kapelle inkorporiert wurde, Hienheim, deren Patronatsrecht 1347 Kaiser Ludwig der Bayer (reg. 1314–1347, als Kaiser ab 1328) dem Kapitel der Alten Kapelle übertrug, dem 1356 Bischof Friedrich I. auch noch die Inkorporation dieser Pfarrei zugestand, Kirchenrohrbach, welche Pfarrei 1401 dem Stift inkorporiert, aber schon 1466 gegen Ramspau an das Kloster Walderbach vertauscht wurde, Lappersdorf, erst seit 1879 Pfarrei, wobei die aus romanischer Zeit stammende Kirche aber schon seit ihren Anfängen als Zubehör der Pfarrei Sankt Kassian mit der Alten Kapelle verbunden war, Penting, 1401 dem Stift inkorporiert, und Stamsried, eine Tochterpfarrei von Roding, die 1673/1678 der Alten Kapelle inkorporiert wurde.[295] Einen Sonderfall stellt die Pfarrei Lambertsneukirchen (Gemeinde Bernhardswald, Landkreis Regensburg) dar, für die das Stift erst 1840 im Zusammenhang mit dem Erwerb des Gutes Hackenberg (Gemeinde Bernhardswald) das Präsentationsrecht, das mit der Gutsherrschaft verbunden war, erlangte; eine Inkorporation der Pfarrei erfolgte jedoch nicht mehr.[296]

Generell lässt sich sagen, dass die Orte, an denen Pfarreien oder Kirchen der Alten Kapelle bestanden, zugleich Zentren von stiftischem Grundbesitz und Einkünften waren, teils weil der Erwerb von Besitz an solchen Orten angestrebt wurde, da er im Zusammenhang mit einer bereits bestehenden Stiftspfarrei, die sehr oft mit einem Chorherrn oder Chorvikar der Alten Kapelle besetzt war,[297] leichter verwaltet werden konnte, teils weil die bereits vorhandene Grundherrschaft des Stiftes erst zur Entstehung der betreffenden Eigenkirchen und Pfarreien geführt hatte. Bezeichnenderweise liegen sechs der sieben Amthöfe, von denen aus nach einer Urkunde von 1274 Offiziale[298] Besitzungen des Stiftes verwalteten, an Orten, die auch Sitz von Pfarreien der Alten Kapelle waren, nämlich Roding, Nittenau, Zeitlarn, Pfakofen, Moosham und Eining.[299] Der siebte Amtmann saß in Pösing (Landkreis Cham), wo 1367 eine Kirche belegt ist, von welcher der Alten Kapelle jährliche Geldzahlungen zustanden.[300] Weitere Einkünfte bezog sie vom Amthof in Pösing, von sechs Huben daselbst und von einem weiteren Hof im Bereich des stiftischen Amtes Pösing. Wegen Grundstücksgrenzen und Weiderechten bei den ausgedehnten Waldungen der Alten Kapelle bei Pösing, der sogenannten Pösingerau, kam es vor allem im 17. Jahrhundert zu langwierigen rechtlichen Konflikten.[301] Bis ins 19. Jahrhundert erhielt das Stift Zehnten aus Pösing.[302] Aus

Item dni de pruel. ij. lbr. ad duos terminos. videlz Martini libram et Georij unam libram.

Itm de bonis et areis et predijs ecclie in Bor. ij. lb Martini. et vj lbr. ad missam in ortu diei.

Hic no(tantur) Redditus de domibz in Ciuitate Brix. sitis.

De domo in foro. xx. lbr. dn. cum dimidia ad tres terminos.

Itm de domo Vesstarij. j. lbr. ad tres terminos.

Itm de domo Lutarij. xij. sol. ad tres terminos.

Item de domo Hupflini in dem Latron que appellat(ur) prunhof. vj sol. Mulreich ad tres terminos.

Itm de domo Petri de Bor. xvij sol.

Itm de domo Ulbini in Illnchofen retro cimiterium sci Kassiani. vj sol.

Itm de domo dni Decani. xvij. sol.

Itm de domo dni Alrij. x. sol.

Item de domo cum Curtu quam habebat Henricus Fritzinn. et fr. eius Ulricus Katrinna. ij. lbr.

Roding bekam die Alte Kapelle nach dem ältesten Urbar des Stiftes von 1367 außer den Einkünften von der Pfarrei Zehnten sowie je ein Pfund (Pfennige) von Wiesen und *de melle* („vom Honig").[303] Die Imkerei muss dort sehr bedeutend gewesen sein. Ein Amthof des Stiftes bestand zu dieser Zeit in Roding anscheinend nicht mehr. Die Zehnten aus Roding flossen der Alten Kapelle bis zur allgemeinen Zehntablösung Mitte des 19. Jahrhunderts zu.[304] In der Gegend von Roding und Pösing war sie zudem Jahrhunderte lang in Traubenbach (Ober-, Gemeinde Schorndorf, Landkreis Cham, Unter-, Gemeinde Cham), Trübenbach (Ober-, Unter-, beide Gemeinde Roding, Landkreis Cham), Schorndorf (Landkreis Cham) und Nanzing (Gemeinde Schorndorf) begütert.[305] Besitz in Trübenbach war schon 1328 im Rahmen einer Jahrtagsstiftung zur Alten Kapelle gekommen, solcher in und bei Traubenbach 1409 durch Tausch; Zehnten in Obertraubenbach und Nanzing sind 1513 im Eigentum des Stiftes nachweisbar.[306] Aus Nittenau lieferten 1367 der Amthof und einige kleinere Güter Naturalien und Geld.[307] In der Neuzeit sind dort neben den Einkünften von der Pfarrei nur noch Zehnten belegt.[308]

Auch in Zeitlarn verfügte die Alte Kapelle über die Pfarrei und den aus der erwähnten Urkunde von 1274 zu erschließenden Amthof hinaus schon früh über Besitzungen.[309] 1348 erwarb sie dort einen weiteren Hof sowie ein Drittteil eines Hofes.[310] Im Urbar von 1367 sind umfangreiche Einkünfte des Stiftes in Zeitlarn und Umgebung, wozu Regenstauf (Landkreis Regensburg) und Laub (Gemeinde Zeitlarn) gerechnet wurden, verzeichnet.[311] Bis zur Ablösung der Grundlasten im 19. Jahrhundert hatte die Alte Kapelle in Zeitlarn Grunduntertanen und bezog Grundrenten und Zehnten von dort.[312] Mit einem Söldner (Kleinbauern) von Laub wurde noch 1850 ein Prozess wegen rückständiger Grundzinsen geführt.[313] Im Pfarrort Pfakofen und in den damals zu diesem Pfarrsprengel[314] gehörenden Orten Gansbach (Gemeinde Aufhausen, Landkreis Regensburg), (Unter-)Deggenbach (Gemeinde Schierling, Landkreis Regensburg) und Gailsbach (Gemeinde Hagelstadt, Landkreis Regensburg) weist das Urbar von 1367 gleichfalls einen Besitzschwerpunkt der Alten Kapelle aus,[315] der über mehrere Jahrhunderte hinweg erhalten blieb.[316] Die Zehnten in Deggenbach und Gailsbach waren schon 1264 in den Besitz des Stiftes oder von dessen Propst übergegangen.[317] Später erwarb die Alte Kapelle weitere Güter und Einkünfte im Bereich der damaligen Pfarrei Pfakofen, nämlich in Pfellkofen (heute Teil von Pfakofen), Allkofen (Gemeinde Laberweinting, Landkreis Straubing-Bogen), Inkofen, Zaitzkofen (beide Gemeinde Schierling, Landkreis Regensburg), Dillkofen (Gemeinde Mallersdorf-Pfaffenberg, Landkreis Straubing-Bogen) und Gitting (Gemeinde Hagelstadt, Landkreis Regensburg), welche gleichfalls bis ins 19. Jahrhundert beim Stift verblieben.[318] Im übrigen war diese Gegend vom Dreißigjährigen Krieg besonders stark betroffen. In einer auf Anforderung des Stifts, das einen Überblick über die Kriegsschäden an seinen Gütern gewinnen wollte, erstellten Beschreibung von 1635 ist festgehalten, dass die Grund- und Zehntholden in Allkofen, Dillkofen, Gailsbach, Gansbach und Gitting großenteils ihre Felder nicht bebauten und ihre *ruinierten* Häuser verlassen hätten, einige von ihnen gestorben seien.[319]

Eine sehr starke Konzentration von Besitz und Einkünften der Alten Kapelle findet sich nach dem schon öfters zitierten Urbar auch in Moosham.[320] Sie wurde in der Folgezeit noch verstärkt, beispielsweise durch den Erwerb einer Schmiedstatt Anfang des 15. Jahrhunderts.[321] In Moosham befand sich auch ein Zehnthaus und ein Zehntstadel des Stiftes, worin die diesem zustehenden Zehnten gesammelt wurden.[322] Diese Gebäude verkaufte die Alte Kapelle mit zugehörigen Grundstücken und Rechten 1828 an einen Ortsansässigen, da sie wegen der Fixierung und bevorstehenden Ablösung der Zehnten nicht mehr benötigt wurden. Die Liegenschaften waren in Kriegszeiten, beispielsweise in den napoleonischen Kriegen, auch zu einer Belastung geworden, weil sie in starkem Maße zu Einquartierungen und

Proviantlieferungen herangezogen wurden. Bis vor etwa 150 Jahren bezog die Alte Kapelle jedoch aus Moosham Gilten und Zehnten.[323] In Eining verfügte das Stift 1367 ebenfalls in großem Maße über Güter und Einkünfte[324] und dies blieb so bis zur Ablösung der Grundlasten im 19. Jahrhundert.[325]

Hienheim begegnet im Urbar von 1367 noch nicht, ebenso das zu dieser Pfarrei gehörende Irnsing. Erst vom 17. bis 19. Jahrhundert hatte die Alte Kapelle in Hienheim in größerem Umfang Besitz und Einkünfte.[326] Zur Filialkirche Irnsing wurde 1391 ein Frühmessbenefizium gestiftet, bei dessen Erledigung jeweils der Pfarrer von Hienheim das Recht hatte, einen neuen Messpriester zu benennen und dem Kollegiatstift zur Präsentation zu empfehlen.[327] Aus Irnsing bezog die Alte Kapelle spätestens 1586 Zehnten, die vordem der Pfarrei Hienheim zugeflossen waren.[328] 1627 kaufte das Kollegiatstift ein Söldenhaus mit einem Stadel und einem Garten in Irnsing.[329] Es sollte als Zehnthaus- und Zehntstadel dienen. Bereits im Oktober 1630 brannte es durch Nachlässigkeit ab und wurde 1631 wiederaufgebaut.[330] Mit dem Bau war der Pfarrer von Hienheim Gregor Knitel beauftragt worden. Dieser legte 1631 eine Abrechnung über den Bau und über die Einnahmen aus Irnsing und dem ebenfalls zur Pfarrei Hienheim gehörenden Schwaben (Gemeinde Kelheim) vor. Knitel war Chorherr der Alten Kapelle.[331] Teilweise übertrug diese die lokale Wahrnehmung ihrer Wirtschaftsinteressen also auch den in ihren Pfarreien tätigen Stiftspriestern. Welch verheerenden Einfluss der Dreißigjährige Krieg auf die Wirtschaftskraft der Region hatte, ist aus der Antwort des kurfürstlichen Gerichtsschreibers von Neustadt an der Donau vom 19. September 1633 an das Kapitel des Stiftes auf ein Schreiben zu ersehen, worin sich dieses offenbar über die Dorfgemeinde Irnsing wegen ausbleibender Zehntlieferungen beklagt hatte.[332] Der Gerichtsschreiber wies darauf hin, dass von den Zehntholden wegen der kriegsbedingten Beeinträchtigungen *vil uf dem Veldt ligen gelassen* und *durch das Khriegsvolckh weckhgenommen* worden sei. Einige hätten das Getreide zwar eingefahren, doch sei es ihnen *bey Hauß, alß an der Mühl heiffig abgeraubt worden*. Weitere große Kosten seien ihnen durch Einquartierungen und Kriegsanlagen entstanden. Sie bäten deswegen um Zehntnachlass bzw. -aufschub. Der Neubau des 1675 bereits wieder baufälligen Zehntstadels stand ebenfalls unter der Leitung des Pfarrers von Hienheim.[333] Später wurden die Expositi von Irnsing vom Kollegiatstift mit der Verwaltung des dortigen Zehntstadels und den sonstigen Angelegenheiten des Stiftes in Irnsing betraut.[334] Noch Mitte des 19. Jahrhunderts war der Zehntstadel vorhanden und flossen der Alten Kapelle Zehnten aus Irnsing zu.[335]

In Stamsried besaß die Alte Kapelle spätestens 1451 Zehntrechte.[336] Zu einem wichtigen Stützpunkt der stiftischen Wirtschaftsverwaltung wurde Stamsried aber erst, nachdem dort eine eigene Pfarrei errichtet und der Alten Kapelle inkorporiert worden war. Pfarrvikar Michael Kerling (Pfarrvikar 1673–1720) war mit der Eintreibung von Zehnten in Stamsried und den benachbarten Orten Rötz (Landkreis Cham), Balbersdorf und Klessing (beide Gemeinde Waffenbrunn, Landkreis Cham) beauftragt.[337] Im 18./19. Jahrhundert bestand in Stamsried ein eigenes Filialkastenamt, das meist von einem Laien als Kastenverweser geleitet wurde.[338] 1741 wurde beim Pfarrhof Stamsried ein neuer Getreidekasten erbaut, den auch die Alte Kapelle für ihre Zehnten nutzte.[339] 1856 erfolgte die Fixierung der Zehnten und ihre Umwandlung in Bodenzinse.[340] Das Filialkastenamt, zuletzt vom Pfarrer versehen, war einige Jahre vorher aufgelöst worden.[341] Aus Penting flossen der Alten Kapelle mindestens seit 1358 Zehnten zu,[342] aus Rohrbach (Kirchen-, Katzen-, beide Gemeinde Walderbach, Landkreis Cham) jedenfalls schon 1367.[343]

Außer dem genannten Filialkastenamt Stamsried existierte ein wesentlich älteres in Straubing, das spätestens im 16. Jahrhundert eingerichtet wurde.[344] Meist wurden hohe Beamte der Stadt Straubing oder der kurfürstlichen Regierung daselbst mit diesem Amt betraut, dessen Inhaber nicht nur die Einkünfte des Stiftes in Straubing, sondern auch die von Besitzungen in der näheren Umgebung der Stadt, beispielsweise in dem schon erwähnten Piering, in Niederschneiding (Gemeinde Oberschneiding, Landkreis Straubing-Bogen), Rainting (Gemeinde Oberschneiding), Weiher (Gemeinde Kirchroth, Landkreis Straubing-Bogen), Radldorf (Gemeinde Perkam, Landkreis Straubing-Bogen), Thurnhof (Gemeinde Parkstetten, Landkreis Straubing-Bogen), Niedersteinach (Ober-, Unter-, Gemeinde Ascha, Landkreis Straubing-Bogen), Wiesendorf (Gemeinde Rain, Landkreis Straubing-Bogen) und in Alburg (Stadtkreis Straubing) in ihren Kasten aufzunehmen und zu verwalten hatten. Es war aber auch der schon ziemlich weit von Straubing entfernte Hof in Schlatzendorf (Gemeinde Viechtach, Landkreis Regen) dem genannten Filialkastenamt zugeordnet. Zehnten in Straubing sind seit 1367 im Besitz der Alten Kapelle belegt.[345] Die sonstigen von diesem Filialkastenamt verwalteten Güter gehörten wie viele andere Besitzungen des Kollegiatstiftes teilweise ursprünglich zu einer der bei diesem bestehenden Messstiftungen, gingen aber um 1600 unmittelbar in das Eigentum der Kanoniker über.[346] Der Hof in Niederschneiding etwa zählte 1457 zur Gründungsausstattung eines Altarbenefiziums.[347] Im Dreißigjährigen Krieg wurde dieser Hof 1641 niedergebrannt, so dass die betreffenden Grunduntertanen die schuldigen Abgaben nicht mehr leisten konnten.[348] Nach dem Wiederaufbau flossen solche der Alten Kapelle bis ins 19. Jahrhundert zu. Den Hof zu Rainting erwarb sie 1333 durch Kauf.[349] Er ist danach ein halbes Jahrtausend im Besitz des Stiftes nachweisbar.[350] Den Hof in Weiher kaufte das Stift 1522 und behielt ihn gleichfalls bis ins 19. Jahrhundert,[351] ebenso wie den Hof in Radldorf, der Ende des 16. Jahrhunderts erstmals in Urkunden der Alten Kapelle, zunächst noch als Besitz des Sankt Markus-Benefiziums, genannt wird.[352] In Niedersteinach war sie vom 17. bis zum 19. Jahrhundert Grundherr.[353] Ein Hof in Wiesendorf ist seit 1350 im Eigentum der Alten Kapelle belegt.[354] Es finden sich bis 1787 im Stiftsarchiv zahlreiche Akten zu ihm.[355] Der Hof in Schlatzendorf ist erstmals im Urbar von 1367 registriert.[356] Er gehörte bis ins 19. Jahrhundert zum Stift.[357]

Ein weiteres Filialkastenamt der Alten Kapelle bestand im 18./19. Jahrhundert in Eichstätt.[358] Es war offenbar ausschließlich für die Einziehung der Zehnten in Röckenhofen, Attenhofen (beide Gemeinde Greding, Landkreis Roth) und Hirnstetten (Gemeinde Kipfenberg, Landkreis Eichstätt) zuständig. Die Zehnten in Hirnstetten hatte der Chorherr der Alten Kapelle Joseph Ignaz Mittner († 1711) 1711 seinem Stift testamentarisch vermacht zu einem Jahrtag mit zwei heiligen Messen für sich und seine Familie sowie zu einem Almosen, das an diesem Jahrtag an arme Gottesdienstbesucher zu verteilen war.[359] Auch die Zehnten in Röckenhofen und Attenhofen, die sich gleichfalls im Besitz der Familie Mittner befunden hatten, kamen durch den genannten Chorherrn an die Alte Kapelle,[360] die von ihm in dem erwähnten Testament zum Haupterben eingesetzt worden war. Das Filialkastenamt Eichstätt war sicher weniger wegen des Umfangs der Einkünfte in der dortigen Gegend als der großen Entfernung von Regensburg halber, die den Einzug der Zehnten von da aus sehr erschwert hätte, eingerichtet worden.

Der in der Schutzurkunde Lucius' III. von 1185 genannte Hof in der Vorstadt ist, von Kirchen abgesehen, die erste in den Quellen ausdrücklich erwähnte Liegenschaft der Alten Kapelle in Regensburg selbst. Die Besitzverhältnisse bei diesem Hof waren zeitweise zwischen dem Kapitel und dem Propst des Stiftes strittig, denn in einer weiteren Schutzurkunde des Papstes Honorius III. (reg. 1216–1227) aus dem Jahre 1221 wird dem Kapitel der Besitz des Hofes besonders bestätigt und 1226 und 1232 entscheiden Bischof Konrad IV. (reg. 1204–1226) und der Domdekan, Magister Robert, bzw. Bischof Siegfried (reg. 1227–1246) von Regensburg den Streit zwischen Propst Krafto und dem Kapitel wegen des Hofes jeweils mit einer detaillierten Darlegung der jeweiligen Rechte, Ansprüche und Pflichten.[361]

Eine ganze Reihe weiterer Liegenschaften in der Stadt sind in der Folgezeit im Besitz der Alten Kapelle genannt, unter anderen um 1196 eine Hofstatt *inter tonsores* (Scherergasse, heute Teil der Gesandtenstraße), 1251 ein Haus in der *Engelpolt*-Straße (Engelburgergasse), 1252 ein Haus an der Brunnleite, 1260 eine Hofstatt in der *Panhæglinne*-Straße (Baumhackergasse?), 1268 eine Hofstatt in der *Wirmær*-Straße (um 1600 *Wermerstraße*), um 1285 ein Haus in der *Schefter*-Straße (Schäffnerstraße), 1284 ein Haus am Marktplatz, 1344 der Dekanalhof bei der Stiftskirche, 1348 eine Hofstatt hinter dem Rathaus, 1358 das sogenannte Frühmesserhaus hinter der Stiftskirche, 1366 ein Haus beim Sankt Kilians-Brunnen.[362] Laut dem Urbar von 1367 bezog die Alte Kapelle damals Einkünfte von 25 Häusern in Regensburg.[363] In den folgenden Jahrhunderten konnte dieser Besitz in etwa auf dem gleichen Stand gehalten werden, denn in einem um 1600 entstandenen Verzeichnis sind 26 Häuser der Alten Kapelle in Regensburg aufgeführt, die größtenteils vermietet waren.[364] Einige davon wurden im Dreißigjährigen Krieg verwüstet und dann abgebrochen.[365] 1689 besaß das Stift in der Stadt neben einem Bauernhof *in Schefnerstrass, iezundt aber Pfaffengassen genant* zahlreiche Äcker und andere landwirtschaftlich genutzte Flächen beziehungsweise die Zehnten davon.[366] Bedeutender dürfte der Besitz von 22 Häusern und die Grundzinsen von 48 weiteren Häusern in Regensburg gewesen sein.[367] Teilweise wurden die Gebäude natürlich als Kanonikalhöfe, also Wohnungen für die Chorherren, genützt, oder aber Bediensteten des Stiftes Wohnräume darin geboten. Den Dechanthof etwa bewohnte, wie aus dessen Namen schon hervorgeht, in der Regel der jeweilige Stiftsdekan.[368] Schmerzliche Einbußen erlitt das Chorherrenstift beim Stadtbrand von 1809, als zwölf seiner Häuser den Flammen zum Opfer fielen und nur teilweise wiederaufgebaut wurden.[369] Es wurden jedoch auch in der Folgezeit Immobilien in der Stadt erworben und Häuser gebaut; ebenso erfolgten natürlich Verkauf und Tausch von Liegenschaften.[370] Noch heute stellt der Immobilienbesitz in Regensburg für das Stift einen wichtigen Wirtschaftsfaktor dar, darunter die vielen Wohnungen, die erst unter dem Stiftsadministrator Kanonikus Otto Voreck (Kanonikus 1955–1966, Administrator seit 1956) gebaut wurden.[371]

Zu den ältesten Besitzungen der Alten Kapelle gehörten Güter in Wolfsbach (Gemeinde Ensdorf, Landkreis Amberg-Sulzbach), die seit 1239 in ihrem Eigentum nachzuweisen sind.[372] Im Bemühen um eine gewisse regionale Arrondierung ihres Besitzes vertauschte sie 1516 den Hof in Wolfsbach mit allem Zubehör an das dort benachbarte Kloster Ensdorf gegen Güter, die nahe dem Kloster Pettendorf (Landkreis Regensburg), nämlich in *Haslach* (wohl Haselhof, Gemeinde Pettendorf), Urtlhof, Reifenthal (beide Gemeinde Pettendorf) und *Harraß* (Harreshof, Gemeinde Hainsacker, Landkreis Regensburg) lagen.[373] Ein Hof in Haselbach (Stadtkreis Regensburg) ist seit 1274 im Besitz der Alten Kapelle belegt.[374] Fast 600 Jahre lang erhielt sie von dort Einkünfte.[375] In Sarching (Gemeinde Barbing, Landkreis Regensburg) übte das Chorherrenstift mindestens von 1268 bis 1843 Grundherrschaft aus.[376] 1308 wird beurkundet, der ehemalige Kanonikus der Alten Kapelle Volkmar habe zur Feier des Festes der heiligen Felix und Adauktus und zu einem Jahrtag für sich dem Stiftskapitel sein Gut in Mintraching geschenkt.[377] Bis Mitte des 14. Jahrhunderts konnte der dortige Besitz beträchtlich erweitert werden.[378] Noch im 19. Jahrhundert war die Alte Kapelle in Mintraching begütert,[379] ebenso wie in Burgweinting (Stadtkreis Regensburg), wo sie 1352 einen Hof gekauft,[380] und in Lobsing (Gemeinde Pförring, Landkreis Eichstätt), wo sie 1359 ein Gut erworben hatte.[381] In Gmünd (Gemeinde Pfatter, Landkreis Regensburg) war die Alte Kapelle zumindest seit der Mitte des 14. Jahrhunderts Grundherr.[382] 1653 kam der Hof auf die Gant, nachdem er *durch das verloffne Khriegswesen [...] gannz in Aschen gelegt* worden war.[383] Aus Regendorf (Gemeinde Zeitlarn, Landkreis Regensburg) bezog das Stift spätestens seit 1367 und dann bis ins 19. Jahrhundert Einkünfte.[384] Die beiden heute zur Stadt

Abb. 46
Epitaph für den Kanoniker Georg Zirckendorffer († 1462). Sandstein, 89 cm x 75,5 cm. Regensburg, 1462. Der Stiftsherr kniet zwischen Christus, dargestellt als Salvator, und der heiligen Barbara. Zirckendorffer war der Stifter des Beneficiums der heiligen Barbara. Regensburg, Vorhalle der Alten Kapelle.

Abb. 47
Kreuzigungsgruppe. Rückseite des Titelblattes des Kopialbuches für Urkunden des Beneficiums Sancti Mauritii. Deckfarben, Pergament. 22,4 cm x 17 cm. Regensburg 1516. Regensburg, Bischöfliches Zentralarchiv, Bestand Alte Kapelle 1435.

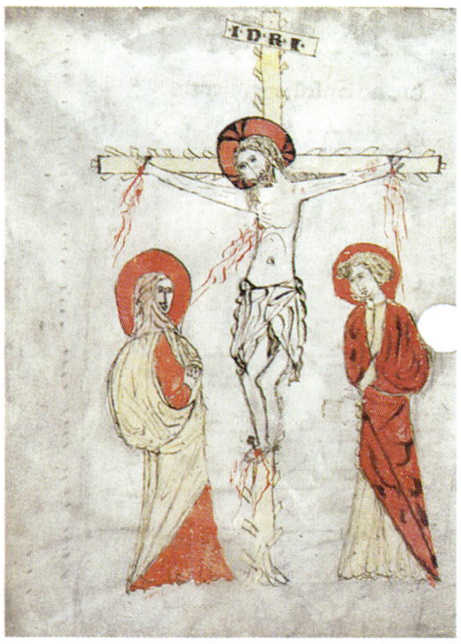

Regensburg gehörenden Orte Reinhausen und Weichs kommen bereits im Urbar von 1367 und dann bis ins 19. Jahrhundert in den Akten zur Vermögensverwaltung des Stiftes vor.[385] Ein Hof in Iffelsdorf (Gemeinde Pfreimd, Landkreis Schwandorf) ist ebenfalls schon im Urbar von 1367 verzeichnet.[386] Er wurde dann offenbar wegen der großen Entfernung bald abgestoßen, denn in späteren Quellen des Stiftes findet er sich nicht mehr.[387]

Aus der neueren Zeit sind folgende Besitzveränderungen besonders bemerkenswert: 1769 kaufte das Kollegiatstift von Ludwig Emanuel Reinhard von *Kumpfmülln* auf Berghausen und Aiglsbach, Pfarrer von Engelbrechtsmünster (Gemeinde Geisenfeld, Landkreis Pfaffenhofen an der Ilm), die Hofmark Berghausen (Gemeinde Aiglsbach, Landkreis Kelheim) und den damit verbundenen Edelmannssitz Aiglsbach mit allen Zugehörungen und Rechten.[388] Zu der Entscheidung zu diesem Kauf dürfte wiederum sehr wesentlich beigetragen haben, dass Berghausen zur Stiftspfarrei Appersdorf gehörte.[389] Die Einkünfte aus diesen Gütern trugen mehrere Jahrzehnte lang zum Unterhalt des Stiftes bei.[390] 1843 erfolgte jedoch der Verkauf an die Bauerseheleute Sebastian und Anna Räuschl zu Berghausen, wobei die Dominikalrenten (Grundrenten) ausgenommen blieben.[391] 1840 erwarb die Alte Kapelle von Maximilian Freiherrn von Schwerin die beiden Rittergüter Hauzendorf und Hackenberg (beide Gemeinde Bernhardswald, Landkreis Regensburg), mit welch letzterem, wie erwähnt, das Präsentationsrecht für die Pfarrei Lambertsneukirchen verbunden war.[392] Zu beiden Gütern gehörten Brauereien. Bereits 1843 wurden Hauzendorf und Hackenberg aber wieder verkauft.[393] Lediglich die Dominikalrenten behielt das Stift, ebenso das Präsentationsrecht für Lambertsneukirchen. Aufgrund des Ablösungsgesetzes vom 4. Juni 1848 wurden auch die Grundrenten der beiden Güter abgelöst.[394] Der Verkauf der Güter Hauzendorf, Hackenberg und Berghausen versetzte die Alte Kapelle 1843 in die Lage, von Adolph von Zerzog, dem späteren Abgeordneten des Wahlkreises Regensburg in der Frankfurter Nationalversammlung, ein anderes Rittergut, nämlich Etterzhausen (Gemeinde Nittendorf, Landkreis Regensburg), zu erwerben.[395] Es wurde aber 1858 schon wieder abgestoßen.[396]

Zur wirtschaftlichen Absicherung des Chorherrenstiftes und der Kirche trugen de facto auch die zahlreichen Stiftungen bei, die vom Kapitel, vom Dekan oder von anderen Dignitären der Alten Kapelle verwaltet wurden.[397] Sie hatten zwar alle ein eigenes Vermögen, das von dem des Stiftes und dem der Kirche separiert und bestimmten Zwecken gewidmet war, doch kamen sie zu einem großen Teil zumindest indirekt auch diesen beiden Institutionen zugute. Die Bezüge des Stiftes und der Chorherren erhöhten sich durch Präsenzgelder oder andere mit Gottesdienststiftungen verbundene Deputate.[398] Ende des 16./Anfang des 17. Jahrhunderts wurden die Einkünfte der Messstiftungen mit denen der Kanoniker vereinigt.[399] Die Bezüge der Wohltätigkeitsstiftungen konnten teilweise auch für Renovierungen und Anschaffungen bei der Kirche verwendet werden.[400] Zwei Stiftungen hatten überhaupt den Zweck, die Zahl der Kanonikate bei der Alten Kapelle zu erhöhen, nämlich die 1763 von Maria Theresia Freiin von Stinglheim testamentarisch verfügte und elf Jahre später förmlich errichtete Stinglheimsche Präbende-Stiftung (Präbende = Pfründe zum Lebensunterhalt eines Chorherrn) und das 1862 aus einem Chorvikariat, welches wiederum ursprünglich auf ein Benefizium zurückging, entstandene Steuersche Kanonikat.[401] Die letztere Stiftung wurde 1893/1894 mit Zustimmung der zuständigen Behörden mit dem Stammvermögen der Alten Kapelle vereinigt. Die Einkünfte der Stinglheimschen Präbende-Stiftung reichten ab 1921 wegen der damaligen Inflation nicht mehr aus, um das Kanonikat zu besetzen.

Die Alte Kapelle erwarb natürlich im Laufe der Zeit noch an vielen anderen Orten Besitzungen. Genannt seien hier etwa Dettenkofen,[402] Greißing (beide Gemeinde Geiselhöring, Landkreis Straubing-Bogen),[403] Geiersberg (Gemeinde Lappersdorf, Landkreis Regensburg),[404] Großmuß (Gemeinde Hausen, Landkreis Kelheim),[405] Haidenkofen (Gemeinde Sünching, Landkreis Regensburg),[406] Herfurth (Gemeinde Pfatter, Landkreis Regensburg),[407] Kelheim,[408] Neustadt an der Donau (Landkreis Kelheim),[409] Oberlaichling (Gemeinde Schierling, Landkreis Regensburg),[410] Pullach (Gemeinde Abensberg, Landkreis Kelheim),[411] Saalhaupt (Gemeinde Bad Abbach, Landkreis Kelheim),[412] Donaustauf,[413] Schierling,[414] Sinzing (alle Landkreis Regensburg),[415] Pfaffenstein,[416] Schwabelweis,[417] Unterisling[418] und Winzer[419] (alle Stadtkreis Regensburg). Insgesamt lässt sich sagen, dass sich Besitzschwerpunkte besonders in Regensburg und dessen engerer Umgebung, in einiger Entfernung südsüdöstlich der Stadt im Umkreis der Stiftspfarreien Moosham und Pfakofen, etwas weiter entfernt Donau aufwärts um die Pfarreien Hienheim und Eining, im Bayerischen Wald in der Umgebung der Pfarreien Roding, Stamsried und Penting sowie um die Stadt Straubing herausbildeten.

Die seit dem frühen Mittelalter aufgebaute wirtschaftliche Basis trägt das Stift und die Stiftskirche bis heute. So konnte es jüngst eine aufwändige Innenrenovierung der Kirche durchführen, deren Kosten von 21 Millionen Mark zwar zum Teil durch Zuschüsse gedeckt wurden, aber doch auch eine hohe Eigenleistung erforderten.[420]

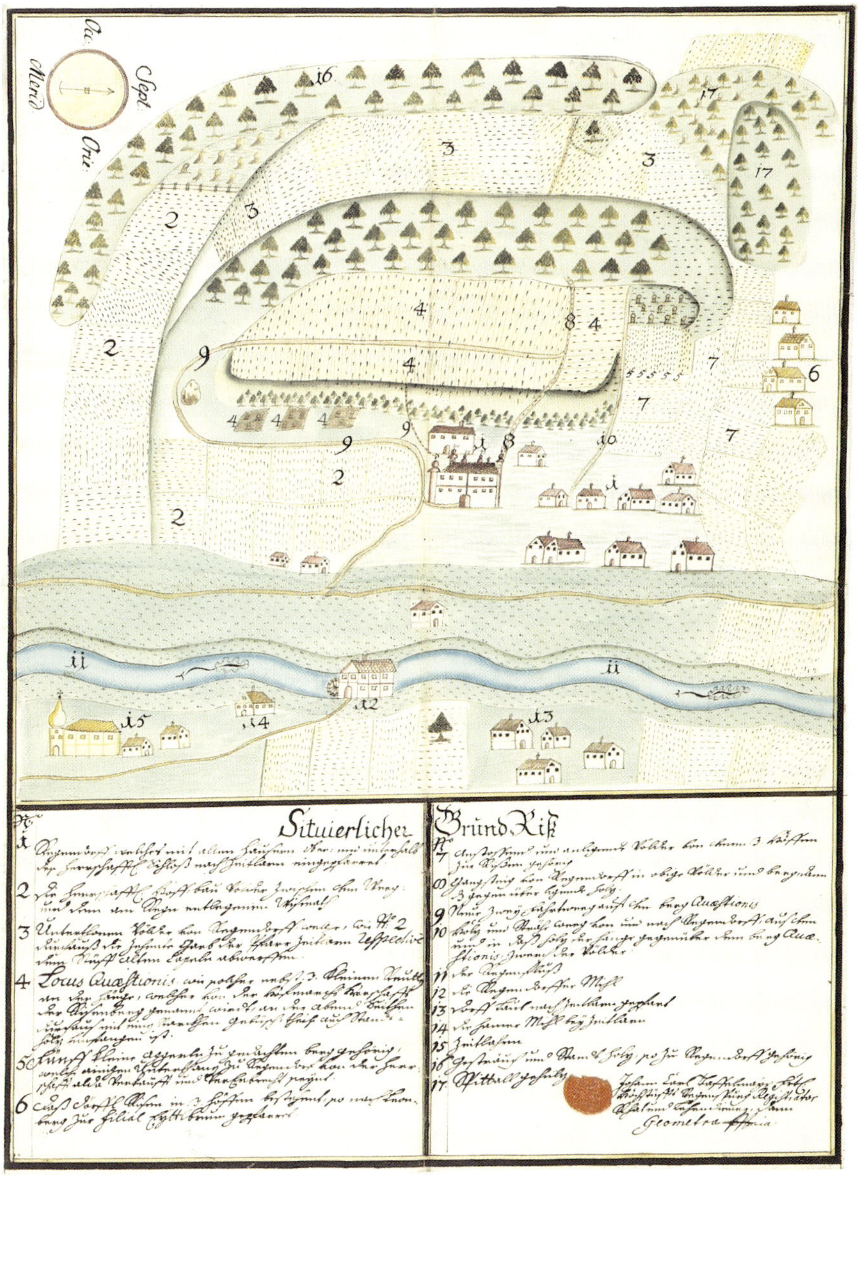

Abb. 48
Flurkarte der Umgebung von Regendorf (Gemeinde Zeitlarn, Landkreis Regensburg), in deren Beschreibung Zehnten (Einkünfte) des Kollegiatstifts zur Alten Kapelle und der Stiftspfarrei Zeitlarn aufgeführt sind.
Papier, aquarelliert.
62 cm x 43,5 cm.
Angefertigt von Johann Carl Taffelmayr, Geometer.
Mitte 18. Jahrhundert.
Regensburg, Bischöfliches Zentralarchiv, Bestand Alte Kapelle 10.

DCCCXCI UNICA ILLÆSA

Das Kollegiatstift und seine Pfarrkirche Sankt Kassian

Lothar Altmann

Soweit wir in schriftlichen Zeugnissen zurückverfolgen können, sind Kirche und Pfarrei von Sankt Kassian in Regensburg mit dem Kollegiatstift der Alten Kapelle verbunden: Bereits bei ihrer ersten urkundlichen Erwähnung am 23. August 885 gehört die *capella[m] ad sanctum Cassianum* zur Alten Kapelle.[427] Weil wohl schon damals aus Stein errichtet und von einem Friedhof geschützt, überstand der Überlieferung nach Sankt Kassian als einzige Kirche innerhalb der römischen Mauern Regensburgs den verheerenden Stadtbrand von 891 unversehrt.[428] Wieweit sich Teile des damaligen Baus im Ostbereich der heutigen Kirche erhalten haben, darüber lassen sich derzeit nur Vermutungen anstellen, doch spricht die Lage weit unter Straßenniveau für ein hohes Alter.

Wenn wir den 1754/1755 am Chorbogen und über dem Nordportal angebrachten Inschriften Glauben schenken dürfen, wurde Sankt Kassian, das im Zentrum des ehemaligen Römerlagers steht, über einem Heidentempel errichtet. War die Alte Kapelle als Pfalzkirche dem König und seinem Hofstaat vorbehalten, diente Sankt Kassian ursprünglich den zur königlichen Pfalz gehörenden Dienstleuten, Handwerkern sowie Kaufleuten als Pfarrkirche und ist so wohl die älteste Pfarrkirche der Regensburger Bürgerschaft. Eindeutige Beweise hierfür fehlen zwar bislang, doch weist auch das Patrozinium in eine Entstehungszeit noch vor der Kirchenorganisation des heiligen Bonifatius 739.[429]

Bis ins hohe Mittelalter lag das Besetzungsrecht der Pfarrei zu gleichen Teilen beim Propst der Alten Kapelle, der nach deren Schenkung an das Bistum Bamberg 1009 vom dortigen Bischof ernannt wurde und in der Regel auch in der fränkischen Bischofsstadt ansässig war, und bei dem in Regensburg angesiedelten Kapitel. Doch versuchten die Pröpste mehrfach, diesen Modus zu ihren Gunsten zu verändern. Das veranlasste die Kanoniker verschiedentlich, den Papst um Beistand anzurufen. Ein päpstlicher Schutzbrief verlieh schließlich 1215 dem Kapitel der Alten Kapelle das alleinige Präsentationsrecht, also das Recht, einen Kandidaten für die vakante Pfarrstelle von Sankt Kassian zu benennen. Seitdem wurde und wird noch heute die Pfarrvikarstelle fast ausnahmslos einem Kanoniker des eigenen Stifts anvertraut. Gemäß den bischöflichen Vorgaben vom 20. November 1224 war der Pfarrvikar verpflichtet, jährlich dem Kapitel zu einem festgesetzten Termin acht Pfund Regensburger Pfennige abzuliefern, wollte er nicht seine Stelle verlieren und wegen Meineids angeklagt werden.[430] Bei Mangel an geeigneten Bewerbern konnten auch die Dekane der Alten Kapelle dieses Amt übernehmen. Bis 1617 war dem Pfarrvikar von Sankt Kassian in der Regel ein Chorvikar der Alten Kapelle als Kooperator zur Seite gestellt, der die Filiale Lappersdorf zu betreuen hatte, die schon in der Papsturkunde von 1184 als Zugehör der Kassianskirche genannt wurde.[431]

Nach Zustimmung von Papst Honorius III. (reg. 1216–1227) am 12. Januar 1225 konnte der Regensburger Bischof Konrad IV. (reg. 1204–1226) die Kassianskirche dem Kollegiatstift der Alten Kapelle förmlich einverleiben, um dessen missliche Wirtschaftslage zu verbessern. Der Vorgang mag zunächst befremden, weil Sankt Kassian ohnehin seit Jahrhunderten Eigenkirche des Stifts war, aber er betraf nicht so sehr das Gotteshaus als vielmehr das Nutzungsrecht an dessen Pfründen.[432] Als Gegenleistung erbat der Bischof eine Messe zu seinem und seiner Vorfahren Seelenheil an drei festgesetzten Tagen im Jahr, so genannte Jahr-

◁ Abb. 49
Regensburger Stadtbrand von 891 mit einer Ansicht der Pfarrkirche Sankt Kassian. Fresko im östlichsten Joch des südlichen Seitenschiffs. Gemalt von Gottfried Bernhard Göz (1708–1774), 1758. Der Überlieferung nach blieb die Kassianskirche dank der Hilfe ihres Patrons als einziges Gotteshaus innerhalb der römischen Mauern Regensburgs von dieser verheerenden Feuersbrunst verschont.
Regensburg, Stadtpfarrkirche Sankt Kassian.

tage.[433] Doch konnte sich das Stift nicht immer dieses Zugewinns erfreuen: Schon Anfang des 14. Jahrhunderts musste es zum Unterhalt der baufälligen Pfarrkirche einen Ablass erbitten, dank dessen im Rahmen von Gebetsübungen innerhalb eines beschränkten Zeitraums Geldspenden von bußfertigen Gläubigen eingingen. Erneut war dies 1471 der Fall, und drei Jahre später war – möglicherweise als Folge eines verheerenden Orkans – die Kirche sogar einsturzgefährdet, so dass sich der Rat der Stadt veranlasst sah, auf einen Neubau zu drängen.[434] Letzteres war wohl auch deshalb nötig, weil damals, ja selbst noch Ende des 16. Jahrhunderts nach Einführung der Reformation, sehr zum Unwillen des Dompfarrers „die meiste Bürgerschaft" Regensburgs – vermutlich bis zu 1000 Seelen! – nach Sankt Kassian eingepfarrt war[435] und das bisherige Platzangebot im Gotteshaus nicht mehr ausgereicht haben dürfte.

Nachdem, um Platz zu schaffen, der Friedhof bei Sankt Kassian an die Südseite der Alten Kapelle verlegt worden war,[436] konnte man bis 1477 die Pfarrkirche, die sich bis dahin nur bis zum zweiten Pfeilerpaar erstreckt hatte, nach Westen um zwei weitere Joche verlängern – zu den heutigen Ausmaßen. Allerdings behielt man den alten Glockenturm in Höhe der bisherigen Westfassade bei; er wurde erst 1626 abgetragen, als er einzufallen drohte, und durch einen Dachreiter über dem Westgiebel ersetzt.[437] Mit der Verlängerung des Langhauses wurden die Seitenschiffe in etwa auf Mittelschiffbreite erweitert, um die für eine Bürgerkirche altmodisch gewordene Basilika in eine zeitgemäße Staffelhalle – vermutlich mit einem einheitlichen Satteldach – umzugestalten. Im Osten schloss man die Seitenschiffe mit dreiseitigen Nebenchören ab. Diese flankieren seitdem das ebenfalls neue Polygon des Hauptchors aus Haustein, das ursprünglich von fünf hohen rechteckigen Maßwerkfenstern erhellt wurde und ein über Diensten aufsteigendes Rippengewölbe besaß. Zwischen dem Haupt- und dem nördlichen Nebenchor fügte man eine fünfeckige Sakristei ein.[438] Das Wappen mit der Jahreszahl 1477 an der Westfassade dokumentiert den damaligen Bauherrn, Stiftsdekan und seit 1468 Pfarrvikar Johannes Hayden († 1490), sowie den Abschluss der Umbauarbeiten.

Hayden stiftete schon ein Jahr später in den nördlichen Nebenchor einen Altar zu Ehren der Heiligen Erasmus, Christophorus und Antonius Eremita nebst einer ewigen Messe und einem Kaplanei-Benefizium zum Unterhalt eines Priesters, der diese Messen zu zelebrieren hatte. Als dann dieser Altar anlässlich der Vergrößerung des dahinter liegenden Fensters 1604 auf Kosten von Kanonikus Georg Müller (Pfarrvikar 1599–1607; † 1627), der mehr Licht im Kirchenraum haben wollte, abgebrochen wurde, übertrug man das Benefizium auf den Hochaltar.[439] 1498 ließ – wie einst eine Inschrift an der Rückseite des Flügelaltars verkündete – der Kanonikus der Alten Kapelle Peter Veichtner († 1538) während seiner Amtszeit als Pfarrvikar von Sankt Kassian (1495–1505) einen neuen Hochaltar wohl durch eine Regensburger Werkstatt errichten. Obwohl im Zuge der Neuausstattung der Kirche Ende der fünfziger Jahre des 18. Jahrhunderts in seine Einzelteile zerlegt, kann er dank der Wertschätzung mittelalterlicher Kunst im 19. Jahrhundert heute wieder fast vollständig in seiner ursprünglichen Pracht, wenn auch in das südliche Seitenschiff verdrängt, bewundert werden: In seinem Schrein thront der Kirchenpatron Kassian im Ornat des Bischofs von Imola oder Säben; streng und konzentriert lehrt er aus einem aufgeschlagenen Buch, das auf seinen Oberschenkeln liegt. Angeblich war urspünglich zu seinen Füßen auch der Stifter Peter Veichtner selbst abgebildet. Die vier Reliefs der geöffneten Flügel zeigen Szenen wohl aus der 1505 im Inventar der Kirche erwähnten, heute leider verschollenen *legenda Sancti Cassiani in pergamento*: Kassians Gefangennahme und Martyrium durch seine Schüler um 304/362 (links) sowie eine Reliquienprozession, die entweder die Überführung seiner Gebeine in den Dom von Imola oder – näher liegend – die Übertragung von Kassian-Reliquien durch Herzog

Theodo nach Regensburg wiedergibt, und wohl wie der heilige Kassian aus seinem Grab im Beisein von Zeugen zum heiligen Bischof Germanus spricht (rechts). Auf den Flügelaußenseiten und den beiden Standtafeln waren Gemälde mit der Passion Christi angebracht, die nicht mehr erhalten sind; dagegen ist noch das Bild des Schmerzensmannes auf der Schreinrückseite zu sehen – ein Hinweis darauf, dass damals der Beichtort hinter dem Hochaltar lag.[440]

Neben den Stiftskanonikern betätigten sich – gerade um 1500 – auch Regensburger Bürger, vornehmlich begüterte Witwen, als Wohltäter ihrer Pfarrkirche Sankt Kassian. Bis heute sichtbares Zeichen hierfür ist nördlich des Westportals das Sandsteinepitaph für Elisabeth Grahner († 1491), das die Heimsuchung Mariens und darunter die Stifterfamilie darstellt. Diese Frau hatte bereits drei Jahre zuvor für ihr und ihres verstorbenen Ehemanns Heil einen Armenseelenaltar in die Alte Kapelle gestiftet.[441]

Die folgenden zweieinhalb Jahrhunderte brachten für die Kassianskirche keine grundlegenden Veränderungen in Bau und Ausstattung. Hauptsächlich beschränkte man sich auf notwendige Sanierungsarbeiten. Eine neue Situation trat jedoch ein, nachdem am 13. August 1747, dem Festtag des heiligen Kassian, Kanonikus Johann Anton Göz (Pfarrvikar 1747–1758; † 1758), nicht zuletzt angeregt durch die erfolgreiche Neubelebung der Verehrung des Marienbildes der Alten Kapelle in der zweiten Hälfte des 17. Jahrhunderts und unterstützt von seinem Vorgänger, dem nachmaligen Stiftsdekan und großen Bauherrn Dr. Johann Michael Franz Velhorn (Pfarrvikar 1731–1747; † 1782), das Gnadenbild der „Schönen Maria" aus dem Minoritenkloster in die Kirche überführt hatte. Diese wohl 1519/1520 von

Abb. 50
Spätgotischer Flügelaltar.
Im Mittelschrein der thronende Krichenpatron Sankt Kassian im Bischofsornat. Die vier Reliefs der Flügelinnenseiten zeigen Szenen aus der Legende des Heiligen: Links Kassians Verhaftung und Martertod, rechts die Überführung seiner Gebeine und eine wunderbare Begebenheit an seinem Grab. Die Gemälde der Flügelaußenseiten sind nicht mehr erhalten.
Meister nicht bekannt, wohl Regensburger Werkstatt.
Spätes 15. Jahrhundert.
Nach einer heute verlorenen Inschrift auf der Rückseite wurde der Altar unter Pfarrvikar Peter Veichtner (1538), Kanonikus der Alten Kapelle, 1498 als Hochaltar errichtet.
Regensburg, Pfarrkirche Sankt Kassian.

dem berühmten Landshuter Bildhauer Hans Leinberger geschnitzte, nur 95 cm hohe Holzfigur der Muttergottes hatte ursprünglich nach dem Willen des Rates der Stadt Regensburg den Altar der Wallfahrtskapelle zur „Schönen Maria“ geschmückt. Im Zuge des offiziellen Übertritts der Reichsstadt zum evangelischen Glauben und der Umwidmung der Wallfahrtskirche 1542 zur „Neupfarrkirche“, der ersten protestantischen Pfarrkirche Regensburgs, hatte die Madonnenstatue jedoch in Sicherheit gebracht werden müssen, um ihrer Zerstörung zu entgehen. Auf dem Gebiet des katholisch gebliebenen Kurfürstentums Bayern, in der neuen Loretokapelle des Augustinerchorherrenstifts Sankt Mang in Stadtamhof, war sie dann 1643 wieder zur Verehrung aufgestellt worden. Nachdem die Kapelle dem 1730 begonnenen Neubau der dortigen Stiftsanlage hatte weichen müssen, war die Marienfigur in das Regensburger Minoritenkloster gelangt.[442] Hans Leinberger hatte sich bei der Gestaltung der Muttergottes am Gnadenbild der Alten Kapelle orientiert, da es als authentisches Marienporträt aus der Hand des Evangelisten Lukas galt.[443] Mit der Übertragung seiner „Schönen Maria“ nach Sankt Kassian befanden sich nun die beiden wichtigsten Mariengnadenbilder Regensburgs in der Obhut des Kollegiatstifts zur Alten Kapelle, was bis auf den heutigen Tag so geblieben ist.

Schon unmittelbar danach setzte ein Strom von Wallfahrern ein, der Spendengelder so reichlich fließen ließ, dass bereits nach zwei Jahren mit der Umgestaltung von Sankt Kassian im Stil des Rokoko begonnen werden konnte. Zunächst ließ Pfarrvikar Göz die Chorgewölbe modernisieren, die Hochschiffwände erhöhen und die Flachdecke des Mittelschiffs geringfügig anheben, so dass von da an der Typus der Staffelhalle auch am Außenbau ablesbar wurde; das Satteldach walmte man über dem Hauptchor ab. Der Nordeingang wurde etwa gleichzeitig mit dem der Stiftskirche Unserer Lieben Frau zur Alten Kapelle zum festlichen Hauptportal ausgestaltet; seine Pilasterrahmung nahm Bezug auf die Lisenengliederung der Nordseite der Kirche. Auch wurden im Westjoch der Langhausseitenschiffe eine neue Sakristei und eine Heilig-Grab-Kapelle abgemauert; darüber entstanden Oratorien. Als Stuckator verpflichtete Göz für 1754 den Wessobrunner Anton Landes (1712–1764), der kurz zuvor die Stuckierung von Mittel- und Querschiff der Alten Kapelle zur vollen Zufriedenheit des Kapitels ausgeführt hatte.[444] Sein beschwingter Rokokostuck betont die unregelmäßige mittelalterliche Jochgliederung mittels Pilastern am Hochschiff und gurtartigen Bändern an den Seitenschiffdecken; reich werden die Bildfelder an Wänden und Decken umspielt. Typisch für Landes sind die kleinen emblemhaften Stuckreliefs, die Propheten, Evangelisten und Kirchenväter wiedergeben.

Gleichzeitig freskierte der Prüfeninger Maler Otto Gebhard (1703–1773), der mit seiner Familie in den vierziger Jahren im benachbarten neuen Kastnerhaus des Kollegiatstifts Sankt Johann, Sankt-Kassians-Platz Nr. 4, gewohnt hatte, zusammen mit seinem Bruder Andreas und seinem Sohn Valentin das große Deckenbild im Mittelschiff, wie der Prüfeninger Chronist Kaindl zu berichten weiß. Motivparallelen zu Gebhards Hauptbild im Langhaus der ehemaligen Klosterkirche Frauenzell von 1752 bestätigen dies.[445] Im Zentrum des Freskos erscheint im Beisein der Apostel und des Kirchenpatrons Kassian der heilige Petrus als Menschenfischer; er führt die Herzen der Gläubigen dem Himmelreich zu, aus dem ihm Christus, der Erlöser der Welt, entgegenkommt. Unten preisen ihn dafür die vier damals bekannten Erdteile, während Unglaube, Häresie und Laster vom göttlichen Blitzstrahl vernichtet werden. Thematisch, noch mehr aber stilistisch fällt diese Allegorie der Kirche aus dem Kontext der übrigen Fresken der Kassianskirche heraus – was trotz des zumeist schlechten Erhaltungszustandes noch erkennbar ist, waren die Gemälde doch teilweise 1863/1864 mit Ölfarbe übermalt, dann 1895 teilrestauriert sowie aufgefrischt, schließlich 1908/1909 wieder von diesen Übermalungen befreit und retuschiert worden.

◁ Abb. 51
Die „Schöne Maria“. Stehende Mutter Gottes mit Kind. Lindenholz, Fassung erneuert. 95 cm hoch. Geschnitzt von Hans Leinberger, Landshut, um 1520; das Kind vielleicht barocke Ergänzung oder barock überarbeitet. Die Statue schmückte ursprünglich den Altar der Wallfahrtskirche zur „Schönen Maria“ in Regensburg. Sie kam 1747 nach Sankt Kassian. Wie die byzantisierende Kleidung Mariens verrät, ist sie eine plastische Nachbildung des Gnadenbildes der Alten Kapelle, das einst als wahrheitsgetreues Marienporträt des heiligen Lukas galt. Dies verbindet die Figur auch mit Albrecht Altdorfers gleichzeitigem Gemälde der „Schönen Maria“, das sich als Dauerleihgabe des Kollegiatstifts Sankt Johann im Diözesanmuseum Regensburg befindet. Regensburg, Pfarrkirche Sankt Kassian.

Abb. 52 ▷
Kleines Andachtsbild. *Wahre Abbildung der wundertätigen H. schönen Maria zu Regensburg bei S. Cassian.* Kupferstich von Franz Xaver Endres. 27,8 cm x 18,5 cm. Augsburg, 2. Hälfte 18. Jahrhundert. Regensburg, Bischöfliches Zentralarchiv, Collectio Imaginum Band 4, 63.

Abb. 53 ▷
Kleines Andachtsbild der „Schönen Madonna" zu Sankt Kassian. Kupferstich. 18,1 cm x 10,9 cm. Über dem Bildchen steht: *Ego Mater pulchrae dilectionis, et timoris et agnitionis et Sanctae Spei.* (Ich bin die Mutter der schönen Liebe, der Gottesfurcht, der Erkenntnis und der heiligen Zuversicht). Unter dem Bildchen steht: *S. Maria Speciosa Ratisbonensis /: vulgo Die Schene Maria:/ Olim miraculis clara, nunc in templo Lutheranorum cultu destituta, piis fidelium mentibus de nuo[vo] recolenda proponitur* (Einst leuchtend vor Wundertaten, wird sie nun, nachdem sie im Gotteshaus der Lutheraner der Verehrung entzogen war, von Neuem den frommen Seelen der Gläubigen zur Verehrung ausgesetzt). Meister nicht bekannt, 2. Hälfte 18. Jahrhundert. Regensburg, Bischöfliches Zentralarchiv, Collectio Imaginum Band 4, 34 ff.

Abb. 54 ▷
Kleines Andachtsbild der „Schönen Madonna" zu Sankt Kassian. Kupferstich. 11,6 cm x 7,4 cm. Meister nicht bekannt. 2. Hälfte 18. Jahrhundert. Regensburg, Bischöfliches Zentralarchiv, Collectio Imaginum Band 4, 34.

Wie Signaturen und Jahreszahlen verraten, wurden die Fresken der Hochschiffwände und Seitenschiffdecken 1754, 1756 und 1758 von Gottfried Bernhard Göz (1708–1774) geschaffen. Entweder war man von der Arbeit Otto Gebhards nicht allzu sehr begeistert oder dieser mit dem Großauftrag überfordert, auf alle Fälle verpflichtete man für die weitere Ausführung des Freskenzyklus den Augsburger Rokokomaler – vermutlich auf Vermittlung von Anton Landes, der mit Göz drei Jahre zuvor bei der Ausstattung von Schloss Leitheim, dem Sommersitz der Äbte des Zisterzienserklosters Kaisheim, erfolgreich zusammengearbeitet hatte; vielleicht gab es aber auch verwandtschaftliche Beziehungen zu Pfarrvikar Johann Anton Göz. Dass man mit diesem Maler die richtige Wahl getroffen hatte, beweist auch sein Fresko von 1762 im Chor der Stiftskirche Unserer Lieben Frau zur Alten Kapelle mit dem für ihn typischen Kolorit, das dort auch heute noch voll zur Geltung kommt.[446]

Die sechs Bilder an den Hochwänden des Mittelschiffs von Sankt Kassian führten anhand beispielhafter Frauen aus dem Alten Testament, allesamt auf irgendeine Weise Vorläuferinnen Mariens, im wörtlichen wie übertragenen Sinn zum einstigen Gnadenbild im Hochaltar hin: Die Schönheit Saras erwirkt ihrem Mann Abraham das Wohlwollen des Pharao. – Die gottesfürchtige Judith rettet die Bewohner von Bethulia vor dem Feind. – Bathseba thront zur Rechten ihres Sohnes Salomon (Vorzeichnung hierzu im Städelschen Kunstinstitut, Frankfurt am Main erhalten). – Esther bittet Perserkönig Ahasver um Gnade für ihr Volk. – Abigail wendet durch Davids Besänftigung Unheil von den Ihrigen ab. – Die barmherzige Rebekka gibt dem Knecht Abrahams zu trinken und erweist sich so als die auserwählte Braut Isaaks.

An der Decke des nördlichen Seitenschiffs zeigen drei Gemälde Szenen aus der Legende des Kirchenpatrons Kassian (von Ost nach West): Obwohl schon Bischof und in hohem Alter, unterweist er noch Schüler unterschiedlicher Begabung und Konzentration, wobei er offenbar zuweilen auch mit der Rute etwas nachhelfen muss. – Nach seiner Verhaftung wird der christliche Lehrer nackt an einen Säulenstumpf gefesselt und von seinen heidnischen Schülern mit den (eisernen) Griffeln erstochen. – Mütter rufen den Heiligen an seinem Grab im Dom von Imola um Beistand für ihre Kinder an (Vorzeichnung in den Städtischen Kunstsammlungen, Augsburg). Im südlichen Seitenschiff führen die Deckenfresken Ereignisse vor Augen, die direkt oder indirekt mit der Kassianskirche zu tun haben (wiederum von Ost nach West): Dank der Hilfe des Heiligen bleibt seine Kirche beim Stadtbrand 891 als einzige innerhalb der Mauern Regensburgs verschont. – Maria als „Gute Hirtin" bringt der Stadt Regensburg das Gnadenbild der „Schönen Maria" zurück, damit es in der Kassianskirche verehrt werde. – Das Judenpogrom und der Beginn der Wallfahrt zur „Schönen Maria" 1519.

Schließlich sollte die Kassianskirche noch einen angemessenen Gnadenaltar erhalten. Hierzu lieferte 1759 der aus dem oberbayerischen Weilheim nach Stadtamhof zugewanderte Johann Baptist Dirr († 1763), der als der bevorzugte Bildhauer des Stiftskapitels vorher schon für die Alte Kapelle den Altar der Gnadenkapelle sowie den Barbara- und den Maria-Schnee-Altar geschaffen hatte,[447] zunächst ein noch heute im Historischen Museum der Stadt Regensburg erhaltenes Holzmodell. Rudimente einer Altararchitektur rahmen ornamental die großen Fenster des spätgotischen Chors. Im Zentrum dieses so angedeuteten, lichterfüllten Baldachins ragt über dem Tabernakel ein Obelisk auf, der die Statue des Kirchenpatrons verklärt in luftige Höhen entrückt. Näher bei den Menschen, am Fuß des Obelisken, wurde ursprünglich – in einem Strahlenkranz und von der Taube des Heiligen Geistes überschattet – Leinbergers „Schöne Maria" von Engeln präsentiert. Thematisch dazu passend stehen zu beiden Seiten des Tabernakels die noch barock bewegten, expressiven Statuen des Propheten Jesaja und des Evangelisten Johannes. 1863 entsprach dieser Rokokoaltar nicht mehr dem Zeitgeschmack und musste einer neuromanischen Anlage weichen.

Doch 1908 besann man sich wieder dieses besser zum Raumkleid passenden Prunkstücks und rekonstruierte es anhand von Dirrs Modell. Leinbergers Marienstatue verblieb jedoch am südlichen Seitenaltar, auf den sie 1864 übertragen worden war; an ihrer Stelle wurde das Lamm Gottes in den Hochaltar eingefügt.[448]

Während bis 1760 auch noch neue Kirchenbänke und Beichtstühle angeschafft worden waren – der oft ebenfalls in diese Zeit datierte Orgelprospekt dürfte allerdings ein Werk der Regensburger Firma Martin Binder & Sohn von 1914 sein[449] –, entstanden die dazu passenden Nebenaltäre erst um 1775/1780. Mit der Beseitigung des Rokoko-Hochaltars 1863 wurden auch sie aus der Kirche entfernt. Zwei von ihnen gelangten in die Karmelitenkirche Sankt Joseph, wo sie sich als Altäre zu Ehren der Schmerzhaften Muttergottes und des Prager Jesuleins in veränderter Form bis heute erhalten haben. Eine gewisse Sprödigkeit und die knittrige Gewandbehandlung ihrer Originalfiguren lassen vermuten, dass es sich bei ihnen um Schöpfungen des Regensburger Rokokobildhauers Simon Sorg (1719–1792) handelt, der – was die Arbeiten für das Kollegiatstift der Alten Kapelle anbelangt – in die Fußstapfen des 1763 verstorbenen Johann Baptist Dirr trat.[450]

Wie in einem im Bischöflichen Zentralarchiv noch erhaltenen Faszikel[451] nachzulesen ist, kam es zwischen 1759 und 1783 zu zahlreichen *Gebetserhörungen und wunderbaren Heilungen auf Fürsprache der Schönen Maria bei Sankt Cassian*. Dies hatte natürlich auch erneute Stiftungen zur Folge: so 1761 die eines 40-stündigen Gebets durch Maria Theresia von Zillerberg, Witwe des Salzburgischen Gesandten beim Reichstag, 1773 die Aufstockung dieser Stiftung durch ihren Sohn, den Kanonikus Emanuel Sebastian Maria von Zillerberg (1723–1811), und schon 1763 die Messstiftungen von Kanonikus Franz Xaver Schüz zu Pfeilstatt († 1766) und Freifräulein Maria Theresia von Stinglheim († 1764). Zudem kündeten zahlreiche Votivbilder an den Wände der Kirche dankbar von der Hilfe Mariens, darunter auch ein Schnitzwerk, das Fürst Alexander Ferdinand von Thurn und Taxis (1704–1773) *aus Veranlassung einer Errettung […] aus den Fluthen der Donau* 1766 hatte anfertigen lassen. Sie alle wurden aber bei der Restaurierung unter Dr. Andreas Senestrey (1816–1899; Pfarrvikar 1862–1874), dem späteren Stiftsdekan und Bruder des gleichnamigen Bischofs, 1863/1864 samt den Rokokoaltären als unpassend beseitigt, das Gnadenbild selbst verbannte man in die Seitenkapelle. Seit dem Zweiten Weltkrieg steht in Sankt Kassian ein anderes Bildwerk im Mittelpunkt der Marienverehrung: die Fatima-Madonna des Regensburger Bildhauers Erwin Schöppel, die 1945 die Zerstörung der Obermünsterkirche unversehrt überstanden hat.[452]

Noch als Administrator des Bistums hatte Erzbischof Carl Theodor von Dalberg (reg. 1805–1817) 1804 versucht, die Pfarrei Sankt Kassian wegen der zu geringen Seelenzahl aufzulösen und der Dompfarrei anzugliedern, war aber am entschiedenen Widerstand des Stiftskapitels der Alten Kapelle gescheitert. Mit Schreiben vom 15. Mai 1934 kündigte dann aus gleichem Grund das Kultusministerium in München an, den staatlichen Zuschuss für Pfarrvikar und Kooperator von Sankt Kassian zu streichen. Seinen Einspruch begründete das Stiftskapitel damit, *daß die Arbeitsleistung für Pfarrer und Cooperator […] eine viel größere ist als die Seelenzahl der Pfarrei (302) erscheinen läßt, besonders im Beichtstuhl in der Stiftskirche, die von Gläubigen aus der ganzen Stadt und ebenso aus den um Regensburg gelegenen Landpfarreien besucht wird […] Die 9000 Beichtzettel, welche in der Stiftskirche während der Osterbeichtzeit ausgeteilt werden, geben die nötige, aber auch genügende Illustration.*[453]

Zum gegenwärtigen Zeitpunkt umfasst die Pfarrei Sankt Kassian, laut Schematismus des Bistums Regensburg aus dem Jahre 2000, sogar nur noch 67 Katholiken, ist aber weiterhin selbständig. Sie wird nach wie vor von einem Kanoniker des Kollegiatstifts zur Alten Kapelle betreut, auch wenn dieser seit 1984 nicht mehr Pfarrvikar, sondern nur noch Pfarradministrator ist.

Die Alte Kapelle und die Stiftsgebäude als Bau- und Kunstdenkmäler

Zur mittelalterlichen Baugeschichte der Alten Kapelle

Die mittelalterlichen Kapellenbauten an der Stiftskirche zur Alten Kapelle
Beziehungen zwischen Stift und Stadt

Das ikonologische Programm der Alten Kapelle in Regensburg

Der Kircheninnenraum

Die Ausstattung mit Fresken

Die Stuckdekorationen in der Alten Kapelle

Altäre, Oratorien, Kanzel, Orgel und Gestühle
Zur Ausstattung der Alten Kapelle

Das Orgelwerk

Das Gnadenbild

Zur beweglichen Ausstattung der Alten Kapelle

Die Sakristei und ihre Ausstattung

Die Heinrichsgewänder

Von der Anschaulichkeit eines Gesamtkunstwerks
Zur Restaurierung der Alten Kapelle in den Jahren 1993 bis 2002

Zu Technologie und Restaurierung der Querhausaltäre

Die Stiftsgebäude der Alten Kapelle im stadträumlichen Gefüge

Die Kanonikalhäuser der Alten Kapelle

Zur mittelalterlichen Baugeschichte der Alten Kapelle

Walter Haas
in Zusammenarbeit mit Karl Schnieringer

Die spärlichen Schriftquellen, denen wir unsere Kenntnis über die ersten Jahrhunderte der Alten Kapelle verdanken, betreffen zumeist die Kapelle als Institution, regeln ihre Rechts- und Besitzverhältnisse und machen allenfalls beiläufig auch Angaben zur Kapelle als Bauwerk. So ist einer von Ludwig dem Deutschen (reg. 843–876) 875 für seine Kapelle (*ad nostram capellam*) ausgestellten Schenkungsurkunde zu entnehmen, dass dieser König die Kirche zu Ehren der Muttergottes errichtet habe.[1] Der Sankt Galler Mönch Notger Balbulus († 912) berichtet, zum Bau sei Steinmaterial verwendet worden, das beim Abbruch eines Teils der Stadtmauer gewonnen wurde.[2] 967 wird die nun Alte Kapelle (*vetus capella*) genannte Kirche in einer Urkunde Ottos II. (reg. 973–983) als baufällig bezeichnet (*modo dilapsa est atque destructa*).[3] Heinrich II., seit 995 baierischer Herzog, 1002 zum König gewählt und 1014 zum Kaiser gekrönt, ließ die Kapelle, wie aus einer Schenkungsurkunde von 1002 hervorgeht, von Grund auf wiederherstellen (*a fundamentis [...] ereximus*).[4] 1004 scheint die Instandsetzung schon vollzogen gewesen zu sein, denn eine weitere Schenkung geht an die vom Herrscher reparierte königliche Kapelle (*ad regiam capellam [...] a nobis reparatam*).[5] 1009 schenkte dieser König das ganze Kollegiatstift an seine wichtigste Stiftung, das 1007 eingerichtete Bistum Bamberg,[6] bei dem sie bis zur Säkularisation am Anfang des 19. Jahrhun-

◁ Abb. 55
Personifikation der Hoffnung (Spes). Kopf und Gliedmassen Holz, geschnitzt und gefasst, die Kleidung leimgetränkte Leinwand, gefasst. 1763.

Abb. 56
Luftbild. Blick auf Regensburg mit dem Dom und der Alten Kapelle parallel zu diesem sowie dem Turm bei der Alten Kapelle im Hintergrund.

derts verblieb. Von Stadtbränden in den Jahren 1152 und 1176 war die Kapelle betroffen.[7] Päpstliche Zuwendungen an die Kirche im Jahr 1235 und Ablässe in den Jahren 1275 und 1276[8] können mit Baumaßnahmen zusammenhängen, doch fehlen Angaben dazu. Wirkliche Baunachrichten gibt es erst für den Neubau des Chores, dessen Grundstein 1441 gelegt wurde und der 1452 vollendet war.[9]

Unabhängig von der schriftlichen Überlieferung läßt sich aus den historischen Zusammenhängen Einiges über die Geschichte des Bauwerks erschließen. Spätestens seit dem 7. Jahrhundert war Regensburg Sitz eines christlichen Herzogs, dessen Pfalz wohl schon von Anfang an an der Stelle des späteren Herzogshofes, also im Bereich des Alten Kornmarktes zu suchen ist. Ob diese Position sich aus einer Neuaufteilung der Grundflächen innerhalb der römischen Stadtmauer ergeben hat oder ob erhaltene Baulichkeiten einen Anknüpfungspunkt boten,[10] ist nicht festzustellen. Zu dieser frühen Herzogspfalz gehörte sicher eine Kapelle und die kann beim Anlegen der Pfalz als Neubau entstanden sein, oder durch Adaptieren eines römischen Gebäudes. Die vom Kollegiatstift gepflegte Legende, die Kapelle sei die älteste Kirche Baierns (*anvanck aller Gotzhäuser in Bayrn*)[11], entbehrt also nicht jeder Grundlage. Ihr glaubhafter Kern ist, dass die Pfalzkapelle in die Anfänge des christlichen Herzogshofes zurückreicht. Zu einer solchen Kapelle gehörten Kapellane, die den Gottesdienst zu halten hatten, aber auch die Schrift- und Rechtskundigen, die man am Herzogshof brauchte, waren wohl zumeist Priester. Nun wurde es spätestens in karolingischer Zeit üblich, den an einem Herrschersitz tätigen Klerus im Rahmen eines Kollegiatstiftes zu organisieren.[12] So lässt sich die auf Ludwig den Deutschen zurückgehende Gründung wohl verstehen. Ob er dabei den bestehenden Kapellenbau nur in Stand gesetzt, für die neue Aufgabe erweitert oder aber durch einen Neubau ersetzt hat, ist der Überlieferung nicht zu entnehmen. Herzog Arnulf (reg. 908–937) ließ eine neue Pfalz an anderer Stelle anlegen,[13] zu der sicher auch eine eigene neue Kapelle gehörte, neben der die bisherige Pfalzkapelle dann zur „Alten Kapelle" wurde. Die Vernachlässigung der alten Pfalz nach dem Bau der neuen mag der Grund für die angebliche Baufälligkeit gewesen sein. Die Nachrichten über die Tätigkeit Heinrichs II. können so verstanden werden, dass er die Alte Kapelle ganz neu bauen ließ, aber eine gründliche Instandsetzung, bei der der Bau von unten bis oben in Ordnung gebracht wurde, könnte auch als „von Grund auf errichtet" und als vom König „repariert" bezeichnet werden. Die Nachricht sollte ja wohl gar nicht festhalten, was genau mit dem Bauwerk geschah, sondern die Verdienste ins rechte Licht setzen, die sich der Kaiser um das Kollegiatstift erworben hatte, das ihn als seinen zweiten Stifter verehrte.

Eine Kapelle agilolfingischer Zeit, neu gebaut oder in einem römischen Bauwerk eingerichtet, dann ein karolingischer Neubau, der am Anfang des 11. Jahrhunderts und wieder nach den Stadtbränden des 12. Jahrhunderts in Stand gesetzt wurde, das ist eine Möglichkeit, das Überlieferte und Erschließbare zu deuten. Eine andere wäre die Annahme, die agilolfingische Kapelle sei in karolingischer Zeit nur erneuert und vielleicht erweitert und erst im 11. Jahrhundert durch einen Neubau ersetzt worden. Als Kernfrage bleibt offen, ob die Alte Kapelle ein karolingischer oder ein ottonischer Bau ist, ob ihr Neubau von Ludwig dem Deutschen oder von Heinrich II. veranlasst wurde. Aber auch das Ausmaß der Brandschäden des 12. Jahrhunderts und der daraus resultierenden Baumaßnahmen ist nicht bekannt.

Diese Überlegungen haben einen Schwachpunkt. Sie gehen von der unausgesprochenen Annahme aus, dass alle Baumaßnahmen in der schriftlichen Überlieferung einen Niederschlag gefunden hätten, oder aus historischen Zusammenhängen zu erschließen seien. Jede Bauuntersuchung und jede wissenschaftliche Ausgrabung zeigt aber, dass Befund und Überlieferung sich nur gelegentlich zusammenschließen lassen, dass längst nicht alle Baubefunde durch Schriftquellen erläutert werden und dass ebenso wenig alle historischen

Nachrichten auf bestimmte Befunde zu beziehen sind. Es ist durchaus möglich, dass Zerstörungen und Wiederherstellungen, Abbrüche, Umbauten oder Neubauten stattgefunden haben, von denen keine Schriftquelle berichtet; denn im Mittelalter hat es weder den Wunsch noch die Absicht gegeben, den Werdegang eines Bauwerks vollständig zu überliefern oder gar zu dokumentieren. Was wir aus Urkunden, Chroniken, Abrechnungen, Gottesdienstordnungen und sonstigen Schriftquellen erfahren, ist ja nicht aufgeschrieben worden, um unsere heutigen Fragen zu beantworten, sondern um etwas festzuhalten, was damals aus einem bestimmten Grund wichtig erschien. Für die historische Forschung sind es in doppelter Hinsicht nur Zufallsüberlieferungen. Von Zufälligkeiten hing es oft genug ab, dass etwas aufgeschrieben wurde und anderes nicht, und anderen Zufällen ist es zuzuschreiben, dass von den Schriftzeugnissen die einen erhalten blieben und andere verloren gingen. Dagegen erweisen sich häufig die Bauwerke selbst als die aussagekräftigsten und zuverlässigsten Quellen, mit deren Hilfe sich baugeschichtliche Fragen klären lassen.

Für die Alte Kapelle trifft dies freilich nur in eingeschränktem Maße zu. Die Neuausstattung des 18. Jahrhunderts hat den Bau tiefgreifend verändert. Verputz, Stuckdekoration und Ausstattung lassen fast nirgends mehr Oberflächen des mittelalterlichen Bauwerks erkennen. Die bedauernde Feststellung des Dehio-Handbuches, „Baugeschichtliche Untersuchungen fehlen“,[14] trifft zwar zu, darf aber nicht so verstanden werden, dass sich nie ein Fachmann der Kunst- oder Architekturgeschichte für das Bauwerk interessiert hätte. In den zwanziger Jahren des 20. Jahrhunderts haben Karl Zahn im Zusammenhang mit der Erforschung des vorgotischen Domes[15] und Winfried Leonhardt beim (letztlich fehlgeschlagenen) Versuch, eine Vorstellung von der karolingischen Herzogspfalz zu gewinnen,[16] auch die Alte Kapelle untersucht, soweit sie einer Untersuchung zugänglich war. Auf diesen Grundlagen basiert die Darstellung der Kirche im Kunstdenkmäler-Inventar,[17] an der die verbliebenen Kenntnislücken nicht besonders auffallen. Weitergehende Ergebnisse waren seitdem nur zu erwarten, wo bei Eingriffen in die Bausubstanz neue Befunde ans Licht kamen. Ein Luftkriegs-Schaden im Zweiten Weltkrieg – die Nordwestecke des Querhauses war durch einen Bombentreffer herausgebrochen worden – hätte als Chance gesehen werden können, blieb aber ungenutzt.[18] Erst die umfangreichen Instandsetzungsarbeiten in den achtziger und neunziger Jahren des jüngst vergangenen Jahrhunderts boten neue Forschungsmöglichkeiten und die Beteiligten – Administration der Alten Kapelle, Bauabteilung des bischöflichen Ordinariats, Untere Denkmalschutzbehörde, Landesamt für Denkmalpflege – waren redlich bemüht, sie nicht ungenutzt zu lassen. Sie gaben Dokumentationen von Putz- und Farbbefunden und von Arbeitsabläufen in Auftrag, fertigten Bauaufnahmen von Maueroberflächen, die bei der Putzerneuerung vorübergehend freigelegt waren, und von aufgedeckten Bodenbefunden. Aber es gelang nicht, die Bau- und Forschungsarbeiten zu koordinieren, das umfangreiche, aber verstreute Material durchzuarbeiten und die Ergebnisse zu publizieren.[19] Leider kann dies auch mit diesem Beitrag nicht nachgeholt werden, doch sollen die neueren Forschungsergebnisse, soweit sie greifbar sind, daraufhin befragt werden, welche Auswirkungen sie auf die Baugeschichte haben.

Die Bauanlage der Stiftskirche

Die Alte Kapelle bildet die südliche Begrenzung des Kornmarktes. Die über 70 m lange Bauanlage besteht aus drei Teilen, die sich deutlich von einander absetzen, aus ganz verschiedenen Bauphasen stammen und sichtlich unterschiedlichen Planungen folgen. Der Kernbau ist eine dreischiffige Basilika mit östlichem Querschiff. Daran schließt nach Osten der langgestreckte, das Langhaus deutlich überragende, einschiffige Chor an. Vor der Westfront des Langhauses steht, durch eine schmale Gasse getrennt, der Turm.

Von diesen drei Bauteilen bietet der Chor die geringsten historischen Probleme. Seine Bauzeit zwischen 1441 und 1452 ist bekannt,[20] und der durch Strebepfeiler gegliederte Baukörper mit dem Polygonschluss aus drei Sechseck-Seiten wäre auch ohne diese Überlieferung als Werk des 15. Jahrhunderts zu erkennen. Die Bassgeigenfenster lassen keinen Zweifel, dass sie im 18. Jahrhundert an die Stelle ursprünglicher Spitzbogenfenster getreten sind. Ihre Höhenlage macht schon am Außenbau darauf aufmerksam, dass der Innenraum nicht die Höhe behalten hat, die ihm der Baukörper bietet. Der Chor wird jetzt von einem gemauerten Gewölbe der Barockzeit überdeckt, dessen Lage sich sichtlich am oberen Raumabschluss von Querschiff und Langhaus orientiert. Das Rippengewölbe des 15. Jahrhunderts ist dazu herausgebrochen worden. In dem Raum zwischen Barockgewölbe und Dachgebälk zeichnen sich ringsum an den Umfassungsmauern die Schildbögen und Ansätze des gotischen Gewölbes sowie die oberen Endigungen der zugehörigen, jetzt vermauerten Fenster ab. Vom spätgotischen Bau ist genug sichtbar und zugänglich, um sich von seiner ursprünglichen Baugestalt eine Vorstellung zu bilden. Der Chorraum übertrifft mit 28 m Länge das Langhaus (26 m), das erst mit dem Querschiff zusammen 34 m erreicht; er ist mit 10,4 m auch breiter als das Mittelschiff (9 m Lichtmaß), dessen Traufhöhe der Chor um 3 m und dessen Firsthöhe er um 4 m überragt. Der Neubau des 15. Jahrhunderts ist also sichtlich nicht als harmonische Erweiterung der alten Kirche konzipiert, sondern als selbständiges Bauwerk, das an das vorher bestehende nur anschließt. Es ist nicht undenkbar, dass man den Chor als ersten Abschnitt eines völligen Neubaus angelegt hat, doch gibt es dazu keine Überlieferung. Als Langchor fasst der Neubau das Sanktuarium (Raum des Hauptaltars) und den Psallierchor (Raum des Chorgestühls für das Stundengebet) zusammen. Die Grenze zwischen diesen Raumteilen, die üblicherweise mit einer oder mehreren Stufen im Fuß-

Abb. 57
Blick auf den Alten Kornmarkt in Regensburg von Norden mit der Alten Kapelle als südlichem und der Karmeliterkirche links im Bild als östlichem Abschluss.

boden markiert wurde, dürfte etwa an der heutigen Stelle gelegen haben, sodass der Chorus drei Joche eingenommen hätte und das vierte Joch mit dem Polygonschluss dem Presbyterium geblieben wäre. An seiner Westseite war der Chorraum sicher durch einen Lettner abgeschlossen, den wir uns, dem im 15. Jahrhundert vorherrschenden Typus entsprechend, wohl als Hallenlettner mit durchgehender Bühne vorstellen dürfen. Ziel der ganzen Baumaßnahme in den 1440er Jahren dürfte es gewesen sein, dem Stiftskapitel einen eigenen Raum zu geben, der mehr Platz bot als der bisherige, vermutlich im Querschiff angeordnete Chorus und dabei zugleich deutlicher abgegrenzt, besser ausgestattet und repräsentativer war. Einen Langchor gleichen Grundtyps, mit vier Jochen und einem 5/8-Schluss, hatte schon hundert Jahre zuvor, um die Mitte des 14. Jahrhunderts, die nahegelegene Minoritenkirche bekommen, und als die Karthäuser 1483 das südlich außerhalb der Stadt gelegene Benediktinerkloster Prüll übernahmen, errichteten sie 1498 bis 1513 auch einen Langchor, breiter als das Mittelschiff des Langhauses, mit vier Jochen und 3/6-Schluss. Der Langchor der Alten Kapelle folgt also einem über lange Zeit gängigen Bautyp. Während im Spätmittelalter ein möglichst selbständiger Bau errichtet werden sollte, war das Ziel der Rokoko-Umgestaltung die Vereinheitlichung des Kirchenraumes. Dabei musste die Eigenständigkeit des Chores als Mangel empfunden werden. Das neue, tieferliegende Chorgewölbe war nötig, um diesen Teilraum im Raumeindruck mit Querschiff und Mittelschiff zusammenfassen zu können.

Der Kernbau der Alten Kapelle ist eine dreischiffige Pfeilerbasilika von sechs Jochen, mit beidseits fünf gleichmäßigen, rundbogigen Arkaden und einem weiter gespannten und höher greifenden Westjoch. An dieses Langhaus schließt östlich ein Querschiff an, das mit 7,9 m Breite deutlich schmäler ist als das fast 9 m breite Mittelschiff und seitlich etwa 2,4 m über die Außenflucht der Seitenschiffsmauern vorspringt. An dem vollständig verputzten Bau, dessen Seitenschiffmauern außen zum größeren Teil von begleitenden Kapellen ver-

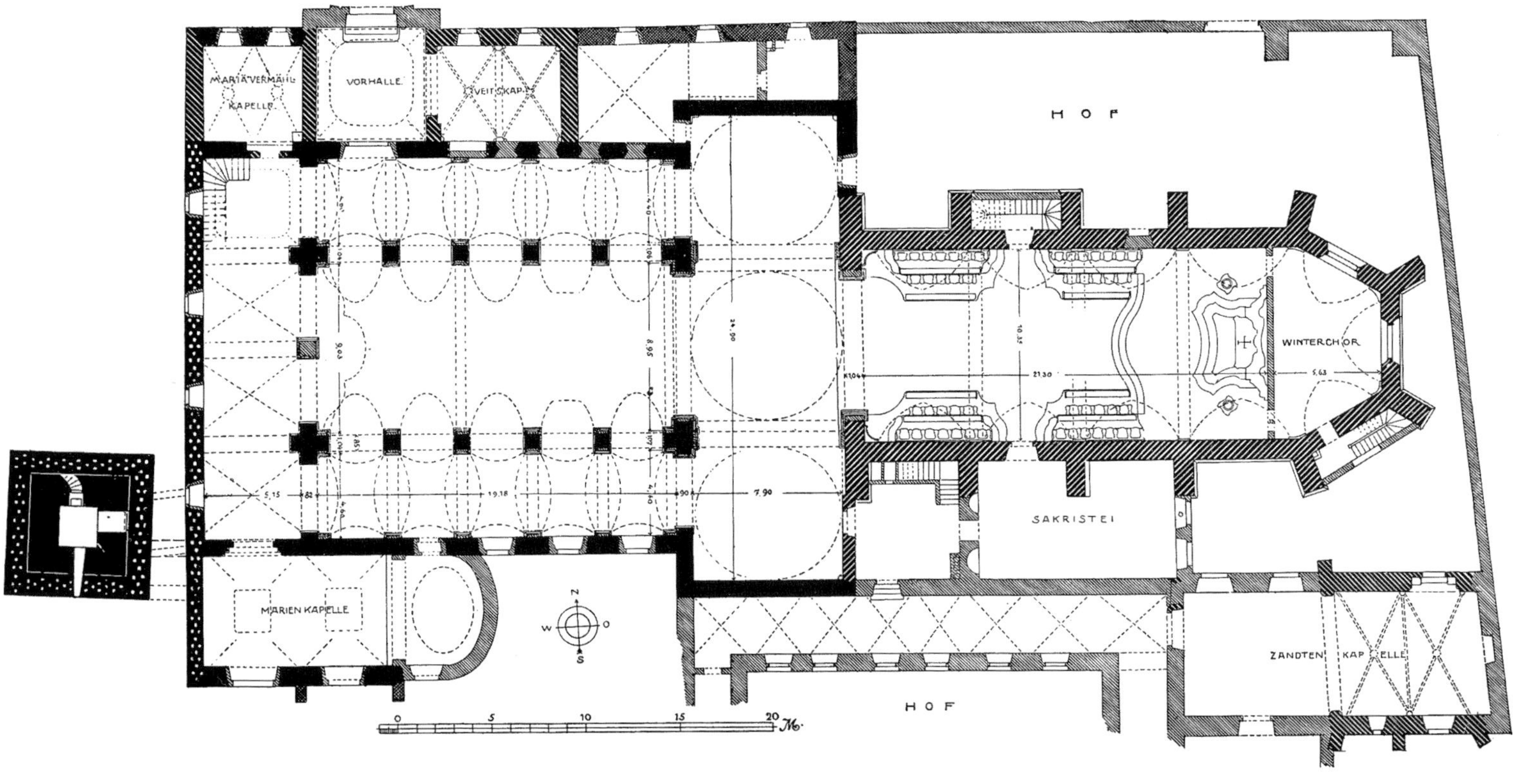

Abb. 58
Grundriss der Alten Kapelle. Maßstab 1:400. Entnommen aus: Felix Mader, Stadt Regensburg, Bd. II (Die Kunstdenkmäler von Bayern, Oberpfalz Bd. 22), München 1933, S. 16.

deckt werden, sind nur die Form des Baukörpers ablesbar, die seine Entstehung im Mittelalter verrät, und die Bassgeigen-Fenster, die den großen Umbau des Innern schon von außen ahnen lassen. Im Innenraum sind die Mittelschiffarkaden mit den im Kern quadratischen Pfeilern und den halbkreisförmigen Archivolten als mittelalterliche Bauelemente zu erkennen. Unverputzt freiliegend ist nur das romanische Stufenportal zu sehen, das auf der Südseite von der Gnadenkapelle in das Westjoch der Kirche führt. An Hand der Stilformen lässt sich seine Entstehung in der Zeit um 1200 ansetzen.[21] Diese Datierung ist aber nicht auf den ganzen Kirchenbau übertragbar. Die oben schon gestellte Frage, ob der Bau mit einer der überlieferten Bauzeiten unter Ludwig dem Deutschen oder Heinrich II. zu verbinden ist, kann noch nicht beantwortet werden. Auch ist keineswegs sicher, dass Querschiff und Langhaus einer gemeinsamen Planung entstammen und dass das erweiterte Westjoch mit dem Langhaus planeinheitlich ist. Nicht einmal die Höhe der Baukörper der bestehenden Kirche ist gesichert. Ohne Prüfung des Baubestandes kann weder ausgeschlossen werden, dass die Mauerkrone aufgehöht, noch dass sie abgesenkt worden ist. Mit Hilfe der wenigen zugänglichen Stellen und mit den vorliegenden Baubeobachtungen muss versucht werden, ob sich die eine oder andere der vielen offenen Fragen beantworten lässt.

Während der Ausgrabungen im Niedermünster 1964ff. ließ der Grabungsleiter, Klaus Schwarz, zu Vergleichszwecken in der Alten Kapelle an einem Pfeiler der Nordreihe die östliche Flanke freilegen.[22] Unter dem barocken Putz zeigte sich dort ein sauber gearbeitetes Mauerwerk aus Kalksteinquadern mit rauher Oberfläche – allem Anschein nach wiederverwendetes römisches Material. Darin kann man die Bestätigung der Angabe des Sankt Galler Mönchs sehen, doch als Beweis, dass die Pfeiler vom karolingischen Bau Ludwigs des Deutschen stammen müssen, reicht der Befund nicht aus. Das im 9. Jahrhundert zweitverwendete Material hätte ja im Fall eines Neubaus nach Abbruch auch für eine Drittverwendung wieder zur Verfügung gestanden. Außerdem darf man die Überlieferung doch wohl

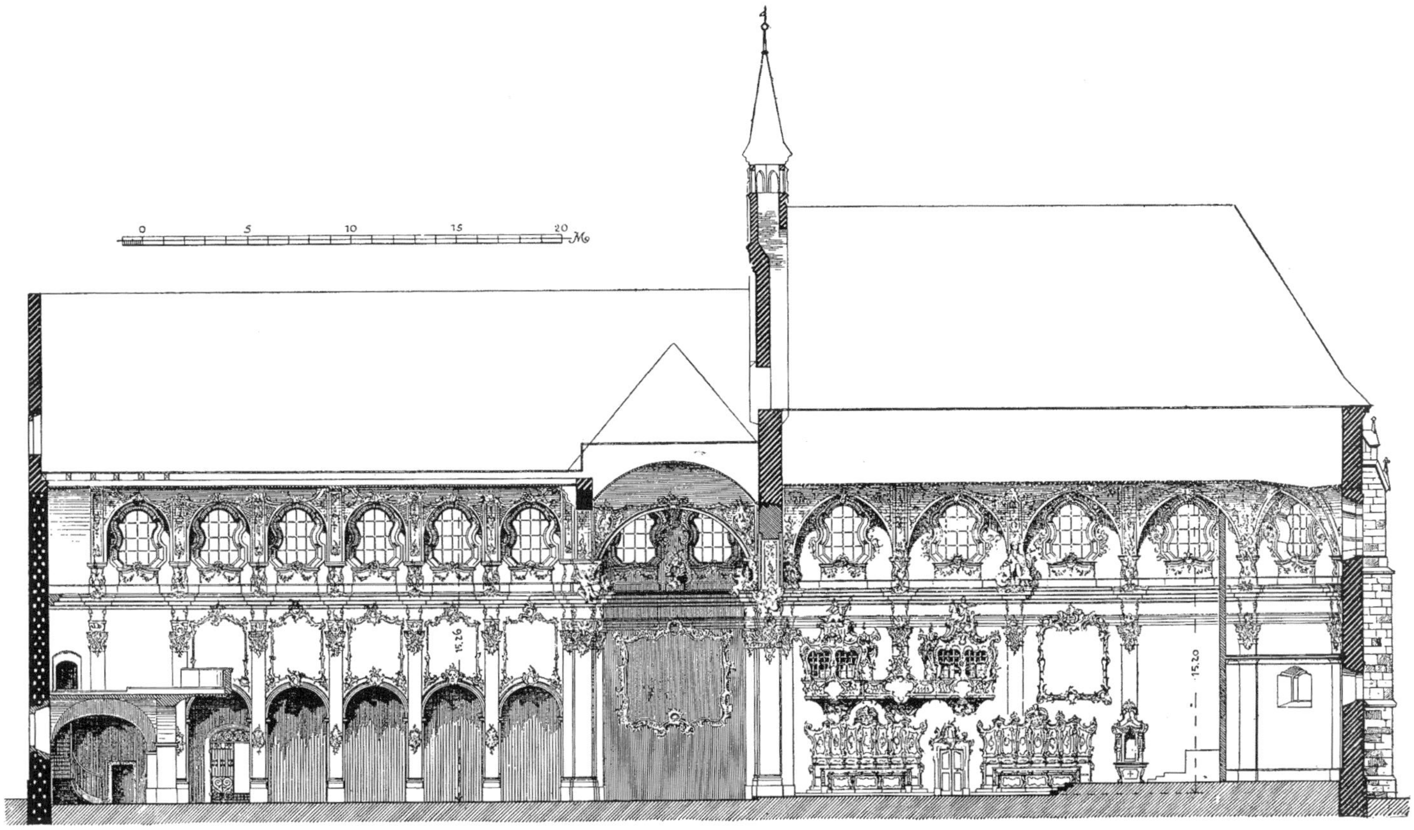

Abb. 59
Längsschnitt durch die Alte Kapelle. Maßstab 1 : 400. Entnommen aus: Felix Mader, Stadt Regensburg, Bd. II (Die Kunstdenkmäler von Bayern, Oberpfalz Bd. 22), München 1933, S. 16.

nicht so verstehen, dass in Regensburg nur auf Geheiß Ludwigs und nur für die Alte Kapelle römische Quader wiederverwendet worden wären. Sie wurden an diesem Bau auch an zwei Stellen des Fundaments gefunden, die im Zusammenhang mit Trockenlegungs-Maßnahmen aufgegraben wurden.[23] Auf der Außenseite des südlichen Seitenschiffes stieß man 1997 dicht unter dem Terrain auf einen etwa 15 cm ausladenden, stark bestoßenen Fundament-Vorsprung, der von einer flachen Quaderschicht aus Kalkstein gebildet wurde. Darunter lag, nahezu in der gleichen Flucht, eine zweite, höhere Schicht. Tiefer im Boden liegen weitere Quader, deren Bauzusammenhang aber nicht geklärt werden konnte. Schon 1957 hatte man vor der Westfront der Alten Kapelle einen vergleichbaren Befund angetroffen. Auch hier lag die Oberfläche von zwei in einer Flucht liegenden Quadern dicht unter dem hier vom Pflaster der Kapellengasse gebildeten Terrain. Der Vorsprung vor der Mauerflucht betrug aber (nach Foto geschätzt) mehr als einen halben Meter. Die Steine reichten nicht unter die aufgehende Mauer, sondern endeten schon kurz davor. So lässt der Befund zwar auf der Südseite die Möglichkeit zu, dass die Seitenschiffmauer auf einem Fundament aus zweitverwendeten römischen Quadern steht, auf der Westseite ist es dagegen wahrscheinlicher, dass Quaderschicht und aufgehende Mauer nichts miteinander zu tun haben. An beiden Stellen reichten die Untersuchungsmöglichkeiten aber nicht aus, um einen beweiskräftigen Befund zu erheben.

Die aufgehenden Mauern bestehen, wie in Regensburg häufig, aus lagerhaft verbautem Bruchstein, der an den Kanten des Baukörpers mit Quaderketten gesichert ist. Zwei dieser Kanten liegen heute ein Stück weit frei, von einer dritten gibt es eine 1996 während der Putzerneuerung in Eile gefertigte, skizzenhafte Befundaufnahme. Die Nordwestkante des Querschiffs, die im oberen Teil nach der Kriegszerstörung neu aufgemauert werden musste, wird unten von einem Abstellraum[24] umgriffen, der durch die kleine Renaissancepforte auf der Westseite des Nordquerarms zugänglich ist. Die Nordwestkante des Seitenschiffs wurde bei der jüngsten Putzerneuerung unverputzt belassen, um die Mauerstruktur zu zeigen, aber überschlemmt, um die einheitliche Farbigkeit der Wandflächen nicht zu unterbrechen. Quaderkanten und Mauerflächen sind durch die Schlemme hindurch leidlich zu erkennen. Die Südwestkante des Seitenschiffs lag unter dem Übergang, der Kirche und Turm verbindet, während der Putzerneuerung nur für kurze Zeit frei. Karl Schnieringer konnte bei der Befundaufnahme[25] einen Mauerstreifen unter dem Ansatz des Schwibbogens an Hand der Ähnlichkeit mit dem Westbau des vorgotischen Domes oder der Ramwoldkrypta als ottonisch ansprechen und darunter eine Zone mit älterem Mauerwerk feststellen, das also wohl als karolingisch gelten darf. Die drei genannten Gebäudekanten stimmen im Mauercharakter soweit überein, dass man sie wohl der selben Bauperiode zuordnen darf und zwar nach Schnieringers Urteil der ottonischen, deren Mauerwerk zumindest in einem Teil der Westmauer auf älterer, karolingischer Bausubstanz aufruht. Wenn sich diese Deutung des Befundes als stichhaltig erweist, bedeutet das, dass die Westmauer des Langhauses und das Querschiff zusammengehören und dann eben auch, dass Langhaus und Ostquerhaus in der selben Bauphase errichtet wurden. Zu diesem Ergebnis war auch Winfried Leonhardt gekommen, als er im südwestlichen Querschiffswinkel die Außenseite des Fundaments freilegte und glaubte, zwischen Seitenschiff und Querschiff einen Mauerverband feststellen zu können.[26] Sollte sich dieser Befund jedoch nicht bestätigen lassen, so ließen die drei übereinstimmenden Kanten noch die – freilich arg komplizierte – Erklärung zu, dass an das basilikale Langhaus in ottonischer Zeit sowohl das Ostquerschiff als auch das Westjoch angefügt worden wären. Mit dieser Befunddeutung würde dann aber die Beobachtung nicht zusammenpassen, dass im Südteil der Westmauer das ottonische Mauerwerk auf älterem aufsitzt.

Bei vielen vorgotischen Kirchen bilden die Obergadenmauern oberhalb nachträglich eingebauter Mittelschiffs-Gewölbe einen für die Bauforschung besonders ergiebigen Bereich.[27] Bei der Alten Kapelle aber trägt das Dachgebälk einen dichten und sorgfältig befestigten Bohlenboden, der fast nirgends einen Einblick zuläßt. Zudem wird das Scheingewölbe des 18. Jahrhunderts von einer großen Zahl von Kanthölzern getragen, die an den Dachbalken befestigt sind und den Raum zwischen Gewölbeschale und Gebälk unübersichtlich machen. Der Einblick vom Mittelschiffsdachraum in das Querschiff zeigt, dass die Längsmauern, die die Vierung ausscheiden, sich im Mauercharakter von allen Umfassungsmauern stark unterscheiden. Sie sind zweifellos erst nachträglich in das ursprünglich durchgehende Querschiff eingebaut worden. Sonst gibt die Innenseite der Obergadenmauern praktisch keinerlei Befunde preis. Umso wichtiger war die Befundbeobachtung an der Außenseite während der Putzerneuerung im September 1987. Leider kam es dabei nur zu einem „Feuerwehreinsatz" von Karl Schnieringer, der in ganz knapp bemessener Zeit wenigstens Aufmaß-Skizzen[28] der freiliegenden Mauern oberhalb der Seitenschiffsdächer fertigen konnte.

Mehr als die Hälfte der Obergadenlänge wird von den Ausbrüchen eingenommen, in die die barocken Bassgeigenfenster mit ihren neu gemauerten Gewänden eingesetzt wurden. Aber auch die dazwischen verbleibenden Mauerpfeiler zeigen nicht ungestörtes Mauerwerk der Bauzeit. Schon in spätgotischer Zeit sind nämlich großflächige Spitzbogenfenster in die Obergadenmauern eingebrochen worden, die keinen Achsbezug zu den Langhausarkaden hatten. Die jetzt vermauerten Öffnungen[29] liegen deshalb weitgehend neben den Barockfenstern. So bleiben nur schmale Mauerstreifen, in denen sich noch ursprüngliches Obergadenmauerwerk erhalten hat. Es wurde von Schnieringer als typisch ottonisch angesprochen, reicht aber nicht bis zur Mauerkrone, sondern bricht in der Fensterzone in unterschiedlicher Höhe ab. Anscheinend ist schon beim Einbau der gotischen Fenster der obere Teil des Obergadens abgebrochen und mit den Fenstergewänden neu aufgemauert worden. Anhaltspunkte, ob die Traufhöhe bei dieser Gelegenheit beibehalten oder verändert wurde, sind nicht gefunden worden, auch weder Spuren noch Reste der ursprünglichen Obergadenfenster. Ebensowenig konnte der Mauerverband beim Anschluss an das Querschiff beobachtet werden. Der Anschluss der Längsmauern an die westliche Giebelmauer ist durch die Aufgänge in den Dachraum stellenweise unterbrochen, aber auch sonst wohl vielfach gestört. Nachdem bei der jüngsten Instandsetzung alle Risse und Fugen sorgfältig geschlossen wurden, ist nicht mehr festzustellen, ob statische Mängel zu Setz- oder Scher-Rissen geführt haben, oder ob Baufugen vorliegen. Leonhardt meinte, die ganze Westmauer stehe nicht im Verband mit den anschließenden Längsmauern.[30] Dieser Sachverhalt ist im Kunstdenkmäler-Inventar in der Bauausscheidung im Grundriss[31] in einer Form berücksichtigt, die nach den oben genannten Befunden an den Quaderkanten als widerlegt gelten muss.

Im Dachraum der an das Seitenschiff anschließenden Kapellen ist ein Streifen der nördlichen Außenmauer zugänglich, der vier Fenster einschließt. Von dieser Wand gibt es eine Befundaufnahme und eine zugehörige zeichnerische Auswertung.[32] Die vermauerten Fenster sind mit typisch romanischem Querschnitt dargestellt, also mit mittigem Anschlag und beidseits, innen wie außen, gleichartigem Fenstertrichter. Die auffallend dichte Fensterreihe, die auch der Grundriss des Kunstdenkmäler-Inventars zeigt, ist in ihrer Anordnung von den Mittelschiffsarkaden unabhängig. Sie müsste sich, wenn sie im bestehenden Bau einen Sinn gehabt haben soll, nach Osten und Westen fortgesetzt haben. Die im Auswertungsplan dargestellte Bauausscheidung zeigt diese Mauern sehr differenziert, lässt sich aber nicht nachvollziehen.

Kapellen und Nebenräume

An die Seitenschiffe des Kernbaues schließen im Norden und Süden Kapellen und andere Nebenräume an. Auf der Südseite ist es nur ein Raum, die Gnadenkapelle, die heute von einem kleinen Hof im Süden her zugänglich ist und von der das romanische Portal in das Westjoch der Kirche führt. Seit 1391 als Jakobskapelle genannt, wurde sie erst 1694 mit der Transferierung des Gnadenbildes aus dem Chor der Alten Kapelle zur Gnadenkapelle.[33] Bei der Putzerneuerung konnte beobachtet werden, dass die Westmauer der Kapelle stumpf an die Kantenquaderung der südwestlichen Seitenschiffsecke anschließt und dass sie dem Mauercharakter nach aus romanischer Zeit stammt.[34] Ein zeitlicher Zusammenhang zwischen dem Anbau der Kapelle an die Kirche und dem Einsetzen des romanischen Südportals ist denkbar, aber nicht nachzuweisen. Das im 15. oder 16. Jahrhundert auf die Kapelle aufgesetzte Obergeschoss ist über die Westempore der Kirche zugänglich.

◁ Abb. 60
Der Turm bei der Alten Kapelle.
Rechts im Bild die neue, 1860/1861 von Wilhelm Mahler errichtete Dechantei, links das 1905/1906 von Karl Frank erbaute Gebäude der alten Dechantei.

Auf der Nordseite bilden vier Räume einen Kapellensaum, der von der Westflucht des Langhauses bis zur Ostkante des Querschiffs reicht. Dem barockisierten, nur mit einem Gitter verschließbaren Hauptportal, das vom Kornmarkt aus in das – von Westen gezählt – zweite Joch des Seitenschiffes führt, ist eine Vorhalle vorgelegt, deren Fassade um die Mauerstärke vor die gemeinsame Flucht der anschließenden Kapellen vortritt. Nach Osten öffnet sich die Vorhalle zu der gotischen Veitskapelle, die ihre direkte Verbindung zum Seitenschiff bei der Barockisierung der Kirche verloren hat. Darauf folgt, die Querschiffsecke umgreifend, die schon genannte alte Sakristei, den Winkel zwischen Vorhalle und Westflucht füllt die Maria-Vermählungskapelle, die auch Rupertus- oder nur Marien-Kapelle genannt wird. Ihre heutige schlichte Raumform mit schmuckloser Flachdecke hat sie erst nach der Kriegszerstörung von 1944 bekommen, der das Gewölbe zum Opfer gefallen war. Es wird vermutet, dass die Kapelle ursprünglich weiter nach Westen reichte und auch, dass sie vielleicht den jetzt von der Vorhalle eingenommenen Raum einbezogen habe. Doch gibt es keine Befunde, die diese Annahme bestätigen würden. Immer nur aus zweiter Hand wird die Nachricht weitergegeben, über der Marienkapelle seien Spuren einer ebenfalls überwölbten Erasmus-Kapelle zu sehen gewesen, die von der Westempore der Kirche her und über eine Treppe vom unteren Geschoss aus zugänglich war.[35] Die Vorstellung einer zweigeschossigen Kapelle, die nördlich an den Westbau der Alten Kapelle angeschlossen habe, zog dann Überlegungen nach sich, ob nicht der Raum über der Gnadenkapelle auch einen Vorgänger gehabt haben könne, der als Pendant zur Marien-/Erasmuskapelle zu sehen sei. All dies erhält besonderes Gewicht erst durch die bis ins späte Mittelalter zurückverfolgbare Meinung,[36] die Marien-/Rupertuskapelle sei der älteste Teil der Alten Kapelle und der Kristallisationskern der ganzen Bauanlage. Alle hier genannten Autoren wiesen darauf hin, dass es keinerlei historische Belege für diese Annahme gibt, die deshalb als sehr unwahrscheinlich anzusehen sei. Dem ist hinzuzufügen, dass alle überprüfbaren Baubefunde dafür sprechen, dass die Kapelle ein jüngerer Anbau an das Seitenschiff der Stiftskirche ist.

Der Turm

Der Turm der Alten Kapelle steht mit 1,6 m Abstand vor der Westfront der Kirche. Durch den schmalen Zwischenraum zwängt sich die Kapellengasse, die zwischen dem Alten Kornmarkt und der Schwarzen-Bären-Gasse eine stark frequentierte Verbindung schafft. Sie ist sichtlich auch viel befahren worden, denn sowohl an der Ostseite des Turmes wie an dem gegenüberliegenden Abschnitt der Westmauer der Kirche sind deutliche Schleifspuren zu sehen, die ihrer Höhe nach von den Radnaben von Pferdewagen stammen. Offenbar um den unerwünschten Verkehr zu hemmen, sind in der betroffenen Zone auf beiden Seiten des Durchganges zwei Schichten von Buckelquadern nachträglich in die Mauern eingesetzt worden.[37] Darüber wird der Durchgang durch ein Tonnengewölbe überbrückt. Es schafft einen Übergang, der das erste Obergeschoss des Turmes mit der Westempore der Kirche verbindet. Auf der Nord- und Westseite sind zweigeschossige Häuser an den Turm angebaut. Im übrigen sind seine Maueroberflächen innen und außen weitgehend zu überblicken. Anders als der Kirchenbau, zu dem er gehört, ist er also der Bauforschung zugänglich.

Der sich über quadratischem Grundriss erhebende, bis zur Traufe 32 m hohe Turmschaft ist zwar annähernd prismatisch, verjüngt sich aber von einer Seitenlänge von etwa 7,8 m am Fuß auf nur noch 7 m am Glockengeschoss. Am Außenbau sind drei Zonen zu unterscheiden. Die unterste, ca.18 m hoch, ist charakterisiert durch das Mauerwerk, das aus großen Kalksteinquadern besteht, die in ziemlich regelmäßigen Schichten versetzt sind. Es handelt sich allem Anschein nach um wiederverwendetes römisches Material.[38] Auffällig sind die sehr rauhen und auch zerklüfteten Quaderflächen, die so am ehesten durch starke Brandeinwirkung entstehen konnten. Die Südostkante zeigt ebenmäßigere Quader, aber häufig springende Lagerfugen, sodass man an eine Reparatur dieses Bereichs wird denken müssen. Auf etwa halber Höhe dieser Quaderzone ist auf der Ostseite ein längeres Stück eines kräftigen Karniesgesimses erhalten, das aus römischen Werkstücken besteht, die wohl schon für die Erstverwendung profiliert worden waren. Die Fortsetzung dieses Gesimses zeichnet sich an der ganzen Südseite, als auffällige, flache Schicht aus kurzen Quadern mit beschädigter Oberfläche ab. Anscheinend ist es um den ganzen Baukörper umgelaufen. Das Quaderwerk endet mit einer zweiten solchen flachen Schicht,[39] an der keine vorspringenden Gesimsteile mehr erhalten sind, die aber mit der in halber Höhe liegenden Gesimsschicht so weitgehend übereinstimmt, dass hier als oberer Abschluss ein zweites Gesims angenommen werden muss. Am oberen Teil des Turmes sind die Mauerflächen in den 60er Jahren des 20. Jahrhunderts überputzt und getüncht worden. Auch in diesem Zustand sind noch deutlich zwei Zonen zu unterscheiden: Die untere mit geböschten Mauerflächen und entsprechend geneigten Kanten reicht bis knapp unter die großen Schallöffnungen; die obere, genau prismatisch in der Form des Baukörpers, mit einem umlaufenden Kämpfergesims, das die acht spitzbogigen Schallöffnungen – zwei auf jeder Seite – zusammenbindet. Das „derbe Bruchsteinmauerwerk" (Mader) ist durch die Putzhaut hindurch nicht näher zu charakterisieren. Müllerklein, von dem die Pläne im Kunstdenkmäler-Inventar stammen, erkannte im oberen Bereich der unteren Bruchsteinzone auf jeder Seite drei Schallöffnungen, von denen nur eine auf der Südseite unvermauert geblieben ist. An der Außenseite des Turmes zeichnet sich also ab, dass zunächst ein etwa 18–19 m hoher[40] Turm aus Quaderwerk bestand, der durch zwei umlaufende Gesimse gegliedert war. Er ist mit Bruchsteinmauerwerk um etwa 8 m aufgehöht worden und erhielt dabei als oberen Abschluss ein Glockengeschoss. Bei einer zweiten Aufstockung wurde die Glockenstube um ca. 6 m höhergelegt.

Geschossteilung und Gliederung des Turminnern unterscheiden sich stark von denen des Äußeren. Sie sind deshalb auch wenig geeignet, das von außen her gewonnene Bild zu präzisieren. Es wird vielmehr durch nicht übereinstimmende Befunde kompliziert. Man betritt das Turminnere von der Westempore der Kirche kommend über den Übergang in etwa 7 m Höhe durch eine Türöffnung, die aus der ca. 1,2 m starken Umfassungsmauer ausgebrochen ist. Vom hochgelegenen Eingangsraum aus erreicht man das Erdgeschoss wie ein Burgverlies nur über eine Leiter durch einen sehr engen Gewölbeausbruch. Oben beträgt der lichte Abstand zwischen den Umfassungsmauern rund 5 m, im Erdgeschoss aber nur 2,24 m (N-S) und 2,08 m (O-W). Die Mauerstärke ist also rund 1,5 m größer als im Eingangsgeschoss. Die Erdgeschossmauern haben eine Innenschale aus ordentlichem Sandstein-Kleinquaderwerk, das sich von den Bruchsteinflächen an Turm und Kirche deutlich unterscheidet. Sie haben drei Öffnungen, von denen nur eine – ein kleines Rechteckfenster auf der Südseite – die ganze Mauer durchdringt und dem Erdgeschoss Licht und Luft bringt. Auf der Ostseite liegt, außermittig nach Norden verschoben, eine im Grundriss rechteckige Türnische von 1,18 m Breite und bis zum steinernen Sturz 1,4 m Tiefe.[41] So weit ist die Nische mit einem Segmentbogen überwölbt. Die Türöffnung ist von außen mit grobem Quaderwerk zugesetzt. Nur von innen ist in der Türnische festzustellen, dass das innere Mauergeviert gegen die verbrannte Innenseite der äusseren Umfassungsmauer gesetzt ist und dass die Türnische an eine Öffnung in der Umfassungsmauer anschliesst und sie nach innen fortsetzt.[42] Im Quaderwerk an der Aussenseite des Turmes zeichnet sich die vermauerte Öffnung aber nicht ab. Auf der Nordseite des Turm-Erdgeschosses liegt ein Durchgang, der ca. 3,5 m über dem Aussenniveau ansetzt, bis nahe unter das Gewölbe reicht und mit einer nach links gekrümmten Steigung die Mauerstärke durchdringt. Dabei weitet sich der an der Innenwand 65 cm breite Durchschlupf auf 1,2 m an der Grenze der inneren zur äusseren Mauerschicht, in der sich auch diese Öffnung fortsetzte. Auch sie ist von aussen mit groben Quadern zugesetzt, das auf der Nordseite an den Turm angelehnte Haus hindert aber die Untersuchung, ob, wo und wie sich die Öffnung an der Turm-Aussenseite abzeichnet.

Solange die nur sehr schwer zugängliche Grenze zwischen innerem Mauerblock und äusserer Mauerschale noch nicht genau untersucht war, legte der unvollständige Befund die Deutung nahe, der Kern mit seinen drei Öffnungen sei ältester Bestandteil des heutigen Turmes, und sei später von einem Mauermantel umgeben worden, ohne dass dabei die beiden Durchgangsöffnungen weitergeführt worden wären. Erst die ergänzende Beobachtung der Brandspuren auf der Innenseite der äusseren Mauerschicht und der Hinwiese auf das ursprüngliche Vorhandensein der Durchgangsöffnungen auch in diesem äusseren Quaderbau machte den Weg frei für eine Befunddeutung, die dem Mauerwerks-Charakter besser gerecht wird: Neben der Alten Kapelle wurde aus zweitverwendeten römischen Kalksteinquadern ein ca. 18 bis 19 m hoher Turm gebaut, der weder in der Ausrichtung, noch mit irgend einer Mauerflucht auf den Kirchenbau Bezug nimmt. Seine Mauerstärke misst 1,2 m. Er war auf der Ostseite durch eine Tür ebenerdig zugänglich, ein Stockwerk höher bestand ein Durchgang zum Obergeschoss eines auf der Nordseite anschliessenden Gebäudes. Zwei umlaufende Gesimse gaben dem Turm eine markante Gliederung. Ob er Zinnen trug oder einen Aufbau, der ihn z. B. als Glockenträger tauglich machte, ist nicht bekannt. Nicht ganz auszuschliessen, aber auch nicht sehr wahrscheinlich ist die Möglichkeit, dass die untere Bruchsteinzone mit den vermauerten Schallfenstern in einer Bauphase zusammen mit dem Quaderbau errichtet wurde. Wahrscheinlicher ist, dass der Turm erst später durch Aufsetzen eines Stockwerks zum Glockenturm umgebaut wurde.

In diesem Stadium fiel der Turm einem Brand zum Opfer. Er brannte aus und auch seine Aussenseiten mit ihren Quaderflächen erlitten erhebliche Schäden, doch das Mauergeviert blieb stehen. Um den Bau in Stand zu setzen, wurde die unterste Zone des Turmschachtes, in dem das alte Mauerwerk vermutlich am stärksten ausgeglüht war, ringsum mit einer ca. 1,5 m starken inneren Vormauerung versehen, aus der die innere Fortsetzung der Tür- und Fensteröffnungen ausgespart blieben. Der verbleibende Innenraum mit kaum 5 m² Fläche wurde mit einer leicht zugespitzten Tonne[43] überwölbt. Darüber setzt im Eingangsgeschoss des Turmes eine Konstruktion an, die fast 16 m hochreicht. In jeder Raumecke steht ein gemauerter Pfeiler mit knapp 1,5 m Seitenlänge, der 12,5 m über der Eingangsebene mit einem Kämpfergesims endet. Darüber sitzen vier spitzbogige Tonnengewölbe, die die Pfei-

Abb. 61
Querschnitt durch den Turm bei der Alten Kapelle und Grundrisse. Maßstab 1:400. Entnommen aus: Felix Mader, Stadt Regensburg, Bd. II (Die Kunstdenkmäler von Bayern, Oberpfalz Bd. 22), München 1933, S. 21.

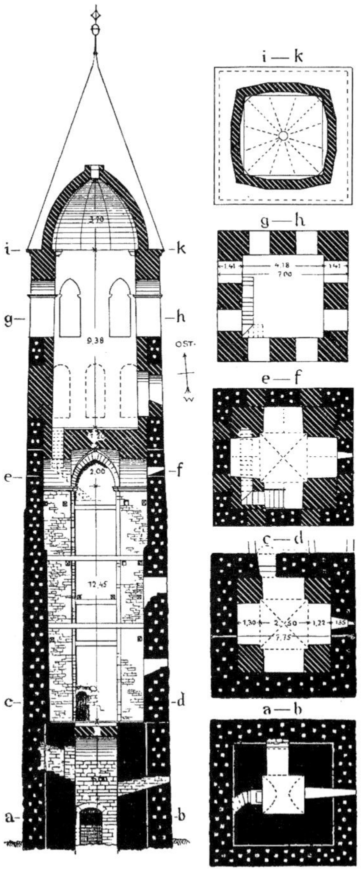

ler miteinander verbinden. Der in der Mitte verbleibende Kernraum wird von einem Kreuzgratgewölbe überdeckt. Als Zugang zu den Glockenstuben ist aus der Nordwestecke ein enger Treppengang ausgespart. Die ganze Konstruktion ist sichtlich zur Stabilisierung in den Turmschaft eingefügt. Sie nutzt als Auflager die Mauerstärke des Turmerdgeschosses und reicht in der Höhe über die Grenze des Quadermantels hinaus bis knapp unter die unteren, vermauerten Schallöffnungen. In dieser Zone ist das Bruchsteinmauerwerk mit einer inneren Mauerschale verstärkt, die nach Müllerkleins Bauausscheidung mit der Vermauerung der Öffnungen im Verband steht und die auf der Aussteifungskonstruktion aufruht. Das heutige Glockengeschoss mit seinen spitzbogigen Schallöffnungen behält diese Mauerstärke bei.

Die Aussteifung ist gegen die Innenseite des brandbeschädigten Quadermauergevierts und gegen die untere Bruchsteinzone gemauert und ist somit jünger, als diese beiden Abschnitte des Turmschaftes. Die heutige Glockenstube setzt die Sicherungskonstruktion voraus. Es ist sehr wahrscheinlich, dass sie in ihrer ganzen Höhe von 27 m eingefügt wurde, um die Aufstockung des Turmes zu ermöglichen. Der Turmschacht endet mit einem kuppelartigen Klostergewölbe, das in den Dachraum des steilen, ziegelgedeckten Zeltdaches hineinragt.

Zusammenfassung

Seit dem 7. Jahrhundert, vielleicht sogar noch früher, dürfte es in Regensburg eine zur herzoglichen Pfalz gehörende Kapelle gegeben haben. Dass sich davon obertägig noch Bausubstanz erhalten hat, ist in hohem Grade unwahrscheinlich, aber auch die Überlieferung, an der Stelle der Rupertuskapelle im Nordwestwinkel des Baukomplexes sei der Kristallisationspunkt der Alten Kapelle gewesen, ist nicht recht glaubhaft.

Für die karolingische Zeit Ludwigs des Deutschen und für die ottonische Heinrichs II. sind Baumassnahmen an der Alten Kapelle durch Urkunden zuverlässig überliefert. Ob freilich vom heute noch aufrechtstehenden Kernbau der Kirche etwas dieser Frühzeit zugeschrieben werden darf und was dem einen und was dem anderen Herrscher, ist sehr unsicher. Mader sah allein in dem Vorhandensein eines Querschiffs im Osten schon den Beleg dafür, dass es sich nur um einen karolingischen Bau handeln könne.[44] Bei der Grabung im Niedermünster wurde ab 1964 der ottonische Vorgänger der romanischen Stiftskirche gefunden,[45] der mit Hilfe der Gräber des Herzogs Heinrich I.[46] und seiner Gemahlin sicher zu identifizieren war. Diese Kirche aus der Mitte des 10. Jahrhunderts hatte ein Ostquerschiff und belegt damit, dass ein solcher Bauteil in ottonischer Zeit in Regensburg vorkommen kann. Das heißt aber nicht, dass damit die Frage nach der Entstehungszeit der Alten Kapelle entschieden wäre. Der Mauercharakter des an der Westfront und am Obergaden für kurze Zeit freiliegenden Bruchsteingemäuers ist noch das sicherste Beurteilungskriterium, doch bleibt die Unterscheidung von karolingischem und ottonischem Mauerwerk schwierig.

Dass die Kirche mit dem dreischiffigen Langhaus, dem durchgehenden Ostquerhaus und dem vergrößerten Westjoch eine einheitlich geplante und gebaute Anlage bildet, ist zwar nicht zu beweisen, doch gibt es keine stichhaltigen Argumente, die dazu zwingen würden, verschiedene Planungen und Bauabschnitte anzunehmen. Für den Ostschluss sind drei direkt an das Querschiff anschließende Apsiden, wie sie auch am Niedermünster ergraben wurden, wahrscheinlich. Beim Westjoch genügt die Anlage einer Herrschaftsempore, wie man sie in einer Pfalzkapelle erwarten kann, um die abweichenden Dimensionen dieses Raumteiles zu begründen.

Dagegen ist der Turm keinesfalls planeinheitlich mit der Kirche. Sein aus römischen Quadern errichteter Ursprungsbau wurde mit geringem Abstand neben der Kirche errichtet, ohne sich in seiner Ausrichtung an ihr zu orientieren und zwar vermutlich schon in karolingischer, spätestens in ottonischer Zeit. Er stammt damit vielleicht aus einer Epoche, in der es Kirchtürme noch gar nicht gab. So darf auch nicht als selbstverständlich angenommen werden, dass hier ein solcher errichtet werden sollte. Was sich im Mauermantel des Turmes erhalten hat, könnte durchaus ein profanes, vermutlich zur Herzogspfalz gehörendes Bauwerk gewesen sein. Der aus dem oberen Teil des Erdgeschosses nach Noren herausführende Ausgang zeigt, dass der Turm nicht ganz isoliert stand, sondern in irgend einer Form angebunden war. Es gibt aber keine Hinweise auf ein Westwerk an der Kirche und es ist auch nicht ersichtlich, wie der bestehende Bau oder sein ältester Teil in ein solches hätte integriert sein können. Auch die Vorstellung, dass der bestehende Turm der erhalten gebliebene Rest einer zweitürmigen Anlage sei,[47] entbehrt jeder Grundlage. Turmpaare gibt es in Regensburg zwar seit dem späteren 11. Jahrhundert, z. B. an Sankt Jakob, am Niedermünster, in Prüfening und Prüll, aber das am Westbau des Domes vermutete südliche Pendant zum Eselsturm ist bisher nicht nachgewiesen und kann auch nicht aus der Verwandtschaft mit Sankt Emmeram abgeleitet werden, wo ja die Magdalenenkapelle, die man sich als Unterbau eines Turmes vorstellen könnte, kein südliches Gegenstück hat. An der Alten Kapelle führte der Ausbau des Turmes in eine andere Richtung. Sein Ursprungsbau ist wegen der Zweitverwendung römischer Quader als Aussenschale gerne als karolingisch angesehen worden, eben weil von Ludwig dem Deutschen ausdrücklich überliefert ist, daß er die römische Stadtmauer für den Bau der Alten Kapelle als Steinbruch ausbeuten liess. Unsere Kenntnis karolingischer Bautypen und Bauweisen reicht aber wegen der geringen Zahl erhaltener Denkmäler nicht aus, um das Bauwerk auf Grund seiner charakteristischen Gestalt oder seines Mauerwerks dem 9. Jahrhundert zuzuordnen. Doch die Aufhöhung durch das erste Glockengeschoss ist dem Mauerwerk nach als ottonisch anzusprechen. Dieser Zeitansatz gibt einen terminus ante quem für den Ursprungsbau des Turmes und stützt die Vermutung, er könnte in karolingischer Zeit entstanden und zunächst vielleicht ein profaner Teil des Herzogshofes gewesen sein. Erst die Aufhöhung durch die erste Bruchsteinzone mit dem unteren Kranz von Schallöffnungen macht ihn zum Kirchturm. Die unübersehbaren Brandspuren können auf einen der überlieferten Stadtbrände, 1152 oder 1176, zurückzuführen sein. Danach, vielleicht erst im 13. Jahrhundert ist er in Stand gesetzt, dabei noch einmal aufgestockt und, um dies zu ermöglichen, im Inneren mit der gemauerten Stützkonstruktion ausgesteift worden.

„Baugeschichtliche Untersuchungen fehlen." Der Satz gilt nach wie vor. Immer noch ist es nicht möglich, den Kirchenbau der Alten Kapelle sicher einer bestimmten Bauphase zuzuordnen. Immer noch kann man nur vermuten, wie ihr Ostschluss aussah, und was das westliche Ende angeht, tappen wir nach wie vor fast ganz im Dunkeln: Die Westempore als Bestandteil des frühmittelalterlichen Baues ist nur eine Vermutung; ihre Lage, Ausdehnung, Zugänglichkeit und Ausstattung sind gänzlich unbekannt. Nur der Turm ist wegen der besseren Überschaubarkeit seiner Maueroberflächen besser zu beurteilen. Seine Entstehung in vier Bauphasen ist als technischer Vorgang ziemlich klar, welche Bedeutung er für Pfalz und Kapelle hatte, bleibt dagegen ganz unsicher und die Datierungen „schwimmen".

Eine eindringende Bauuntersuchung, die über punktuelle Sondagen hinausgeht, wird sich an der Alten Kapelle wegen ihrer wertvollen Raumschale kaum durchführen lassen. Möglich und von hohem wissenschaftlichen Interesse wäre eine archäologische Ausgrabung, von der man sich die Klärung wichtiger Fragen erhoffen dürfte.[48]

Die mittelalterlichen Kapellenbauten an der Stiftskirche zur Alten Kapelle Beziehungen zwischen Stift und Stadt

Martin Hoernes

Abb. 62 ▷
Die Vituskapelle mit dem 90 cm hohen, 90 cm im Durchmesser umfassenden romanischen Taufstein.

Die Stiftskirche zur Alten Kapelle in Regensburg war im Mittelalter, wie vergleichbare Kirchen auch, eingebunden in ein Konglomerat von Annexkapellen sowie selbständigen Sakral-, Wohn- und Wirtschaftsbauten. Im Falle einer Stiftskirche wie der Alten Kapelle bildete die Immunität den Bereich, in dem sich die von der Hauptkirche abhängigen Gebäude befanden. Im Geviert zwischen Altem Kornmarkt, der Kapellengasse, der Drei-Kronen-Gasse und der Speichergasse lagen außer der Stiftskirche mindestens zehn weitere Sakralbauten oder -räume. Für die kleineren Sakralräume an den großen Kirchenbauten sind Bezeichnungen wie Chorkapelle, Seitenkapelle, Familienkapelle oder Grabkapelle üblich. Ihre Einrichtung diente in der Regel der Jenseitsvorsorge, aber auch der Eigenrepräsentation der Stifter. An den Altären wurden Messstiftungen und Jahrtage verrichtet, dort brannten die gestifteten Kerzen. Gemälde, Skulpturen oder Reliefs stellten Christus, Maria und die Heiligen dar deren Hilfe man beim Jüngsten Gericht erhoffte. Daneben boten die Kunststiftungen eine willkommene Gelegenheit, das eigene Geschlecht durch Wappenschilde und die eigene Familie durch Stifterbilder vorzustellen. Einige der Kapellen haben sich bis heute erhalten. Sie sollen im folgenden vorgestellt werden.

Die Vituskapelle der Gumprecht

Betritt man die Alte Kapelle von Norden, so trifft man zunächst auf die Vituskapelle. Sie schließt sich östlich an die Vorhalle des nördlichen Seitenschiffs an. Es handelt sich um einen zweijochig kreuzrippengewölbten Rechteckraum. Die gekehlten Rippen mit gefastem Steg setzen auf tiefliegenden Blattwerkkonsolen an. Den entsprechend der Rippen profilierten Schlusssteinen sind linsenförmige Scheiben aufgelegt. Diese besitzen einen ausgekehlten oberen Rand, der mit einer umlaufenden Ranke mit kleinen Blättern belegt ist. Im Ostjoch ist in flachem Relief eine von unten ansichtige Heilig-Geist-Taube dargestellt. Im Westjoch befindet sich, ebenfalls in sehr flachem Relief, das Lamm Gottes.

Der Raum darf nicht isoliert von der ehemaligen Portalanlage oder Vorhalle an der Nordfront der Kirche gesehen werden. Ein großer Spitzbogen, der zwischen der Kapelle und der heutigen Vorhalle vermittelt, erinnert an die Erbauungszeit.

Die stilistisch ins frühe 14. Jahrhundert[49] zu datierende Kapelle ist erstmals im 1325 ausgefertigten Testament des Gumprecht an der Haid erwähnt. Er vermachte damals seinen Hof zu Haidenkofen *hintz sand Veit ze Altenchappel*[50]. Allerdings war Gumprecht an der Haid nicht zwangsläufig der Stifter dieser Kapelle, denn die von Joseph Schmid angeführte „Stiftungsurkunde" ist nichts anderes als das Testament Gumprechts, das eine offensichtlich schon bestehende Messstiftung zusätzlich dotierte.[51] Auch Gumprechts Frau Irmgard bestiftete in ihrem Testament von 1327 den Altar der Vituskapelle.[52] Den Testamenten ist zu entnehmen, dass die am Haidplatz ansässigen Eheleute der „Bürgerpfarrei" Sankt Kassian eingepfarrt waren.[53] Leupold II. Gumprecht, der Bruder Gumprechts an der Haid, bewohnte

ein Anwesen an der Heuport und dürfte ebenfalls der Pfarrei von Sankt Kassian angehört haben.[54] Der 1327 verstorbene Leupold II. Gumprecht hatte der Kapelle schon zu Lebzeiten eine ansehnliche Geldstiftung von 40 Pfund Regensburger Pfennigen vermacht, welche seine Söhne Leupold III. und Sebastian auszahlen sollten.[55] Als Kapelle mit eigener Messstiftung könnte man die Vituskapelle deshalb gut hinter den mit dem Namen Leupold Gumprecht verbundenen Einträgen *Leupol(di) Gumperti* und *capella Leopoldi Gumberti* in den beiden ältesten Pfarreienverzeichnisse Regensburgs von 1326 und etwa 1350 vermuten.[56] Die Vituskapelle diente als Grabkapelle der Gumprecht. Das stichbogige Arkosolgrab in deren Nordwand trägt auf dem Bogen folgende Inschrift: *ANNO · DNI · M · CCC · XXVII · O · LEVPOLDus · GVMPT · I · DIE · S · MATHEI · APLI · & · EWANG*. Im Inneren der Nische sind Reste einer weiteren Grabinschrift vermauert: *ELIZAB* · [...] *CVMPERT*.[57] Der hier Begrabene ist der am 21. September 1327 verschiedene Leupold II. Gumprecht. Die sekundär vermauerte Grabinschrift nennt seine Enkelin Elisabet, die Tochter Friedrich Gumprechts.[58] Auch ein Konrad Gumprecht († 1299) und Irmgard († 1328), die Frau des Gumprecht an der Haid, waren dort begraben.[59]

Die Gumprecht gehörten zur Spitzengruppe des Regensburger Patriziats. In der Stadtverwaltung und vor allem in der Münzerhausgenossenschaft spielten sie eine führende Rolle. Ihr Vermögen hatten sie vor allem durch Geld- und Kreditgeschäfte erworben. Der Kaiser Ludwig der Bayer, die bayerischen Herzöge und der Regensburger Bischof gehörten zu ihren Gläubigern.[60] Zusammen mit den Auern und anderen Familien aus dem Kreis der Münzer und des ritterlichen Stadtadels bildeten sie eine wichtige Parteiung des Regensburger Patriziats. Während des Aueraufstandes (1330–1334) gelang es dieser Gruppe, sich gegen das Kaufmannspatriziat durchzusetzen und ein eigenes Stadtregiment zu installieren.[61] Neben ihrer Grabkapelle bestifteten die Gumprecht, wie den Testamenten

Gumprechts an der Haid und seiner Gemahlin zu entnehmen ist, gleichmäßig die meisten der sakralen und karitativen Einrichtungen Regensburgs.[62] Besonderes Engagement ist nur noch beim Neuen Spital, das wohl als exklusives Seel- oder Regelhaus der Prager, Auer und Gumprecht diente, zu erkennen. Dort erinnert noch ein Schlussstein an die Familie Gumprecht.[63] Von Leupold II. Gumprecht ist schließlich noch eine außerordentlich repräsentative Kunststiftung überliefert: Er ließ in Niedermünster den *sand Erharz sarich*, den Schrein des wichtigen Stadtheiligen Erhard, beschlagen.[64]

◁ Abb. 63
Madonna mit Jesuskind aus der Vituskapelle. Eichenholz, geschnitzt, Reste alter Farbfassung. 90 cm hoch. 2. Hälfte 13. Jahrhundert. Auf der Rückseite hochrechteckige Öffnung für ein Reliquienbehältnis.

Zum heutigen Schmuck der Kapelle gehört eine hölzerne Marienstatue vom Ende des 13. Jahrhunderts, die sich schon 1857 in der Kapelle befand. Ob sie zur Ausstattung der Gumprecht zählte, lässt sich nicht nachweisen. Angeblich war sie ursprünglich gemeinsam mit einem ehemals in die Wand eingelassenen Holzbaldachin gefertigt worden.[65] Mit dem Sepulkralcharakter der Kapelle hängt dagegen ein ehemaliges Ausstattungsstück der Kapelle zusammen, das sich im Depot des Historischen Museums der Stadt Regensburg erhalten hat. Es handelt sich um einen Schalenstein mit niedrigem Sockel, über dem eine dreieckige Platte mit sechs zylindrischen Vertiefungen auskragt. Die Vertiefungen sind in Dreiecksform angeordnet und unten ausgerundet. Der Schalenstein gelangte in die Sammlungen des Historischen Vereins und stammte laut des Inventarvermerks „vom Grabmal des Leupold Gumprecht († 1327) in der Sankt Vituskapelle der Alten Kapelle".[66] Schalensteine sind seit dem 12. Jahrhundert überliefert und fanden im Sepulkralkult Verwendung. Die Vertiefungen wurden mit Wachs, Unschlitt oder Öl gefüllt und mit einem Docht abgebrannt. Die meisten dieser Kultgeräte befanden sich in Grabkapellen, Karnern oder bei Grabstätten.[67]

Die Vituskapelle schließt sich, wie die Marienkapelle und die Jakobskapelle, an das Langhaus der Stiftskirche an. Im Gegensatz zu den beiden anderen Bauten wurde in dem gotischen Gewölbe jedoch kein älterer Baubestand vermutet. Dennoch konnte im späten 17. Jahrhundert die Legende aufkommen, es handele sich um die legendäre, von dem heiligen Rupert geweihte Marienkapelle. Damals entstand eine barocke Ausstattung mit Stuckierung und einem Freskenzyklus aus der Ruperti-Vita, die beide 1880 beseitigt wurden. Vermutlich hat die Deutung als angeblicher „Taufort Herzog Theodos" auch dazu geführt, dass hier ein romanischer Taufstein, der zuvor im Mittelschiff stand, aufgestellt wurde.[68]

Die Marienkapelle sub gradu

Betritt man die Alte Kapelle durch die Vorhalle, findet man rechter Hand, etwas versteckt zwischen dem Treppenaufgang zur Orgelempore und der Außenwand, einen heute nicht mehr liturgisch genutzten Raum. Er erinnert an die älteste Seitenkapelle der Stiftskirche, an die Marienkapelle sub gradu. Der heutige Raum wurde nach den Zerstörungen des Zweiten Weltkriegs verkleinert. Zuvor handelte es sich um einen rechteckigen Raum mit zwei stuckierten Kreuzjochen. Zwei Blendbögen in der Südwand öffneten sich ehemals wohl in die Kirche. Der Fußboden, der tiefer liegt als derjenige der Kirche und der übrigen Kapellen, wird als Indiz für das hohe Alter der Kapelle gewertet.[69] Ob sich die Kapelle einmal weiter nach Westen erstreckte und ob in ihr Reste eines Vorgängerbaus oder des ehemaligen Westwerks aufgingen, kann an dieser Stelle nicht geklärt werden. Klar ist, dass man den Raum bislang aufgrund einer alten Tradition als den ältesten Kern der Stiftskirche ansieht.

Ursprünglich befand sich die Erasmuskapelle „unter einer Treppe", die zur Erasmuskapelle führte. Letztere lag über der Marienkapelle und der älteren Vorhalle (*supra porticum*) der Stiftskirche; sie war über eine Treppe an der Südwand der Marienkapelle zu erreichen. Die Reste der Erasmuskapelle wurden im Zweiten Weltkrieg weitgehend zerstört. Über ihre

Abb. 65 ▷
Romanisches Portal in der heutigen Gnadenkapelle. Ehemals das südliche Außenportal der Alten Kapelle. Kalkstein, um 1250. Im Rundbogen Gemälde von Hans Mielich (1516–1573), Öl auf Holz, 99 cm x 226 cm, Gedächtnistafel für den Kanoniker Urban Prunner († 1544). Die nachträglich hinzugefügten Inschriften lauten: Aus dem Mund des Geistlichen: *ERIPE ET FAVE.* (Rette [mich] und sei mir gnädig). Über dem Haupt des Geistlichen: *IPSE.SIB.V.V.F.C.* (Ipse sibi vivus vivo faciendum curavit. Er selbst hat, als er am Leben war, sich [dieses Epitaph] setzen lassen). Oben am Bogenrand: *ANNO DNI 1544 DES 21. JULII STARB DER ERWIRDIG HERR / MAISTER URBAN PRUNNER DISES ERWIRDIGEN STIFTS CHORHERR / SEINES ALTERS IM 61. JAR MONAT 1. TAG 28. SEINES / NOMEN DER LETZT. HIE BEGRABEN. DER SELE GOT / WÖLLE GENEDIG UND BARMHERZIG SEIN. AMEN. / ALHERNACH.* Darunter: *HORA COMPLETORII DATUR SEPULTURE.* Signatur des Malers unten in der Mitte: *H. M.*

Entstehungszeit und die Funktion dieser Torkapelle über der älteren Vorhalle lassen sich keine gesicherte Angabe machen.[70] Der zweigeschossige Vorläufer der heutigen Vorhalle ist bereits auf einer Ansicht des Herzogshofs von 1572 wiedergegeben. Zwei in der Rokokovorhalle integrierte romanische Skulpturen (die so genannte „Beichtgruppe“) und die beiden Löwenfiguren auf der Attika dürften die Reste der ehemaligen Portalanlage darstellen.[71]

Die Legende sah in der kleinen Marienkapelle einen ehemals heidnischen Tempel, in dem der heilige Rupert den bayerischen Herzog Theodo getauft hatte und der daraufhin in einen Kirchenbau umgewandelt wurde.[72] Obwohl keinerlei Belege für die Richtigkeit dieser Legende angeführt werden können, wurde die Kapelle als die möglicherweise auf einen heidnischen Vorgängerbau zurückgehende Hofkapelle der Agilofingerherzöge gedeutet.[73] Heute wird dagegen der älteste Bau der Niedermünsterkirche mit guten Gründen als die agilolfingische Hofkapelle angesprochen. Die Bezeichnung als *mater aecclesia* in einer Urkunde Heinrichs II. führte zur Annahme, die Alte Kapelle sei im Zusammenhang mit der königlichen Pfalz als zweiter Lateran im Rahmen einer Roma secunda-Vorstellung verstanden worden.[74] Die Verehrung der kleinen Marienkapelle als älteste Kirche Bayerns resultiere damit letztlich aus der besonderen Rolle der karolingischen Stiftskirche. Erst seit 1392 ist jedoch die Stiftstradition, die der Seitenkapelle eine ehrwürdige Geschichte und hohes Alter zusprach, nachzuweisen. Am Anfang dieser Tradition steht ein Ablassbrief des Regensburger Bischofs Johannes I. (reg. 1384–1409) vom 26. August 1392, den dieser auf Bitten des Stiftsdekans Johann von Reinbach verlieh. Er gewährte all jenen Ablass, „die das ‚Alte Kapellchen’, in der Kirche zur Alten Kapelle in Regensburg, welches nach der seligsten Jungfrau Maria benannt und die erste aller Kirchen Norikums oder Bayern ist“, besuchten.[75] Am Ausstellungstag erfolgte dort die Einrichtung eines Kaplanei-Benefiziums durch den Stiftsdekan. In der Urkunde ist der *Altar in der chlainen Altenchappelle zu/e Altenchappelle zu/e Regenspurg, da unser liebew fraw/e ynn rast under der stieg da man hin auf get hintz sand Erasem vnd dy ein anuanch ist aller gotzhäuser in Bay/ern* genannt.[76] Weitere Dokumente aus dem gleichen Zusammenhang verwenden ähnliche Formulierungen.[77] Von dieser Messstiftung unabhängige Zeugnisse für die besondere Bedeutung der Kapelle fehlen.

Die kleine Nebenkapelle war entsprechend ihrer Bedeutung inszeniert, wie der Kanoniker und Chronist Ulrich Ohnsorg aus dem späten 15. Jahrhundert berichtet. Besonders auffällig war der heute nicht mehr vorhandene, große Steinaltar. Seine Breite entsprach der Länge des kleinen Sakralraums.[78] Ein bislang nicht identifiziertes Manuskript vom Ende des 16. Jahrhunderts berichtet, dass in der Marienkapelle zwei nicht sehr große Marmorsäulen gezeigt wurden, auf denen vor Zeiten die heidnischen Abgötter Venus und Merkurius gestanden haben sollen. Oberhalb des Marienaltars habe sich folgende Inschrift befunden: *Prima christianorum ecclesia a S. Ruperto dicata a. C. DXIIII.*[79] Jeremias Grienewaldts Chronik von 1615 bestätigt diese Angaben.[80] Im Verlauf des 17. Jahrhunderts scheint diese Tradition dann abgerissen zu sein und man vermutete den ältesten Kern der Alten Kapelle fortan in der gotischen Vituskapelle, die daraufhin mit Fresken der Ruperti-Vita geschmückt wurde. Im 19. Jahrhundert ging man dann von dieser Fehlinterpretation wieder ab.[81]

Abb. 64
Kreuzigungsgruppe in der ehemaligen Kapelle „sub gradu“. Holz, geschnitzt und farbig gefasst; Fassung erneuert. 17. Jahrhundert.

Die Deutung der Marienkapelle als älteste Kirche Bayerns steht im Kontext mit den vielfältigen Bemühungen der übrigen traditionsreichen geistlichen Institutionen der Stadt, das „historische“ Fundament der eigenen Bedeutung sichtbar zu machen. Zu Beginn der Stiftstradition im 14. Jahrhundert muss aber nicht mehr gestanden haben als das Bewusstsein der eigenen, weit zurückreichenden Geschichte und ein nicht verstandener Rest des Vorgängerbaus oder ein altertümlich wirkender Raum im Westen der Kirche. Der Plan des Stiftsdekans, dort eine Kaplanei-Stiftung einzurichten und entsprechend würdevoll zu präsentieren, dürfte dann zur ersten Formulierung der Legende geführt haben.

Die Gnadenkapelle, ehemals Jakobskapelle

Vor dem romanischen Südeingang der Stiftskirche liegt die heutige Gnadenkapelle, die größte Seitenkapelle. Es handelt sich um einen Rechteckraum mit flacher, nicht eingezogener Apsis. Die beiden kreuzgratgewölbten Joche trennt ein Chorgitter. Die heutige Gestalt der Kapelle geht auf Stiftsdekan Johann Carl von May († 1723) zurück, der 1693 das Gitter, das Gestühl und den Deckenstuck mit marianischer Thematik anbringen ließ. Gleichzeitig wurde der Jakobsaltar in die Kirche transferiert und auf dem Altar stattdessen das vielverehrte Gnadenbild der Muttergottes aufgestellt. Seitdem wird die Kapelle Gnadenkapelle genannt. Der halbrunde Altarraum wurde 1864 durch den Dombaumeister Franz Denzinger neu gebaut.[82]

Die Jakobskapelle ist dem um 1200 entstandene Portal in der südlichen Seitenschiffwand der Stiftskirche vorgelegt. Die Zugehörigkeit des Raumes zu einem ehemaligen Westwerk lässt sich somit nicht nachweisen. Seine Erbauung könnte durchaus erst auf den 1361 verstorbenen Stifter zurückgehen. Der gotische Kapellenraum wurde noch in mittelalterlicher Zeit, im Jahre 1481, restauriert. Damals erhielt er vermutlich erstmals ein Gewölbe, weswegen an der Südwand Strebepfeiler angesetzt werden mussten. Am Strebepfeiler des ehemaligen Gurtbogens ist die Jahreszahl 1481 eingemeißelt.[83] Seit 1573 ist die über der Kapelle liegende Kapitelstube nachgewiesen. Anscheinend wurde erst damals die Zweigeschossigkeit dieses Bauteils erreicht.[84]

Abb. 66
Der heilige Petrus.
Halbrelief. Sandstein,
60 cm x 45 cm.
Wohl Regensburg,
17. Jahrhundert.
Regensburg, Alte Kapelle,
Zantkapelle.

Die Geschichte der Gnadenkapelle lässt sich bis 1344 zurückverfolgen. Damals ist Lybehart der *chapplan ze sand Jacob ze Altenchappel* erwähnt.[85] Stifter und Patronatsherr der Jakobskapelle war Heinrich VII. Auer († 1361), ein Kanoniker der Alten Kapelle.[86] Sein Kaplan versah dort eine Messstiftung.[87] Offensichtlich ließ sich der Kanoniker auch in seiner Kapellenstiftung begraben, denn Zirngibl überliefert die Lage der Sepultur Heinrich Auers mit der Angabe *sepultus in capella ad latus septemtrionale*.[88]

Heinrich VII. Auer bewohnte im Jahre 1326 den Rohrer Hof (ehemals Pfauengasse 4).[89] Er stammte aus einem der wichtigsten Geschlechter des Regensburger Stadtadels. Sein Bruder Friedrich II. Auer war Bürgermeister während des Aueraufstandes (1330–1334).[90] Der Kapellenanbau findet seine Parallelen in den über die gesamte Stadt verteilten Kapellen- und Kunststiftungen der Mitglieder dieses umfangreichen Familienverbandes. Bei der Jakobskapelle handelte es sich nicht um eine gemeinsame Familienkapelle, denn eine Grablege des Familienzweigs der Auer auf dem Burgtor befand sich im Regensburger Dom; Domdekan Ulrich Auer hatte die 1322 erwähnte, heute zerstörte Katharinenkapelle zwischen den Strebepfeilern des nördlichen Seitenschiffjochs einfügen lassen. Er und der Dompropst Dietrich III. Auer waren dort begraben.[91] Wo die Laien der beiden Familienzweige ihre letzten Ruhestätten fanden, ist weitgehend unbekannt. Einige erhielten bei ihren Besitzungen im Regensburger Umland ihre letzte Ruhestätte. So ließen sich die Auer von Brennberg in ihrer Grablege im Benediktinerkloster Frauenzell, unweit ihrer Feste Brennberg, bestatten.[92] Während die Einrichtung der beiden Regensburger Grabkapellen auf die Kleriker des Geschlechts zurückgeht, lassen sich auch für die laikalen Vertreter der Patrizierfamilie bedeutende Stiftungen in Regensburg nachweisen. Friedrich I. Auer richtete zusammen mit Karl Prager das 1288 erstmals erwähnte Neue Spital mit der Oswaldkirche ein. Am Chor erinnern noch Wappen an die beiden ersten Stifter. Die Söhne Friedrichs, Friedrich II. Auer und der Stifter der Jakobskapelle, Heinrich VII. Auer, fungierten später als Pfleger und Wohltäter des Spitals.[93] Auf Friedrich II. Auer geht vermutlich der Bau der Thomaskapelle (ca. 1312–1324) zurück, die sich in seinem repräsentativen Anwesen am Römling befand. Die Hauskapelle ist ein hochgotisches Kleinod. Der Einstützenraum mit raffiniertem Schirmgewölbe, Empore, Treppentürmchen, polygonaler Apsis und bemalten Glasfenstern stellte alle anderen Hauskapellen der Stadt in den Schatten.[94] Mit der heute zerstörten Torkapelle im Ruozanburgtor hatten die Auer spätestens seit dem frühen 14. Jahrhundert einen weiteren Kapellenbau in ihrem Besitz.[95] Daneben lassen sich Fensterstiftungen im Dom, die Wölbung eines Jochs der Dominikanerkirche sowie zahlreiche Kunst- und Messstiftungen nachweisen.[96] Die Stiftung der Jakobskapelle durch Heinrich VII. fügt sich ein in die Politik der Auer, die danach trachteten, Positionen an den verschiedensten weltlichen und geistlichen Institutionen Regensburgs zu besetzen.

Die Markuskapelle der Zant

Eine weitere Grabkapelle ist auch die Markuskapelle der Zant. Sie schließt sich der Verlängerung des nördlichen Kreuzgangflügels an, und ist nur von dort zu betreten. Es handelt sich um einen zweijochigen, kreuzrippengewölbten Raum, der im Osten flach abschließt und in dessen Nordwand sich eine Grabnische öffnet.

An ihrem südöstlichen Strebepfeiler ist das Wappen Heinrich Zants angebracht. Der südliche Strebepfeiler des Gurtbogens trägt eine Inschrift, welche den Bau datiert: *ANNO · D · M · CC · LXXXXVIIII · EDIFICATA · EST · HEC · CAPELLA · DE · BONIS · HEINRICI · DENTIS* · +. Die Inschrift spricht ausdrücklich nicht davon, dass der schon 1295 verstorbene

Heinrich Zant den Bau auch errichtet habe.[97] Dies erinnert an die ehemalige Lazaruskapelle im Westen der Stadt. Auch dort verkündete ein inzwischen verlorengegangener und nur inhaltlich überlieferter Inschriftenstein, dass Konrad Zant aus den von seinem Bruder hinterlassenen Mitteln die Lazaruskapelle im Jahre 1296 zu ihrer beiden und ihrer Eltern Andenken gegründet und erbaut hatte.[98] Damit dürfte nicht Heinrich Zant, sondern sein Bruder Konrad der Erbauer der Markuskapelle sein. Er fand in der Kapelle offenbar auch seine letzte Ruhestätte.[99]

Die Familie der Zant zählte zum politisch aktiven Regensburger Handelspatriziat und konnte, beginnend mit den Brüdern Heinrich und Konrad Zant, über einen Zeitraum von 70 Jahren das Schultheißenamt besetzen. Heinrich Zant lässt sich 1289/1290 als Schultheiß nachweisen.[100] Sein Bruder Konrad amtierte von 1298 bis 1308.[101] Beide waren im Geld- und Warenhandel tätig. Herzog Ludwig der Bayer zählte zu ihren Schuldnern. Die Söhne Konrads – Heinrich, Albrecht und Stefan – folgten ihrem Vater seit 1309 im Schultheißenamt nach und besetzten auch andere wichtige Ämter in der Stadt.[102]

Abb. 67
Der heilige Paulus.
Halbrelief. Sandstein,
60 cm x 45 cm.
Wohl Regensburg,
17. Jahrhundert.
Regensburg, Alte Kapelle,
Zantkapelle.

Den zahlreichen Stiftungen der Zant hat die Forschung schon immer besondere Aufmerksamkeit gewidmet.[103] Den ersten Rang nimmt hier zweifelsohne die massive finanzielle Unterstützung des Regensburger Domneubaus ein. Gleich zwei Wappenschilde an den um 1310 bereits bestehenden Strebepfeilern des Hauptchores dokumentieren hier das besondere Engagement der Familie. Außer diesen schmückt nur noch ein Familienwappen des Bischofs Leo Thundorfer den Chorbau. Die beiden Zantwappen befinden sich an den Strebepfeilern der südlichen, zur Stadt gewandten Polygonseite des Hauptchores. Die Errichtung dieser Polygonseite, mit der das in der französischen Hochgotik entwickelte dreigeschossige Wandsystem mit Triforium am Regensburger Dom eingeführt wurde, kann man plastisch als „Paukenschlag" zu Beginn einer neuen Bauphase bezeichnen.[104] Dieser umfassende Planwechsel während des Domneubaus lässt sich in die Jahre zwischen 1290 und 1305 datieren.[105] Sicher hat die neue, filigrane Architektur dieses Fensterprototyps höchstes Aufsehen in der Stadt erregt. Die neue Architektur war vermutlich nicht zufällig zwischen die beiden Strebepfeiler mit den Zantwappen eingespannt. Architektonische Innovation und Repräsentation gingen so Hand in Hand. Vermutlich haben die Zant gerade in diesem entscheidenden Bauabschnitt stark zur Finanzierung des Dombaus beigetragen. Dafür spricht auch die Tatsache, dass die Wappen im Verband mit dem Bauabschnitt stehen und nicht erst nachträglich dort angebracht wurden.[106] Die besondere Rolle der Zant sticht vor allem dann ins Auge, wenn man die Anbringung des Thundorferwappens am nördlich folgenden Strebepfeiler näher betrachtet. Es ist mittels eines Eisenhakens an dem ausgearbeiteten Pfeiler angebracht – also eben nicht gleichzeitig mit dem Baufortgang entstanden. Fast scheint es, als ob der Regensburger Bischof weniger eng mit dem Chorneubau verbunden gewesen wäre als das reiche Patriziergeschlecht. Ob die Zant durch ihre weitgespannten Kontakte auch direkt an der Anwerbung des nordfranzösischen Werkstattverbandes beteiligt waren, kann derzeit nur Gegenstand von Spekulationen sein.[107] Zweifelsfrei steht aber fest, dass die finanzielle Unterstützung der Zant beträchtlich war. Die Präsentation der beiden Wappenschilde stellt das am nördlich anschließenden Strebepfeiler angebracht Familienwappen des Bischofs Leo Thundorfer deutlich in den Schatten. Während die Zantwappen vom Vorplatz der Pfarrkirche Sankt Ulrich deutlich erkennbar waren, ließ sich das Thundorferwappen nur vom Dombezirk aus einsehen. Die Wappen der Zant sind leicht unterschiedlich gestaltetet. Eines der Unterscheidungskriterien ist die Zahl der Zotteln, die vom Doppelschweif des Wappenlöwen abgehen. Beim Vergleich mit den jeweiligen Siegeln kann das Wappen am südlichen Strebepfeiler dem Konrad Zant und das am darauffolgendem Pfeiler dem Heinrich Zant zugeordnet werden.[108] Es handelt sich also um die beiden

Brüder der Schultheißenfamilie, die auch für den Bau der Markuskapelle sorgten. Dort, wie bei der ebenfalls erwähnten Lazaruskapelle des Leprosoriums, hatte jedoch Konrad offensichtlich den letzten Willen seines früher verstorbenen Bruders erfüllt. Auf Heinrich selbst geht vermutlich der Bau der Allerheiligenkapelle im Katharinenspital zurück. Eine in Zirngibls Codex der Wolfgangsbruderschaften überlieferte Marginalnotiz, deren Zuverlässigkeit nicht zu überprüfen ist, nennt das Baujahr 1287 und überliefert, dass Heinrich Zant dort auch begraben war.[109] Kürzlich wurde der bislang in die Spätromanik datierte Zentralbau des Katharinenspitals als diese Kapelle angesprochen.[110] Ob sich die Bauinschrift des etwas jüngeren Anbaus, die ebenfalls das Jahr 1287 nennt und ein Zantwappen zeigt, auf den Anbau, den Hauptbau oder ein weiteres Gebäude bezog, lässt sich nicht angeben.[111] Ein weiterer Bau, der sich aufgrund des dort angebrachten Wappens mit Heinrich Zant verbinden lässt, ist die Hauskapelle Sankt Pankratius am Zanthaus in der Gesandtenstraße. Es handelte sich um einen wesentlich primitiveren Einstützenraum als die Thomaskapelle der Auer, der durch ein Chörlein und ein großes Portal auch von der Straße erkennbar war.[112] Auf Konrad Zant geht schließlich eine nicht genauer fassbare, 1308 bzw. 1309 getätigte Stiftung bei Sankt Kassian, der Pfarrkirche der Alten Kapelle, zurück.[113]

Die Markuskapelle an der Alten Kapelle war also eine in das weitgespannte Stiftungsnetz der Brüder Heinrich und Konrad Zant integrierte Grabkapelle. Die „Wappenfreudigkeit" der Stifterfamilie lässt darauf schließen, dass ihnen die repräsentativen Möglichkeiten der zum Heil der eigenen Seele getätigten Stiftungen deutlich vor Augen standen.

Die Kapelle steht über einen nachgotischen Verbindungsbau mit der Nordostecke des Kreuzgangs in Verbindung.[114] Heute handelt es sich um ein zweijochiges Kreuzrippengewölbe, dessen originaler Ostabschluss nicht mehr erhalten ist. Das „Presbyterium" soll 1830 zur Verbreiterung der Speichergasse abgebrochen worden sein.[115] Die ursprüngliche äußere Erscheinung der Kapelle ist seit ihrer Einbindung in den 1897 erbauten Getreidekasten nicht mehr fassbar. An ihrer Südwand sind nur noch drei Strebepfeiler sichtbar, von denen die

Abb. 68
Die Zantkapelle.

beiden östlichen das Zantwappen und die Bauinschrift tragen. An der Nordwand steht nur noch der Strebepfeiler des Gurtbogens. Die ursprüngliche Befensterung ist bis auf den Vierpassoculus in der Südwand des Westjochs durch barocke Ochsenaugen ersetzt. Den Kapellenraum überwölbt ein zweijochiges Kreuzrippengewölbe, dessen steilgekehlte Rippen auf polygonen Kelchkonsolen ruhen. Der Schlussstein des Ostjochs zeigt die aus den Wolken hervorstoßende segnende Hand Gottes. Der Schlussstein im Westjoch trägt eine Blüte. Der Stichbogen zwischen der Kapelle und dem Vorjoch entstand in der Neuzeit, beim Ausbruch der älteren Kapellenwestwand. Daher sind auch die beiden dort angebrachten Zantwappen nicht original, sondern neuzeitliche Ergänzungen.[116]

An die Funktion der Grabkapelle erinnert augenfällig die Grabnische aus der Erbauungszeit in der Nordwand des Ostjochs. Sie wird gerahmt von einem reich profilierten, gestelzten Rundbogen. In Kämpferhöhe setzt auf kleinen Konsolen ein zusätzliches, krabbengeschmücktes Profil an. Dieses bekrönt ein Christuskopf mit Kreuznimbus. Vermutlich befand sich hier ehemals das Grab Konrad Zants.

Die romanische Karnerkapelle (Sankt Michael)

Neben den direkt an die Hauptkirche angebauten Seitenkapellen gab es auch bei der Stiftskirche Unserer Lieben Frau zur Alten Kapelle Friedhofs- oder Karnerkapellen. Karner sind auf Friedhöfen befindliche Beinhäuser oder Beinkammern, in denen man die aus Gräbern ausgeschachteten Gebeine zur Nachbestattung einbrachte. Die Bauten sind meist an Kirchen angelehnt oder unter Sakristeien und Chören eingebaut. Karnerkapellen mit dem Beinraum im Untergeschoss und einem Kultraum im Obergeschoss sind weit verbreitet.[117] Das Michaelspatrozinium, das sich an den Seelengeleiter und Teufelsbekämpfer wendete, findet sich häufig bei derartigen Kapellen.

Der Friedhof der Stiftskirche erstreckte sich um den Chor des Kirchenbaus. An der Südseite der Kirche lag der Friedhof der Pfarrkirche Sankt Kassian, der 1477 hierher verlegt wurde.[118] Eine romanische Karnerkapelle soll an der Südseite des gotischen Chores, im Winkel zwischen dem südlichen Querhaus (der Querhausapsis?) und dem Vorgängerchor gelegen haben. Diese Karnerkapelle könnte sich im Pfarreienverzeichnis von 1326 hinter dem Eintrag *Capella super Charnerium LI den.*, der auf die Grabkapelle der Gumprecht (die Vituskapelle) folgt, verstecken.[119] Das im 15. Jahrhundert erwähnte *sacellum omnium animarum sive capella super carnario* müsste dann ein Nachfolgebau sein. Der Abbruch dieser jüngeren Karnerkapelle erfolgte in der Frühzeit des 19. Jahrhunderts.[120]

Die Reste des Untergeschosses der älteren Karnerkapelle wurden vermutlich 1993 bei Umbaumaßnahmen aufgedeckt.[121] In der südlich des Chores gelegenen Sakristei wurde damals der Fußboden geöffnet. Dabei konnten Reste eines 7,7 x 4 m großen Raumes aufgedeckt werden, der den Westteil der Sakristei einnahm und sich noch in deren Vorraum erstreckte. Der Raum wird als Untergeschoss eines ehemals zweigeschossigen romanischen Karners gedeutet.[122] Seine erhaltenen Reste bestanden aus romanischem Bruchsteinmauerwerk mit flüchtiger Kellenstrichverfugung. Nur die Ansätze eines steilen Bruchsteingewölbes blieben erhalten. In den Längswänden befanden sich teilweise miteinander korrespondierende Balkenlöcher. Die Funktion dieser Balkenlage, bei der es sich aufgrund der geringen verbleibenden Raumhöhe um keinen Fußboden handeln kann, blieb ungeklärt.[123] In der Ostwand befand sich die einzige, nach Westen abfallende Öffnung des Raumes. Ob es sich um ein Fenster, einen Zugang oder lediglich um einen Abwurfschacht handelte, blieb ebenso ungeklärt.[124]

Bereits der Bau des gotischen Chores (1441–1452) griff in den Bestand des Gebäudes ein. Ein Strebepfeiler nutzte die Nordostecke des Gebäudes als Fundament und zerstörte zumindest in diesem Teilbereich dessen Wölbung.[125] Die im Jahre 1600 erfolgte Verlegung der mittelalterlichen Sakristei von der Nordseite des Langhauses an ihren jetzigen Ort hat ebenfalls in den Bestand der älteren Strukturen eingegriffen.[126] Möglicherweise wurde schon damals der Raum verfüllt und in seinem Westteil mit einem barocken Ziegelgewölbe versehen, um einen tragfähigen Untergrund für die Westwand der neuen Sakristei zu schaffen.[127]

Mit dem ehemaligen Karner der Alten Kapelle ist die zwischen 1880 und 1890 abgebrochene romanische Karnerkapelle Sankt Michael an der Vorhalle des Klosters Sankt Emmeram typologisch vergleichbar. Diese Karnerkapelle, ein Saalbau mit eingezogener Apsis, wurde um 1200 erbaut. Das Untergeschoss bildete ein tiefer, gewölbter Beinraum mit eingebauter Empore.[128]

Die Beinhauskapelle des Friedhofs der Kassianspfarrei

Am Südrand des ehemals zur Kassianspfarrei gehörenden Friedhofs im Süden der Stiftskirche steht noch heute eine Beinhauskapelle. Sie entstand in der zweiten Hälfte des 15. Jahrhunderts und ist heute profaniert. Der Bau besitzt einen etwas verzogenen sechseckigen Grundriss und war durch zwei große Stichbögen zum Friedhof geöffnet. Dazwischen befindet sich ein Strebepfeiler mit Blendmaßwerk und Wimpergabschluss. Der mit Sterngewölben versehene Innenraum dient zur Zeit als Abstellraum. Die noch erkennbaren Malereien stammen von der Renovierung des Jahres 1906. Drei sekundär angebrachte Epitaphien erinnern an die ursprüngliche Bestimmung des Raumes.

Abb. 69
Blick in das Gewölbe der Beinhauskapelle des ehemaligen Friedhofs der Pfarrei Sankt Kassian. 2. Hälfte 15. Jahrhundert.

Das ikonologische Programm der Alten Kapelle in Regensburg*

Karl-Heinz Betz

Die zur Mitte des 18. Jahrhunderts beginnende Umgestaltung der Alten Kapelle hat ihre Vorgänger und Parallelen in zahllosen Kirchenmodernisierungen der Barock- und Rokokozeit. Gleichwohl folgt sie nicht nur einem allgemeinen Erneuerungsdrang, sondern verfolgt in einer stiftspolitisch schwierigen Situation, auf die noch näher einzugehen sein wird, das Ziel, mit einer durchdachten, bis ins Feinste verästelten Architektursprache und Bilderwelt die historische Größe und heilsgeschichtliche Bedeutung des Gotteshauses darzustellen. Drei Themenkomplexe stehen dabei im Mittelpunkt: Die Überlieferung, aus der Taufkapelle des Agilolfinger-Herzogs Theodo hervorgegangen[129] und damit zur Keimzelle der Christianisierung Bayerns geworden zu sein,[130] die Wiederbelebung und reiche Dotierung durch das heilige Kaiserpaar Heinrich II.(reg. 1002–1024, als Kaiser ab 1014) und Kunigunde[131] und die durch ein Madonnenbild des Evangelisten Lukas begründete Tradition als bedeutende Marienwallfahrtstätte. Die Ergebnisse einer quellenkritischen Bewertung dieser Voraussetzungen im modernen Sinne sind für das Geschichtsverständnis des 18. Jahrhunderts unerheblich. Bedeutsam für die Umsetzung der wesentlichen Traditionsstränge in das Bildprogramm der Kirche waren allein der begründete oder postulierte Anspruch und das Geschichtsbild der damaligen Zeit.

Der Außenbau und das Nordportal

Wie ein großer Riegel bildet die Alte Kapelle die Südwand des alten Kornmarkts, eines der größten ursprünglichen Plätze in Regensburg. Auffällig ist, dass der 1747 begonnene Umbau im Gegensatz zum Inneren, dessen Charakter grundlegend verändert wurde, sich im äußeren Erscheinungsbild nur unwesentlich niederschlug. Lediglich die Fenster wurden dem Zeitgeschmack angepasst, während der romanische Baukörper mit dem freistehenden Turm im Westen und dem das Langhaus überragenden spätgotischen Chor mit den unverändert belassenen Strebepfeilern seinen mittelalterlichen Habitus beibehielt. Der bollwerkartige Eindruck des Bauwerks wurde verstärkt durch eine 1751 errichtete Mauer, die damals, mit einer doppelstöckigen Michaelskapelle als Gelenk, auch den Chor zur Speichergasse hin gänzlich umschloss. Der von den Erbauern sicher gewollte Eindruck des Abgegrenzten, Wehrhaften wird treffend gekennzeichnet durch die Feststellung des bedeutendsten Regensburger Historiographen des 19. Jahrhunderts, Graf Walderdorff, dass „die Kirche [...] mit einer durchaus unschönen hohen Mauer gleichsam eingesargt worden"[132] sei. Der Forderung Walderdorffs nach Abbruch der Mauer wurde im 20. Jahrhundert durch Wiederfreistellung des Chors zumindest teilweise Rechnung getragen.Den Eindruck hohen Alters und Ehrwürdigkeit, den das Beibehalten der mittelalterlichen Gesamterscheinung vermitteln sollte, unterstreicht auch die Gestaltung des Nordportals, des Hauptzugangs zur Kirche. Die, gemessen am Innenraum schlichte, barocke Portalarchitektur mit geschweiftem Giebel erhält ihre wesentliche inhaltliche Aussage durch mittelalterliche Skulpturen, Spolien wohl des Vorgängerbaus. Als Giebelkrönung erscheint in der Gestalt einer Madonna des

14. Jahrhunderts die Kirchenpatronin, flankiert von zwei romanischen Portallöwen. Beiderseits des Eingangs in Nischen zwei kniende romanische Steinfiguren, die in der älteren Literatur meist als Beichtszene interpretiert wurden. Während die ursprüngliche Bedeutung kaum zu entschlüsseln sein wird, da die Figuren aus ihrem Zusammenhang gerissen sind, gibt es am Sinngehalt, den die Stiftskanoniker des 18. Jahrhunderts der Gruppe beimaßen, keinen Zweifel. Er ergibt sich aus der lateinischen Inschrift, die noch 1864 auf dem Fries des Giebelgebälks zu lesen war: *Prima Ratisbonae Capella Vero Numini Sacra, D. Ruperti Consecratione, Theodonis III. Bav. Ducis Theoberti filii, Procerumque Baptismo Ab Anno DCXVI Jam Celebris; Deiparae Virg. Imagine D. Lucae Manu; Et D. Henrici Imp. Dono Facta Celebrior* (Die erste der wahren Gottheit geweihte Kapelle Regensburgs war durch die Weihe durch Rupert und die Taufe des bayerischen Herzogs Theodos III., Theoberts Sohn, mit seinem Hofstaat im Jahre 616 schon berühmt; durch das Bild der Jungfrau, der Gottesgebärerin, von der Hand des Lukas stammend und Geschenk Kaiser Heinrichs, wurde sie noch berühmter). Darunter in der Kartusche über dem Eingang: *Renov. MDCCLII* (Wiederhergestellt 1752).[133] Die Inschrift, die das Selbstverständnis des Stifts artikuliert und mit den Kerngedanken eine Art Inhaltsangabe des gesamten Programms der Innengestaltung vermittelt, lässt als Deutung nur eine Darstellung aus der Taufzeremonie zu. Schon am Eingang konnte das geschichtsbewusste Stift seinen Gründungsakt durch – nach eigenem Verständnis – „authentische“ Bildwerke dokumentieren. Diese Lesart wird sich beim Eintritt in die Kirche bei der Betrachtung der Raumfunktionen und Darstellungen verdichten.

Abb. 70
Kniender Mann. Teil der sogenannten „Beichtszene“. Kalkstein, 70 cm x 35 cm. Um 1200.

Abb. 71
Das Nordportal, der Hauptzugang in die Alte Kapelle.

Vorhalle und Vituskapelle

Die quadratische Vorhalle ist in ihrer heutigen Form im 18. Jahrhundert entstanden, möglicherweise auf Kosten der westlich gelegenen Mariä-Vermähl-Kapelle, der *capellula sub gradu*, wie deren später eingezogene Ostwand vermuten lässt.[134] Während zu dieser heute keine Verbindung besteht, öffnet sich die Vorhalle nach Osten in die um 1270/1280 entstandene Vituskapelle. Ende des 17. Jahrhunderts wurde diese mit Stuckaturen und Fresken aus der Rupertus-Vita geschmückt, da man sie zu der Zeit für die „Heidenkapelle" hielt, in der Herzog Theodo getauft worden war. Vor dieser Umgestaltung galt die Mariae-Vermähl-Kapelle als Keimzelle der Kirche; 1880 wurde sie wieder rehabilitiert, indem man sie mit einem Fresko der Taufe Theodos versah, die Vituskapelle aber regotisierte und deren Ausstattung mit Fresken entfernte.[135]

Die Vorstellung, die Vituskapelle kennzeichne den Platz, von dem aus sich die Christianisierung Bayerns vollzogen habe, wurde neben den erwähnten Fresken durch die übrige Ausstattung legitimiert, die von älteren Chronisten überliefert ist, so noch im Regensburger Adressbuch von 1841: „In der Marienkapelle befindet sich in der Mitte ein ehemaliger Götzenaltar, aus welchem nachher ein Taufstein gebildet wurde. Auf dem noch unverrückten Rupertusaltar steht ein Muttergottesbild mit dem Jesukind von Holz geschnitzt und bemalt, welches, wie eine in der Kirche aufbewahrte Inschrift sagt, der Apostel Lukas geschnitzt haben soll".[136] Durch die Versammlung der wichtigsten, mit der Gründungslegende

Abb. 72
Sitzender Mann. Teil der sogenannten „Beichtszene". Kalkstein, 83 cm x 38 cm. Um 1200.

Abb. 73
Das Abschlussgitter der Vituskapelle. Schmiedeeisen, teilweise farbig gefasst. Um 1690.

zusammenhängenden liturgischen Gegenstände, deren wahres Alter und Herkunft für Menschen der damaligen Zeit nicht bestimmbar waren, war der Anspruch, die erste Taufkapelle Bayerns vor Augen zu haben, zumindest bildhaft-assoziativ untermauert. Wichtig für das Selbstverständnis des Stifts war es auch, die Kontinuität des Ortes in seiner Funktion wieder herzustellen: Bei der Umgestaltung Ende des 17. Jahrhunderts wurde der romanische Taufstein aus dem rückwärtigen Teil des Mittelschiffs hierher übertragen[137] und die Vituskapelle als Taufkapelle der Stiftspfarrei Sankt Kassian genutzt.[138] Die Tatsache, dass die Spendung des Taufsakraments die einzige pfarrliche Funktion war, die in der Stiftskirche wahrgenommen wurde, erhellt die Bedeutung dieses Traditionsstrangs.

Das Programm der Fresken in Lang- und Querhaus

Das Tonnengewölbe des sechsjochigen Langhausmittelschiffs ist von zwei großen, annähernd eliptisch geformten Deckengemälden besetzt, die wie die anderen Fresken der Kirche mit Ausnahme des Chors 1752/1753 von Christoph Thomas Scheffler (1699–1756) geschaffen wurden. Das westliche Bild nahe der Orgelempore ist gewestet; es befindet sich am Ende der Querachse, die der Kirchenbesucher zu durchschreiten hatte, und verdichtet die beim Eintreten durch Schrift und reliquienhafte Spolien bereits angeklungene Gründungs- und Taufthematik in einer großen szenischen Darstellung der Herzogstaufe durch den heiligen Rupert.[139] Der vor einem Taufstein kniende Herzog, umgeben von Gefolge und Klerikern, empfängt von dem heiligen Bischof die Taufe unter der himmlischen Zeugenschaft der Dreifaltigkeit; ein von der Taube auf Theodo niedergehender Gnadenstrahl macht die Anspielung auf die Jordantaufe Jesu unübersehbar. Die Sockelzone der Handlungsbühne zeigt in niedrigerer Realisierungsstufe, in Gestalt von Grisaillen, Episoden der Vorgeschichte, die Zerstörung des heidnischen Kultbilds durch den Bischof und die Weihe des Heidentempels zu einer Marienkapelle. Zwei Raumgebilde gänzlich unterschiedlichen Charakters, getrennt durch einen Triumphbogen, der den Kruzifixus und den Taufakt überhöht, lassen sich unschwer als antike imperiale, also heidnische Architektur einerseits und als barocker christlicher Kirchenraum anderseits identifizieren. Die bildhafte Gleichsetzung der vorderen Zone, in dem der Taufakt stattfindet, mit dem Kirchenraum der Alten Kapelle, in dem der Betrachter steht, wird nicht nur typologisch, sondern auch durch Einzelheiten der Formensprache hergestellt. Der „Rückblick" in den Innenraum eines römischen Tempels lässt das Idealbild des überwundenen Heidentempels erkennen: Zwischen den Symbolen Sonne und Mond an der Rückwand erhebt sich an Stelle des heidnischen Kultbilds nun Christus, der Erlöser am Kreuz.

Der Betrachter, der sich bis jetzt auf unterschiedlichste Weise mit dem Ursprung der Alten Kapelle konfrontiert sah, taucht nun, wendet er sich dem Chor zu, in den zweiten wesentlichen Existenzgrund der Kirche ein, den der himmlischen und irdischen Patrone.

Das zweite große Deckenfresko im Langhaus zeigt die Schlüsselszene: Die Übergabe des Gnadenbildes der Alten Kapelle durch Papst Benedikt VIII. (reg. 1012–1024) an Heinrich II. anlässlich seiner Kaiserkrönung in Rom 1014.[140] Das Kaiserpaar empfängt die der Legende nach von dem Evangelisten Lukas gemalte „Dexiokratusa", die durch dessen Schenkung zum wichtigsten kultischen Besitz der Alten Kapelle werden sollte, aus der Hand des Papstes in einem Innenraum, in dem sich irdische und himmlische Sphären vermischen. Das Madonnenbild, das auf dem Papstthron Platz genommen zu haben scheint, wird überstrahlt und legitimiert durch das Marienmonogramm, das in der Höhe durch die göttliche Weisheit, verkörpert in einer Statue der Sapientia, enthüllt wird. In einer dem Betrachter des

18. Jahrhunderts geläufigen Wechselwirkung überträgt sich die im Fresko dargestellte himmlische Bestätigung des Madonnenbildes auf das in der Kirche real anwesende Gnadenbild, wie umgekehrt durch dessen faktische Präsenz auch die im Fresko dargestellte Herkunft glaubwürdig wird.

Die im Fresko geschilderte Handlung enthält neben dem geistig-religiösen Anspruch noch einen zweiten historisch-politischen Sinn. Genau im Zentrum der Komposition, als Aufsatz des Throns, erscheinen Papstwappen und -insignien. Bildhaft kommt die päpstliche Autorität der kaiserlichen als übergeordnet zum Ausdruck. Die Schenkung erfolgt gleichsam „von oben herab". Unbeschadet der tatsächlichen historischen Machtverhältnisse wird die Romunmittelbarkeit des Bistums Bamberg, dem die Alte Kapelle seit 1009 als Eigenkirche zugehört, in Erinnerung gerufen. Die Erneuerung des Kollegiatstifts durch Kaiser Heinrich, die durch die Schenkung des Gnadenbilds ihren Höhepunkt erfuhr, erhält dadurch weltgeschichtliche Bedeutung. Sie ist, in Gestalt des Bildes, zentraler Gegenstand bei der Begegnung der beiden Herrscher der Christenheit, von Rom aus erfolgt, vollzogen von Kaiser *und* Papst, durch den göttlichen Gnadenakt bestätigt.

Das nächste Bild, das sich dem Besucher beim Fortschreiten auf den Altar zu erschließt, zeigt im Mittelpunkt erneut die Titelheilige der Kirche, nun aber in einer höheren Realisationsform. Maria erscheint im Hauptfresko in der Hängekuppel der Vierung als Königin des Himmels, verehrt von den Engeln und Heiligen.[141] Das traditionelle Thema der Glorie, dargestellt im konventionellen Ringschema, erfordert wegen der ausgeprägten Ansichtigkeit der Figuren jeweils die seitliche Betrachtung aus den Achsen der Kirchenschiffe. Entsprechend ordnet sich die Schar der Heiligen zu vier Hauptgruppen. Zu Füßen des Throns der Himmelskönigin und mit diesem eine eigenständige, ins Langhaus wirkende Kompositionsfigur bildend, sind die Apostel versammelt. Neben den beiden Maria am nächsten stehenden, Johannes als angenommener Sohn und Lukas als Madonnenmaler, ragen im Zentrum die Apostelfürsten Petrus und Paulus hervor. Unübersehbar stellen Petri demonstrativ emporgereckte Himmelsschlüssel, auf die auch das Zepter Mariens verweist, den schon bei der Gnadenbildübergabe angesprochenen Rombezug her. Den vier Protagonisten wird man in noch exponierterer Form im Chor wieder begegnen.

Nach rechts schließt sich den Aposteln eine Reihe alttestamentarischer Gestalten, als Vorläufer Christi von Bedeutung, an, gefolgt von Papst Gregor dem Großen (reg. 590–604) und Bischof Brictius von Tour, denen eigene Altäre in der Kirche geweiht waren.[142]

Den Westteil der Kuppel, der am besten vom Chor aus erlebt werden kann, beherrscht das heilige Kaiserpaar Heinrich und Kunigunde. Sie stützen sich dabei auf einen Kirchenbau – die Alte Kapelle –, der nicht als Modell der mittelalterlichen Gründung, sondern als getreues Abbild der bestehenden, eben erst modernisierten Kirche erscheint. Kunigundes Handbewegung macht deutlich, dass sich in der nun gewonnenen Gestalt der 750 Jahre zuvor artikulierte Stifterwillen erfüllt hat. Nicht zu übersehen ist auch, dass neben ihrem heiligmäßigen Lebenswandel, auf den die Gruppe heiliger Jungfrauen zur Linken Kunigundes verweist, gerade dieser Bau als Legitimation für die Aufnahme des Kaiserpaares in den Glorienhimmel dient.

Wie die heiligen Jungfrauen, die ausnahmslos Altarpatrozinien in der Kirche inne hatten,[143] stehen auch die in der letzten Gruppe erscheinenden Märtyrer, darunter Wenceslaus, Mauritius, Erasmus und Johann Nepomuk, in besonderer kultischer Beziehung zum Stift. Neben den typologischen Gestalten des Alten Testaments, darunter noch die Patriarchen Abraham und Isaak sowie Josef und Joachim als nächste Verwandte Mariens unmittelbar an deren Thron, findet sich in dem Reigen der Anbeter des Vierungsfreskos kaum ein Heiliger, der nicht durch Kapelle, Altar oder eine andere Form besonderer Verehrung der Stiftskirche verbunden wäre. Der Kirchenpatronin huldigt also kein universeller Allerheiligenhimmel, sondern der spezifische Glorienhimmel der Alten Kapelle. Das Fresko ist eine Darstellung des religiösen Lebens der Stiftskirche, durch die Hervorhebung der Apostelfürsten und des Stifterpaares aber auch eine Demonstration ihrer historischen und politischen Bedeutung.

Die übrigen Decken- und Wandgemälde des Querhauses, sind ganz dem heiligen Kaiserpaar und seiner Legende gewidmet.[144] Im Deckenfresko des nördlichen Querhausarms ist das Becherwunder Kaiser Heinrichs dargestellt.[145] Es vollzieht sich in einer Kuppelhalle, in der das Kaiserpaar zu Tisch sitzt. Ein von einer Kreuzerscheinung in der Kuppellaterne ausgehender Gnadenstrahl trifft durch die geöffnete Rechte Heinrichs den Kelch, den ein unachtsamer Page fallen ließ, und schließt die Sprünge im Kristall. Die Legende scheint lokaler Überlieferung zu entstammen; in den allgemein verbreiteten Viten- und Legendensammlungen taucht sie nicht auf. Sie mag in Anlehnung an die Legende vom Laurentiuskelch, dem ein Teufel bei der Seelenwägung Heinrichs einen Henkel abgerissen hatte, entstanden sein und knüpft sich an einen um 1000 entstandenen Kristallkelch, den die Stiftstradition auf eine Schenkung Heinrichs zurückführt. Der im Fresko dargestellte Becher ist eine genaue Wiedergabe des Heinrichskelchs, der bis zur Säkularisation in der Alten Kapelle verwahrt wurde und sich heute in der Schatzkammer der Münchner Residenz befindet. Wie schon bei der Übergabe des Gnadenbilds dient ein im Besitz des Stifts befindlicher Kultgegenstand zur Beglaubigung des dargestellten Vorgangs, wie zugleich in enger Wechselwirkung die Bilddarstellung den Wundercharakter des Besitztums bestätigt.

Das Fresko an der Nordwand stellt mit der Engelsmesse eine relativ spät entstandene Legende dar.[146] Es zeigt Heinrich, wie er beim Besuch des Michael-Heiligtums auf dem Monte Gargano in Apulien bei einer von Christus selbst zelebrierten Messe, bei der Engel assistierten, teilnahm. Das nach der Messe zum Kuss dargereichte Evangeliar habe den Kaiser dabei an der Seite berührt und an dieser Stelle gelähmt.[147] Die überlieferte Behinderung Heinrichs wird auf diese Weise überirdisch-mystisch erklärt und erscheint, ähnlich wie bei Jakob, der mit dem Engel rang, als Zeichen besonderer Auserwähltheit. Zu verdanken hat Heinrich diese Auszeichnung nach der Interpretation des Freskos Maria, die unmittelbar über ihm in Wolken thront. Auch mit dem ursprünglichen Bildtitel *Caesari Mariano*[148] (dem Maria verehrenden Kaiser) wird die Beziehung zwischen Stifter und Titelheiliger verdeutlicht, eine Zuneigung, die der Alten Kapelle in doppelter Weise zu Gute kommt.

Das Deckenbild im gegenüberliegenden südlichen Querhausarm greift das volkstümlichste Thema der Heinrich-und-Kunigunden-Ikonographie auf: Das Gottesurteil durch die Pflugscharprobe.[149] Kunigunde schreitet, von einem Gnadenstrahl geleitet, unversehrt über glühende Pflugscharen. Die Episode, die Heinrichs Charakter in weniger günstigem Licht erscheinen lässt, rückt das Gleichgewicht zwischen den heiligen Partnern wieder etwas zurecht. Im Rahmen des bisher betrachteten, vorrangig lokalgeschichtlich geprägten Programms war Kunigunde, deren Verehrung wegen ihrer marienähnlichen Züge seit dem Mittelalter die ihres Gatten deutlich übertroffen hatte,[150] sehr im Hintergrund geblieben. Während das Deckenbild eher die Wundergläubigkeit anspricht, erschließt das Fresko an der Südwand mehrere historische Sinnschichten. Es zeigt, im Beisein des heiligen Kaiserpaares, die Vermählung Giselas, der Schwester Heinrichs II., mit dem ungarischen König Waic, dem nachmaligen heiligen Stephanus.[151] Diese Verbindung, die nicht nur familienpolitisch wichtig war, sondern für das damalige Verständnis welt- und heilsgeschichtliche Bedeutung hatte, wurde lokaler Tradition zufolge 1021 auf einem Reichstag in Regensburg geknüpft.[152] Der von den Ungarn gewünschte Friedensschluss und die besiegelnde Ehestiftung erfolgten unter der Bedingung, dass sich der König mit seinem ganzen Volk zum Christentum bekennen sollte. Durch diesen Akt erweist sich Heinrich nicht nur als Friedenskai-

Abb. 74
Die Engelsmesse.
Fresko an der Nordwand des Querhauses der Alten Kapelle. Gemalt von Christoph Thomas Scheffler (1699–1756). 1752/1753.
Darunter Beichtstuhl. Aus Eichenholz gearbeitetes, dreiteiliges Gehäuse wohl des ausgehenden 19. Jahrhunderts. Risalitartig vorspringende Priesterzelle in der Mitte, begleitet von stark gedrehten Schraubensäulen über hohen, schräg gestellten Postamenten, die sich von den Seitenaltären herleiten lassen; der Mittelteil von einem auszugartigen, reliefgeschmückten Aufsatz überfangen, Rocailleornament begleitet die Kontur. Seitlich über den Ecken schlanke, mit Blattwedeln besteckte Schmuckvasen, kleiner Engelskopf über der Tür zum Priestersitz. Die Aufbauten um 1956/1957 verändert, als man die Poenitentenzellen und den Stuhl des Beichtvaters mit verglasten Türen versah.
Rechts vom Beichtstuhl heiliger Sebastian, links heiliger Rochus. Skulpturen Holz, geschnitzt und gefasst.
Mitte 18. Jahrhundert.

ser, der die Schrecken der Ungarnnot entgültig bannt, sondern er vollbringt auch ein geistliches Erlösungswerk, die Befreiung Ungarns vom Heidentum. Dieses Verdienst um die Missionierung eines ganzen Volkes und die „Stiftung" eines neuen Heiligen – Stephanus – betonte das frühere Motto des Gemäldes *Caesari Apostolo*[153] (dem missionierenden Kaiser). Heinrich hat den bei der Krönung von Christus erhaltenen Missionsbefehl, der nach kirchlichem Verständnis die eigentliche Aufgabe eines christlichen Herrschers darstellte, in vorbildlicher Weise erfüllt.[154] Da das Bekehrungswerk nach zeitgenössischer Überzeugung natürlich von der Pfalzkapelle des Kaisers seinen Ausgang genommen hatte, erweist sich die Alte Kapelle zum zweiten Mal als heilsgeschichtlicher Ort. In unmittelbarer Parallele zur Bajuwarenbekehrung verkörpert sich in Heinrich der würdige und legitime Nachfolger des getauften Bayernherzogs *und* des missionierenden Bischofs Rupert. Die Alte Kapelle aber hat sich erneut als *mater ecclesia* bewiesen.

Das Programm des Chores

Dem Besucher, der sich nach dem Eintreten mit einem Blick im Kirchenraum zu orientieren sucht, erscheint sogleich der helle, lichtdurchflutete Chor mit dem abschließenden Hochaltar als Ziel seines Weges gegenwärtig. Durch die Gestühlsblöcke auf die Mittelachse der Kirche gezwungen, gleitet der Blick, gelenkt durch die rasche Abfolge der Arkaden und dem Zug des Gebälks folgend, direkt zu dessen Zentrum. Alle Fluchtlinien führen zentralperspektivisch zu Tabernakel und Madonna in der Altarmitte. Die Sequenz hintereinander gestaffelter Pfeilerstellungen und überhöhender Triumphbögen verstärkt diesen Effekt, zugleich werden die Ansicht der Vierung und des Chors gleichsam bildhaft ausgegrenzt und gerahmt. Den unmittelbaren Zugang zum Chor markiert über dem Scheitel des Triumphbogens in monumentaler plastischer Ausprägung das kaiserliche Wappen, das in heraldischem Anachronismus mit den bayerischen Rauten verbunden ist. In dieser Verknüpfung drücken sich Traditions- und Gegenwartsverständnis des Kollegiatstiftes aus, die eng mit dem bayerischen Herzogsgeschlecht verbundene Gründungsgeschichte wie der Anspruch auf den Titel „Imperialis ac insignis ecclesia Collegiata" oder „Kayserl. Collegiat-Stift zur Alten Capellen".[155]

Das große Deckengemälde im Chor ist die einzige Darstellung in der Kirche, zu der quellenmäßig eine inhaltliche Angabe des Stifts überliefert ist. Die Kapitularkonferenz vom 11. Juni 1762 beschloss, Kapitel 5 Vers 10 aus der Offenbarung des Johannes darstellen zu lassen.[156] Das Fresko, 1762 von Gottfried Bernhard Göz (1708–1774) geschaffen, zeigt umfassend den ganzen von Johannes, der am unteren Bildrand kniet, auf Patmos geschauten apokalyptischen Himmel (Offb 4,3–5,11). Mit ihm sieht der Betrachter Gott Vater auf dem Thron, von dem Blitze und Donner ausgehen, umgeben von den vier Wesen, verehrt von den 24 Ältesten, die ihre Kronen niederlegen, das Buch mit den sieben Siegeln in der Hand Gottes, den fragenden Engel und schließlich das Lamm, das würdig ist, die Siegel zu lösen, umringt von den Ältesten mit Räucherschalen, den Gebeten der Heiligen und den lobpreisenden Engelscharen. Zwischen dem Seher und Gottes Thron aber ist das eigentliche bestellte Thema verbildlicht: „Und hast uns unserem Gott zu Königen und Priestern gemacht, und wir werden Könige sein auf Erden." Stellvertretend für alle Könige auf Erden knien hier Heinrich und Kunigunde, die wie die Ältesten ihre irdischen Kronen abgelegt haben, um die himmlischen *coronas vitae* zu empfangen. Aufgrund ihres heiligmäßigen Lebens und ihrer Verdienste, symbolisiert durch die Nimben um ihre Häupter, sind sie auserwählt, das Lamm anzubeten. Dass zwischen ihnen als Begründung für diesen Gnadenerweis, wiederum stellvertretend, die Alte Kapelle erscheint, nimmt nicht wunder. Wie schon die Glorie in der Vierung ist auch die Darstellung der Apokalypse keine Vergegenwärtigung von universaler Gültigkeit, sondern eine lokalhistorisch gefärbte Interpretation des Themas.

Zwei weitere 1765 von Göz geschaffene Gemälde im dritten Chorjoch, „Die Schlüsselübergabe an Petrus“ und „Paulus auf dem Areopag“ entwickeln ihre Sinnbezüge erst in Zusammenschau mit dem Hochaltar.

Der 1769–1776 von dem Bildhauer Simon Sorg (1719–1792), dem Schreiner Carl Heinrich und dem Fassmaler Georg Caspar Zellner geschaffene Hochaltar[157] bildet in der Art einer Altarwand den östlichen Abschluss des Chores; der dabei abgetrennte Raumteil dient als Winterchor. Zentrum der Altaranlage ist die plastische Darstellung der Madonna, der Titelheiligen der Kirche, ihr zugeordnet als Altarfiguren sind Heinrich und Kunigunde. Im Auszug schweben Gott Vater auf der Weltkugel und die Heilig-Geist-Taube. Auf den Volutenschrägen des Gebälks sitzen die beiden Evangelisten Lukas und Johannes, die Maria nächststehenden Apostel. Die vorderen Säulenpostamente tragen Reliefs mit Mariendarstellungen (Immaculata, Allegorie auf die Unbefleckte Empfängnis, Verkündigung, Himmelfahrt) und die gesamte Komposition wird überkrönt vom Marienmonogramm im Gewölbescheitel des Chors.

Gerahmt und überhöht von einer Reihe architektonischer Würdeformen erscheint Maria als Apokalyptisches Weib *amicta sole* (dem Gold des Mantels) *et luna sub pedibus eius, et in capite eius corona stellarum duodecim* (Offb 12,1: bekleidet mit der Sonne und den Mond unter ihren Füßen und auf dem Haupt einen Kranz von zwölf Sternen). Obwohl faktisch innerhalb der Nischenarchitektur auf einer seichten Drehbühne stehend, scheint die Madonna unmittelbar über dem Tabernakelgehäuse zu schweben, zu dessen Seiten Engel in ewiger Anbetung das Allerheiligste verehren. Wolken und fliegende Kinderengel charakterisieren die Szene als visionäres Geschehen. Die architektonische Einbindung der Madonna und die Ornamentik des Nischenhintergrunds, in der gleichen kostbaren Goldfassung wie die Gewandung Mariens gehalten, betonen hingegen das Künstliche der Erscheinung. Sie wird zur Statue, das Tabernakel zum Postament. Diese Auffassung hat nichts mehr gemein mit der illusionären dynamischen Kraft eines barocken Theatrum sacrum – man denke etwa an Asams Mariae Himmelfahrt in Rohr. Trotz der, für das Rokoko typischen, Zweideutigkeit des Realitätscharakters, kommen menschliches Empfinden und religiöse Botschaft dieser Szene klar zum Ausdruck: hoheitsvoll, fast starr entsagt Maria ihrem Sohn, *qui recturus erat omnes gentes in virga ferrea* und der gemäß der Prophezeiung der Apokalypse *et raptus est filius eius ad Deum, et ad thronum eius* (Offb 12,5: der alle Völker beherrschen sollte mit eiserner Rute. Und ihr Sohn wurde entrissen zu Gott und zu seinem Thron) von Gottvater im Auszug erwartet wird.

In enger formaler und emotionaler Beziehung zu diesem Vorgang stehen die beiden großen Altarfiguren, Heinrich und Kunigunde. Überrascht und angerührt nehmen sie die himmlische Erscheinung wahr. Verglichen mit barockem Pathos sind Gebärden und Gestik des Kaiserpaares aber wesentlich gehaltener, ihr Auftreten vollzieht sich bewusst. Die Figuren demonstrieren Hoheit und Heiligkeit des Herrscheramtes. In der Art etwa, wie Kunigunde Eleganz und Würde hervorkehrt, mit gespreizten Fingern, pointierter Zepterhaltung und beschuhten Füßen (bei der Pflugscharprobe!) werden diese Eigenschaften attitüdenhaft dargestellt.[158] Durch ihre mächtige statuarische Präsenz, die die der Madonna noch übertrifft, verkörpern sie – im Wortsinn – diese Eigenschaften und nehmen in völliger Selbstverständlichkeit die priviligierten, den Hauptheiligen vorbehaltenen Plätze im Altar ein.

Das Vordringen von Stifterfiguren in den unmittelbaren Altarbereich ist außergewöhnlich für das 18. Jahrhundert. Dieser bevorzugte Ort wird nahezu ausschließlich von Märty-

Abb. 75
Der heilige Evangelist Johannes.
Holz, geschnitzt und gefasst.
Geschaffen 1776 von Simon Sorg (1719–1792).

rern oder heiligen Klerikern besetzt, während Laienheilige oder Stifter deutlich abgestufte Plätze einnehmen. Ignaz Günthers Altäre in Rott am Inn (1762) und Mallersdorf (1768) beispielsweise weisen dem heiligen Kaiserpaar Randpositionen unterhalb der Retabelaufbauten auf eigenen Postamenten zu. In Regensburg hat sich die Rangordnung umgekehrt: Die Stiftergestalten haben ihren Platz im unmittelbaren Altarbereich gefunden, sie erscheinen in vergleichbarer plastischer Konkretisierung wie die zentrale Figur; die Apostelfürsten Petrus und Paulus hingegen sind – in der geringeren Realitätsform des Freskos – an die Chorwände beiderseits des Hochaltars verwiesen! Da sie nicht als Einzelfiguren, sondern in szenischem Zusammenhang erscheinen, haben sie wohl illustrativen Sinn, der sich nur auf Heinrich und Kunigunde beziehen kann. Neben dem schon angesprochenen Rombezug, den die Hauptheiligen dieser Stadt für das Kaiserpaar (und die Alte Kapelle) in Erinnerung rufen, verweisen die Darstellungen auf die herausragenden Herrschertugenden des Stifterpaares. So darf die Darstellung der Fides im Hintergrund der Schlüsselübergabe, die den Höllendrachen abwehrt, als Anspielung auf Heinrichs Rolle als Schützer der Kirche und Kirchenerbauer verstanden werden; entsprechend tritt er auf dem Altar in Rüstung als *miles christianus* auf , während hinter ihm ein Kinderengel das Modell der Alten Kapelle präsentiert. Die Predigt des Paulus, des ersten großen Missionars, gegenüber erinnert an den Missionsauftrag des Herrschers, der von Heinrich durch die Bekehrung der Ungarn vorbildlich erfüllt worden war. Durch die interpretierende Assistenz der beiden Hauptheiligen Roms erfährt das Kaiserpaar, das schon im Allerheiligenhimmel und in der Johannesvision eine außergewöhnliche Dominanz gewonnen hatte, die Legitimation, die Plätze zu Füßen der Madonna zu beanspruchen. Das Abbild der Alten Kapelle, das die Rangerhöhung des Herrscherpaares jeweils mitbegründet, nimmt teil an deren Bedeutungssteigerung: Der Triumph Heinrichs und Kunigundes wird zum Triumph der Alten Kapelle.

Eine weitere, die kultische Tradition des Stiftes vertiefende Sinnschicht repräsentieren die beiden Evangelisten Johannes und Lukas, die den angestammten Ort barocker Gebälkengel

Abb. 76
Der heilige Evangelist Lukas mit dem Gnadenbild der Alten Kapelle.
Holz, geschnitzt und gefasst, bemalt. Geschaffen 1776 von Simon Sorg (1719–1792).

einnehmen. Exponiert auf den Gesimsvoluten wirken sie hinaus in den Raum. Die Beschränkung nur auf diese beiden Evangelisten erklärt sich aus ihrer besonderen Beziehung zur Madonna und ihrer ortsspezifischen Rolle: Lukas tritt auf als Schöpfer des Gnadenbilds, Johannes auch als Verfasser der im Chor so beherrschend vertretenen Apokalypse. Bedeutungsvoll ist die Interaktion der beiden Evangelisten. Während Johannes, den Blick in den Kirchenraum gerichtet, den Beginn seines Evangeliums präsentiert (*In principio erat verbum, et verbum erat apud deum* – Am Anfang war das Wort, und das Wort war bei Gott), verweist Lukas auf seine Madonnendarstellung, eine weitgehend getreue Kopie des originalen Gnadenbildes. Lukas sucht den Blickkontakt zu Johannes, dessen Evangelientext von der Macht des Wortes handelt, seine beredte Geste stellt, gleichsam als Antwort *et verbum caro factum est* (Joh 1,14: und das Wort ward Fleisch) die Macht des Bildes vor Augen. Wortgewalt und Bildmacht, antithetisch vorgetragen nicht im Sinne eines Prioritätenstreits, sondern als gleichberechtigt-legitime Möglichkeiten, religiöse Inhalte zu vermitteln, finden ihre Synthese gleichsam in der sinnlichen Inkarnation des Wortes im Christusknaben des Altarzentrums: *Et habitavit in nobis: Et vidimus gloriam eius* (Und er wohnte unter uns, und wir sahen seine Herrlichkeit).

Die Hauptthemen des Chorprogramms werden, barocker Tradition entsprechend, durch kosmologische und ethische Darstellungszyklen ergänzt. Sie sollen den Chorraum als symbolisches Abbild des Kosmos und der göttlichen Weltordnung erscheinen lassen. Als große Stuckfiguren über dem Chorgebälk umgeben die drei theologischen Tugenden Fides, Spes und Caritas in Gestalt weiblicher Personifikationen den Hochaltar. Fides auf der Evangelienseite mit Hostienkelch und Kreuz und dem Johanneswort *Haec est victoria, quae vincit mundum, fides nostra* (1. Joh 5,4: Dies ist der Sieg, der die Welt überwunden hat: unser Glaube) im geöffneten Buch nimmt unmittelbaren Bezug auf die Hintergrunddarstellung und das Motto der Schlüsselübergabe im Freskos darunter. Beiderseits hinter dem Altar schließen sich Caritas mit Kind und Spes mit Anker an. Die kanonische Trias wird ergänzt durch

Abb. 77 ▷
Personifikation des Erdteils Afrika.
Kopf und Gliedmassen Holz, geschnitzt und gefasst, Kleidung leimgetränkte Leinwand, gefasst. Geschaffen von Simon Sorg (1719–1792). 1769/1776.

Abb. 78 ▷
Personifikation des Erdteils Amerika auf dem südlichen Oratorium im Chor der Alten Kapelle.
Kopf und Gliedmassen Holz, geschnitzt und gefasst, Kleidung leimgetränkte Leinwand, gefasst. Geschaffen von Simon Sorg (1719–1792). 1769/1776.

eine Figur, die ein Christuswort aus dem Lukas-Evangelium personifiziert: *Ignem veni mittere in Terram, et quid volo nisi ut accendatur?* (Lk 12,49: Ich bin gekommen, Feuer auf Erden zu entzünden und wollte, es wäre schon entflammt). Die Bedeutung dieser in der üblichen barocken Ikonographie kaum auftauchenden Darstellung ergibt sich wieder im Zusammenhang mit dem Fresko darunter, der Pauluspredigt auf dem Areopag: Die Welt wird in Brand gesetzt durch die Verbreitung des christlichen Glaubens, die Mission.[159]

Der Missionsgedanke leitet über zur Fortsetzung des Programms in Gestalt der vier Erdteile, die die reich dekorierten Oratorien bekrönen. Als Vertreter aller Völker und Rassen, auch der noch für das Christentum zu gewinnenden, nehmen sie Teil an der apokalyptischen Anbetung Gottvaters und des Lammes, huldigen sie der Madonna im Hochaltar. Seit der Gegenreformation ist dieser missionarische Aspekt eng mit der allgemeinen kosmologischen Bedeutung der Kontinente verbunden.[160] Neu und ungewöhnlich gegenüber den zahlreichen Darstellungen dieser Personifikationen in freskalem Zusammenhang oder kleinplastischer Ausformung, etwa an Kanzeln, ist in der Alten Kapelle das Auftreten der Erdteile als Großplastiken. Dieser ungewöhnlichen statuarischen Präsenz entspricht ein neuartiges, differenziertes Selbstverständnis der Figuren: Während die Vertreter „wilder" Erdteile, Afrika und Amerika, sich in naivem Affekt dem Altar zuwenden, sind die Repräsentanten zivilisierter Völker, Asien und Europa, abgewendet vom Altar, in selbstbezogene Reflexion versunken. Vor allem Europa verkörpert in ihrer betont vorgetragenen Eleganz und herrscherlichen Würde, legitimiert durch Schimmel und Reichskleinodien als päpstlichen und kaiserlichen Attributen,[161] die ergänzt werden durch zwei Kinderengel an den Eckpfeilern des Ovatoriumgehäuses mit Helm und Schwert bzw. Tiara, den universalen Machtanspruch des christlichen Kontinents.

Durch Darstellung der vier Elemente in Form phantasievoll gestalteter Vasen auf den Gebälkverkröpfungen erfährt das kosmologische Programm des Chors seine Abrundung. Zur Vervollständigung tragen auch noch eine Reihe von Stuckreliefs an den Brüstungen der Oratorien und in den Supraporten der darunter befindlichen Seitentüren bei. An den Chörlein erscheinen in weiblichen Personifikationen die vier Kardinaltugenden, an den Verbindungsgängen dazwischen auf der Evangelienseite der psalmodierende David, gegenüber die orgelspielende Cäcilia. Die beiden Patrone der Kirchenmusik, der eine durch einen begleitenden Engel mit Reueattributen als Sänger von Bußpsalmen ausgewiesen, die andere in festlichem Ambiente den Lobgesang intonierend, repräsentieren aber nicht nur die zwei Formen des Chorgesangs der Kanoniker, das Miserere und das Laudate, sondern sind typologisch jeweils auch auf die ihnen benachbarten Büsten des Herrscherpaares bezogen: David als Prototyp des gerechten und weisen Herrschers, Cäcilia als Jungfrau, die wie Kunigunde in keuscher Ehe lebte und ihr Vermögen den Armen vermachte. Dieses Beziehungsgeflecht, dass sich unmittelbar auch mit den anderen benachbarten Darstellungen herstellt (man betrachte nur auf Heinrichs Seite die Konfiguration Fides, Europa, Fortitudo und Schlüsselübergabe mit dem Grundmotiv siegreicher Überwindung und Herrschaft durch Glaubenskraft), interpretiert den Chor durch die geschickte Ausnützung der Vielschichtigkeit dieser Darstellungen wiederum nicht nur als liturgischen, sondern auch als geschichtlichen Ort.

Die Wandfresken im Langhaus

Wenn der Besucher zum Ausgang zurückgeht, begleiten ihn zehn Fresken über den Langhausarkaden, 1753 von Scheffler gemalt, die in chronologischer Abfolge Szenen aus dem Leben Heinrichs und Kunigundes darstellen. Die erste Episode aus dem Zyklus auf der Nordseite zeigt Heinrichs Vision, in der der heilige Wolfgang, sein Erzieher, *Post sex*[162] an die Wand schreibt. Aber nicht der nach sechs Tagen erwartete Tod, auf den er sich betend vorbereitete, erfolgte, sondern nach sechs Jahren die Kaiserkrönung. Heinrichs Gottesergebenheit und Auserwähltheit, die durch das ehemalige Epigramm *Caesari in coelis electo* (dem im Himmel erwählten Kaiser) unterstrichen wird, werden durch das Bild offenbar.

Das gegenüberliegende Bild zeigt den Empfang Heinrichs durch Papst Benedikt VIII. im Jahr 1014 vor der Stadt Rom und die symbolische Belehnung des künftigen Kaisers mit der Weltherrschaft durch Übergabe des Reichsapfels.[163] Das Motto *Defensori Ecclesiae* (dem Verteidiger der Kirche) weist ihm die Hauptaufgabe eines Herrschers zu.

Die nächste Szene im folgenden Joch „Heinrich im Lager vor Troja"[164] führt mit dem Motto *Victori generosi* (dem großmütigen Sieger) den Katalog der Herrschertugenden fort, Heinrichs Milde veranschaulichend: Angesichts einer Kinderprozession lässt er Gnade vor Recht ergehen und verschont die Einwohner der unteritalienischen Stadt.

Das Fresko der gegenüberliegenden Seite führt unter dem Motiv der himmlischen Schlachtenhilfe Glaubensstärke und Gottvertrauen Heinrichs vor Augen, als er vor der Schlacht gegen den Polenherzog Boleslav Chrobry die heilige Kommunion *Forti per panem fortium*[165] (dem durch das Brot der Stärke Starken) empfängt.

Im nächsten Joch auf der Nordseite tritt Kunigunde in Erscheinung. Als fromme Stifterin und Unterstützerin der Armen *Benefactrici omnium*[166] (der Wohltäterin aller) erfüllt sie vorbildlich die Pflichten der *Vita activa* einer christlichen Herrscherin.

Das Bild der Gegenseite, *Conjugibus virgineis* (den keuschen Gatten) zeigt den Tod des Kaisers 1024 in der Pfalz Grona.[167] Sterbend gibt er seine Gemahlin als Jungfrau, symbolisiert durch die weiße Lilie, den Verwandten zurück.[168] Durch die Parallele zur Josephsehe

wird die an sich schmachvolle Kinderlosigkeit eines Herrscherpaares zur Folge heiligmäßigen Lebens und überirdischer Entsagung verklärt.

Die Fresken des folgenden Jochs schildern die *Vita contemplativa* Kunigundes nach dem Tod des Kaisers.[169] Sie zeigen ihren Eintritt in das von ihr gegründete Kloster Kaufungen, *Sponsae Christi* (der Braut Christi), und ihre Todesstunde, *Mundo mortuae* (der für die Welt Toten), in der sie als arme, einfache Nonne die kaiserlichen Gewänder zurückwies. Weltentsagung und Bescheidenheit treten als klösterliche Tugenden zu den kaiserlichen und charakterisieren sie vollends als Heilige.

Die beiden letzten Gemälde zeigen die Wunder, die den *Conjugibus thaumaturgis* (den wundertätigen Gatten) zu danken und zur Bestätigung ihrer Heiligkeit unerlässlich sind[170] sowie die *Gloria sancti Imperatoris* (die Verherrlichung des heiligen Kaisers), die Heiligsprechung Heinrichs am 12. März 1146.[171]

Während die Querhausfresken vornehmlich Legenden aus der Heinrich-und-Kunigunden-Vita aufgriffen, zeigen die Langhausbilder vorwiegend reale, wenn auch wunderbar überhöhte Begebenheiten, betonen also die historische Existenz des Herrscherpaares. Die dabei offenbar werdenden Charakterzüge des Kaisers und seiner Gemahlin gestalten sich zu einem Katalog menschlicher und herrscherlicher Tugenden, aus dem sich die Heiligsprechung geradezu zwangsläufig ableitet. Für die Kirchenbesucher sind sie zugleich als *exempla virtutis* verpflichtendes Beispiel.

Der historische Hintergrund des ikonologischen Programms

Die ikonologische Programmatik der Umgestaltung des 18. Jahrhunderts beruht nahezu ausschließlich auf drei Schwerpunktthemen: Der Gründungslegende, der Stiftungserneuerung und der Verehrung der Kirchenpatronin. Alle übrigen Ausstattungselemente wie Seitenaltäre, Orgel und so fort sind lediglich Resultate der religiösen Tradition des Stifts. Die Verherrlichung der Titelheiligen nimmt nicht weiter wunder; seit jeher und überall stand der Patron neben Christus im Mittelpunkt des Bildprogramms einer Kirche. Dies gilt umso mehr für Maria, der seit dem Mittelalter meist verehrten Heiligen überhaupt. Auch die Darstellung des Gründungsakts und die Huldigung an historisch fassbare Stifterpersönlichkeiten gehören zum festen Bestandteil barocker Bildprogramme. Auffällig ist jedoch die außergewöhnliche Häufung von Darstellungen des heiligen Kaiserpaares, die das übliche Maß der Stifterverehrung weit übersteigt. Nicht nur Gefühle allgemeiner Dankbarkeit und Pietät dürften dabei eine Rolle gespielt haben. Von Interesse ist in diesem Zusammenhang sicher auch der Zeitpunkt, zu dem die Umgestaltung erfolgt. Eine unmittelbare, durch Quellen belegte Äußerung dazu gibt es nicht. Lange schon vorher waren die Kanoniker mit dem Aussehen ihrer Kirche unzufrieden. In einer Stiftsurkunde 1722 wird sie „altväterisch" genannt; der Chor war mit Ausstattungsgegenständen gefüllt, Altäre und Tabulat schadhaft.[172] Der Stift mag sich darüber hinaus in Regensburg in einer allgemeinen Konkurrenzsituation gesehen haben: Fast alle bedeutenderen Kloster- und Stiftskirchen waren bereits in der ersten Hälfte des 18. Jahrhunderts im Zeitstil modernisiert worden. Zwei Jahrestage, die sechshundertste Wiederkehr der Heiligsprechung Kaiser Heinrichs 1746, dem Jahr, in dem der neue Dekan Johann Michael Franz Velhorn gewählt wurde, und die 750-Jahrfeier der Erneuerung von Kirche und Stift, 1752, mögen den Anstoß gegeben haben. Dienten Jubiläen häufig als Anlass, durch Neu- oder Umbauten eigene Bedeutung und Selbstverständnis zu demonstrieren, so sah sich das Stiftskapitel der Alten Kapelle in einer politisch schwierigen Situation in besonderem Maße dazu genötigt.

◁ Abb. 79
Personifikation des Erdteils Europa auf dem nördlichen Oratorium im Chor der Alten Kapelle.
Kopf und Gliedmassen Holz, geschnitzt und gefasst, Kleidung leimgetränkte Leinwand, gefasst. Geschaffen von Simon Sorg (1719–1792). 1769/1776.

◁ Abb. 80
Personifikation des Erdteils Asien auf dem südlichen Oratorium im Chor der Alten Kapelle.
Kopf und Gliedmassen Holz, geschnitzt und gefasst, Kleidung leimgetränkte Leinwand, gefasst. Geschaffen von Simon Sorg (1719–1792). 1769/1776.

Das Kollegiatstift spielte im Regensburg des 18. Jahrhunderts protokollarisch eine nachrangige Rolle. Obwohl es 1002 wie Ober- und Niedermünster königliche Freiheit erhielt, die die adeligen Damenstifte bis zur Säkularisation bewahren konnten, gelangte es 1009 durch Schenkung Heinrichs an das neu gegründete Bistum Bamberg, wurde de jure also bambergisches Territorium.[173] Abgesehen von dem Zeitraum zwischen 1415 und 1565, in dem die Ernennung der Pröpste von Rom aus erfolgte, waren sämtliche Pröpste Bamberger Domherren.[174] 1604 geriet das Stift noch in die Abhängigkeit des Regensburger Bischofs, als diesem über das Kapitel hinweg das Recht zur Investitur der Pröpste zugesprochen wurde. Der Entzug von Rechten und mehrfache Abhängigkeitsverhältnisse waren dem Stift, das de facto seine finanziellen und Verwaltungsangelegenheiten selbst regelte, ein Ärgernis. Trotz einer nach eigener Einschätzung wesentlich bedeutenderen Vergangenheit musste es hinter dem Bischof, den Äbtissinnen von Ober- und Niedermünster und dem Abt von Sankt Emmeram, die dem Reichsfürstenstand angehörten, zurückstehen.[175]

In den Grundfesten seines Selbstverständnisses musste sich das Kollegiatstift erschüttert sehen, als wohl noch vor der Mitte des 18. Jahrhunderts durch das Regensburger Hochstift der Versuch unternommen wurde, der Alten Kapelle den Titel „kaiserliches Kollegialstift" abzuerkennen. Die Kapitularprotokolle von 1757 und 1758 sind erfüllt von dem zähen und erbitterten Ringen zwischen Stift und bischöflicher Administration um den Gebrauch dieses Titels. Die Randnotiz zum ersten Kapitularprotokoll,[176] *Titulatur [...] neuerlich angefochten*, lässt erkennen, dass das Stift schon längere Zeit mit dieser Drohung konfrontiert war. Gründe für diesen Angriff werden nicht genannt, außer der Titel *kaiserlich* sei *seiner durchlauchtigsten Eminenz und dem Hochstift allzu nachteilig*. Regensburger Fürstbischof war zu dieser Zeit Johann Theodor aus dem Hause Wittelsbach, 1719 gewählt, 1746 zum Kardinal erhoben. Persönliche und familiäre Aversionen gegen das Habsburger Kaiserhaus, für die es Anlässe gab, mögen das Verhalten Johann Theodors bestimmt haben, mit dem Ziel, kaiserliche Einflusssphäre, und sei es nur auf protokollarischem Sektor, in Regensburg so weit wie möglich zurück zu drängen.[177]

Für das Stiftskapitel unter dem 1746 neu gewählten Dekan Velhorn war die Infragestellung des wichtigsten Stützpfeilers seines Selbstbewusstseins wohl der letzte Anstoß, durch die umfassende Kirchenerneuerung und die breite, programmatische Darstellung seiner glorreichen Vergangenheit die eigene Bedeutung in gebührender Weise zu demonstrieren. Es ist unübersehbar, dass die Umgestaltung der Alten Kapelle nicht nur den heilgeschichtlichen Gehalt und die geschichtliche Dimension der Kirche vermitteln will, sondern als Mittel der Repräsentation und Selbstbehauptung auch politischen Zielen dient.

Abb. 81
Personifikation der Gerechtigkeit (Justitia). Stuckrelief auf der Brüstung des nördlichen Oratoriums im Chor der Alten Kapelle.

Der Kircheninnenraum

Georg Paula

Abb. 82 ▷
Der Eingang von der Vorhalle in das Langhaus der Alten Kapelle. Schmiedeeisernes Gitter gestiftet von dem Kanoniker Johann Erasmus Walther († 1726). Auf dem rechten Flügel Wappen des Stifters, auf dem linken Widmungsspruch. 1. Viertel 18. Jahrhundert.

Abb. 83 ▷▷
Blick nach Osten in das Presbyterium der Alten Kapelle.

Auf den ersten Blick ist die Alte Kapelle ist ein Bau voller Gegensätze. Überragt von dem wuchtigen Zeltdachturm, der, an der Südwestecke freistehend, einen wesentlichen städtebaulichen Akzent setzt, riegeln das langgestreckte romanische Schiff mit dem klar hervortretenden nördlichen Querhausarm und der deutlich höhere und von Strebepfeilern umgebene, spätgotische Chor mit dem zierlichen, hexagonalen Türmchen über dem Westgiebel den Alten Kornmarkt mit Nachdruck nach Süden hin ab.[178] Die zugehörigen Stiftsgebäude treten hier nicht in Erscheinung, da sie die Kirche nur mit dem Westabschnitt des nördlichen Kreuzgangflügels an der Stirnseite des südlichen Querarms berühren. Wirkt das Äußere in seiner Schlichtheit und Monumentalität durchwegs mittelalterlich, so liefern die lebhaft geschwungenen Obergadenfenster neben dem von Pilastern flankierten und von einem Volutengiebel überfangenen Nordportal erste Hinweise, was den Besucher im Innern der Basilika erwartet.

Nach Durchschreiten des stichbogig geschlossenen Eingangs gelangt man zunächst in eine stark verdunkelte Vorhalle mit der östlich anschließenden Vituskapelle, bevor sich ein Raumbild eröffnet, dessen verschwenderische Pracht und außergewöhnlicher Formenreichtum nur dem 18. Jahrhundert möglich waren. Gleichwohl verunklärt das ab 1747 übergeworfene „Rokokokleid“ den basilikalen Typus keineswegs, es geht vielmehr im Bewusstsein der jahrhundertealten Stiftstradition behutsam auf die architektonischen Gegebenheiten ein. So reiht sich die Anlage unter die nicht wenigen mittelalterlichen Klosterkirchen Bayerns ein, bei denen der Barock und das Rokoko eine Neu- oder Uminterpretation in ihrem Sinne, bei Respektierung der geschichtlichen Wurzeln der Gebäude, vorgenommen haben.[179]

Jeweils fünf rundbogige Pfeilerarkaden öffnen das breite, helle Mittelschiff gegen die schmäleren, mit niedrigen Flachtonnen überwölbten Seitenschiffe, deren Belichtung durch die beidseitigen Kapellenanbauten auf drei Fensteröffnungen im Südosten reduziert ist. Allen drei Schiffen ist westlich ein etwas tieferes Joch mit Kreuzgratgewölben vorgelegt, dessen beiden mittleren Abschnitte von der geräumigen, nur wenig nach vorne ausschwingenden Orgelempore beansprucht werden, während die flankierenden Traveen die Maria-Vermählungskapelle, der früheren *capella sub gradu*, (nördlich)[180] und die Marien- oder Gnadenkapelle (südlich)[181] erschließen.

Umgeben von diesen vergleichsweise wenig überarbeiteten mittelalterlichen Jochfolgen bildet das Hauptschiff den Auftakt zu einem kreuzförmigen Raumkontinuum, das nach einer Zwischenzone in Gestalt eines großzügig disponierten Querhauses ganz auf den Chor, den sakralen wie auch visuellen Kulminationspunkt des gesamten Komplexes, ausgerichtet ist. Verantwortlich hierfür waren allein die baulichen Maßnahmen des 18. Jahrhunderts: Den stämmigen, romanischen Pfeilern wurden komposite Kolossalpilaster aufgelegt, die einerseits im Wechsel mit den Wandbildern über den Bogenscheiteln das Langhaus rhythmisieren, andererseits den Blick hinaufführen zu dem verkröpften Gesims, über dem die reich geformten Fenster des Obergadens für eine vorzügliche Ausleuchtung der weitgespannten, durch zwei ausgedehnte Fresken gleichmäßig unterteilten Stichkappentonne sorgen. Ohne Unterbrechung setzt sich das Gesims in den Querhausarmen, die um doppelte Mauerstärke über die Flucht der Seitenschiffwände hinausgehen und mit flachen Pendentifkuppeln über-

In me- moriam
pie Defuncti Adm. Rdi.
Nob. et Eximy Dni
Ioannis Erasmi Wal-
thers SS. Theologiæ
Doctoris insignis et
Cæsareæ hujus Collegiatæ
Ecclesiæ Canonici
17 et A dilis 26

Abb. 85 ▷
Blick in das südliche Querhaus der Alten Kapelle mit der Kanzel am südwestlichen Eckpfeiler der Vierung.

◁ Abb. 84
Blick nach Westen durch das Mittelschiff der Alten Kapelle zur Orgel.

wölbt sind, und in dem ebenfalls von einer Stichkappentonne überfangenen, dreiachsigen Chor fort, der etwas breiter als das Mittelschiff ist. Prunkvolle Seitenoratorien, auf denen die Personifikationen der vier Erdteile thronen, leiten zu der raumfüllenden Altarwand über, die den fünfseitigen, als Winterchor dienenden Schluss des Presbyteriums abtrennt.

Außergewöhnliche Dominanz besitzt das sorgsam strukturierte Netz opulent vergoldeter Stuckaturen, die den oberen Wandpartien und den Gewölben ihre Flächigkeit nehmen und zugleich die in dem leuchtenden Weiß der Raumschale wie bunte Inseln wirkenden Fresken von Christoph Thomas Scheffler (1699–1756) und Gottfried Bernhard Göz (1708–1774) umspielen. Bei aller formaler Einheitlichkeit konnte aber selbst ein so versierter Stuckkünstler wie Anton Landes (1712–1764) nicht verhindern, dass sich die unterschiedlichen Entstehungszeiten einem aufmerksamen Besucher des Gotteshauses mitteilen. Hatte er 1750 bis 1752 im Lang- und Querhaus noch seine Rocaillen und vegetativen Ornamente klar, fast systematisch, verteilt und damit ein bewusstes Eingehen auf die tektonischen Gegebenheiten angedeutet, so versuchte er 1761/1762 dem Chor, insbesondere in der Wölbzone, durch ein dichtes Geflecht verschiedenster Motive den ihm gebührenden Rang zuzuweisen. Das Detail scheint dabei der Gesamtschau geopfert worden zu sein. Dieser Eindruck wird durch den Hochaltar verstärkt, den der Hauptmeister der Ausstattung, der einheimische Bildhauer Simon Sorg (1719–1792), entworfen und 1769 bis 1775 gefertigt hat. In ihm sind die ornamentalen Vorgaben des Stucks nicht nur aufgenommen, sondern ins Extreme gesteigert, so dass ein spontanes, intuitives Erfassen des architektonischen Aufbaus und der figürlichen Zusammenhänge erschwert ist. Andererseits bindet ihn die tonige Fassung, die nur vom Gold der Ornamente und dem Weiß der Figuren unterbrochen wird, in den Gesamtkontext ein und weist ihn als würdevollen Höhepunkt des Raumerlebnisses aus, dem allein der aufwendig gegliederte Orgelprospekt von 1791/1797 am anderen Ende des Gotteshauses zu antworten vermag.

Bezeichnenderweise treten die meisten anderen Ausstattungsstücke dezent in den Hintergrund. Sogar die um 1730 in der Werkstatt von Franz Anton Neu (1669–1758) entstandenen und 1768 von Sorg überarbeiteten, großen Nebenaltäre im Querhaus schieben sich nur zögerlich vor die dreifach übereinandergeschichteten Pilaster des triumphalen Chorbogens, während die Langhausaltäre zunächst gar nicht zu sehen sind, da sie entgegen ihrem sonst üblichen Platz unter den Pfeilerarkaden in den Seitenschiffen entlang der Außenwände aufgestellt wurden. Lediglich die 1855 eingefügte und später veränderte Kanzel durchbricht diese Zurückhaltung, indem sie sich am südwestlichen Vierungspfeiler, den südlichen Querhausaltar verdeckend, ins Blickfeld schiebt und dadurch die genau auspondierte Raumkomposition in Frage stellt.

Eine wesentliche Rolle spielt das Bildprogramm, das fast ausschließlich der Gnadenmadonna und den Stiftern der Alten Kapelle, Heinrich II. und seiner Gemahlin Kunigunde, gewidmet ist. Dabei fällt auf, dass die zahlreich versammelten Heiligen im Gegensatz zur gängigen ikonographischen Praxis nur sekundären Charakter haben und hauptsächlich dazu dienen, die gewünschte Bildaussage zu unterstreichen. Das Kaiserpaar hingegen wird in jeder Hinsicht umfassend charakterisiert „durch seine herrscherlichen Leistungen, die bewiesenen menschlichen Tugenden, seine persönliche Heiligkeit und die besondere göttliche Auserwähltheit, die sich wiederholt manifestiert hat."[182] Nicht ohne Absicht taucht in den Decken- und Wandbildern die Alte Kapelle als aktualisiertes Kirchenmodell immer wieder auf, wodurch angedeutet werden soll, dass der angestrebte kaiserliche Stiftungsakt nun endgültig und für immer vollzogen ist. „Die Existenz der Alten Kapelle erweist sich als Willenserfüllung ihrer heiligen, kaiserlichen Stifter und ist daher, gleich diesen, sakrosankt. Der Kirchenraum transzendiert gleichsam zur bildhaften Vergegenwärtigung des hohen und

frommen Geistes, aus dem er seinen Ursprung genommen hat. Als Verwirklichung des kaiserlichen Stiftungswillens teilt sich dem Bau dabei Autorität und Heiligkeit seiner Urheber unmittelbar mit. Die Kirche interpretiert sich somit wesenhaft als ‚kaiserlich'; sie ist selbst anschauliche Apologie dieses Prädikats, die jeden Versuch, ihr dasselbe streitig zu machen, von vorneherein zunichte macht."[183]

Zum Schluss offenbart sich zwangsläufig die Erkenntnis, dass die Alte Kapelle nicht nur ein Bau der Gegensätze ist. Sie ist vielmehr auch ein Gebäude, in dem sich auf unvergleichliche Weise verschiedene Epochen mit differierenden Wertigkeiten überlagern. Suchte das Mittelalter der Bedeutung des ehrwürdigen Stiftes noch durch beeindruckende Bauformen gerecht zu werden, so kaprizierte sich das Rokoko auf das Dekorative. Indem es mit filigranem, kostbar gefasstem Ornament all das überzog, was, obgleich in den Ausmaßen monumental, ursprünglich geradlinig und weitgehend schmucklos gedacht war, und sich darüber hinaus in eine komplizierte Ikonologie flüchtete, versuchte es einen Raum neu zu definieren, dessen alleiniger Zweck die Selbstdarstellung des Stiftes als Ort epochaler Ereignisse gewesen war und auch weiterhin sein sollte. Pracht und Reichtum waren Ausdrucksmittel einer Zeit, für die der Gegensatz von religiöser Intimität im Innern und profaner Nüchternheit am Außenbau bezeichnend war, für die es galt, eine Summe der bisherigen schöpferischen Leistungen zu ziehen und in einem Überschichtungsprozess zu manifestieren. In der langen Geschichte des Regensburger Stiftes war das Ältere, von dem vieles im Gesamtbild wirksam blieb, zur letzten gestalterischen Herausforderung für das Jüngere geworden.

◁ Abb. 86
Blick in das nördliche Seitenschiff der Alten Kapelle.

Abb. 87
Der Winterchor der Alten Kapelle hinter dem Hochaltar.

Die Ausstattung mit Fresken

GEORG PAULA

◁ Abb. 88
Die Übergabe des Gnadenbildes durch Papst Benedikt VIII. an Kaiser Heinrich II. Entwurf von Christoph Thomas Scheffler (1699–1756) für das östliche Deckenfresko im Mittelschiff der Alten Kapelle. Federzeichnung, getuscht in Grau und Schwarz, weiß gehöht. 57 cm x 30,5 cm. 1752. Regensburg, Kollegiatstift zur Alten Kapelle.

Für ein kirchliches Ausstattungsprojekt des 18. Jahrhunderts im süddeutschen Raum war der Anlass ebenso bezeichnend wie die daran beteiligten Personen: Zum 750jährigen Jahrestag der Wiederherstellung des altehrwürdigen Regensburger Kollegiatstiftes Unserer Lieben Frau zur Alten Kapelle durch Kaiser Heinrich II. 1002 wollte das Kapitel, an dessen Spitze seit 1746 Dekan Johann Michael Franz Velhorn (reg. 1746–1782) stand, der mittelalterlichen Kirche eine zeitgemäße Gestalt geben.[184] Rechtzeitig vor dem Jubiläum wurde 1747 mit dem Umbau begonnen, doch zog er sich derart lange hin, dass die Fresken im Langhaus erst 1752/1753 durch Christoph Thomas Scheffler und im Chor 1762/1765 durch Gottfried Bernhard Göz ausgeführt werden konnten. Beide Maler kamen aus Augsburg, jeder leistete auf seine Art, jeweils kongenial ergänzt durch den Stuckator Anton Landes, einen bemerkenswerten Beitrag zu einem beeindruckenden Gesamtkunstwerk.

Der Auftrag

Durch die ausführlichen Kapitelprotokolle sind wir über die Modalitäten der Auftragsvergabe und über die erheblichen Kosten des Unternehmens bestens unterrichtet. Dem Eintrag vom 11. Februar 1752 zufolge wurde *nach Correspondenz hE: Stifts Decani Hochwürden und Gnaden mit hE: Thomas Scheffler Kunstmahlern in Augspurg [vereinbart] den vor fresco Mahlung assignirter figuren und Historien in der Stiffts Kürchen 3. Neue angetragner Gewölb Kuplen in dem Kreuz: dan 2er feldungs taflen an den Langhaus Gewölb nach bereits geliefert seien: noch zu lifernnder übriger Scizi in auch zu tractirender Frist wehrender und bis zu End arbeith bezahlen zu lassen Zweytausent Einhundert Gulden.*[185] Nachdem die Arbeiten zügig und zufriedenstellend vorangeschritten waren, so dass noch im selben Jahr der vereinbarte Betrag ausgezahlt werden konnte,[186] entschloss man sich im Januar 1753, *wegen der könftigen frescho Mallerey in der Stifts Kirchen [...] mit dem Maller Scheffler zu Correspondiren, und zu behandlen, wievil er Von Mahlung der 12 Seithenstuckhen protendire.*[187] Offensichtlich verzögerten sich die Verhandlungen, da knapp einen Monat später *resolvirt [wurde], dem Scheffler Mahlern zu Augspurg für mahlung der 12 stuckh in Langhaus der Stifts Kirchen 1200 fl: auszusprechen, und dessen Endl: resolution hierüber zuerhollen.*[188] Unter dem 9. März 1753 ist schließlich vermerkt, dass *der Mahler Scheffler [...] den Contract acceptiert, mithin die 12 bilter in Langhaus Um die ihme hirvor ausgesprochene 1200. fl: zumahlen schriftl: zugesaget [habe].*[189] Der Augsburger hielt sich erneut genau an die zeitlichen Vorgaben und erledigte auch diese Aufgabe mit der ihm eigenen Routine und Schnelligkeit.[190] Pünktlich zu den Feierlichkeiten 1754 waren Langhaus und Querschiff fertiggestellt, der Chor als liturgischer Mittelpunkt behielt hingegen vorerst noch sein mittelalterliches Gepräge.

Erst 1761 begann Anton Landes mit der Angleichung dieses Raumabschnitts und schon Mitte des folgenden Jahres war die Stuckdekoration soweit gediehen, dass auf der Sitzung des Kapitels am 11. Juni 1762 darüber *delibiret* werden konnte, *was für ein Gemähl in den Um erpauten Chor angeordnet werden wolle, und per Unanimia die historia ex apocalipti Cap. 5 vers. 10 belibet, auch Zugleich concludiret, hieryber mit dem Mahler einen Contract abzuschließen.*[191]

Obwohl sich die Stiftsherren rasch auf die Textstelle aus der Apokalypse geeinigt und diese schriftlich fixiert hatten, wird uns der Name des ausführenden Meisters hier noch vorenthalten. Andererseits muss zu diesem Zeitpunkt die Entscheidung für Gottfried Bernhard Göz schon längst gefallen sein, da er knapp fünf Monate später für das vollendete Deckenbild die vereinbarten 1000 Gulden erhalten hat.[192] Hinzu kamen 30 Gulden *Rais Geld= respee: Douceur*, für die er einen Entwurf zum Choraltar nachreichen sollte.[193] Unterstützung fand er bei seinem Sohn und *Cholarn* Franz Regis, der gleich dem Vater freie Kost und Logis hatte.[194] Erst im Juni 1765 übertrug man Göz auch noch die beiden Wandfresken im Chor.[195] Wie aus der Abrechnung vom 9. August hervorgeht, war nun in seiner Begleitung Johann Joseph Anton Huber (1737–1815), der seit 1754 an mehreren Großaufträgen mitgearbeitet hatte und 1784 als letzter Akademiedirektor auf katholischer Seite in die Annalen der Augsburger Kunstgeschichte eingehen sollte.[196] Separat honoriert wurde den beiden die Ausbesserung von Schefflers westlichem Langhausbild, das *durch abstossung des mertlwurffs* beschädigt worden war.[197]

Leider überliefert uns keine der Quellen, warum Velhorn und das Kapitel ausgerechnet Künstler aus Augsburg geholt und nicht wie bei der übrigen Ausstattung auf einheimische Kräfte zurückgegriffen haben. Ebenso wenig wissen wir, ob die beiden Gebhard, also Vater Johann (1676–1756) und Sohn Otto (1703–1773), die unmittelbar vor den Toren der Altstadt in Prüfening eine florierende Malerwerkstatt besaßen,[198] und der Solimena-Schüler Martin Speer (1702–1765), der seit seiner Zuwanderung 1740 aus dem Pfaffenwinkel in vielen Kirchen Niederbayerns und der Oberpfalz mit Fresken und Gemälden nachweisbar ist,[199] überhaupt in Erwägung gezogen wurden oder ob aus einem gewissen Anspruchsdenken heraus von Anfang nur Vertreter der damals führenden Kunststadt in Süddeutschland in Frage gekommen sind.

Der Künstler und sein Werk – Christoph Thomas Scheffler

Bei der Berufung Schefflers dürfte eine nicht zu unterschätzende Rolle gespielt haben, dass er in Aldersbach (1720/1721) und Schleißheim (1720/1721) wie vermutlich auch in Weingarten (1718/1720) und Weltenburg (1721) Mitarbeiter von Cosmas Damian Asam (1686–1739), dem einzigen bayerischen Freskanten von europäischem Format, gewesen war.[200] Da vor Ort dessen schöpferischer Genius an den Decken- und Wandbildern von 1732/1733 in der Benediktinerklosterkirche Sankt Emmeram zu bestaunen war, dürfte man angesichts der Qualitäten des Meisters auch von dem einstigen Gesellen eine in etwa entsprechende Leistung erwartet haben.

In Kunstkreisen war Scheffler seit langem eine feste Größe.[201] Am 20. Dezember 1699 im niederbayerischen Mainburg geboren, war er nach der Ausbildung durch seinen Vater Wolfgang Scheffler († 1725) und nach den Jahren bei Asam am 20. September 1722 als Laienbruder in das Landsberger Jesuitenkolleg eingetreten. Seine ersten großen Aufträge erhielt er in Ellwangen, wo er 1725 zunächst die Fresken im Treppenhaus und Fürstensaal des Schlosses und anschließend die Deckenbilder und eine Reihe von Altarblättern in der neu erbauten Jesuitenkirche gemalt hat. Schon damals aufgefallen war sein außergewöhnlicher Fleiß, angesichts dessen der Rektor des Ellwanger Kollegs, Pater Wallenperger, sogar kurzfristig erwogen hat, dem erst 25-jährigen auch die Bauleitung zu übertragen. Nach Abschluss der Arbeiten ging Scheffler nach Dillingen, wo er am 17. April 1728 überraschend wieder aus dem Orden austrat. Maßgeblich für diese Entscheidung war sein Wunsch, sich als Maler selbständig zu machen. Wenige Tage später reichte er in Augsburg sein Gesuch um den Bei-

Abb. 90 △
Papst Benedikt VIII. empfängt Kaiser Heinrich II. 1014 vor den Toren der Stadt Rom. Fresko auf der Mittelschiffsüdwand der Alten Kapelle. Geschaffen 1753 von Christoph Thomas Scheffler (1699–1756).

Abb. 89 ◁ △
Bischof Wolfgang schreibt mit dem Finger die Prophezeiung „post sex“ an die Wand. Östlichstes Fresko auf der Mittelschiffnordwand der Alten Kapelle. Gemalt 1753 von Christoph Thomas Scheffler (1699–1756).

sitz ein, das am 22. Mai behandelt und schon am 12. Juni 1728 bewilligt wurde. Seine Demission hatte offenbar kaum Auswirkungen auf seine guten Beziehungen zum Klerus und zum Orden, denn schon 1729 wurde ihm die Freskierung des Treppenhauses und des Hauptsaals im Wormser Bischofshof übertragen.[202] Unterstützung fand er bei seinem Bruder Felix Anton Scheffler (1701–1760),[203] mit dem er im folgenden Jahr auch nach Schlesien reiste, um in Neiße die Kreuzherrenkirche Sankt Peter und Paul auszumalen. Danach trennten sich die Wege der beiden wieder: Der Jüngere blieb in Schlesien und schuf dort wie später auch in Mähren und Böhmen seine Hauptwerke, der Ältere kehrte nach Augsburg zurück und arbeitete fast ausschließlich in schwäbischen Kirchen.[204] Drei Freskenzyklen führten unseren Maler noch einmal fort aus der Heimat: 1736/1737 in das Deutschordenshaus nach Mainz, 1741 in die Pfarrkirche von Heusenstamm bei Offenbach am Main und schließlich 1743 in die Stiftskirche Sankt Paulin nach Trier. Regensburg, die Jesuitenkirche in Landsberg am Lech 1753/1754 und die Pfarrkirche von Türkenfeld (Landkreis Fürstenfeldbruck) 1754 waren die letzten Stationen in einem arbeitsreichen, zuletzt von Krankheiten überschatteten Leben. Am 21. Januar 1756 starb Christoph Thomas Scheffler in Augsburg.

Auf die Themen und die Anordnung der Fresken in der Alten Kapelle hatte der Künstler vermutlich wenig Einfluss, zumal den Quellen zu entnehmen ist, dass die Kapitelversammlung sehr genaue Vorstellungen hatte – ob von Anfang an oder erst nach langen Beratungen spielt hier keine Rolle – und dass sie deren bildmäßige Umsetzung wohl als wesentlichen Punkt in die Vertragsverhandlungen einbrachte.[205] In fünf Decken- und zwölf Wandbildern, verteilt auf Mittelschiff und Querhaus, sollte nicht nur „das geschichtliche Selbstverständnis des Stiftes“ veranschaulicht werden, sondern auch sein Anspruch, „eines der ältesten Marienheiligtümer und die älteste Taufkapelle Bayerns zu sein.“[206] Die Details der einzelnen Szenen, die vorwiegend Stationen aus dem Leben von Heinrich II. und seiner Gemahlin

Abb. 91 △
Kaiser Heinrich II. vor der Stadt Troja. Fresko auf der Mittelschiffnordwand der Alten Kapelle. Geschaffen 1753 von Christoph Thomas Scheffler (1699–1756).

Abb. 92 ▷△
Kaiser Heinrich II. empfängt die heilige Kommunion vor der Schlacht gegen den Polenherzog Boleslaw. Fresko auf der Mittelschiffsüdwand der Alten Kapelle. Geschaffen 1753 von Christoph Thomas Scheffler (1699–1756).

Kunigunde behandeln, dürfte dagegen im wesentlichen Scheffler überlassen gewesen sein. Von seinen 1752 vorliegenden *Scizi* hat sich in den Sammlungen des Stifts ein großartiger Entwurf für das östliche Mittelschifffresko erhalten,[207] der bis auf geringfügige Einzelheiten mit der Ausführung übereinstimmt.[208] Vor einem prächtigen Baldachin, zu dem mehrere, von einem kostbaren Teppich bedeckte Stufen hinaufführen und dessen geöffnete Vorhänge den Blick auf eine thronartige, mit den päpstlichen Insignien und dem Reichswappen verzierte „Staffelei“ freigeben, überreicht 1014 Papst Benedikt VIII. (reg. 1012–1024) dem soeben gekrönten Kaiserpaar das minutiös wiedergegebene Gnadenbild der Alten Kapelle.[209] Die geschichtsträchtige Begebenheit findet unter einer Triumphbogenarchitektur statt, die sich zusammensetzt aus gedrehten „Bernini“-Säulen, auf deren ausladender Kämpferzone die Allegorien der Religio und der Sapientia sitzen, und einem kassettierten Verbindungsbogen, unter dem das strahlenumkränzte Monogramm Mariens schwebt. Als oberer Abschluss dient eine Stoffdraperie, als untere Begrenzung eine elegante Balusterbrüstung, hinter der zwei Männer aus dem kaiserlichen Gefolge in ein Gespräch vertieft sind.[210]

Dieser für die lokale Wallfahrt so bedeutenden Episode geht das westliche, *CT. Scheffler pinxit 1752* bezeichnete Deckenbild mit der Taufe Theodos III. durch den heiligen Rupert im Jahr 616 zeitlich weit voraus.[211] Im Zentrum eines stark untersichtigen Raumes kniet der Bayernherzog vor einem von goldfarbenen, kleinen Atlanten getragenen, steinernen Becken, aus dem der Bischof das Taufwasser schöpft. Während die beiderseits angeordneten Kleriker andächtig verharren – jener am linken Rand hält ein Salzfass, das gängige Attribut Ruperts, in Händen –, drängen sich rechts die wenigen Vertreter des Adels, unter denen die ebenfalls kniende Herzogin zu erkennen ist. Gesegnet wird die Szene durch Gottvater, der mit Engeln und Putten auf einem Wolkenband thront. Darunter geht von der heftig flat-

ternden Taube des Heiligen Geistes ein Lichtstrahl aus, der über das Taufgefäß auf Theodo trifft. Zur Trinität ergänzt werden die beiden göttlichen Personen durch den Gekreuzigten, der, gerahmt von einer aufwendigen Säulenarchitektur, genau im Mittelpunkt der gesamten Komposition aufragt. An der hohen Vorderfront des bühnenartigen Unterbaus, über dessen Kante ein Rautenteppich hängt, sind gleich Plaketten zwei monochrom gemalte Darstellungen mit der Vorgeschichte der Taufe befestigt: Links die Zerstörung des heidnischen Götzenbildes auf Befehl Ruperts, rechts die Weihe des Heidentempels zu einer Marienkapelle.[212]

Die Fresken in den Querarmen knüpfen an das Hauptthema an. Am nördlichen Gewölbe bildet ein vornehmer Kuppelbau den Rahmen für das „Becherwunder". Unter einem schräg in den Raum ragenden Baldachin sitzen Heinrich und Kunigunde an der Tafel, die auf dem fast schon gewohnten, teppichbedeckten Stufenpodest steht. Links ist jener Diener auf die Knie gesunken, der das Trinkgefäß zerbrochen hat. Es liegt zu Füßen des Kaisers, der das Unglück mit einer schlichten Handbewegung, unterstützt durch einen Gnadenstrahl, der von einem Kreuz in der Kuppellaterne herabfällt, ungeschehen macht.[213]

Legendären Ursprungs ist die breit angelegte „Engelsmesse" an der Nordwand, mit der man seit dem 13. Jahrhundert „die von seinen Biographen überlieferte Lahmheit des Kaisers auf überirdisch-mystische Weise zu erklären versuchte."[214] Danach hat ihm ein Engel, als er beim Besuch des Michael-Heiligtums auf dem Monte Gargano in Apulien vor einem Altar betete, ein Evangeliar zum Kuss gereicht und ihn dabei durch eine Berührung an der Seite gelähmt. Scheffler lässt an dieser schicksalhaften Angelegenheit, die von drei Engeln musikalisch untermalt wird, Christus, der den Segen erteilt, Maria, die einen Blumenkranz entgegennimmt, und mehrere Heilige Anteil nehmen. Links drängen sich sechs weibliche Gestalten,[215] während zwischen Mutter und Sohn der heilige Joseph und der von einem

Abb. 94 △
Der Tod Kaiser Heinrichs II. Fresko auf der Mittelschiffsüdwand der Alten Kapelle. Geschaffen 1753 von Christoph Thomas Scheffler (1699–1756).

Abb. 93 ◁ △
Kaiserin Kunigunde als Stifterin. Fresko auf der Mittelschiffnordwand der Alten Kapelle. Geschaffen 1753 von Christoph Thomas Scheffler (1699–1756).

Abb. 95 △
Kaiserin Kunigunde legt die Gelübde für den Eintritt in das Kloster Kaufungen ab. Fresko auf der Mittelschiffnordwand der Alten Kapelle. Geschaffen 1753 von Christoph Thomas Scheffler (1699–1756).

Abb. 96 ▷ △
Der Tod der Kaiserin Kunigunde. Fresko auf der Mittelschiffsüdwand der Alten Kapelle. Geschaffen 1753 von Christoph Thomas Scheffler (1699–1756).

Kreuzträger begleitete heilige Laurentius (?) verharren; rechts haben sich die Apostel, angeführt von Petrus und Paulus, niedergelassen.

Ein weiteres Mirakel, in dem nun Kunigunde die Hauptperson ist, zeigt das südliche Deckenfresko. In herrscherlicher Positur auf seinem Thron sitzend sieht Heinrich mit seinem Gefolge zu, wie seine Gemahlin, die er des Ehebruchs bezichtigt hat, zum Beweis ihrer Unschuld mit bloßen Füßen über glühende Pflugscharen schreitet, die in einer Schmiede darunter erhitzt werden. Über dem Triumphbogen hat sich der Himmel aufgetan und den Blick freigegeben auf das Auge Gottes. Es sendet einen gnadenreichen Lichtstrahl auf die Kaiserin herab. Rechts zwischen den Säulen verlässt der (angebliche) Versucher in Gestalt eines hässlichen, geflügelten Teufels den Ort seiner Niederlage.[216]

Das südliche Wandbild schildert schließlich die Hochzeit Giselas, der Schwester Heinrichs, mit dem ungarischen König Stephan. Beide stehen vor dem Traualtar, in dessen Retabel ein Gemälde der Pietà eingelassen ist, und tauschen in Anwesenheit des Kaiserpaares, zahlreicher Vertreter des Klerus und ungarischer Adliger die Ringe. Als himmlische Zeugen fungieren die Allegorien der Providentia und Fides, zwischen denen ein Engel mit dem Kreuzstab, dem Signum Stephans, herabschwebt. Rechts zerstören die Ungarn ihre Götzenbilder, im Hintergrund predigt ein Priester den Heiden von dem neuen Gott am Kreuz.[217]

Eine zentralisierende, die Deckenbilder der übrigen Raumkompartimente gleichsam zusammenfassende Funktion hat das annähernd quadratische Vierungsfresko.[218] In der Mitte thront Maria als Himmelskönigin unter einem mit glänzenden Sternen besetzten Baldachin auf einem bizarren, aus dünnen Rocaillen gebildeten Herrschersitz und empfängt die Huldigung der von Michael und Gabriel angeführten Engelschöre. Eingeschrieben ist die auf einer teppichverhangenen Wolkenbank verteilte Figurengruppe, von der Strahlen zu

kreisförmig angeordneten Puttenköpfchen ausgehen, einem dicht gedrängten Heiligenreigen, der trotz seiner Ringform eine Betonung der vier Himmelsrichtungen erkennen lässt. Unmittelbar unter der Gottesmutter sind die Apostelfürsten Petrus und Paulus in den Vordergrund gerückt, flankiert von den Evangelisten Johannes und Lukas mit ihren Attributen, dem Adler und dem Stier.[219] Hinter diesen vier „Säulen" haben sich die Apostel verteilt, von denen links der Patron der Pilger, Jakobus der Ältere, und rechts Andreas (Gabelkreuz), Thomas (Lanze), Philippus (Kreuzstab) und Bartholomäus (Messer) zu identifizieren sind.[220] Letzterer führt gerade ein Gespräch mit dem Evangelisten Markus, zu dessen Füßen der Löwe kauert.[221] Die Südseite beanspruchen wichtige Vorläufer und Wegbereiter Christi im Alten Bund: Zunächst Johannes der Täufer, auf den ein Bärtiger, wohl der Prophet Jeremias, mit erhobenem Finger einredet, dann der Harfe spielende König David und schließlich der Prophet Jesaja (Buch und Säge).[222] Darauf folgen Papst Gregor der Große und der von drei Chorherren begleitete heilige Brictius, Bischof von Tours; beiden war jeweils ein Altar in der Alten Kapelle geweiht.[223] Im Osten, also zum Altarraum hin, sitzt Kaiser Heinrich II. auf einem Modell der eben erst modernisierten Stiftskirche. Dahinter steht Kunigunde mit einer Schar weiblicher Heiliger: Links Ursula (Pfeile und Fahne) mit einer Begleiterin – von beiden ist nur der Kopf sichtbar –,[224] dann übereinander gestaffelt Dorothea (Blumenkorb), Martha (Schalen und Schlüsselbund), und Margaretha (Götzenbild, Schlangen und Schwert), schließlich Barbara (Kelch) und Katharina (zerbrochenes Rad). Letztere leitet über zu den männlichen Märtyrern, von denen Mauritius (Rüstung) und Johann Nepomuk (Kreuz und Buch) die vorderen Plätze einnehmen[225] und Wenzeslaus im Herzogsgewand, Bischof Erasmus (Winde) und Vitus (Kessel) eine Reihe dahinter bilden. Den Kreis schließen Abraham (Messer und Widder) und sein Sohn Isaak als Stammväter

Abb. 98 △
Die Heiligsprechung Kaiser Heinrichs II.
Fresko auf der Mittelschiffsüdwand der Alten Kapelle.
Geschaffen 1753 von Christoph Thomas Scheffler (1699–1756).

Abb. 97 ◁ △
Kaiser Heinrich II. wird als Heiliger um seine Fürsprache angerufen.
Fresko auf der Mittelschiffnordwand der Alten Kapelle.
Geschaffen 1753 von Christoph Thomas Scheffler (1699–1756).

Christi sowie Joseph (blühender Stab) und Joachim (Schäferstab) als nächste Verwandte Mariens.[226]

Der Zyklus über den Mittelschiffarkaden ist wieder ausschließlich der Vita und den Tugenden des kaiserlichen Stifterpaares gewidmet, wobei die chronologische Abfolge der Szenen im Nordosten beginnend auf die Gegenseite wechselt und dieser Rhythmus bis zum letzten Joch vor der Empore beibehalten wird. Im ersten Bild, dessen Thema ehemals durch das Epigramm *Caesari in coelis electo* umschrieben war,[227] verfolgt Heinrich, der sich zum Gebet niedergekniet hat, mit Bestürzung, wie sein einstiger Erzieher, Bischof Wolfgang, der hinter einer trennenden Altarmensa zusammen mit Engeln auf einer Wolkenbank steht, mit dem Finger die Prophezeiung „post sex" an die Wand schreibt. Vision und Wirklichkeit sind hier miteinander verflochten, war der Heilige dem König doch im Traum erschienen und hatte dieser im Glauben, er müsse nach sechs Tagen sterben, sich durch Beten auf den nahen Tod vorbereitet. Sechs Jahren später wurde er zum Kaiser gekrönt.[228] Zum Fresko gegenüber hat sich wieder eine Zeichnung erhalten, die in Material und Technik mit dem oben bereits erwähnten Deckenentwurf identisch ist.[229] Hier empfängt nun Papst Benedikt VIII. Heinrich 1014 vor der Stadtkulisse Roms, die von der Peterskirche mit ihrer weitgespannten Kuppel (!) und der Trajanssäule geprägt ist, und überreicht ihm als Geschenk einen Reichsapfel, der seine Belehnung mit der Weltherrschaft symbolisieren soll.[230]

Das nächste Joch zeigt zuerst nördlich eine Begebenheit aus dem Feldzug des Kaisers gegen das von Ostrom besetzte Unteritalien. Bei der Belagerung Trojas habe er der sich heftig verteidigenden Stadt mit der völligen Vernichtung und der Tötung aller männlichen Bewohner gedroht, worauf die Kinder des Orts, angeführt von einem Einsiedler, zum Heerlager gezogen seien, um Gnade zu erflehen. Nach zweifacher Ablehnung habe Heinrich, als die Bittprozession ein drittes Mal vor ihm erschien, Mitleid gezeigt und eine ehrenvolle Kapitulation akzeptiert.[231] Auf der Südseite empfangen Heinrich und seine Mannen vor der Schlacht gegen den Polenherzog Boleslaw die heilige Kommunion. Im Hintergrund haben die Gefechte bereits begonnen, an denen oben auf einer Wolke der mit dem Flammenschwert bewaffnete Erzengel Michael und die Heiligen Adrianus (Schwert) und Georg (Lanze) regen Anteil nehmen. Nur Laurentius in ihrer Mitte wendet sich vom Getümmel ab und blickt hilfesuchend in ferne Gefilde empor.[232]

In der fünften Szene begutachtet Kunigunde, die sich an ein großes Kirchenmodell lehnt,[233] Baupläne für ein ausgedehntes Gebäude und lauscht zugleich interessiert den Erläuterungen des mit Zirkel, Längenmaß und Zeichenstift „bewaffneten" Architekten. Dahinter deuten regellos zusammengestellte Architekturelemente einen Palast an, vor dessen Toren ein Priester im Auftrag der Kaiserin Almosen an Arme verteilt, während sie selbst im Hintergrund Kranke in einem Leprosenhaus besucht.[234] Auf der Gegenseite ist der Tod Heinrichs am 13. Juli 1024 in der Pfalz Grona dargestellt.[235] Umringt von seinen Getreuen verabschiedet sich der Sterbende von seiner Gemahlin und gibt sie, indem er ihr eine Lilie überreicht, symbolisch den Verwandten als Jungfrau zurück.[236]

Letzte Stationen vom weiteren Weg Kunigundes schildern die beiden folgenden Bilder:[237] Zum einen legt sie am Todestag Heinrichs 1025 im Rahmen einer feierlichen Messe die Gelübde ab, um künftig als einfache Benediktinerin in dem von ihr gestifteten Kloster Kaufungen zu leben.[238] Zum anderen empfängt sie, umringt von ihren Mitschwestern, acht Jahre später durch einen Priester die Sterbesakramente und weist dabei mit Nachdruck ihr einstiges kaiserliches Prunkgewand zurück, das ihr eine Nonne reichen will. Auf dem kleinen Tisch vor dem Sterbebett liegen Geißel, Gürtel, Totenkopf und Stundenglas als Sinnbilder von Buße und Vergänglichkeit. Eine stichbogige Tür links gibt Einblick in die üppig ausgestattete Küche der Abtei.[239]

Zwei Ereignisse, die nach dem Tode des Kaiserpaares „zur unerlässlichen Bestätigung ihrer Heiligkeit“[240] stattgefunden haben, beschließen die Folge vor der Emporenbrüstung. Nördlich flehen von den unterschiedlichsten Krankheiten geplagte Menschen, darunter ein Besessener, der nur mühsam von zwei kräftigen Männern festgehalten werden kann, als der Teufel seinem Mund entweicht, sowie eine Mutter mit ihrem Kind, ein Blinder, ein Bettlägriger und ein Bettler, die im Himmel wiedervereinten Heinrich und Kunigunde um Beistand an.[241] Südlich wird Heinrich am 12. März 1146 in Anwesenheit von König Konrad III. (reg. 1138–1152), der die Kanonisation seines Vorgängers nachdrücklich unterstützt hatte, heiliggesprochen und seine Büste zur Ehre der Altäre erhoben.[242]

Der Künstler und sein Werk – Gottfried Bernhard Göz

Als nach achtjähriger Unterbrechung 1761 die Arbeiten im Chor fortgesetzt wurden, musste man sich, da Scheffler 1756 gestorben war, nach einem adäquaten Ersatz umsehen und so fiel die Wahl auf Gottfried Bernhard Göz, der sich bereits 1754 ff. mit der Ausmalung der seit 1224 dem Kollegiatstift inkorporierten Pfarrkirche Sankt Kassian eindringlich empfohlen hatte.[243] Eine Vermittlerrolle dürfte erneut der Stuckator Anton Landes gespielt haben, an dessen Seite der Maler nicht nur in Regensburg, sondern auch in Schloss Leitheim (1751) und in der Salesianerinnenkirche von Amberg (1758 ff.) gearbeitet hatte. Göz stammt aus dem mährischen Welehrad, in dessen Pfarrkirche er am 10. August 1708 getauft wurde. Ab etwa 1724 Schüler von Franz Gregor Ignaz Eckstein (1689–1741) in Brünn, dürfte er um 1728 seinen Lehrer als Geselle verlassen haben und auf Wanderschaft gegangen sein. 1729/1730 kam er nach Augsburg, wo er offiziell seine Ersitzjahre bei Johann Georg Rothbletz ableistete,[244] sich aber auch, wie Georg Christoph Kilian (1709–1781), sein erster Biograph, 1764 berichtet, *eine Zeitlang neben Herrn Johann Holzer, bey dem hiesig renomirten Historien Mahler Johann Georg Bergmüller* aufgehalten und *daselbst neben schönen Mahlerey Geschäfften einige schöne Blädter in diesem Verlag auf mahlerische Art* radiert hat.[245] Nachdem Göz am 18. April 1733 die Meistergerechtigkeit erhalten hatte, beantragte er beim Rat der Stadt das Bürgerrecht,[246] das ihm am 30. desselben Monats zugestanden wurde. Damit war es ihm möglich, Ende Mai seine Verlobte Anna Elisabeth Lesin in Sankt Georg zum Traualtar zu führen. Nach deren frühen Tod heiratete er 1736 Maria Eleonore Magdalena von Erdenfeld, die ihm im April 1738 den einzigen Sohn Franz Regis Thaddäus Lorenz gebar.[247] 1737 schloss sich Göz mit den Brüdern Klauber, für die er schon früher als Entwerfer und Zeichner tätig gewesen war, zu einer *Compagnie* zusammen. Als sich diese Verlagsgemeinschaft drei Jahre später auflöste, gründete er einen eigenen Kupferstichverlag, für den er 1742 auf zehn Jahre das kaiserliche Privileg erhielt.[248] Zu seinen bemerkenswertesten Errungenschaften gehörte, Bilder *mit bunden farben, auf gemahlte arth [zu] drucken*.[249] 1744 verlieh ihm Karl VII. (reg. 1742–1745) den Ehrentitel eines kaiserlichen Hofmalers und -kupferstechers, und 1753 ernannten ihn die Augsburger Stadtpfleger zum Hauptmann des Bürgermilitärs, eine ungewöhnliche Auszeichnung für einen Künstler, die er mit seinem einstigen Meister Johann Georg Bergmüller teilte. Neben seiner überaus fruchtbaren Tätigkeit als Zeichner und Entwerfer von Stichvorlagen[250] bzw. als Maler von Altarbildern und Porträts übernahm er zwischen 1739 und 1769 eine Vielzahl mehr oder weniger umfangreicher Freskenaufträge,[251] die ihn zuletzt bis ins Schweizer Solothurn führten.[252] Dem Eintrag im Totenbuch des Augsburger Doms zufolge starb *D. Joannes Gottefridus Göz Pictor et Sculptor* am 23. November 1774.[253]

Im Grunde war Göz um seine Aufgabe in der Alten Kapelle nicht zu beneiden, zumal sich sein Werk einerseits nahtlos an die Leistung Schefflers anschließen musste, es anderseits

Abb. 99 △
Der heilige Paulus predigt auf dem Aeropag in Athen. Fresko von Gottfried Bernhard Göz (1708–1774) auf der Chorsüdwand der Alten Kapelle. 1765.

Abb. 100 ▷ △
Christus übergibt Petrus die Schlüssel zum Himmelreich. Fresko von Gottfried Bernhard Göz (1708–1774) auf der Chornordwand der Alten Kapelle. 1765.

aber auch einen effektvollen und dem Ort angemessenen Schlusspunkt unter ein vornehmlich von lokalhistorischen Momenten geprägtes Programm setzen sollte. Für das zwei Joche überspannende Fresko hatte das Stiftskapitel bekanntlich eine Stelle aus der Offenbarung gewählt,[254] deren Verfasser Johannes mit seinem Attribut, dem Adler, am unteren Bildrand auf einem Stein sitzt[255] und gebannt das visionäre Geschehen verfolgt, um es dann niederzuschreiben. Links und rechts sind den Rahmen entlang die 24 Ältesten verteilt, die ihre Kronen und Harfen abgelegt haben und dafür Räucherschalen in Händen halten. Im oberen Abschnitt schwebt der Chor der Engel mit sieben Leuchtern als Symbole der Sieben Geister Gottes. Ihre Anordnung entspricht dem Halbkreis des Regenbogens, der den Thron Gottvaters und die davon ausgehenden Blitze und Posaunen überspannt. Getragen wird dieser wie das aufgeschlagene Buch mit den sieben Siegeln, das die göttlichen Ratschlüsse enthält, von den vier sechsflügeligen Wesen, einem Adler, Löwen, Stier und Engel. Davor steht das Lamm mit den sieben Hörnern, aus dessen Brustwunde sich ein Blutstrahl ergießt, darunter knien ein letztes Mal zuseiten einer Ansicht der Alten Kapelle Heinrich und Kunigunde, die die Zeichen weltlicher Macht mit Blumenkränzen vertauscht haben und von einem furiosen Posaunenengel auf die majestätische Himmelserscheinung aufmerksam gemacht werden.[256]

Ganz andere Themen behandeln die beiden Wandbilder vor dem Hochaltar. An der Nordseite hat Göz jenen Augenblick festgehalten, da Christus, der durch das von links ein-

Abb. 101
Der heilige Paulus predigt auf dem Aeropag in Athen. Federzeichnung von Gottfried Bernhard Göz (1708–1774) für das Fresko auf der Chorsüdwand der Alten Kapelle. 1765. Laviert, teilweise aquarelliert, quadriert. 12,5 cm x 9 cm. Bremen, Kunsthalle, Inventar-Nummer 1941/24.

fallende Licht aus der dicht gedrängten Schar der Apostel hervorgehoben ist, dem heiligen Petrus den goldenen und den silbernen Schlüssel zum Himmelreich übergibt und ihn zugleich mit einer belehrenden Geste seiner Linken auf die Personifikation der Ecclesia hinweist, die im Mittelgrund hoch oben auf einem Felsen sitzt und mit einem Kreuz das Böse in Gestalt eines sich ihr nähernden Drachens abzuwehren versucht.[257] In gleicher Weise sollen die hinter dem Erlöser weidenden Schafe die Übertragung des Hirtenamtes an Petrus durch die Worte „Weide meine Lämmer" andeuten.[258]

Das südliche Fresko, das Göz mit einer Federzeichnung vorbereitet[259] und auch mit der Signatur *G. B. Göz Inv. & Pinx. 1765* versehen hat, stellt die Predigt des heiligen Paulus auf dem Areopoag dar.[260] Er steht auf einem Podest in der Bildmitte und predigt mit weit ausgebreiteten Armen seinen Zuhörern „von Gott und dem Mann, der die Welt ‚in Gerechtigkeit' richten wird."[261] Über ihm lagert Christus, das Haupt hinterfangen vom Dreiecksnimbus, mit Kreuz, Szepter und Weltkugel auf den Wolken. Die ausgestreckte Linke des Apostelfürsten weist auf eine verschleierte Frauenbüste, die in einem Rundtempel auf einem hohen Sockel mit der Inschrift *IGNOTO DEO*[262] steht. Neben dem Buch, auf das sich der im Vordergrund sitzende Mann stützt, liegt ein Blatt Papier mit einer darauf gezeichneten Hand.[263]

Das Werk und seine Meister

Im Ganzen gesehen haben beide Künstler durchaus Ansprechendes geleistet. Vor allem Scheffler profitierte davon, dass ihm an den Decken große Bildflächen zur Verfügung standen, die ihm ausreichend Platz boten, mächtige Architekturprospekte als Rahmen oder Hintergrund für dichte Figurenarrangements emporzuziehen. Auffallend ist dabei allerdings seine geringe Variationsbreite, die sich insbesondere bei den von identischen Rahmensystemen umgebenen und jeweils drei Joche zusammenfassenden Hauptbildern am Gewölbe des Mittelschiffs in analogen Kolossalordnungen und in einer entsprechenden Verteilung der Akteure niederschlägt.[264] Hier wie dort bildet ein Stufenpodest die Basis für die Hauptszene und deuten Pilaster, Bogenöffnungen und eine verkröpfte Gebälkzone einen stark untersichtigen Raum an, in dessen obersten, durch Wolken bzw. Vorhangdraperien verunklärten Abschnitt sich Engel und Putten tummeln. Diese Gleichförmigkeit wird nur von zwei Grisaillen an der Sockelzone des Eingangsfreskos unterbrochen, deren plakettenartige Anbringung einen ungewohnten Überraschungseffekt erzeugt.

Weniger an den Stirnseiten des Querhauses als vielmehr an den Hochwänden des Mittelschiffs sah sich Scheffler mit dem Problem konfrontiert, seine sonst so großzügig angelegten Kompositionen auf begrenztem Raum und ohne Verlust der Aussage unterbringen zu müssen. Er löste diese Aufgabe, indem er durchgehend einige wenige Hauptfiguren je nach Szene mit verhaltener Reaktion oder mit stürmischem Impetus in der vordersten Ebene agieren lässt, das themensekundäre Personal im Mittelgrund anordnet und alle zusammen mit den üblichen Staffagestücken hinterfängt, also insgesamt gesehen statt einer Vertikalisierung eine Tiefenschichtung der Bildanlage wählt.

Gänzlich auf architektonisches Beiwerk verzichtet er allein im Heiligenhimmel über der Vierung, der, vermehrt um einige lokalhistorisch relevante Gestalten, eine nahezu wörtliche Wiederholung seiner Komposition von 1751 in der Dillinger Jesuitenkirche ist. Gerade dies deckt aber erneut seine Stärken und Schwächen auf. Während er sich dort, begünstigt durch den Verzicht auf stuckiertes, die Malfläche genau definierendes Rahmenwerk, ungehindert entfalten und die mächtigen Figuren einzeln oder in Gruppen locker und leicht auf den umlaufenden Wolken verteilen konnte, drängen sich hier Apostel, Kirchenväter, Evangelisten, Vertreter des Alten und Neuen Bundes zusammen mit Lokalheiligen auf engstem Raum neben- und hintereinander. Dies hat zur Folge, dass die räumliche Distanz zwischen dem zentralen Motiv der Gottesmutter auf dem prachtvollen Thron und der munteren Schar der Adoranten wesentlich geringer ist, dass die Illusion des Schwebens, die das Dillinger Fresko auszeichnet, nahezu vollständig aufgezehrt ist, und nicht zuletzt, dass die gesamte Darstellung weniger rokokohaft, dafür umso retrospektiver wirkt.

An ein zeitlich weiter zurückliegendes Werk erinnerte sich Scheffler bei der „Feuerprobe der heiligen Kunigunde" im südlichen Querhaus. 1737 hatte er diese Szene an die leicht gewölbte Decke der katholischen Pfarrkirche Sankt Ulrich und Afra in Todtenweis (Landkreis Aichach-Friedberg) gemalt und schon damals einen Bildaufbau gewählt, der aus einem Treppensockel, einer mit Figuren dicht bestückten Hauptebene, einem hinter- und überfangenden Säulenportikus sowie dem obligatorischen Engelsreigen zusammengesetzt ist. Trotz aller Parallelen erscheint die Todtenweiser Darstellung weitaus kompakter und in sich stimmiger, was zu einem nicht geringen Teil auf das längsovale Bildformat, hauptsächlich aber auf den geradlinigen Rahmen zurückzuführen ist, der die Komposition „zusammenhält", während sie sich in der Alten Kapelle zu den Rändern hin zusehends auflöst und sich schließlich in den Schnörkeln der Stuckdekoration verliert.

Scheffler hat nicht nur auf ältere eigene Vorlagen zurückgegriffen, sondern auch, wie oben schon erwähnt, mehrere Entwürfe vorgelegt,[265] die einander in der Wahl der technischen Mittel, besonders aber in der minutiösen Durcharbeitung, die sich sogar auf Nebensächlichkeiten wie den Reichsadler auf einer Fahne[266] oder eine Krone als Insignie kaiserlicher Hoheit[267] konzentriert, völlig entsprechen. Zur Übertragung ausnahmslos gerastert, könnte man aufgrund der bis ins Detail gehenden Übereinstimmung von Zeichnung und Ausführung durchaus zur Ansicht gelangen, es handle sich hier um sogenannte ricordi, um „Erinnerungshilfen", die dem Künstler, seinen Mitarbeitern oder auch künftigen Auftraggebern eine Vorstellung des ehemals Geleisteten vermitteln sollten, doch gehört dieses starre Festhalten an der einmal festgelegten Bildkonzeption zu den in Schefflers Kunst allgemein feststellbaren Charakteristika.[268] Hierzu zählen auch zwei andere, entscheidend gestalterische Merkmale, die er aus seiner Gesellenzeit bei Asam mitgenommen haben dürfte, die aber zugleich seinen Fresken eine gewisse „Altertümlichkeit" verleihen und sie als Zeugnisse einer überholten Stilrichtung ausweisen: Einerseits die auf warmen Ockertönen, vornehmlich auf Rot und Goldbraun eingestimmte und nur von wenigen Buntfarben aufgebrochene Farbskala, deren einstige Frische hier allerdings unter späteren Restaurierungen stark gelitten hat,[269] andererseits die bereits in extenso angesprochene Verwendung illusionistischer Architekturmotive. Beide verdeutlichen, dass Scheffler den Anschluss an die Entwicklung der süddeutschen, vor allem der Augsburger Freskomalerei verpasst hatte. Obwohl er sich seit seiner Niederlassung in der Fuggerstadt enger an Johann Georg Bergmüller und dessen Schülerkreis angeschlossen hatte, blieb er „durch seine gehäufte Bildfüllung und die immer grellere Farbigkeit ein Einzelgänger."[270] Allen seinen Decken- und Wandbildern in der Alten Kapelle ist anzumerken, dass er sie in der Auseinandersetzung mit seinen künstlerischen Wurzeln, die in Oberbayern, nicht im Schwäbischen lagen, und seiner eigenen, leider sehr beschränkten Fortschrittlichkeit geschaffen hat. Zukunftsweisend waren sie in keinem Fall. Sie dienten ihm ausschließlich als Mittel zur Festschreibung teils historischer, also rational begreifbarer, teils irrationaler Begebenheiten im Sinne einer Existenzbegründung für das Stift. Dabei dürfte sich auch bis zu einem gewissen Grad restriktiv ausgewirkt haben, dass die Auftraggeber mit konkreten Forderungen an ihn herangetreten waren und es für ihn galt, ohne Einschränkungen das Geforderte zu erfüllen, das seinen Maßstab von schon bestehenden Werken nahm. Asams Arbeiten in Sankt Emmeram waren und blieben der Gradmesser, an dem sich sein einstiger Mitarbeiter zu orientieren hatte.

Abb. 102
Papst Benedikt VIII. empfängt Kaiser Heinrich II. 1014 in Rom.
Federzeichnung von Christoph Thomas Scheffler (1699–1756) für das entsprechende Fresko auf der Mittelschiffsüdwand der Alten Kapelle. 1753. Laviert, weiß gehöht, quadriert. 23,6 cm x 17,9 cm.
Augsburg, Städtische Kunstsammlungen, Inventar-Nummer G 11 865.

Als durchaus eigenständiger Künstler und als typischer Vertreter des Augsburger Rokoko erweist sich hingegen Gottfried Bernhard Göz, fällt die Ausmalung des Chors doch in seine reife Zeit. Deutlich wird dies freilich sekundär an dem ausgedehnten Deckenbild, dessen stumpfes Kolorit auf die Überarbeitung von 1886/1888 zurückzuführen ist, als primär an den hellfarbigen Wandfresken, deren ganz auf die vorderste Bildebene bezogenen Kompositionen figural bestimmt sind. Nicht die „Erschließung der Bildtiefe", sondern „die leicht ablesbare flächige Ausbreitung der Bilderzählung bei gemäßigter Untersicht" war für ihn maßgeblich, dazu eine Körperhaftigkeit, die er „durch die kontrastreiche Beleuchtung der Personen" erreichte, deren „Ausdruck in der Gestik und Haltung [...], nicht in der Mimik liegt. Verbindungen und Bezüge werden durch Bewegungen, Gebärden und Blicke hergestellt, unterstützt durch die Verteilung und Wiederholung der Farben."[271]

Abb. 103
Der Tod des heiligen Kaisers Heinrich.
Federzeichnung von Christoph Thomas Scheffler (1699–1756) für das entsprechende Fresko auf der Mittelschiffsüdwand der Alten Kapelle. 1753. Laviert, weiß gehöht, quadriert. 23,8 cm x 18,7 cm.
Augsburg, Städtische Kunstsammlungen, Inventar-Nummer G 11 866.

Wir wissen nicht, welche Bedeutung Göz selbst diesem Auftrag beigemessen hat, doch ist anzunehmen, dass er nicht unbedingt damit zufrieden war, ein einziges Fresko an das Gewölbe malen zu dürfen. Vielleicht war dies auch der Grund dafür, dass man ihm mit zeitlicher Verzögerung auch noch die beiden Wandbilder übertrug, die weder innerhalb des ikonologischen Programms noch als solitare Schöpfungen im Zusammenhang mit der Raumdekoration unbedingt notwendig gewesen wären. Das Hauptverdienst des Augsburgers besteht folglich darin, ein Werk zu Ende gebracht und damit zur Gesamtwirkung eines Sakralraums beigetragen zu haben, der zweifellos als herausragendes Beispiel für das gestalterische Vermögen und die nicht selten ins Überschwängliche hinüberreichende Dekorationskunst des bayerischen Rokoko gelten darf.

Die Stuckdekorationen in der Alten Kapelle

Eva Christina Vollmer

◁ Abb. 104
Vase mit Symbolen des Elements Erde. Stuckdekoration von Anton Landes (1712–1764) im Chor der Alten Kapelle. 1762/1763.

Es gibt wohl keine zweite Kirche in Bayern, die einen derartigen Aufwand an Gold und Dekor zeigt wie die Alte Kapelle in Regensburg. Die geniale Neugestaltung des im Ursprung frühromanischen und gotischen Raumes lag in den Händen des Stuckators Anton Landes (1712–1764) und der Maler Christoph Thomas Scheffler (1699–1756) und Gottfried Bernhard Göz (1708–1774). Die bislang nur verstreut zu findenden Erkenntnisse über Anton Landes – eines der begabtesten Mitglieder der über 600 Namen umfassenden sogenannten Wessobrunner Schule – machen es erforderlich, eingangs auf diese noch immer zu wenig gewürdigte Künstlerpersönlichkeit einzugehen.

Die bis in die jüngste Zeit[272] vertretene, auf einem Eintrag in den Kapitularprotokollen basierende Behauptung, die Stuckaturen in der Alten Kapelle seien von Jakob Landes aus Wessobrunn geschaffen worden, beruht leider auf einem Irrtum. Es gibt drei Wessobrunner Stuckatoren namens Landes, nämlich die Brüder Engelmund (* 1705), Joseph (* 1709) und Anton (* 1712), aber kein Mitglied der Familie wurde jemals auf den Namen Jakob getauft.[273] Ob der Irrtum des Stiftsprotokollanten in einem Schreib-, Hör- oder Flüchtigkeitsfehler begründet liegt, lässt sich ebenso wenig ermitteln wie der Beweggrund des Wessobrunner Pfarrers Pater Marianus, welcher den Geburtstag Dominikus Zimmermanns in den Wessobrunner Matrikelbüchern mit *31 Junij* (1685) niederschrieb. Welch weitreichende Folgen solche Irrtümer nach sich ziehen, beweist das Künstlerlexikon Thieme-Becker, das mit dem vermeintlichen Jakob Landes und dem richtigen Anton Landes zwei Persönlichkeiten nebeneinander stellte, die sich angeblich die Stuckierung der Alten Kapelle teilten.[274]

Die Familie Landes war seit 1704 im Klosterdorf Haid bei Wessobrunn ansässig. Der Vater der drei stuckierenden Brüder hieß Andreas Landes, stammte vom westlichen Lechufer *de Bernbyren ex Suevia* (das ist Bernbeuren im heutigen Landkreis Weilheim-Schongau) und heiratete 1704 Anna Scheffler aus Gaispoint, deren Bruder Christoph seit 1696 Stiefvater der Zimmermann-Brüder Johann Baptist und Dominikus war.[275] Im Jahre 1713 erwarb Andreas Landes für sich und seine mittlerweile fünfköpfige Familie das Haus Nr. 12 in Haid. Von Beruf war Vater Landes Klosterschreiber und so wurde auch sein Haus bezeichnet: „beim Schreiber". Kurz nach dem Kauf der Immobilie verstarb Andreas Landes; seine Witwe heiratete 1715 Michael Schütz von Forst. Anton Landes hatte seinen Vater also bereits verloren, ehe er drei Jahre alt geworden war. 1747 ging das väterliche Haus vom Stiefvater auf Anton Landes über. Zu diesem Zeitpunkt darf man seine erste Eheschließung mit Elisabeth Wagner aus Rott vermuten (die Trauung fand nicht in Wessobrunn statt, da sie in den dortigen Matrikelbüchern nicht verzeichnet ist). Nach achtjähriger Ehe starb Elisabeth im Januar 1756 im Kindbett. Einen Monat später vermählte sich der Witwer mit Maria Elisabeth Grammer aus Haid. Im Gegensatz zur ersten Frau Landes überlebte sie ihren Mann, der im Mai 1764 recht jung im Alter von 52 Jahren starb, und heiratete 1766 in zweiter Ehe Benedikt Schmid, der – wie Andreas Landes – das Amt des Klosterschreibers versah.[276]

Im Jahre 1736 ist Anton Landes erstmals archivalisch fassbar, als er sich um die (mangels Geldes nicht realisierte) Stuckausstattung der Pfarrkirche in Moosbach (Landkreis Neustadt an der Waldnaab) bewarb, einen mit *Antony landes stuckhador von Wessobrunn in bayrn* signierten Entwurf beifügte und über seine bisherigen Tätigkeiten berichtete.[277] Daraus geht hervor, dass er bei seinem Onkel Christoph Scheffler (1670–nach 1723), vor allem aber bei seinem Vetter Johann Baptist Zimmermann (1680–1758) das Stuckatorenhandwerk erlernte und *schon so ville Gottshäuser und Palläst [...] uf französische Arth formirter Stockhadorarbeith ausgezieret* hatte, wovon namentlich Schleißheim, Nymphenburg, München und die Jesuitenkirche in Amberg erwähnt sind. Alle diese Dekorationen entstanden im dritten Jahrzehnt des 18. Jahrhunderts. Landes wird wahrscheinlich zunächst Lehrbub, später Geselle im Trupp seines Vetters gewesen sein. Wann er Meister wurde, ist nicht bekannt.

Gleichzeitig mit der Bewerbung für Moosbach stuckierte Landes 1736 die Pfarrkirche in Lintach (Landkreis Amberg-Sulzbach), wohl seine erste selbständige Arbeit, auf die er in seinem Schreiben verweist. Es ist eine typische Wessobrunner Spätrégencedekoration, aus Bandwerk, Gittermotiven, Blütengirlanden und Putten bestehend, wie man sie zu dieser Zeit auch im Werk der Schmuzer, Feichtmayer, Finsterwalder oder bei dem Füssener Zimmermann-Schüler Joseph Fischer findet. Noch immer unerforscht ist das Wirken von Landes in den 1740er Jahren; aus diesem Jahrzehnt sind keine Arbeiten bekannt. Wegen der „volkstümlich-bildhaften Ausschmückung mit Figuren und Attributen an den Apostelkreuzen und im Chor“ wird zwar die Stuckdekoration der ehemaligen Augustinerchorherrenstiftskirche in Regensburg-Stadtamhof Anton Landes zugeschrieben und als frühes Werk um 1740 angesetzt,[278] aber weder die Datierung noch die Zuweisung an Landes als alleinigem Stuckator lassen sich aufrecht erhalten.[279] Erst 1750 lässt sich Landes mit dem Stuckdekor im Kirchenschiff der Alten Kapelle in Regensburg erneut belegen. Es folgt nun eine ununterbrochene Werkfolge, die von seinem künstlerischen Hauptwerk Schloss Leitheim über die Kalvarienbergkapelle in Wörnitzstein, die ehemalige Benediktinerklosterkirche Frauenzell,[280] die Mainzer Peterskirche,[281] Sankt Kassian in Regensburg, das Dominikanerinnenkloster Maria Medingen, die Salesianerinnenkirche in Amberg, die Leitheim verwandten Stuckarbeiten in Schloß Lierheim bis hin zum Chor der Alten Kapelle reicht.

Ausbildung und Mitarbeit in der Werkstatt Johann Baptist Zimmermanns schlugen sich vielfältig im Oeuvre von Anton Landes nieder. Seine Vorliebe für voluminöse, auf Pfeilervorsprüngen am Gewölbeansatz stehende Vasen, beispielsweise in Frauenzell, in den drei von ihm stuckierten Regensburger Kirchen,[282] in der Ebnerkapelle in Maria Medingen[283] oder in der Amberger Salesianerinnenkirche, ist nicht zwangsläufig auf das häufig zitierte Vorbild Asam zurückzuführen, denn auch Johann Baptist Zimmermann verwendete dieses festliche Dekorationsmotiv in zahlreichen seiner Ausstattungen, wie etwa in der Amberger Jesuitenkirche, im Weißen Saal in Schloss Schleißheim, im Neuen Festsaal in Kloster Benediktbeuern, in Weyarn, Steinhausen und Dietramszell. Der Gewölbedekor auf dem Moosbacher Entwurf[284] ist geprägt von den zwei Jahre zuvor, vielleicht unter Mitarbeit von Landes, entstandenen Stuckaturen in Landshut-Seligenthal[285]. Mehrere Motive sind in Schleißheim vorgebildet: Das Blaue Kabinett[286] enthält die Vorgaben für die Jahreszeitenputten im Festsaal des Schlosses Leitheim und für die Vögel im ehemaligen Abtsschlafzimmer daselbst; Vorläufer der köstlichen Blattmasken im Leitheimer Festsaal schmückten bereits die Wandfelder der südlichen Antecamera in Schleißheim.[287] Die auffällige Gliederung des Kirchenschiffs der Amberger Salesianerinnenkirche durch profilierte Konsolen mit daraufstehenden Vasen erschien 40 Jahre zuvor in der Amberger Jesuitenkirche, wo die Konsolen den gleichen eingezogen-segmentbogigen Umriss aufweisen. Von Zimmermann hat Landes auch das Motiv der Bogenfriese und die zarten, völlig naturhaft gestalteten Blattkompositionen übernommen.

Anton Landes starb am 16. Mai 1764 *[...] in Berlin Borussiae Metropoli [...]* und wurde dort auch bestattet.[288] Auf die Frage, was er in der preußischen Hauptstadt getan haben könnte, fällt eine Antwort nicht schwer. Von 1763 an verwirklichte Friedrich II. von Preußen sein letztes großes Bauprojekt, das Neue Palais bei Potsdam, welches zahlreichen Künstlern Arbeit versprach. Für die Vermittlung könnte Johann Michael Merck (1714–1784), der oberste Stuckator des Königs, gesorgt haben, der seit 1753 in Rott am Lech ansässig war – dem Geburtsort von Landes' erster Ehefrau.[289] Landes hinterließ bei seinem Tod vier Kinder, zwei Töchter und zwei Söhne,[290] über deren weiteren Lebensweg nichts bekannt ist.

Wenden wir uns nun der Entstehungsgeschichte der wandfesten Ausschmückung der Alten Kapelle zu, die in drei Etappen entstand. Zunächst arbeiteten die Stuckatoren drei Sommer lang, von 1750 bis 1752, im Mittelschiff, in der Vierung und in den beiden Querhausarmen. Christoph Thomas Scheffler malte 1752 die Deckenbilder in den von den Stuckatoren fertig gestellten Raumteilen; 1753 folgten der zwölfteilige Wandbilderzyklus im Mittelschiff und die beiden Wandfresken in den Querhausarmen. In diesem Jahr dürfte auch die Hauptarbeit der Fassmaler anzusetzen sein, denn 1753 verzeichnen die Stiftsprotokolle die höchsten Ausgaben an *Gold Zur Fassung der Kirchen Stockodor und des Neuen Altar in U: L: Frauen kleinen Capellen* (das ist der 1752 von Johann Baptist Dirr vollendete Gnadenaltar), nämlich 416 Gulden,[291] nachdem bereits 1751 *50 Buech Goldt per 154 fl*[292] und 1752 *achtzig buch ad 300 blath geschlagen Golt* für rund 272 Gulden[293] geliefert worden waren. 1754 kehrte Anton Landes nach Erfüllung anderweitiger Aufträge in Frauenzell und Mainz nach Regensburg zurück, um die Seitenschiffe in der Alten Kapelle sowie Langhaus und Chor der Pfarr- und Wallfahrtskirche Sankt Kassian zu dekorieren. Belegen lässt sich die verzögerte Ausschmückung der Seitenschiffe durch eine Lieferung von 32 Fässern Gips am 8. Mai 1754 und durch die Eintragung im Stiftsprotokoll, wonach *Martin Röhrl Camin Köhrer Von 5 Maliger Säuberung des Rauchfangs an Jbbsofen* (= Gipsofen) *30 x:* empfangen hat.[294] 1754, zum 750. Jahrestag der Wiederherstellung der Kirche durch Kaiser Heinrich II., war die Erneuerung von Lang- und Querhaus abgeschlossen. Die Neugestaltung des Chores erfolgte als dritter Bauabschnitt zwischen 1761 und 1765.

Kehren wir zurück zu dem bereits erwähnten Stiftsprotokoll vom 5. Juni 1750, in welchem die Stuckarbeiten für das Langhaus der Alten Kapelle verdingt wurden. Es heißt dort: *Mit Jacoben Landes Stukhodor Von Wessenbrun wurde die Kürchen arbeith behandlet, Und zwar Von ihne qua Meister täglichen 1 fl:* (= Gulden) *10 x:* (= Kreuzer). *Dan vor Gesellen welche diese Arbeith zumachen wohl fähig synt, wochentlich 5 fl:*.[295] Dieser Vertrag wurde am 23. Oktober 1750 um ein Jahr verlängert: *Mit dem Stokhodorer ist ein Contract auf Künfftiges Jahr in Eventum gemacht worden wie Er die arbeith Verrichten solle.*[296] Ein Nachtrag vom 18. Februar 1752 betraf Restarbeiten im Kirchenschiff: *Über den vor einem Jahr mit den Stockodorer getroffenen Contract ist ein Nachtrag gemacht und den fir machung einiger Capitel Modeln und fases mit einschlus des Handtlangers 30 fl: accordirt worden.*[297] Leider sind weder die im Protokoll erwähnten Verträge zur Langhausdekoration noch Vergleichbares zur zehn Jahre später ausgeführten Chorumgestaltung im Stiftsarchiv gefunden worden. Es gibt daher keinen Anhaltspunkt, wieviel Anton Landes mit diesem Regensburger Großauftrag verdient hat. Für die Stuckatoren gibt es nur die jährlichen, auf der Grundlage der Wochenzettel addierten Gesamtabrechnungen, in denen allerdings auch weitere Ausgaben, wie für Maurer, Zimmerleute, Handlanger und Fassmaler, enthalten sind. Danach entstanden im Jahre 1750 Unkosten in Höhe von 1120 Gulden 37 Kreuzer, die sich im folgenden Jahr 1751 auf 1903 Gulden 3 Kreuzer 2 Heller steigerten und im dritten Ausstattungsjahr 1752 1616 Gulden 50 Kreuzer betrugen.

Nachdem das Baugerüst erstellt worden war, begannen die Stuckarbeiten Mitte Juli 1750. Die Lieferung der ersten 49 Fässer Gips – Lieferant war der Gipshändler Salomon Lechner aus Garmisch, von wo die Fässer auf dem Wasserweg nach Regensburg transportiert wurden – erfolgte laut Sitzungsprotokoll am 15. Juli 1750; auch über alle anderen Materialanschaffungen wurde akribisch Buch geführt. So erfährt man, dass während des Sommers

Abb. 105 ▷
Blick aus der Vierung in das Mittelschiff der Alten Kapelle. Fresken 1752/1753 von Christoph Thomas Scheffler (1699–1756), Stuck 1750/1751 von Anton Landes (1712–1764).

1751 zur Stuckodorarbeit [...] auß der Fürstl: Niedermünsterschen Schenckh abgelanget worden 5 Eimer 39 Köpf weisses Gersten bier [...], dem *ferner nach angefangenen Neuen Sudwerck von dasigen Bräumeistern 4 Eimer 20 Köpf Nachbier* folgten.[298] Umgerechnet sind das 679 Liter Bier – eine Zahl, die zusammen mit jener der zwischen 1750 und 1752 verarbeiteten 192 Fässer Gips veranschaulicht, welche Mengen Rohstoff für das Anfertigen der grazil und leicht wirkenden Stuckornamente erforderlich waren.[299] Erwähnenswert ist die Lieferung von 35 Fässern Gips am 2. Dezember 1750, was bedeutet, dass – entgegen dem üblichen Saisonschluss Ende Oktober – im Winter 1750/1751 weiter gearbeitet wurde. Dies war wohl nötig, weil Anton Landes im folgenden Hauptausstattungsjahr der Alten Kapelle 1751 aufgrund seiner Verpflichtungen in Leitheim und Wörnitzstein[300] nur begrenzt in Regensburg anwesend sein konnte und „vorgearbeitet" werden musste.

Dem nun folgenden eigentlichen Thema sind einige grundsätzliche Überlegungen vorauszuschicken. Die Barockisierung der Alten Kapelle wird des öfteren als vereinfachende Wiederholung der von den Brüdern Cosmas Damian und Egid Quirin Asam 1731–1733 vorgenommenen Umgestaltung der Benediktinerabteikirche Sankt Emmeram in Regensburg verstanden.[301] Es ist unbestritten, dass die Asam'sche Lösung in Sankt Emmeram zum gestalterischen Vorbild einiger Nachfolgebauten, beispielsweise den Kirchen in Stadtamhof, Reichenbach, Cham und auch der Alten Kapelle wurde; im Falle der 20 Jahre später umgestalteten Kollegiatstiftskirche weicht das Konzept jedoch merklich von der Asam'schen Vorgabe ab. Beiden Kirchen gemeinsam ist das breite romanische Mittelschiff mit relativ niedrigem Obergaden und die daraus resultierende vergleichbare Gliederung des Wandaufbaus in eine Folge schmaler rundbogiger Arkaden, die etwa die halbe Wandhöhe einnehmen. Vor die kaum veränderten mittelalterlichen Pfeiler wurden zum Mittelschiff hin Pilaster mit korinthisierenden Rocaillekapitellen gelegt. Das über den Pilastern verkröpfte Kranzgesims trennt die Wand von der Deckenzone. Die Flächen über den Archivolten schmücken Wandbilder in stuckierten Rocaillerahmen, welche durch Agraffen und Kartuschen mit den Arkaden und dem Gesims als anstoßenden Bauteilen verklammert sind. Die einstigen Flachdecken in den Kirchenschiffen und im Querhaus der Alten Kapelle wurden in Stichkappentonnen beziehungsweise böhmische Kappen umgewandelt, die Vierung ist als Hängekuppel hervorgehoben. Der Chor nimmt die Gestaltung des Langhauses wieder auf, verstärkt aber den flirrenden Reichtum des Stucks. Auf die am Außenbau deutlich sichtbare Unterscheidung von romanischem Langhaus und spätgotischem Chor wird im Innenraum verzichtet und ein einheitliches Raumbild angestrebt. Hierin liegt ein wesentlicher Unterschied zur Klosterkirche Sankt Emmeram, in der lediglich der basilikale Kernbau von Langhaus und Chor umgestaltet wurde, die Raumteile im Westen hingegen unangetastet blieben.

Eine weitere Abweichung betrifft die Wandgestaltung: In Sankt Emmeram sind nicht nur die Obergadenfenster abwechselnd in Bassgeigen- und Ovalform gestaltet, sondern auch bei den Hochwänden des Mittelschiffs herrscht ein alternierendes Prinzip vor, bei dem die Flächen zwischen Arkaden und Gebälk abwechselnd durch eine Stuckstatue und ein Gemälde geschmückt wurden. „Die Statuen, besonders aber die Bilderrahmen, überschneiden das dreiteilige, sehr flache Hauptgebälk, so daß [...] eine verwirrende Umkehr der Prioritäten primärer (architektonischer) und sekundärer (dekorativer) Elemente entsteht. Das Überragen der leicht nach vorne gekippten Gemälde über das Hauptgesims verleiht diesen den Charakter einer ephemeren Anbringung, einer nicht wandfesten Dekoration. [...] Die Vasen auf dem Kranzgesims verbinden sich so wenig mit der Architektur, dass man sie für später hinzugefügt halten könnte"[302]. In der Alten Kapelle hingegen wurde sowohl der Wechsel von Bildern und Statuen als auch das rhythmisierende Element der unterschiedlichen Fens-

Abb. 106
Stuckkartuschen in der Vierung der Alten Kapelle.

terformen aufgegeben. Das für Sankt Emmeram charakteristische harte Aufeinandertreffen primärer und sekundärer Dekorationsformen vermieden die Künstler in der Alten Kapelle, indem sie das Gebälk zum Gesims reduzierten und somit ausreichenden Raum für die Stuckrahmen der Wandbilder schufen. Auch bei Schefflers Deckenfresken von 1751/1752 ist eine „bewußte, korrigierende Bezugnahme zu Sankt Emmeram zu erkennen: Das dortige Hauptschiffsfresko der Asam vereinigte zwei gegeneinander gedrehte Darstellungen in einem nur mittelgroßen Bildfeld. Diese Lösung ist nicht unbedingt glücklich und wurde daher von Landes und Scheffler variiert, indem sie zwei kleinere separierte Bildfelder wählten, deren Größe eine einheitliche Lesbarkeit zuläßt und der Raumgröße angepaßt ist“[303].

Es gibt aber auch zahlreiche Übereinstimmungen zwischen Sankt Emmeram und der Alten Kapelle. Man denke an die Zusammenfassung der Gewölbejoche, an die Pilastergliederung der Mittelschiffswände mit den dazwischen angeordneten Hochwandfresken , an die Anbringung der Oratorien im Chor, an die umflochtenen Bündelstabrahmen der Langhausdeckenfresken und die Puttenköpfe, welche die Pilasterkapitelle beleben. Engelsköpfe an Kapitellen verwendete auch Johann Baptist Zimmermann in den Jahren 1751 ff., etwa in der Münchner Peterskirche und in der Klosterkirche Andechs. Eine direkte Übernahme bildet auch das bereits im Freisinger Dom 1723/1724 angewandte Aufbrechen des Hauptgesimses über den Pilasterkapitellen: Die oberste Profilleiste steigt an und rollt sich zu zwei gegenläufigen Voluten ein, wobei der ganze Gebälkblock ein wenig nach vorne gezogen wird. Das Ganze dient als Podest für die großen Vasen, für welche die Gebrüder Asam – aber auch Johann Baptist Zimmermann – eine besondere Vorliebe hegten. Mitte des 18. Jahrhunderts war die von den Asam 1718 in Weingarten eingeführte Brokatmalerei – in der Alten Kapelle als Schmuck aller Gewölbegurte eingesetzt – ebenso Allgemeingut geworden wie der Verzicht auf Rahmungen in den Stichkappen, den Egid Quirin Asam in Sankt Emmeram erfolgreich „ausprobiert“ hatte und der ermöglichte, „daß der ornamentale Fluß der leichten Bänder über die Kanten hinweg vor- und zurückgleiten kann“[304].

Wie wir wissen, entstand die dekorative Ausstattung der Alten Kapelle in zeitlich versetzten Phasen. Es fällt nicht schwer, deutliche Unterschiede zwischen dem Stuck des Langhauses und jenem im Chorraum zu erkennen, die sich nicht nur mit dem zeitlichen Abstand von zehn Jahren erklären lassen. Die Chorstuckatur übertrifft die Dekoration des Querhauses insgesamt, jene des Langhauses partiell bei weitem, woraus gefolgert werden kann, dass Anton Landes im Presbyterium eigenhändig stuckierte, während er die Auszierung der älteren Bauteile wegen anderweitiger Verpflichtungen großenteils seiner Werkstatt anvertrauen musste.

Begonnen wurde im Gewölbe des Kirchenschiffs mit den voluminösen Gemälderahmen, dem Dekor der Gewölbegurte und den asymmetrischen Rocaillekompositionen in den Stichkappen.

Wie mit einem unsichtbaren Zügel halten die zugrunde liegenden C-Bögen das Rocaillewerk in Zaum und hindern es, sich allzu bewegungsfreudig in den Stichkappen auszubreiten. Die kluge Beschränkung hier und bei den Miniaturagraffen im Fensterscheitel verraten die Hand des Meisters ebenso wie die kunstvolle Überleitung der Stichkappenornamente in die teilweise durchbrochenen Stuckspangen, welche die Freskorahmen umklammern. Bei genauerem Hinsehen kann man kleine Köstlichkeiten entdecken, deren Wirkung von den noch ganz in barocker Tradition prunkenden Deckenfresken allerdings in den Hintergrund gedrängt wird. Gemeint sind die schmalen Felder zwischen den durchgezogenen Gewölbegurten einerseits und den oberen und unteren Abschlüssen der Fresken andererseits, die Landes mit einer überaus zarten Komposition aus Bandwerk, Blütengirlanden und Rocaillen versah, die er im Folgejahr auch in Wörnitzstein und Leitheim verwendete, wo sie dank der geringeren Raumhöhe wesentlich besser zur Geltung kommen.

Die Gewölbezone inklusive des gleichfalls vornehm-zurückhaltenden, höfisch verfeinerten Stuckdekors in den Feldern unterhalb der Fenster dürfte seitens der Stuckatoren mit großem Anteil von Anton Landes 1750 weitgehend vollendet gewesen sein. Die bereits erwähnte Winterarbeit 1750/1751 diente dem bei häufig wiederkehrenden Motiven üblichen Vorfertigen gegossener Teile,[305] möglicherweise auch dem Vorzeichnen der im kommenden Jahr zu verfertigenden Stuckarbeiten auf dem Gewölbegrund.[306] Bei den Stuckaturen in den Querhausarmen und in der Vierung wird ein deutlicher Qualitätsverlust spürbar. Die Truppe musste 1751 weitgehend ohne ihren Meister auskommen, was sich in den teilweise klobig und undifferenziert ausgeführten Ornamenten dokumentiert, die auf Fernsicht berechnet sind und mit dem filigranen Dekor der Langhausgewölbe nicht konkurrieren können. Andererseits sollte man die Intention der Stuckkünstler respektieren, welche die insgesamt zwölf großen Kartuschen dieses Bereichs für einen 15,45 m hohen Innenraum konzipierten und nicht damit rechnen konnten, dass ihre Werke einstmals mit Teleobjektiven zum Greifen nah vor das Auge des Betrachters gebracht würden. Aus jeder Perspektive plump sind allerdings die starren Stucktropfen an den Vierungskartuschen, die zu frostigen Eiszapfen mutiert sind und offensichtlich auf das Konto jenes Werkstattmitglieds gehen, dem die Gestaltung der Vasen auf dem Hauptgesims in Quer- und Langhaus oblag. Diese Gebilde, die an missglückte Töpferarbeiten erinnern, bestehen aus einem geschnitzten Holzkern, auf dem mit Eisenstangen, Draht und Nägeln die Stuckdekoration befestigt wurde.[307] Was man aus einem solchen Holzrohling machen kann, zeigen die – weiter unten behandelten – Vasen im Chorraum. Eisenarmierungen waren auch bei den vollplastisch modellierten Rocaillebögen der Kapitelle, den vielen hochragenden Palmzweigen und jenen phantasievollen, an Tafelaufsätze erinnernden Kartuschenaufbauten vonnöten, die an den Ecken des Vierungsquadrats auf dem Hauptgebälk thronen.[308]

Abb. 107
Stuckdekoration im Querhaus der Alten Kapelle.

Eine kaum zu übertreffende Feinheit zeichnet die Stuckdekoration an der Brüstung der Orgelempore aus, sowohl was die harmonische Anordnung der Motive, als auch die hervorragende Ausführung derselben betrifft. Die Brüstung rhythmisieren drei Rahmenfelder, deren schmale Bandzüge zarte Rocaillen und duftige Blütengirlanden umspielen. Die Ornamente sind asymmetrisch, gehorchen aber einer übergeordneten Symmetrie, die von einer imaginären Vertikale in der Mitte des vorgewölbten Brüstungsteils ausgeht. Diesen Punkt markierte Anton Landes durch eine gleichfalls asymmetrische Kartusche mit einem sich vom Untergrund lösenden freiplastischen Rocaillebogen, durch den ein einzelner Palmzweig gesteckt wurde. Dieses im Grunde simple Motiv ist genial; Landes stellt damit sein ausgezeichnetes Gespür für wirkungsvolle Akzentuierungen unter Beweis. Die Kartusche ist zudem von einer wunderbaren Geschmeidigkeit: wie aus weichem Stoff geformt legt sie sich über die Profile und Kanten der Brüstung, bis sie den Reigen der Rocaillebögen unter der Brüstung erreicht. Hier folgt als weiterer Akzent, der in Zusammenhang mit der vor dem Mittelpfeiler der Orgelempore stehenden Skulptur des heiligen Johann Nepomuk[309] zu sehen ist, eine überdimensionale, aus acht gestaffelten Schichten bestehende goldene Muschel.

Der Schmuck der Emporenbrüstung und die Auszierung der Seitenschiffe erscheinen wie aus einem Guss, weshalb auch die Empore möglicherweise erst 1754 stuckiert wurde. Die gleichfalls durch Pilaster gegliederten Seitenschiffe werden von Flachtonnen mit Stichkappen überwölbt. In bester höfischer Manier schmückte Landes die Decken mit Arrangements à la Johann Baptist Zimmermann: Eine Mittelrosette wird von locker aneinander gefügten C-Bögen – einige glatt, die meisten mit Muschelwerksäumen – gerahmt und mit kleinen

Kartuschen an den Endpunkten der Stichkappen und mit größeren gitterwerkgefüllten Kartuschen in den Hauptachsen versehen. Die Gestalt der Pilasterkapitelle ist völlig aufgelöst und geradezu verwirrend, denn ihre Kurven und Schwünge finden unerwartete, überraschende Fortsetzungen. Die Stuckkunst des Rokokozeitalters ist mit dieser Entmaterialisierung der Form zu einem Höhepunkt gelangt, der sich nicht mehr steigern, wohl aber wiederholen ließ, wie die Arbeiten von Landes in Leitheim und Wörnitzstein beweisen.[310]

Der Eindruck, den die geistlichen Würdenträger beim Stiftsjubiläum 1754 vom Innenraum der Alten Kapelle gewonnen hatten, muss gemischt und wohl auch unbefriedigend gewesen sein. Dem soeben vollendeten prunkvollen Kirchenschiff in seiner ausgereiften Rokokoästhetik stand der Chorbau aus der Mitte des 15. Jahrhunderts mit seinem *altgothischen Stenkhl guelb* (vermutlich ist ein Rippengewölbe gemeint)[311] gegenüber. Fast sieben Jahre hatte dieses Nebeneinander noch Bestand, bis im Herbst 1760 die Erneuerung der *Vorderen Kirchen* beschlossen und 1761 endlich begonnen wurde. Am 2. Januar 1761 lieferte das Stadtbauamt 4000 Ziegel für den Triumphbogen und das neue Stichkappengewölbe des Chores. Vermutlich hatte man die Künstler der Langhausrenovierung schon damals für die geplante Neugestaltung des Chores verpflichtet, um ein einheitliches Erscheinungsbild zu gewährleisten. Allerdings segneten zwei von ihnen inzwischen das Zeitliche: Der Bildhauer Franz Anton Neu beendete sein Leben 1758[312]; sein Nachfolger wurde Johann Baptist Dirr (1709–1763), der aber noch während der Arbeiten im Chor verstarb und von Simon Sorg (1719–1792) abgelöst wurde. Auch der Maler der Langhausfresken, Christoph Thomas Scheffler, war 1756 gestorben; den Auftrag übernahm Gottfried Bernhard Göz. So war als einziger Anton Landes in beiden Ausstattungsphasen dabei. Göz und Landes waren kongeniale Partner, die sich 1751 in Leitheim und in Wörnitzstein gegenseitig zu Höchstleistungen angespornt und auch in der Regensburger Kassianskirche (1754/1758) und in der Amberger Salesianerinnenkirche (1758 ff.) zu beglückender Zusammenarbeit gefunden hatten. Die Voraussetzungen für ein neuerliches Meisterwerk der beiden Künstler waren also gegeben und wurden im Chorraum der Alten Kapelle auf eindrucksvolle Weise erfüllt.

Die Arbeiten im Ostteil der Kirche lassen sich genau datieren. Die Stuckaturen, für die 78 Fässer Gips erforderlich waren,[313] entstanden in den Jahren 1761 und 1762. 1762 bezog das Stift von *Herrn Johann Hieronimus Linsmayr Bürgerlichen Goldschlagern alhier* für die immense Summe von 545 Gulden geschlagenes Gold *zur fassung des Chors;*[314] weitere Goldlieferungen sind 1765 (300 Gulden) und 1766 (108 Gulden) verzeichnet. Gottfried Bernhard Göz hatte am 8. Oktober 1762 unter Mitarbeit seines *Bey sich gehabten Sohn als Cholarn* (= Schüler)[315] das Chordeckenbild vollendet; die beiden Wandfresken folgten erst 1765. 1763 erhielt der Chorraum seinen auffallendsten Schmuck mit der Anlage der beidseitigen Doppeloratorien. Der Aufbau der Chorseitenwände, welche die Pilastergliederung des Langhauses übernehmen, ist vielfältig und abwechslungsreich. Die unterste Ebene bilden die Chorgestühle, zwischen denen auf beiden Seiten je eine Tür mit reich stuckierten Supraporten eingelassen ist; die Büsten von Kaiser Heinrich II. und seiner Gemahlin Kunigunde inmitten der Supraporten erinnern an die ruhmreiche Vergangenheit des kaiserlichen Kollegiatstifts. In Richtung Hochaltar folgen das „Kredenz-Altärchen" und der Priestersitz. Über den Chorstühlen sind die Oratorien angeordnet.[316] Ihre Brüstungen schmücken je drei rocaillegerahmte Stuckreliefs, König David mit der Harfe, die heilige Cäcilie und die vier Kardinaltugenden darstellend; über den Fensterpfeilern der vier Chörlein thronen die lebensgroßen Personifikationen der damals bekannten Erdteile. Auf gleicher Höhe wie die Oratorien schließen östlich die beiden Göz'schen Wandfresken in üppigen Goldrahmen an. Über den Oratorien verläuft das verkröpfte Hauptgesims, das die Wand- von der nun folgenden Deckenzone abtrennt. Auf dem Gesims alternieren – jeweils in der Achse der Pilaster beziehungsweise der über

◁ Abb. 108
Der heilige Johannes von Nepomuk vor reich gestalteter goldener Muschel.
Die Plastik Holz, geschnitzt, gefasst und vergoldet. 170 cm hoch. Um 1740 entstanden, Franz Anton. Neu (1669–1758) zugeschrieben.
Das Kruzifix und die Sterne von Johann Baptist Dirr (1709–1763), 1754, der Stuck 1754 von Anton Landes (1712–1764).

Abb. 109 ▷
Blick in die Vierung der Alten Kapelle samt den angrenzenden Gewölben der Querschiffe (rechts und links), des östlichen Langhauses (oben) und des ersten Chorjochs (unten). Fresken 1752/1753 von Christoph Thomas Scheffler (1699–1756), Stuck von Anton Landes (1712–1764).

ihnen aufsteigenden Gurtbögen – vier Vasen mit den Symbolen der Elemente und vier monumentale Skulpturen , welche die drei theologischen Tugenden sowie die Ecclesia verkörpern.

Vom Arbeitsablauf her entstanden, nachdem das Gesims gezogen war, zuerst die am höchsten gelegenen Teile der Dekoration, also die Figuren und die Vasen auf dem Gesims und der Stuck des Chorgewölbes. Diese Arbeiten umfassten den mächtigen Rahmen des Deckenbildes, die Ornamente der Stichkappen und der Gewölbezwickel, das mit dem Marienmonogramm in einer Strahlengloriole geschmückte Joch über dem Hochaltar, die Gewölbeabschnitte im Apsisrund, dem 1765 eingerichteten Winterchor, und den inneren Chorbogen. Anton Landes und seine Mitarbeiter, zu denen mit an Sicherheit grenzender Wahrscheinlichkeit Franz Xaver Höflmayer gehörte,[317] bewältigten diese umfangreiche Aufgabe in den Jahren 1761 und 1762. Bemerkenswert sind zwei Einträge vom 30. Juni und vom 26. August 1763 in den Protokollbüchern, als *48 1/2 Eln Ungeblaichte Leinwath Zu denen Statuen* gekauft wurden,[318] womit auch die Lieferung von sechs Fässern Gips aus Garmisch in Zusammenhang steht. Die Figuren der theologischen Tugenden sind nämlich aus unterschiedlichen Materialien zusammengesetzt: Die Köpfe und Gliedmaßen bestehen aus Holz, während die Gewänder aus mit Gips und Leim getränkter Leinwand modelliert und über einem Lattengerüst (teilweise wegen des geringeren Gewichtes aus Holzkohle bestehend) geschickt drapiert wurden. Auf die Frage, ob die Gewandpartien von der Bildhauerwerkstatt oder von der Stuckatorentruppe montiert wurden, möchte man des Werkstoffes wegen zu den Stuckatoren tendieren, zumal im 17. und 18. Jahrhundert die enge Zusammenarbeit zwischen diesen beiden Berufsgruppen immer wieder fassbar wird.[319] Eine intensive Kooperation zwischen dem Stuckator Landes und den Bildhauern Dirr und Sorg hat es in der Alten Kapelle freilich nicht gegeben: Dirr starb 1763 und eine Teamarbeit Landes-Sorg verhinderte der Tod von Landes im Mai 1764. Die Leinwand *zu denen Statuen auf die oratoria* wurde am 21. August 1764 geliefert; am 14. Januar 1765 erhielt Simon Sorg für die *Verferttigung der 4 Weldtheil auf die oratoria in Chor* ein Honorar von 130 Gulden. Die Skulpturen entstanden also zwischen September und Dezember 1764. Da Landes zu diesem Zeitpunkt bereits ein halbes Jahr tot war, erweist sich die vermutete „enge Zusammenarbeit zwischen dem Stukkator Landes (Leinwand-Stuck-Körper) und dem Bildschnitzer Sorg (Inkarnate aus Holz)“[320] als Irrtum. Die Montagearbeiten an den Oratorienfiguren sind wahrscheinlich von seiner Werkstatt ausgeführt worden, die noch weitere Stuckarbeiten zu beenden hatte, wie die Anlieferung von 21 Fässern Gips am 15. Juli 1764 vermuten lässt.

Bemerkenswert sind die voluminösen „Bologneser Voluten“, auf denen die Tugenden sitzen. Als Bologneser Volute wird eine „breit gerollte, weit eingedrehte Form“ bezeichnet, „deren Kern sich über den Rand der äußeren Schichten nach außen artikuliert. Sie tritt besonders in Bologneser Quadraturamalereien und im Gefolge natürlich auch in Niederösterreich auf“.[321] Bologneser Voluten erscheinen, unabhängig voneinander, in den Werken von Joseph Anton Feichtmayer und Gottfried Bernhard Göz. Diese beiden Künstler arbeiteten in ähnlich kongenialer Partnerschaft wie Landes und Göz zusammen, unter anderem in der Meersburger Schlosskapelle, in Habsthal und in Neu-Birnau. Der Vermittler dieser dekorativen Sonderform im Chor der Alten Kapelle dürfte Göz gewesen sein, der solche Voluten seit 1739 in seinen Fresken verwendete.

Es ist nicht einfach, die sprühende Ornamentik an den Chorgewölben, zum Beispiel im ersten Chorjoch, in nüchterne Worte zu fassen. Ein Meisterwerk für sich ist die Dekoration des inneren Chorbogens, wo die geflügelten Puttenköpfe sich so weit vom Untergrund lösen, dass sie mit geschickt von stuckierten Wolkenballen verdeckten Eisenarmierungen gehalten werden müssen. Über ihnen wölbt sich eine wunderbare Rocaillekomposition,

deren Basis aus mehreren aneinandergereihten großen C-Bögen besteht. Dieser robuste Kern wird nun durch zarte Blätter, fein ziselierte freiplastische Rocaillebögen, Blütengirlanden, eine ganze Riege von elegant geschwungenen Stuckzungen und -pfeifen und eine bekrönende Blattfontäne auf unnachahmliche Weise veredelt. Eine liebenswerte Eigenheit von Landes stellen die kleinen Kügelchen dar, die meist in dreifacher Ausfertigung an den Enden einzelner Linien zu finden sind. Ebenso virtuos ist das Gebilde am Scheitel der Stichkappen in diesem Joch gestaltet. Aus einem bohnenförmigen Kern entwickelt Landes ein Feuerwerk aus sich drehenden C- und S-Bögen, die mit plissierten Muschelwerksäumen, wie Flämmchen züngelnden Blättern, Gitterwerk und weiteren phantasievollen Details besetzt sind. Die Ornamentik mit ihrer bis an die Grenze gehenden Asymmetrie wirkt weder unruhig, noch überladen oder unsortiert. Jedes einzelne Element dieser Gewölbedekoration hat seinen wohlüberlegten Platz, an dem es sich entfalten kann. Ein Austausch oder Umordnen der einzelnen Bestandteile ist ebenso unmöglich wie ein Wegnehmen oder Hinzufügen.[322]

Ohne die Meisterschaft von Anton Landes schmälern zu wollen, ist fast unübersehbar, dass die Invention dieser Stuckkunstwerke weitgehend auf Gottfried Bernhard Göz zurückgeht. In dessen Zeichnungen und Entwürfen, zum Beispiel der „Ecklösung einer Scheinarchitektur“[323], sind viele der soeben beschriebenen Charakteristika enthalten. Auch die in ihrer entmaterialisierten Gestalt einzigartigen Vasen mit den Symbolen der vier Elemente, die außer dem Standort und der Basis[324] nichts mehr mit den Asam'schen Vasen in Sankt Emmeram gemeinsam haben, lassen deutlich Göz'sches Formengut durchscheinen.[325] Auf dem südlichen Chorgesims stehen die „Wasser“- und die „Feuer“-Vase, gegenüber die „Erde“- und die „Luft“-Vase. Dass es sich um Gefäße zur Aufnahme von Pflanzen handelt, ist kaum noch zu erkennen. Ein Wirbel aus gedrehten und gekneteten Rocaillen, versetzt mit vegetabilen Elementen, schraubt sich in atemberaubender Kühnheit empor, die gegenständliche Form völlig auflösend und jedwede Steigerung ausschließend. Adäquat dazu sind die Symbole der Elemente gestaltet: zuckende Blitze und lodernde Flammen bei der „Feuer“-Vase, pralle Kornähren und ein Busch mit blutroten Rosen als Sinnbilder der Erde, ein auf einem Delphin reitender Putto mit Muschel und Brunnenschale, in die sich eine Fontäne ergießt, für das Wasser.[326] Die Darstellung des vierten Elements steht den vorigen nicht nach: Zwei Vögel schwingen sich in die Lüfte, ein Putto stößt seinen Atem wie eine Rakete empor, ein Tannenbaum neigt sich vom Wind gepeitscht zur Seite. Bei dem pustenden Puttenkopf denkt man unwillkürlich an eine Dekoration von Landes' Vetter Johann Baptist Zimmermann, nämlich an die Mittelrosette im Kuppelsaal in der Münchener Amalienburg (um 1734–1737), wo gleich sechs Köpfchen mit geblähten Backen pusten und speien. Auch in der Reichenbacher Sakristei verkörpert ein Wölkchen blasender Puttenkopf dieses Element. Eine unbändige Freude am Spiel mit den Formen wird hier deutlich, denn wie sonst ist die wie eine Teigrolle geformte Schnur zu verstehen, die sich, einem Rocaillestrudel entspringend, über den Vasenkorpus schlängelt, sich nach einer frei schwebenden Spirale verdickt und anschließend als Bauch des unteren weißen Vogels umgedeutet wird.

Der vergoldete Rocailleschmuck an den Oratorien ist weniger subtil ausgebildet als der Stuck im Chorgewölbe oder beispielsweise im Kapitelzimmer. Er wirkt insgesamt kräftiger, kompakter, um nicht zu sagen hölzern. Der stereotype Wechsel von glatten, S-förmigen Gliedern – mal nach rechts, mal nach links gewendet – und Blattrosetten an den Brüstungen und der mittleren Konsole ist für Landes untypisch. Die eher an den Werkstoff Holz, aus dem die Oratorien ja gebaut sind, als an Stuck gemahnenden Ornamente dürften daher auf den Entwurf von Simon Sorg zurückgehen, dem damit die Gesamtinvention der Oratorien zuzusprechen ist. Die überwiegend vorgefertigten Dekorationsteile konnte eine geübte Stuckatorenwerkstatt auch ohne Meister herstellen und versetzen. Diese Feststellung ist insofern wichtig, als es keine gesicherten Anhaltspunkte für einen Regensburger Aufenthalt von Landes im Jahre 1763 gibt. Schwierig wird es bei den sechs Reliefs, die in die Brüstungen der Oratorien eingelassen sind.[327] Man möchte sie ihrer großen Qualität wegen für Bildhauerarbeiten halten, aber nach Auskunft der Restauratoren bestehen sie aus Stuck. Weder ist von Simon Sorg bekannt, dass er in Stuck gearbeitet hat, noch kennt man Stuckreliefs dieser Art von Anton Landes. Wohl kannte Landes die vorzüglichen Reliefarbeiten seines Vetters Johann Baptist Zimmermann in Schleißheim und in München, im Palais Preysing und in der Peterskirche, an denen er unter Umständen sogar mitgearbeitet hat; deren Kenntnis allein rechtfertigt aber keine Zuschreibung. Ganz auszuschließen ist Landes freilich nicht, denn die Reliefs muten wie in Stuck übertragene Kupferstiche von Gottfried Bernhard Göz an, dessen Einfluss auf seinen stuckierenden Kompagnon bereits zur Sprache kam. Sowohl den Kopf des David wie auch jenen der Cäcilie findet man bei Göz wieder,[328] ebenso die kleinen beigeordneten Szenen neben der Hauptdarstellung (etwa in der Göz'schen Kupferstichfolge der zwölf Apostel). Ob dies Zufall oder Absicht ist, lässt sich nicht mit Bestimmtheit sagen. So lange man keine eindeutige Arbeit von Landes auf diesem Gebiet kennt, muss die Frage nach dem Schöpfer der Reliefs offen bleiben.

Zusammenfassend lässt sich feststellen, dass die Alte Kapelle in Regensburg eine typische Umgestaltung aus der Zeit des reifen Rokoko darstellt. Die künstlerische Form der Erneuerung des Innenraums hatte ein lokales Vorbild in der Sankt Emmeramskirche, bediente sich aber in der Detailgestaltung und in der Ausführung in Stuck und Fresko der modernsten Innovationen, die in der Freien Reichsstadt Augsburg als dem damals führenden Kunstzentrum entwickelt wurden. „Der Hauptunterschied zur sperrigen Erneuerung von Sankt Emmeram liegt nicht in den Defiziten einer schwächeren Kopie, sondern in einer offensichtlich gewünschten größeren Gefälligkeit und Stimmigkeit des Ergebnisses. Der Raum, obwohl ebenfalls eine baulich unveränderte romanische Basilika, erscheint bei weitem harmonischer und prächtiger; er nähert sich hierdurch einem zeitgenössischen Neubau an", der ein bruchloses, einheitliches Raumerlebnis im Geiste des Rokoko präsentiert.[329]

Abb. 110
Der virtuose Spätrokokostuck von Anton Landes (1712–1764) am inneren Chorbogen der Alten Kapelle. Entstanden 1761/1762.

Altäre, Oratorien, Kanzel, Orgel und Gestühle
Zur Ausstattung der Alten Kapelle

Dagmar Dietrich

Mit der Berufung des Dekans Johann Michael Franz Velhorn (reg. 1746–1782) begann die schrittweise Neuausstattung der Alten Kapelle – zunächst mit der Überformung der Raumschale. In einem ersten Abschnitt, ab 1747, wurden Kirchenschiff und Querhaus neu gewölbt und durch Ausmalungen und Stuckierungen im Zeitgeschmack des 18. Jahrhunderts neu gestaltet. 1754, pünktlich zum 750. Jahrtag der unter Kaiser Heinrich II. im Jahr 1002 eingeleiteten und 1004 abgeschlossenen Wiederherstellung der Kirche als Pfalzkapelle,[330] konnten die Gerüste abgebaut werden. Die für die Predigtgottesdienste wichtige Kanzel wurde benutzbar gemacht, auch ließ man ein neues Kirchengestühl anfertigen[331] und nahm die beiden erst 1733/1734 ausgetauschten Beichtstühle[332] wieder in Gebrauch, so dass der Kirchenraum die für eine liturgische Nutzung unbedingt erforderlichen Einrichtungen besaß und den Stiftsherren für ihre gottesdienstlichen Feiern zur Verfügung stand. Zudem dürften die beiden bereits um 1730 gestifteten Seitenaltäre im Querhaus erneut konsekriert worden sein. Ein Jahr nach dem festlich begangenen Jubiläum ermöglichte es eine Stiftung, 1755 zwei kleinere Nebenaltäre in Auftrag zu geben; sie fanden in den östlichsten Jochen der soeben renovierten Seitenschiffe Aufstellung.

Dann aber trat eine mehrjährige Pause ein, und erst ab 1761 setzte sich die Neuausstattung des Gotteshauses in einer zweiten großen Kampagne fort. Nun wurde die Modernisierung des in spätmittelalterlicher Zeit erneuerten Chores in Angriff genommen: Zunächst erhielt auch hier die Raumschale eine neue Gestalt, wurde stuckiert und mit Fresken geschmückt. Nachdem auch hier die Gerüste 1765 gefallen waren, folgte die weitere Neumöblierung des Kirchenraums. Noch im gleichen Jahr konnte ein neues Chorgestühl aufgestellt werden,[333] 1768 ging man daran, die bereits seit 1730 vorhandenen Seitenaltäre im Querhaus modernisierend zu überarbeiten,[334] die Jahre 1769 bis 1776 verwandte man auf die Herstellung eines neuen Hochaltars.[335] Mit der Neuanschaffung weiterer Nebenaltäre für die Seitenschiffe wurden die Arbeiten auch noch in die folgenden Jahrzehnte hinein fortgesetzt. Erst 1792 fand die feierliche Konsekration aller zwölf Altäre des Gotteshauses statt,[336] im Jahr 1797 erhielt schließlich auch die schon 1793 aufgerichtete neue Orgel auf der Westempore ihre Fassung,[337] so dass die umfangreichen Renovierungsmaßnahmen knapp vor Ende des 18. Jahrhunderts und nur wenige Jahre vor der Säkularisation des Stiftes ihren Abschluss fanden.

Die Neuausstattung der Alten Kapelle zog sich damit über einen Zeitraum von gut 50 Jahren hin, was zur Folge hatte, dass Ausstattungsgut aus verschiedenen Stilphasen des 18. Jahrhunderts in den Kirchenraum gelangte; ausgehend von den beiden, bereits 1730 entstandenen Querhausaltären über den 1751/1752 in Auftrag gegebenen Gnadenaltar in der Gnadenkapelle und die 1755 aufgerichteten östlichsten Nebenaltäre der Seitenschiffe bis zum Hochaltar von 1769/1776 lässt sich die Entwicklung des Altarbaus vom frühen Rokoko bis hin zu dessen Reife und Endphase verfolgen, darüber hinaus ermöglichen die erst um 1782/1783 sowie 1790 geschaffenen übrigen Nebenaltäre der Seitenschiffe einen Einblick in die nachfolgende Stilentwicklung, die sich in den letzten drei Dezennien des 18. Jahrhunderts – als „klassizistisches Rokoko" oder „Zopfstil" bezeichnet – zwischen das reife Rokoko und das im ausgehenden 18. und beginnenden 19. Jahrhundert bahnbrechend auftretende neue Kunstwollen des Frühklassizismus schiebt.[338] Denn aus der zunehmenden Nüchternheit des beginnenden Rationalismus heraus formulierte sich in der Zeit nach 1760 allmählich eine Abneigung gegen ein überschwängliches, für die barocke Kunst symptomatisches Schmuckbedürfnis und ebenso gegen das im Rokoko entwickelte Spiel mit den traditionellen architektonischen Formen, die man ornamental auflöste, um sie in irrationaler Weise neu kombinieren zu können.

Da sich also während der langen Renovierungsphase künstlerischer Geschmack und Stilwollen wandelten und das in der Jahrhundertmitte gefeierte hohe Rokoko noch vor der endgültigen Fertigstellung des Kircheninneren bereits als altmodisch und stilistisch überholt zu gelten hatte, ging man im fortgeschrittenen 18. Jahrhundert daran, die älteren, aus den dreißiger Jahren stammenden Altäre der Alten Kapelle zu verändern und sie den sich rasch wandelnden Moden anzupassen, auch erhielten die älteren, bis nach Mitte des 18. Jahrhunderts entstandenen Retabel eine neue Fassung. Der Wille, sich den sich wandelnden künstlerischen Moden der Zeit zu öffnen, prägt damit die Raumausstattung der Alten Kapelle; doch paart sich diese Tendenz offensichtlich gleichzeitig mit dem Wunsch, das Raumganze mit seinem Mobiliar als ästhetische Einheit wirken zu lassen.

Die Künstler des Ausstattungsmobiliars im 18. Jahrhundert: Bildhauer, Kistler, Fassmaler

Während die an der Ausschmückung der Alten Kapelle beteiligten Freskanten Christoph Thomas Scheffler (1699–1756) und in seiner Nachfolge Gottfried Bernhard Göz (1708–1774) aus der in der zeitgenössischen Malerei Süddeutschlands führenden Akademie-Stadt Augsburg kamen und man mit Anton Landes (1712–1764) einen bedeutenden Stuckator der berühmten Wessobrunner Schule gewinnen konnte, berief das Kapitel seine Bildhauer, Kistler und Fassmaler hauptsächlich aus der näheren Umgebung Regensburgs. Diese Künstler und Kunsthandwerker, die im Laufe des 18. Jahrhunderts von den baulichen Aktivitäten der Regensburger Klöster und Stifte angezogen wurden, stammten vorwiegend aus den südlichen Landesteilen Bayerns; sie waren Katholiken, wodurch es ihnen versagt war, in der protestantischen Reichsstadt Regensburg Niederlassungs- und Bürgerrechte zu erwerben. Ihren Wohn- und Arbeitsplatz suchten sie daher unmittelbar vor den Toren der Stadt und siedelten sich entweder im benachbarten, zu Kurbayern gehörenden Hofmarksort Prüfening oder im gleichfalls kurbayerischen Stadtamhof an.

Bereits 1730 hatte das Stiftskapitel der Alten Kapelle den ab 1720 in Prüfening nachweisbaren und wohl vor 1690 geborenen Franz Anton Neu, Sohn des Landshuter Bürgers und „Hofbildhauers" Anton Neu,[339] mit der Schaffung von zwei neuen Seitenaltären für das Querhaus der Kirche beauftragt.[340] 1720 heiratete Neu in Prüfening und ließ sich dort als „Hofmarksbildhauer" mit seiner Werkstatt nieder. In den dreißiger und vierziger Jahren wurde er im Raum um Regensburg vielfach tätig, zu seinen Hauptarbeiten zählen unter anderem Ausstattungen in den Kirchen von Donaustauf (Sankt Michael, 1743, Sankt Salvator, 1745), auch arbeitete er in Sinzing, in Matting und vermutlich für Sankt Mang in Stadtamhof. Das Leben des Bildhauers endete im Jahr 1758 tragisch offenbar durch Selbstmord. In Prüfening hatte sich übrigens auch der wohl aus der Nähe von Kelheim zugezogene Maler Johann Gebhard (1676–1756), Vater des berühmteren Freskanten und Asam-Schülers Otto Gebhard (1703–1773), niedergelassen; auf den älteren Gebhard gehen aller Wahrscheinlichkeit nach die Ölgemälde in den beiden Altären des Franz Anton Neu zurück.

Der Vertrag vom 19. Mai 1769 zwischen dem Kollegiatstift und dem Bildhauer Simon Sorg (1719–1792) über die Errichtung des Hochaltars in der Alten Kapelle (siehe auch Seite 192) lautet:

So zwischen einem hochwürdigen Capitul des kayserl. ansehentl. Collegiat Stiffts U. L. frauen zur alten Capellen in Regensburg, den herrn Simon Sorg Bildhauern allhir wegen Verferttigung des neuen Hochaltars samt tabernacl in derselbstiger Stiffts kirchen abgeschlossen, und errichtet werden den 19. May 1769 Erstlichen verspricht und obligiret sich obbesagter Herr Sorg sowoll bemerkten Hochaltar im hauptwerkh nach dem von ihme producirten model, alß den Tabernacl nach dem gleichfalls gemachten Riß oder zeichnung, jedoch der heutig mündlichen abredung gemeß, mit folgenden abänderung und besserung zu verferttigen, folglich auch dem SchreinerMeister dahin anzuweisen: als

1.mo der Platten am untersten Steinpostament noch ein zohl daranzulegen.
2.do das Postament auf dem Bogen oder der Hinter Chor. Thür, wie auch das darauf sizende Kindl etwas mehr zu erhöhen.
3.tio die Consolen, worauf die 2 großen Statuen zwischen den Säulen stehen, um (?) Schueh höher, und
4.to die große Schnürckhl ober denen großen Säullen nach dem Form, und Schwung, wie im model auf der Evangelii seiten angezeigt ist, zu machen,: anbei
5.to die auf diesen Schnierckhln sitzenden 2 Statuen und 1 Schueh herfür, und näher gegen den altar zu ruckhen: nit minder
6.to die zwey Schnirckhl, worauf Gott Vatters Weltkugl, um 1 Schueh kürzer, folglich sovill weiter auseinander.
7.mo Anstatt daß Postament, worauf im model die mutter gottes steht, ein

Der nächste, einer jüngeren Generation angehörende Bildhauer, den man von Seiten des Stifts mit Aufträgen für die Alte Kapelle bedachte, war der aus einer berühmten, weitverzweigten Weilheimer Bildhauerfamilie stammende Johann Baptist Dirr (Dürr). Der am 5. April 1709 in Weilheim getaufte Sohn des Bildhauers Martin Dirr[341] war der um einiges ältere Halbbruder der beiden ebenfalls als Bildschnitzer tätigen, aus der zweiten Ehe des Vaters stammenden Johann Georg (1723–1779) und Franz Anton Dirr (1724–1801), die als Schüler und Mitarbeiter des Joseph Anton Feuchtmayr im Bodenseeraum wirkten.[342] Johann Baptist Dirr wird bei seinem Vater in die Lehre gegangen sein. Über seinen weiteren Ausbildungsgang sind wir nicht unterrichtet, vermutlich führte ihn sein Weg unter anderem über München, da sich sein Werk zumindest teilweise von der Bildhauerkunst des Johann Baptist Straub beeindruckt zeigt. 1733 wird Dirr mit seiner Verehelichung erstmals in dem am linken Donauufer gelegenen Stadtamhof erwähnt; dort richtete er sich mit seiner Werkstatt ein. 1750 erhielt er vom Kapitel der Alten Kapelle den nicht unbedeutenden Auftrag, einen neuen Altar für die Gnadenkapelle zu schaffen.[343] Der Bildhauer erledigte die Arbeit offensichtlich zur Zufriedenheit seiner Auftraggeber, denn auch später beschäftigte man ihn mehrfach[344] und übertrug ihm im Jahr 1755 die Schaffung von zwei Nebenaltären. Dirr starb am 10. April 1763, also noch vor Beginn der zweiten Erneuerungskampagne in der Alten Kapelle. Wenngleich er sicher zu den guten lokalen Künstlern gehört und mit dem Hochaltar von Sankt Kassian in Regensburg um 1750 einen sehr bemerkenswerten Beitrag zur Altarbaukunst des hohen Rokoko lieferte,[345] erreichte Johann Baptist Dirr die künstlerische Qualität, die das Werk seiner am Bodensee tätigen jüngeren Brüder auszeichnet, nicht.[346]

Erst mit dem 1719 aus Kelheim stammenden und ab 1747 erstmals urkundlich in Regensburg greifbar werdenden Simon Sorg besaß die Reichsstadt schließlich in der zweiten Jahrhunderthälfte einen über die Region hinaus bedeutenden Bildhauer,[347] der ab 1764 in der Nachfolge Dirrs auch für die Alte Kapelle tätig wurde. Sorg zog es vor – obwohl Katholik –, sich in der Stadt Regensburg selbst anzusiedeln, was mit dem Verzicht auf die Bürgerrechte verbunden war. Dieser Nachteil wurde aber offenbar dadurch aufgewogen, dass sich der Bildhauer auf diesem Wege vermutlich allen einengenden zünftischen Bindungen entziehen konnte.[348] Bereits wenige Jahre nach seiner Niederlassung in Regensburg hatte Simon Sorg Gelegenheit, sein künstlerisches Können unter Beweis zu stellen. 1751/1753 schuf er den Hochaltar der dortigen Heilig Kreuz-Kirche, 1761 besorgte er die Altarausstattung der Sankt Valentinskirche in Arrach bei Falkenstein (Landkreis Regensburg), 1765/1767 lieferte er den Hochaltar für die Wallfahrtskirche Mariae Himmelfahrt in Dechbetten bei Regensburg, so dass der Künstler bereits auf eine Reihe bedeutender Arbeiten verweisen konnte, ehe er mit bildhauerischen Arbeiten für die der Alte Kapelle betraut wurde. Dennoch hatte Sorg, der 1774 zum Hofbildhauer des Fürsten Thurn und Taxis ernannt wurde, zunächst einige kleinere Aufgaben zu übernehmen. 1763/1765 wurde er zusammen mit dem allerdings bereits im Mai 1764 verstorbenen Stuckator Anton Landes und dessen Werkstatt an der figuralen Ausstattung der Chorwände beteiligt, 1768 zog man ihn zur modernisierenden Überarbeitung der beiden älteren Querhausaltäre heran, ehe ihm schließlich im Mai 1769 den Großauftrag zur Herstellung des Hochaltars erteilt wurde. In den folgenden Jahrzehnten schlossen sich weitere Aufträge an, die den Bildhauer bis zu seinem Tod im Dezember 1792 an die Alte Kapelle banden. Auch außerhalb Regensburgs fand Sorg weitere Arbeit, so wurde er auch 1780 in der kleinen Schlosskapelle Zaitzkofen bei Schierling (Landkreis Regensburg) tätig.

Da dem Bildhauer Sorg aus stilistischen Gründen die Entwürfe zu den von ihm für die Alte Kapelle geschaffenen Altargehäusen zuzuschreiben sind,[349] waren die Schreiner, mit denen er hier und auch andernorts zusammenarbeitete, vermutlich lediglich als Ausführende beteiligt. Zunächst arbeitete Simon Sorg bei seinen größeren kirchlichen Aufträgen eng mit dem Kistler Carl Heinrich aus Stadtamhof zusammen, der seinerseits bereits seit den fünfziger Jahren ständig größere Aufträge für das Kapitel der Alten Kapelle zu erledigen hatte. Der Bildhauer empfahl den offenbar versierten Schreiner als seinen Altarbauer 1765/1766 nach Dechbetten,[350] die gemeinsame Arbeit am Hochaltar der Alten Kapelle schloss sich unmittelbar an diesen Auftrag an. Heinrich verstarb 1779, Werkstattnachfolger wurde sein Sohn Conrad Heinrich,[351] dem man kurz darauf den Bau der sicherlich von Sorg entworfenen beiden Seitenaltäre der Heiligen Jakobus und Heinrich übertrug.[352]

Mit dem vermutlich wesentlich jüngeren, ebenfalls in Stadtamhof ansässigen Kistler Joseph Kohlhaupt (Kollhaubt) hatte Simon Sorg bereits 1780 in Zaitzkofen zusammengearbeitet; mit ihm erstellte er um 1790 für die Alte Kapelle noch die Seitenaltäre der heiligen Katharina und den Heilig Kreuz-Altar. Schließlich konnte Kohlhaupt auch noch den Bau des sicher ebenfalls von Sorg entworfenen Orgelgehäuses übernehmen.[353]

Als Fassmaler hatte das Stiftskapitel seit den dreißiger Jahren wiederholt den „Stiftsmaler“ Joseph Brunnenmayr beschäftigt, auf ihn gehen die Erstfassungen der in den fünfziger Jahren entstandenen Altäre des Johann Baptist Dirr zurück. Seit den sechziger Jahren gingen die Aufträge dann an den in Stadtamhof ansässigen bürgerlichen Maler Georg Kaspar Zellner, mit dem Simon Sorg bereits in Dechbetten zusammengewirkt hatte.[354] Zellner war Sohn des vielbeschäftigten Fassmalers Johann Georg Andreas Zellner (um 1700–1766) aus Furth im Wald und Bruder des älteren, in Erding ansässig gewordenen Malers und Fassmalers Franz Xaver (Andreas) Zellner (1738–1788), für den zahlreiche Werke im Erdinger Raum gesichert sind. Georg Kaspar übernahm die Erstfassung des Hochaltars und hatte ab 1767 die älteren Seitenaltäre farbig neu zu gestalten, schließlich wurde er 1782/1783 auch am Jakobus- und Heinrichsaltar tätig. Spätestens 1784 dürfte er gestorben sein, denn in diesem Jahr brachte sein Sohn (?) und Werkstattnachfolger Johann Kaspar Zellner die Fassung der Altäre zum Abschluss.[355] Die somit in drei aufeinander folgenden Generationen tätigen Mitglieder der Fassmalerfamilie und ihre Werkstätten pflegten bei ihren Marmorierungen einen sehr individuelle Malstil, der ihre Arbeiten unschwer erkennbar macht.

In den siebziger und achtziger Jahren fand neben dem jüngeren Zellner auch der in der Fassmalerei sehr ähnlich arbeitende und daher sicher aus der Zellner-Werkstatt hervorgegangene Johann Georg Kollmüller (Kohlmüller) in der Alten Kapelle Beschäftigung. 1797 erhielt er, als *Stifts Insass* bezeichnet,[356] letzte Zahlungen für die Marmorierung und Vergoldung der Orgel. 1809 verstarb der Maler, von dem sich auch einige Ölgemälde erhalten haben, hochbetagt und völlig mittellos.[357]

Die Fassmalarbeiten der beiden in der Alten Kapelle tätigen Zellner und die des Johann Georg Kollmüller sind von hoher Qualität und tragen eine besondere, unverwechselbare Handschrift: Die Steinäderungen zeichnen sich durch eine besonders feinlinige, graphisch wirkende Charakterisierung des gemalten Marmors aus, auch ist die Verteilung von hell- und dunkeltonigen Partien häufig spannungsvoll gegeneinander gesetzt. Die Georg Kaspar Zellner zuschreibbare Fassung an Simon Sorgs Hochaltarmodell und die noch in großen Partien im Original erhaltenen Marmorierungen des Johann Georg Kollmüller am Orgelgehäuse führen diese Charakteristika eindrucksvoll vor.

Die Altäre im Raum

Die basilikale Architektur des im Kern wohl noch in karolingisch-ottonische Zeit zurückreichenden Kirchenschiffs und der spätgotische Chor gaben den Künstlern Rahmen und Ordnung für die Altarretabel vor: Der mächtige Aufbau des Hochaltars füllt den rund 15 m

gewöhlkh mit beidseitigen Kündlen; wie auf
8.vo die Ciborij: sowoll als Monstranzen tabernacl, ieden um 4 zoll kürzen oder nidriger zu machen: übrigens aber
9.no wan über bisherige 8 puncten noch ein oder andere dergleichen weittere abänderung für guett befinden werden sollte, solche ebenfalls zu befolgen.

Zweitens verspricht auch herr Sorg den ganzen altar samt tabernacl, und statuen sowohl von schreiner- als schneidarbeit von wohl ausgedört gutten holz nach Architectur und Kunst wohl und rein auszuarbeiten, und nach völligen Contento eines hochwürdigen Capitls herzustellen, und alsbalden in die arbeit zu sezen, und Hand anzulegen, daß solcher altar allerlängstens bis georgy anno 1771 vollkommen verferttiget, und von ihme herren Sorg mit zuezihung des Schreinermeisters auf ihre beed selbstige Kosten und gefahr gesezet und aufgestellet werde.
Dargegen
Drittens anordirt man von seiten dieses Kayserlichen Stiffts nit nur daß Eisen an Lastt Stangen, Bankh Steflen (?) und dergleichen an die mauer nöttigens bey zu schaffen, sondern auch Vierttens ihme Herrn Sorg für solch bedungene bildhauerarbeith, wie solche nahmen haben mag. inclus. hirzu benötigten Holzwercks 1550 fl(?): dergestalten daß hiran zur beyschaffung des erforderlichen Holzes so gleich 2 bis 300 fl: dan wehrender arbeith nach und nach bis zur helftte deren 1550 fl(?): und die übrige helffte zu 775 fl(?): nach vollkommender Verfertigung, und würcklicher aufstehlung des Althars wan solcher nach Contento eines hochwürdigen Capitls erfunden seyen wirdet, baar bezahlt werden sollen. Vorüber zu mehrerer sicherheit und festhaltung dieser accord errichtet: in Duplo geschrieben, und iedem accordirenden theil geferttigter zugestellet worden ist.

DEO
TRINO·UNI
AC
VIRGINI·NATÆ

◁ Abb. 111
Der Hochaltar in der Alten Kapelle.
Geschaffen von Simon Sorg (1719–1792). Fertiggestellt 1776.

hohen und etwa 10,35 m weiten Chorraum auf seine gesamte Höhe und Breite, indem er sich als transparente und zugleich trennende Schauwand vor dem stark durchfensterten und von Licht durchfluteten Chorschluss aufbaut. Ihm kommt eine wichtige raumgliedernde Funktion zu, da er das polygonale Chorhaupt als Winterchor abtrennt und so den sehr tiefen vierjochigen Chor um etwa ein Drittel seiner Länge verkürzt. In seiner Kontur wird das Werk durch die übrige, reiche Ausstattung des Chores ergänzt.

Die beiden Seitenaltäre von 1730 an den östlichen Seitenwänden des Querhauses ergänzen sich mit dem Hochaltar zu einer etwas ungleichgewichtigen Trias. Mit ihrem kompakteren, auf die pilastergegliederten Stirnmauern bezogenen Grundaufbau gehören sie einer älteren Stilrichtung an; doch wurden ihre Architekturen vom Bildhauer Simon Sorg nachträglich auflockernd überformt und so der Formensprache des Hochaltars angenähert. Die übrigen sechs Nebenaltäre sind jeweils als Pendants einander gegenüber an die Außenwände der beiden Seitenschiffe gerückt. Mit ihren schlanken säulen- und pfeilerbesetzten Retabelaufbauten staffeln sie sich hier in lebhaft bewegter Folge, die auf einen Längsblick durch die Seitenschiffe abgestimmt ist. Als schlanke, hohe Aufbauten ordnen sie sich in die von der Architektur vorgegebene Jochfolge; auf der Südseite binden sie die hoch gesetzten Seitenschiffsfenster in ihre durchbrochenen Auszüge ein. Ihre Reihung wird zudem belebt, indem sich figürlicher Bildschmuck und Altargemälde in den Altarzentren abwechseln.

Alle Altararchitekturen tragen heute eine mehr oder minder stark überarbeitete oder teilerneuerte Marmorierung, die sich an den jeweiligen Erstfassungen des 18. Jahrhunderts orientiert und die zeitlich mehrere Jahrzehnte auseinanderliegenden Aufbauten vereinheitlichend zusammenschließt. Als Grundton dominiert ein sehr helles Grauocker, mit dem man dem immer zurückhaltender werdenden Farbempfinden des ausklingenden 18. Jahrhunderts gerecht wurde. Über den lichten Grundton legen sich die gemalten Steinäderungen in verschieden dunklen Grautönen, in Blaugrau- und Graugrün-Nuancen. Die Palette dieser vorwiegend kühlen Töne wird verschiedentlich – wie beispielsweise am Sockel des Hochaltars – durch braun- bis kupferrote Partien ergänzt oder durch kühle rote Einsprengungen pointiert. Dunklere Farbtöne geben Sockeln und horizontal gliedernden Gebälkteilen Gewicht. Teilweise, insbesondere an den Säulen des Hochaltars, ist die Farbintensität der Marmorierungen aber offensichtlich durch das Ausbleichen nicht lichtbeständiger blauer Pigmente verlorengegangen, so dass dem Aufbau heute strukturierende Kontraste weitgehend fehlen und sich hier ein vom Original abweichendes Bild ergibt.[358]

Der Figuralschmuck präsentiert sich in kürzlich erneuerten Polierweißfassungen. Durch ein Inkarnat – die natürliche Wiedergabe ihres Hauttons – ist lediglich die ikonographisch wie räumlich zentrale Gestalt der Muttergottes mit dem Jesuskind und den begleitenden Engelkindern im Mittelpunkt des Hochaltars hervorgehoben. Üppige Vergoldungen sind den schmückenden Ornamenten vorbehalten und dienen zur Pointierung der Gewänder.

Der Hochaltar

Der Hochaltar füllt als raumgliedernder Aufbau den auffallend tiefen, schmalen Chor, im unteren Teil wird er von seitlichen Wandstücken mit eingelassenen Fenstern und Türen begleitet, die den dahinter gelegten Winterchor abschirmen, während sich der obere Teil als transparente, feingliedrige Doppelsäulenarchitektur mit schlankem, baldachinartigem Auszug vor der Tiefe des lichterfüllten Chorpolygons entfaltet. Im Mai 1769 hatte man den Akkord für das Werk mit Simon Sorg und dem Kistler Carl Heinrich geschlossen,[359] als Beträge wurden dem Bildhauer 1 550 Gulden und dem Schreiner 1 030 Gulden zuerkannt.

Abb. 112 ▷
Rückseite des Modells für den Hochaltar in der Alten Kapelle. Regensburg, Städtische Kunstsammlungen.

Abb. 113 ▷
Modell für den Hochaltar in der Alten Kapelle. Regensburg, Städtische Kunstsammlungen.

Im Sommer 1772 scheinen die Aufbauarbeiten bereits so weit fertiggestellt gewesen zu sein, dass der Maler Georg Kaspar Zellner im August mit seinen Fass- und Vergolderarbeiten beginnen konnte.[360] Zellner, der stattliche 3 500 Gulden für seine Leistungen und vor allem auch für die dazu notwendigen kostenaufwendigen Materialien erhielt, führte seinen Auftrag im wesentlichen wohl bis 1773 aus, da er nach der witterungsbedingten Winterpause 1773/1774 nur noch mit kleineren Restzahlungen in den Büchern des Stifts auftaucht.[361]

Die archivalische Mitteilung, dass der Tabernakel – wichtiger liturgischer und gestalterischer Mittelpunkt des Retabels – erst im Jahr 1776 geliefert und gefasst wurde,[362] deutet an, dass es hier offensichtlich zu nachträglichen Veränderungen kam und der Hochaltar offenbar zunächst als Wandel- oder Bühnenaltar konzipiert worden ist. Dies bestätigen auch Befunde am Gehäuse: Sie zeigen, dass man erst im Nachhinein – aber offensichtlich noch während der Bauzeit – darauf verzichtete, den Mittelteil der Figurennische mit der davor auf einem knappen, über den Tabernakel geschobenen Podest aufgestellten Figur der Gottesmutter – drehbar zu machen.[363] Auch am Modell des Altars ist die Figurennische drehbar ausgebildet. Auf der Rückseite findet sich hier die flüchtige Skizze eines Christus an der Geiselsäule, dessen Präsentation im Altarmittelpunkt man wohl für die Karwoche im Zusammenhang mit einer Inszenierung des Heiligen Grabes vorgesehen haben dürfte.[364]

Der Schaffung des Altars war eine etwa siebenjährige Planungsphase vorausgegangen, denn bereits 1762, noch während die Gerüste im Chor standen und die Stuckatoren und Maler im Gewölbe arbeiteten, hatte man dem Freskanten Gottfried Bernhard Göz einen höheren Betrag für seine Ausmalungsarbeiten im Chor und ein Reisegeld gegeben, wofür dieser *den Versprochenen abriss zum Chor Altar gratis verfassen und anhero übermachen solle, zu welchen Er sich auch anheischig gemacht hat*.[365] Ob Göz dieser Verabredung nachkam, ist nicht überliefert.[366] Auch bleibt ungeklärt, ob dieser Entwurf – wenn es einen solchen gegeben hat – Einfluss auf den schließlich an Simon Sorg vergebenen Auftrag gewinnen konnte.[367] Da sich in dessen Werk beim 1751/1753 entstandenen Hochaltar von Heilig Kreuz in Regensburg mit seinen freigestellten Säulen, dem mit großen Voluten ausgreifenden, stark gekröpften Gebälk und einer weitgehend aufgelösten Auszugsarchitektur und auch beim ähnlich komponierten, 1761 entstandenen Hochaltar von Arrach gewisse Vorbereitungen auf das Altarkonzept finden, das in der Alten Kapelle schließlich ins Monumentale gesteigert wird, scheint eine weitgehend selbständige Entwurfstätigkeit des Bildhauers wahrscheinlich.[368]

Bereits 1764/1765 hatte Simon Sorg erste Arbeiten für das Stift geliefert, schon im Jahr darauf dürfte eine konkretere erste Phase der Hochaltarplanungen erreicht worden sein, da man im April 1765 bereits mit dem Bau der steinernen und hölzernen Altarstufen begann.[369] Doch ehe das große Werk in die Tat umgesetzt wurde, hatte Simon Sorg – einer allgemeinen Gepflogenheit entsprechend – ein Modell für den Altar zu liefern, das dem Kapitel eine genaue Vorstellung von der vorgesehenen Arbeit vermitteln sollte und zugleich als Vertragsgrundlage für den anschließenden Akkord mit Bildhauer und Kistler diente.

Der mit dem Bildhauer am 19. Mai 1769 geschlossene Vertrag (abgedruckt S. 188, 189) zeigt, dass sich das Stiftskapitel offenbar in einer sehr ausführlichen Diskussion mit dem Modell befasste und ganz dezidiert Änderungswünsche bezüglich der endgültigen Altargestaltung vorbrachte. In einem neun Punkte umfassenden Protokoll forderte man unter anderem, dass der steinerne Sockel unter dem Altar um einen Zoll höher werden sollte, wünschte sich die Sockel der beiden Seitenfiguren um einen halben Schuh höher und sprach sich für einige geringe Verrückungen bei den Auszugsfiguren aus. Weiterhin wurde entschieden, dass bei den großen *Schnürkhl ober denen großen Säullen* die auf der Evangelienseite – also der Südseite – des Modells vorgestellte Alternative zur Ausführung kommen sollte.

Das von den Auftraggebern begutachtete Altarmodell, ein etwa 1,20 m hoher, farbig sorgfältig gefasster Aufbau, hat sich – wenngleich mit stärkeren Beschädigungen und Verlusten – im Regensburger Stadtmuseum erhalten.[370] Das Werk dürfte wohl vor allem zur Verdeutlichung der Raumwirkung gedient haben, denn zum einen ist der Figuralschmuck, der heute leider bis auf die Figuren der beiden Evangelisten Johannes und Lukas über den seitlichen Auszugsvoluten verloren ist, sehr summarisch behandelt. Zum anderen hat man nicht nur die seitlichen raumteilenden Wandstücke wiedergegeben, mit denen sich der Aufbau gleichsam als Schranke vor den Chorschluss schieben sollte, sondern auch noch einen knappen Abschnitt der seitlichen Chorwände angefügt, so dass sich die Auftraggeber ein genaues Bild von den zu erwartenden Platzverhältnissen im Chor machen konnten.

Ein besonderer Glücksfall ist es, dass die Architektur noch ihre originale Fassung trägt. Neben den Vergoldungen führen die über einem sehr hellen Grundton entwickelten Marmorierungen mit ihren locker, souverän gesetzten, in kräftigen Rot- und Grau- bis Blaugrautönen gehaltenen Farbgebung noch deutlich vor Augen, wie man sich die Farbigkeit des Altars in den mittleren bis späten sechziger Jahren des 18. Jahrhunderts zunächst vorgestellt hatte. So gibt eine kräftige in Blau und in Rotvariationen gehaltene Marmorierung dem Sockel des Modells Gewicht, Rottöne deuten auch die Auszugsmitte aus, eine Längsäderung betont die aufsteigende Schlankheit der Säulenschäfte, asymmetrisch gesetzte Farbakzente beleben die Gebälkzone. Damit ist das architektonische Gerüst stärker differenziert, als dies die heutigen durch Ausbleichen der Pigmente nivellierten Farbgebungen am ausgeführten Altar der Kirche zeigen. Bei der Wahl der farbigen Einstimmung reagierte man zudem offensichtlich auf das Farbenspiel im Chor mit seinen hellen Wandflächen und den buntfarbigen Fresken. Im übrigen verdeutlicht das Altarmodell, dass man dem architektonischen Entwurf bei der nachfolgenden Realisation offenbar weitestgehend folgte und lediglich bei den ornamentalen Ausstattungen unbedeutende Veränderungen vornahm.

Der schließlich ausgeführte und 1776 fertiggestellte Hochaltar, Hauptwerk des Simon Sorg, ist Ziel und Höhepunkt des vom Gestühl begleiteten Weges durch das Kirchenschiff, der im reich geschmückten Chor mündet. In seinem Zentrum erhebt sich – inhaltlich bezugnehmend auf das Titularfest – die Gottesmutter in vergoldetem Gewand mit dem Jesuskind an ihrer Seite als plastisches Bildwerk, hinterfangen von einer Nische mit flachem Korbbogenabschluss. Maria erscheint als die von Engelkindern umgebene Königin des Himmels und zugleich als Apokalyptisches Weib über der Weltkugel, den Mond zu ihren Füßen. Sie erhebt sich aufrecht in der Mittelachse der Altarkomposition und präsentiert den stehenden Knaben zu ihrer Rechten über einer Wolkenbank; nicht die innige Verbindung der Mutter mit ihrem Kind in

den Armen ist Thema der Darstellung, sondern der Opferwille der heroischen Frau, die sich dem höheren Willen Gottes unterwirft und ihren Sohn als Opfer darzubringen bereit ist. Das gekrönte, von Sternen umgebene Haupt hat sie erhoben, den Blick richtet sie nicht auf ihr Kind, sondern in den Raum und in die Ferne. Ihr hoheitliches Auftreten wird betont durch ihren Standort über dem gleichsam als hohes Postament in Erscheinung tretenden Tabernakel, über dem die Gestalt standbildhaft emporgehoben wird. Von der am Gebälk über der Gottesmutter angebrachten Mittelkartusche des Altars werden Stoffgehänge baldachinartig ausgebreitet, sie geben zusammen mit den annähernd symmetrisch in der Altarnische angeordneten Ornamentschnitzereien der Figur einen kostbaren, rahmenden Hintergrund und verstärken zugleich die statuarische Isoliertheit des Marienbildes, das von einer vielgliedrigen Architektur umschlossen ist. Der Doppelsäulenaufbau des Retabels, dessen Silhouette sich nach oben hin stufenweise verjüngt, wird im unteren Bereich von durchfensterten Wandstücken begleitet. Mit ihren reich bewegten, als überdimensionale Rocaillen gebildeten Abschlüssen antworten die den Winterchor abschirmenden Einbauten gleichsam auf die bewegten Formen der seitlichen Chororatorien, die das Entrée in das Chorgehäuse nobilitierend begleiten. Zugleich bilden sie für die überschlank aufsteigende Säulenarchitektur des Retabels eine notwendig stabilisierend wirkende Folie. Auf Höhe des den Altarsäulen aufgelegten Gebälks, das mit dem der Chorarchitektur korrespondiert, befreit sich der Altaraufbau von den seitlich angefügten Wandstücken und gewinnt mit den weit in den Raum vorgreifenden und gleichzeitig wogenartig aufsteigenden Volutenstücken, mit denen sich das Gebälk seitlich aufschwingt, räumliche Dynamik. Über dem Gebälk setzt sich die aufsteigende Bewegung im schmal eingezogenen Auszug fort, der sich über einem aus großen Volutenbögen bestehenden Baldachinsegment entwickelt. Als schlanker, steil bis zum stuckierten Marienmonogramm an der Decke aufschießender Baldachinaufsatz setzt er sich lediglich aus Architekturversatzstücken und von Puttenhermen getragenen Gesimsen mit bewegter Kontur zusammen und bildet damit eine in einem tambourähnlichen Abschluss gipfelnde Folie, vor der sich der üppig von Ornamenten umspielte Figuralschmuck ausbreitet. Dem dynamisch bewegten und zugleich äußerst leicht und immer transparenter gestalteten Höhenzug des Aufbaus, der sich der schmalen, hohen Raumform des im Kern spätgotischen Chores einfügt, entspricht seine tiefenräumliche Entwicklung. Das äußere, fast fragil schlanke Säulenpaar des Retabels ist über frei gestellten hohen Podesten weit in den Raum vorgezogen und verdeutlicht die räumliche Tiefe der über einem weiten Kreissegment entwickelten Rahmenarchitektur, die den Altartisch mit dem darüber aufgehenden Tabernakel und der darüber erscheinenden Marienfigur umfängt. Durch ihre exponierte Stellung über den diagonal zur Altarachse gedrehten Podesten werden die Altarsäulen aus dem architektonischen Verband des Aufbaus gelöst und gleichsam als sich verselbständigende Architekturzitate in Szene gesetzt. Gleichzeitig wird das Lasten des breiten – und damit an sich gewichtigen – Gebälks, das ihnen aufliegt, aufgehoben, indem sich dieses stark verkröpft und so in einzelne Teilstücke zerlegt; zudem wirft es sich seitlich mit den großen Volutenschwüngen gleichsam schwerelos und aus eigener Kraft empor, um mit widderhornartig ornamental gedrehten Ausläufern zu enden. Auch das innere Säulenpaar tritt, durch eine tiefe, schattenwerfende Hinterschneidung freigestellt, eher als verselbständigtes und dekorativ verstandenes, denn als im herkömmlichen Sinne tragendes Element auf; die Säulen wirken als Würdeformen, welche die große, flachbogig überfangene Mittelnische des Retabels rahmend begleiten.

Der herkömmliche, seit der Renaissance aus der Antike übernommene architektonische Formenkanon wird so – ganz im Sinn des hohen und gleichzeitig auch zu Ende gehenden Rokoko – in ein Spiel überführt, das die traditionellen kanonischen Verhältnisse von Tragen und Lasten, von architektonischer Funktion und Dekoration, zugunsten eines von Leichtigkeit bestimmten, alle Formen in eine beschwingte Bewegtheit versetzenden Arrangements außer Kraft setzt. Die einzelnen Bestandteile der Komposition fangen gleichzeitig an, sich durch ihren lediglich zitathaften Einsatz zu isolieren. Dieser Eindruck wird zudem verstärkt durch die alle Teile umspielenden und vor allem die Kontur bestimmenden Rocailleornamente, die durch Blütengirlanden- und Tuchgehänge, Gitterwerk und Wolkenbahnen ergänzt werden. Viele der Ornamente wirken – und auch hierin wird eine zeittypische Entwicklung des ausgehenden Rokoko erkennbar –wie lediglich lose angeheftet. Sie gehen keine eigentliche Verbindung mehr mit dem architektonischen Grund ein, auf den sie aufgesetzt sind, und beginnen damit, sich zu verselbständigen. Die Betrachtung des Hochaltars der Alten Kapelle fordert dem Besucher somit einige Konzentration ab, wenn er sich zu orientieren sucht und den Prinzipien der Konstruktion folgen will.

Seitlich zwischen den Altarsäulen – nur wenig tiefer gesetzt als die in den Mittelpunkt des Aufbaus gestellte Marienfigur – hat das heilige Stifterpaar Kaiser Heinrich II. und seine Gemahlin Kunigunde auf schwebend zwischen die Säulenbasen einkomponierten Brücken in den weiten Interkolumnien der Retabelarchitektur seinen Ort. Die großen, weiß gefassten Standfiguren führen in die Geschichte der Alten Kapelle zurück: Auf der Evangelienseite tritt der Kaiser geharnischt im Kleid des mittelalterlichen Herrschers mit seinen Insignien auf. Seitlich hinter ihm ist als Hinweis auf seine Bedeutung, die ihm als – zweitem – Gründer des Regensburger Gotteshauses gebührt, ein Kirchenmodell der Alten Kapelle auf einem Bogensegment postiert. Modischer im eng geschnürten, rocaillegeschmückten Mieder unter dem wallenden, die Silhouette verbreiternden Manteltuch und mit schmaler Frisur zeigt sich die Kaiserin gegenüber auf der Epistelseite, als Pendant zum Kirchenmodell sind hinter ihr die Reichsinsignien abgelegt. Beide herrscherlichen Gestalten, die ihre unmittelbaren Vorläufer in dem von Simon Sorg geschaffenen Kaiserpaar am Hochaltar der Regensburger Heilig-Kreuzkirche haben, sind in ausdrucksvoller Haltung gegeben. Während Heinrich in spontaner, abwehrend wirkender Geste mit halber Drehung auf seine Gemahlin reagiert, setzt diese hoch erhobenen Hauptes mit Ernst und Selbstbewusstsein ihren Fuß auf die glühende Pflugschar und weist mit dem Anspruch ihres Auftretens die vom Kaiser zu Unrecht erhobene Anklage der Untreue zurück. Ihre Gestik mit ausgestrecktem Arm und abwehrend gespreizter Hand reagiert auf die Bewegungen Heinrichs. Das Kaiserpaar tritt somit in einer anekdotisch erzählten Szene auf, die jedoch nicht mehr in der eleganten Attitüde des Rokoko,[371] sondern in einer neuen Würde und Erhabenheit vorgetragen wird; mit der etwas starren Gestik und Haltung sucht der Bildhauer den Gestalten Distanziertheit und Monumentalität zu geben. In dieser Verfestigung des Figuralstils zeigt sich eine für die Spätstufe des Rokoko charakteristische Haltung, die zunächst wie ein Rückgriff auf den Spätbarock wirkt und die Gestalten im Sinne einer neuen Auffassung des Skulpturalen statuarisch überhöht. Simon Sorg nähert sich mit seinen plastischen Arbeiten damit anderen Bildhauern der Zeit, die, wie Joseph Christian in Buchau, Johann Schnegg in Wiblingen oder Ignaz Wilhelm Verhelst in Pfaffenhausen an der Mindel, im späteren 18. Jahrhundert ohne eigentliche Orientierung an der in den zeitgenössischen Akademien gelehrten antikischen Bildauffassung zu einem körperhaften Verständnis der menschlichen Figur zu gelangen suchten.

Noch in einer leichteren Formensprache erscheinen dagegen die bewegten Figuren im Auszug des Hochaltars gehalten, die mit größerer Gelöstheit agieren. Hier haben auf den seitlich weit in den Raum vorstoßenden Volutenschwüngen des Gebälks die beiden Evangelisten Johannes und Lukas ihren Platz gefunden; Johannes ist mit Adler und Buch als Verfasser seines Evangeliums und der Offenbarung auf die Gottesmutter bezogen, der von einem Stier begleitete Lukas wird als Marienmaler mit einer Kopie des in der Alten Kapelle bewahr-

Abb. 114 ▷
Das „Kredenz-Altärchen" in der Alten Kapelle. Neben diesem ein großer Leuchter, einer von einem Paar. Bronze, gegossen. Datiert 1607. Gestiftet von dem Kanoniker Georg Müller († 1627).

ten Mariengnadenbildes dargestellt. In der Auszugsmitte unter dem Baldachin schwebt die Taube des Heiligen Geistes über dem mit dramatischer Geste gegebenen Gottvater, der von Wolken und einer Schar Engelkindern umspielt wird, zu seinen Füßen ruht die Weltkugel.

Das Bildprogramm des Hochaltars ist zudem durch vier sehr flach gearbeitete Reliefs an den Säulenpostamenten bereichert. Hier hatte Simon Sorg in geschweiften Kartuschen Begebenheiten aus dem Marienleben wiederzugegeben. Dargestellt sind auf der Epistelseite die Szenen, die mit der Verkündigung das Eintreten Mariae in den göttlichen Heilsplan und mit der Himmelfahrt der Gottesmutter das Ende ihres irdischen Daseins und damit die Vollendung ihrer Aufgabe in diesem Plan zeigen. Auf der Evangelienseite wird mit der Anbetung des Kindes Maria in der Wiege durch die Eltern Joachim und Anna und der Darstellung der Maria als Immaculata auf die unbefleckte Empfängnis verwiesen. Die Schnitzereien, die sich im wesentlichen auf das Figurale konzentrieren und den Bildhintergrund nur sparsam charakterisieren, haben ihre Vorbilder vermutlich in zeitgenössischen Ornamentstichen.[372]

„Kredenz-Altärchen" mit Kopie des Gnadenbildes und Priestersitz im Chor

Neben dem Hochaltar sind seitlich an den Wänden des Chores flache Rahmenarchitekturen mit seitlichen Pilastern angebracht, ihre Bekrönung besteht aus einem phantasievoll gestalteten kronenartigen Aufsatz, der mit stuckierten, in kräftiges Purpurrot gefassten Tüchern, einem Diadembogen und Rocailleornamenten geschmückt ist. Während der Aufbau der Südseite den Hintergrund für den Priestersitz bildet, ist sein als Pendant gestaltetes Gegenüber, bei dem die Ministranten zu sitzen pflegten, altarähnlich mit einem nicht zeitgleich entstandenen, mensaförmigen Tisch ausgestattet und birgt in seinem Zentrum eine Kopie des Marien-Gnadenbildes. Darunter war ein Ovalbild mit Darstellung der heiligen Drei Könige angebracht, für die der Maler Xaver Waldgraf aus Stadtamhof 1775 entlohnt wurde.[373] Es wird vermutet, dass dieser Aufbau an jenen alten Standort erinnert, den das Gnadenbild im Chor der Kirche wohl spätestens nach dessen Erneuerung im mittleren 15. Jahrhundert erhalten hat[374] und den es bis zu der 1694 erfolgten Translozierung an seinen heutigen Standort in der Gnadenkapelle einnahm. Die reichen Stuckaturen der Aufbauten gehören offensichtlich in die Endphase der Chorausstattung und sind aus stilistischen Gründen der Werkstatt des Anton Landes zuzuweisen. In den Rechnungen des Stiftes wird erwähnt, dass die beiden Aufbauten erst nach Aufstellung des Hochaltars im September 1775 fertiggestellt wurden, indem sie von Georg Kaspar Zellner und dessen Obergesellen gefasst wurden und Simon Sorg erst jetzt einen *viereggie Ramb und Aufsatz* lieferte, der sicher für die Kopie des Gnadenbildes bestimmt war.[375]

Die heute in den Rahmenaufbau eingesetzte Kopie des Mariengnadenbildes wurde erst 1810 als Ersatz für das originale Gnadenbild des 13. Jahrhunderts geschaffen,[376] da dieses von 1810 bis 1862 von der damaligen Staatsregierung als bedeutendes Kunst- und Altertumswerk beschlagnahmt und nach München geführt worden war.[377] Das Gemälde von 1810 erfuhr somit über ein halbes Jahrhundert hinweg die Verehrung der Gläubigen. Als Erinnerung an diese Zeit der frommen Zuwendung übertrug man es nach der Rückkehr des echten Mariengnadenbildes 1864 in den Chor, wo es auch – wie es in einer um 1887 vom damaligen Kustos der Alten Kapelle verfassten Äußerung heißt – *zum immerwährenden Andenken an den Frevel, den die damalige Staatsregierung* [mit dem Abtransport des Gnadenbildes] *an einem Heilthume begangen hat,*[378] dienen sollte. Auf dem „Kredenz"-Altärchen trat das Bild vermutlich an die Stelle einer älteren, wahrscheinlich bereits seit 1694 vorhandenen Gnadenbild-Kopie, die als verloren gelten muss.

Oratorien im Chor

Eine wichtige Rolle bei der festlichen Ausschmückung des Chores spielen die reizvollen, 1764 geschaffenen Oratorien, die den beiden Chorseitenwänden über knappen, eingezogenen Konsolen in Art von Proszeniumslogen vorgehängt sind.[379] Die zweigeteilten, mit einer phantasievoll gemalten Blumentapete ausgekleideten Gehäuse mit großen verglasten Schweiffenstern und reicher teilvergoldeter Stuckzier sind „Hochleistung des Rokoko"[380] und werden in ihrem grazilen Aufbau mit aufwendig dekorierten Prunkkarossen der Zeit verglichen.[381] Mit ihrer Schmuckfülle und ihrer Plastizität bereiten sie auf den Hochaltar und dessen Pracht vor und setzen zugleich das reiche Schmuckwerk des Gewölbes auch an den Seitenwänden des Chorgehäuses fort. Darüber hinaus tragen die Oratorien wie auch die verkröpften Gebälke des Chorraums plastischen figuralen Schmuck, der sich in seiner inhaltlichen Aussage auf die Gottesmutter im Zentrum des Hochaltars bezieht.[382]

◁ Abb. 115
Das nördliche Oratorium mit dem Chorgestühl in der Alten Kapelle.

Nicht überliefert ist, auf wen die Invention der Oratorien zurückgeht. Sicher hat der Wessobrunner Anton Landes mit der stuckierten dekorativen Ausgestaltung der Brüstungen, Fensterrahmungen und Aufsätze erheblichen Anteil am Gesamtentwurf, doch scheint es wahrscheinlich, dass Simon Sorg verantwortlich für das architektonische Konzept der schreinartigen hölzernen Gehäuse zeichnete,[383] zumal der Bildhauer und Altarentwerfer mit Arbeiten eben für diese Oratorien greifbar wird.[384] Motivische Ähnlichkeiten sind beispielsweise bei den Volutenspangen über den figurenbesetzten Abschlüssen der Oratoriengehäuse zu sehen, die sich als Form über dem Dorsale des Gestühls wiederholen. Auch die an die Ecken gesetzten, ausgreifenden Voluten des bewegt geschweiften oberen Abschlusses zeigen Verwandtschaft zu Sorgs Arbeiten, wie beispielsweise zur Gestaltung des Tabernakelgehäuses in der Heilig Kreuz-Kirche.

Konkret greifbar wird der Anteil des Bildhauers beim Figuralschmuck der Oratorien, den er offenbar ebenso wie die weiblichen Figuren der vier Tugendallegorien auf dem Hauptsims des Chores in enger Zusammenarbeit mit Anton Landes und dessen Werkstatt herstellte. Denn Häupter, Gliedmaßen und Attribute der vier Erdteil-Allegorien über den Oratorien sind ebenso wie bei den Haupttugenden aus Holz geschnitzt und damit die Arbeiten eines versierten Bildhauers,[385] der hier Anton Landes und seiner Werkstatt[386] mit seinem bildhauerischen Können gleichsam „aushalf". Die Gewänder dagegen wurden in einer im 17. und 18. Jahrhundert wiederholt anzutreffenden „fa presto"-Technik in geschickter Inszenierung aus leimgetränkter Leinwand hergestellt und mit den hölzernen Teilen über Lattengerüsten zusammengefügt.[387] In den Stiftsrechnungen werden die hölzernen Teile der Tugendallegorien nicht mit Simon Sorg abgerechnet; hier ist lediglich im Juli 1763 der wohl auf die Montage der Gestalten zu beziehende Kauf von Leinwand *zu denen Statuen* genannt.[388] Die Schnitzarbeiten können aufgrund ihrer physiognomischen Charakteristika jedoch ohne weiteres mit Simon Sorg in Verbindung gebracht werden, möglicherweise arbeitete der Bildhauer hier zunächst als Subunternehmer des Stuckators. Eine zweite Rechnung für Leinwand, diesmal *zu denen Statuen auf die oratoria*, fiel im August 1764 an, und zu Beginn des Jahres 1765 wird Sorg für die vermutlich im Frühjahr oder Frühsommer geschaffenen *4 Weldtheil auf die oratoria* und andere Bildhauerarbeiten mit 130 Gulden entlohnt.[389] Da Anton Landes bereits am 16. Mai 1764 in Berlin verstarb, kommt dessen eigenhändige Beteiligung an den Oratorienfiguren daher wahrscheinlich nicht mehr in Frage. Ob hier ein Angehöriger der Landes-Werkstatt einsprang und die Leinwanddrapierung vornahm, oder ob der Bildhauer Sorg auch die Kaschierungsarbeiten übernahm, ist nicht überliefert. Gemäß zünftischer Gepflogenheiten und auch von der Ausbildung des als Holzbildhauer geschulten Sorg wäre letzteres jedoch eher unüblich.

Abb. 116
Personifikation der Stärke (Fortitudo).
Stuckrelief auf der Brüstung des nördlichen Oratoriums.

Die hier in der Alten Kapelle angewandte Montagetechnik, bei der holzgeschnitzte Versatzstücken eines Bildhauers mit den vom Stuckarbeiter hergestellten Gewandpartien kombiniert wurden, kann als ein besonderer Fall für die durchaus vielfältige und sicher auch häufige Zusammenarbeit und künstlerische Ergänzung zwischen Stuckarbeitern und Bildhauern des Barock und Rokoko gelten. Denn vielfach waren die ursprünglich aus dem Maurerhandwerk kommenden und noch bis ins 18. Jahrhundert hinein zunächst der Mauerzunft angehörenden Stuckatoren nicht als Bildhauer ausgebildet; viele der Ornamentalisten entwarfen die Dekorationen und führten deren ornamentale und vegetabile Elemente selbständig aus, während sie die Hilfe eines Bildschnitzer in Anspruch nahmen, wenn es um die Herstellung größerer figürlicher Arbeiten ging. Seltener beteiligten sich Bildhauer – wie hier in der Alten Kapelle – mit eigenen kostenaufwendigen Schnitzereien direkt am Herstellungsprozess, weitaus häufiger war es dagegen der Fall, dass ein Bildhauer hölzerne Modelle lieferte, mit deren Hilfe die Stuckbildner den für ihre Dekorationen benötigten figuralen Anteil anfertigen konnten. Die Bildhauermodelle dienten zur Herstellung von Negativformen, also Modeln, mit denen die Gipsarbeiter dann geflügelte Puttenköpfchen, Engelshäupter oder auch ganze Figuren produzierten. Man presste oder goss Köpfe oder auch nur „Gesichtsmasken", Arme und Hände, Beine, Flügel und Rümpfe und bearbeitete diese seriell hergestellten „Rohlinge" dann je nach Bedarf weiter. Kopfrohlinge konnten mit unterschiedlicher Haartracht individuell ausgestattet werden, die diversen Körperteile wurden schließlich zusammen mit frei aus Stuck modellierten Gewändern vor Ort in vielfältiger Variation zusammengefügt, wobei bereits eine kleine Wendung des Kopfes oder eine geringfügige Drehung der Arme, Flügel und Beine oder die Beigabe unterschiedlicher Attribute eine neue Individualität entstehen ließen.

Abb. 117
Personifikation des Maßhaltens (Temperantia). Stuckrelief auf der Brüstung des südlichen Oratoriums.

Eine solche Technik scheint zur Herstellung weiterer Bildwerke an den Oratorien verwendet worden zu sein, denn das aus Stuck geformte Haupt der heiligen Kunigunde in der südlichen Supraporte ist samt Haartracht und Schmuck offenbar eine wörtliche Replik des geschnitzten Kopfes der gegenüber auf der Oratorienbekrönung thronenden Europa des Simon Sorg. Es dürfte vom Stuckator von einer der geschnitzten Arbeiten des Bildhauers abgeformt worden sein. Auch die Stuckbüste Kaiser Heinrichs an der gegenüberliegenden Supraporte zeigt engste Verwandtschaft zu Sorgs gleichnamigem Bildwerk am Hochaltar.[390] Ob hier das in seinen Maßen und physiognomischen Eigenheiten gut vergleichbare Haupt des den Erdteil Asien verkörpernden Mannes über dem südöstlichen Oratorium als Model diente, das nachträglich durch Barttracht und Kopfbedeckung individuell überformt wurde, vermag man ohne genauere Vermessung der Köpfe nicht mit Sicherheit zu sagen.

Besonderes Interesse verdienen schließlich auch die sehr fein gearbeiteten Reliefs an den Brüstungen der Oratorien mit den Darstellungen der auf den Chorgesang bezogenen orgelspielenden heiligen Cäcilia und des psalmodierenden Königs David sowie der vier Kardinaltugenden.[391] Die nach Auskunft der Restauratoren aus Stuck hergestellten Reliefs[392] sind von ausgezeichneter bildhauerischer Qualität, souverän ist das Figurale beherrscht und mit Könnerschaft werden die Gegenstände aus der Fläche herausmodelliert, so dass auch ihre Invention sicherlich kaum für die Stuckatorenwerkstatt, sondern für den Bildhauer Sorg in Anspruch zu nehmen ist. Während sich die einzelnen Gestalten in ihrer Gesichtstypik mit anderen Reliefarbeiten des Simon Sorg vergleichen lassen, hebt sich die etwas flüssigere Gewandbehandlung von den übrigen figuralen Werken ab. Vor allem ist es die Tiefe der Reliefs, die sich von einer sehr flachen Hintergrunddarstellung bis hin zur erhabenen Ausarbeitung von Gliedmaßen und Attributen entwickelt und sich von Sorgs sonst stets mit

Abb. 118
Engelsköpfchen.
Holz, geschnitzt. Detail des Chorgestühls. Geschaffen von Simon Sorg (1719–1792). 1765.

einer ausgeprägten Tendenz zur Flächigkeit gearbeiteten Reliefschnitzereien wie beispielsweise am Gestühl von Sankt Mang in Stadtamhof oder den späteren, für die Alte Kapelle gefertigten Reliefs am Hochaltar und an den Seitenaltären, unterscheidet.

Die Chorgestühle

Zu beiden Seiten an den Chorwänden erhebt sich das jeweils in zwei Blöcke geteilte Chorgestühl der Stiftsherren, das 1765 an die Stelle eines älteren, noch 1754 reparierten Gestühls trat.[393] Die dunklen, wie die Beichtstühle aus ungefasstem Eichenholz hergestellten Gestühlsblöcke bilden gleichsam eine optische Basis für die reich bewegten, licht in Weiß und Gold gehaltenen Oratorien, die über den beiden vorderen Gestühlsteilen an die Chorwände angefügt sind. Entwurf und Ausführung gehen auf Simon Sorg zurück, der den Auftrag bis 1766 unter Beteiligung von Schreinergesellen erledigte und den bildhauerischen Schmuck fertigte.[394] Als doppelreihiges Stallengestühl mit jeweils zwölf Sitzen ist jeder Block mit hoher Rückwand ausgestattet, deren Kontur sich reich geschweift durch Volutenbögen belebt. Das flache Rocailleornament zeigt sich von den muscheligen, aus rasch gegeneinander gestellten C-Bögen komponierten Chor-Stuckaturen des Anton Landes offenbar deutlich beeindruckt;[395] es schmückt die zur Mitte leicht gestaffelten Felderungen, deren mittlere durch eine flache Voluntenspange mit geschnitztem Engelsköpfchen hervorgehoben ist. Flächig gehaltenes Rocaillewerk ziert auch die Felder der abschließenden Brüstung.

Briccius- und Anna-Altar (ehemals Johannisaltar) im Querhaus

Der Altar des heiligen Briccius (Brictius) von Tours im nördlichen Querschiff knüpft an ein bereits im 14. Jahrhundert in der Alten Kapelle belegtes Patrozinium an.[396] Auch ein Benefizium der heiligen Anna, die man am Altar des südlichen Querhauses verehrt, ist gegen Ende des 14. Jahrhunderts in der Kirche belegt; in spätmittelalterlichen Urkunden wird aber zugleich eine zu Ehren des heiligen Johannes auf den gleichen Altar gestiftete Messe genannt, und auch im späteren Mittelalter sind beide Patrozinien auf dem gleichen Altar erwähnt.[397] Später trat die Verehrung der Marienmutter Anna auf dem Altar in den Vordergrund, so dass er heute deren Namen führt.

Beide Altäre wurden 1730 aufgrund einer Stiftung des Kanonikers Aegidius Mayer[398] bei Franz Anton Neu in Auftrag gegeben.[399] Auf dem Briccius-Altar hat der Altarheilige als nördliche Seitenfigur Aufstellung gefunden, sein Gegenüber ist der heilige Bischof Martin, gekennzeichnet durch die Gans zu seinen Füßen. Beide Statuen sind als kompakte Mantelfiguren mit ruhigem Standmotiv in ihrer geschlossenen Kontur betont und unterscheiden sich damit deutlich von den weitaus bewegteren Gestalten des Anna-Altars.[400] Auf dem Hauptbild des Briccius-Altars, das dem Prüfeninger Johann Gebhard zugewiesen ist, hat der Maler in weichen, tonigen Farben die seltene Darstellung der Heiligen Eucharistie dargestellt.[401] Das Bild zeigt die Monstranz mit der von Engeln adorierten Hostie, darunter sind die Nothelfer Blasius, Aegidius, Dionysius und Eustachius durch ihre Attribute zu identifizieren. Im Auszugsbild erscheint Gottvater mit Szepter und Weltkugel, als geschnitztes Bildwerk bekrönt der Erzengel Michael mit Schwert und Seelenwaage den Aufbau. Das ebenfalls vorwiegend in tonigen Farben gemalte Altargemälde des südlichen Seitenaltars zeigt die Heilige Familie. Die Gottesmutter mit dem Kind ist in der Mitte durch helle Farben hervorgehoben, hinter ihr erscheinen die Eltern Anna und Joachim, seitlich wenden sich die beiden Johannes an Maria, rechts der Täufer mit dem Lamm, links der Evangelist mit geöffnetem Buch, womit auf die früheren Altarheiligen Bezug genommen ist. Das Gemälde trägt die Signatur *[.] Gebhard in Priffling*, aus stilistischen Gründen dürfte das Werk ebenfalls für den in Prüfening ansässigen Maler Johann Gebhard in Anspruch zu nehmen sein. Im Oberbild ist der heilige Joachim als Sitzender mit großem Folianten dargestellt. Als Bekrönungsfigur erscheint – hier bezogen auf die Verkündigung – die Gestalt des Erzengels Gabriel mit der Lilie in der Hand über dem Altarauszug. Seitlich zwischen den Säulen hat der Bildhauer Franz Anton Neu die weiß gefassten Figuren der heiligen Ursula und des heiligen Georg als Drachenkämpfer postiert, die sich durch ihre lebhaftere Bewegung, eine grazile Körpertorsion und einen wesentlich unruhigeren Faltenstil von den Figuren des Briccius-Altars unterscheiden.[402]

Abb. 119
Engelsköpfchen.
Holz, geschnitzt. Detail des Chorgestühls. Geschaffen von Simon Sorg (1719–1792). 1765.

Mit den beiden bereits vor Beginn der umfassenden Neugestaltung der Kirche entstandenen Seitenaltären im Querhaus werden wir auf eine Stilstufe zurückgeführt, die mehr als eine Generation vor der Entstehung des Hochaltars ihre Gültigkeit hatte. Die als Pendants konzipierten Aufbauten entwickeln sich als relativ flache Doppelsäulenretabel mit einer breiten, vielfältig gegliederten Sockel- und Predellenzone. Eine für das beginnende Rokoko charakteristische Belebung des Aufbaus wird dadurch erzeugt, dass die Säulenpodeste jeweils diagonal zur Raumachse gedreht sind. Zudem wird das innere Säulenpaar zu Seiten des großen Altargemäldes in den Raum hinein vorgezogen, so dass sich zwischen ihm und dem äußeren zurückgesetzten Säulenpaar ein durch die Gliederung der Rücklagen als Nische ausgedeuteter Aktionsraum für die seitlichen Altarfiguren ergibt. Mit dem leichten Vor- und Zurücktreten der Architekturteile wird eine zurückhaltende Wellenbewegung erzeugt, die der Kompaktheit des Grundaufbaus entgegenwirkt. Die Schäfte des inneren Säulenpaares sind als spiralig gearbeitete, mit einem „Band“ belegte Schraubensäulen ausgeführt, deren statischer Kern durch die ausgeprägte Torsion nahezu aufgezehrt wird.[403] Hierdurch wird aus dem Säulenpaar in der Fernsicht gleichsam ein dekoratives Wellenband, dessen Lebendigkeit sich auch auf die Seitenaltarfiguren mitzuteilen scheint und so am Briccius-Altar das Nebeneinander von Säulen und ausgesprochen statuarisch empfundenen Figuren auflockert. Gleichzeitig gerät das bei Altären des 17. und frühen 18. Jahrhunderts in der Regel noch als waagrechter Abschluss über die tragenden Säulen gelegte Gebälk in Bewegung, indem es mit reicher Verkröpfung den gestaffelten Säulenstellungen folgt und sich dann in der Mitte über dem Altarblatt in einem weichen Schweifbogen aufwölbt. Die Altarsäulen gewinnen so in einer für das fortschreitende 18. Jahrhundert charakteristischen Weise an Selbständigkeit, damit kündigt sich eine Tendenz zur Isolierung der einzelnen architektonischen Teile an, die schließlich beim Hochaltar in weiterentwickelter Form zu beobachten war.

Über dem Gebälk der Seitenaltäre setzen die schmaleren Auszüge auf, die wiederum ein Gemälde im Zentrum aufnehmen. Die Aufbauten schließen etwas abrupt mit einem seitlich waagrecht geführten und über dem Bild zur Mitte hin aufschwingenden Gesims, das die Kontur des Hauptgebälks in vereinfachter Form nachzeichnet und eigentlich erwarten lässt, dass auch hier – wie beim Hauptaufbau darunter – entsprechend kleinere – vermutlich wiederum gedrehte – Säulen[404] über diagonal gestellten Basen das Auszugsgemälde rahmend begleiten. Diese Säulchen aber, auf deren ursprüngliches Vorhandensein neben der kapitellartigen Gebälkverkröpfung auch die glatten Rücklagen an der Altarwand zu Seiten des Gemäldes verweisen, hat man im Zuge einer späteren Modernisierung durch rocaillegeschmückte Volutenstücke ersetzt, die – ganz im Stil des reifen Rokoko – in elegantem, girlandenähnlichem Schwung über dem inneren Säulenpaar auf dem Hauptgebälk aufsetzen und zum Auszugsgebälk aufsteigen. Der Umbau erfolgte durch Simon Sorg im Jahr 1768,[405]

Abb. 120
Die Muttergottes mit dem Jesuskind auf dem Mariä-Schnee-Altar. Geschaffen 1755 von Johann Baptist Dirr (1709–1763).

also vier Jahrzehnte nach Entstehung der Retabel. Denn trotz der gewissen Bewegtheit und der Tendenz zu einer tiefenräumlichen Strukturierung musste die Architektur der beiden Seitenaltäre bereits als veraltet gelten, als man schließlich in den späten sechziger Jahren des 18. Jahrhunderts die Errichtung des neuen Hochaltars vorantrieb. Simon Sorg ging daher daran, den ornamentalen Dekor zu ersetzen, zumal dieser ohne größeren Aufwand auszutauschen war. So ließ er an die Stelle der um 1730 in Regensburg noch üblichen flachen symmetrischen Bandelwerk-Ornamentik mit ihrem in der Regel wenig raumgreifenden, feingliedrigen Akanthusblattwerk konsequent den gleichen lebhaften Rocailledekor treten, mit dem er kurz darauf auch den Hochaltar schmücken sollte. Mit flammenden, asymmetrischen Muschelformen zierte der Bildhauer den vermutlich erneuerten Rahmen des Altarblatts, über den Hauptgemälden setzte er jeweils neue, in zeittypisches Muschelwerk gefasste Kartuschen mit dem IHS-Zeichen und dem ligierten Marienmonogramm vor das Gebälk. An den Sockelpartien der Altäre wurden Teile ausgetauscht und die Ornamente teils durch geschnitztes, teils nur durch mit Druckmasse aufgelegtes und vergoldetes sehr feines Ranken- und Rocaillewerk ersetzt.[406] Darüber hinaus griff Sorg aber auch in das architektonische Gerüst der Altäre ein und unternahm den Versuch, dessen feste Tektonik zu lockern und in eine ornamental empfundene Leichtigkeit zu überführen. Er bereicherte den Auszug mit den bereits erwähnten geschweiften Volutenstücken, die sich in ihrer Kontur und mit ihren widderhornartig eingerollten Enden mit den entsprechenden Architekturstücken am Hauptgebälk des Hochaltars vergleichen lassen. Sie verdeutlichen, wie Sorg Architekturstücke auflöst und ins Ornamentale überführt. Auch erneuerte man offensichtlich die Antependien. Nach erfolgter Überarbeitung wurden die Altäre, die 1730 vermutlich ungefasst geblieben waren,[407] von Georg Kaspar Zellner mit Vergoldungen und Marmorierungen versehen, wofür man ihn 1769 mit 1 175 Gulden entlohnte.[408]

Der Altar der heiligen Barbara und der Mariä-Schnee-Altar in den Seitenschiffen

Von den sechs Seitenschiffsaltären, die sich paarweise einander gegenüber an die Außenwände der Seitenschiffe reihen, wurde als erstes das östlichste Paar angeschafft; 1755 hatte Johann Baptist Dirr hierfür den Auftrag erhalten.[409] Auf der Nordseite kam ein neuer Barbara-Altar zwischen den jochtrennenden Wandpilastern zur Aufstellung,[410] auf der Südseite errichtete man als Pendant hierzu den mit einer Stiftung des Kanonikus Ignaz Dorfner finanzierten Mariä-Schnee-Altar.[411] Die Altäre sind in ihrem Grundaufbau sehr ähnlich, beide erhielten 1767/1768 von Georg Kaspar Zellner eine neue Fassung,[412] um 1785 schmückte Simon Sorg den Mariä-Schnee-Altar schließlich noch durch zwei wiederum sehr flach geschnittene Ovalreliefs mit der Verkündigungsszene und der Geburt Christi.[413]

Beide Retabel haben sich allerdings nicht in ihrem ursprünglichen Zustand erhalten. Die Architektur des Mariä-Schnee-Altars hat man zu einem nicht genauer belegten Zeitpunkt umgebaut. Der sicher weniger im liturgischen Interesse stehende Barbara-Altar wurde dieser Veränderung nicht unterworfen. Dennoch ist auch dieser Altar nicht im Original erhalten, denn abgesehen von nicht näher bekannten Arbeiten während einer umfangreicheren Renovierung in der Zeit um 1886/1887 wurde er bei einem Bombenangriff, der das Nordschiff der Kirche traf, am 20. Oktober 1944 stark beschädigt.[414] Ein Vergleich mit älteren Fotografien lässt deutlich werden, dass man den zertrümmerten Aufbau anschließend unter Verwendung erhaltener Teile offensichtlich sehr sorgfältig rekonstruierte und lediglich mit geringfügigen Reduzierungen am Ornament wieder herstellte.[415] Trotz dieser Erneuerungen zeigt sich der Retabel auch heute noch als typisches Werk des um die Mitte des 18. Jahrhunderts voll entwickelten Rokoko und führt dessen Tendenzen, alle architektonischen Elemente „in Zierglieder umzuschaffen",[416] geradezu in exemplarischer Weise vor. So wird der herkömmliche Kanon eines Säulenretabels, der beim Briccius- und Anna-Altar noch abzulesen war, nur noch zitiert. Über der geschweiften, mit Voluten und Rocailledekor durchgestalteten Predella, die sich als Podest für die beiden Seitenfiguren des Altars nach außen verbreitert, geht eine glatte Rückwand auf, die mittig eine Figurennische mit Muschelkalotte aufnimmt. Seitlich wird diese Fläche von einem Rahmenwerk aus geschweiften C- und S-Schwüngen begleitet. Diese Rahmenelemente sind an die Stelle der herkömmlichen Altarsäulen getreten und deuten dies damit an, dass sie über kapitellartigen Architekturversatzstücken das stark gekurvte Gebälk aufnehmen, das in der Mitte in einem Kreissegment weit herabgezogen wird und den Auszug vom Hauptaufbau scheidet. Dieser Auszug, der sich beim Barbara-Altar als durchbrochenes Gerüst vor der Mauer des Seitenschiffs entfaltet, setzt sich wiederum aus ornamental begriffenen Volutenstücken und rocaillebesetzten Bögen zusammen und gipfelt in dem frei komponierten Ornament einer großen, mit flammenartigen Enden ausgreifenden Rocaille-Kartusche, die den oberen Abschluss des sich verjüngenden Aufbaus bildet.

In diesen leichten, bewegten Aufbau, in dem Architekturzitate und Ornamente unlösbar miteinander verschmelzen, sind schlanke, kontrapostisch bewegte, weibliche Heiligenfiguren in sich reich bauschenden Gewändern eingestellt. Die Titelheilige Barbara nimmt den

Abb. 121 ◁ ▽
Der Barbara-Altar im nördlichen Seitenschiff.

Abb. 122 ▽
Der Mariä-Schnee-Altar im südlichen Seitenschiff.

Platz im Mittelpunkt des Retabels ein, flankiert wird sie von den Heiligen Apollonia und Christina, als vierte weibliche Heilige erscheint, als Halbfigur, die heilige Agatha, von einem Strahlenkranz umgeben, im Auszug. Bildhauerisch zeigen sich die Arbeiten des Barbara-Altars wie auch des vom gleichen Künstler gestalteten Mariä-Schnee-Altars mit ihrer grazilen Beweglichkeit als Werke des reifen Rokoko.

Als Pendant zum Barbara-Altar ist im südlichen Schiff der Mariä-Schnee-Altar aufgerichtet. Sein Altarpatrozinium bezieht sich auf eine Traumvision von Papst Liberius, die zur Gründung der römischen Kirche Santa Maria Maggiore führte. Die Patroziniumswahl steht somit in engem Zusammenhang mit dem Mariengnadenbild der Alten Kapelle, da man hierdurch einen Bezug zwischen dem Regensburger Gnadenbild und der berühmtesten Marienikone der Christenheit in Santa Maria Maggiore herstellen wollte.[417] Im Altarzentrum erhebt sich die Gottesmutter mit dem lebhaft bewegten Jesuskind auf dem Arm, Szepter und Krone weisen sie als Himmelskönigin aus. Die bewegte Gestalt wird flankiert von den Seitenfiguren der Evangelisten Lukas mit dem Stier und Matthäus, der durch die assistierende Figur des Engels ausgewiesen ist. Mit ihrem ebenfalls stark durchbrochenen Auszug schiebt sich die Architektur vor das als Oval ausgebildete Fenster des Seitenschiffs, womit sich der Retabel in eine seit dem frühen 17. Jahrhundert gängige Tradition des Altarbaus einreiht, bei der rückwärts einfallendes Licht in die Komposition einbezogen wird.

Der Mariä-Schnee-Altar besaß vermutlich den gleichen Grundaufbau wie sein Pendant, der Barbara-Altar, mit dem er den aus Volutenschwüngen gefügten, in die Fensterrahmung

Abb. 124 ▷▽
Der Altar des heiligen Jakobus im südlichen Seitenschiff.

Abb. 123 ▽
Der Altar des heiligen Heinrich im nördlichen Seitenschiff.

hineinspielenden Aufsatz auch heute noch gemeinsam hat. Doch hat man bei einer Renovierung gleichsam ordnend in den Aufbau des Hauptteils eingegriffen und dessen spielerisch-unlogischen Umgang mit der Architektur nachträglich zu korrigieren versucht. Dies geschah, indem die beim Barbara-Altar beobachteten, aus rocailleüberzogenen C- und S-Bögen bestehenden seitlichen Rahmungen eliminiert und durch sehr schlanke, übereck gestellte Pfeiler ersetzt wurden. Diese Stützen mit ihren eigenwilligen Kapitellen, die sich an den Pfeilerausbildungen des von Simon Sorg 1790 geschaffenen Altarpaares der heiligen Katharina und des Heiligen Kreuzes orientieren, sind in der Lage, das Gebälk aufzunehmen, so dass das Tragen und Lasten der einzelnen Bauglieder wieder ablesbar wird. Da die Ergänzungen also enge Abhängigkeit von den benachbarten Seitenaltären des Simon Sorg zeigen und der Mariä-Schnee-Altar zudem mit zwei um 1785 datierbaren Reliefkartuschen von der Hand des Bildhauers geschmückt wurde, ist die Veränderung aus stilistischen Gründen mit diesem in Verbindung zu bringen und im Zusammenhang mit der Aufstellung der übrigen Seitenschiffsaltäre um 1780/1790 zu sehen. Nach Auskunft der Restauratoren aber tragen die neu hinzukomponierten Pfeiler angeblich eine Fassung von 1886/1887. Eine solche Datierung wäre auffällig, da kaum vorstellbar ist, dass man im ausgehenden 19. Jahrhundert einen im Stil des aufkommenden Klassizismus gehaltenen Eingriff in ein Werk des mittleren 18. Jahrhunderts vorgenommen haben soll.[418]

Abb. 125
Der Tod des heiligen Heinrich. Gemälde von Christian Wink (1738–1797) auf dem Heinrichs-Altar. 1785.

Die Altäre der Heiligen Heinrich und Jakobus in den Seitenschiffen

Mit seinen schlanken Proportionen ist auch das zweite – mittlere – Paar der Seitenaltäre auf die Wandflächen bezogen, die zwischen den jochtrennenden Wandpilastern in den Seitenschiffen zur Verfügung stehen. Entwurf und bildhauerische Arbeiten dieser Altäre sind für Simon Sorg gesichert, als Kistler nennen die Quellen den Schreiner Conrad Heinrich; Maler der Erstfassung war zunächst 1782 Georg Kaspar Zellner, der 1784 durch Johann Kaspar Zellner abgelöst wurde.[419] Beide Altäre sind zwischen 1782 und 1784 entstanden, also etwa eine Generation nach den Nebenaltären des Johann Baptist Dirr und mehr als ein Jahrzehnt nach dem Hochaltar. Die Retabel gehören nunmehr gänzlich dem Übergangsstil an, mit dem sich das Rokoko verabschiedet und sich zunächst, vor allem in den Dekorationselementen, eine neue, an der Antike orientierte Kunstrichtung ankündigt. In ihrem Grundaufbau sind beide Säulenaufbauten mit ihren reich gegliederten Gebälkzonen und hohen, architekturlosen Auszügen identisch. Über einem konkav-konvex geschweiften Unterbau mit der breiten Mensa und der zur reliefgeschmückten Mitte leicht einschwingenden Predella erhebt sich ein Paar seitlicher Altarsäulen, die – wie beim Hochaltar – über hohem Kämpfer ein fast zu mächtiges, jedoch durch seine starken Schweifungen und die Auflösung in einzelne Versatzstücke als architektonisches Element traditionellen Kanons weitgehend entwertetes Gebälk aufnehmen. Die Säulen sind wie beim Hochaltar ganz freistehend gedacht und verselbständigen sich auch hier gegenüber der Altarrückwand. Über den zierlichen Kapitellen schwingen die Gebälkstücke raumgreifend vor, seitlich erweitert sich die Gebälkzone durch aufwärts gerichtete hornartig gebogene Ausläufer. Das Gebälk bildet die Basis für den in seiner Grundform als schlankes Dreieck konzipierten Auszug, der als Arrangement von Architekturzitaten mit geschweiften und sich einrollenden C-Bögen, Voluten und gekurvten, schwingenden Gesimsen erwächst. Die Kontur löst sich in unstatische, bewegte Elemente auf, eine gewisse Ruhe wird lediglich durch die Wahrung einer weitgehenden Symmetrie bei Architekturversatzstücken und Dekor erzeugt, mit ihr reduziert sich jene Pointierung, die das Rokoko liebte. Der Aufsatz des Jakobus-Altars umschließt wie der Mariä-Schnee-

Altar wiederum eines der Seitenschifffenster, das bei der barocken Umgestaltung Bassgeigenform erhalten hat. Vor dem hellen Gegenlicht erscheint im Strahlenkranz ein mit drei Flammen besetztes Dreieck; der Aufsatz des Heinrichs-Altars nimmt vor der geschlossenen Wand das von Strahlen und Wolken umgebene Auge Gottes auf. Symmetrisch angeordnete, jedoch individuell bewegte Putten mit Wolken und wehendem Inschriftband füllen den Raum über dem mit eingezogenem Rundbogen schließenden Altarblatt und dem darüber aufwachsenden Auszug. Während der architektonische Aufbau also noch weitgehend die üblichen Gestaltmerkmale des Rokoko aufweist, ist der Dekor bereits der sich ankündigenden Stilstufe des Frühklassizismus verpflichtet. Die offensichtlich etwas ältere Mensaverkleidung trägt noch das Rocailleornament, die vergoldeten Ovalreliefs an der Predella mit der Enthauptung des Jakobus und der Auferstehung Christi am Heinrichsaltar werden dagegen in einen strengen, an antikischen Vorbildern orientierten Blattkranz gefasst. Auch die übrigen schmückenden Elemente des Aufbaus – Blattgehänge, Ovalschilde, Vasenaufsätze und Wellenbänder – gehören in das Repertoire des sogenannten Louis XVI.-Ornaments, das sich, von Frankreich ausgehend, seit den sechziger Jahren des 18. Jahrhunderts durch den zeitgenössischen Ornamentstich verbreitete und in Süddeutschland durchzusetzen begann. Auch die aufwendige Gestaltung der Säulen, die in regelmäßigen Abständen mit reifenartig aufgelegten, mit Blattovalen reliefierten Bänderungen gegliedert sind, haben ihre Vorbilder in der zeitgenössischen Druckgraphik. Bei seinen Altären von 1782 übernimmt Simon Sorg den neuen Stil als Kanon von Dekorationselementen und stellt damit unter Beweis, dass er – auf der Höhe der Zeit – das allgemeine Verdikt des Rocailleornaments[420] weitgehend akzeptiert und an seine Stelle das neue, klassizistische Formenrepertoire treten lässt. Seine Schmuckfreudigkeit allerdings bleibt im Wesentlichen ungebrochen, das Gestaltkonzept folgt weiterhin den gewohnten Bahnen. In diesem „Anachronismus“ zeigt sich die Problematik der Übergangssituation, in der man in der Kirchenkunst den neuen Strömungen der Zeit gegenüber zwar Konzessionen machte, ohne jedoch von den bisherigen Gestaltgewohnheiten ablassen zu wollen. Wie sehr Sorg oder auch seine Auftraggeber eine konservative Haltung pflegten, zeigt ein Vergleich mit dem 1780 von Simon Sorg mit figuralem Schmuck ausgestatteten frühklassizistischen Altar der Schlosskapelle Zaitzkofen, an dessen Entwurf er unbeteiligt war. Die Berührung mit dem fortschrittlichen Werk blieb sichtlich ohne spürbaren Einfluss auf Sorgs Altarbaukunst.

Die Gemälde der beiden wiederum auf ältere Patrozinien[421] bezogenen Altäre in einfachen, mit Lorbeerblattstegen und Scheibenornament geschmückten Rahmen stammen aus unterschiedlichen Zeiten. Im Heinrichs-Altar auf der Nordseite findet sich ein archivalisch für den Münchner Hofmaler Christian Wink (1738–1797) gesichertes Gemälde von 1785,[422] das sich ebenfalls als Werk des Übergangs vom Rokoko zum Klassizismus präsentiert. Hier wird der Tod des Altarheiligen in einer neuen, vom akademischen Malstil der Zeit geprägten Auffassung gezeigt. Als bewusste Abkehr von den pastellhaft-lichten Farbpalette des Rokoko ist die Szene in einer stimmungsvollen Hell-Dunkelmalerei dargestellt. Der an die Kunst des Frühbarock erinnernde Kontrast von Licht und Schatten lässt die Sterbeszene in ernsthafter Erhabenheit erscheinen, lediglich im hellen Weiß und Blau des Kaiserinnen-Gewandes klingen Erinnerungen an die Malweise der vorangegangenen Jahrzehnte an. Charakteristisch für die Spätzeit des 18. Jahrhunderts ist weiterhin, dass der Maler, gleichsam Johann Joachim Winkelmanns für das zeitgenössische Kunstschaffen ausgesprochenem Postulat nach der „schönen Natur [...], der edlen Einfalt und stillen Größe“[423] folgend, auf die in der Barock- und Rokokokunst obligatorische repräsentative Inszenierung einer solchen Sterbeszene verzichtet. Der Abschied des alten, aller seiner Standesinsignien entkleideten Kaisers von seiner Gemahlin ist als menschlich-intime Genreszene geschildert.

Das Bild auf dem Jakobus-Altars der Südseite mit einer Darstellung des Altarheiligen als Pilgerpatron stammt laut Signatur von 1629 und wurde vom Vorgängeraltar übernommen. Da es die Signatur *J. S.* trägt, ist als Künstler der Regensburger Johann Paul Schwendter (Schwender) in Vorschlag gebracht worden,[424] dessen spätmanieristisch-frühbarockes Oeuvre allerdings bisher noch keine weitere Würdigung erfahren hat. Die frontal standbildhaft gegebene Gestalt des durch Pilgerhut und -stab ausgewiesenen Apostels füllt das Bild, vor dem dunklen Hintergrund mit Muschelkalotte trifft in carravagiesker Manier helles Schlaglicht auf die Figur und lässt das glänzende Rot des Mantels scharf hervortreten.

Die Altäre der heiligen Katharina und des Heiligen Kreuzes in den Seitenschiffen

Am 17. Januar 1791 erhielt Simon Sorg – inzwischen 71-jährig – vom Stiftskapitel noch ein letztes Mal Zahlungen für zwei weitere Nebenaltäre in den Seitenschiffen.[425] Die Gehäuse errichtete Schreiner Joseph Kohlhaupt sicherlich auch hier wieder nach Sorgs Entwurf, nach ihrer Aufstellung wurden sie im späteren Frühjahr 1791 von Johann Georg Kollmüller gefasst. Im Zentrum der Altäre mit den Patrozinien der heiligen Katharina und des Heiligen Kreuzes[426] ordnete Sorg jeweils die plastischen Figuren der Altarpatrone an, über der Statue der heiligen Katharina setzte er die Halbfigur der heiligen Fides. Die seitlichen Relief-

◁ ▽ Abb. 126
Der Altar der heiligen Katharina im nördlichen Seitenschiff.

▽ Abb. 127
Der Altar des Heiligen Kreuzes im südlichen Seitenschiff.

medaillons zeigen Marterszenen der Titelheiligen, der Auszug ist mit der Gruppe der Heiligen Dreifaltigkeit vor einem Strahlenkranz geschmückt. Am Kreuz-Altar erscheint über dem Gekreuzigten im Auszug das Lamm Gottes auf dem Buch mit den sieben Siegel, die seitlichen Medaillons tragen Reliefs des reuigen Petrus und der büßenden Maria Magdalena.

Die wiederum als Pendants gestalteten Aufbauten sind westlich neben den Heinrichs- und Jakobus-Altären platziert und damit den gleichen Raum- und Lichtverhältnisse unterworfen wie diese, wobei der Kreuz-Altar im südlichen Schiff das rückwärtige – hier wie beim Mariä-Schnee-Altar ovale – Seitenschiffsfenster zu berücksichtigen hatte. Bei den Retabeln von 1790, deren Aufbau sich komplizierter und vielteiliger gliedert, ist eine intensivere Hinwendung zum antikisch beeinflussten Stil des ausklingenden Jahrhunderts nunmehr bestimmend: Das architektonische Gerüst wirkt nüchterner und hat sich verfestigt, indem die spielerische Bewegtheit der Silhouette, die Sorgs frühere Altäre prägte, zugunsten einer strikten Beschränkung auf Horizontale, Vertikale und klare Bogenformen aufgegeben ist. Auf die Rocaille wird inzwischen selbstverständlich verzichtet. Reminiszenzen, die wie die Kartusche der Altarbekrönung an dieses Rokoko-Ornament erinnern, sind in ein streng symmetrisches System gebunden, und Sorg bedient sich nunmehr konsequent der gegen Ende des Jahrhunderts allgemein verbreiteten klassizistischen Dekorformen, sieht man einmal von den wenigen lebendig agierenden Engelkindern und Wolken im Auszug ab, die gleichsam noch aus früheren, belebteren Zeiten beibehalten wurden. Sorg formt seine Sockel- und Simsprofile nun mit graphisch wirkender Härte und arbeitet mit den zeittypischen Blattrosetten, steifen Blattgehängen und Urnenvasen. Die seitlich an den Gehäusen herabhängenden Draperien sind als starrer, symmetrischer Faltenwurf geordnet und – der Mode der Zeit folgend – fügt der Bildhauer auch hier an Bändern „aufgehängte" Medaillons zwischen den Säulen ein.

Und dennoch entsteht kein klassizistischer, im eigentlichen Sinne nach den „klassischen" Regeln der Baukunst entwickelter Altar. Vielmehr entwickelt sich über der kastenförmigen Mensa und einer stark gegliederten Predella ein relativ aufwendig instrumentierter Aufbau, der nicht eigentlich mit den Kompositionsgewohnheiten des Rokoko bricht. Die feingliedrige dreifache Pfeiler-Pilaster-Architektur ist überschlank proportioniert; wie beim Hochaltar und den Sorg-Altären der achtziger Jahre ist das äußere Pfeilerpaar weiterhin freigestellt, indem es über verselbständigten Postamenten aufsetzt und – eigene Gebälkstücke aufnehmend – in bereits bekannter Weise vor die Altarrückwand tritt. Da sich Pfeiler und Pilaster zur Mitte hin in ihrer Höhe reduzieren und die darüber aufliegenden Gebälkebenen sich in komplizierter Weise mehrfach überlagern, ist eine perspektivische Staffelung illusioniert. Dieser Effekt wird von dem über dem Mittelteil des Retabels in einer flachen Kurvung herabgezogenen Gebälk aufgegriffen, so dass die Figurennische gleichsam als tempiettoartiges Gehäuse ausgedeutet wird. Über dem Gebälk steigt mittig ein triumphbogenartig eingefügtes Kreissegment auf, das den Ansatzpunkt des Auszugs überspielt. Seitlich wird es flankiert von zwei – freilich recht unorthodox eingefügten – gestelzten Rundbogenformen, die, diagonal gestellt, das äußere Freipfeilerpaar mit dem übrigen Aufbau verbinden. Der Auszug steigt als schlanke gestelzte Arkatur mit pilasterbesetzten Pfeilern und einem abschließenden Segmentbogen hinter den Bogenaufsätzen auf und bildet den Rahmen für eine schwebende Strahlengloriole. Beim Kreuz-Altar scheint das figurale Arrangement im Mittelpunkt des Auszugs wie bei den älteren Seitenschiffsaltären vor dem Licht des rückwärtigen Fensters zu schweben. Nach wie vor ist der Umgang mit der Architektur ein spielerischer; die einzelnen Elemente werden weiterhin aus ihrem eigentlichen tektonischen Zusammenhang gelöst und zu ornamental-bildhaft begriffenen Arrangements komponiert. Wesentliche gewohnte Gestaltungsprinzipien werden von Sorg also beibehalten und hier formal lediglich in eine andere, an der Antike orientierte Sprache übersetzt, wobei das Bemühen um eine neue Ernsthaftigkeit unübersehbar ist. Offenbar ging der greise Bildhauer – wie übrigens zahlreiche ältere, in der barocken Handwerkstradition verwurzelte Künstler – nur selektiv auf das neue Kunstwollen des aufkommenden Klassizismus ein; grundsätzliches Verständnis für die sich allmählich durchsetzende neue Stilrichtung, in der sich eine neue, aufgeklärte Epoche den ihr gemäßen künstlerischen Ausdruck schuf, brachte er nicht mehr auf.

Abb. 128
Die Bekrönung der Kanzel der Alten Kapelle. Holz, geschnitzt und gefasst. Landshut (?), Mitte 18. Jahrhundert.

Die Kanzel

Die Kanzel am östlichsten Pfeiler auf der Südseite des Langhauses akzentuiert den Übergang zum sich weitenden Querhaus, aus dem die Kanzeltreppe – unsichtbar für einen Blick aus dem Schiff – zum Kanzelkorpus aufsteigt. Der Aufbau, der sich aus einem relativ schweren Korb über etwa quadratischem Grundriss und einem auf diesen Korb abgestimmten Schalldeckel zusammensetzt, ist dasjenige Ausstattungsmöbel im Raum, das seit dem 18. Jahrhundert die meisten Veränderungen erfahren hat. Den schriftlichen Nachrichten ist zu entnehmen, dass man den Kanzelaufbau 1747 zur Aufstellung der Gerüste im Schiff entweder eingeschalt oder abgetragen hat, da man ihn für die Festpredigten am Heinrichstag während der Jahre 1748 bis 1751 nicht benutzen konnte.[427] Danach findet die Kanzel in den bisher erschlossenen Archivalien des 18. Jahrhunderts keine weitere Erwähnung. Auch über das Aussehen der Kanzel im 18. Jahrhundert haben sich keine näheren Anhaltspunkte erhalten, denn 1855/1856 erhielt der Regensburger Bildhauer Anton Plank den Auftrag für eine neue Kanzel.[428] Bereits eine Generation später wurde der Planksche, im Stil eines schweren Spätklassizismus gestaltete Aufbau wieder als unpassend empfunden, und man strebte während der Restaurierung der Jahre 1886/1887 an, *eine andere, dem Style der Kirche entsprechende* Kanzel zu beschaffen. Dann aber beschränkte man sich darauf, den vorhandenen Aufbau durch den Schreiner Kollhaupt (wohl einen Nachfahren des im 18. tätigen Kistlers gleichen Namens) lediglich überarbeiten zu lassen und ließ den Korb mit einem neuen Relief der Apostelfürsten Petrus und Paulus schmücken. Die Bildhauerarbeiten kamen von den Gebrüdern Preckel (Preckl) aus Stadtamhof, die ornamentalen Schnitzereien übernahm der Bildhauer Bader. Anschließend wurde das Werk vom Maler Otto Zacharias neu gefasst und vergoldet.[429] Auf einer vor 1933 entstandenen Fotografie wird diese Kanzel mit der Treppe auf ihrer Westseite – also vom Kirchenschiff her – gezeigt, den mächtigen, über Stufungen verjüngten Schalldeckel krönte die große Figur eines segnenden Christus.[430] Bei der nächsten durchgreifenden Renovierung der Alten Kapelle in den Jahren 1936/1937 erregte die Kanzel erneut Anstoß, vor allem missfiel wiederum der „neue, viel zu große Kanzeldeckel", den man „durch seine Plumpheit" als besonders störend empfand. Die Kritik des Bayerischen Landesamtes für Denkmalpflege[431] führte zu neuerlichen Veränderungen des Aufbaus, dessen Schalldeckel nochmals erneuert wurde. Zudem erhielt die Korb und Deckel verbindende Rückwand ein neues Relief, und die bis dahin von Westen aus dem Schiff aufsteigende Treppe zum Kanzelkorb wurde auf die Ostseite, also ins Querschiff, verlegt. Entwurf und bildhauerische Arbeiten übertrug man dem akademischen Bildhauer Max Roider, die Schreinerarbeiten gingen an den Regensburger Schreinermeister Joseph Kandlbinder.[432] Die 1937 fertiggestellte und von den Regensburger Firmen Ludwig Vogel und Georg Brandl neu gefasste Kanzel wurde bei der letzten Restaurierung konserviert und ausgebessert.

Sie präsentiert sich heute als Konglomerat von barocken bzw. barock nachempfundenen Elementen (Grundaufbau des voluminösen Korpus) mit Zutaten von 1855/1856 (spätklassizistisches Petrus-Paulus-Relief am Korb, wohl auch Teile der geschnitzten Ornamente (?) und dem neubarocken Schalldeckel, der wie die an klassizistische Formen angelehnt gestaltete neue Treppe mit durchbrochenem Geländer und das Relief „Christus als Guter Hirte", das heute die Deckel und Korb verbindende Rückwand schmückt, auf Max Roiders Umbau von 1937 zurückgeht. Als Bekrönung trägt die Kanzel seit 1937 ein Paar schwebender Engelkinder mit der Weltkugel und dem Anker der Hoffnung. Die ansprechende Gruppe des mittleren 18. Jahrhunderts, vielleicht eine Landshuter Arbeit, stammt aus Beständen der Kunstsammlung des Klerikalseminars.[433]

Der Orgelprospekt

Die letzte Arbeit, die man im Zuge der großen Umgestaltung in der Alten Kapelle Angriff nahm, war die Erneuerung der seit 1719 vom Chor auf die Westempore versetzten[434] Orgel. Das Orgelwerk wurde dem Nabburger Orgelbauer Johann Andreas Weiß (1740–1807) bis 1791 für 2 300 Gulden hergestellt.[435] Am 3. Dezember 1791 gingen größere Zahlungen an den ausführenden Kistler Joseph Kollhaupt,[436] der das Gehäuse aufrichtete. Schließlich wurde 1792 auch Simon Sorg für Arbeiten am Orgelkasten entlohnt.[437] Ihm ist der schmückende Zierrat und sicherlich auch der Entwurf für das große, siebenteilige Gehäuse zu verdanken. Ob der Bildhauer das Werk noch vor seinem Tode gegen Ende 1792 vollendete, ist nicht überliefert; möglicherweise übernahm die Werkstatt unter Führung des Sohnes Joseph noch ausstehende Restarbeiten. Kostengründe werden dafür verantwortlich sein, dass man den Prospekt zunächst ungefasst ließ und die Malerarbeiten um einige Jahre aufschob. Erst Ende 1798 erhielt der Fassmaler und *Stifts-Insass* Johann Georg Kollmüller eine letzte Zahlung für seine Malerarbeiten.[438]

Der Prospekt ist weitgehend unverändert erhalten, wenngleich man ihn 1973 um etwa einen Meter zurückgesetzt hat.[439] Wie der Hochaltar ist sein Aufbau, der über einem eingezogenen Fuß seitlich über Voluten auslädt, mit freistehenden Säulen bestückt, die große, nach außen aufsteigende Volutenstücke tragen. Mit ihren widderhornähnlichen eingerollte Endungen, die als typisch für die Entwürfe des Simon Sorg zu beobachten sind, antworten sie auf die gleichen Motive am rund zwanzig Jahre zuvor entworfenen Hochaltar und stellen so in Silhouette und Großform eine Korrespondenz zu dessen Gehäuse im Osten her. Zur Mitte hin werden die Prospektteile stufenweise in ihrer Höhe reduziert und machen damit Platz für einen auszugartigen dreiteiligen Aufsatz, der bis zum Gewölbescheitel des Raumes aufragt. Den Zeitstil zu Ende des Jahrhunderts reflektiert die bewegte Architektur lediglich mit halb kannelierten Säulenschäften oder den Klötzchenfriesen am Gebälk. Unter den Schmuckelementen wird er vor allem durch die strengen Blattornamente auf verschiedenen Rahmen und die aufgesetzten Henkelvasen mit klassizistischen Formen repräsentiert, von denen diejenige in einer Nische über dem Mittelstück mit einem vergoldeten Relief des Königs David ikonographisch Bezug zur Musik nimmt. Als Schleierbretter hat man feines durchbrochenes Akanthusrankenwerk gewählt, dessen traditioneller Formenschatz mit Motiven aus dem klassizistischen Ornamentrepertoire durchsetzt ist. Zur Belebung des Aufbaus tragen in traditioneller Weise noch immer zahlreiche Putten bei, die mit Musikinstrumenten in den Händen über den Gebälkstücken agieren. Als Bekrönung fungiert ein Putto, der mit seinen Stöcken zwei mit Schabrackengehängen geschmückte Trommeln traktiert. Der architektonische Aufbau trägt noch seine sehr differenzierte originale Fassung, die ihn zu einem wertvollen Dokument der Fassmalkunst im ausgehenden 18. Jahrhundert werden lässt.

Das Orgelwerk

Hermann Fischer/Theodor Wohnhaas

Breit und raumfüllend wie in keiner anderen Kirche Regensburgs stellt sich die Orgel in der Alten Kapelle machtvoll dar als ein würdiger Gegenpol zum Hochaltar. Als „Königin" der Instrumente gestaltet, beherrscht sie die Musik im Gottesdienst und übt so in der Liturgie neben dem gesprochenen Wort und dem durch sie feierlich überhöhten Gemeindegesang noch zusätzliche, eigene Funktion aus.

Die erste urkundlich erwähnte Orgel der Alten Kapelle reicht in das 15. Jahrhundert zurück. Sie befand sich im Langhaus auf einer Schwalbennestempore zwischen zwei Pfeilern gegenüber der Kanzel. Ob die Kirche vorher schon im Hochmittelalter, wie der Regensburger Dom oder die Abtei Sankt Emmeram, mit einer oder mehreren Orgeln in Blockwerk-Bauweise ausgestattet war, kann bisher mit schriftlichen Quellen nicht belegt werden. Kontinuierliche Angaben über eine Orgel in der Alten Kapelle beginnen vielmehr erst im 16. Jahrhundert. Das heutige Instrument stammt aus dem 20. Jahrhundert. Sein prachtvolles, die ganze Westempore ausfüllendes Gehäuse verdankt die Stiftskirche allerdings dem ausgehenden 18. Jahrhundert.

Die Orgel des 16. Jahrhunderts

Die erste, urkundlich genau fassbare Orgel wurde in der Alten Kapelle 1584/1585 errichtet. Über ihre Anfertigung schloss das Stiftskapitel am 17. September 1583 mit dem Ulmer Bürger und Orgelmacher Kaspar Sturm einen noch heute vorhandenen Vertrag. Danach sollte das Instrument wie folgt konzipiert werden:

Manual C, D–c_ (48 Töne)

1.	Principal	4′ (5 1/2 *werckh schuch höch* inklusive Fuß), Chormaß
2.	Octava	2′
3.	Duodez	1 1/2′
4.	Quintadez	1′
5.	Mixtur 3fach	
6.	Cymbl 1fach	
7.	Gedeckter Coppl Baß	8′
8.	Flaut	4′

Pedal C–b° (19 Töne, kurze Unteroktave) an das Manual angehängt und zwei Register
1. Pusaunen
2. Chrumbhörner

Nebenregister
Tremulant, Vogelgesang, Heerpauckhen, Sperrventil zum Manual und Pedal

Die von drei Bälgen mit Wind versorgte Orgel besaß eine Schleiflade mit zwei Windkästen, vorne für die Manualventile, hinten für die Pedalventile. Jeder Windkasten war durch ein Sperrventil von der Windzufuhr abstellbar. Die Pedaltöne wurden durch eigene Kanzellen gespeist, so dass die Schleifen im Pedalbereich pro Pfeife zwei Bohrungen besaßen. Die beiden im Manual nicht spielbaren Pedalregister, deren Einbau erst nachträglich vereinbart worden war, schaltete der Organist ein, indem er die Registerhebel einhakte (Springladen-System).

◁ Abb. 129
Die Orgel in der Alten Kapelle.

Die Nebenregister (Sperrventile und Tremulant) wurden wie die Pedalregisterhebel durch Einhaken eingeschaltet und festgestellt. Löste man sie aus der seitlichen Aussparung am Führungsschlitz, so sprangen sie von selbst in die Ausgangslage zurück (Sprungregister). Die in der Barockzeit auch als „Schnurrpfeifereien" apostrophierten Register „Vogelgesang" und „Heerpauke" bestanden aus je zwei in Schwebung gestimmten Pfeifen (kleine in Wasser eingetaucht als Vogelgezwitscher, große wie Trommelwirbel wirkend); sie wurden durch *hinein truckhen* eingeschaltet.

Das wegen seines ungewöhnlich frühen Tonumfanges von 48 Tönen und seines ursprünglichen Klangkonzepts im Übergangsstil von der Renaissance- zur Frühbarockorgel anzusiedelnde 650 Gulden teuere Instrument wurde 1585 fertig; Sturm hatte es per Schiff auf der Donau nach Regensburg gebracht. Bei der Orgelprobe zeigte es aber schwere Mängel in Form von Durchstechern, die der Meister dann noch beseitigen musste.

Wie die Orgel aussah, wissen wir nicht. Die Entwurfszeichnung für das Orgelgehäuse ist leider verschollen. Aus der Beschreibung im Vertrag von 1583 können wir uns aber ein recht gutes Bild vom Aussehen der Orgel machen: Das Untergehäuse (*in der Brust vornen*) wurde von zwei Bildsäulen (*Termes oder Brustbilder sambt den Postimenten*) mit geschnitztzen Löwenköpfen gerahmt. Das Obergehäuse, der Prospekt, war dreiteilig (*drey Thuren*) bestehend aus drei Türmen, die durch Säulen gerahmt waren, mit durchbrochen geschnitzten Sockelbrettern unter den Pfeifen (*für den Laden drei Stuck Gespreng, durchsichtig geschnitten*). Die Säulen trugen das Obergesims (Gebälk) und wurden durch aufgesetzte Spitzen (Laternen?) betont. Der Ausdruck „Türme" muss nicht im heutigen Sinne als vorspringendes Prospektteil interpretiert werden, sondern kann auch ein flaches Pfeifenfeld bedeuten. Nicht geklärt ist, was die zwei Säulen *hinden im Rucken mehr zwo Colannen vnden* bedeuten.

Auch der ursprüngliche Standort der Sturm'schen Orgel (auf der *Baarkhirchen oder Portal*) ist rückblickend nicht ganz eindeutig zu bestimmen. Vermutlich befand sich das Instrument auf einer auf Pfeilern oder Stützen ruhenden Empore, vielleicht aber auch auf dem Lettner zwischen Stiftschor und Laienschiff. Feststeht, dass die Orgel im Jahre 1719 auf die neu errichtete Westempore transferiert wurde, nachdem der Lettner wie in anderen Kirchen (Dom 1644, Minoritenkirche 1724) abgebrochen und entfernt worden war.

Zwei Reparaturen sind überliefert, eine 1622 von dem Regensburger Orgelbauer Bartholomäus Spatz, eine weitere von 1744 durch Johann Konrad Brandenstein aus dem nahen Stadtamhof. Zweifellos stellte auch die Versetzung auf die Westempore im Jahre 1719 einen tiefen Eingriff in die Substanz des Werkes dar, vielleicht nahm man damals schon im klanglichen Bereich Anpassungen an das damals moderne barocke Klangideal vor.

Als im Jahre 1747 die barocke Umgestaltung der mittelalterlichen Basilika begann, musste die Orgel den umfangreichen Bauarbeiten zeitweise weichen und schweigen. Wahrscheinlich hat man sich in den Jahrzehnten des Umbaues, der aufwendigen Stuck- und Malerarbeiten auch mit einem Tragpositiv oder einem anderen Ersatzinstrument beholfen. Insgesamt erreichte die Caspar-Sturm-Orgel ein Alter von etwa 200 Jahren.

Die Orgel des 18. Jahrhunderts

Nach Abschluss der 1747 begonnenen Ausstattungsarbeiten beschloss das Kollegiatstift, eine völlig neue Orgel anzuschaffen. Mit der Anfertigung des heute noch vorhandenen Gehäuses wurde die Barockisierung der Stiftskirche 1791 abgeschlossen. Um den Bau des Orgelwerks bewarb sich der Oberpfälzer Meister Johann Andreas Weiß (1740–1801) aus Nabburg; er erhielt auch am 4. November 1778 den Zuschlag, da er sehr preisgünstig war (2400 Gulden).

Mit Vollendung des Werkes nach verschiedenen Veränderungswünschen musste er allerdings feststellen, dass es mindestens 4000 Gulden hätte kosten müssen. Ob ihm seine begründete Nachforderung in entsprechender Höhe beglichen wurde, ist nicht überliefert. Anfang 1791 jedenfalls nahm der Domorganist Andreas Klinger die Orgel ab. Sie stellte damals einen künstlerischen Höhepunkt in der Oberpfälzer Orgellandschaft dar.

Das einen majestätischen Anblick bietende, prachtvolle, den Kirchenraum noch heute beherrschende Orgelgehäuse fertigte der Kunstschreiner Joseph Kollhaupt aus Stadtamhof an, die Schnitzarbeiten stammen von dem Hofbildhauer der Thurn und Taxis Simon Sorg (1719–1792) aus Regensburg. Die Fassung des klassizistischen Gehäuses führte der Regensburger Hofmaler Johann Georg Kollmüller 1797 aus.

Im Gegensatz zum Orgelprospekt existiert das von Andreas Weiß gebaute Werk nicht mehr. Seine Disposition sah wie folgt aus:

Hauptwerk II. Manual C–f^3	
1. Principal	8′
2. Octav	4′
3. Quint	3′
4. Superoctav	2′
5. Mixtur major 4fach	2′
6. Mixtur minor 4fach	1 ½′
7. Pordun	8′
8. Coppel	8′
9. Gamba	8′
10. Quintadena	8′
11. Flautten	4′
12. Flaut travers	4′ ab c^1
13. Flascholett	2′

Oberwerk I. Manual	
14. Principal	4′
15. Octav	2′
16. Quint	1 ½′
17. Mixtur 4fach	1′
18. Coppel	8′
19. Solicinal	8′
20. Dulciana	4′
21. Spitz Flauten	4′

Pedal C–h°(?)	
22. Principal Baß	16′
23. Violon Baß	16′
24. Octav Baß	8′
25. Gamba Baß	8′
26. Quintbaß	5 ⅓′
27. Superoctav	4′
28. Mixtur 4fach	2′
29. Pompart Baß	16′

Im Jahre 1821 nahm der Orgelmacher Georg Adam Ehrlich aus Wisent eine Generalreinigung vor. 1865 wurde, nach jahrzehntelanger Vernachlässigung, eine größere Instandsetzung unumgänglich. Nach Beratung durch die Orgelsachverständigen Stiftskapellmeister Georg Wesselack und Domorganist Joseph Hanisch folgte das Stiftskapitel dem Vorschlag des Regensburger Orgelbaumeisters Anton Breil und erteilte ihm am 13. Januar 1867 den Auftrag zu einem als Verbesserung bezeichneten Umbau. Daraus wurde allerdings ein Neubau unter Verwendung von 16 alten Registern, 14 weitere wurden neu gefertigt, die Disposition in insgesamt 7 Fällen geändert, wobei die Registerzahl von 29 auf 30 stieg. Stilistisch bemerkenswert war die Verbreiterung der 8′-Basis von 5/2/2 (Hauptwerk/Positiv/Pedal) auf 7/4/2 unter Einschluss der Trompete, die Einführung 16′-Basis im Manual, dazu entsprechend die Reduktion der Klangspitze, und die verstärkte Bassfunktion des Pedals. Das erneuerte Instrument wurde 1870 eingeweiht; es hatte in den Manualen Schleifladen, im Pedal Kegelladen und mechanische Traktur mit einem Spieltisch.

Die Orgel des 19. Jahrhunderts

Schon 1887 galt das soeben umgebaute Instrument als in seiner Konstruktion veraltet. Orgelbaumeister Martin Binder (1849–1904), der kurz zuvor seine Werkstatt von Pfaffenhofen nach Regensburg verlegt hatte, reparierte es 1891 und versuchte, den Streicherstimmen etwas mehr Charakter zu geben. 1898 beauftragte ihn das Stiftskapitel unter dem Einfluss des Chorregenten Michael Haller, eine völlig neue Orgel in das alte Gehäuse hineinzubauen. Das neue Werk mit 36 Registern auf pneumatischen Kegelladen wurde im Sommer 1899 eingeweiht. Es hatte folgende Stimmen:

I. Manual C–f³ (54)	
1. Bourdon	16′
2. Principal	8′
3. Viola di Gamba	8′
4. Gemshorn	8′
5. Salicional	8′
6. Tibia	8′
7. Gedeckt	8′
8. Cornett 3-5fach	8′
9. Octav	4′
10. Rohrflöte	4′
11. Dolce	4′
12. Quinte	2 2/3′
13. Octav	2′
14. Mixtur 4fach	2′
15. Trompete	8′

II. Manual	
16 Salicional	16′
17. Geigenprincipal	8′
18. Bourdonalflöte	8′
19. Liebl. Gedeckt	8′
20. Dolce	8′
21. Aeoline	8′
22. Vox celeste	8′
23. Fugara	4′
24. Traversflöte	4′
25. Progressivharmonika 3fach	2 2/3′
26. Flautino	2′
27. Clarinett	8′

Pedal C–d¹ (27)	
28. Principalbaß	16′
29. Violonbaß	16′
30. Subbaß	16′
31. Harmonikabaß	16′
32. Quintbaß	10 2/3′
33. Octavbaß	8′
34. Violoncello	8′
35. Flötenbaß	4′
36. Posaune	16′

Die Lebensdauer der Binder-Orgel war vergleichsweise kurz. Schon 1939, nachdem die „Orgelbewegung“ der 1920er Jahre auch Regensburg erreicht hatte, musste sie sich einen barockisierenden Umbau gefallen lassen. Ihn führte die Firma Weise in Plattling aus. Verschiedene allzu romantisch empfundene Register mussten weichen und barocken Stimmen wie Blockflöte, Nachthorn, Zimbel, Sesquialter oder Oboe Platz machen. In den 1960er Jahren wurden auch die Kegelladen entfernt. Die störanfällige pneumatische Traktur lieferte schließlich allein die Begründung dafür, um der Orgel „aus der Verfallszeit des Orgelbaus“ eine weitere Daseinsberechtigung abzusprechen.

Die Orgel des 20. Jahrhunderts

Am 30. Januar 1973 legte der Regensburger Orgelbauer Eduard Hirnschrodt einen Neubauplan mit 32 Registern auf drei Manualen und Pedal nach einem Entwurf des Domorganisten Eberhard Kraus vor, der vom Kapitel genehmigt und 1973/1974 realisiert wurde. Die Weihe fand am 21. Juli 1974 statt. Die heutige Orgel besitzt Schleifladen, eine mechanische Spiel- und elektrische Registertraktur und folgende Stimmen:

I. Manual Brustpositiv C–g³	
1. Holzgedackt	8′
2. Gamba	4′
3. Rohrflöte	4′
4. Principal	2′
5. Septenkornettino 4fach	2 2/3′
6. Scharff 4fach	2/3′
7. Krummhorn	8′
8. Clairon	4′
Tremolo	

II. Manual Hauptwerk	
9. Principal	8′
10. Bordun	8′
11. Salicional	8′
12. Oktav	4′
13. Copula	4′
14. Quint	2 2/3′
15. Superoktav	2′
16. Mixtur 5fach	1 1/3′
17. Helle Zimbel 2fach	1/4′
18. Trompete	8′

III. Manual Oberwerk	
19. Copula	8′
20. Principal	4′
21. Holzflöte	4′
22. Oktav	2′
23. Quint	1 1/3′
24. Superoktav	1′
25. Zimbel 3fach	1/2′

Pedal C–f¹	
26. Offenbaß	16′
27. Subbaß	16′
28. Oktavbaß	8′
29. Violonbaß	8′
30. Choralbaß 2fach	4′
31. Baßzink 5fach	5 1/3′
32. Posaune	16′

Nach dem Urteil seines Entwerfers ist das neue Instrument mit seinem äußerst weichen, homogenen Klang eine „Orgel der Nuancierung und weniger eine der kräftigen Farben“.[440]

FOEDERIS ARCA
MATRI PVRISSIMA
SANCTÆ MARIÆ
Á DIVO LVCA DEPICTÆ

Das Gnadenbild der Alten Kapelle

Achim Hubel

Das Gnadenbild der Alten Kapelle ist ein Marienbild, genauer eine bemalte Holztafel mit einer byzantinisierenden Darstellung der Muttergottes in Dreiviertelfigur mit dem Jesuskind auf dem Arm. Nach der Tradition soll das Gemälde ein Geschenk des heiligen Kaisers Heinrich II. (reg. 1002–1024, als Kaiser seit 1014) sein, der es seinerseits im Jahre 1014 von Papst Benedikt VIII. (reg. 1012–1024) erhalten habe. Seit den Untersuchungen von Christian Altgraf zu Salm nimmt die Forschung allerdings eine Entstehungszeit in der ersten Hälfte des 13. Jahrhunderts an.[441] Die Legendenbildung des Spätmittelalters ließ das Bild jedoch noch sehr viel älter und verehrungswürdiger erscheinen, da man es für ein authentisches Porträt der Gottesmutter hielt, das der Evangelist Lukas, der ja von Beruf Maler gewesen sei, von Maria angefertigt habe. Somit erhielt es den Charakter eines Kultbildes und wurde wie eine Reliquie verehrt und gezeigt. Im 17. Jahrhundert erhoben Wunderzeichen, die man der Tafel zuschrieb, diese in den Rang eines Gnadenbilds. Daraufhin wurde die ehemalige Jakobskapelle an der Südseite der Basilika zur Marienkapelle umgebaut und das Gnadenbild 1694 feierlich dorthin überführt. Die Situation blieb seitdem unverändert; noch heute ist die Kapelle mit dem Gnadenbild das Ziel von Wallfahrern und Stätte der stillen Marienverehrung.

In der kunsthistorischen und volkskundlichen Literatur fand das Tafelbild viel Beachtung, vor allem wegen der unverkennbaren Zusammenhänge mit der berühmten Wallfahrt zur „Schönen Maria", die nach der Vertreibung der Juden 1519 für wenige Jahre einen schier unermesslichen Zulauf von Wallfahrern nach Regensburg gebracht hatte. Offenkundig ist dabei eine enge ikonographische Verwandtschaft zwischen dem Gnadenbild der Alten Kapelle und dem Typus der als Schöne Maria verbreiteten Darstellungen. Wie diese Verbindung zu erklären sei, wurde in der Literatur allerdings höchst kontrovers begründet. Auch der Verfasser hat sich 1977 im Rahmen einer Ausstellung, die er zum Thema „Die Schöne Maria von Regensburg" für die Kunstsammlungen des Bistums Regensburg präsentierte,[442] ausführlich geäußert.[443] Seither hat sich wieder eine ganze Reihe von Autoren mit dem Thema befasst.[444] Zuletzt erschien ein Arbeitsheft des Bayerischen Landesamts für Denkmalpflege, in dem mehrere Fachleute zu restauratorischen, technologischen, kunsthistorischen und ikonologischen Fragen bezüglich des Tafelbildes Stellung nehmen.[445]

Die Geschichte des Gnadenbildes und der Wallfahrt

Ikonographisch handelt es sich bei dem Gnadenbild der Alten Kapelle um eine Darstellung der Muttergottes im Typus der sogenannten „Dexiokratusa", die das Kind auf dem rechten Arm trägt. Die bekannte Gestalt der sogenannten „Hodegetria" ist dabei in „seitenverkehrter" Form übernommen. Als älteste Darstellung einer Dexiokratusa gilt das wohl aus dem 7. Jahrhundert stammende Marienbild in Santa Francesca Romana auf dem Forum in Rom, das mit größter Wahrscheinlichkeit ursprünglich aus der römischen Kirche Santa Maria Antiqua stammte und im 9. Jahrhundert in die Kirche Santa Maria Nuova transloziert wurde, deren Namen 1608 in Santa Francesca Romana umgeändert worden war.[446] Das berühmteste Vor-

◁ Abb. 130
Blick in die Gnadenkapelle. 1344 als Jakobskapelle erstmals erwähnt. 1693, anlässlich der Aufstellung des Gnadenbildes, prunkvolle Ausstattung im Stil des Hochbarock. Stuckdekoration von Joseph (Giuseppe) Vasallo, der Maler der Deckenbilder unbekannt. Drei Deckenbilder in vergoldeten Lorbeerstabrahmen. Diesen halten acht große Engel auf schmalen, hohen Volutensockeln mit Rosenkörben auf den Köpfen. Weitere Gemäldefelder mit Symbolen der Lauretanischen Litanei in den Stichkappen. Vergoldetes Blattwerk und großzügig geschwungene Akanthusranken flankieren die Medaillons. Die Stuckarbeiten zeigen Ankläge an den in Passau und Waldsassen zu beobachtenden Stil des Giovanni Battista Carlone. Vasallo, der aus Riva San Vitale am Luganer See stammte und des öfteren mit seinem Vetter Francesco eine Werkgemeinschaft bildete, ließ sich in Stadtamhof nieder und heiratete 1691 in der Regensburger Emmeramskirche die Tochter eines Eichstätter Ratsherren, deren Schwester kurz zuvor seinem Vetter Francesco Vasallo angetraut worden war. 1689 stuckierte Joseph Vasallo das Refektorium der Benediktiner in Sankt Emmeram, 1694 zusammen mit seinem Vetter den großen Saal im Regensburger Damenstift Obermünster. 1702 ist er als Stuckator in der Straubinger Veitskirche belegt.

bild des Hodegetria-Typs im Abendland war das Kultbild von Santa Maria Maggiore in Rom.[447] Das Bild der Alten Kapelle soll – wie erwähnt – von Kaiser Heinrich II. der Alten Kapelle geschenkt worden sein.[448] Historisch lässt es sich bis zur Mitte des 15. Jahrhunderts zurückverfolgen. Am 23. März 1451 stiftete der Dekan Rudolf Volkhard von Häringen eine Geldsumme zur jährlichen Feier des Festes Mariä Schnee in der Alten Kapelle. Dabei ordnete er eine Prozession an, die *sunderlichen vor unnser frawen pild in den chor bey den Stuln* führen sollte.[449] Salm gibt an, dass damit über das Aussehen des Marienbildes noch nichts gesagt sei. Er hat aber nicht beachtet, welches Fest hier gestiftet worden ist. Das Fest Mariä Schnee bezieht sich auf die Gründungslegende der Kirche Santa Maria Maggiore in Rom. Die dort als Kultbild aufbewahrte Marienikone trägt seit dem 19. Jahrhundert die Bezeichnung „Salus populi Romani“, war früher aber auch unter der Bezeichnung „Mariä Schnee-Bild“ bekannt.[450] Wenn in der Alten Kapelle das Fest Mariä Schnee mit einer Prozession zu einem Marienbild begangen wurde, hatte nur die Verehrung des alten Tafelgemäldes Sinn. Da man sowohl von der Ikone in Santa Maria Maggiore wie von dem Bild der Alten Kapelle glaubte, sie wären vom heiligen Lukas gemalt worden, bekräftigte das Stift der Alten Kapelle durch die Feier des Festes den Zusammenhang der beiden „Mutterkirchen“. Es spielt dabei keine große Rolle, dass die Mariendarstellungen untereinander nicht ganz gleich aussehen; entscheidend war der uralte byzantinische Typus. Immerhin wies Salm darauf hin, dass manche Elemente der Gesamtkomposition beiden Bildern gemeinsam sind, etwa das tiefe Herabreichen des Bildausschnitts.[451] Jedenfalls dürfte die Stiftung von 1451 die Existenz der Tafel in der Alten Kapelle voraussetzen. Nach der knappen Ortsangabe hatte das Lukasbild in der Nähe des Chorgestühls seinen Platz.[452] Seine nächste Erwähnung erfolgt im Jahre 1496. Anlässlich der „Heiltumsweisungen“, die seit 1487 alljährlich in Regensburg stattfanden,[453] wurde auch das Gemälde vorgeführt, und zwar zum eindrucksvollen Abschluss der Schau als vorletztes Stück vor einem kostbaren Kreuz mit Reliquien von der Dornenkrone und dem Kreuz Christi. In einem Inventarverzeichnis der Heiltumsweisung von 1496 heißt es zu der Tafel: *Ymago btë virginis depicta: Das gepildnus vnser lieben frawen wirdet ewer lieb darvmb vnder dem heyltum gezeigt: Nachdem der heylig keyser heinrich das von Rome mit Im here in dise Stat pracht vnd in grosser wirde geert hat, ist gutlich zü gelauben das es der gepildnus sey die der heilig Ewangelist Lucas gemalt*.[454]

Auch später lässt sich das Bild in der Alten Kapelle verfolgen. Der zwischen 1518 und 1536 nachweisbare Kaplan Stephan Furter stiftete eine Geldsumme für die Feier des Patroziniums *in choro in altari collaterali B. Virginis Mariae*.[455] Weiter findet das Bild Erwähnung im Hylmeierschen Wappenbuch um 1580/1590; im Inventar der Alten Kapelle von 1590 ist es genau beschrieben.[456] 1603 ließ der Kanonikus Georg Liebhardt († 1614) einen neuen Altar an derselben Stelle (Nordseite des Chores) errichten, den der päpstliche Nuntius Philippus Spinelli einweihte und mit kostbaren Geschenken bedachte.[457] Der Kanonikus Georg Müller stiftete schließlich 1626 eine ewige Messe *im Chor auf dem Unnser Lieben Frauen Altar, so das Bilt S. Lucas gemahlt hat*.[458] In dieser Zeit dürfte der Kult in den Rang einer Wallfahrt gekommen sein. Der Geschichtsschreiber Grienewaldt berichtet in seiner 1615 geschriebenen Chronik Regensburgs von einem Wunder, das sich in der Alten Kapelle ereignet habe: Ein zwölfjähriger, blind geborener Knabe sei plötzlich sehend geworden.[459] Eine Urkunde aus dem Jahr 1635 erwähnt kostbare Geschenke, die dem Gnadenbild verehrt wurden. Im 1672 erschienenen „Atlas Marianus“ von Wilhelm Gumppenberg wird das Gnadenbild als Mittelstück eines kleinen Flügelaltars beschrieben, auf dessen Flügeln der heilige Lukas (mit der Inschrift *Hanc Imaginem ego pinxi*) und der heilige Kaiser Heinrich (mit der Inschrift *Hanc Imaginem ego huc tuli*) dargestellt gewesen seien; dies dürfte wohl eine Präsentation des 15. oder 16. Jahrhunderts gewesen sein.[460] 1683 stiftete der Dekan Carl von May († 1723) eine silberne Ampel *zu dem St. Lucas-Bild im Chor.*[461] In der zweiten Hälfte des 17. Jahrhunderts beginnt die Produktion von Andachtsbildern, die immer wieder neu gestochen wurden, so dass eine rege Nachfrage vorhanden gewesen sein muss.[462] Die zunehmende Verehrung des Gnadenbildes ließ den bisherigen Standort als ungeeignet erscheinen. In dem langen, für die Gläubigen nicht zugänglichen Chor dürfte das Bild nur schwer sichtbar gewesen sein und war vor allem nicht aus der Nähe zu verehren. Deshalb entschloss sich das Stiftskapitel, einen separaten, gut zugänglichen Ort zur Verfügung zu stellen: 1694 erfolgte die feierliche Übertragung des Gnadenbildes in die damalige Jakobskapelle südlich der Kirche.[463] Dieser mit der Westwand der Basilika fluchtende Kapellenraum wird erstmals 1344 im Zusammenhang mit einer Stiftung des Patriziergeschlechts der Auer erwähnt.[464] Das Datum 1481 an einem der beiden vor der Südwand angesetzten Strebepfeiler deutet darauf hin, dass damals der Raum in zwei Joche unterteilt und gewölbt wurde.[465] Für die neue Nutzung als Gnadenkapelle war der Innenraum 1693 als Stiftung des Dekans Carl von May prächtig umgestaltet worden.[466]

Bei der Umgestaltung der Stiftskirche seit 1747 erhielt das Gnadenbild eine entsprechende Würdigung. Das große Deckengemälde im Mittelschiff des Langhauses, das Christoph Thomas Scheffler 1752 malte, zeigt die legendäre Übergabe des Gnadenbildes durch Papst Benedikt VIII. an Kaiser Heinrich II., die anlässlich der Kaiserkrönung Heinrichs am 14. Februar 1014 in Rom erfolgt sein soll.[467] Darüber hinaus erscheint eine Kopie des Gnadenbildes am Hochaltar der Alten Kapelle, den der Bildhauer Simon Sorg in den Jahren 1769/1776 geschaffen hat.[468] Eine weitere Kopie des Gnadenbildes scheint – zumindest seit der Rokokozeit – an der Nordwand des Hauptchors zwischen Chorgestühl und Hochaltar aufgestellt gewesen zu sein, also an dem ursprünglichen Standort des Gnadenbildes vor der Translation 1694. Zumindest bezieht Karl-Heinz Betz einen Rechnungseintrag aus dem Jahre 1774, der einen von Simon Sorg geschnitzten Bilderrahmen mit Aufsatz nennt, auf dieses dekorative, bis heute erhaltene Altärchen.[469]

Abb. 131
Die Gnadenkapelle nach Westen.
Rechts (im Bild) das ehemalige, südliche Eingangsportal in die Alte Kapelle.
An der Rückwand Gestühl, um 1693.

Wenn schon in der Basilika seit der Neugestaltung des Rokoko ständig auf das Gnadenbild und seine Bedeutung verwiesen wurde, musste das Original selbst ebenfalls eine äußere Aufwertung erfahren. Im Jahre 1752 bestellte das Stiftskapitel bei dem Augsburger Goldschmied Lorenz Anton Kolb († 1771) einen kostbaren Rahmen aus Silber und vergoldetem Kupfer.[470] Dafür ließ man einige der dem Gnadenbild geschenkten Votivgaben einschmelzen; außerdem dürfte man das Silbergeschirr verwendet haben, das der Dompropst von Breslau Karl Freiherr von Stingelheim in seinem Testament vom 30. April 1749 *zu einer silbernem Rahme des Muttergottesbildes in der alten Kapelle legiert* hatte.[471] Zu dem Silberrahmen wurde ein passender Rokoko-Altar in Auftrag gegeben, den der Stadtamhofer Bildhauer Johann Baptist Dirr in den Jahren 1751/1752 schuf.[472]

Im Zuge der Säkularisation wurde das Gnadenbild am 1. Oktober 1810 beschlagnahmt und mit Ausnahme des Silberrahmens und der Metallverkleidung nach München transportiert, obwohl das Kollegiatstift – als rechtmäßiger Eigentümer – gar nicht aufgehoben war. Vorher waren noch in Eile zwei Kopien des Gnadenbildes angefertigt worden. Eine davon wurde – im alten Silberrahmen einschließlich der Metallverkleidung – im Altar der Gnadenkapelle präsentiert, so dass die Gläubigen den Verlust gar nicht ohne weiteres bemerkten. Das Original hing seitdem in der Gemäldegalerie des Schlosses Schleißheim, bis es 1858 nach München in das Bayerische Nationalmuseum wanderte. Nach langen Verhandlungen, bei denen sich vor allem der Regensburger Bischof Ignatius von Senestréy (reg. 1858–1906) bemühte, erreichte man 1862 die Rückgabe des Bildes, allerdings auf dem Tauschweg gegen die Abgabe zweier wertvoller Kunstgegenstände an den Historischen Verein Regensburg. Auf diese Weise gelangten der Armeseelenaltar des Sigmund Greiner von 1488 und ein spätgotischer Bischofsstab von 1502 über die Sammlung des Historischen Vereins in das Museum der Stadt Regensburg.[473] Das Gnadenbild kam am 29. September 1862 wieder nach Regensburg zurück und wurde in der Hauskapelle des Bischofs aufgestellt, da man die Gnadenkapelle vorher noch restaurieren wollte. Vor allem plante man eine Vergrößerung des kleinen Kapellenraums nach Osten, in der Gestalt eines querovalen Altarraums, der von einer ebensolchen Kuppel überhöht ist; die Entwürfe hierzu lieferte der Regensburger Dombaumeisters Franz Josef Denzinger. Nach der Vollendung dieser Arbeiten wurde die Tafel am 27. April 1864 feierlich wieder an ihrem angestammten Ort aufgestellt. Die Kopie, die ja über 53 Jahre hinweg ebenfalls Gegenstand der Verehrung gewesen war, kam in das kleine Altärchen an der Nordwand des Hauptchors der Basilika und ersetzte eine weniger gelungene Kopie, die dort vorher zu sehen war.[474] In dem neuen Altarraum der Gnadenkapelle stand nun ein Altar aus Kalkstein, den der Regensburger Bildhauer Anton Blank bereits 1858 hergestellt hatte, der aber zunächst zu groß für die Kapelle gewesen war.[475] Diesem historistischen Altar musste der bisherige, aus der Rokokozeit stammende Gnadenaltar von Johann Baptist Dirr weichen. Er blieb aber erhalten, da er an das Kloster Sankt Klara abgegeben und dort im Frauenchor der Kirche aufgestellt wurde; 1933 beschrieb ihn Felix Mader noch an dieser Stelle.[476] Im gleichen Jahr konnte der Altar aber vom Stift der Alten Kapelle wieder zurückerworben werden; nach einer Renovierung 1938 kehrte er 1943 wieder an seinen ursprünglichen Platz zurück.[477] Dabei wurde er – zur Anpassung an den seit 1864 viel größeren Altarraum – durch eine über der Mensa eingeschobene, hohe Predella mit einem zusätzlichen Tabernakel kräftig erhöht. Die Sockel der Heiligen Heinrich und Kunigunde bereicherte man durch zwei neu geschnitzte Putten. Seitdem blieb der Innenraum weitgehend unverändert.

Das Gnadenbild – Bestand, Stil, Datierung

Die Darstellung der Lukas-Madonna wurde auf eine mit Leinwand bespannte und grundierte Buchenholztafel von etwa 1 cm Stärke gemalt, deren Maße 109,7 cm/110,7 cm in der Höhe sowie 64 cm in der Breite betragen. Maria erscheint in Dreiviertelfigur vor Goldgrund, leicht nach rechts gewandt und im üblichen Typus byzantinischer Marienbilder. Bekleidet ist sie mit einem langärmeligen Untergewand, das am linken Handgelenk mit einem vergoldeten Armreifen, dem Perikarpion geschmückt ist. Darüber trägt sie das Maphorion, „eine Art Pelerine, die über Kopf und Schulter gehend weit herabfällt".[478] Es ist über der Stirn und an der Schulter mit je einer goldenen, sternförmigen Rosette geschmückt sowie an den Säumen mit goldenen Borten und Fransen besetzt. Unter dem Halsansatz sitzt noch eine runde, vergoldete Agraffe. Das von den Fransen gerahmte Gesicht Mariens blickt den Betrachter direkt an, die großen mandelförmigen Augen wirken durch die Verschattungen unter den stark betonten, zusammengezogenen Brauenbögen bannend und ernst. Auch die gerade, lang gezogene Nase, der Mund mit dem stark modellierten Umriss der Lippen und das in Hell-Dunkel-Kontrast differenzierte Gesicht entsprechen der Darstellungsform der Marienikonen der byzantinischen Kunst. Die ausgestreckte linke Hand hält Maria in einer nicht näher zu klärenden Geste vor die Brust; wahrscheinlich ist hier ein Zeigegestus zum Jesukind hin gemeint, das sie mit dem rechten Arm umfangen hält. Das sitzende Kind trägt ein langes Gewand mit halblangen Ärmeln, das über die Knie hochgerafft ist, so dass die nackten Unterschenkel sichtbar werden; einige zarte Linien scheinen einen transparenten Schleier anzudeuten, der über den Beinen und dem linken Arm des Kindes liegt. Das rote Gewand des Jesukindes ist überzogen mit zahlreichen, in Muschelgold aufgetragenen Faltenlinien, so dass wohl ein kostbarer, golddurchwirkter Seidenstoff imitiert werden soll. Die Ärmel sind durch je eine Borte abgesetzt, auf der sich wie bei einer Perlenschnur kleine Kreise reihen. Den Halsausschnitt fasst eine breite goldene Borte ein, auf der geometrische Ornamente in Rot und Schwarz aufgetragen sind; sie soll wohl ein Aurifrisium darstellen, einen kostbaren Besatz an liturgischen Gewändern und Herrschergewändern des Mittelalters.[479] Über der Brust ist diese kragenartige Borte zu einer Art Latz erweitert. Unter den Ärmeln hält eine blaue, verknotete Schärpe das Gewand des Kindes zusammen. Das Jesukind blickt mit erhobenem Haupt zu seiner Mutter hoch; die vor dem Leib angewinkelte linke Hand hält eine dünne, kaum sichtbare Schriftrolle, deren Identifizierung eher von vergleichbaren Darstellungen her zu erschließen ist. Die in der Silhouettenwirkung stark betonte erhobene Rechte des Kindes ist zu einer Faust geformt; hier verhindert der schlechte Erhaltungszustand dieser Partie eine präzisere Deutung, ob das Kind mit der Hand einen kleinen Gegenstand hält (etwa einen Ring?) oder ob hier ursprünglich ein Segensgestus dargestellt war.

Insgesamt haben die 1959 unter Leitung von Dr. Christian Wolters durchgeführten Untersuchungen in den Werkstätten der Bayerischen Staatsgemäldesammlungen und des Doerner-Instituts wichtige Informationen zum Erhaltungszustand der Tafel geliefert, die durch die erneute Untersuchung in den Restaurierungswerkstätten des Bayerischen Landesamts für Denkmalpflege 1998 bemerkenswerte Ergänzungen erfuhren. Nachweisbar sind mindestens zwei gründliche Restaurierungen: eine in der Spätgotik (erkennbar an Schablonenmalereien an der Einfassung des Bildes) und eine im 19. Jahrhundert, als das Bild 1862 aus München zurückkam.[480] Der vergoldete Hintergrund ist durch zwei Überarbeitungen stark verändert und – wohl im 19. Jahrhundert – durch einen neuen Goldgrund ersetzt worden. Bei dem hierfür nötigen Schleifvorgang dürfte wohl die rechte Hand des Jesukindes beschädigt und möglicherweise falsch ergänzt worden sein; auch die Silhouette Mariens – vor allem im Bereich der Kapuze – wurde dabei grob vereinfacht. Die Aktionen versteht man um

◁ Abb. 132
Gnadenbildaltar von Johann Baptist Dirr (1709–1763) und Söhnen, Fassarbeiten von Joseph Brunnenmayr, Metallrahmen mit Silberapplikationen von dem Augsburger Goldschmied Lorenz Anton Kolb (Meister ab 1742, †1771), 1752.
Die Errichtung eines Altars *von Stockhador = oder Bildhauer arbeit* wurde erstmals im Zuge der 1747 begonnenen Neuausstattung der Alten Kapelle erwogen. 1750 erfolgte die Auftragserteilung, 1752 erhielt Dirr 175 Gulden. Bis um 1860 hatte der Altar Bestand, wenngleich das Gnadenbild seit 1810 in München war. Im Zuge von dessen Rückführung erfolgte eine Kapellenerweiterung. Der Altar von 1752 wurde 1863 abgebaut und an die Regensburger Kirche Sankt Clara abgetreten. Im Jahr darauf fügte man an den bestehenden Rechteckraum einen oval überkuppelten Chor an und errichtete einen neuen Altar aus Kalkstein, auf dem von Anton Plank geschaffene Statuen der Heiligen Heinrich und Kunigunde neben dem zurückgekehrten Gnadenbild Aufstellung fanden. Da die für das Bild vorgesehene Nische im Altar falsch berechnet wurde, musste der Strahlenkranz des Rahmens beschnitten werden. 1933 erwarb man im Zuge einer allgemeinen neuen Wertschätzung barocker Kunst den Gnadenaltar von 1752 aus Sankt Clara zurück. 1938 wurde das Werk renoviert und fünf Jahre später wieder in der Gnadenkapelle aufgestellt.

so weniger als den gesamten Goldgrund ja eine Metallabdeckung aus vergoldetem Kupfer und Silber verdeckt. Auch die figürliche Darstellung blieb nicht unbeeinträchtigt: Während Gesicht, Hals und Hände Mariens sowie das ganze Jesukind relativ gut erhalten sind, hat das Gewand Mariens durch die restauratorischen Eingriffe und Übermalungen gelitten. Das ganze Maphorion, das heute nahezu schwarz wirkt, war ursprünglich purpurfarben, mit Höhungen in Blau, aber in einer lasierenden Malweise, so dass die Oberfläche wie ein changierender Stoff zu schillern schien, was eine prachtvolles Pendant zum rot-goldenen Gewand des Jesukindes ergeben haben dürfte. Der vom Untergewand Mariens allein sichtbare linke Ärmel wirkt in der Farbe indifferent, besitzt aber eine rauhe Oberfläche, da hier ein reich differenziertes Pressbrokatmuster eingesetzt war.[481]

◁ Abb. 133
Das Gnadenbild der Alten Kapelle. Tempera auf Kreidegrund, Leinwand und Holz. 110 cm x 64 cm. Regensburg (?), um 1230/40. Regensburg, Gnadenkapelle der Alten Kapelle.

Zur Überraschung aller Beteiligten konnte bei der Untersuchung 1959 in München auf der Rückseite der Tafel unter einem ockerfarbenen Anstrich ein Bild des Christus Pantokrator freigelegt werden, von dessen Existenz man bisher gar nichts gewusst hatte. Leider ist die Darstellung schwer beschädigt, da die Tafel in der Mitte und an den beiden Längsseiten in breiten Streifen grob abgehobelt worden war (wahrscheinlich im Zuge einer neuen Präsentation des Gnadenbildes). Dennoch ließ sich die Darstellung rekonstruieren, und die Malschicht zeigte sich an den erhalten gebliebenen Streifen in so guter Erhaltung, dass sie vom Stil und von der Farbigkeit her eine willkommene Ergänzung zu der teilweise verunklärten Darstellung der Vorderseite liefert. Damit konnte erstmals konkreter über die Entstehungszeit und die Provenienz der Tafel nachgedacht werden. Salm gelang es, durch den Hinweis auf zahlreiche Vergleichsbeispiele die Entstehungszeit auf das erste Viertel des 13. Jahrhunderts einzugrenzen, was von der Forschung bis heute weitgehend akzeptiert wurde; zuletzt schlug Holger A. Klein eher vorsichtig die erste Hälfte des 13. Jahrhunderts vor.[482] Entscheidend war für Salm die beim Christusbild der Rückseite noch gut erkennbare Faltengebung, „die zwischen dem weichen Fließen zu Ende des 12. Jahrhunderts und den harten Kanten des sogenannten Zackenstils liegt".[483] Darüber hinaus verwies er auf eine Besonderheit des Malers, der es liebte, Faltenstege ohne gegenständliche Motivierung aus rein ornamentaler Gestaltung in Blattranken übergehen zu lassen, die sich in spiraliger Ordnung einrollen und teilweise mit kleinen runden Häkchen besetzt sind. Deutlich erscheint dies etwa beim rechten Knie des Christus der Regensburger Tafel. Eine ganz ähnliche Gestaltung der Faltenformationen wies Salm bei dem Maler des berühmten Berthold-Sakramentars nach, das sich heute in der Pierpont Morgan Library in New York befindet.[484] Diese Handschrift ist im Auftrag des Abtes Berthold von Weingarten zwischen 1208 und 1215 entstanden und lässt sich mit einigen anderen Handschriften einem herausragenden, anonymen Buchmaler zuschreiben, der für die Abtei Weingarten tätig war.[485] Beispielsweise zeigen die Miniaturen des Pfingstfestes (fol. 64^{v}), der Darbringung Christi im Tempel (fol. 83^{r}), des Paradieses (fol. 123^{r}) und der Trinität (fol. 132^{v}) jeweils diese Eigenart, aus dem gleichmäßigen Fluss der in abstrakten Bahnen, Falten und Kaskaden geführten Faltenstege auszubrechen und an markanten Stellen wie dem Knie oder dem Oberschenkel einer Figur unvermittelt das Motiv der spiralig sich einrollenden Blattranken einzufügen. Leider war es bisher nicht möglich, die künstlerische Provenienz des Malers des Berthold-Sakramentars einzugrenzen; er tauchte überraschend mit seinem ausgeprägten, unverwechselbaren Stil auf, der in Weingarten selbst keinerlei Vorläufer hatte.

Salm spürte der Weingartner Werkgruppe auch nicht weiter nach, sondern verwies auf Werke der Regensburger Malerei in der ersten Hälfte des 13. Jahrhunderts, die stilistisch dem Pantokrator auf der Rückseite des Gnadenbildes weitgehend entsprechen würden. So nannte er die Darstellung der thronenden Maria in der kurz vor 1241 entstandenen Handschrift der Historia scholastica des Petrus Comestor, die für das Kloster Scheyern geschrie-

Abb. 134
Thronende Madonna aus der Historia scholastica des Petrus Comestor.
45 cm x 30 cm. Kurz vor 1241.
München, Bayerische Staatsbibliothek, Clm 17405, fol. 2v.

ben wurde.[486] Vor allem bezog er sich auf die Scheiben des Wurzel-Jesse-Fensters im Regensburger Dom, die um 1230 noch für den alten Dom geschaffen worden waren und heute in Zweitverwendung im Triforium des Südquerhauses eingesetzt sind.[487] Tatsächlich gibt es gerade mit den Glasfenstern viele Gemeinsamkeiten: Man vergleiche etwa den linken Arm des Christusbildes der Alten Kapelle mit dem linken Arm des Evangelisten Johannes auf der Scheibe der Kreuzigung oder dem linken Arm des Joseph bei der Geburt Christi, wobei besonders auf die weiche, knochenlos-rundliche Formgebung des Arms zu verweisen ist. Ebenso kann der Mantel des Pantokrator, der über den linken Oberschenkel herabfällt, in seiner kurvig bewegten, teilweise gebauschten und zu nervösen Saumlinien auslaufenden Faltengebung gut verglichen werden mit dem Gewand des Engels auf der Scheibe der Verkündigung an Maria; der dagegen scharfkantig zipfelnde Saum des Untergewands Christi vor dem Thron entspricht bis in Einzelheiten dem an der gleichen Stelle vor dem Thron herunterhängenden Untergewand Mariens der genannten Scheyerner Handschrift. Schließlich erscheinen ähnliche Blattranken wie auf dem rechten Knie des Christus Pantokrator auch auf den Kreuzbalken der Scheibe der Kreuzigung Christi, wo sie zusammen mit der grünen Farbe der Balken wohl als Symbol für den „Baum des Lebens" zu deuten sind.

Der Versuch Salms, das Gnadenbild der Alten Kapelle einem Regensburger, zumindest einem süddeutschen Kunstkreis des frühen 13. Jahrhunderts einzuordnen, stieß nicht nur auf weitgehende Zustimmung in der Forschung, sondern gab auch Anregungen, sich intensiver mit der Regensburger Malerei dieses Zeitraums zu beschäftigen. Mittlerweile konnten die vier einschlägigen, zwischen 1220/1235 und 1241 entstandenen Handschriften aus dem Kloster Scheyern[488] und die um 1220/1230 zu datierende Berliner Veldeke-Handschrift[489] eindeutig dem Regensburger Kunstkreis zugeordnet werden, da sich außer den Glasmalereien des Wurzel-Jesse-Fensters auch noch monumentale Wandmalereien demselben Stil zuordnen ließen: zum einen die um 1240/1250 entstandenen Gemälde an der Ostwand der Regensburger Ulrichskirche[490] und die etwas späteren Wandbilder in der ehemaligen Vorhalle der Augustinerchorherrenstiftskirche Sankt Michael in Paring bei Regensburg.[491] So fügt sich das Bild des Christus Pantokrator bestens ein in den Regensburger Kunstkreis und lässt sich – vor allem durch die Nähe zum Wurzel-Jesse-Fenster und dem Marienbild der Scheyerner Historia scholastica – in die Zeit um 1230/1240 datieren. Überhaupt zeichnet sich ab, dass es in der ersten Hälfte des 13. Jahrhunderts offensichtlich nicht nur eine reiche malerische Produktion in Regensburg gab, sondern dass die Werke in ihrer unverkennbaren, temperamentvollen und im handschriftlichen Duktus eigenwilligen Formensprache einen hohen Qualitätsanspruch widerspiegeln. Man muss sogar im Anschluss an Gabriela Fritzsche betonen, wie nah die vom Maler des Berthold-Sakramentars geschaffenen Werke mit den Regensburger Beispielen verwandt sind.[492] Es gibt so verblüffende motivische wie stilistische Gemeinsamkeiten, bis hin zu den erwähnten „Einsprengseln" von spiraligen Blattranken zwischen den Faltenornamenten, dass man ernsthaft überlegen muss, ob die Herkunft des Weingartner Malers, die sich bisher einer überzeugenden Erklärung entzog, nicht im Umkreis der Regensburger Kunst zu suchen ist. Darüber hinaus zeigte Cornelia Ringer Gemeinsamkeiten des Gnadenbilds der Alten Kapelle mit dem Aschaffenburger Tafelbild auf, da der Mantel des Weltenherrschers in Aschaffenburg eine ganz ähnliche Musterung mit Spiralranken zwischen den Faltenstegen aufweist, wie sie als typisch auch für den Pantokrator in Regensburg festgestellt worden war.[493] Ringer zieht daraus keine Konsequenzen; tatsächlich müsste aber daraufhin die Aschaffenburger Tafel noch einmal überprüft werden. Die jüngsten Versuche von Frank Martin und von Daniel Hess, das Werk in den Würzburger bzw. den Mainzer Kunstkreis einzuordnen, lassen eine wirklich überzeugende stilistische Nähe vermissen.[494] Es ist hier zwar nicht der richtige Ort, über den Stil

◁◁ Abb. 135
Das Gnadenbild ohne Metallblenden und Dekor.

◁ Abb. 136
Der Weltenherrscher. Die Rückseite des Gnadenbildes.

der Aschaffenburger Tafel zu diskutieren: Aber wenn man etwa den Kopf des Verkündigungsengels vom Regensburger Wurzel-Jesse-Fenster mit dem sehr ähnlichen Gesicht der Maria von der Aschaffenburger Tafel vergleicht oder feststellt, dass die thronende Maria aus der Scheyerner Handschrift der Historia scholastica das gleiche merkwürdig gefaltete Kopftuch besitzt wie die Maria in Aschaffenburg sowie im Typus der herrscherlichen Thronfigur auch mit dem Christus in Aschaffenburg bestens verglichen werden kann, sollte man eine Regensburger Provenienz des Aschaffenburger Bildes ernsthaft in Betracht ziehen.

Während Salm davon ausgegangen war, dass die Vorder- und Rückseite des Regensburger Gnadenbildes gleichzeitig entstanden und damit durch die Christusikone auch das Marienbild datiert und lokalisiert werden konnte, haben die Untersuchungen von 1998 den Sachverhalt nicht gerade vereinfacht. Cornelia Ringer konnte nämlich eine zeitliche Abfolge in der Herstellung von Vorder- und Rückseite rekonstruieren: Zuerst waren die Kanten der Tafel mit gröberer Leinwand beklebt worden, die vorne etwa 6 cm und hinten 3 cm überlappte. Die Leinwand zog sich auf der Vorderseite auch über zwei – je ca. 1 cm breite – Holzleisten hinweg, die am äußersten Rand und dann noch einmal in einem Abstand von 4 cm aufgenagelt waren und den Eindruck eines Bilderrahmens vermitteln sollten. Dann wurden die Leinwandüberzüge der Kanten sowie die nicht bespannte Rückseite der Holztafel grundiert und bemalt. Zuletzt wurde die Vorderseite mit feinerer Leinwand beklebt, grundiert und bemalt, wobei dieser Vorgang natürlich unmittelbar anschließend, aber auch mit einem unbestimmten zeitlichen Abstand durchgeführt worden sein kann.[495] Außerdem brachten die technologischen Untersuchungen Erkenntnisse, die zu noch weitergehenden Vermutungen Anlass gaben: Prinzipiell deuten die Verwendung von Buchenholz als Bildträger, die verwendete Grundierung mit Kreide und einige Farbpigmente – vor allem die blaue Farbe Vivianit – auf die Entstehung der Tafel in einer Region nördlich der Alpen.[496] Die auf der Vorder- und Rückseite verwendeten Pigmente sind weitgehend identisch, sogar im Einsatz des zur Entstehungszeit nur sehr selten benutzten Bleizinngelbs; lediglich Blattgold, Metallfolien und das erwähnte Vivianit kamen bei der Rückseite nicht zum Einsatz.[497] Es gibt aber deutliche maltechnische Unterschiede zwischen der Vorder- und der Rückseite des Gnadenbildes. Die Vorderseite ist sehr viel aufwändiger gemalt als die Rückseite: Für die Mariendarstellung wurde die Tafel mit feiner Leinwand beklebt und grundiert,[498] während für die Christusikone die Grundierung auf das blanke Holz aufgetragen wurde. Die Rückseite der Tafel wurde in einer einfacheren Öl-Tempera-Mischtechnik bemalt, wobei ein dünn aufgemalter Grundton durch zusätzliche Pinselstriche „graphisch" differenziert und modelliert wurde. Für die Vorderseite fand dagegen eine komplizierte Ei-Tempera-Malerei Verwendung, bei der die Farben in mehreren Schichten sorgfältig aufgetragen wurden; in lasierendem Auftrag wurden die Farben fließend ineinander gearbeitet, sorgfältig „nass in nass" vertrieben und auf dem transluzid leuchtenden Grund zusätzlich bereichert, etwa mit Falten in goldfarbenem Metallpulver auf dem zinnoberroten Gewand des Jesukindes.[499] Außerdem kamen bei der Vorderseite Metallfolien und Metallpulver zum Einsatz, wie Zinnfolien für den Pressbrokat am Ärmel der Maria, Goldfolien für den Hintergrund sowie Muschelsilber mit Goldauflage für besondere Effekte, was den prächtigen Eindruck verstärkte.[500]

Aus diesen Fakten folgerten sämtliche Autor(inn)en der Publikation des Landesamts für Denkmalpflege, Vorder- und Rückseite könnten nicht vom selben Maler geschaffen worden sein, allerdings ohne ihre Auffassungen zu vereinheitlichen. Während Cornelia Ringer noch eine Reihe von Gemeinsamkeiten der Vorder- und Rückseite entdeckte und deshalb annimmt, „daß eine gewisse Nähe der Maler untereinander anzunehmen ist",[501] halten Koller, Baumer und Fiedler fest, „daß das Gemälde der Vorderseite (also das Marienbild) ungewöhnlich alt, und wahrscheinlich älter als das rückseitige ist". Außerdem füge es sich nicht nur stilmäßig in die Ikonenmalerei ein, sondern sei „auch mit den Bindemitteln gemalt worden, die für den griechisch-byzantinischen und auch den italienischen Raum zu dieser Zeit üblich sind".[502] Auch Burmester und Krekel halten eine gegenüber dem Christusbild frühere Entstehungszeit der Marienikone für denkbar: „Ob das Gnadenbild früher als der Christus-Pantokrator entstand und erst später auf die Rückseite des Christus-Pantokrators übertragen wurde, oder ob dies zeitgleich geschah, ist aus dem naturwissenschaftlichen Befund nicht abzuleiten".[503] Eine zeitliche Priorität des Marienbildes lehnt jedoch Cornelia Ringer ab und verweist mit guten Gründen darauf, dass es eine reine Leinwandmalerei im 12./13. Jahrhundert noch gar nicht gegeben habe.[504] Der komplexe Bildaufbau mit Vergoldungen und Pressbrokaten schließt darüber hinaus die Herstellung der Vorderseite als Leinwandbild (Tüchleinmalerei) und die erst nachträgliche Verklebung auf der Holztafel völlig aus. Zusammenfassend stellte Holger A. Klein zunächst fest, dass es nach diesen technologischen Untersuchungen „zunehmend unwahrscheinlicher wird, daß die [...] Pantokratordarstellung der Tafelrückseite vom selben Künstler ausgeführt wurde wie die Mariendarstellung der Vorderseite".[505] Im nächsten Absatz relativiert er allerdings diese Meinung und konstatiert: „Was die Frage nach dem, bzw. den ausführenden Künstlern betrifft, so deuten die unterschiedlich präparierten Malgründe [...] ebenso wie die Unterschiede in der Pigmentpalette möglicherweise – wenn auch nicht zwingend – auf zwei Künstlerpersönlichkeiten hin".[506] Zuletzt schreibt er in Zusammenhang mit der Tatsache, dass der Maler des Marienbildes mit byzantinischen Stilformen vertraut war: „Für den Künstler der Christusdarstellung – sofern es sich hier tatsächlich um einen anderen Künstler gehandelt haben sollte – läßt sich dies aufgrund des fragmentarischen Befundes nicht entscheiden".[507] Es wird also nicht deutlich, welche Meinung der Autor letztlich favorisiert.

Der komplizierte Sachverhalt wird nicht einfacher durch die ungewöhnlichen Fakten der mit Leinwandstreifen überzogenen und sorgfältig in leuchtendem Gelb (Auripigment) bemalten Kanten der Tafel, sowie der auf der Vorderseite aufgebrachten Rahmenleisten. Nachdem damit die ursprüngliche Montage in einem Bilderrahmen ausgeschlossen werden kann, was schon Salm erkannt hatte, entwickelte dieser die These, die Tafel sei ursprünglich als eine Art Flügeltür oder Altarflügel verwendet worden, worauf auch die Ausstemmungen für zwei Scharniere am rechten Rand des Gnadenbildes hindeuten würden. Diese Ausstemmungen sind zwar, wie Cornelia Ringer feststellte, neuzeitlichen Datums; sie kann jedoch nicht ausschließen, dass hier auch ursprünglich schon Scharniere angebracht waren. Dennoch lehnt sie die Funktion als Flügeltüre eher ab und vermutet, hier sei „der Typus des (ungerahmten) dekorativ gestalteten, beidseitig bemalten Gemäldes überliefert".[508] Sie gibt aber nicht an, wie sie sich den Gebrauch einer derartigen Bildtafel denkt und wie diese ursprünglich montiert oder ausgestellt gewesen sein soll.[509] Auch die anderen Autoren dieses Arbeitsheftes äußern sich nicht zu der Frage, wie sie sich die Funktion der Tafel mit ihren großen Unterschieden zwischen Vorder- und Rückseite vorstellen.

Funktionen und Traditionen

Dabei kommt der Frage nach der ursprünglichen Verwendung größte Bedeutung zu. Nach wie vor halte ich die Vermutungen von Salm, die ich 1977 durch weitere Hinweise zu erhärten suchte, für die einzig logische Erklärung, warum im 13. Jahrhundert eine Tafel mit zwei technisch und motivisch so differierenden Seiten in Auftrag gegeben worden sein kann. Der technische Befund gibt doch nur Sinn, wenn man davon ausgeht, dass das heutige Gnadenbild der Alten Kapelle nicht von Anfang an als Kultbild verehrt worden ist, sondern ursprünglich als eine Art Altarflügel oder Flügeltüre in einem untergeordneten Zusammenhang diente, wobei auf der Außenseite dieser Türe die Mariendarstellung, auf der Innenseite die Christusfigur erschienen. Salm dachte dabei an ein tabernakelartiges Schränkchen, wie solche im Mittelalter in Kirchen und Sakristeien aufgestellt waren und als Behälter für die Vasa Sacra und für Reliquien dienten. Zu erinnern ist in diesem Zusammenhang an den berühmten Schrank im Domschatz von Halberstadt, der früher in der dortigen Liebfrauenkirche stand. Nach den jüngsten Untersuchungen von Hans-Joachim Krause dürfte der Schrank zwischen 1239 und 1249 entstanden sein, und zwar für die Aufbewahrung kostbarer Marienreliquien, die der Ritter Johannes von Bodendike dem Stift geschenkt hatte. Der Schrank, der den Quellen nach früher im Sanktuarium neben dem Hochaltar der Stiftskirche stand, zeigt auf den bemalten Flügeltüren außen auf Goldgrund – übrigens in einem auffallend byzantinisierenden Stil – die Verkündigung an Maria, als „sprechenden" Hinweis auf die im Innern des Schranks befindlichen Reliquien.[510] Im Polygonschluss des Regensburger Doms wurden – zwischen etwa 1275 und 1285 – zwölf Wandschränke eingebaut, die teilweise Fensteröffnungen nach außen besaßen und sämtlich innen durch Flügeltüren verschlossen gewesen sind. Ihrer Funktion nach können sie nur für die Aufbewahrung von Reliquien geschaffen worden sein.[511] Zu diesem Typus gehören auch der um 1300 entstandene sogenannte Kelchschrank im Chor der ehemaligen Zisterzienserabteikirche Doberan, dessen Türflügel außen mit Reliefdarstellungen von Heiligen geschmückt sind, oder ein etwas später – gegen 1320 – anzusetzender Wandschrank mit bemalten Flügeltüren in der Kirche des Zisterzienserklosters Løgum in Dänemark, wobei für diese Schränke an die Aufbewahrung der Vasa Sacra in Verbindung mit Reliquien zu denken ist.[512] Anton Legner hat solchen Behältnissen in Zusammenhang mit den um 1300 geschaffenen Reliquienschränken

Abb. 137
Kardinal Bessarion (um 1395–1473) vor seinem Kreuzpartikelreliquiar mit zwei Brüdern der Scuola della Carità.
Öl auf Holz, 102,5 cm x 37 cm. Gemalt von Gentile Bellini (1429–1507). 1472. Privatbesitz.

des Kölner Doms und ihren zahlreichen Nachfolgemodellen in anderen Kölner Kirchen eine ausführliche Untersuchung gewidmet.[513] Als Vorläufer für eine derartige Reliquienpräsentation verwies er auf den berühmten Dreikönigsschrein des Kölner Doms, der zwischen 1181 und 1230 entstand und der auf der Vorderseite eine trapezförmige Goldplatte zeigt, die einer Planänderung um 1200 zuzuschreiben ist. Diese Platte lässt sich abnehmen; dahinter erscheinen dann die Häupter der Heiligen Drei Könige zur Verehrung durch die Gläubigen.[514] Der um 1312 zu datierende silberne und teilweise vergoldete Reginenschrein des Osnabrücker Domschatzes besitzt an seiner Hauptgiebelseite zwei reich geschmückte Flügeltüren, die an Scharnieren befestigt sind. Öffnet man die Türen, blickt man durch ein vierbahniges Maßwerkfenster ins Schreininnere, das voller Reliquien ist.[515]

Salm dachte an eine ähnliche Funktion des Regensburger Gnadenbilds als Flügeltür, die einen hoch verehrten Inhalt verschloss. Als wahrscheinlichste Möglichkeit vermutete er, dass die Tafel in ähnlicher Funktion benutzt wurde wie die von Gentile Bellini bemalte Türe für das sogenannte Bessarion-Reliquiar in Venedig.[516] Dieses byzantinische Reliquiar aus dem 13. oder 14. Jahrhundert in Form einer Staurothek birgt Christusreliquien (Partikel vom Kreuz und vom Gewand Christi) und wurde von dem berühmten griechischen Kardinal Bessarion (1403–1472) im Jahre 1472 der Scuola di Santa Maria della Carità (der heutigen Accademia) in Venedig geschenkt. Das vergoldete Kreuz mit seinen drei Querbalken befindet sich – zusammen mit weiteren Reliquien und Heiligenbildern – sichtbar eingelegt in einem Silberkasten; die Restflächen der Vorderseite füllt blaues Email mit eingeschmolzenen goldenen Sonnen in regelmäßiger Ordnung. Diesen inneren Kasten umfasst unten und an den beiden Seiten ein breiter Rahmen, dessen vordere Flächen mit Passionsszenen bemalt sind. Zusätzlich lässt sich eine Deckplatte so von oben einschieben, dass sie die Staurothek völlig verdeckt. Dafür zeigt dieser Schiebedeckel die Darstellung der Kreuzigung Christi und erinnert an den kostbaren Inhalt dahinter, nämlich die Christusreliquien.[517] Für dieses – an sich schon verschließbare – Reliquiar, das wie ein Vortragekreuz auf einem Ständer montiert war, wurde zusätzlich noch ein in den Maßen genau passender Schrank in Form eines Tabernakels angefertigt, der im Albergo der Scuola stand. Die Tür dieses Tabernakels bemalte Gentile Bellini mit einer genauen Wiedergabe des Reliquiars, als „abbildenden" Hinweis auf den Inhalt des Schrankes; darunter erscheinen der Kardinal Bessarion sowie zwei Brüder der Scuola.[518] Das Reliquiar, das während der habsburgischen Herrschaft in Venedig nach Österreich entführt und zuletzt im Kunsthistorischen Museum Wien gezeigt wurde, musste nach dem Vertrag von Saint-Germain-en-Laye 1919 nach Italien zurückgegeben werden und befindet sich seitdem wieder am ursprünglichen Ort, nämlich in der Scuola della Carità, der heutigen Accademia in Venedig. Die Tabernakeltür von Bellini war lange verschollen, gelangte über die Sammlungen Rothschild und Lederer 1950 in das Kunsthistorische Museum Wien und wurde 1999 der Familie Rothschild wieder zurückgegeben.[519]

Analog zu diesem Werk liegt der Schluss nahe, auch das Marienbild der Alten Kapelle sei ursprünglich der Flügel eines Tabernakels oder eines vergleichbaren Schreins gewesen, in dem das eigentliche Gnadenbild verborgen war, während sein Abbild bei geschlossenem Zustand auf der Außenseite des Flügels zu sehen gewesen wäre. Damit könnte sich die alte Tradition des Stifts bestätigen, die von einem Geschenk Kaiser Heinrichs II. sprach. Das heutige Gnadenbild der Alten Kapelle wäre demnach eine Kopie des ursprünglichen Kultbildes, die zu gänzlich unbestimmter Zeit das Original ersetzen musste, das verlorengegangen oder zerfallen war. Diese von Salm nur angedeuteten, aber einleuchtenden Vermutungen griff Karl Busch 1963 auf. Seiner Ansicht nach war die Tafel als nach rechts drehbare Türe „der Zwischenflügel einer großen Holzkassette für die Heinrichsikone, über dem, nach links drehbar, der stärkere Außendeckel lag, der sicher innen auch bemalt war, wahrscheinlich mit einem thronenden Kaiser Heinrich II., während seine Außenseite wie die Seitenflächen der Kassette vermutlich mit vergoldetem Blech und entsprechend reicher Zier belegt waren".[520] Leider ist der größere Aufsatz, den Busch zu diesem Thema ankündigte, nie erschienen. Es bleibt unklar, aufgrund welcher Indizien der Autor zu so genauen Rekonstruktionen gelangen konnte. Er zitierte lediglich eine Notiz des Münchner Galeriedirektors Mannlich aus dem Jahre 1810, nach der das Gnadenbild der Alten Kapelle früher in einem „alten Kasten mit zwei Flügeldecken" aufgestellt gewesen sein soll.[521]

Hier dürfte es sich aber um das wohl spätgotische Triptychon gehandelt haben, das Wilhelm Gumppenberg in seinem „Atlas Marianus" beschrieb.[522] Im Vergleich mit anderen Wallfahrtsorten zeigt sich, dass der Austausch alter, vielleicht beschädigter Kultbilder durch Kopien nicht ungewöhnlich war. Auch die berühmten römischen Kultbilder von Sancta Sanctorum (um 600) und von Santa Maria Maggiore (5. oder 6. Jahrhundert) wurden so oft übermalt bzw. durch neu auf Leinwand gemalte Köpfe überklebt, dass eine genauere Beurteilung bis heute kaum möglich ist, obwohl sie beide wahrscheinlich noch im Kern die ursprünglichen Tafeln darstellen.[523] Bei der 1950 durch Pico Cellini vorgenommenen Restaurierung des berühmten Marienbilds von Santa Maria Nuova (heute Santa Francesca Romana), kamen unter der Übermalung des 19. Jahrhunderts und einer Temperaschicht des 13. Jahrhunderts die originalen Köpfe von Maria und dem Jesukind aus dem 7. Jahrhundert wieder zum Vorschein, die in enkaustischer Technik auf Leinwand ausgeführt worden waren.[524] So konnte auch die Kopie der Alten Kapelle, die ursprünglich wohl wie eine Art Altarflügel das originale Marienbild verdeckte, die Stelle des Originals selbst einnehmen. Rein phänomenologisch war ein solches Auswechseln durchaus möglich. Es bedeutete keinen Eingriff in die Substanz des Kultes, wenn aus irgendwelchen Gründen ein hoch verehrtes Bild erneuert werden musste.

Abb. 138
Marienikone von
Santa Maria Nuova.
Köpfe Wachsfarben auf Leinwand/Holz, 7. Jahrhundert.
Rom, Santa Francesca Romana.

Die für das Spätmittelalter nachgewiesene Präsentation des Regensburger Tafelbildes während der „Heiltumsweisungen" bezeugt seine einer Reliquie vergleichbare Verehrung. Und ebenso war nicht nur das Verschließen von Reliquien – wie oben gezeigt – im Mittelalter üblich gewesen, sondern auch das Verdecken von Kultbildern. Nach Wilpert war „jedes Tafelgemälde, das einige Wichtigkeit hatte, zumal wenn es Kultzwecken diente, mit zwei Flügeln versehen, welche es abschließen und vor Staub, Licht und sonstigen schädigenden Einflüssen schützen konnten".[525] Das Kultbild von Santa Maria Maggiore wurde in einem Kasten mit zwei Flügeltüren aufbewahrt, die in der zweiten Hälfte des 15. Jahrhunderts einen Silberüberzug erhielten. Der verschlossene Kasten war seinerseits in einem Marmortabernakel des späten 13. Jahrhunderts auf einem Seitenaltar im Hauptschiff der Kirche links versperrt. Anlässlich der Übertragung des Kultbildes in die Capella Paolina im Jahre 1613 ließ Papst Paul V. (reg. 1605–1621) die Tafel mit einer silbernen Platte bekleiden und den ganzen Kasten in einen gewaltigen Tabernakel aus Messing einschließen.[526] Auch das Gnadenbild von SS. Annunziata in Florenz ist normalerweise immer durch eine Schutzplatte aus Silber verdeckt, die nur bei besonderen Festen abgenommen wird. Dieser Brauch lässt sich mindestens bis ins Spätmittelalter zurückverfolgen.[527] Das Erlöserbild der Kapelle Sancta Sanctorum in Rom, das nach Belting wohl in die Zeit um 600 zu datieren ist, wird unter doppeltem Verschluss aufbewahrt und nur zu besonderen Gelegenheiten in der Lateransbasilika ausgestellt. Selbst wenn die beiden Flügel der von Papst Innozenz III. (reg. 1198–1216) gestifteten Silberbekleidung geöffnet sind, ist vom eigentlichen Bild nur der Kopf zu sehen, da die restliche Tafel durch eine reich getriebene Silberplatte bedeckt ist.[528]

Abb. 139
Marienikone
Salus Populi Romani.
Wohl Wachsfarben auf Leinwand/Holz. 117 cm x 79 cm.
5./6. Jahrhundert.
Rom, Santa Maria Maggiore.

Das Verschließen von Kultbildern während des ganzen Mittelalters dürfte weniger wegen der Kostbarkeit der anfangs verwendeten Objekte aus Edelmetall erfolgt sein, wie Bernhard Decker annahm. Viel wichtiger scheint hier die Möglichkeit liturgischer Inszenierungen gewesen zu sein und die Tatsache, dass nicht sichtbare Dinge, deren Vorhandensein jeder weiß, das Bedürfnis nach Betrachtung wecken und das Öffnen des Schreins zum Ereignis werden lassen. Auf jeden Fall ist Decker zuzustimmen, wenn er als gemeinsames Kennzeichen aller mittelalterlichen Kultgegenstände ihre zeitweilige Entrücktheit nennt: „Ob wir dabei an die Schatzkultbilder oder aber an die Reliquienausstellung auf dem Altar denken, immer besteht das Prinzip ihrer kultischen Erhöhung darin, daß sie unsichtbar gemacht werden können, indem sie – weggeräumt und verschlossen – aus dem Blickfeld verschwinden, um im Augenblick ihrer Präsentation wieder kultisch gegenwärtig zu sein".[529]

Im Vergleich mit diesen Beispielen gewinnt die These an Wahrscheinlichkeit, dass das heutige Gnadenbild der Alten Kapelle ursprünglich die Flügeltüre eines Schreins gewesen ist, in dem das originale Kultbild aufbewahrt wurde. Als „Abbild" des heiligen Inhalts erschien auf der Außenseite des Flügels eine Kopie, so dass der Gläubige zwar eine Vorstellung vom Aussehen des Lukasbildes gewinnen konnte, es selbst aber nur in feierlicher Zeremonie „enthüllt" wurde. Dadurch wird verständlich, warum das Marienbild im Typus einer uralten byzantinisierenden Ikone erscheint, deutlich – wenn auch seitenverkehrt – an dem berühmten römischen Kultbild in Santa Maria Maggiore orientiert, das der Legende nach

Abb. 140
Erlöserbild.
Wachsfarben auf Holz.
142 cm x 68 cm. Um 600.
Silberbekleidung gestiftet
von Papst Innozenz III.
(reg. 1198–1216).
Rom, Capella Sancta
Sanctorum bei der Scala
Santa am Lateran.

ebenfalls vom Evangelisten Lukas gemalt worden war. Erstaunlicherweise wurde für das Christusbild der Rückseite ebenfalls ein altes römisches Kultbild zitiert, nämlich die Ikone der Kapelle Sancta Sanctorum bei der Scala Santa am Lateran.[530] Wegen dieser bewussten Rückgriffe auf die beiden berühmtesten römischen Kultbilder erklärt sich auch die ungewöhnliche Kombination der Mariendarstellung in Dreiviertelfigur auf der Vorderseite mit dem Christusbild in Ganzfigur auf der Rückseite.

Dass auf der Rückseite des Flügels jenes Bild Christi erschien, das der berühmten Ikone von Sancta Sanctorum gleicht, weist unmittelbar auf direkte Zusammenhänge mit der Verehrung der angeblich von Lukas gemalten Marienbilder in Rom, aber auch der Tafel von Sancta Sanctorum im Lateran. Der Legende nach soll diese Christus-Ikone ebenfalls der Evangelist Lukas – im Auftrag der Apostel – begonnen haben; sie sei aber dann durch Eingreifen Gottes von selbst vollendet worden.[531] Es handelte sich also um ein „Acheiropoieton", ein nicht von Hand gemaltes Bild, das durch übernatürliches Eingreifen entstanden sei.[532] Die beiden Ikonen von Santa Maria Maggiore und Sancta Sanctorum müssen zudem in einem engen inhaltlichen Zusammenhang gesehen werden, da alljährlich am Fest Mariä Himmelfahrt in einer feierlichen Prozession, die zu den kirchlichen Hauptereignissen in Rom gehörte und mindestens seit dem 8. Jahrhundert nachweisbar ist, der Papst die Christusikone von Sancta Sanctorum zur Basilika Santa Maria Maggiore trug, damit sich die beiden kostbaren und hoch verehrten Bilder direkt begegnen konnten.[533] Gerhard Wolf charakterisiert die Bedeutung dieser römischen Ikonen zutreffend: „Die Kirchen Christi und Mariens in Rom kennen kaum Primärreliquien ihrer Protagonisten, sondern vor allem Ikonen, die zu den ‚sacra mysteria' zählen. Das soll nicht heißen, daß diese Bilder Reliquien substituieren, sondern daß das Bedürfnis nach physischer Präsenz hier durch Bilder befriedigt wird (wie andernorts durch Reliquien)".[534] Im übrigen stand der Kult um die Marienikone von Santa Maria Maggiore in engem Bezug zu dem Urbild aller Hodegetria-Bilder, nämlich der berühmten Ikone des Hodegon-Klosters in Konstantinopel, die ebenfalls als ein Werk des Evangelisten Lukas galt. Michele Bacci hat in seiner den Lukasbildern gewidmeten Untersuchung darauf hingewiesen, dass in einer feierlichen Prozession, die jeden Dienstag stattfand, die Hodegetria vom Hodegon-Kloster durch Konstantinopel bis zum Platz des Tribunals getragen wurde, weil sich dort das erste dem Kultbild zugeschriebene Wunder ereignet habe. Nach der ausführlichsten, aus dem 11. Jahrhunderts stammenden Beschreibung dieser Prozession machte die Hodegetria regelmäßig Station vor dem Christusbild über dem Eingang der Chalkì-Kapelle des Kaiserpalastes, das ebenfalls ein Acheiropoieton gewesen sein soll. Der Legende nach soll sich die Hodegetria mit übernatürlicher Kraft immer in Richtung dieses Christus-Mosaiks gedreht haben, selbst gegen den Widerstand der Träger, weil das Bild Mariens unbedingt das Bild ihres Sohnes begrüßen wollte.[535]

Das Verhältnis von Vorder- und Rückseite des Gnadenbildes

Kehren wir wieder zu der Frage zurück, wie sich die Marienikone der Vorderseite und das Christusbild der Rückseite beim Regensburger Gnadenbild zueinander verhalten. In der jüngst erschienenen Publikation des Bayerischen Landesamts für Denkmalpflege wird davon ausgegangen, dass Vorder- und Rückseite der Tafel von verschiedenen Malern und möglicherweise aus verschiedenen Zeiten stammen. Wäre es aber nicht sinnvoller gewesen, erst einmal die Indizien zusammenzusuchen, die für eine gleichzeitige Anfertigung durch einen Maler sprechen könnten, als sich von vornherein die Herstellung derart kompliziert vorzustellen? Dann hätte man vielleicht gemerkt, dass es – bei aller auf den ersten Blick vorherrschenden Verschiedenheit – stilistische Details gibt, welche die Herstellung der beiden Tafelseiten durch denselben Maler doch wahrscheinlich machen. Am wichtigsten ist dabei die erwähnte, von Salm beschriebene Eigenheit des Malers, Faltenstege in den von ihm dargestellten Gewändern durch spiralig eingerollte Ranken zu bereichern, die ziemlich unvermittelt das geordnete Gefüge einer Faltenstruktur ergänzen. Dies war beim rechten Knie des Pantokrator auf der Rückseite der Tafel gut zu beobachten. Sehen wir uns daraufhin die Vorderseite mit dem Marienbild an, findet sich ebenfalls dieses charakteristische Merkmal: Am linken Oberschenkel des Jesukindes sind innerhalb einer ovalen Faltenmulde ganz ähnliche Spiralranken eingezeichnet. Ebenso hat der Maler am Ansatz des rechten Oberarms des Kindes eine annähernd dreieckige Faltenform mit einer solchen typischen Blattranke gefüllt. Diese Kennzeichen scheinen so deutlich für eine einzige Künstlerpersönlichkeit zu sprechen, dass man fragen muss, ob es nicht noch mehr Argumente gibt, um die gleichzeitige und einheitliche Entstehung der beiden Seiten zu begründen.

Wenn man nach mittelalterlichen Tafelbildern sucht, deren Vorder- und Rückseite in unterschiedlichen Techniken ausgeführt worden sind, denkt man zuerst an die Flügel von Schreinaltären, die dieses Phänomen ständig zeigen. Die Seite eines Altarflügels, die für den geöffneten Zustand gedacht war und den – meist plastisch gestalteten und vergoldeten – Schrein flankierte, war oft ebenfalls sehr aufwändig ausgeführt, zeigte vergoldete Hintergründe und eine Maltechnik, die durch den Einsatz von besonders teuren Farbpigmenten, von Pressbrokaten und den sorgfältigen Aufbau der Malschicht die Kostbarkeit des Schreins unterstrich; deshalb bezeichnet man diese Seite eines Altarflügels auch als die Feiertagsseite. Schloss man dagegen den Flügel, war die Außenseite meist sehr viel einfacher bemalt, ohne Goldgrund und in einer schlichteren Maltechnik, die auf die teuren Pigmente verzichtete; man spricht hier von der Werktagsseite, die den Zustand des Altars im alltäglichen Gebrauch außerhalb der Feste kennzeichnet. Überträgt man diese Beobachtung auf das Regensburger Gnadenbild, lässt sich dies mit seiner ursprünglich vermuteten Funktion als Flügeltür bestens vereinbaren, wenn auch in umgekehrter Gewichtung der Feiertags- und der Werktagsseite: Öffnete man demnach früher die – rechts angeschlagene – Tür dieses Schreins, erschien das originale Lukasbild als Zentrum des Kults. Auf der Innenseite des Flügels sah man daneben das Bild des Christus Pantokrator, in reduzierter Kostbarkeit, damit man es nicht mit dem Kultbild verwechseln konnte. Dennoch ergaben die beiden Bilder ein inhaltlich zusammengehörendes Paar, das die erwähnten römischen Kultbilder zitierte. Zutreffend nahm Maria dabei den Ehrenplatz zur Rechten Christi ein, so dass sogar die Frage, nach welcher Seite der Flügel aufgeklappt werden sollte, genau bedacht gewesen zu sein scheint. Im geschlossenen Zustand hatte der Flügel dagegen die Aufgabe, das nicht sichtbare Kultbild den Gläubigen nahe zu bringen. Der Betrachter sah ein kostbares, aufwändig gemaltes und vergoldetes Bild, das ihm eine Ahnung von der Schönheit und Ausstrahlung des originalen Lukasbildes geben konnte, ohne selbst im Besitz der reliquienähnlichen kultischen Bedeutung zu sein.

Erklären sich damit nicht logisch die zutreffend beobachteten Unterschiede zwischen den beiden Seiten der Tafel? Das Marienbild ist in einer schwierigen Maltechnik mit lasierenden Farben und schichtweisem Aufbau hergestellt und vergoldet worden, da es einen Abglanz des Lukasbildes widerspiegeln musste. Der Maler hatte offensichtlich das Original des Kultbildes vor Augen und versuchte, es so genau wie möglich nachzubilden, sogar in der nördlich der Alpen nicht so häufig gebrauchten Technik des schichtweisen Aufbaus in Ei-Tempera.[536] Er war allerdings mit der praktischen Ausführung einer solchen Malerei nicht vertraut, was Cornelia Ringer nachweisen konnte: Im Gegensatz zu byzantinischen und italienischen Bildern, deren Inkarnate über einem dunklen grünlichen Grund in immer helleren Schichten aufgebaut werden, ging der Maler des Regensburger Gnadenbildes – völlig untypisch – den umgekehrten Weg und malte zuerst die hellen Partien, auf die er dann die dunkleren Schatten legte.[537] Schon von daher kann es sich also keinesfalls um einen aus Byzanz oder Italien kommenden Maler gehandelt haben. Wenn schon andere Besonderheiten wie das Material der Holztafel, die Kreidegrundierung und die benutzten Pigmente auf einen Maler nördlich der Alpen hindeuteten, wird dies durch die Maltechnik endgültig bewiesen.

Abb. 141
Kleines Andachtsbild mit dem Gnadenbild der Alten Kapelle.
Kupferstich. 11,2 cm x 5,9 cm.
Regensburg, 2. Hälfte 18. Jahrhundert.
Regensburg, Kunstsammlungen des Bistums.

Dem dargestellten Motiv der Madonna mit Kind hat Holger A. Klein größte Aufmerksamkeit gewidmet und die Herkunft überzeugend präzisiert. Die ikonographischen Merkmale des Regensburger Gnadenbildes lassen sich sämtlich in der byzantinischen Kunst nachweisen. Maßgeblich ist dabei – wie oben erwähnt – der Typus der Hodegetria in Dreiviertelfigur analog der Marienikone von Santa Maria Maggiore in Rom, in der „seitenverkehrten" Ausformung der Dexiokratusa, die auch das römische Marienbild von Santa Maria Nuova zeigt. Selbst für Details wie die goldenen Borten mit Perlgehängen am Gewand Mariens sowie an der unteren Mantelkaskade oder die halb in einer Mantelfalte verborgene rechte Hand Mariens gibt es Vorbilder bei byzantinischen Marienikonen. Wichtig scheint vor allem Kleins Hinweis, dass im Regensburger Bild innerhalb der grundsätzlichen Orientierung an byzantinischen Prototypen ein Motiv auffällt, das eine besondere Bildtradition besitzt, nämlich die auffällig nackten Beine des Jesukindes. Dieser als „Kykkotissa" bezeichnete Typus ist benannt nach einer Ikone des späten 11. Jahrhunderts im Kykkos-Kloster auf Zypern, die ihrerseits auf ein Vorbild aus Konstantinopel zurückgehen dürfte. Damit sollte einerseits auf die Darbringung im Tempel angespielt werden, wo sich das Kind der Mutter entwunden haben soll, um sich dem Simeon zuzuwenden. Andrerseits nimmt das Motiv aber auch die Passion Christi vorweg, wie sie Simeon Maria prophezeit hatte, mit den Worten: „Auch deine eigene Seele wird ein Schwert durchdringen" (Lk 2,35); bei der „Beweinung" wird der tote Christus erneut mit entblößten Beinen auf dem Schoß Mariens liegen.[538] Da der Maler des Regensburger Gnadenbildes sich um eine sehr genaue Wiedergabe des Vorbildes bemüht zu haben scheint, die bis zur Maltechnik reichte und auch bei den bildwichtigen Motiven wie den Gesichtern, Gesten und Erkennungszeichen das Bemühen um eine abbildende Treue spürbar werden lässt, dürfte davon auszugehen sein, dass es sich bei dem originalen Lukasbild um eine Marienikone gehandelt hat, welche die beiden Kultbilder von Santa Maria Maggiore und von Santa Maria Nuova in Rom ikonographisch gleichsam „vereinigte". Offensichtlich war zusätzlich – mit den entblößten Beinen des Jesukindes – auch die Kykkotissa zitiert, was der Maler der Regensburger Tafel getreulich wiedergab. In anderen, eher sekundären Bereichen wie den Falten auf dem Gewand des Jesukindes konnte sich der Maler mehr Freiheiten erlauben, – und prompt erscheinen hier die charakteristischen Spiralranken, die ihn mit dem Maler des Christusbildes auf der Rückseite gleichsetzen und dem Regensburger Kunstkreis zuordnen lassen.

Das Gnadenbild und Kaiser Heinrich II.

Die unverkennbaren Rombezüge und die vermutete ursprüngliche Funktion der Regensburger Tafel als Flügeltüre eines Behältnisses, das anfangs noch ein älteres Marienbild als die eigentliche „Reliquie" geschützt haben dürfte, lassen die legendäre Verbindung mit Kaiser Heinrich II. doch als nicht so unglaubwürdig erscheinen, wie dies zuletzt Holger A. Klein nachdrücklich vertrat. Nach ihm „entbehrt die Stiftung einer als Lukasmadonna verehrten

Abb. 142
Das Gnadenbild der Alten Kapelle. Kupferstich von Johann van den Berg. 25,1 cm x 16,8 cm. Regensburg, 2. Hälfte 17. Jahrhundert. Regensburg, Kunstsammlungen des Bistums.

Abb. 143
Das Gnadenbild der Alten Kapelle. Kupferstich von Johann van den Berg. 12,4 cm x 7,0 cm. Regensburg, 2. Hälfte 17. Jahrhundert. Regensburg, Kunstsammlungen des Bistums.

Bildtafel durch Kaiser Heinrich II. jeglicher Begründung durch zeitgenössische Quellen", und darüber hinaus „steht die Nachricht von Heinrichs Stiftung in krassem Widerspruch zu den kulturhistorischen Voraussetzungen, unter denen die Rezeption einer solchen Bildtafel nördlich der Alpen überhaupt erst denkbar erscheint".[539] Die von Klein angeführten Beispiele von Tafelbildern, die nachträglich älter gemacht und mit bedeutenden Stiftern in Verbindung gebracht worden sind, lassen doch nicht automatisch den Schluss zu, alle Überlieferungen von Stiftern beziehungsweise der Herkunft von Reliquien oder Kultbildern seien prinzipiell abzulehnen. Die kulturhistorischen Voraussetzungen sprechen sicherlich nicht für ein weit verbreitetes Vorkommen von Bildtafeln nördlich der Alpen im 11. Jahrhundert. Immerhin sei aber auf das Marienbild verwiesen, das der Passauer Bischof Altmann (reg. 1065–1091) als Geschenk der Herzöge von Böhmen erhalten hatte, nämlich „eine kostbare Tafel mit einer ausgezeichneten Metallfassung, auf der das Bild Mariens nach griechischer Art gestaltet war".[540] Eine direkte archivalische Bestätigung für die Stiftung des Marienbildes durch Heinrich II. an die Alte Kapelle, wie sie Holger A. Klein gerne hätte, kann ganz und gar nicht erwartet werden, da es derartige Quellen im 11. Jahrhundert schlichtweg nicht gibt. Nicht einmal für die kostbarsten Schenkungen des Kaisers, etwa das goldene Basler Antependium, finden sich zeitgenössische Nachrichten; die älteste schriftliche Überlieferung stammt dort aus dem Jahre 1415.[541] Zahlreiche andere Hinweise, Dedikationsbilder und stilkritisch erschlossene Kunstwerke belegen jedoch eine Vielzahl von Geschenken, die Heinrich II. in einer schier einzigartigen Stiftungspolitik – und geradezu als ein Charakteristikum seiner Herrschaft – freigebig verteilte.[542]

Darüber hinaus ist daran zu erinnern, dass ein Bezug auf Rom geradezu konstant das Wirken Heinrichs II. begleitet, auch schon in seiner Zeit als bayerischer Herzog vor 1002. Im Gefolge Kaiser Ottos III. (reg. 983–1002) weilte Heinrich in den Jahren 998 bis 1001 mehrfach in Rom.[543] Auf die Intervention Heinrichs fertigte Kaiser Otto III. 998 in Rom eine Urkunde aus, in der er dem Regensburger Kleriker Tagino eine Hofstatt in Regensburg, zwischen der Alten Kapelle und dem Salzburger Hof, schenkte.[544] Dies dürfte wohl als ein Akt der Wiedergutmachung zu interpretieren sein, da nach dem Tod des heiligen Bischofs Wolfgang 994 überraschend nicht dessen Favorit Tagino, sondern auf Anordnung Ottos III. der kaiserliche Kaplan Gebhard Bischof von Regensburg geworden war. Heinrich fühlte sich Tagino, der wie er selbst ein Schüler Bischof Wolfgangs gewesen war, von früher Jugend an eng verbunden und hatte sich beim Kaiser für ihn eingesetzt. Bei dieser Schenkung im Jahr 998 scheint also neben Herzog Heinrich auch Tagino in Rom gewesen zu sein. Sie erlebten demnach beide die Stadt und die intensive Marienverehrung, die Kaiser Otto III. dort pflegte, und deren Zentren die berühmten Kultbilder in den römischen Kirchen waren, allen voran die Marienikone von Santa Maria Maggiore. Die bereits erwähnte Prozession mit dem Christusbild vom Lateran (Sancta Sanctorum) zum Marienbild von Santa Maria Maggiore wurde um das Jahr 1000 in dem sogenannten „Ordo L" der Ordines Romani beschrieben, der mit einem Hymnus verbunden ist und in einer Fürbitte für Kaiser Otto III. endet.[545] Wie Irene Frings betonte, führte die Prozession auf ihrem Weg auch an der Kirche „Sancta Maria Minor" vorbei, wo sich ebenfalls eine Marienikone befand, der das Christusbild vom Lateran begegnete.[546] Gemeint war damit die Kirche Santa Maria Nuova (heute Santa Francesca Romana), und bei der Marienikone dort handelte es sich um die bereits mehrfach erwähnte älteste bekannte Darstellung einer Dexiokratusa.[547] Die zeremoniellen Höhepunkte der Prozession waren die Begegnungen der hochverehrten Christusikone mit den beiden nicht minder berühmten Lukasbildern von Santa Maria Nuova und Santa Maria Maggiore. Bei der ganzen Prozession, „in der Christus, geleitet von den Gläubigen, als Bräutigam erscheint, um die Gottesmutter ‚heimzuholen'", handelte es sich also um einen Brautzug des *sponsus* zur *sponsa et mater sponsi*.[548] Wie Ernst Dieter Hehl betonte, wurde der Marienkult Kaiser Ottos III. von Heinrich II. weitgehend übernommen.[549] Beispielsweise gibt es eine Fassung des Hymnus für die römische Prozession an Mariä Himmelfahrt, bei welcher der Name Ottos III. durch den Heinrichs II. ersetzt worden ist.[550] Man darf also davon ausgehen, dass Heinrich II. den Kult um die berühmten römischen Ikonen kannte, ihm also die intensive Verehrung dieser Lukasbilder geläufig war.

Unmittelbar nach seiner Königskrönung rehabilitierte Heinrich II. seinen ständigen Begleiter und Kaplan Tagino, als er sich vom 11. bis 24. November 1002 in Regensburg aufhielt: Er errichtete an der Alten Kapelle ein Kanonikerstift und ernannte Tagino zu dessen Propst. Gleichzeitig ließ er den ruinösen Kirchenbau durchgehend erneuern und erhob die Alte Kapelle „zu Ehren der heiligen Gottesgebärerin Maria von Grund auf zur Mutterkirche".[551] Wie Stefan Weinfurter und Bernd Schneidmüller vermuten, kann dieser ungewöhnliche Titel (*mater ecclesia*) darauf hindeuten, dass hiermit eine zweite Hauptkirche in Regensburg eingerichtet werden sollte, die allein dem König unterstand und die in einer anti-bischöflichen Stoßrichtung bewusst gegen den von Heinrich ganz und gar nicht geschätzten Regensburger Bischof Gebhard etabliert wurde.[552] Da der Regensburger Dom den heiligen Petrus zum Patron hat, lag in Erinnerung an Rom und bei der ausgeprägten Marienverehrung des Königs die Widmung an Maria nahe; später sollte Heinrich II. beim Bau des Bamberger Doms die beiden Hauptchöre Petrus bzw. Maria widmen. Der Hinweis auf die Gottesgebärerin Maria könnte darüber hinaus auch auf eine bewusste Verknüpfung mit der Kirche Santa Maria Maggiore in Rom hindeuten, die unter Papst Sixtus III. (reg. 432–440) erbaut und als erste Kirche der Gottesgebärerin geweiht wurde, nachdem im Konzil von Ephesus 431 die Stellung Mariens als Gottesgebärerin ausdrücklich bestätigt worden war. Auch der ungewöhnliche Name *mater ecclesia* lässt sich eigentlich nur erklären, wenn man die Bedeutung dieser Bezeichnung für die Kirche Santa Maria Maggiore kennt: Zunächst stammt der Begriff aus dem Exultet der Osternachtsfeier, wenn in der Osterfreude ausgerufen wird: *laetatur et mater ecclesia*.[553] In Santa Maria Maggiore wurde die Osterliturgie mit besonderer Feierlichkeit begangen. In der Osternacht wurde im Baptisterium die Taufe gespendet, wobei man wissen muss, dass über der Tür zum Baptisterium die berühmte Marienikone hing.[554] Nachdem das Baptisterium der Ort ist, an dem die Geburt der Kinder der Kirche stattfindet, ist das Taufbecken gleichsam der Schoß der Kirche, die – wie Maria Christus – ihre Kinder gebäre.[555] Maria ist also in ihrer Position über dem Eingang zum Baptisterium gleichzeitig als *ecclesia* gedeutet. Am Ostermorgen war Santa Maria Maggiore Stationskirche in Rom.[556] Dabei wurde die berühmte Antiphon *Regina coeli laetare* gesungen – und diese bezog sich wiederum auf die Marienikone, die den Titel „regina coeli" führte. Der Legende nach sollen nämlich Engel diese Antiphon gesungen haben, als Papst Gregor der Große die Marienikone während der Pest durch die Stadt Rom trug. Auch wenn der Text des *Regina coeli* wohl erst in der Zeit des sich intensivierenden Marienkults seit dem späteren 11. Jahrhundert entstanden ist,[557] verdeutlicht die enge Verknüpfung der Osterliturgie mit der Kirche Santa Maria Maggiore und der Marienikone die hohe Verehrung, die das Bild als Zentrum des Kults von Anfang an genoss, in der Definition von Maria als *mater, ecclesia* und *regina*. Am Fest Mariä Himmelfahrt konnte man die Prozession der Christusikone vom Lateran zu den Marienikonen in Santa Maria Nuova und in Santa Maria Maggiore nicht nur als Besuch des *sponsus* bei der *sponsa et mater sponsi* verstehen, sondern für Santa Maria Maggiore auch als Begegnung des *rex regum* mit der *regina coeli*.[558]

Indem Kaiser Heinrich II. in seiner Stiftungsurkunde für die Alte Kapelle in Regensburg die Bezeichnungen der Gottesgebärerin und der *mater ecclesia* wählte, bezog er sich offensichtlich bewusst auf Santa Maria Maggiore, die das Patrozinium Mariens mit diesen Titeln

Abb. 144
Das Gnadenbild der Alten Kapelle.
Kupferstich von I. St. Loibl.
13,6 cm x 8,5 cm. Regensburg, 2. Hälfte 18. Jahrhundert.
Regensburg, Kunstsammlungen des Bistums.

Zu Abb. 142–144
Die Beschriftung auf dem Sockel lautet bei diesen Kupferstichen: *VENERANDA Bmae V. MARIAE A S. LUCA DEPICTA EFFIGIES QUAM S. HAINRICUS IMPERATOR SIBI A BENEDICTO OCTAVO PONT: MAX: DONO OBLATAM ROMAE RATISBONAM DETULIT EIUSQUE HONORI AD VETEREM CAPELLAM INSIGNEM ECLESIAM AC COLLEGIATAM EREXIT. Joann: v: Berg f:* (Gnadenreiches, vom heiligen Lukus gemaltes, von Papst Benedikt VIII. dem heiligen Kaiser Heinrich geschenktes, von diesem von Rom nach Regensburg übertragenes Bildnis der allerseligsten Jungfrau Maria, das dieser zu dessen Ehre in der Alten Kapelle, dem ausgezeichneten Stiftskapitelgotteshaus, aufstellte).

verbunden hatte. Er übernahm sie für die Alte Kapelle, um deren vergleichbare Bedeutung für Regensburg zu betonen. Folgt man dieser These, wäre die Stiftung einer Marienikone eine fast zwingende Voraussetzung für den Versuch gewesen, die römischen Kulttraditionen von Santa Maria Maggiore auf Regensburg zu übertragen. Ein solches Bild hätte dann die *mater ecclesia* unmittelbar verkörpert und der Alten Kapelle ein reliquiengleiches Zentrum des Kults verschafft, so dass auch die liturgischen Gepflogenheiten zur Verehrung der Marienikone von Santa Maria Maggiore übernommen werden konnten. Zumindest wurde die Erinnerung an Santa Maria Maggiore kontinuierlich im Stift der Alten Kapelle bewahrt: Der im 13. Jahrhundert erteilte Auftrag, die Rückseite der Marientafel mit einer Christusikone nach dem Vorbild des Originals im römischen Lateran zu bemalen, gibt nur Sinn, wenn man das Marienbild selbst auf Santa Maria Maggiore bezieht und damit die berühmte Assumptio-Prozession in Rom zitiert. Die älteste Erwähnung des Kultbildes der Alten Kapelle im Jahr 1451 bezieht sich auf die Feier des Festes Mariä Schnee und damit wiederum auf Santa Maria Maggiore, nämlich das Gründungsfest dieser römischen Basilika. Ebenso dürfte die Legende, das Bild habe der heilige Evangelist Lukas gemalt, von der Ikone in Santa Maria Maggiore auch auf das Regensburger Bild übertragen worden sein.

Die von Heinrich II. ab 1002 intendierte Bedeutungssteigerung der Alten Kapelle hielt in dieser Form nicht lange an. Bereits 1004 brachte der König den Propst Tagino zu noch höheren Ehren, indem er ihn zum Erzbischof von Magdeburg machte. 1009 wurde die Alte Kapelle schließlich dem neu gegründeten Bistum Bamberg geschenkt und damit in ein ganz anderes Beziehungsgeflecht eingebunden. Wenn man also den hier vorgetragenen Argumenten folgen mag und annimmt, für das heutige Gnadenbild der Alten Kapelle habe es tatsächlich einen älteren Vorläufer gegeben, dann macht die Stiftung einer Marienikone nach römischem Vorbild überhaupt nur Sinn in Verbindung mit den Ambitionen Heinrichs II. zu Beginn seiner Herrschaft. Die übliche Legende, das Kultbild sei anlässlich der Kaiserkrönung 1014 von Papst Benedikt VIII. an Heinrich II. geschenkt und von diesem dann der Alten Kapelle übereignet worden, dürfte so nicht zutreffen, da der Kaiser damals kein wesentliches Interesse an der Alten Kapelle mehr hatte. Sehr wohl könnte man sich eine derartige Stiftung aber für die Jahre unmittelbar nach 998/1001 vorstellen, als Heinrich die Verehrung der Marienikonen bei seinen Romaufenthalten kennen gelernt hatte. Als es dann im Jahre 1002 darum ging, für Tagino eine ehrenvolle und angemessene Stellung zu finden, könnte der König deshalb überlegt haben, gerade im Vergleich mit Santa Maria Maggiore, die Pfalzkirche der Alten Kapelle in Regensburg zu einem ähnlichen Zentrum der Marienverehrung auszugestalten, für das Tagino zuständig sein sollte. Am wahrscheinlichsten wäre dann eine Stiftung des Marienbildes in den Jahren zwischen 1002 und 1004, als Tagino Propst war und die Alte Kapelle im Zenit ihres kirchlichen und politischen Einflusses stand.[559]

Das Gnadenbild und die Wallfahrt zur Schönen Maria

Besondere Aufmerksamkeit widmet die Forschung seit langem dem Gnadenbild der Alten Kapelle, weil es in einem deutlichen, wenn auch unterschiedlich interpretierten Zusammenhang mit der Wallfahrt zur Schönen Maria steht, die eng verbunden ist mit dem unseligen Ereignis der Vertreibung der Juden aus Regensburg vom 21. bis 28. Februar 1519. Bereits während dieses Zeitraums hatte man damit begonnen, die jüdische Synagoge abzubrechen, die im Bereich des heutigen Neupfarrplatzes stand. Dabei stürzte der Regensburger Steinmetzmeister Jakob Kern vom Gerüst und verletzte sich so schwer, dass man mit seinem Tod

△ Abb. 145
Die Schöne Maria. Gemälde von Albrecht Altdorfer (um 1480–1538). Mischtechnik auf Holz. 75,8 cm x 65 cm. Um 1519. Regensburg, Diözesanmuseum Sankt Ulrich (Leihgabe des Kollegiatstifts Sankt Johann).

◁ △ Abb. 146
Wallfahrt zur Schönen Maria in Regensburg. Holzschnitt von Michael Ostendorfer (um 1494–1559). 54,8 cm x 37,7 cm. Regensburg. Um 1519.

rechnete. Als dieser sich aber wider Erwarten schnell erholte, interpretierte man das Ereignis als Wunder, das Maria zugeschrieben wurde. In kürzester Zeit entwickelte sich am Ort des Geschehens eine Wallfahrt größten Ausmaßes. Der sofort begonnene Bau einer hölzernen Kapelle anstelle der Synagoge konnte bereits ab 25. März mit der Weihe eines Altars provisorisch genutzt werden. Der Regensburger Weihbischof Peter Krafft konsekrierte den Ort zu Ehren der Schönen Maria; seither trug die Wallfahrt diesen besonderen Namen der Gottesmutter. Der Strom der Wallfahrer erreichte unvorstellbare Dimensionen; an Pfingsten 1520 zählte man angeblich 27 000, am Georgstag des gleichen Jahres gar 50 000 Personen.

In der Wallfahrtskapelle wurde schon am 18. März 1519 ein Altar aufgestellt *mit einer Tafel der schonen Marie nach der Pildnus als sy Lucas der Evanglist gemalt hat.*[560] Die Formulierung lässt unmittelbar an das Kultbild der Alten Kapelle denken, das ja als Lukasbild galt. Daneben besitzt das Regensburger Kollegiatstift Sankt Johann ein Tafelbild von Albrecht Altdorfer, das eindeutig als eine Wiederholung des Kultbildes der Alten Kapelle bezeichnet werden kann (heute als Leihgabe im Diözesanmuseum Sankt Ulrich). Altdorfers Tafel wurde nach einer umfangreichen Freilegung in ihrer Qualität erkannt und anlässlich der Altdorfer-Ausstellung 1938 in München erstmals als eigenhändiges Werk des Malers präsentiert, wobei Ernst Buchner es als das „Gnadenbild der Wallfahrt zur schönen Maria in Regensburg“ bezeichnete.[561] Seitdem wird in der Literatur die Frage diskutiert, ob nun das Kultbild der Alten Kapelle selbst oder die Kopie Altdorfers oder ein drittes – verlorenes – Gemälde das damalige Gnadenbild der Wallfahrt zur Schönen Maria gewesen sei. Die Frage ließ sich schon deshalb nicht eindeutig beantworten, weil die in großen Mengen produzierte Andachtsgraphik, die Altdorfer und seine Werkstatt den Wallfahrern verkaufte und die vom schlichten Andenkenbildchen bis zum prachtvollen Farbholzschnitt reichte, in ihren ikonographischen Details nicht einheitlich war. Sie schien teilweise eher an dem Kultbild der Alten Kapelle, teilweise aber auch an der Tafel Altdorfers orientiert, zeigte aber auch zunehmend einen ganzfigurigen Typus der Lukasmadonna, so dass keine eindeutige Aussage zu treffen war.[562] Zuletzt haben sich Daniel Spanke, Holger A. Klein und Thomas Hensel mit dieser Frage beschäftigt; sie kommen zu dem Schluss, dass nicht das Kultbild der Alten Kapelle, sondern mit größter Wahrscheinlichkeit das Tafelbild Altdorfers als das eigentliche Gnadenbild der Wallfahrt anzusehen sei.[563] Vor allem Thomas Hensel, der seinen Aufsatz ausschließlich der Frage nach der Identität der beiden Bilder widmet und eindeutig festlegen möchte, welche Darstellung denn nun das „wundertätige Marienbild" gewesen sei,[564] entscheidet sich nach langen Vergleichen dahingehend, „dass Altdorfers Gemälde als die wundertätige ‚Schöne Maria' von Regensburg figurierte".[565]

Mittlerweile hatten sich aber Autoren geäußert, die an dem Sinn dieser Kontroverse zweifelten und die Fragestellung in eine ganz andere Richtung zu lenken begannen. Bedauerlicherweise haben die zuletzt genannten Beiträge von Spanke bis Hensel dies übersehen oder nicht wahrhaben wollen; die Diskussion setzt also wieder an einem Punkt an, der eigentlich als überholt hätte gelten können. So sehr nahm man sich immer wieder vor, das „echte" Gnadenbild der Schönen Maria zu identifizieren, dass man gar nicht überlegte, ob ein solches denn bei dieser Wallfahrt wirklich vorausgesetzt werden muss. Schließlich ist der Gedanke, zu jeder Wallfahrt gehöre ein Gnadenbild, historisch ganz und gar nicht belegbar. In der Zeit vom 8. bis zum Ende des 12. Jahrhunderts hatte die überwältigende Mehrheit aller lokalen Wallfahrten des westlichen Abendlands die Reliquien eines Heiligen und keineswegs ein Gnadenbild zum Ziel.[566] Man muss sich auch klar machen, dass es im Mittelalter gar nicht so viele Marienwallfahrten gab, weil man von Maria keine geheiligten Gegenstände wie Körperreliquien besaß. Die meisten Marienwallfahrten sind erst nach dem Dreißigjährigen Krieg entstanden, da seit der Gegenreformation der Kult um Gnadenbilder entschieden gefördert worden ist.[567] Der Ausgangspunkt des Kultes um die Schöne Maria war ein Wunderzeichen; dabei war jedoch kein Marienbild beteiligt, das daraufhin als wundertätig erkannt und zum Gnadenbild erhoben worden wäre. In einem solchen Fall hätte die Anerkennung des Kults wohl viel mehr Schwierigkeiten bereitet. Joseph Staber verwies auf die großen Vorbehalte der Theologen des Spätmittelalters, etwa des Nikolaus von Kues, gegenüber der Verehrung von Figuren mit angeblich übernatürlichen Kräften.[568] Auch das Tafelbild der Alten Kapelle darf für die Zeit des Spätmittelalters zwar als Kultbild, aber nicht als Gnadenbild, das heißt als direktes Ziel einer Wallfahrt angesprochen werden. Dies lässt sich erst, wie oben betont, seit dem 17. Jahrhundert nachweisen.

Entscheidender und einziger Ausgangspunkt für den Wallfahrtskult um die Schöne Maria war das Wunderzeichen, und die Ereignisse entwickelten sich genau nach der von Staber allgemein aufgezeigten Logik: „Nicht weil ein Heiligtum hochverehrt wird, ereignen sich schließlich sogar Wunder, sondern weil sich ein Wunder begab, strömen Pilger herzu. Nur dadurch erklärt sich das sprunghafte Auftreten von Massenwallfahrten".[569] Zu Recht betonte Barbara Möckershoff 1990 ebenfalls diesen Sachverhalt: Das Zentrum der Wallfahrt zur Schönen Maria war der Ort, der durch ein Wunder ausgezeichnet war.[570] Seitdem war dieser Ort verwandelt, er wurde für die Wallfahrer „Ort ihrer Sehnsucht und Ihres Verlangens". Hier war „der heilige Raum zur irdischen Gegenwart geworden; es ist der Raum, in dem sich das Wunder stets ereignen kann. In diesem Raum scheinen die Gnadenstrahlen gebündelt zu sein und – in irdischer Materie verdichtet – zu wirken"[571]. Damit muss unsere Aufmerksamkeit stärker auf den Ort der Wallfahrt gerichtet werden; von hier aus lässt sich dann wohl die Frage nach dem Stellenwert der Bilder zuverlässiger beantworten.

Das Wunder der Schönen Maria ereignete sich am Ort der Synagoge, also genau dort, wo sich bis dahin das sakrale Zentrum der jüdischen Gemeinde Regensburgs befunden hatte. Hier war vorher schon – unabhängig von den wundersamen Ereignissen – der Bau einer Marienkirche geplant gewesen;[572] dies war auch bei den schlimmen Judenvertreibungen um die Mitte des 14. Jahrhunderts die übliche Praxis, wie etwa die Beispiele von Nürnberg und

Würzburg zeigen.[573] Man konnte dies religiös begründen, da durch die Fortsetzung der Kulttradition angebliche Freveltaten der Juden „gesühnt“ werden konnten. Bewusst wurde regelmäßig auch das Patrozinium der heiligen Jungfrau Maria gewählt und dies als Akt der Wiedergutmachung bezeichnet, weil deren Reinheit von den Juden böse geschmäht worden sei.[574] Außerdem gab es in Regensburg handfeste politische Überlegungen: Den Kirchenbau hatte man sicher auch deshalb geplant, „um die Rückkehr der Juden auf Druck des projüdisch gesinnten Kaisers auszuschließen, für den es nicht durchzusetzen gewesen wäre, den Abriß einer Kirche zu fordern, um dort wieder eine Synagoge errichten zu lassen“[575]. Offensichtlich galt der Synagoge von Anfang an, noch vor dem Wunderzeichen, die besondere Aufmerksamkeit der Bevölkerung. Die Faszination des bisher unbetretbaren Heiligtums einer fremden Religion muss groß gewesen sein; genauso konzentrierte sich aber auch der allgemeine Hass auf das jüdische Heiligtum, so dass es als erster Bau des Judenviertels zerstört wurde. Man kann sich vorstellen, welche Emotionen dann das Wunder an dieser Stelle hervorrief: Schließlich sanktionierte der Himmel damit gleichsam die illegale Aktion der Stadt; auch diejenigen konnten beruhigt werden, die wegen des offensichtlichen Unrechts noch ein schlechtes Gewissen hatten. Außerdem erhielt der Ort der Synagoge nun durch Maria, der man das Wunder zuschrieb, die höchste denkbare Auszeichnung: Er erhielt die „Qualität der Heiligkeit“ und die von Nikolaus Egender beschriebene Bedeutung: „Dieser Ort wird abgegrenzt und gesichert, er wird zur Kultstätte, und die Gläubigen erhoffen von ihm Stärkung im Glauben, Heilung des Leibes und der Seele“[576]. Von daher musste die Holzkapelle zu Ehren Mariens unbedingt über diesem Ort errichtet werden, das heißt über der ehemaligen Synagoge.

Die neu errichtete Wallfahrtskapelle wurde deshalb auch, wenn die Größenverhältnisse auf dem bekannten Holzschnitt der „Wallfahrt zur Schönen Maria“ von Michael Ostendorfer annähernd stimmen, direkt über den Fundamenten der Synagoge und ihrer Vorhalle errichtet. Nachdem wir durch die jüngst erfolgten Ausgrabungen den genauen Standort der Synagoge kennen, lässt sich auch die Position der Wallfahrtskapelle bestimmen.[577] Topographisch war der Ort allerdings denkbar ungünstig: Er lag am Ostende der Gesandtenstraße, knapp östlich der Einmündung der Wahlenstraße und in unmittelbarer Nähe der hier südlich stehenden Augustinerkirche. Als im Zuge des Abbruchs des Judenviertels die Fläche des heutigen Neupfarrplatzes freigeräumt wurde, bildete die Wallfahrtskapelle, die von Westen her betreten werden musste, geradezu einen Riegel, der wie ein Pfropfen am Ende der Gesandtenstraße den Zulauf behinderte.[578] Erst jetzt versteht man die auf dem Holzschnitt gezeigte Prozessionsführung: Offensichtlich sammelten sich die Wallfahrer auf dem freien Platz hinter der Kapelle, setzten sich dann in Bewegung und gabelten sich in zwei Prozessionen, die nördlich und südlich um die Kapelle herumführten, um sich dann vor dem Eingangsportal wieder zu vereinigen. Das Ziel der Wallfahrt war eindeutig die Kapelle, also der Ort der früheren Synagoge; durch die geöffnete Tür sieht man auf dem Holzschnitt ein Marienbild, das wohl auf dem Altar stand. Westlich vor der Kapelle gab es aber noch eine andere Mariendarstellung, nämlich eine Steinfigur der stehenden Muttergottes mit Kind, die von dem Regensburger Dombaumeister Erhard Heydenreich schon 1516 geschaffen worden war; man holte sie am 27. März 1519 aus dem Dom und stellte sie auf die Säule vor der Wallfahrtskapelle.[579] Der Holzschnitt Ostendorfers zeigt dabei, welche Verehrung diese Steinfigur erfahren haben muss, da sich einzelne Pilger voller Ekstase zu Boden werfen, flehentlich ihre Arme zu der Figur hinauf strecken und die Säule bzw. die Statue zu berühren suchen. Christopher S. Wood, der diesem Phänomen 1992 einen Aufsatz widmete, betonte den fanatischen Kult um die „Virgin on the Column“, der schon von Zeitgenossen – etwa von Martin Luther – heftig kritisiert wurde.[580] Albrecht Dürer besaß ein Exemplar des

Holzschnitts von Ostendorfer, auf dem er entsetzt folgende Zeilen notierte: *Dis gespenst hat sich widr dy heilig geschrift erhebst zw Regenspurg vnd ist vom bischoff verhengt* (= gestattet) *worden, czeitlichs nutz halben nit abgestelt. Gott helff vns, das wir sein werde muter nit also unern, sundr in Cristo Jesu. amen.*[581] Wie Wood betonte, scheint sich das Missfallen Luthers und Dürers vor allem an der Statue auf der Säule entzündet zu haben, zumal der Archetyp hierfür der Tanz um das Goldene Kalb gewesen war, das die Juden laut der Schilderung des Alten Testaments für ihren Götzendienst angefertigt hatten (Ex 32,1–20). In zeitgenössischen Holzschnitten wurde das Goldene Kalb auf einer Säule dargestellt, um die herum die Juden tanzten; das Verhalten der Wallfahrer auf dem Ostendorfer-Holzschnitt konnte im Vergleich ähnlich interpretiert werden: „Dürer and the clerics condemned the behavior of the pilgrims at the precise moment that it passed beyond ritual into a kind of Dionysian intoxication [...]. In their impatience the pilgrims began to instrumentalize the elements of ritual, expecting direct benefit from physical contact with the cult object".[582]

Wenn Wood im Vergleich des Altarbilds in der Kapelle mit der Statue auf der Säule schreibt: „The attention of the public was divided", meint er damit, dass es kein klar definiertes Zentrum der Wallfahrt gab: „Instead, pilgrims here moved at will around the large open square, at liberty to hurl themselves at the outdoor statue or to join the shuffling processions or queues to see the altar within".[583] Die Wirkung der Figur auf der Säule muss nach Wood ungeheuer gewesen sein, da es vorher im Mittelalter seiner Kenntnis nach noch nie eine überlebensgroße Marienstatue auf einer Säule auf einem öffentlichen Platz gegeben habe, und erst recht nicht als ein Ziel einer Wallfahrt. Da die Position einer Statue auf einer Säule bis dahin regelmäßig mit einem Götzenbild identifiziert worden sei, hätten die Verantwortlichen für die Regensburger Wallfahrt ein starkes Tabu gebrochen.[584] Dies habe man jedoch riskiert, um dafür auf dem Platz ein Triumphzeichen zu etablieren, das die Maria Immaculata buchstäblich über die Welt erheben sollte.[585]

Bedenkt man die vermutliche Bedeutung dieser Statue und dazu die Tatsache, dass noch im gleichen Jahr 1519 der Entschluss gefasst wurde, das Mariengemälde in der Wallfahrtskapelle durch eine bei dem Landshuter Bildschnitzer Hans Leinberger bestellte Holzfigur in der Gestalt des Lukasbildes zu ersetzen,[586] dann werden die Argumente derer schwankend, die immer noch ein „wundertätiges Marienbild" bei der Wallfahrt zur Schönen Maria suchen. In einem 1997 erschienenen Aufsatz habe ich die in der Diskussion stehenden Bilder und die zugehörige Graphik noch einmal ausführlich verglichen und dann versucht, neue Lösungswege aufzuzeigen.[587] Da Spanke, Klein und Hensel auf diesen Beitrag nicht eingehen, sondern auf der Basis älterer Literaturmeinungen argumentieren, seien die wichtigsten Sachverhalte noch einmal genannt. Deutlich wurde, vor allem durch Staber, Möckershoff und Wood, dass die Diskussion um das Gnadenbild der Wallfahrt zur Schönen Maria von vorgefertigten Meinungen ausging und die tatsächlichen Sachverhalte zu wenig berücksichtigte. Der entscheidende Fehlschluss war die Annahme, eine Wallfahrt brauche selbstverständlich ein Gnadenbild. Auch wenn beispielsweise Daniel Spanke betont, dass der Kult um die Schöne Maria nicht von einem Bild, sondern von einem Wunder Mariens ausgegangen war, folgert er: „Um die Vorstellungen der Gläubigen zu konkretisieren, bedurfte es dann unbedingt eines Kultbildes, in dem diese Maria Gestalt annehmen konnte, und das dann auch, durch wundervolle Erhörung weiterer Bitten, von vornherein Gnadenbildcharakter annahm".[588] Widerspricht dieser Konstruktion nicht die nachweislich eher geringe Wertschätzung des Marienbildes in der Wallfahrtskapelle, das schon bald durch eine Holzfigur ausgewechselt wurde?

Zwar ist der Ausgangspunkt vieler – meist jüngerer – Wallfahrtsorte ein Gnadenbild, das als wundertätig erkannt und daraufhin verehrt wird; es gibt aber auch genügend Wallfahrten, die durch eine wunderbare Erscheinung oder ein Wunderzeichen initiiert wurden und an denen bis heute der heilige Ort und nicht ein Gnadenbild verehrt wird. Zu erinnern ist etwa an die Wallfahrt in Vierzehnheiligen, wo ein Felsblock als der Ort der wunderbaren Erscheinung verehrt wird; bekanntlich musste Balthasar Neumann einen neuen Entwurf liefern, als der Neubau der Wallfahrtskirche gegenüber dem anfangs geplanten Standort verschoben worden war, weil der Gnadenaltar unbedingt über dem Ort der Erscheinung stehen musste. Ähnlich verhält es sich auch mit Wallfahrtsorten des 19./20. Jahrhunderts wie etwa Lourdes und Fatima. In Lourdes bildet nicht ein Gnadenbild, sondern die Grotte mit dem wundertätigen Quellwasser den Ort der 1862 offiziell anerkannten Wallfahrt.[589] Die in unzähligen Exemplaren verbreiteten Lourdes-Madonnen zeigen kein Gnadenbild, sondern eine Darstellung, die nach den Angaben der Seherin Bernadette Soubirous (1844–1879) geschaffen und in der Grotte aufgestellt worden war. Damit entstand ein ikonographischer Typus, der den Wallfahrern zur Erinnerung an den Ort der Gnade dienen kann, ohne dass hier je ein Exemplar dieser Figuren als Gnadenbild bezeichnet worden wäre.

Ebenso war in Regensburg die ehemalige Synagoge der Ort des Wunders und damit die Gnadenstätte an sich. Wenn in der Wallfahrtskapelle ein Marienbild in der Gestalt eines Lukasbildes aufgestellt war, bezog man sich eindeutig auf einen Bildtypus, wie er in Regensburg durch das Kultbild der Alten Kapelle definiert war. Es bildete die Grundlage für den verständlichen Wunsch der Wallfahrer, auch eine bildliche Darstellung der Schönen Maria präsentiert zu bekommen. Man hatte also in Regensburg nach einem geeigneten „Prototyp“ Ausschau gehalten, um die Wallfahrt zeichenhaft mit einer Mariendarstellung verbinden zu können, die – ähnlich wie in Lourdes – eine unverwechselbare Vorlage lieferte, und fand diese im Lukasbild. Das Gemälde, das anfangs auf dem Altar der Wallfahrtskapelle stand, dürfte eine Kopie des Kultbildes der Alten Kapelle gewesen sein, allerdings natürlich als schlichtes Altarbild und ohne den Rang eines Gnadenbildes; es wurde auch bald durch eine Holzfigur ersetzt. Ob es sich dabei um die Kopie von Albrecht Altdorfer oder um ein anderes Bild dieses ikonographischen Typs gehandelt hat, erscheint in diesem Zusammenhang zweitrangig und wird sich wohl auch nicht mehr klären lassen. Dagegen dürfte die Marienstatue auf der Säule eine starke Wirkung auf dem Platz erzielt haben; als Bildtypus zur Identifikation der Wallfahrt war sie jedoch in ihrer unspezifischen Gestaltung nicht geeignet.

Allerdings muss die Frage gestellt werden, warum die Initiatoren für die Wallfahrt von Anfang an den Namen der Schönen Maria wählten, warum das Lukasbild hierfür den geeigneten ikonographischen Typus liefern konnte und um welche Qualität des Schönen es dabei ging. Die Namengebung dürfte auf den Hauptinitiator der Wallfahrt, den Regensburger Domprediger Balthasar Huebmaier, zurückgehen. Dieser war vorher Prediger in Ingolstadt an der Kirche zur Schönen Unserer Lieben Frauen gewesen, so dass ihm die Bezeichnung der „Schönen Maria“ bereits vertraut war. Außerdem erhielten Marienkapellen über ehemaligen Synagogen mehrfach vergleichbare Namen, etwa die Kapelle zur Reinen Maria in Rothenburg ob der Tauber.[590] Es sollte damit betont die Makellosigkeit Mariens gegen die angeblichen Schmähungen der Juden gestellt werden. Die Beziehung zum ikonographischen Typ des Lukasbildes ergab sich fast zwingend, wenn man die im Mittelalter selbstverständliche These von der „Identität des Schönen mit dem Wahren und dem Guten“ berücksichtigt, wie es Rossario Assunto formulierte: „Das mittelalterliche Denken setzte [...] die Schönheit mit den Kategorien des Wahren und des Guten gleich. Diese Auffassung platonischen Ursprungs war zuerst vom PSEUDO-DIONYSIUS AREOPAGITA in die christliche Philosophie eingeführt worden. Sie dauerte ununterbrochen bis zu THOMAS VON AQUIN, der ihr eine aristotelische Formulierung gab. Er sagte, das Schöne verhalte sich zur ‚causa formalis‘ (gestaltenden Ursache) wie das Gute zur ‚causa finalis‘ (Zweckursache).

Abb. 147
a (Vorderseite) und
b (Rückseite)
Wallfahrtsmedaille von 1890 auf die Wallfahrt zur Alten Kapelle und nach Sankt Kassian in Regensburg. Messing, 2,9 cm x 2,4 cm. Angeprägte Öse. Bezeichnet *SCHZ. INV.* (Schratz invenit) = Wilhelm Schratz, Regensburg, sowie *LAUER* = Prägeanstalt Lauer, Nürnberg. Vorderseite: Gnadenbild der Alten Kapelle. Legende: *HL. MUTTER GOTTES BITT FÜR UNS.* Unter dem Gnadenbild bogig in zwei Zeilen: *GNADENBILD/IN DER ALTEN KAPELLE.* Rückseite: Gnadenbild von Sankt Kassian; Legende: *HL: MARIA v: ST: CASSIAN IN REGENSBURG.* Regensburg, Bischöfliches Zentralarchiv.

Schönheit ist Anschaubarkeit des Wahren und des Guten".[591] Die Wahl des Lukasbildes war eigentlich nur die logische Konsequenz aus dieser Vorstellung. Das authentische, von Lukas nach dem Leben gemalte Porträt der Gottesmutter zeigte das „wahre" Bild Mariens und damit selbstverständlich auch das Bild der „schönen" Maria. Nach mittelalterlicher Vorstellung übersetzte das Lukasbild den Begriff der Schönen Maria wörtlich ins Bild. Unter dem Farbholzschnitt Altdorfers steht suggestiv dreimal die Lobpreisung aus dem Hohen Lied (4,7): *Ganntz schön bistu mein fründtin vnd ein mackel ist nit in dir, Aue Maria.*[592] Sie spielt auf den Kult der Maria Immaculata an, dessen Grundgedanke die Überzeugung war, dass Maria ohne den Makel der Erbsünde geboren worden sein müsse und sie daher von Anfang an „rein" und voller Gnade gewesen sei. Wie wir wissen, förderte Balthasar Huebmaier diese Lehre nachhaltig.[593] So schließt sich die Gedankenkette, die von der authentischen und damit „wahren" Darstellung zur Schönheit und Makellosigkeit Mariens führt und letztlich ihre unbefleckte Empfängnis bezeugt. In der Schönen Maria sollten die Gläubigen eine authentische Darstellung der Maria Immaculata sehen, die durch die Wahl des Lukasbildes legitimiert war. Nachdem die Charakterisierung der Schönheit Mariens („Tota pulchra es, Maria ...") auch bei den anderen spätmittelalterlichen Darstellungen der Immaculata Conceptio im Vordergrund steht,[594] ist bisher viel zu wenig beachtet worden, dass die Darstellung der Schönen Maria von Regensburg einer der ersten Versuche gewesen sein dürfte, das Phänomen der Unbefleckten Empfängnis durch eine einprägsame Bildform zu charakterisieren und zu interpretieren.[595]

Die Bilder der Schönen Maria hatten damit eine wichtige Bedeutung innerhalb des Wallfahrtskultes und enthielten eine für das zeitgenössische Verständnis sehr wichtige Botschaft – aber ihr Ausgangspunkt war ein ikonographischer Typus und kein Gnadenbild. Nur so ist überhaupt zu verstehen, dass etwa ein Jahr nach dem Beginn der Wallfahrt das Gemälde auf dem Altar der Kapelle durch eine Figur Hans Leinbergers ersetzt werden konnte, dass der Entwurf Altdorfers für den Hochaltar der neuen Wallfahrtskirche ebenfalls eine Figur präsentiert und dass die Wallfahrtsgraphik immer wieder andere Varianten zeigt.[596] Das verbindende Element sind die Attribute der Lukasmadonna, die allen Darstellungen gemeinsam sind. Weil man nicht auf ein bestimmtes Gnadenbild fixiert war, hatten Künstler wie Altdorfer und Leinberger auch alle Freiheit, immer neue und reizvolle Ausformungen des Typs Lukasbild zu schaffen, was sie auch mit einzigartiger Phantasie ausnutzten. Im übrigen hatten beide Künstler schon vor dem Beginn der Wallfahrt zur Schönen Maria Darstellungen der Lukasmadonna geschaffen, z. B. Leinberger mit der Schreinfigur des Moosburger Altars von 1514 und Altdorfer mit einer Hell-Dunkel-Zeichnung von 1518.[597] Der ikonographische Typus war ihnen also – vom Kultbild der Alten Kapelle ausgehend – längst geläufig. Als Maria durch das Wunderzeichen ihre Präsenz am Ort der Synagoge zu erkennen gab, hatten die Künstler die Aufgabe, die Gegenwart Mariens durch ihre Darstellung in der authentischen Gestalt so „realistisch" wie möglich erscheinen zu lassen. Die „Wahrheit" der Bilder gab ihnen gleichzeitig die Garantie für die dadurch zwangsläufig mit „abgebildete" Schönheit und Reinheit. Die Bilder sind als Versuch zu sehen, die in Regensburg besonders zu verehrende Schönheit und unbefleckte Empfängnis Mariens in einem Typus widerzuspiegeln. Von daher haben sie ihre Bedeutung, und die einzelnen Versionen künden vom Bemühen der Künstler, diese Aussage eindringlich zu vermitteln. Voraussetzung und Grundlage der Wallfahrt waren jedoch keine Bilder, sondern die Zeichen der Gnade und die Wunder am auserwählten heiligen Ort.

Zur beweglichen Ausstattung der Alten Kapelle

Werner Schiedermair

Abb. 148
Wandleuchter. Silberblech, getrieben.
38 cm x 27,5 cm.
Süddeutsch, letztes Drittel 18. Jahrhundert.
Nicht gepunzt.
Regensburg, Kollegiatstift zur Alten Kapelle.

Prachtvolle Fresken in bunten Farben, üppig vergoldete, leuchtende Stuckaturen auf blendend weißen Wänden und zahlreiche Altäre mit phantasievoll geschnitzten Aufbauten prägen das Bild des Inneren der Alten Kapelle, besondere Akzente setzen zusätzlich, mit ihrem dunklen, warmen Holzton, die aufwendig gestalteten Gestühle im Chor und im Langhaus, aber darüber hinaus auch die schmiedeeisernen Gitter und die vielen Epitaphien aus verschiedenen Steinarten. Durchweg handelt es sich dabei um fest mit dem Bauwerk verbundene Elemente, die in ihrem Zusammenwirken ein grandioses Raumerlebnis vermitteln. Doch spielen bei diesem auch bewegliche Gegenstände eine wesentliche Rolle, wenngleich die Zahl der „klassischen", mobilen Ausstattungsgegenständen, wie Gemälde auf Holz oder Leinwand und Skulpturen, im Gegensatz zu den Beständen vieler anderer Kirchengebäude verhältnismäßig klein erscheint. Insbesondere treten im Erscheinungsbild des Hauptraums die Gegenstände der Altarzier hervor, wie Kanontafeln, Kerzenstöcke und Ewig-Licht-Ampeln, die mit ihren polierten silbernen und goldenen Oberflächen die Altäre als kultische und künstlerische Höhepunkte herausheben. In ganz außerordentlicher Weise wird der helle Glanz der Kirche aber gesteigert, wenn im Rahmen gottesdienstlicher Handlungen Monstranzen und Messkelche Verwendung finden. Durch ihre liturgische Funktion im katholischen Ritus geben sie dem Raum erst, auch wenn sie mit dem Bauwerk nicht unmittelbar fixiert sind, seinen letzten Sinn, mehr als jedes Fresko und als jede Skulptur machen sie ihn als heilige Stätte, als Locus sacer, anschaulich und erfahrbar. An einige wesentliche Objekte der mobilen Ausstattung soll im Folgenden erinnert werden.

Ein großer Teil der beweglichen Kunstgegenstände, über die die Alte Kapelle verfügt, setzt sich aus Stiftungen zusammen. Prominentestes Beispiel bildet das Gnadenbild, das Kaiser Heinrich II. (reg. 1002–1024, als Kaiser seit 1014) der Überlieferung nach schon im Jahre 1014 an seine Kirche weitergegeben haben soll.[598] Zahlreiche Kanoniker haben sich im Laufe der Jahrhunderte mit Dotationen hervorgetan; vielfach halten Inschriften das Gedächtnis an sie wach.[599] Das Kollegiatstift selbst trat dann mit Anschaffungen in Erscheinung, wenn Gegenstände für die Abhaltung des Gottesdienstes erworben werden mussten, wie etwa Sedilien, Kelche und Altarschmuck; die Archivalien berichten darüber ausführlich.[600] So wurde beispielsweise die heute die Kredenz im Chor schmückende Kopie des Gnadenbildes veranlasst, als das Original im Jahre 1810 nach München abgegeben werden musste.[601] Aber auch private Personen, Bürger und Bürgerinnen, verewigten sich mit Zuwendungen.[602] Doch gibt es ebenso Objekte unbekannter Herkunft, wie das bei einigen Kunstwerken aus der Zeit vor dem Dreißigjährigen Krieg der Fall ist. In den gestifteten Gegenständen kommt, neben mäzenatischer Großzügigkeit, nicht selten auch persönliche Religiosität zum Ausdruck; bei den Mitgliedern des Kollegiatstifts schlug sich beispielsweise die besondere Verehrung des heiligen Kaiserpaares Heinrich und Kunigunde in der Heinrichs-Monstranz von 1693, dem Heinrichs-Ciborium von 1712 und dem Heinrichs- und Kunigunden-Reliquiar aus dem mittleren 18. Jahrhundert nieder; individuelle Gläubigkeit zeigt sich aber auch bei der Kreuzpartikel-Monstranz von 1755/1757 sowie in der ikonographischen Gestaltung verschiedener Messkelche. Sie alle legen Zeugnis dafür ab, dass die Mobilia der Alten Kapelle stets unlösbar mit deren Schicksal verbunden waren.

Abb. 149
Reliquiar.
Messing vergoldet, Silber, getrieben, ausgeschnitten und punziert. Bunte Glassteine.
Oben Reliquie, eingefasst von Drahtarbeit, unten Aufschrift *Reliquie S. Joan. Nepomuc.*
56,5 cm x 35 cm.
Um 1750/1760.
Regensburg, Sakristei der Alten Kapelle.

◁ Abb. 150
Maria mit dem Jesuskind auf dem linken Arm und einer Birne in der rechten Hand. Lindenholz, gefasst. 127 cm hoch. 2. Hälfte 15. Jahrhundert. Regensburg, Kollegiatstift zur Alten Kapelle.

Aus der Zeit der ersten Gründung haben sich keine beweglichen Kunstwerke erhalten, der Niedergang der Kirche im späten 10. Jahrhundert dürfte zum Verlust der gesamten Ausstattung geführt haben.[603] Das Gnadenbild der Mutter Gottes ist, zumindest der Überlieferung nach, mit Kaiser Heinrich II., dem zweiten Gründer des Kollegiatstifts, verknüpft und vertritt deshalb traditionell das 11. Jahrhundert, obwohl es – vielleicht als Nachfolgebild – erst zu einem späteren Zeitpunkt entstanden ist.[604] Den Perioden der Konsolidierung bis zur Reformation können einige Skulpturen zugeordnet werden. An erster Stelle ist die sogenannte Beichtgruppe zu nennen, zwei archaisch anmutende Bildwerke aus Stein, die etwa um 1200 entstanden sind und heute, aus ihrem ursprünglichen Zusammenhang herausgerissen, in der Capella sub gradu aufbewahrt werden; Kopien befinden sich in zwei halbrunden Nischen zu beiden Seiten der Eingangstüre des Nordportals. Die erste Figur zeigt einen Abb. 70
mit einem in der Taille gegürteten Gewand bekleideten, knienden Mann mit gesträhntem Haar und Vollbart, der seine Hände betend erhoben hat. Bei der zweiten Figur handelt es Abb. 72
sich ebenfalls um einen Mann. Er sitzt, trägt einen spitzen Vollbart, sein Haupt ist von einer Kappe bedeckt, mit der rechten Hand hält er ein Tuch an sein Gesicht. Diese an einen Beichte hörenden Priester gemahnende Geste führte zu der weit verbreiteten Bezeichnung der Skulpturen. Wahrscheinlich aber bildeten sie ursprünglich einmal die Bogenanfänge eines Portaltympanons.[605] Aus etwa der gleichen Zeit stammen zwei liegende Löwen; Kopien von Abb. 71
ihnen schmücken die Attika des Haupteingangs in die Alte Kapelle. Der wuchtige Taufstein Abb. 62
in der Vituskapelle dürfte ebenfalls im frühen 13. Jahrhundert entstanden sein. Über einem kleinen Fuß erhebt sich sein rundes, gedrungenes Becken, das 14 Rundbogen zieren. Der Taufstein soll sich früher im Mittelschiff der Kirche befunden haben und erst gegen Ende des 17. Jahrhunderts zu seinem jetzigen Platz transferiert worden sein.[606]

Bedeutung kommt einer aus Holz geschnitzten Madonna mit Kind aus dem späten 13. Abb. 63
Jahrhundert zu, ebenfalls in der Vituskapelle. Die schlanke Figur umhüllt ein eng an den Körper gelegter Mantel, der vorne mit einer Tassel zusammengehalten wird. Das Jesuskind ist bekleidet und sitzt, hoch aufgerichtet, in statuarischer Haltung, auf der linken Hand seiner Mutter. Seine Rechte hat es zum Segensgestus erhoben, in der Linken hält es einen Apfel. Die Skulptur war früher farbig gefasst. Noch heute beeindruckt sie durch ihre zarte Feingliedrigkeit und den hoheitsvollen Gesichtsausdruck.[607] Eine aus Stein gehauene Maria mit Kind stammt aus der ersten Hälfte des 14. Jahrhunderts. Als Kopie erhebt sie sich auf dem Abb. 71
Nordportal der Kirche, das Original wird zur Zeit im Diözesanmuseum Sankt Ulrich in Regensburg aufbewahrt. Eine leichte Bewegung in der Körperhaltung und tief ausgearbeitete Falten mildern die strenge Frontalität, die die Plastik in besonderer Weise charakterisiert.[608] Bemerkenswert erscheint auch eine weitere stehende, bekrönte, aus Lindenholz im dritten Viertel des 15. Jahrhunderts gearbeitete Maria mit Kind. Sie fesselt vor allem mit dem Abb. 150
Liebreiz ihres Gesichtsausdrucks.[609]

Dem späten 15. Jahrhundert gehören zwei monumentale, sich stark ähnelnde Steinfiguren an, die Christus mit der Dornenkrone und den Wundmalen stehend zeigen; mit der Abb. 200
Rechten deutet der Heiland auf die Seitenwunde, mit der Linken rafft er sein Gewand zusammen. Es handelt sich um monumentale Andachtsbilder, die zur Meditation über die Erlösungstat Jesu anregen wollen und mit der Stärke ihres Ausdrucks spätmittelalterliche Frömmigkeit unmittelbar vor Augen führen. Beide Skulpturen, die sich in der Veits- und in der Zant-Kapelle befinden, werden dem Meister der Kreuzigungsgruppe an der Westfassade des Regensburger Domes zugeschrieben.[610]

Zwei bedeutende Gemälde auf Holz repräsentieren in der Alten Kapelle das mittlere 16. Jahrhundert. Bei dem ersten, gemalt von dem Münchener Meister Hans Mielich Abb. 65
(1516–1573), handelt es sich um einen Christus im Grab. Es ist in das rundbogige Tympa-

nonfeld des romanischen Portals in der Gnadenkapelle eingepasst. Das großformatige Bild zeigt den Leichnam Christi in Lebensgröße, links im Bild ist der Kanoniker Urban Prunner († 1544) zu erkennen, der es malen ließ. Die realistische Charakterisierung des Stifters und des Leichnams, eine wohlbedachte Farbgebung und die Feinheit der malerischen Ausführung weisen das Gemälde als bedeutendes Kunstwerk aus.[611] Das zweite, von dem Kanoniker Erasmus Ganss († 1559) gestiftete, zur Zeit im Kapitelsaal aufbewahrte Gemälde schuf vermutlich der Regensburger Maler Franz Kirchmair († 1589). Dargestellt ist die Aussendung der Apostel in die Welt. Es besticht insbesondere durch eine großartige, tief in eine Landschaft hineinführende Komposition.[612]

Abb. 203

Die kurze Blütezeit des Kollegiatstifts an der Wende vom 16. zum 17. Jahrhundert dokumentieren zwei von dem Kanoniker Georg Müller († 1625) gestiftete und 1607 datierte, mächtige bronzene Leuchter rechts und links vom Hochaltar.[613] Aus der ersten Hälfte des 17. Jahrhunderts, als der Dreißigjährige Krieg in Deutschland tobte, hat sich darüber hinaus als weiterer, bedeutenderer Ausstattungsgegenstand ein Gemälde mit Christus am Kreuz erhalten. Mit den weit ausgestreckten Armen, dem dornenbekrönten, geneigten Haupt und den geschlossenen Augen erinnert es als großes Andachtsbild nicht nur an die Gläubigkeit der Stiftskanoniker, sondern ebenso an die unerträglichen Schrecken des großen Krieges.

Abb. 114

Abb. 151

Verschiedene Ausstattungsstücke sind in der Glanzzeit der Alten Kapelle während des 18. Jahrhunderts entstanden. Zu erwähnen ist zunächst die vermutlich von Franz Anton Neu (1669–1758) aus Holz geschnitzte, prachtvolle, weiß und gold gefasste Figur des heiligen Johannes von Nepomuk am Mittelpfeiler der Westempore. Die etwa lebensgroße, fein modellierte Skulptur berichtet von der außerordentlichen Verehrung, die dem Heiligen in den Jahren nach seiner Seligsprechung 1721 und seiner Heiligsprechung 1729 entgegen gebracht wurde.[614] Etwa der gleichen Zeit ist das Gemälde des heiligen Antonius zuzuschreiben, das sich im südlichen Seitenschiff, neben dem Eingang zur Gnadenkapelle, befindet. Die vier Heiligenstatuen, die im Querhaus die Beichtstühle einrahmen, dürften einmal zum figürlichen Schmuck der beiden im Jahre 1886 abgebrochenen Altäre Sankt Wenzeslaus und Sankt Gregorius gehört haben.[615] Nördlich befinden sich der heilige Rochus, der mit seiner rechten Hand auf die Pestwunde auf seinem Oberschenkel deutet, und der heilige Sebastian, dessen Körper von vier Pfeilen durchbohrt ist, südlich sieht man den heiligen Bonifatius im Bischofsornat mit einem langen Bischofsstab in der Hand und den heiligen Benno, der in seiner Rechten ein Buch und einen Fisch hält. Umriss, Faltenwurf und Gesichtsausdruck dieser Skulpturen sind typisch für das künstlerische Schaffen Regensburgs in der zweiten Hälfte des 18. Jahrhunderts. Etwa der gleichen Periode wird ein geschnitzter, volkstümlicher Christus in der Rast zugeordnet, der im Kreuzgang steht. Vielleicht ist er mit dem in den Archivalien genannten Schnitzwerk identisch, das *Den 7.ᵉⁿ September 1788: der Stifts Insäss und Maller Johan Georg Kollmüller [...] mit guten Gold gefast hat.*[616] 1753 ist ein Gemälde auf Leinwand mit einer drastischen Darstellung des Martyriums des heiligen Bartholomäus datiert, das das Historische Museum der Stadt Regensburg für das Kollegiatstift verwahrt; es soll sich um die zeitgenössische Kopie nach einem Original von Johann Zoffany (1733–1810) handeln.[617] Dem letzten Drittel des 18. Jahrhunderts gehören zwei künstlerisch einfache, in der Zantkapelle befindliche Passionsbilder mit der Verspottung Christi und seiner Geißelung an; sie dienten früher als Fastenbilder für den Anna- und den Briccius-Altar im Querhaus.[618] Simon Sorg (1708–1792) schließlich schuf den Gekreuzigten in der Gnadenkapelle.[619]

Abb. 108

Abb. 74, 85

Abb. 130

Die Kunstfertigkeit des 19. Jahrhunderts geben einige Skulpturengruppen im Kreuzgang wieder, wie etwa ein großer, stehender Auferstehungschristus, ein bewegter, heiliger Joseph mit dem Christuskind oder eine sitzende heilige Anna, die die heilige Maria unterrichtet.

Abb. 151
Christus am Kreuz.
Öl auf Leinwand,
260 cm x 149 cm.
Maler nicht bekannt.
Um 1700.
Regensburg, Kollegiatstift
zur Alten Kapelle.

Damals musste allerdings eine erhebliche Einbuße im Bestand der beweglichen Ausstattungsobjekte hingenommen werden. Zwar gelang es 1862, das im Jahre 1810 nach München verbrachte Gnadenbild der Mutter Gottes wieder zurück zu erhalten. Das Kollegiatstift musste dafür aber dem historischen Verein in Regensburg „wertvolle Altertumsgegenstände überlassen [...], nämlich einen geschnitzten und bemalten Flügelaltar (ein Votivgeschenk des Ratsmitglieds Sigmund Grahner († 1484) und dessen Gemahlin Elisabeth († 1491), der früher in der Stiftskirche, dann in einer Nische der Südwand der Vituskapelle sich befand, sowie ein Kupfer vergoldetes Pedum (Bischofsstab) mit zwei Inschriften in der Kurvatura, nämlich von Weihbischof Petrus Kraft († 1530) und Weihbischof Johannes Baptista Pihelmeir († 1604)“.[620]

Seither hat sich die mobile Ausstattung der Alten Kapelle nicht mehr verändert; insbesondere blieb sie während des Ersten und während des Zweiten Weltkriegs, trotz der Teilzerstörung des Kirchengebäudes im Jahre 1944, im Wesentlichen unbeschädigt erhalten.

Innerhalb des beweglichen Ausstattungsgutes nahm – und nimmt bis heute – der Kirchenschatz einen besonderen Platz ein, zu dem seit alters her vornehmlich die gottesdienstlichen Gerätschaften gezählt werden. Verschiedene Inventare berichten von der Sorge, die ihm die Kanoniker über alle Generationen hinweg entgegen brachten; die ersten legten sie bereits im 15. Jahrhundert an,[621] weitere folgten im 16. und im 17. Jahrhundert[622] sowie am Ende des 18. Jahrhunderts[623] ; vom Anfang des 19. Jahrhunderts stammen mehrere Verzeichnisse, darunter von 1812, 1828 und 1850,[624] das jüngste schließlich wurde in den Jahren 1995 bis 1998 erstellt.[625] Aus den älteren kann man schließen, wie groß die Verluste gewesen sein müssen, die während des Dreißigjährigen Krieges in den Jahren 1633 und 1635 hingenommen werden mussten. Der Kanoniker Johann Bernhard Pullinger († 1655), ein Augenzeuge, berichtet, dass den Schweden „der ganze Kirchenschatz, was an Silber und Gold vorhanden war, bei Androhung des Hängens, hergegeben werden [musste], so dass man nicht behalten durfte, worinnen das Venerabile dezenter hätte aufbewahrt werden können;“ auch habe die wirtschaftliche Notlage des Jahres 1635 das Kapitel gezwungen, wertvolle Weihegeschenke „zum Gotteshaus und unserer lieben Frauen Bild“ zu verkaufen.[626] Vor allem aus diesem Grund finden sich heute im Schatz der Alten Kapelle keine Vasa sacra mehr aus der Zeit der Romanik, der Gotik und der Renaissance. Kostbarere Gerätschaften stellten sich erst wieder in den Jahren nach dem Dreißigjährigen Krieg ein. Zahlreiche Geschenke wurden der Stiftskirche damals gemacht, mit ihnen füllte man die entstandenen Lücken und befriedigte den durch die Kriegsverluste entstandenen Nachholbedarf an repräsentativen kirchlichen Gegenständen. Zur Erhaltung des heute noch vorhandenen Kirchenschatzes trug wesentlich die Tatsache bei, dass das Stiftskapitel im Jahre 1796, als französische Truppen Regensburg bedrohten, alle wertvollen Objekte nach Pöchlarn transportieren und dort in Sicherheit bringen ließ. Verwaltungsaufwendig und abenteuerlich gestaltete sich zwar die Rückführung der geretteten Gegenstände, entscheidend ist aber, dass keine weiteren Verluste mehr beklagt werden mussten.[627]

Größte Aufmerksamkeit widmeten die Kanoniker stets den Teilen ihres Kirchenschatzes, die die Tradition jahrhundertelang unmittelbar auf Kaiser Heinrich II. zurückführte. Es handelt sich, abgesehen von dem Gnadenbild der Muttergottes, um einen Tragaltar aus der Mitte des 13. Jahrhunderts, ein silbernes Muttergottesfigürchen um 1520, den „Sankt Heinrichskelch“, dessen Schale aus Bergkristall in der ersten Hälfte des 11. Jahrhunderts entstanden ist, und ein Marienkleinod von 1590, das der Legende nach „Kaiser Heinrich in den Schlachten am Hals getragen“ haben soll.[628] Sie konnten vor dem Zugriff der Schweden gerettet werden, den Franzosen fielen sie infolge des 1796 durchgeführten, spektakulären Transfers des gesamten Kirchenschatzes nach Österreich nicht in die Hände, auch Fürstpri-

◁ Abb. 152
Monstranz (sogenannte Heinrichsmonstranz). Silber, Silber vergoldet, gegossen, getrieben, ziseliert, punziert, graviert. Emaillearbeit. 103,5 cm x 32,6 cm (Fuß) – 49 cm (Scheibe). Augsburg, 1693. Meister: Josef Moye (Meister 1689, † 1740).
Am Nodus Inschrift *EX LEGATO IOAN: GEORGY SARTORY CANON: SENIOR: & SCHOL AST: AD VET: CAPEL: RATIS BONAE 1693 CONSTAT 559 fl.*
Die Heinrichsmonstranz wurde aus einem Legat erworben, das der Kanoniker Johann Georg Sartory († 1691) gemacht hatte.
Regensburg, Kollegiatstift zur Alten Kapelle.

Abb. 153
Titelseite innen eines Inventarverzeichnisses. *INVENTARIUM / Über des Kayserl. Unser Lieben / Frauen Collegiat-Stüffts zur Alten / Capelln in Regensburg Kirchen Geschmuk / und Ornat ...[...]... 1674.* 29,8 cm x 19,5 cm. Regensburg, Bischöfliches Zentralarchiv, Bestand Alte Kapelle sign. 1435.

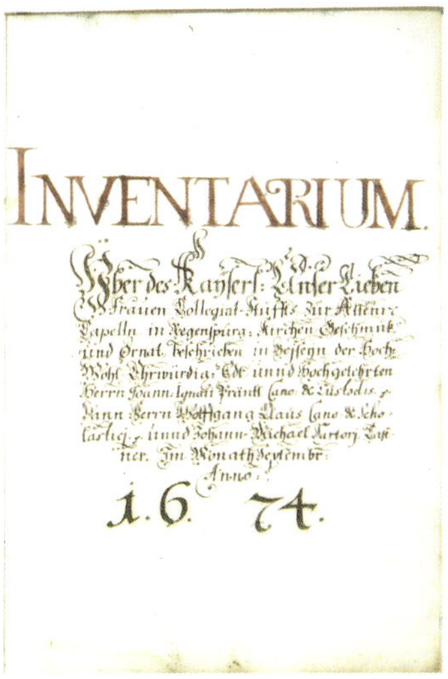

Abb. 154
Kopf des Kaisers Heinrich. Supraporte über der nördlichen Türe im Chor. Stuck, teilweise vergoldet, von Anton Landes (1712–1764).

mas Karl Theodor von Dalberg (reg. in Regensburg 1803–1810) beanspruchte sie nicht für sich. Dagegen vereinnahmte sie, zusammen mit einem kleinen, gläsernen Standkreuz von etwa 1580/1590, das Königreich Bayern im Jahre 1810, als es die Herrschaft über Regensburg antrat. In einem Schreiben der Königlichen Finanzdirection des Regenkreises an das Kollegiatstift vom 26. September 1811 ist von einem *allerhöchsten Rescripte v(om) 13./21. d(ieses Monats)* die Rede, worin *bemerkt* werde, *dass die von der ehemaligen Hofcommission abgefoderten Kirchen=Alterthümer, nämlich die Altare portatile, ein gläsernes Cruzifix, ein Marienbild und ein Becher von Kristallglas in die sogenannte schöne Residenz Capelle in München zur Aufbewahrung abgegeben und dort aufgestellt worden seyen.*[629] Dieser Verlautbarung der Finanzdirektion entspricht ein *Nachtrag vom Jahre 1811* zur *Beschreibung der Schönen Residenzkapelle in München und deren in selber sich befindenden Praetiosen. Rev: im Jahre 1807* in den Akten der für die Münchner Residenz zuständigen Bayerischen Verwaltung der staatlichen Schlösser, Gärten und Seen, mit dem der Eingang der Kunstwerke bestätigt wird.[630] Lapidar verfügt das Schreiben vom 26. September 1811, dass *diese 4 Stücke [...] daher mit der vorstehenden Notiz in dem Inventarium des Collegiat-Stifts abzuschreiben* sind.[631] Heute sind die Gegenstände unter den Katalognummern 7 (Heinrichskelch), 12 (altare portatile), 36 (silbern-vergoldetes Muttergottesfigürchen), 67 (gläsernes Standkreuz) sowie 178 (Marienkleinod) in der Schatzkammer der Münchner Residenz ausgestellt.[632] Aus dem Besitz des Kollegiatstifts kamen damals außerdem noch „ein Paar Schuhe und ein Gürtl des Kaisers Mathias", offenbar eine „Erinnerungsgabe anlässlich des Reichstags von 1613", nach München; ihr Verbleib konnte nicht geklärt werden.[633]

Die meisten gottesdienstlichen Gerätschaften des Kirchenschatzes, die heute in der Alten Kapelle Verwendung finden, sind süddeutsche Gold- und Silberschmiedearbeiten des späten 17. und des 18. Jahrhunderts. Mit großer Zahl dokumentieren sie die Dominanz des Augsburger Kunstgewerbes im damaligen Europa. Doch finden sich im Bestand der Alten Kapelle auch Gold- und Silberschmiedearbeiten aus Regensburg und Passau. Die einfacheren Geräte, die in der Regel der dauernden Altarausstattung dienen, bestehen wegen ihrer geringeren Sakralität überwiegend aus unedlen, aber doch versilberten und vergoldeten Metallen; sie wurden meist von Gürtlern, nicht aber von Gold- und Silberschmieden, hergestellt. Die von letzteren geschaffenen Arbeiten sind fast ausnahmslos gepunzt, so dass ihre Herkunft meist zweifelsfrei festgestellt werden kann. Mit einigen wenigen Arbeiten ist auch das 19. Jahrhundert unter den Vasa sacra der Alten Kapelle vertreten. Die bedeutendsten Objekte des heutigen Kirchenschatzes sind die Heinrichs-Monstranz von 1693, eine Hostien-Monstranz von 1783/1785, das Heinrichs- und Kunigunden-Reliquiar von etwa 1710, die Kreuzpartikel-Monstranz von 1755/1757 sowie ein Ciborium von 1712, dazu kommen noch verschiedene Kelche von 1691, von 1712/1723, von 1730 und schließlich von 1843. Unter den versilberten und vergoldeten Gürtlerarbeiten ragen mehrere Paare von Reliquienständern hervor. Die reich getriebenen, metallenen Rahmen umgeben Kissen mit Reliquien in üppiger Drahtarbeit. Sie dienten als Altarschmuck, zumal im 18. und frühen 19. Jahrhundert, als natürliche Blumen wegen ihrer kurzen Blütezeit primär die Vergänglichkeit des Lebens symbolisierten und deshalb nicht als Altarzier verwendet werden konnten.

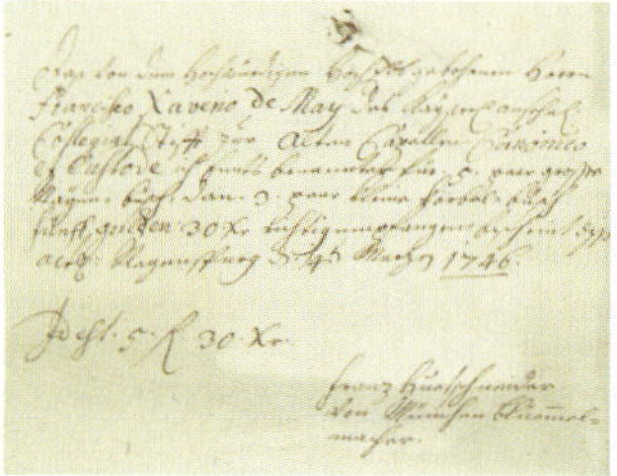

Abb. 155
Neben den Gold- und Silberschmieden sowie den Gürtlern wirkten noch andere Gewerke an der beweglichen Ausstattung der Alten Kapelle mit. Von einem *Blüemelmacher,* der künstliche, als Altarzier dienende Blumen herstellte, hat sich eine Quittung erhalten. Sie lautet: *Das von dem hochwürdigen hochwohlgebohrenen Herrn/Francisco Xaverio de May des Kayserl ansehel./Collegiat Styfft zur Alten Capellen Canonico/Et Custode ich Endtbenannter für 5 paar grosse/Mayen-büsch, dan: 3 paar kleine Körbel-büsch/fünf Gulden 30 Xr (Kreuzer) richtig empfangen bescheint dieß act: Regenspurg den 14. Merz 1746. Franz Huetschneider von München Blüemelmacher.* Papier, 16 cm x 20,5 cm. Regensburg, Bischöfliches Zentralarchiv. Bestand Alte Kapelle sign. 1627.

Die Sakristei und ihre Ausstattung

Werner Schiedermair

◁ Abb. 156
Die Türe vom Presbyterium in die Sakristei.
Über dem Türsturz Kopf der Kaiserin Kunigunde. Stuck, teilweise vergoldet, von Anton Landes (1712–1764).

Unmittelbar an die Südwand des Chors schließt die Sakristei der Alten Kapelle an. Der 67,24 Quadratmeter große Raum ummantelt mit seiner Nordwand einen mächtigen Strebepfeiler und ist deshalb zweigeteilt. Belichtet wird er über zwei große Fenster von Osten, er kann direkt vom Presbyterium aus sowie, über einen Vorplatz, vom südlichen Querhaus betreten werden. Die Ausstattung ist einfach. Sie umfasst zwei oben halbrund geschlossene, mit Muschelwerk stuckierte Nischen zu beiden Seiten der westlichen Eingangstüre; in die rechte ist ein prachtvolles Lavabo eingelassen, die andere, die ursprünglich einen Ofen beherbergte, schmückt eine zierliche Madonna auf der Mondsichel aus dem zweiten Drittel des 18. Jahrhunderts. Holzfarbene, eicherne Schränke von etwa 1760/1770 umlaufen die Süd-, die Ost- und die Nordwand bis zum Strebepfeiler. Auf tiefen, kastenförmigen, durch aufgelegte, mit geschnitzten Kapitellen geschmückte Lisenen voneinander abgesetzten Anrichten mit jeweils zwei gefelderten Türen erheben sich, weit zurückgeschoben, gleichartige, schmale, viertürige Halbschränke, die auf der Nordseite den Unterbau für einen, und auf der Südseite für drei in größeren Abständen zueinander angeordnete, hohe, zweitürige, nach oben geschweifte, an den Seiten mit Voluten verzierte Aufsätze bilden. Ein Christus am Kreuz zwischen den Fenstern sowie verschiedene Reliquientafeln beleben die weißen Wände.

Abb. 157
Die Sakristei der Alten Kapelle.

Die Sakristei befand sich ursprünglich, vom Chor entfernt, in dem Eck, das von der Mauer des nördlichen Seitenschiffs und der Westseite des nördlichen Querhauses gebildet wird.[634] Der im 15. Jahrhundert umgebaute und am 4. August 1431 als „Kapelle zu den fünf Wunden" konsekrierte Raum[635] fungierte damals gelegentlich auch als Kapitelsaal.[636] Er besteht, als Lager für seltener verwendete kirchliche Ausstattungsstücke genutzt, noch heute. Wegen der ungünstigen Lage und ständiger Feuchtigkeit beschlossen die Kanoniker im Jahre 1600, die Sakristei an den jetzigen Platz umzusiedeln.[637] Zu diesem Zweck wurde die dort seit der Mitte des 15. Jahrhunderts bestehende „Kapelle Mariae Schnee und der heiligen fünf Wunden" umgewidmet und baulich angepasst. Im Jahre 1606 erweiterte das Stiftskapitel die Sakristei, in dem es ihr die damals unmittelbar nach Westen anschließende, ebenfalls in der Mitte des 15. Jahrhunderts errichtete „Kapelle der heiligen Drei Könige" zuschlug.[638] Seither blieb der Raum baulich im Wesentlichen unverändert; nur Bauunterhaltsmaßnahmen fanden statt, wie etwa 1878, als ihn Baumeister Madler *erneuert[e]*.[639]

Die Ausstattung der Sakristei erfolgte im 18. Jahrhundert zusammen mit der allgemeinen Umgestaltung der Kirche. Aus den erhaltenen Archivalien wissen wir beispielsweise, dass der Spengler Joseph Ebenspaur aus Stadtamhof am 4. August 1766 *wegen in die Neue Sacristei Neu Verferttigten lavor zum Hand Waschen vi Conto über 8 fl: [Gulden] abbruch, noch Bezahlt 56 fl. [Gulden]*[640] erhielt, und dem Regensburger Maler Joseph Zand am 14. Juni 1766 *weegen Verferttiget Neuen Blöchern Lavor: oder Wasser Handbeckhen in die Neue Sacristei; inclus: eines hülzernen Fuß: oder Stockhs auf marbel arth, und vergolten accordirtermassen 18 fl: [Gulden]*[641] sowie am 22. September desgleichen Jahres *von anstreichung der 2 Gros Eißernen Weichprunn Köstln mit Öhl Farben 1 fl [Gulden]: und von Gleichmessigen Anstreichung deß Handpeckhes in der Neuen Sacristei mit ebenmessigen Öhl Farben 2 fl: [Gulden] 30 x [Kreuzer]*[642] vergütet wurden. Am 8. März 1768 fasste der Maler Georg Kaspar Zellner das Postament *zu dem Lavor in die Sakristei* erneut für 1 Gulden 36 Kreuzer. Die Sakristeischränke wurden wahrscheinlich ebenfalls 1766 angefertigt. In diesem Jahr fasste der schon erwähnte Joseph Zand die Kästen und vergoldete die Kapitelle.[643] Bekannt ist auch, dass an ihnen 1767, 1776 sowie 1778 weitere Anstricharbeiten vorgenommen wurden.[644] Hergestellt hat sie vermutlich der Stiftsschreiner Carl Heinrich aus Stadtamhof. Wie die Fassung der Schränke ausgesehen hat, ist nicht geklärt; sie dürfte um 1878, im Rahmen der Modernisierung der Sakristei, nach dem Geschmack der damaligen Zeit entfernt worden sein.

Neben der aufgelassenen kleinen alten und der bis in die Gegenwart genutzten, großen, neuen Sakristei verfügt die Alte Kapelle seit jeher noch über eine „obere Sakristei". In ihr wurden früher vornehmlich das Archiv und Paramente aufbewahrt. Schon vor dem Jahr 1600 benützte man dafür Räume über der heutigen Sakristei.[645] Als in der Mitte des 18. Jahrhunderts die Funktion des Kapitelsaals dorthin verlagert wurde,[646] zog man den Raum hinter dem Hochaltar über dem Winterchor für die Zwecke einer oberen Sakristei heran; die dort befindlichen, aus dem 18. Jahrhundert stammenden Einbauschränke stehen zur Zeit leer.

Die Sakristei der Alten Kapelle mit ihren Annexen dient, wie in allen anderen Kirchengebäuden auch, der Vorbereitung gottesdienstlicher Handlungen aller Art, insbesondere aber der Liturgie. In ihr versammeln sich die Priester und die Ministranten, um sich auf die heilige Feier einzustimmen. In ihr werden die Gegenstände verwahrt, die für die kultischen Handlungen erforderlich sind. Hierzu zählen die Vasa sacra, also in erster Linie die Monstranzen, Ciborien und Messkelche, sowie die Vasa non sacra wie etwa Messgeschirre, Rauchschiffchen, Weihrauchgefäße und sonstige, einfachere Geräte. Dazu gehören aber auch Kerzen, Lampen, Leuchter, Messbücher und Prozessionsfahnen sowie weitere Teile der Altarausstattung wie Kanontafeln, Reliquientafeln, geschnitzte und gemalte Andachtsbilder und anderes mehr. Dort befinden sich die für die gottesdienstlichen Handlungen notwendi-

Abb. 158
Die Türe in die alte Sakristei im nördlichen Querhaus der Alten Kapelle.
Kalkstein, 15. Jahrhundert.

Abb. 159
Das Lavabo in der Sakristei.

Abb. 160
Drei Vasa Sacra.

Links (im Bild): Messkelch mit Patene und Löffelchen (Heinrichskelch). Silber, Silber vergoldet, Email. Gegossen, getrieben, ziseliert, punziert, graviert, Emailmalerei. 26,7 cm x 19,8 cm. Regensburg, 1691. Meister: Andreas Harrer. Am Fuß unten, auf einer Platte, Inschrift: *1691 / Hunc Calicem / Argenteo Aureum fieri/ Curavit, et Ecclesiae Collegi / atae / B M V d.Vet. Capellam / Ratisbonae, in aeviternum / Monumentum donavit, / Johann Georg Sartorius, / eiusdem Collegiate cano / nicus, Actu Senior, et / Scholasticus.* Der Kelch ist eine Stiftung des Kanonikers Johann Georg Sartory († 1691).

In der Mitte: Ciborium (Heinrichsciborium). Silber, Silber vergoldet, Halbedelsteine, Email. Gegossen, getrieben, ziseliert, punziert, graviert, Emailmalerei. 38 cm x 13,7 cm. Augsburg, 1712/1714. Meister: Johann David Saler (Saller; 1665–1724). Am Fuß Wappen eingraviert mit den Buchstaben *ICDMD* (= Johann Carl de May Dekan) und der Jahreszahl *MDCCXII* (1712). Das Ciborium wurde von dem Kanoniker Johann Carl von May († 1723) gestiftet.

Rechts (im Bild): Messkelch mit Patene. Silber vergoldet, Silberblech. Gegossen, graviert. 25 cm x 17,3 cm. Süddeutsch, 1843. Meister nicht bekannt. Am Rand des Fußes Inschrift in Form eines Chronogramms: *DeCano IvbILaeo CapItVLVM Inobseq VII pIgnVs eXhIbet* (Das Kapitel dem ein Jubiläum feiernden Dekan verehrungsvoll als Unterpfand überreicht). Mit originaler Saffianhülle. Der Kelch ist ein Geschenk des Stiftskapitels an den Kanoniker und Dekan Ignatz Brandmayer (1770–1854).

Regensburg, Stiftskapitel zur Alten Kapelle.

gen Kleidungen der Priester und ihrer Helfer. Auch haustechnische Schaltanlagen, etwa für Beleuchtung und Heizung, sind dort untergebracht.[647]

Wegen ihrer besonderen auf das Gotteshaus und die liturgischen Feiern bezogenen Funktionen ordnete man den Sakristeien seit alters her eigene Ämter zu. Die Alte Kapelle kannte seit dem frühen 13. Jahrhundert den Kustos, dem der Mesner als Gehilfe zur Seite stand.[648] Ihm oblag die Besorgung und Aufbewahrung der kirchlichen Gerätschaften, die Beleuchtung der Kirche, das Geläute sowie die Beschaffung der für die heilige Messe nötigen Opfergaben von Brot und Wein. Er hatte Kirche und Sakristei *fein geziert* und sauber zu halten. Zu seinen Aufgaben zählte es auch, die Reliquiare an den Festtagen *mit gebührender Verehrung* aus- und einzutragen.[649] Wie sich aus einem Beschluss des Stiftskapitels vom 9. März 1590 ergibt, musste er bei seinem Amtsantritt ein Handgelübde ablegen und sich schriftlich verpflichten, die Schlüssel zur Schatzkammer und zur Kirche sicher zu verwahren; für Schäden, die er oder seine Mitarbeiter verursachten, musste er selbst aufkommen.[650]

Mesner als Gehilfen des Kustos sind in der Alten Kapelle seit 1232 urkundlich bezeugt.[651] Unter dem 18. Mai 1274 entschied Bischof Leo von Regensburg (reg. 1262–1277), dass sie von den Kanonikern zu wählen sind und die Wahl vom Propst bestätigt werden muss.[652] Auch sie hatten sich bei ihrem Amtsantritt zur treuen Erfüllung ihrer Aufgaben schriftlich zu verpflichten. Ihre Wohnung befand sich stets in unmittelbarer Nähe zur Kirche. Zu ihren Aufgaben gehörte es ursprünglich auch, die Hostien zu backen. Sie waren berechtigt, Gehilfen zum Läuten der Glocken und für andere Arbeiten einzustellen.[653]

Heute sind für die Sakristei und die ihr zugeordneten Nebenräume der vom Stiftskapitel *aufzustellende* Kustos und ein von ihm *zu wählender* Stiftsmesner verantwortlich.[654]

Im Vergleich zur prachtvollen Erscheinung des Kirchenraumes ist die Sakristei der Alten Kapelle schlicht ausgestattet. Mit der Beschränkung ihrer Einrichtung auf das Notwendigste unterstreicht sie aber die zentrale Aufgabe der Mitglieder des Kollegiatstiftes, alle Kräfte auf die feierliche Gestaltung der Gottesdienste zu konzentrieren.

Die Regensburger Heinrichsgewänder

Renate Baumgärtel-Fleischmann

Zum Schatz des Kollegiatstifts Unsere Liebe Frau Zur Alten Kapelle in Regensburg gehören zwei Ornate aus dem 14. Jahrhundert, die allgemein als die Regensburger Heinrichsgewänder bezeichnet werden.[655] Jeder Ornat besteht aus Kasel, Dalmatika und Tunicella. Nicht mehr vorhanden ist das Zubehör, das zuletzt in einem Inventar von 1621[656] genannt ist und aus je drei Stolen und drei Manipeln bestanden haben dürfte. In den deutschen Kirchenschätzen gibt es nur noch wenige ganze Ornate aus dem hohen oder späten Mittelalter. Dass der Bestand in evangelischen Kirchenschätzen um einiges größer ist als der im katholischen Bereich, hängt mit der Nutzung in nachmittelalterlicher Zeit zusammen. Während in den evangelischen Kirchen in nachreformatorischer Zeit die älteren liturgischen Gewänder nicht mehr überall getragen wurden,[657] verwendete man sie in den katholischen Kirchen so lange weiter, bis sie unansehnlich geworden waren und dann als Grabgewänder für Geistliche einen letzten Zweck erfüllten. Die Frage, warum sich in dem immer katholisch gebliebenen Kollegiatstift zur Alten Kapelle trotzdem gleich zwei Ornate des 14. Jahrhunderts bis heute erhalten haben, ist bisher nicht gestellt worden. Die Regensburger Heinrichsgewänder erweckten bei Historikern und Kunsthistorikern nur wegen ihrer Stoffe Interesse, nicht aber als liturgische Gewänder.[658] Bereits im Jahr 1857, als die beiden Ornate anlässlich der zweiten Generalversammlung des christlichen Kunstvereins für Deutschland in Regensburg erstmals im Rahmen einer Ausstellung gezeigt wurden, fand der (namentlich nicht genannte) Rezensent sie allein *durch ihren Stoff merkwürdig*,[659] eine Einschätzung, die bis in die Ausstellungskataloge der jüngsten Zeit zu verfolgen ist.[660]

Die Heinrichsgewänder bestehen aus „Streifenbrokaten". Die ähnliche Musterung führte bereits recht früh – nachweislich schon in den Inventaren der zweiten Hälfte des 15. Jahrhunderts[661] – dazu, beide Ornate in engem Zusammenhang zu sehen. Noch im 20. Jahrhundert behandelte man sie in wissenschaftlichen Arbeiten immer nur gemeinsam. In den Katalogen der Skaliger-Ausstellung 1986 und der Ausstellung zum Regensburger Bistumsjubiläum 1989 erhielten sie jedoch zur Unterscheidung erstmals Notnamen: mit A bzw. I bezeichnete man den schwarz-goldenen, mit B bzw. II den hellfarbig-goldenen Ornat.[662]

Der schwarz-goldene Ornat wurde nicht aus einem einzigen Seidenstoff, sondern aus drei verschiedenen Streifenbrokaten (I a, I b, I c) gefertigt. Für die Kasel verwendete man das Gewebe I a,[663] für die Dalmatika und die Tunicella außer dem Gewebe I a auch das Gewebe I b.[664] Da beide Stoffe offensichtlich nicht in ausreichender Menge zur Verfügung standen, nähte man auch kleine und kleinste Reste, die beim Zuschneiden abgefallen waren, zusammen und fügte sie an solchen Stellen ein, wo die Stückelung nicht zu auffällig war, zum Beispiel in den Zwickeln unter den Ärmeln. Man besaß aber nicht genügend Fragmente, um aus ihnen den rechten Ärmel der Dalmatika zusammenzusetzen. Deshalb war es notwendig, einen dritten Streifenbrokat – I c – hinzuzunehmen. Er gleicht zwar in der Technik den beiden anderen Stoffen, weicht jedoch im Muster, vor allem durch mehrere schmale nebeneinander liegende Streifen anstelle eines breiten Streifens, stark von ihnen ab.[665] I a und I b sind im Muster und in technischer Hinsicht so eng verwandt, dass sie aus der gleichen Werkstatt stammen müssen.[666] Beide Stoffe zeigen breite und schmale Streifen in regelmäßi-

Abb. 161
Kasel des schwarz-goldenen Ornats. Rückseite. Gewebe Ia. Regensburg, Kollegiatstift zur Alten Kapelle.

gem Wechsel, wobei jeder Streifen in Felder unterteilt ist. Besonders auffallend sind bei I a und I b die breiten Streifen, bei denen in einem besonders großen Feld, das jeweils drei Feldern des zweiten breiten Streifens entspricht, zwei Tiere gegeneinander gestellt sind. Bei I a sind es ein Drache und ein Phönix (feng-huang), bei I b zwei Löwen, die mit einem Ball spielen. Drache, Phönix und Löwe entstammen der chinesischen Mythologie.[667] Der endlose Knoten, der sich in den Geweben I a und I b wiederholt, ist eines der acht buddhistischen Glückssymbole und somit ebenfalls dem chinesischen Kulturkreis zuzuordnen.

Die Goldbroschierung der Stoffe des schwarz-goldenen Ornats (und – um es vorwegzunehmen – auch der Gewebe des hellfarbig-goldenen Ornats) erfolgte durch Riemchengold, das heißt durch sehr schmale, flache Lederstreifen, die auf der Oberseite vergoldet, auf der Unterseite (teilweise) versilbert sind. Erfunden von den Chinesen, wurde Riemchengold später auch westlich des Reiches der Mitte hergestellt und verarbeitet. Motive und Technik könnten also auf eine Herkunft der Regensburger Stoffe aus China weisen, wenn nicht ara-

Abb. 162
Tunicella des schwarz-goldenen Ornats. Rückseite. Gewebe Ib. Ärmel: Gewebe Ia. Regensburg, Kollegiatstift zur Alten Kapelle.
Zur Zusammensetzung des Gewandes siehe Anhang S. 365.

bische Inschriften eingewebt wären. Diese befinden sich auf den 15–16 cm breiten goldenen Musterstreifen der Gewebe I a und I b, die in Brust- bzw. Schulterhöhe von Dalmatika und Tunicella wie aufgesetzt erscheinen, jedoch eingewebt sind. Auf den Vorderseiten beider Gewänder enthalten die zu Gewebe I a gehörenden Musterstreifen in großen quadratischen Feldern unter anderem noch nicht gedeutete arabische Inschriften, auf den Rückseiten der gleichen Gewänder zeigen die Musterstreifen, die vom Gewebe I b stammen, in ebenso großen Feldern Inschriften in vier Rhomben, von denen nur noch „dauernder Ruhm/ dauernde Ehre und Glück/ Wohlergehen" zu lesen ist.[668] Diese Inschriften veranlassten Otto von Falke, die Stoffe als chinesische Erzeugnisse für den Export in islamische Gebiete anzusehen.[669] Einer solchen Einordnung steht aber die persische oder arabische Meisterinschrift „Arbeit des Meisters ᶜAbd al-ᶜAziz" entgegen, die in Medaillons des Gewebes I b wiederholt erscheint und auf einen islamischen Weber weist.[670]

J. Heinrich Schmidt rückte deshalb von einer Entstehung der Streifenbrokate und damit auch der Stoffe der Regensburger Heinrichsgewänder in China ab und schlug als Herkunftsgebiet Turkestan vor.[671] Ernst Kühnel lokalisierte die Stoffe ebenfalls in den mongolischen Herrschaftsbereich, wo sich ostasiatische und persisch-türkische Einflüsse gemischt haben. Es müsse sich um eine Gegend mit hohem islamischem Bevölkerungsanteil gehandelt haben, was auf Westturkestan oder die Wolga-Mündung als Entstehungsgebiet weisen könnte.[672]

Wahrscheinlich sind die mit Riemchengold gearbeiteten Seidenstoffe, zu denen nicht nur Streifenbrokate, sondern auch Fließmuster zählen, mit den einst *panni tartarici* (tartarische Tücher) genannten Geweben identisch. Schriftliche Nachweise für liturgische Gewänder aus diesen Stoffen finden sich in vielen europäischen Schatzverzeichnissen zwischen 1295 und 1380.[673] Allerdings ist es nicht ein einziges Mal möglich, einen Inventareintrag mit einem noch vorhandenen Gewand zu verbinden. Anne E. Wardwell hat die mit Riemchengold gearbeiteten Stoffe zusammengestellt und darauf aufmerksam gemacht, dass sie neben chinesischen Motiven auch Einflüsse aus verschiedenen anderen Kunstkreisen, zum Beispiel aus der Mongolei, aus dem Iran und aus Turkestan, zeigen. Gerade diese Mischung spricht nach ihrer Meinung für eine Entstehung der Stoffe in Zentralasien.[674] Damit hätte auch die Bezeichnung als *panni tartarici* ihre Berechtigung.

Auch der zweite der Regensburger Ornate, der hellfarben-goldene, besteht nicht nur aus einem Stoff, sondern aus zwei sich ähnelnden Geweben (II a und II b).[675] Mit der Verarbeitung von Riemchengold, mit der Gliederung durch schmale und breite Längsstreifen, in deren Feldern Fließmuster, runde, gefüllte Medaillons, Vierpässe und Tiere dargestellt sind, schließt sich der hellfarbig-goldene Ornat dem schwarz-goldenen Gegenstück an. Auch hier ist einer der breiten Streifen durch große, über drei Quadrate reichende Felder hervorgehoben. Auf ihnen erscheinen jedoch keine Tiere aus der chinesischen Mythologie, sondern sich wiederholende arabische Inschriften in kursivem thuluth-Duktus, deren Übersetzung „Macht / Ruhm / Ehre und Sieg und Glück / Wohlergehen" lautet.[676]

Die Entstehung der Gewebe II a und II b wird in den gleichen Kunstzentren wie bei den Stoffen I a und I b vermutet, d.h. im zentralasiatischen Bereich oder in westlich anschließenden Gebieten. Eine genaue Lokalisierung ist beim gegenwärtigen Stand der Forschung noch nicht möglich. Vielleicht könnte aber der hellfarbig-goldene Regensburger Ornat zur Lösung des Problems beitragen, da auf der Kasel-Rückseite innen drei stempelartige Marken aufgedrückt sind. Noch ist jedoch nicht gesichert, ob es sich um Kennzeichen der Produktionsstätte oder um Händlermarken handelt.[677] Dass sich die Stoffe auch – vielleicht nur kurzzeitig – in den Händen eines westlichen Händlers befanden, legt eine kleine, dreizeilige Inschrift über der rechten Stempelmarke nahe. Zu lesen sind allerdings nur wenige Buchstaben, zum Beispiel in der oberen Zeile – wohl aus der Mitte eines Wortes – *pit* mit Kürzungszeichen und in der unteren Zeile ein einzeln stehendes *d*. Ein zusammenhängendes Wort ergibt sich nicht, so dass nicht einmal die Sprache – und damit vielleicht eine Station des Handelswegs – festzustellen ist. Offen bleiben muss auch, ob die Stiftsherren der Alten Kapelle die Seidenstoffe für beide Ornate gleichzeitig bzw. in kurzem zeitlichem Abstand erworben haben oder ob ein längerer Zeitraum zwischen den Anschaffungen lag. Kustorei-Rechnungen des Kollegiatstifts, in denen der Ankauf oder die Verarbeitung der Stoffe festgehalten sein könnte, existieren nicht.

Abb. 163
Drei verschiedene Stempelmarken und Reste einer Inschrift auf der Rückseite der Kasel (innen) des hellfarbig-goldenen Ornats.

Die beiden Regensburger Ornate sind nicht die einzigen liturgischen Gewänder in deutschen Kirchenschätzen, die aus Streifenbrokaten bestehen. Weitere stammen aus der Braunschweiger Martinikirche (heute im Herzog Anton Ulrich-Museum Braunschweig)[678] und aus dem Danziger Paramentenschatz.[679] Andere Streifenbrokate wurden aus Gräbern geborgen.[680] Da sie ebenfalls mit Riemchengold gearbeitet sind, eingewebte arabische Inschriften tragen und im Musterverlauf abwechselnd breite und schmale Streifen zeigen, können sie mit den Regensburger Gewändern verglichen werden. In der Musterung der einzelnen Felder weichen sie jedoch erheblich ab. Ähnlicher sind den Seidenstoffen des Regensburger schwarz-goldenen Ornats zwei Reliquienhüllen aus dem Basler Münsterschatz[681] und der Stoff der Hedwigskasel in Solbad Hall/ Tirol.[682] Ihnen fehlen aber die arabischen Inschriften. Das Muster der Hedwigskasel besteht wie das der Regensburger schwarz-goldenen Kasel aus breiten und schmalen Streifen in regelmäßigem Wechsel, wobei die Füllungen von letzteren immer gleich bleiben, während die breiten Streifen zwei verschiedene Musterungen zeigen. Einer der breiten Streifen enthält große Felder, die drei kleinen Feldern des zweiten breiten Streifens entsprechen. Sie sind mit einem kauernden Löwen und einem Phönix gefüllt. Ein kleines Feld mit einem Einhorn (Ch'i-lin) im Achtpass trennt jeweils die großen Felder voneinander. Das Löwen-Phönix-Muster erinnert an die Darstellungen von Drache und Phönix auf der schwarz-goldenen Kasel und an die beiden Löwen auf der schwarz-goldenen Dalmatika. Nicht zu übersehen ist jedoch bei der Anordnung von Löwe und Phönix in Hall, dass sie in hochrechteckige Felder eingestellt sind, während die Muster des Regensburger schwarz-goldenen Ornats querrechteckig ausgerichtet sind.

Für die Datierung der Regensburger Stoffe bieten diese Streifenbrokate keine Anhaltspunkte. Rechnungsbelege für den Ankauf der Stoffe existieren nicht, Jahreszahlen oder Stifterwappen, die für die zeitliche Einordnung hilfreich wären, wurden in die Gewänder nicht eingestickt. Selbst das Messgewand, das den Namen Hedwigskasel trägt, hat seinen Namen, der auf die heilige Hedwig von Schlesien weist, erst im Nachhinein erhalten. Als eine Stiftung der 1243 verstorbenen Herzogin von Schlesien kommt es schon wegen der Datierung des Stoffs ins 14. Jahrhundert nicht in Frage.[683]

Die schon erwähnten, aus Gräbern geborgenen Streifenbrokate geben gewisse Anhaltspunkte für die Datierung der Stoffe. Wenn das Todesjahr der bestatteten Person bekannt ist, bildet dieses zumindest einen terminus ante quem für die Grabgewänder. Zu deren exakter Datierung trägt es allerdings nicht bei, da man den Toten nur selten neue Kleider ins Grab gab. So fand sich zum Beispiel im Grab Herzog Rudolfs IV. († 1365) in Wien ein nach den Körperformen des Toten zugeschnittenes älteres Tuch aus einem persischen Streifenbrokat, der auf Grund des eingewebten Namens „Abu Sacid Bahadur Chan" in die Regierungszeit des Il-Chans Abu Sacid von Persien (1316–1335) zu datieren ist.[684] Weitere Streifenbrokate wurden den Tumben des Cangrande I. della Scala († 1329) in Verona[685] und des Alfonso de la Cerda († 1333) in Las Huelgas de Burgos entnommen.[686] Mit Blick auf diese Grabfunde wurde zunächst allgemein angenommen, dass die Streifenbrokate ausnahmslos in die erste Hälfte des 14. Jahrhunderts zu datieren sind. Anne Wardwell sprach sich für die Entstehung der Stoffe des schwarz-goldenen Regensburger Ornats in der Mitte oder in der zweiten Hälfte des 14. Jahrhunderts aus.[687] Sie verwies auf ein Musterdetail in der Kasel, wo in einem Fünfpass um eine Ähre Weinblätter angeordnet sind, die ähnlich auf italienischen Geweben aus dem letzten Viertel des 14. Jahrhunderts vorkommen.

Diese Spätdatierung wird durch eine Beobachtung Josef Brauns gestützt. Er machte schon 1908 darauf aufmerksam, dass die beiden Regensburger Kaseln vom Schnitt her nicht den im Originalzustand erhaltenen, recht weiten Kaseln des 14. Jahrhunderts entsprechen, sondern „nicht weit über das 15. Jahrhundert hinaus" reichen und damit eher in das ausgehende als in das mittlere 14. Jahrhundert zu datieren sind.[688] Ob die mit 99,7 bzw. 95,5 cm gegenüber anderen Kaseln des 14. und 15. Jahrhunderts relativ geringe Rückenbreite der Regensburger Kaseln auf eine spätere Umarbeitung zurückzuführen ist, lässt sich nach der durchgreifenden Restaurierung von 1954 bis 1957 nicht mehr nachprüfen.[689] Anzumerken ist jedoch, dass zwei der vier Danziger Kaseln aus Streifenbrokat, bei denen eine umfassende Reparatur mit Kürzung der Seiten aus historischen Gründen eher unwahrscheinlich ist, auch nur eine Schulterbreite von 100 bzw. 104 cm haben.[690]

Mit der Datierung der schwarz-goldenen Stoffe ins 14. Jahrhundert wandte sich Braun außerdem gegen die bis dahin geltende Meinung, dass diese Streifenbrokate bereits in der zweiten Hälfte des 12. Jahrhunderts entstanden seien. Sie beruhte auf einer falschen Lesung

Abb. 164
Kasel des hellfarbig-goldenen Ornats. Vorderseite.
Gewebe IIa.
Regensburg, Kollegiatstift zur Alten Kapelle.

Abb. 165
Kasel des hellfarbig-goldenen Ornats. Rückseite. Gewebe II a. Regensburg, Kollegiatstift zur Alten Kapelle.

der Meisterinschrift des ᶜAbd al-ᶜAziz im Gewebe I b. Die 1883 von Friedrich Fischbach publizierte Übersetzung „Verfertigt hat dieses Feierkleid der Meister Abdul Aziz in seiner Fabrik für Wilhelm II. [von Sizilien]" enthält nämlich weit mehr Informationen als das Original.[691] Man könnte heute leicht auf die Wiedergabe dieser phantasievollen Übersetzung verzichten, wenn nicht die Nennung Wilhelms II. von Sizilien (reg. 1166–1189) dazu geführt hätte, den für die Regensburger Gewänder namengebenden Heinrich unter dessen Verwandten zu suchen. Noch bis in das 20. Jahrhundert wurde deshalb Heinrich VI. (reg. 1190–1197), der mit der Tante Wilhelms II., Konstanze, verheiratet war, als Stifter der Regensburger Ornate angesehen, obwohl die zeitliche Differenz zwischen der Regierungszeit Heinrichs VI. und der Entstehungszeit der Stoffe beträchtlich ist. Unterlassen hat man es bisher, zur Identifizierung des Heinrich die schriftliche Regensburger Überlieferung heranzuziehen, die – wie im Folgenden zu zeigen sein wird – entsprechende Hinweise liefert.

Schon im ersten erhaltenen Inventar der Alten Kapelle aus dem Jahr 1469 sind die Heinrichsgewänder zu fassen. Die *II ornat kayser Haintrich, casel vn(d) röck mit alem zu gehorung* lagen zusammen mit den kostbaren Paramenten, die nicht täglich verwendet wurden, in der Oberen Sakristei.[692] Eine Erklärung, um welchen Kaiser Heinrich es sich handelte, brauchte der Schreiber des Verzeichnisses nicht hinzuzufügen, denn es kam für ihn nur eine historische Persönlichkeit in Frage. Schon das nächste, 1491 erstellte Schatzverzeichnis gibt näheren Aufschluss, obwohl sich die betreffende Stelle *zwen ornat, kayser roeck vnd Kunigunst(en)* zunächst einmal wegen des knappen, vielleicht nicht vollständig überlieferten Textes einer Deutung entzieht.[693] Immerhin erscheint neben dem Kaiser der Name *Kunigunsten*. Die Ver-

Abb. 166
Dalmatika des hellfarbig-goldenen Ornats. Rückseite. Gewebe II b.
Regensburg, Kollegiatstift zur Alten Kapelle.

mutung, dass es sich dabei um den Namen der Kaiserin Kunigunde handelt, wird durch Vergleich mit späteren Inventareinträgen zur Gewissheit. So heißt es zum Beispiel im Inventar von 1590: *Kayser Hainrichs Ornat, mitsambt baiden Leviten Röckhen unnd dero Zuegehörungen. Item Sanct Kunigundis Meßgewanndt, gleicher sortten mit sambt seiner Zuegehörung. Auch baiden Leviten Röckhen.*[694] Wenn in den Inventareinträgen von 1491 und 1590 einem Kaiser bzw. einem Kaiser Heinrich eine Kunigunde bzw. eine heilige Kunigunde gegenübergestellt wurde, können diese Namen nur auf den heilig gesprochenen Kaiser Heinrich II. (reg. 1002–1024, als Kaiser seit 1014), den Wiederbegründer der Alten Kapelle, und seine ebenfalls heilig gesprochene Gemahlin Kunigunde von Luxemburg († 1033) bezogen werden. Die Verteilung der Gewänder auf zwei Heilige erinnert an die Benennung der Kaisermäntel im Bamberger Domschatz, die ebenfalls zwischen Heinrich und Kunigunde aufgeteilt wurden. Ähnliche Beschreibungen der Heinrichsgewänder wie in den Inventaren des ausgehenden 15. und 16. Jahrhunderts enthalten die Schatzverzeichnisse der Alten Kapelle von 1607,[695] 1621[696] und 1674.[697] Es gibt jedoch in der ganzen Regensburger Überlieferung nicht eine einzige Stelle, aus der zu erfahren wäre, welcher der beiden Ornate dem heiligen Heinrich und welcher der heiligen Kunigunde zugeordnet wurde.

1469 trugen die beiden Ornate nur den Namen Kaiser Heinrichs, nicht aber den der Kaiserin Kunigunde. Warum sie, wie dem Inventar von 1491 zu entnehmen ist, zur Stifterin des zweiten Ornats erklärt wurde, ist zwar an keiner Stelle schriftlich belegt, könnte aber mit der gestiegenen Verehrung des heiligen Kaiserpaares in Zusammenhang stehen, die sich vor allem in der 1485 durch Dekan Johannes Hayden veranlassten Errichtung eines Heinrichs- und Kunigundenaltars in der Alten Kapelle zeigte.[698] Vielleicht spielten aber auch die zwischen 1487 und 1524 in Regensburg veranstalteten Heiltumsweisungen eine Rolle, bei denen einmal im Jahr die Reliquienschätze der Regensburger Stifte, Klöster und Pfarrkirchen zusammengetragen und von einem vor dem Dom errichteten Heiltumsstuhl aus den Gläubigen gezeigt wurden.[699] Die dabei vorgeführten Reliquien hielt man in Heiltumsverzeichnissen fest.[700]

Ein in doppelter Ausfertigung erhaltenes Heiltumsverzeichnis stammt aus dem Jahr 1496.[701] Es fußt auf einem Konzept, das zwischen 1487 und 1496 entstanden sein muss und von einer zweiten Hand zahlreiche Nachträge, aber auch Streichungen und Änderungen in der Abfolge der Reliquien, besonders im sechsten Gang, enthält.[702] Diese geänderte Fassung des Konzepts entspricht dem Verzeichnis von 1496. Die Reliquien sind in der Reihenfolge ihrer Weisung aufgeführt. Den Auftakt bildeten die Kreuzreliquien und die Dornen von der Dornenkrone Christi, ihnen folgten Schreine mit Reliquien einzelner Heiliger, Büsten- und Armreliquiare sowie Monstranzen mit kleineren Reliquien. Textile Reliquien und das Gnadenbild der Alten Kapelle beschlossen die Weisung. Die Texte sind so abgefasst, dass sie wohl den Wortlaut wiedergeben, mit denen die Reliquien dem Volk erklärt wurden. Bei den Textilien hielt man eine zusätzliche Einleitung für nötig. Es heißt dort: *Hernach werden Ewer lieb gezeigt ettlich kleydung des heyligen Bischouen sannd Wolfgangs vnd keyser Heinrichs, darinn ir grosse diemütigkait wol erscheinet*. Wenn die Demut beider Heiliger eigens hervorgehoben wird, kann das nur bedeuten, dass man die Messgewänder des heiligen Wolfgang und die Heinrichsgewänder im Vergleich mit den liturgischen Gewändern des ausgehenden 15. Jahrhunderts für bescheiden hielt. Während bei der Vorführung des Heinrichsornats nur knapp ausgerufen wurde, dass man *von dem heyligen keyser sand Hainrich [...] hie ein casel vnd zwen leuiten Röck* weist, wurden für den Kunigundenornat mehr Informationen geliefert, denn nach den einführenden Worten, dass man *von der heyligenn Junckfrawen sand Kungunden auch ein casel vnnd zwen Leuiten Rock* zeigte, wird angefügt, dass die Kaiserin sie *[..] aus Iren wirdigen kleidern gemacht vnd zu dem dienst Gottes geaigent hat.*[703] Hier ist also zum ersten Mal festgehalten, was dann bis ins 19. Jahrhundert tradiert wird, dass einer der beiden Ornate aus Kleidern der Kaiserin Kunigunde gefertigt worden sei. Dass weltliche Kleider an Kirchen gestiftet und dort zu liturgischen Gewändern umgearbeitet wurden, dürfte am Ende des 15. Jahrhunderts auch vielen der bei den Heiltumsweisungen in Regensburg versammelten Gläubigen bekannt gewesen sein.

Da die beiden Ornate der Alten Kapelle bei den Heiltumsweisungen gezeigt wurden, sind sie also spätestens in der zweiten Hälfte des 15. Jahrhunderts in den Rang von Reliquien erhoben worden. Sie erhielten damit einen viel höheren Stellenwert als andere liturgische Gewänder. Im Inventar von 1525 wird deshalb ihre ursprüngliche Funktion gar nicht mehr erwähnt, sondern nur noch von der *claydung sancti Hainritzi vnd Künegündis* gesprochen, die man *vnder dem heyligthum zaigt*.[704]

Wenn auch in der Gegenreformation und im Dreißigjährigen Krieg zahlreiche Reliquien und Reliquiare aus Regensburger Stiften und Klöstern verloren gingen,[705] blieben doch die Heinrichsgewänder der Alten Kapelle erhalten. Sie gehörten zu den wenigen Objekten aus Regensburger Kirchenschätzen, die seit der zweiten Hälfte des 17. Jahrhunderts in Regensburger Geschichtswerken des Öfteren erwähnt wurden. In seinem wohl 1659 vollendeten, nur handschriftlich überlieferten siebenteiligen Opus *Ratisbonensis Dioeceseos Illustratae libri VII* nennt Eberhard Wassenberg[706] die Heinrichsgewänder an zwei Stellen.[707] Es ist aber anzunehmen, dass sich spätere Autoren nicht auf ihn, sondern auf Abt Coelestinus Vogl von Sankt Emmeram (1613–1691) stützten, der – soweit zu sehen ist – 1680 als Erster im Druck verbreitete, dass sich in der Alten Kapelle *noch zwey Meßgewand und 4 dalmaticas oder Leviten-Röck von Goldstuck* befanden, *welche die heil(ige) Kayserin aus ihren Klaidern hat zurichten lassen*,[708] nachdem er acht Jahre zuvor, 1672, nur von einem Messgewand berichtet hatte, das dort verwahrt wurde.[709] Für die vierte, stark erweiterte Auflage des Voglschen Werks übernahm Abt Johann Baptist Kraus von Sankt Emmeram noch 1752 den Text von 1680 im Wortlaut.[710] Ein Jahr danach verwendete ihn auch Johann Carl Paricius.[711]

Die Regensburger Heinrichsgewänder dürften im 18. Jahrhundert in gebildeten Kreisen ähnlich bekannt gewesen sein wie die Bamberger Kaisermäntel, die ebenfalls als Geschenke Kaiser Heinrichs II. und der Kaiserin Kunigunde galten. Im Gegensatz zu den Bamberger Mänteln mussten die Regensburger Gewänder jedoch bei der Säkularisation nicht nach München abgeliefert werden.[712] In der Alten Kapelle schienen sie in den ersten Jahrzehnten des 19. Jahrhunderts aber keinen hohen Stellenwert besessen zu haben, bewahrte man sie doch bloß *als ein Alterthum* auf und verzichtete im Inventar auf die für alle Stücke geforderte Wertangabe.[713] Erst gegen Mitte des 19. Jahrhunderts scheint sich die Meinung über die Heinrichsgewänder geändert zu haben. Im Inventar von 1850 ist festgehalten, dass sie wieder *als Reliquien verehrt* werden.[714] Noch weiter geht das ausführliche Inventar von 1875, das zum ersten Mal berichtet, dass es sich um die Hochzeitskleider Heinrichs und Kunigundes (!) gehandelt habe, die zu Messgewändern und Levitenröcken umgearbeitet worden seien. Außerdem enthält das Inventar eine Angabe zur Verwendung der Heinrichsgewänder: Sie wurden an den Festtagen des Kaiserpaares am Heinrichs-Altar der Alten Kapelle aufgestellt.[715] Die neue Wertschätzung wirkte sich bis in die zeitgenössische Bildende Kunst aus. Als die Regensburger Malerin Barbara Popp (1802–1870) im Jahr 1862 den Auftrag erhielt, das Altarbild für einen Kunigundenaltar in Tirschenreuth zu malen, stellte sie die heilige Kaiserin in der Tunicella des hellfarbig-goldenen Ornats und in einem Chormantel aus dem schwarz-goldenen Stoff dar, der so allerdings nie existiert hat.[716]

Gleichzeitig mit der wieder einsetzenden Verehrung der Heinrichsgewänder als Reliquien begannen Kunstinteressierte die Stoffe beider Ornate zu untersuchen. Deren Bedeutung erkannte als Erster der Kölner Kaplan (und spätere Aachener Kanonikus) Franz Bock (1823–1899), der für die eingangs erwähnte Regensburger Ausstellung von 1857 zusammen mit dem Regensburger Geistlichen Georg Jakob den Katalog erstellte.[717] Bock nutzte diese Untersuchung aber auch dazu, größere Stücke aus dem schwarz-goldenen Ornat herauszuschneiden, um sie seiner privaten Textilsammlung einzuverleiben.[718] Bereits 1863 veräußerte er Teile davon an das South Kensington Museum (heute Victoria & Albert Museum) London,[719] zwei Jahre später ein weiteres Fragment an das Museum für Kunst und Industrie (heute Museum für angewandte Kunst) Wien.[720]

Das Stiftskapitel der Alten Kapelle scheint damals diese Beraubung der textilen Reliquien nicht missbilligt zu haben. In den Kapitels-Protokollen von 1857 findet sich jedenfalls kein Eintrag, der darauf Bezug nimmt.[721] Aber nur wenige Jahre später, 1862, wehrte das Kapitel einen Angriff auf die Heinrichsgewänder entschieden ab. Die Stiftsherren waren nicht bereit, eines der Gewänder an das Bayerische Nationalmuseum abzugeben.[722] Gegen wissenschaftliche Bearbeitungen hatten sie jedoch nichts einzuwenden; konnten doch schon 1874 Friedrich Fischbach[723] und 1900 Julius von Lessing[724] genaue Zeichnungen der Stoffe veröffentlichen, die dazu beitrugen, die Regensburger Ornate der wissenschaftlichen Welt bekannt zu machen. Eine Folge davon war, dass sie seitdem immer wieder in der Literatur erwähnt und abgebildet sowie bei Ausstellungen gezeigt wurden.[725]

Die eingangs aufgeworfene Frage, warum sich die Heinrichsgewänder der Alten Kapelle erhalten haben, ist aus der Geschichte der beiden Ornate zu erklären: Sie waren vermutlich nur wenige Jahrzehnte im liturgischen Gebrauch und da vielleicht auch nur an den Gedenktagen des heiligen Kaiserpaars.[726] In der zweiten Hälfte des 15. Jahrhunderts galten sie bereits als Geschenke des Wiederbegründers des Kollegiatstiftes, Kaiser Heinrichs II., und seiner Gemahlin Kunigunde und erlangten damit den Rang von Reliquien. Bei Gottesdiensten getragen wurden sie deshalb nicht mehr, sondern in der Sakristei verwahrt und nur an wenigen Tagen im Jahr zur Verehrung ausgestellt, was nicht unwesentlich zu ihrem Erhalt beigetragen hat.

Abb. 167
Titelseite innen eines Reliquienverzeichnisses der Alten Kapelle von 1620. *CATALOGVS / Sacrarum Reliquiarum, I- / maginum, Crucum ...[...]... MDCXX.* Papier, 20 cm x 15,5 cm. Regensburg, Bischöfliche Zentralbibliothek, Bestand Alte Kapelle sign. 4009.

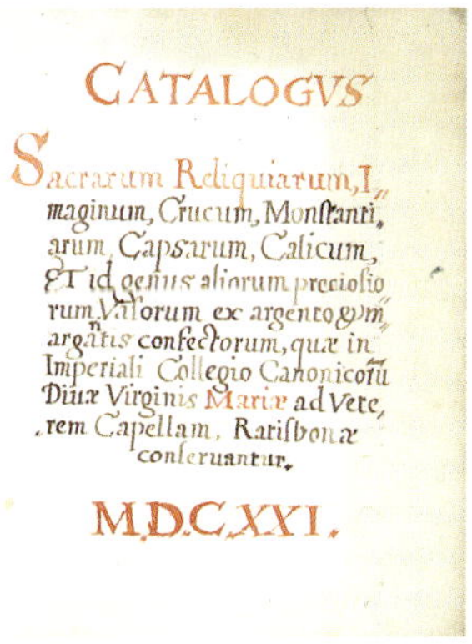
CATALOGVS
Sacrarum Reliquiarum, I-
maginum, Crucum, Monstranti-
arum, Capsarum, Calicum,
et id genus aliorum preciosio-
rum Vasorum ex argento germ-
argentatis confectorum, quæ in
Imperiali Collegio Canonicorum
Divæ Virginis Mariæ ad Vete-
rem Capellam, Ratisbonæ
conservantur.
M.D.C.XXI.

Von der Anschaulichkeit eines Gesamtkunstwerks Zur Restaurierung der Alten Kapelle in den Jahren 1993 bis 2002

Harald Giess

◁ Abb. 168
Blick in die Vierung der Alten Kapelle mit reichen, vergoldeten Stuckaturen von Anton Landes (1712–1764). 1750/1752.

Restaurierungsmaßnahmen können dann als gelungen angesehen werden, wenn sie in der Lage sind, nicht nur der auf uns gekommenen historischen Substanz, sondern auch der Anschaulichkeit des betroffenen Bauwerks und damit letztlich dem „genius loci" gerecht zu werden. Dies gilt in besonderem Maße für ein so komplexes und kontinuierlich durch nahezu ein Jahrtausend gewachsenes Kunstwerk, wie es dem Besucher in der Stiftskirche Unsere Liebe Frau zur Alten Kapelle entgegentritt. Ein angemessenes Restaurierungskonzept konnte in diesem Fall daher nicht ausschließlich von den zuletzt vorhandenen Oberflächen bis hin zur Restaurierung von 1935/1936 ausgehen. Vielmehr war es notwendig, neben der Kenntnis des überkommenen Zustands auch die bis heute gültige letzte Überformung des gewaltigen Kirchenbaus, welche zwischen 1747 und 1797 erfolgte, ihrem Wesen nach zu verstehen, um ein fachlich und auch ästhetisch verantwortbares Konzept für die anstehende Gesamtinstandsetzung festlegen zu können. Eine Auseinandersetzung mit der jetzt abgeschlossenen und seit 1986 kontinuierlich erfolgten Gesamtinstandsetzung der Stiftskirche Unsere Liebe Frau zur Alten Kapelle muss also weit weniger von einer Aufzählung technischer Details geprägt sein, als vielmehr einen Einblick geben in die Entwicklungsgeschichte des zuletzt angetroffenen Zustands. Dort liegt der Schlüssel für die sowohl in substanzieller wie auch in ästhetischer Hinsicht manchmal weitreichenden Entscheidungen, wie sie allen Beteiligten im Rahmen der Arbeiten abverlangt wurden. Dabei erschließt sich die faszinierende Welt der Geschichte barocker Raumausstattungen, ebenso wie sich der Blick für unabänderliche Vorgaben und Abhängigkeiten eines verantwortbaren Restaurierungskonzeptes vom Vorzustand schärft.[727]

Die Raumfassung des 18. Jahrhunderts

Der zunächst entscheidende Punkt für das Verständnis des Kunstwerks Alte Kapelle ist der Umbau des Innenraums und die Neudekoration aller Wand- und Deckenflächen im Sinne des Rokoko sowie die gleichzeitig erfolgte vollständige Neuausstattung mit Altären, Gestühl und Orgel. Im Hinblick auf das Jubiläum aus Anlass des siebenhundertfünfzigsten Jahrestags der Wiederbegründung des Stifts durch den baierischen Herzog Heinrich IV., den späteren Kaiser Heinrich II. (reg. 1002–1024, als Kaiser seit 1014), begann im Jahre 1747 unter dem damaligen Stiftsdekan Johann Michael Franz von Velhorn († 1782) eine umfassende Neugestaltung der Basilika im Stil des Rokoko.[728] Das Lang- und das Querhaus konnten bis zum Jubiläumsjahr 1752 fertiggestellt werden. Das Presbyterium wurde in einer zweiten Phase ab 1762 in Angriff genommen und 1776 vollendet. Mit der Erneuerung der Orgel sowie der Komplettierung der Ausstattung durch eine Reihe von Seitenaltären im Langhaus war die Neugestaltung des Inneren 1797 abgeschlossen. Seit dieser Zeit wird der Innenraum geprägt von der Interpretation des geschichtsträchtigen Bauwerks durch das 18. Jahrhundert. Die im Kern wohl noch karolingischen Pfeilerarkaden und der spätgotische

Abb. 169 ▷
Blick vom Mittelschiff in das Presbyterium der Alten Kapelle mit der Überfassung des Kircheninnenraums von 1886/1888. Aufnahme von 1929.

Chor bestimmen zwar auch weiterhin die Raumproportionen und bilden das tektonische Gerüst, doch sind die Eingriffe des 18. Jahrhunderts deutlich spürbar. Eingezogene hölzerne Stichkappen-Tonnengewölbe mit hochliegenden Fenstern in den Schildwänden ersetzten die ursprünglichen Flachdecken in Lang- und Querhaus. Über den Scheidarkaden des Langhauses sowie an den Wänden von Querschiff und Chor verläuft ein kräftiges Gebälk über einer vorgesetzten Pilasterordnung, welches die einzelnen Raumteile harmonisch zusammenbindet. Die dermaßen im Sinne des 18. Jahrhunderts adaptierte Raumgestalt bildet den Grund für eine prunkvolle Dekoration mit Stuck und Fresken, ergänzt durch die aufwendige Ausstattung mit Altären, Chor- und Laiengestühl sowie der Orgel. Die mit dem Umbau seit der Mitte des 18. Jahrhunderts verbundene neue Außenfarbigkeit der Kirche band ebenso wie die Neugestaltung des Inneren optisch die unterschiedlichen Bauteile in überzeugender Weise zusammen. Die gesamten Wandflächen wurden weiß getüncht. Die Umrahmungen aller Fenster erhielten eine kräftig ockergelbe Fassung mit einem dunkelgrauen Begleitstrich entlang der Außenkanten.[729] Raumschale und Ausstattung sind von außerordentlicher Qualität, auch wenn sie im Detail nicht immer an die besten Zeugnisse gleichzeitiger Raumkunst heranreichen.

Ein ganz wesentlicher, wenn nicht überhaupt der entscheidende Grund für die gewaltige Kraftanstrengung der Kanoniker im 18. Jahrhundert war die auch damals nicht unangefochtene rechtliche Stellung ihres Stifts. Vor allem durch Ansprüche des ortsansässigen Bischofs sah sich das Stiftskapitel der Alten Kapelle in seinem Rang gegenüber den anderen – reichsfreien – Stiften in Regensburg bedroht. Ausgehend von der 1002 erfolgten Wiederbegründung durch den späteren Kaiser Heinrich II. war es nicht gewillt, sich dem Domstift unterzuordnen. Seinen rangmäßigen Anspruch sollte die überaus prächtige Innengestaltung jedem Besucher unmittelbar vor Augen stellen. Der auf den ersten Blick vollkommen einheitliche und für damalige Verhältnisse moderne Innenraum ist nichts anderes, als die spürbare und sichtbare Vergegenwärtigung der vielhundertjährigen Geschichte des Kollegiatstifts und zugleich darauf aufbauend ein Substanz gewordener Anspruch auf Rang und Ansehen, wie ihn geschriebene Urkunden und verbriefte Privilegien nicht vollkommener dokumentieren konnten. In gewisser Weise lässt sich der Innenraum der Alten Kapelle damit durchaus mit den Fest- und Kaisersälen vieler großer süddeutscher und österreichischer Klöster vergleichen, welche – allerdings in der Form eines herausgehobenen Profanraumes – dort ebenfalls Raumdekorationen zur Unterstreichung eines rechtlichen Anspruchs, nämlich des Anspruchs auf Reichsunmittelbarkeit, nutzten.

Die Überfassung des Kircheninnenraums 1886/1888

Der zwischen 1747 und 1797 geschaffene einheitliche Gesamtraum mit der ihm innewohnenden Bedeutung blieb – von einzelnen untergeordneten Instandsetzungsmaßnahmen abgesehen – bis ins Jahr 1886 erhalten. Damals entbrannte eine den allgemein historischen Zeitströmungen folgende Diskussion, ob nicht die immense geschichtliche Dimension der Stiftsbasilika ihren Ausdruck am ehesten in einer Rückführung auf einen quasi „mittelalterlichen" Zustand finden würde. Die sublime Form, welche das 18. Jahrhundert für die Zur-Schau-Stellung genau dieser Dimension gefunden hatte, wurde damals bereits nicht mehr verstanden. Im Gegenteil, die gesamte Innenraumgestaltung des 18. Jahrhunderts wurde für entbehrlich gehalten. Ernsthaft vorstellbar war damals die Wiederherstellung der vorbarocken Flachdecken in Lang- und Querhaus, die Entfernung der Stuck- und Gemäldedekorationen sowie die am Mittelalter orientierte Rekonstruktion des Gesamtraumes. In seiner

Sitzung vom 5. Mai 1886 beschloss das Stiftskapitel hierzu:[730] *In Erwägung der sehr großen, für unsere Finanzverhältnisse fast unerschwinglichen Kosten und der außerordentlichen Schwierigkeit der Zeitverhältnisse, sowie mit Rücksicht auf viele andere dringende Bedürfnisse, besonders an Paramenten, deren Befriedigung fast in unabsehbare Ferne gerückt werden müsste, soll von einer wirklichen durchgreifenden Restauration bzw. Rückführung des ganzen Kirchenbaues auf die ursprüngliche Anlage, so wünschenswert solches auch sein möchte, Abstand genommen, vielmehr nur eine Renovation des vorhandenen vorgenommen werden mit gewissen Modifikationen, die sich teils in Beziehung auf die Altäre, teils auf die Kanzel und die Beichtstühle als notwendig und wünschenswert darstellen.* So waren es im wesentlichen finanzielle Gründe, welche den Ausschlag gaben, dass 1886/1888 lediglich eine farbliche Überarbeitung von Raumschale und Ausstattung im Sinne einer dunklen Gesamtstimmung erfolgte, formal jedoch der Innenraum des 18. Jahrhunderts erhalten blieb. Über die Tragweite dieses Beschlusses war sich das Stiftskapitel wohl kaum im klaren. Indem 1886/1888 nur eine Überarbeitung der Raumschale und der Ausstattung erfolgte, blieb das bauliche Zeugnis der Selbstdarstellung des Stifts im späteren 18. Jahrhundert erhalten. Die Stiftskirche, die als materielle Urkunde zur Geschichte des Stiftes in ihrer Aussagekraft gleichrangig neben die schriftliche Überlieferung zu stellen ist, blieb in ihrem diesbezüglichen Aussagewert ungeschmälert.

Die gegenüber der Raumfassung des 18. Jahrhunderts wesentlich dunklere Fassung von 1886/1888 ist aus denkmalpflegerischer Sicht unter mehreren Gesichtspunkten zu bewerten. Ausgangspunkt für die Fassung von 1886/1888 war die Überlegung, die Kirche wieder in einen weitgehend mittelalterlich anmutenden Zustand zurückzuführen. Vor diesem Hintergrund kommt der dann ausgeführten Neufassung – wenn auch in stark reduzierter Form – ein erheblicher geschichtlicher Zeugniswert für die Wertschätzung der mittelalterlichen Epochen als den eigentlichen Wurzeln der Geschichte und der Bedeutung des Stiftes zu. Die Paradoxie, dass der Innenraum der Kirche weiterhin formal ausschließlich dem 18. Jahrhundert verpflichtet blieb und nur aufgrund der abgedunkelten Farbfassung Erinnerungen an das Mittelalter wachrufen sollte, erscheint dabei äußerst bemerkenswert. Zugleich bildet diese Fassung eine in der Rückschau interessante Spielart des späten 19. Jahrhunderts im Umgang mit baulichen Zeugnissen des 18. Jahrhunderts, wenn man bedenkt, dass gleichzeitig anderswo tatsächlich weitgehende Rückbauten auf angenommene mittelalterliche Zustände erfolgten. In Regensburg mag hier als wichtigstes Bauwerk der gotische Dom genannt werden, der zum Zeitpunkt der Neufassung der Alten Kapelle gerade als „gotische" Kathedrale mit dem Bau der Türme und Querhausgiebel fertiggestellt worden war. Im Zuge dieser Komplettierung der mittelalterlichen Bischofskirche war knapp fünfzig Jahre vorher eine barocke Kuppel über der Vierung wieder entfernt und durch ein formal mittelalterliches, aber spannungsloses Vierungsgewölbe ersetzt worden. Im Hinblick auf die historische Substanz bleibt festzustellen, dass die in Öltechnik überarbeiteten Stuckpartien der Raumschale, die mit Leimfarben gestrichenen Wandflächen sowie die Übermalungen in den Wand- und Deckenbildern zwar den optischen Eindruck der Alten Kapelle vollständig veränderten, jedoch als Überfassung ohne großflächiges Abarbeiten der zugedeckten Originalfassung zumindest im Ansatz als potentiell reversibel gelten konnten.

Die Wiedergewinnung des Raumeindrucks des 18. Jahrhunderts im Jahre 1936

Mit der im frühen 20. Jahrhundert wieder gewachsenen Wertschätzung der Raumkunst des 18. Jahrhunderts setzten knapp fünfzig Jahre nach der ersten Gesamtüberarbeitung des Innenraums der Alten Kapelle neuerlich Überlegungen zu einer durchgreifenden Innenrenovierung an. Diesmal war es jedoch das Ziel, die Maßnahmen von 1886/1888 ungeschehen zu machen und den Zustand des Innenraumes, wie er sich seit dem Ende des 18. Jahrhunderts gezeigt hatte, wiederherzustellen. Die denkmalpflegerische Argumentation für diesen Schritt erschließt ein Gutachten des Bayerischen Landesamtes für Denkmalpflege vom 13. Juli 1936:[731] *Die Alte Kapelle nimmt unter den romanischen Kirchen Regensburgs und Bayerns eine Sonderstellung ein. [...] In ihrem jetzigen Zustand ist die Alte Kapelle ein Musterbeispiel, wie die gesamte Wirkung eines Kirchenraumes vernichtet werden kann durch eine sinnlose Restaurierung. Und als solche ist die Restaurierung der Stiftskirche in den Jahren 1886/87 zu bezeichnen, sowohl in künstlerischer wie in technischer Hinsicht. Künstlerisch vollständig verfehlt war es, die helle, heitere Weiß-Gold-Stimmung des Rokokoraumbilds durch schwere, graubraune und schmutzige Farbtöne zu vernichten. Technisch ebenso unsinnig war es, die Wände und die herrliche Stuckierung mit dunkler Ölfarbe zu überschmieren und an Stelle der ursprünglichen reichen Glanzvergoldung die unedle Ölvergoldung sparsam und unorganisch aufzupfropfen. Und trotzdem darf man diese armselig-finstere Restaurierung noch als das wesentlich kleinere Übel bezeichnen, wenn man aus den Akten ersieht, dass nur durch ein verständnisvolles Gutachten und männliches Eintreten des damaligen Domdekans Dr. Jakob das Kircheninnere vor einer barbarischen „Stilreinigung" verschont blieb, die den Chor neugotisieren und das Schiff romanisieren wollte. Durch die unglückliche Restaurierung ist wohl die originale Raumstimmung durch das betrügerische Renovieren der so gut bezahlten Firma zerstört worden, aber wenigstens die Substanz im Großen und Ganzen erhalten geblieben. Sinn und Aufgabe der jetzigen Restaurierung kann demnach nur sein, das Sinnlose der früheren Restaurierung wieder gutzumachen. [...]* Weiter heißt es: *Um für diese Aufgabe einen Überblick zu gewinnen, um Mittel und Wege zu finden, wurden auf unseren Vorschlag im Querschiff Probegerüste erstellt. Mit verschiedenen Abbeizverfahren gelang es, Ölfarbenanstrich samt Ölvergoldung vorsichtig wieder abzunehmen. Es fanden sich in zahlreichen Spuren das ursprünglich reichlich angewandte Glanzgold, die Polimentierung und der Kreidegrund, der größtenteils gut erhalten die Stuckierung überdeckt. In Wolkenpartien und Muschelwerk der Stuckarabesken zeigte sich eine leicht graublaue Tönung, Nach peinlicher Säuberung der freigelegten alten Grundierung wurde neuer Bolognesergrund dünn aufgetragen, auf welchem sich das mit Eierpoilment aufgelegte Doppelgold zu hohem Glanze polieren lässt. Somit ist die Möglichkeit gegeben, nach den Probestücken die Restaurierung der Stuckierung an Decken und Wänden auf Grund der einwandfreien Feststellung des ursprünglichen Zustandes in gleichem Sinne und in gleicher Technik zu vollziehen. Die Ölfarbenanstriche an den Wänden lassen sich gleichfalls durch Abbeizen entfernen. So verlockend und dankbar es nun wäre, das Prachtgebilde des Presbyteriums wie vorgeplant in neuer Schönheit zuerst vor Augen zu führen, so raten wir doch, von den Probestücken ausgehend das Querschiff und anschließend das Hauptschiff in Angriff zu nehmen. Alle während dieser Arbeiten zu sammelnden Erfahrungen kommen dann der einstweilen zurückgestellten Restaurierung des Presbyteriums zu gute.*

Die dann 1936 begonnene Gesamtmaßnahme erfolgte also letztlich unter der Prämisse, die Fassung des 19. Jahrhunderts zu eliminieren und der Kirche durch eine rekonstruierende Neufassung auf der Grundlage von Befundbeobachtungen den Raumeindruck des 18. Jahrhunderts zurückzugeben. Die Fassung von 1886/1888 an den Wänden und an der Ausstattung wurde nahezu vollständig abgebeizt. Die darunter liegende, und bis dahin wohl weitgehend erhaltene Erstfassung des 18. Jahrhunderts zerstörte man zumindest an der Raumschale in ihren Oberflächen nahezu vollständig. Lediglich Grundierungen und Polimentierungen im Bereich der Vergoldungen blieben in größerem Umfang erhalten. Bei der anschließenden Neufassung der Kirche, welche sowohl in vergoldeten als auch in farbig gefassten Stuckpartien einen kompletten Aufbau mit Grundierung aufweist, wurden die farbigen Befunde der Originalfassung nur im Ansatz beachtet, so dass die Fassung von 1936/1937 eine Neuschöpfung zwar im Sinne der allgemeinen Farbmöglichkeiten des

Abb. 170
Die Alte Kapelle nach den Zerstörungen des Jahres 1944.

18. Jahrhunderts, nicht aber die gewissenhafte Wiederholung der Erstfassung der Alten Kapelle darstellte. Warum 1936/1937 die beobachtete graublaue Färbung des Stucks, die im Gutachten des Bayerischen Landesamtes für Denkmalpflege vom 13. Juli 1936 erwähnt wird und die von der Smalte-Fassung des 18. Jahrhunderts herrührt, nicht umgesetzt wurde, lässt sich aus den verfügbaren Akten nicht mehr erschließen. Im Ergebnis konnten so zwar die durch die Fassung des späten 19. Jahrhunderts verursachten erheblichen Beeinträchtigungen im Zusammenklang von Form und Farbe aufgehoben werden, doch war die – in sich stimmige und durchaus auch mit eigener Qualität aufwartende – Neufassung nicht in der Lage, den kühl-feierlichen Akzent, welchen die Raumschöpfung des 18. Jahrhunderts besessen hatte, wieder erlebbar zu machen.

Die Beschädigung der Kirche 1944 und ihre Instandsetzung

Nur wenige Jahre nach Abschluss der Restaurierung von 1936/1937 wurde die Alte Kapelle am 20. Oktober 1944 durch einen der wenigen Bombenabwürfe auf die Regensburger Altstadt erheblich in Mitleidenschaft gezogen. Eine Sprengbombe traf das nördliche Querhaus. Während die Dachkonstruktion stand hielt, wurden Teile der Außenwand aufgerissen. Die Schäden konnten nach einer ersten Notreparatur 1945 erst nach und nach beseitigt werden. Die entsprechenden Arbeiten zogen sich bis zum Anfang der Fünfziger Jahre hin. Die Explosion der Bombe von 1944 hatte jedoch nicht nur die offensichtlichen Schäden im Mauerwerk verursacht, sondern auch zu Deformationen und Verschiebungen im Dachtragwerk der Kirche geführt, welche zunächst unbemerkt blieben. Als in den Achziger Jahren durch herabfallende Fassungsteile im Lang- und Querhaus die Aufmerksamkeit aller Verantwortlichen auf die dringende Notwendigkeit zu einer neuerlichen Restaurierung gelenkt worden war, sollte als erster Schritt eine Innenrestaurierung erfolgen. Erst im Zuge der Vorbereitungsmaßnahmen wurde deutlich, dass zunächst die Behebung der Schäden im Dachtragwerk und damit verbunden, eine Instandsetzung des Äußeren zu erfolgen hatten, bevor eine umfangreiche Innenrestaurierung in Angriff genommen werden konnte.

Das Dachtragwerk der Alten Kapelle entstammt unterschiedlichen Epochen. Ältester heute erhaltener Teil ist das Tragwerk über dem gotischen Hochchor. Dendrochronologische Untersuchungen lassen seine Entstehung für die Jahre 1448/1449 als sicher erscheinen.[732] Lediglich das Tragwerk der Chorapsis wurde später erneuert. Über dem Quer- und Langhaus findet sich ein insgesamt jüngeres, barockes Tragwerk. Neben allgemein vorhandenen Schäden im Bereich der Fußpunkte der Konstruktion waren alle Tragwerke durch die Deformationen im Zusammenhang mit der Druckwelle der Bombenexplosion von 1944 beschädigt worden. Die ersten Arbeiten im Zuge der anlaufenden Gesamtinstandsetzung galten daher einer behutsamen Reparatur, wobei auf den Erhalt der originalen Substanz großer Wert gelegt wurde.

Anschließend an die Dachtragwerksinstandsetzung erfolgte in den Jahren 1988 und 1989 die Erneuerung der Außenputze und eine auf der Grundlage von Befunden entwickelte Neufassung der Fassaden. Nachdem der langgestreckte Baukörper der Alten Kapelle zwar noch deutlich die mittelalterlichen Bauphasen an Lang- und Querhaus sowie am gotischen Hochchor erkennen lässt, durch die vereinheitlichenden Bassgeigenfenster jedoch auch nach Außen die Umbauphase des 18. Jahrhunderts zeigt, war es im Sinne einer einheitlichen Gesamtkonzeption der Restaurierung sinnvoll, bei der Fassadenfarbigkeit auf die Fassung dieser Zeit zurückzugreifen. So zeigt sich die Alte Kapelle heute wieder wie zur Siebenhundertfünfzigjahrfeier mit weiß getünchten Wandflächen und den kräftig ockerfarbenen und durch einen dunkelgrauen Begleitstrich akzentuierten Fenstereinfassungen. Nunmehr bestimmt wieder die barock geprägte Außenansicht der Alten Kapelle zusammen mit der kurz nach 1670 entstandenen und zwischenzeitlich ebenfalls restaurierten Fassade der Kirche des Karmelitenklosters den Platz und lässt dessen heiteren Grundcharakter, wie ihn Barock und Rokoko geschaffen haben, deutlich spürbar werden.

Die Vorbereitung der Innenrestaurierung von 1993–2002

Die gealterte Fassung von 1936/1937 sowohl an der Raumschale als auch an der Ausstattung stellte nach Abschluss der Außeninstandsetzung den Ausgangspunkt für die seit 1990 vorbereitete und ab 1991 durchgeführte Restaurierung des Innenraumes der Alten Kapelle dar. Den Anstoß zu der Maßnahme hatten dabei nicht nur herabfallende Fassungsteile, sondern auch mittlerweile als störend empfundene Notreparaturen im nördlichen Querhaus nach dem Bombentreffer von 1944 gegeben. Vor allem die seither in diesem Bereich fehlende Fassung des Stucks wurde zunehmend als problematisch im Kontext des Gesamtraumes

Abb. 171
Aufstehende Fassung am Strahlenkranz. Presbyterium der Alten Kapelle, Zustand 1992.

empfunden. Als im Spätherbst des Jahres 1990 mit der Einrüstung des Presbyteriums der Alten Kapelle die Innenrestaurierung anlaufen sollte, waren hinsichtlich eines finanzierbaren und vor allem fachlich vertretbaren Konzepts außer spärlichen Ergebnissen bereits früher erfolgter Sondagen im Querhaus und im Langhaus keine ausführlichen und insgesamt verlässlichen Befunde verfügbar. Von Anfang an war jedoch klar, dass der Raumschale, also dem Umgang mit der Wand- und Deckenfassung, eine auch für die Ausstattung und die Behandlung der Wand- und Deckenbilder bestimmende Schlüsselrolle zufallen würde. Dabei zeigte sich als Grundproblem die bisherige Fassungs- und Restaurierungsgeschichte der Kirche, welche zu einer für jegliches Konzept äußerst schwierigen Ausgangslage geführt hat. Technisch barg die Raumfassung von 1936/1937 eine Vielzahl von Problemen; insbesondere der Kreidegrundaufbau hatte im Zusammenwirken mit den ungünstigen Witterungsbedingungen infolge der Kriegsbeschädigungen und auch wohl infolge noch nicht abgeschlossener Reaktionen des Untergrunds auf die Abbeizmittel, die im Zuge der Restaurierung 1936/1937 eingesetzt worden waren, zu Schäden geführt, welche, aus der Nähe betrachtet, erheblich waren. Für die anstehende Innenrestaurierung bedeutete dies, dass zunächst eine fachlich korrekte Entscheidung für den Umgang mit der Raumschale zu treffen war, und dass anschließend die Konsequenzen, welche sich daraus ergaben, für die Ausstattung und die Deckengemälde diskutiert werden mussten.

Für die Raumschale waren zwei grundsätzliche Alternativen denkbar, nämlich die vollständige Beseitigung der Fassung von 1936/1937 und der Versuch einer anschließenden Rekonstruktion der Erstfassung, oder die Beibehaltung der vorhandenen Fassung mit entsprechenden Reparaturen im Bereich der gravierenden Schadstellen. Eine Rekonstruktion der Fassung des 18. Jahrhunderts musste an der Raumschale zum Verlust der bestehenden Fassung zugunsten der Möglichkeiten einer technisch günstigeren Neufassung führen. Neben der vollständigen Aufgabe der bisherigen Fassung und damit eines für die Alte Kapelle insgesamt erheblichen Teils des Zeugniswertes bedeutete diese Lösung aber auch

◁◁ Abb. 172
Rocaille im Querhaus der Alten Kapelle mit der Fassung von 1936/1937.

◁ Abb. 173
Rocaille im Querhaus der Alten Kapelle mit der wieder hergestellten Fassung des 18. Jahrhunderts.

einen enormen Aufwand an Freilegearbeiten, da die Reste der Erstfassung des 18. Jahrhunderts in jedem Fall erhalten bleiben und vor einer neuerlichen Überfassung zunächst fachgerecht konserviert werden mussten. Zur Rekonstruktion der Erstfassung lagen darüber hinaus zwar befundmäßig abgesicherte Angaben zur Farbverteilung vor, doch hatte sich anhand der bisherigen Befunde auch gezeigt, dass eine Vielzahl von wichtigen Detailfragen nur auf interpretierendem Wege gelöst werden konnte.

Die Ergebnisse der Untersuchungen machten deutlich, dass eine Entscheidung zur Rekonstruktion der Farbfassung des 18. Jahrhunderts einen deutlichen Bruch mit dem Erscheinungsbild der Raumschale herbeiführen würde, wie es die Restaurierung von 1936/1937 geschaffen hatte. Anstelle der mehr buntfarbigen Gestaltung mit rosa- und gelbfarbigem Stuck würde eine weitgehend auf Weiß und Gold basierende Raumwirkung entstehen, in der das eher unterschwellig nur wahrnehmbare lichte Blau der Stuckprofile einen ganz zurückhaltenden, kühlen Grundton erzeugen würde. Die wenigen, kräftig gefassten Stuckpartien wie die grünen Palmwedel, die roten Brüstungsdraperien an den Oratorien oder die grünen Rücklagen in den Kartuschen der Decke würden zwar farbige Akzente setzen, jedoch keinesfalls die zuletzt erlebbare „Buntheit" der Fassung von 1936/1937 wieder aufleben lassen. Die Raumschale der Alten Kapelle würde mit der Fassungsrekonstruktion des 18. Jahrhunderts eine ungeheure Steigerung ins Prächtige erfahren, wohingegen die farbigen Akzente schon ganz im Sinne eines sich ankündigenden Klassizismus in den Hintergrund treten müssten. Ergänzt würde dieser Raumklang durch die ebenfalls durch Befunde gesicherten Kenntnisse zur zugehörigen Fassung der Altarausstattung und der Skulpturen. Der zuletzt überkommenen kräftig roten Architekturfassung des Hochaltars etwa, welcher sich schon aufgrund seiner über seitliche Bindeglieder hergestellten Verklammerung mit der Raumarchitektur als Teil des Gesamtraums ausweist, entsprach im 18. Jahrhundert eine äußerst raffiniert ausgeführte, hellgrau bis blaugraue Marmorierung mit sparsamen blauen Äderungen. Die Altarfassung reflektierte damit die aus der Raumschale verbindlich übernommene Farbigkeit und setzte sie in die Fasstechnik der Ausstattung um. Auch der Befund an den Altarfiguren – mit Ausnahme der Maria Immaculata im Zentrum des Hochaltares – ließ eine stark reduzierte Farbigkeit deutlich werden. Die Hauptfiguren auf den Altären wie ansonsten im Kirchenraum waren in Fortführung des Raumschalenkonzeptes als weiß gefasste, teilweise polierte Skulpturen zu denken, welche lediglich durch akzentuierende Vergoldungen etwa der Kleidersäume und der Haare betont sind. Ähnliches galt für die Seitenaltäre im Langhaus sowie für die Stirnaltäre im Querhaus.

Bedeutete die Rekonstruktion der Raumfassung des 18. Jahrhunderts für die Raumschale in technischer und ästhetischer Hinsicht eine Verbesserung, so konnte dies für die Ausstattung nicht in gleichem Maße gelten. Die Ausstattung, also die Altäre, waren zu Beginn der Restaurierungsmaßnahmen von 1993 an in unterschiedlichen Zuständen überliefert. Der Hochaltar sowie die Seitenaltäre des Langhauses waren in ihren sichtbaren Oberflächen der Architekturen durch die Maßnahmen von 1886/1888 sowie durch die neuerliche Überarbeitung von 1936/1937 geprägt. Die rote Marmorierung des Hochaltars hatte sich bisher harmonisch in den kräftig farbig interpretierten Innenraum mit rosa und gelben Stuckpartien eingefügt. Die naturalistisch aufgefassten und mit polychrom gefassten Inkarnaten und ebensolchen Gewändern interpretierten Figuren am Altar sowie im gesamten Kirchenraum hatten den 1936/1937 geschaffenen Grundcharakter der Kirche in idealer Weise ergänzt. An den zum Langhaus orientierten Stirnaltären des Querhauses waren die Architekturteile bereits auf die Fassung des 18. Jahrhunderts freigelegt. Die kräftig dunkel-weiß aufgefasste Marmorierung fügte sich jedoch gut in das Farbkonzept der Dreißiger Jahre ein. Die Entscheidung zur Freilegung der barocken Architekturfassung dürfte auch deswegen so getroffen worden sein, weil man am Hochaltar die barocke Fassung möglicherweise für zu blass im Zusammenklang mit der starkfarbigen Raumschale von 1936/1937 empfunden hatte. Alle diese Erwägungen machten deutlich, dass ein Wechsel der Raumfarbigkeit zugunsten einer Rekonstruktion der Fassung des 18. Jahrhunderts zu weitreichenden Eingriffen bei den Altären führen würde. Der Innenraum der Alten Kapelle, ein Gesamtkunstwerk des späteren 18. Jahrhunderts, würde bei einer Rekonstruktion der Raumschale auch eine Rekonstruktion oder Freilegung der Farbigkeit des 18. Jahrhunderts im Bereich der Ausstattung erfahren müssen, wenn das Ergebnis am Ende auch in ästhetischer Hinsicht überzeugen sollte. Freilegungen an den Architekturteilen des Hochaltares und der Langhaus-Seitenaltäre und Überfassungen der Figuren wären nur die konsequente Folge der Entscheidung an der Raumschale. So war bereits im Stadium der Konzeptdiskussion klar, dass eine Rückführung des Innenraumes der Alten Kapelle auf das Erscheinungsbild des 18. Jahrhunderts letztendlich eine nahezu vollständige Neufassung des Gesamtraums nach sich ziehen würde.

Eine bloße Reparatur der Fassung von 1936/1937 hätte demgegenüber nicht zu einer technisch günstigeren Neufassung der Raumschale geführt, doch wären in diesem Fall die noch intakten Partien ohne weitere Eingriffe erhalten geblieben und lediglich gereinigt worden. Der Aufwand an Freilegungen von Resten der Originalfassung hätte reduziert werden können, wenn man im Zuge einer Konservierung der bestehenden Fassung nur die großen, den Raumeindruck störenden Fehlstellen ausgebessert und kleine Abplatzungen und Ausbrüche sowie teilweise hohlliegende Fassungsbereiche akzeptiert hätte. Eine solchermaßen reduzierte Lösung, die verstärkt auf den Substanzerhalt abgezielt und im Sinne einer klassischen „Reparatur" kleinere Fehlstellen unberücksichtigt gelassen hätte, hätte die Fassung von 1936/1937 zunächst soweit stabilisiert; eine künftige Generalsanierung wäre hinausgeschoben worden, entbehrlich wäre sie aber nicht geworden. Zudem hätte bei diesem Konzept die gesamte Ausstattung belassen werden können, lediglich im Bereich von Schadstellen wären die bestehenden Fassungen zu reparieren gewesen.

Abb. 174
Blindfenster mit vergoldeten Stuckaturen im südlichen Querhaus der Alten Kapelle. Stuck von Anton Landes (1712–1764).

Vor dem Hintergrund dieser beiden, hier knapp umrissenen Alternativen war eine grundsätzliche, die gesamten weiteren Überlegungen bestimmende Entscheidung zu treffen. Hatten die von den Amtswerkstätten des Bayerischen Landesamtes für Denkmalpflege kritisch vorgetragenen Bedenken gegen den Erhalt der Fassung von 1936/1937 in technischer Hinsicht bereits eine Rekonstruktion der Rokokofassung als sinnvoll erscheinen lassen, so gab den Ausschlag für die Festlegung des Restaurierungskonzeptes jedoch auch die Bedeutung der Alten Kapelle als ein gezielt geschaffenes Gesamtkunstwerk. Die Wiederherstellung der ursprünglichen Raumfarbigkeit erschien notwendig, um die Intentionen, welche das Stiftskapitel 1747 bewogen hatte, die Umgestaltung des Kirchenbaus in Angriff zu nehmen, künftig wieder anschaulich erlebbar werden zu lassen. Die seit 1991 durchgeführte Restaurierung des Innenraums der Alten Kapelle knüpft damit vom Grundsatz her direkt an die Vorgaben an, die schon 1936/1937 Anlass für die Restaurierung gewesen waren. Wie damals ging es auch jetzt wieder um den Versuch, den Gesamteindruck wiederzugewinnen, den das 18. Jahrhundert mit seiner durchgreifenden Neugestaltung des Kircheninneren hatte schaffen wollen. In diesem Sinne könnte man sogar soweit gehen, die im Jahre 2002 abgeschlossene Innenrestaurierung als konsequente Wiederholung der Maßnahme von 1936/1937 zu bezeichnen. Dabei darf allerdings nicht übersehen werden, dass hinter dem zuletzt verfolgten beziehungsweise wieder aufgegriffenen Konzept weitergehende und teilweise auch andere Grundgedanken standen. War die Maßnahme von 1936/1937 primär von allgemein ästhetischen Überlegungen ausgegangen, ging es diesmal in erster Linie um einen weitgehenden Schutz und den Erhalt der zugegebenermaßen spärlichen Reste der Fassung des 18. Jahrhunderts sowie darüber hinaus um die Wiedergewinnung der geschichtlichen Aussagen des Innenraumes.

Die Restaurierung der Jahre 1993–2002

Die getroffene Entscheidung führte zu weitreichenden Konsequenzen: An der gesamten Raumschale wurden alle Fassungsspuren außer den Resten der Erstfassung des 18. Jahrhunderts abgenommen. Die verbleibenden Fassungsfragmente, im wesentlichen die Polimentuntergründe der Vergoldungen, Spuren des Anlegewachses für die in Teilbereichen eingesetzte Mordantvergoldung, sowie die durch den Abbeizvorgang von 1936 farblich veränderten Reste der lichtblauen Smalte-Fassung des Stucks, wurden gesichert und anschließend für eine Überfassung im Sinne der Originalfassung des 18. Jahrhunderts vorbereitet. Relativ einfach war – rein technisch gesehen – die Umsetzung des Befundes zur Wiedergewinnung der Erstfassung an den ornamentalen Stuck- und Rahmenpartien. Hier stellte lediglich die anhand der Originalfragmente noch gut nachvollziehbare lockere Art der Vergoldung mit einzelnen Blattgoldstückchen über einem zunächst in Ocker und dann nochmals in Rot vorgelegten Untergrund entsprechend hohe Anforderungen an das Einfühlungsvermögen der ausführenden Restauratoren und Kirchenmaler. Bei der Behandlung der vielfach im Raum verteilten Putti und teilweise auch der plastisch ausgebildeten Wolkenfragmente gab es an den erhaltenen Originalen Hinweise darauf, dass hier ursprünglich durch hoch auspolierte Weißfassungen ein ganz gezielt eingesetztes Spiel mit unterschiedlichen Glanzgraden der Oberflächen wesensbestimmend gewesen war. Vor dem Hintergrund der nicht glänzenden Wandrücklagen und der ebenso behandelten Stuck- und Gesimspartien entfalteten die kleinen Putten durch ihren porzellanhaften Oberflächenglanz ein Eigenleben und bildeten durch die Lichtbrechung an der Oberfläche optische Anziehungspunkte innerhalb der Raumschale. Gleichzeitig vermitteln die Putten zwischen Raumschale und Ausstattung, da ein Teil der Putten und Figuren an den Altären ebenfalls mit Polierweißfassungen versehen sind.

Abb. 175 a und b Heiliger Georg vom Johannes-Altar im Querhaus der Alten Kapelle mit der Überfassung der Jahre 1886/1888 und nach der Wiederherstellung der Fassung des 18. Jahrhunderts.

Schwieriger gestaltete sich die Verwirklichung des Konzepts einer Rückgewinnung der Raumwirkung des 18. Jahrhunderts bei den Wand- und Deckengemälden, da diese, entsprechend den beiden Bauabschnitten im 18. Jahrhundert, von unterschiedlichen Künstlern ausgeführt worden waren. Beim Deckenfresko von Gottfried Bernhard Göz (1708–1774) im Presbyterium waren die restauratorisch-konservatorischen Probleme besonders groß. Durch die frühere Übermalung (1886/1888) und die anschließende Freilegung (1936/1937) war die Malschicht in erheblichem Ausmaß geschädigt und teilweise stark reduziert. Von der barocken Leichtigkeit, wie sie etwa noch in den ebenfalls von Göz stammenden Wandfresken im Presbyterium wahrnehmbar ist, war im Deckengemälde nichts mehr zu spüren. Pudernde Farbschichten, Reste starker Überarbeitung und der allgemeine Farbschichtverlust hatten aus der einst wohl frisch und farbenkräftig wirkenden Malerei ein weitgehend konturloses, dunkel und trübe wirkendes Gemälde werden lassen, welches so sicher nicht im Kontext einer Neufassung der Raumschale hätte bestehen können. Um einerseits als letzte Konsequenz keine weitgehende Überarbeitung zu veranlassen und andererseits aber eine gewisse Einfügung des geschädigten Gemäldes in die ansonsten rekonstruierte Raumschale zu erreichen, wurde das Gemälde zunächst aufwändig mit Kalksinterwasser gefestigt. Spätere Übermalungen und konturierende Ergänzungen entfernte man. Anschließend wurde – ausgehend vom Original – eine behutsame Ergänzung von unlesbar gewordenen

Partien im Sinne einer korrigierenden Retusche vorgenommen. Als Ergebnis zeigt sich das Gemälde zwar weiterhin in einem gegenüber dem ursprünglichen Zustand wesentlich dunkleren Habit, doch konnte gemessen am Vorzustand eine deutliche Verbesserung der Lesbarkeit erreicht werden. Das Gemälde fügt sich nunmehr wieder weitgehend in den hellen Kontext der Raumschale ein. Zudem haben die Konservierungsmaßnahmen bewirkt, dass zumindest der bis heute erhaltene Rest des Originals langfristig gesichert und in seinem Bestand erhalten ist. Eine weitergehende Bearbeitung des Gemäldes hätte zu wesentlich tiefgreifenderen Überarbeitungen geführt und wurde daher einvernehmlich von allen am Entscheidungsprozess Beteiligten ausgeschlossen.

Anders stellte sich die Ausgangslage im Quer- und Langhaus dar. Die dortigen Gemälde Christoph Thomas Schefflers (1699–1756) waren in einem wesentlich besseren Erhaltungszustand als das Gemälde von Göz überliefert. Allerdings enthielten etliche der Gemälde Schefflers noch teilweise großflächige Übermalungen aus der Zeit um 1886/1888, welche 1936/1937 nicht vollständig entfernt worden waren. Dies betraf insbesondere eine große Himmelspartie im südlichen Querhausfresko. Hier wurde in konsequenter Umsetzung des an der Raumschale entwickelten Restaurierungskonzeptes eine vollständige Nachfreilegung durchgeführt. Der im 19. Jahrhundert übergemalte düstere Wolkenhimmel ist damit wieder dem freien und hellen Taghimmel gewichen, welchen Scheffler für seine Gemälde konzipiert hatte. Neben diesen und ähnlichen Teilfreilegungen stellten die von Scheffler in seinen Deckenbildern eingesetzten Vergoldungen in Mordant-Technik eine weitere Herausforderung an das Restaurierungskonzept dar. Die Vergoldungen waren weitgehend instabil und durch Ablösung der Malschicht auch dunkel und unlesbar geworden. Dies führte dazu, dass die Gemälde im Kontext der rekonstruierten Raumschale eigenartig flach und spannungsarm wirkten. Nach ausführlichen Diskussionen und entsprechenden Arbeitsmustern wurden die Vergoldungen entsprechend dem befundmäßig gesicherten Original erneuert. Dieser Eingriff in die überkommene Originalsubstanz stellt die verbindende Klammer dar, welche geeignet ist, die insgesamt stimmig gealterten Fresken wieder harmonisch mit der rekonstruierten Raumfassung in Einklang zu bringen. Ansonsten wurden in allen Gemälden konservatorisch bedingte Maßnahmen wie Sicherung der Malschicht, Schließen von Rissen etc. durchgeführt. Auf größere Retuschen konnte im wesentlichen verzichtet werden.

Der Hochaltar sowie alle sechs Seitenaltäre im Langhaus wurden im Bereich der Altararchitektur auf die erhaltene Originalfassung freigelegt. In diesem Zusammenhang waren selbstverständlich auch Retuschearbeiten in gewissem Umfang erforderlich. Gerade am Hochaltar zeigte sich, dass wohl infolge von Lichteinwirkung der Blauanteil in der Marmorierung schwächer geworden war. Besonders aber hatten sich die früher akzentsetzenden blauen Äderungen durch die spätere Abnahme des Lacküberzugs so stark reduziert, dass sie kaum noch einen Beitrag zur Gesamtwirkung zu leisten geeignet waren. Da der genaue Verlauf dieser Äderungen meist nicht mehr nachvollziehbar war, wurde im Zuge der Restaurierung auf eine gezwungenermaßen freie Rekonstruktion verzichtet. Diese Entscheidung hat zur Folge, dass die großartige Altararchitektur die ihr im Kontext der Raumschöpfung des 18. Jahrhunderts zugedachte zentrale abschließende Funktion im Sinne einer Steigerung des Formalen und der Farbigkeit heute nicht mehr im ursprünglichen Umfang leisten kann.

Einen besonderen Aspekt bildete die Frage, inwieweit im Zuge der Restaurierung auch der Rekonstruktion der ursprünglichen Oberflächen der Altäre, also der Lacküberzüge, Rechnung getragen werden könnte. Die mehrfachen Überarbeitungen der Altararchitekturen hatten im wesentlichen zum Verlust der barocken Oberflächen geführt. Lediglich in wenigen Bereichen, dort, wo etwa durch aufgesetzte Ornamente ein Schutz der ursprünglichen Oberfläche gegeben war, hatten sich Reste des Originalzustands erhalten. Dass unter-

Abb. 176 ▷
Der Hochaltar der Alten Kapelle nach der Restaurierung 1993/2002. Nirgendwo in dem Gotteshaus sind die Ergebnisse der Wiedergewinnung des Innenraums, wie ihn das 18. Jahrhundert anstrebte, so offensichtlich wie beim Hochaltar.

schiedliche Glanzgrade von Oberflächen neben den unterschiedlichen Farbigkeiten und Vergoldungen für das Erscheinungsbild der Alten Kapelle im 18. Jahrhundert von ganz entscheidender Bedeutung waren, hatten schon die Putti und die Altarfiguren gezeigt. Die aufgefundenen Reste der ursprünglichen Lacküberzüge auf den Altararchitekturen bestätigten diese Beobachtung. Der wie die Polierweißfassungen hochglänzend auspolierte Lack steigerte die illusionistisch gemalten „Marmor"-flächen zu einer verblüffenden Realität. Der kühle Glanz der Oberfläche erzeugte zusammen mit den handwerklich und künstlerisch hochwertigen Marmorierungen tatsächlich den Effekt polierter Steinoberflächen und ließ vergessen, dass es sich in Wirklichkeit um farbig gefasste und lackierte Holzteile handelt. Im Hinblick auf diese Erkenntnisse entschloss man sich, die Lacküberzüge zu rekonstruieren. An den beiden Querhaus-Stirnseitenaltären konnte dabei ein für das 18. Jahrhundert wohl typisches Phänomen beobachtet werden. Während einerseits durch die Perfektion des polierten Überzugs die Wirkung als Steinoberfläche ins Realistische gesteigert ist, bringen die von dem Fassmaler Georg Kaspar Zellner (nach 1738–1784 ?) als ironische Brechung in die Marmorierung eingestreuten kleinen skizzenhaften Landschafts- und Personendarstellungen die Illusionshaftigkeit der vermeintlichen Steinarchitekturen wieder ins Bewusstsein.

Vor den in der Gesamtwirkung wie aus echtem Marmor wirkenden Altararchitekturen bilden die großen Figuren mit ihren ursprünglichen Weißfassungen einen wohlberechneten und für die Raumwirkung wichtigen Kontrast. Hier war ausgehend von der Entscheidung zur Rekonstruktion der barocken Farbigkeit an der Raumschale ebenso wie bei den Altararchitekturen ein Belassen der technisch weitgehend einwandfrei überlieferten farbigen Fassungen von 1886/1888 beziehungsweise 1936/1937 aus Gründen der zwingend erforderlichen Einheitlichkeit in der Gesamtwirkung nicht zu denken. Während an den Altararchitekturen die Entscheidung zugunsten einer Freilegung der unter den späteren Überfassungen weitgehend perfekt erhaltenen Marmorierungen des 18. Jahrhunderts getroffen wurde, konnte an den großen Altarfiguren ein anderer Weg gewählt werden. Hier wurden – soweit als möglich – die polychromen Fassungen, wie sie vor Beginn der Maßnahme bestanden hatten, als Zeugnis für die vergangenen Überarbeitungs- und Restaurierungsphasen erhalten. Die Weißfassung wurde hier als Überfassung ausgeführt. Lediglich dort, wo Vergoldungen die Weißfassungen akzentuieren, war aus fasstechnischen Gründen eine Abnahme der vorhandenen farbigen Fassungen erforderlich geworden. Dieses Vorgehen traf ebenfalls auf die großen Tugendfiguren auf dem Hauptgesims des Presbyteriums sowie auf die vier Oratoriumsfiguren zu, welche die damals bekannten vier Erdteile verkörpern.

Zum Schluss

Aus kunsthistorischer Sicht stellt die Wiedergewinnung des Innenraumes, wie ihn das 18. Jahrhundert angestrebt hat, einen Zugewinn für das Gesamtkunstwerk „Alte Kapelle" dar. Der Innenraum der altehrwürdigen Stiftskirche ist nun wieder unmittelbar anschauliches Dokument für die Geisteshaltung des späteren 18. Jahrhunderts. Insofern bildet die jetzt abgeschlossene Restaurierung auch einen ersten und wesentlichen Beitrag für die im Jahr 2002 anstehende Tausendjahrfeier seit der Reform und Wiederbegründung des Stifts durch Kaiser Heinrich II.

DEO
TRINO·UNI
AC
VIRGINI·NATÆ
1793.

Zu Technologie und Restaurierung der Querhausaltäre

Rainer Preis

Die grundlegende Umgestaltung der Alten Kapelle, die Dekan Johann Michael Franz Velhorn (reg. 1746–1782) im Jahr 1747 begonnen hatte, konzentrierte sich anfangs auf Veränderungen am Baukörper und Arbeiten an der Raumschale. Als 1764 mit der weitgehenden Fertigstellung der Fresken, Stuckaturen und Fassarbeiten ein gewisser Abschluss erreicht war, nahm man sogleich die Erneuerung der Altarausstattung in Angriff.[733]

Für die meisten Werke dieser Bauphase, die sich mehr als fünfzig Jahre hinzog, zeichnete der Regensburger Bildhauer Simon Sorg (1719–1792) verantwortlich.[734] Seine erste große Arbeit war 1765 die Anfertigung des Chorgestühls, den Abschluss bildete die erst 1789 fertiggestellte Orgel. Innerhalb dieses Zeitrahmens schuf er unter anderem noch den Hochaltar und vier Altäre in den Seitenschiffen. Von seiner Hand stammen jeweils die Entwürfe und die Bildhauerarbeiten, die Anfertigung der architektonischen Aufbauten überließ er einem Schreiner.

Der Briccius-Altar (auch Sakramentsaltar) im nördlichen Querhaus und der gleichartige Anna-Altar (ehemals auch Johannes-Altar) im südlichen Querhaus nehmen innerhalb der Ausstattung eine Sonderstellung ein.[735] Abgesehen von kleineren Einzelobjekten sind es die einzigen Stücke, die bereits vor Beginn der Umbauarbeiten in der Kirche entstanden sind. Sie wurden auf Grund einer Stiftung des Kanonikers Aegidius Mayer (1654–1730) bereits 1730 bei dem Bildhauer Franz Anton Neu aus Prüfening (1698–1758) in Auftrag gegeben.[736]

Im September 1768, also weniger als vierzig Jahre nach ihrer Entstehung, wurde Simon Sorg mit der Verfertigung *Neuer Bildhauer arbeith* sowie mit Ausbesserungsarbeiten an beiden Altären beauftragt und dafür mit insgesamt 75 Gulden vergütet.[737] Ein Grund für diese Maßnahme wird nicht angegeben, jedoch weisen die ausgeführten Arbeiten darauf hin, dass wohl der Wunsch nach einer zeitgemäßen Erneuerung im Vordergrund stand. Auch zum Umfang der Arbeiten finden sich keine Angaben. Die Auftragssumme lässt auf geringfügigere Änderungen schließen.[738] Ablesbar ist die Handschrift Sorgs an den Rokokoformen der geschnitzten und vergoldeten Ornamentik. Veränderungen am architektonischen Aufbau betreffen nur den Auszug, wo die Säulen durch ausladende Volutenspangen ersetzt wurden.

Im Juli 1768 schloss das Stiftskapitel mit dem Maler Georg Caspar Zellner (geb. 1745) einen Contract über die Fassung der beiden Altäre zum Preis von 1 175 Gulden.[739] Bemerkenswert ist, dass der Fassmaler den Auftrag bereits zwei Monate vor dem Bildhauer erhielt. Es darf daher angenommen werden, dass ihm für seine Kalkulation ein Entwurf von Sorg zur Verfügung stand.

Nach der Größenordnung zu schließen, bezog sich der Auftrag von Zellner auf eine vollständige Neufassung und Vergoldung und nicht etwa nur auf die Ausbesserung oder Überarbeitung einer bereits vorhandenen Fassung.[740] Die naheliegende Annahme, dass die Altäre bis zu diesem Zeitpunkt noch ungefasst waren, hat sich durch die Befunde und Beobachtungen während der Restaurierung bestätigt. Ein zeitlicher Abstand von mehreren Jahren zwischen der Aufstellung und der Fassung eines Altares ist nicht ungewöhnlich.[741] Die extrem lange Zeitspanne von mehr als 35 Jahren lässt sich in diesem Fall mit der langwierigen Umgestaltung des Kirchenraumes erklären, deren Planung und Ausführung vermutlich die Arbeiten verzögerte.

Zur Datierung und Zuschreibung der Altarbilder finden sich in der Literatur unterschiedliche Meinungen. Die Annahme einer frühen Entstehung – zum Zeitpunkt der Errichtung der Altäre um 1730 – wird meist mit der Zuschreibung an Johann Gebhard aus Prüfening (1676–1756) verknüpft.[742] Für ein spätere Ausführung – mit den Veränderungen von Sorg um 1768 – kommt nur sein Sohn Otto Gebhard in Frage (1703–1773).[743] Die Signatur *gebhartt von prifling* am Altarbild des Anna-Altars ist wohl eher auf Johann Gebhard zu beziehen. Als Hinweis mag die Platzierung der Signatur zu sehen sein, die in dem Buch angebracht ist, das sein Namenspatron, der heilige Johannes, in Händen hält. Vor allem aber sind stilistische Merkmale anzuführen und der Umstand, dass Otto Gebhard als eigenständiger Künstler erst seit Mitte der vierziger Jahre in Erscheinung tritt.[744] Möglich ist auch eine gemeinsame oder arbeitsteilige Ausführung von Vater und Sohn, die für die Jahre von 1726 bis 1742 mehrfach belegt ist.[745] Gegen 1768 als Entstehungsjahr spricht auch ein Eintrag in den Stiftsprotokollen, wonach im darauf folgenden Jahr Georg Caspar Zellner vom Stiftskapitel mit der Reinigung der Gemälde beauftragt wurde, was bei neuen Bildern nicht notwendig gewesen wäre.[746]

Abb. 177 a und b
Der Johannes-Altar im Querhaus der Alten Kapelle vor der Restaurierung und während der Restaurierung.

Beobachtungen zur Technologie

Die Restaurierung der Altäre in den Jahren 1994 bis 1996 ermöglichte eine eingehende Untersuchung, die auf den Erkenntnissen der Bearbeitung des Hochaltars aufbauen konnte. Die Beobachtungen vor Ort eröffneten in Verbindung mit den durchgeführten Materialanalysen einen Einblick in die Arbeitsweise der Künstler und Handwerker.[747]

Die konstruktiven Elemente der Altararchitektur einschließlich der Profile, also alle Teile, die üblicherweise der Schreiner geliefert hat, sind aus Nadelholz gefertigt. Für die bildhauerischen Arbeiten, Skulpturen und Ornamente, fand ein weiches Laubholz Verwendung.[748] Holzverbindungen wurden je nach Beanspruchung verzinkt oder stumpf verleimt ausgeführt und mit Holznägeln gesichert. Die glatten Säulen sind aus einzelnen verleimten Brettern zusammengesetzt und innen hohl, die gedrehten Säulen dagegen, nach der Ausprägung des Rissbildes zu schließen, aus dem vollen Stamm gearbeitet.[749]

Um eine homogene Oberfläche für die farbige Fassung und Vergoldung zu erhalten, mussten die rohen Holzoberflächen zunächst grundiert werden. Als erster Arbeitsschritt erfolgte ein Anstrich mit tierischem Leim, der die Aufgabe hatte, die Saugfähigkeit des Untergrundes zu reduzieren und eine gute Haftung der darauffolgenden Schichten sicherzustellen. Die Grundierung wurde in mehreren Arbeitsgängen aufgestrichen. Für die unteren Lagen verwendete Zellner die übliche Mischung aus Kreide und tierischem Leim, die allerdings, wie bei allen seinen Arbeiten in der Alten Kapelle, einen erheblichen Anteil an Steinkreide enthält.[750] Dieser Zusatz machte die Beschichtung härter und verursachte eine graue Tönung. Bei den nachfolgenden Schichten lässt sich eine differenzierte Vorgehensweise beobachten. In Bereichen, an denen eine Vergoldung oder Weißfassung vorgesehen war, erfolgten die weiteren Aufträge mit reinem Kreidegrund, der weicher ist und so die abschließende Politur der Oberflächen ermöglicht.[751] Die Architekturteile, die marmoriert werden sollten, erhielten einen Anstrich mit Bleiweiß in einem öl- oder harzhaltigen Bindemittel.[752] Da sowohl für die Vergoldung als auch für die Marmorierung eine glatte Oberfläche nötig war, hat Zellner die Grundierung abschließend geschliffen. Als Schleifmittel waren unter anderem Bimsstein, Fischhaut oder der heimische Ackerschachtelhalm gebräuchlich.

Die Vergoldung, die sich am Tabernakel und an allen geschnitzten Ornamenten findet, wurde durchgängig poliert. Die Goldblätter mit einer maximalen Größe von etwa 5 x 5 cm

Abb. 178
Der Briccius-Altar im Querhaus der Alten Kapelle. Geschaffen von Franz Anton Neu (1698–1758). 1730 mit späteren Überarbeitungen.

Abb. 179
Der Anna-(Johannes-)Altar im Querhaus der Alten Kapelle. Geschaffen von Franz Anton Neu (1698–1758). 1730 mit späteren Überarbeitungen.

hat Zellner auf gelbem und kräftig orangerotem Poliment angelegt, das zum einen der Polierfähigkeit diente, zum anderen durch seine intensive Farbe dem Gold eine charakteristische Tönung verlieh.[753]

Alle figürlichen Elemente und Wolkenpartien waren ursprünglich weiß gefasst – nach Alabaster-Art oder Porzellan-Art, wie die Technik in zeitgenössischen Quellen genannt wird. Das am besten geeignete und daher gebräuchlichste Pigment für solche Arbeiten war Bleiweiß, das im vorliegenden Fall mit tierischem Leim gebunden wurde. Der porzellanartige Schmelz entstand erst durch Polieren oder Frottieren der Oberfläche. Als geeignete Materialien für die Politur werden in den Quellenschriften unter anderem Tierzähne oder der heute noch gebräuchliche Halbedelstein Achat genannt. Durch Frottieren mit weichen Lappen oder andersartige Verdichtung der Oberfläche ließen sich unterschiedliche Glanzgrade erzielen. Leider sind die Figurenfassungen bis auf geringe Reste verloren gegangen, so dass Befunde, aus denen die Intensität des ursprünglichen Oberflächenglanzes und eine eventuellen Differenzierung im Glanzgrad abzulesen wären, vielfach fehlen. Gewandsäume, Flügel, Attribute und ähnliches waren durch Vergoldungen abgesetzt. Auch hier ist die ursprüngliche Verteilung nicht mehr in allen Details nachvollziehbar.

Für die Marmorierung, die Zellner in aquarellhaft lasierenden Schichten aufbaute, konnten sowohl ölige als auch wässrige Bindemittel nachgewiesen werden. Der Einsatz eines wässrigen Bindemittelsystems führte im Zusammenspiel mit dem schwach saugenden Untergrund zu einem für Zellner typischen Erscheinungsbild. Die Farbe wurde stellenweise von der Grundierung nicht richtig angenommen, perlte ab oder lief in Tropfen zusammen, ein Effekt, der sich nur bedingt steuern ließ und den Zufall in die Gestaltung einbezog. Besonders zu erwähnen sind kleine szenische Darstellungen, die sich in den Strukturen des gemalten Marmors verstecken. Es handelt sich um kleine Figürchen, Landschaften oder Architekturelemente, die Zellner hier spielerisch eingestreut hat.[754] Sie finden sich ausschließlich an den Querhausaltären, vornehmlich an der Predella, wo sie gut aus der Nähe zu betrachten sind.

Ihren besonderen Charakter erhielt die Marmorierung erst durch einen abschließenden transparenten Lack, der den Farben Tiefe verlieh und durch seinen Oberflächenglanz den Anschein von geschliffenem Stein hervorrief. Derartige Überzüge neigen zum Vergilben und sind daher zum allergrößten Teil bei früheren Restaurierungen entfernt worden – so auch bei der gesamten Ausstattung der Alten Kapelle. Dass an einigen geschützten Stellen dennoch Reste des originalen Überzugs zu finden waren, kann als ausgesprochener Glücksfall gelten. Am Briccius-Altar hat sich an der Mensa eine etwa handtellergroße Fläche unter einem applizierten Goldornament erhalten. Hier lassen sich der ursprüngliche Charakter und Oberflächenglanz noch gut ablesen. Die Analyse der Bestandteile hat gezeigt, dass ein Naturharzfirnis vorliegt, der im wesentlichen aus Sandarak mit geringen Anteilen von Mastix besteht. Ferner wurden Zusätze von Weichmachern wie Elemi und Campher nachgewiesen. Diese natürlichen Harze und Balsame wurden in Lösemitteln wie Weingeist aufgelöst und mit dem Pinsel aufgestrichen. Es lassen sich zwei Schichten unterscheiden, die wohl jeweils durch mehrfachen Auftrag entstanden. Die Zusammensetzung ist nahezu identisch, jedoch enthält die obere Lage zusätzlich das härtere Copalharz. Zwischen den Lackschichten finden sich bei den entnommenen Proben mitunter Pigmentansammlungen, was zeigt, dass Zellner die Marmorierung erst nach den ersten Lackaufträgen vollendete. Diese Finesse führte zu der außergewöhnlichen Transparenz und Tiefe, wie sie an den erhaltenen Originalflächen trotz der deutlichen Vergilbung noch erkennbar ist. Verstärkt wurde dieser Effekt durch eine glatt geschliffene und auf Hochglanz polierte Oberfläche. Als geeignete Schleifmittel für diesen so genannten „geschliffenen Marmor“ werden in den Quellen unter anderem Steinmehl oder Bimsstein empfohlen. Zum Polieren eignen sich fein geschlämmte Materialien wie zum Beispiel eine als Trippel bezeichnete Tonerde, die in Öl oder Wasser eingesumpft, mit Filzstücken oder feinen Lederlappen verrieben wird. Die Fertigstellung des Lackes erfolgte aus Gründen der Arbeitsökonomie vor der Montage der vergoldeten Ornamente. So war es möglich, größere Flächen am Stück zu bearbeiten, auf die empfindlichen Vergoldungen musste keine Rücksicht genommen werden.

Die marmorierten Füllungen der Predella sind mit Ranken aus Blüten und Blättern in Pastiglia-Technik umrahmt. Dabei wurden die plastischen Formen mit Kreidegrund oder einer ähnlichen streichfähigen Masse in mehrfachen Pinselaufträgen nach und nach aufgebaut.[755] Auch diese Rahmen wurden erst nach Fertigstellung des polierten Lackes angebracht und abschließend vergoldet.

Restaurierungsgeschichte

Der Innenraum und die Ausstattung der Alten Kapelle erfuhren seit der barocken Umgestaltung zwei umfassende Überarbeitungen, zuerst 1886/1887 dann 1936/1938.[756] Davon waren jeweils auch die beiden Querhausaltäre betroffen. Anlass für die Renovierung im 19. Jahrhundert war wohl mehr das Unbehagen, das der Überschwang des Rokoko damals verursachte, als eine tatsächliche technische Notwendigkeit. In einem Gutachten zur Restaurierung von 1886 heißt es: *Am Hochaltar ist meines Erachtens, wie man so zu sagen pflegt, Chrisam und Tauf verloren, und der Zopf [gemeint ist die Ausstuckierung] gehört am besten ganz weg geschnitten.*[757] Die geplante Rückführung auf den vermeintlich stilreinen gotischen oder romanischen Bestand scheiterte letztlich an den Finanzmitteln. Tatsächlich ausgeführt wurde eine komplette Neufassung von Raum und Ausstattung im Geschmack der Zeit.

Aus den erhaltenen Rechnungen von 1886/1887 geht hervor, dass die Querhausaltäre damals durch die Gebrüder Goß eine neue Fassung erhielten. Zu diesem Zweck wurden sie von dem Schreiner Kohlhaupt, der auch Reparaturen und Ergänzungen an den Figuren durchführte, abgebaut.[758] Er hat ferner eine Leuchterbank eingefügt und in diesem Zusammenhang auch das oben umlaufende Profil der Predella verändert. Ansonsten erfolgten keine nennenswerten formalen Veränderungen.

Die Farbigkeit änderte sich dagegen grundlegend. Aus den wenigen erhaltenen Fassungsresten lässt sie sich nur noch lückenhaft rekonstruieren. Bei der Marmorierung dominierten dunkle Töne. Die verwendete Ölfarbe erforderte außer einer ebenfalls ölig gebundenen hellen Grundierung keine besondere Vorbereitung des Untergrundes. Die alte Marmorierung blieb somit weitgehend erhalten, den Überzug hat man allenfalls angeschliffen.

Die Fassungen der Figuren wurden dagegen einschließlich der Grundierung neu aufgebaut. Sie erhielten naturalistisch angelegte Inkarnate und an den Gewändern eine buntfarbige Fassung mit Metallauflagen. Wohl mit dem Ziel, einen ausreichend tragfähigen Untergrund herzustellen, hat man zuvor die vorhandene Fassung fast vollständig entfernt. Bei den vergoldeten Ornamenten begnügte man sich größtenteils mit einem leichten Anschleifen der Oberflächen. Bei der Neuvergoldung erfolgte eine Differenzierung in glänzende und matte Bereiche. Glanzgold wurde in klassischer Polimentvergoldung hergestellt, die matten Partien wurden als Ölvergoldung angelegt. Die Goldverteilung folgte dabei nicht immer der des 18. Jahrhunderts.

Die neuerliche Gesamtrenovierung der Kirche in den Jahren 1936/1938 versuchte, die Veränderungen des 19. Jahrhunderts rückgängig zu machen und das Erscheinungsbild des Rokoko wieder herzustellen.[759]

Abb. 180 a, b und c
Detail der Predella am Hauptgeschoss des Briccius-Altars im nördlichen Querhaus der Alten Kapelle. Vor der Restaurierung (a), nach der Freilegung (b), nach Abschluss der Restaurierung 2002 (c).

Die Altäre im Querhaus hat 1936 Georg Brandl aus Regensburg renoviert.[760] Er legte die ursprüngliche Marmorierung frei, wobei mit der Übermalung des 19. Jahrhunderts auch der ursprüngliche Überzug und die darin eingearbeiteten Details der Fassung verloren gingen.[761] Die Freilegung diente wohl in erster Linie dazu, die ursprüngliche Farbigkeit aufzudecken, um eine Basis für die Erneuerung der Marmorierung zu gewinnen. So wurden erneut große Bereiche mehr oder weniger deckend übermalt, zum Teil erheblich von der Farbigkeit des Originals abweichend. Der abschließend aufgebrachte Schellacküberzug hat durch seine starke Vergilbung die Farbigkeit im Lauf der Zeit noch weiter verfälscht.

Die relativ gut erhaltenen Vergoldungen der vorangegangenen Renovierung hat Brandl größtenteils übernommen und nur in stärker beschädigten Bereichen in Polimenttechnik erneuert, so zum Beispiel an Tabernakel, Bilderrahmen und Ornamenten der Sockelzone.

Die Figuren wurden dagegen von Grund auf neu gefasst, mit naturalistisch angelegten Inkarnaten sowie Versilberungen, Vergoldungen und farbigen Absetzungen an den Gewändern. Dass dies nicht der Redaktion des 18. Jahrhunderts entsprach, scheint Brandl bewusst gewesen zu sein. In einem Angebot vom 1. Januar 1935 schlägt er für die Figuren eine Polierweißfassung vor, ebenso in seinem Angebot für den Hochaltar vom 24. Januar 1936. In dem erneuten Angebot für den Hochaltar, das er nur zwei Wochen später, am 8. Februar 1936 vorlegte, taucht die polierte Weißfassung nur noch am Rande als Alternative für die Versilberung der Wolken auf. Welche Gründe – wohl wider besseres Wissen – zur der vom Original abweichenden Ausführung bei der gesamten Ausstattung geführt haben, bleibt unklar.

Am 20. Oktober 1944 riss eine Fliegerbombe das Querhaus an der nordwestlichen Ecke bis unter das Dach auf.[762] Die Augenzeugin Anni Poll, eine Nichte des damaligen Dekans Poll, berichtet dazu: *Nach der Bombardierung hat er [Dekan Poll] wochenlang täglich viele Stunden die Altarsplitter zusammengesucht und im Kreuzgang aufgelegt. [...] Etwa 2 1/2 Jahre nach dem Fliegerangriff war die Kirche wieder ganz hergestellt.*[763]

Während der Barbara-Altar und der ebenfalls betroffene Heinrich-Altar bis 1949 wieder vollständig instand gesetzt wurden, beschränkte man sich am Briccius-Altar, abgesehen von der Restaurierung des stark beschädigten Altarbildes, weitgehend auf notdürftige Reparaturen.

Erhaltungszustand und Schäden

Trotz des Kriegsschadens und der umfassenden Renovierungen im 19. und 20. Jahrhundert hat sich an den Querhausaltären die ursprüngliche Fassung in großem Umfang erhalten. Die

Abb. 181 a, b und c
Detail am Hauptgeschoss des Briccius-Altars im nördlichen Querhaus der Alten Kapelle. Vor der Restaurierung mit Schäden der Bombardierung von 1944 (a), während der Restaurierung mit Holzergänzungen (b) und nach Abschluss der Restaurierung 2002 (c).

Marmorierung kann als großflächig und relativ gut erhalten bezeichnet werden, wenn man davon absieht, dass mit dem Verlust des originalen Überzuges auch Details der Farbigkeit des 18. Jahrhunderts verloren gingen. Manche Farben, zum Beispiel Blautöne, wo Zellner Berliner-Blau als Pigment verwendet hat, sind durch Lichteinwirkung ausgebleicht.

Die Vergoldungen der Ornamentik, teils aus dem 19., teils aus dem 20. Jahrhundert stammend, waren insgesamt relativ gut erhalten. Auch die Schäden an den Figurenfassungen bewegten sich im üblichen Rahmen. Die Holzsubstanz erwies sich als stabil, nur in Teilbereichen wurde geringer Holzwurmbefall festgestellt.

Am nördlichen Altar ist es in Folge des Bombeneinschlags von 1944 zu einigen größeren Schäden gekommen. Direkt betroffen war vor allem die linke Altarseite, wo Architekturteile und Ornamente wohl von herabfallenden Trümmern getroffen wurden. In diesem Bereich hatten sich zum Teil auch die Pastiglia-Ornamente gelöst und waren abgefallen. Nachdem die Reparatur des Mauerwerks längere Zeit in Anspruch nahm, ist es an den Fassungen und Vergoldungen zu Folgeschäden auf Grund der ungünstigen klimatischen Bedingungen gekommen; der Zustand des Briccius-Altars war insgesamt schlechter war als der des Anna-Altars. Am Altarblatt hat der Einschlag zahlreiche Löcher und Risse verursacht. Bei der nachfolgenden Reparatur wurden große Bereiche des Originals überkittet und übermalt.

Die Altarbilder sind öfter bearbeitet worden als die Altäre, jedoch geben die zugänglichen Akten dazu nur spärliche Auskünfte. So ist nicht klar, wann die bei allen Bildern vorhandene Kleisterdoublierung erfolgte. Bei der wohl schon im 19. Jahrhundert durchgeführten Abnahme des ursprünglichen Überzuges wurde auch die Malerei beschädigt. Betroffen sind vor allem dunkle Bereiche, wo die Farbe stellenweise bis zur roten Grundierung durchgerieben ist. Trotz der vorhandenen Schäden und Übermalungen ist die Malschicht insgesamt relativ gut und weitgehend vollständig erhalten, nicht zuletzt dank der soliden Maltechnik von Gebhard.

Restaurierung

Ziel der jüngsten Restaurierung war die Wiederherstellung des ursprünglichen Erscheinungsbildes.[764] Soweit noch vorhanden, wurden die Fassungen und Vergoldungen des 18. Jahrhunderts wieder aufgedeckt und restauriert. In Bereichen mit sehr schadhafter oder fehlender Originalsubstanz konnte der ursprüngliche Eindruck durch Rekonstruktion, die sich auf die umfangreiche Befunde stützte, zumindest näherungsweise wieder gewonnen werden. Der Grundsatz, mit den im 18. Jahrhundert verwendeten Materialien in der historischen Technik zu arbeiten, förderte dieses Bestreben. Nur in Teilbereichen war, technisch bedingt, ein abweichendes Vorgehen gefordert. Die Schäden an der Holzkonstruktion und am Schnitzwerk wurden ausgebessert und fehlende Teile ergänzt.

Die Marmorierung war unter den Übermalungen und einem stark vergilbten Firnis zum großen Teil noch vorhanden und mit Lösemitteln, stellenweise auch mit Abbeizern oder mechanisch, freizulegen. Dagegen hat sich die ursprüngliche Vergoldung unter den späteren Überarbeitungen nur im Aufsatzbereich sowie an den Säulen- und Pilasterkapitellen erhalten. Sie konnte hier großflächig und in gutem Zustand freigelegt werden. In den übrigen Bereichen wurden die im großen und ganzen stabilen Überarbeitungen belassen und restauriert, so dass heute neben den freigelegten originalen Goldoberflächen auch Vergoldungen des 19. und 20. Jahrhunderts zu sehen sind.

Zur Verfestigung von hohlliegenden und zum Abplatzen neigenden Vergoldungen und Fassungen diente Glutinleim. Die Kittung der Fehlstellen wurde, dem originalen Aufbau folgend, aus Kreidegrund über einer Steinkreide-Grundierung aufgebaut. Für die Retusche von Fehlstellen in der Marmorierung fand Eitempera mit Trockenpigmenten Verwendung, wobei der Auftrag in der Regel strichelnd erfolgte. Somit bleiben die Schadstellen aus der Nähe erkennbar. Größere Fehlstellen wurden malerisch ergänzt. Bei der Retusche der Vergoldungen kam je nach Größe der Fehlstellen gelbes Poliment, Pudergold oder Blattgold zum Einsatz.

Das Fehlen originaler Oberflächen machte bei den Figuren die vollständige Rekonstruktion der Weißfassungen erforderlich. Die Aufgabenstellung, dem ursprünglichen Erscheinungsbild möglichst nahe zu kommen, wurde erschwert durch die denkmalpflegerische Forderung, die vorhandenen Fassungen der letzten Renovierung als Zeugnis der vorangegangenen Maßnahmen zu erhalten und nicht zu beschädigen. Ein solcher Spagat war mit dem üblichen Fassungsaufbau nicht zu bewerkstelligen, weshalb zunächst eine geeignete Ersatztechnik entwickelt werden musste. Als geeignet erwies sich eine Farbe mit Eitempera als Bindemittel, bei der sich durch Frottieren unterschiedliche Glanzgrade erzielen ließen. Über einer Trennschicht aus Schellack erfolgte der Auftrag mehrschichtig – in den unteren Lagen mit dem gut deckenden Titanweiß pigmentiert, in der letzten Schicht mit Bleiweiß, wie es auch Zellner verwendet hat.

Die Rekonstruktion des polierten Überzugs auf der Marmorierung erforderte im Vorfeld zahlreiche Testreihen und Arbeitsmuster, bis die ideale Zusammensetzung und Verarbeitung des Lackes gefunden war. Bewährt hat sich eine Mischung aus 85 % Sandarak und 15 % Mastix in Ethanol, dazu ein geringer Zusatz von Elemiharz. Bei der Ausführung zeigte sich, dass auch die jeweilige Temperatur und Luftfeuchtigkeit das Ergebnis ganz wesentlich beeinflusste. Der Auftrag erfolgte mit dem Pinsel in fünf bis sechs Lagen über einer Trennschicht aus Glutinleim. Ein Zwischenschliff nach der dritten Lage diente der Beseitigung größerer Unebenheiten. Die Schleifvorgänge nach dem letzten Lackauftrag erfolgten nass, unter Einsatz von stufenweise feiner werdendem Schleifpapier bis zur abschließenden Politur mit Trippel.[765]

Die Stiftsgebäude der Alten Kapelle im stadträumlichen Gefüge

Harald Giess

Stadtgrundrisse können als „Gedächtnis" des jeweiligen Gemeinwesens interpretiert werden, denn richtig gelesen sind sie in der Lage, präzise Auskunft über längst zurückliegende Entwicklungen zu geben. In besonderem Maße trifft dies auf eine Stadt wie Regensburg zu, die im Verlauf ihrer über eintausendachthundertjährigen Geschichte kaum weiträumige Zerstörungen hinnehmen musste, und die vor allem von den flächendeckenden Bombardierungen des Zweiten Weltkriegs im wesentlichen verschont blieb. Noch heute kann daher im Stadtgrundriss Regensburgs die entscheidende erste Phase seiner Existenz, das Legionslager der Dritten Italischen Legion mit seiner charakteristischen Rechteckform, klar abgelesen werden. Das Rechteck mit etwa 540 m Ausdehnung in Nord-Süd Richtung und 450 m von Ost nach West wird durch die Straßenzüge Unter den Schwibbögen und Goliathstraße im Norden, Untere und Obere Bachgasse im Westen, Fuchsengang und Grasgasse im Süden und die D.-Martin-Luther-Straße im Osten markiert. Innerhalb dieses Areals, welches seit 179 nach Christus als klassisches Legionslager mit sich kreuzenden Hauptstraßen bestand, hat sich nach dem Ende des Imperium Romanum, nach einer bisher noch ungeklärten Phase der Wüstung, das Werden der Hauptstadt des jungen Stammesherzogtums Baiern vollzogen. Später wurde Regensburg auch Königs- und Kaiserpfalz und zugleich Sitz eines Bischofs.

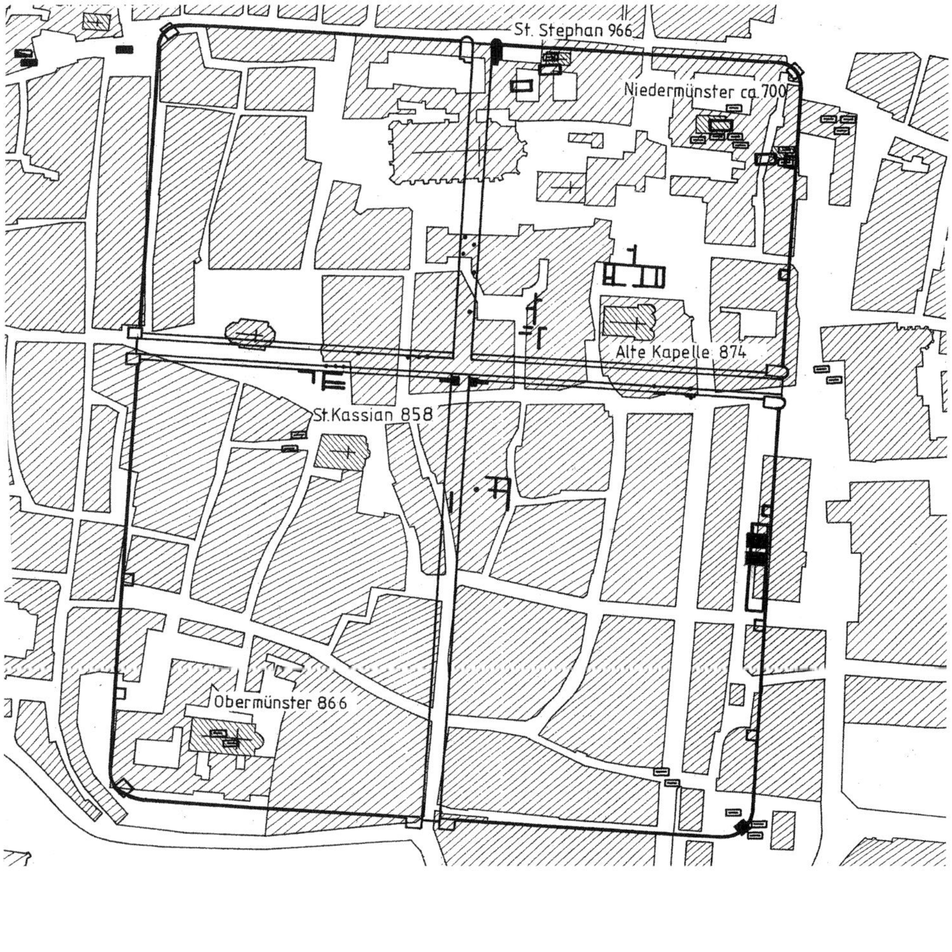

Abb. 182
Stadtplan von Regensburg mit den eingezeichneten Grenzen des Lagers der Dritten Italischen Legion.

◁ Abb. 183
Blick in den Kreuzgang an der Alten Kapelle.

Die bauliche Ausformung dieses frühmittelalterlichen Machtzentrums besaß ihren Kern im nordöstlichen Bereich des ehemaligen Legionslagers. Dort, wo heute der Alte Kornmarkt als nahezu quadratischer Platz die Stadtgestalt dominiert, kann der ursprüngliche Pfalzbereich zumindest aus karolingischer Zeit und auch der späteren Könige und Kaiser vermutet werden. Die Anfänge Regensburgs als Bischofsitz lassen sich unmittelbar östlich des gotischen Doms und damit nördlich des weltlichen Pfalzbereichs lokalisieren. Das Kollegiatstift der Alten Kapelle, welches sich mit seiner Kirche auf die Pfalzkapelle der Herzöge und Könige zurückführt, liegt entsprechend signifikant am Südrand des Alten Kornmarktes, unmittelbar anschließend an den westlich gelegenen Haupttrakt der Pfalz mit dem in Resten bis heute erhaltenen Saalbau und dem so genannten Römerturm nördlich davon. Im heutigen Stadtgefüge wird das Stiftsareal im Norden durch den Alten Kornmarkt, im Westen durch die Kapellengasse, im Süden durch die Drei-Kronen-Gasse und im Osten durch die Speichergasse umschlossen. Innerhalb des Grundrisses des römischen Legionslagers bedeutet dies, dass das Areal der Stiftsgebäude südlich des Kirchenbaus der Alten Kapelle bis an die ehemalige Hauptstraße des Lagers, die via principalis, welche das Osttor im Bereich des heutigen Dachauplatzes und das Westtor an der Einmündung der Gesandtenstraße verbunden hat, heranreicht. Bereits diese bis heute unverändert beibehaltene Anknüpfung an den überkommenen Legionslagergrundriss lässt eine sehr früh erfolgte Festigung der Grundstücksverhältnisse in diesem Bereich vermuten. Im übrigen ist dies in Regensburg kein Singulum, denn auch der karolingische Dombau hatte mit seiner Westfassade, vor der Errichtung des romanischen Westquerhauses und der flankierenden Türme, unmittelbar auf die via praetoria, im Mittelalter als via aquarum bezeichnet, Bezug genommen.

Das Geviert der Stiftsgebäude der Alten Kapelle ist zusammen mit dem Bereich um das ehemalige Benediktinerkloster Sankt Emmeram und dem Domareal stadtgeschichtlich von herausragender Bedeutung. Schon die Lage im Kontext des Stadtorganismus lässt die enorme historische Dimension ahnen und schlägt eine Brücke von den Anfängen Regensburgs bis in die jüngste Vergangenheit.

Die ursprüngliche Geschlossenheit des Stiftsareals südlich der Kirche hat sich jedoch nur noch im Westen und im Süden entlang der Drei-Kronen-Gasse erhalten. Der bis ins frühe 19. Jahrhundert bestehende klare Abschluss zur Speichergasse hin durch eine Mauer wurde nach 1809 aufgegeben. Die Neuanlage der Maximilianstraße nach den Zerstörungen in diesem Bereich durch französische Truppen unter Napoleon I. machte eine Verschiebung der Ostflanke des Stiftsgeländes nach Westen erforderlich, der unter anderem bei der Realisierung des Vorhabens um 1830 die Apsis der Zantkapelle zum Opfer fiel. Damals wurde auch der kleine Kapellenstock, ein durchfenstertes Walmdachhäuschen auf der Mauerkrone der Nordostecke des Stiftsareals, aufgegeben. Der heutige Kapellenstock, der im Inneren eine Pietà aus der ersten Hälfte des 15. Jahrhunderts birgt, konnte erst 1938 im Zusammenhang mit der damals durchgeführten Innenrenovierung neu errichtet werden. Die über lange Jahrhunderte nach Außen klar ablesbare Abgrenzung des rechtlich exempten Stiftsareals vom allgemeinen Stadtraum konnte jedoch durch die Wiedererrichtung des Kapellenstock nicht mehr hergestellt werden.

Kreuzgang und neue Sakristei

Unmittelbar südlich an das Querhaus der Alten Kapelle und den gotischen Hochchor fügt sich der Kreuzgang an. Die Lage ist ungewöhnlich, da der nördliche Kreuzgangflügel lediglich am Querhaus der Kirche unmittelbar an diese anschließt. Inwieweit das geläufige Schema mit der Situierung eines Kreuzgangs unmittelbar an der Südseite des Langhauses einer Kirche aufgrund bereits bestehender Gebäude in diesem Bereich nicht realisiert wurde, kann derzeit nicht mit Bestimmtheit nachgewiesen werden. Archäologische Untersuchungen fehlen in diesem Bereich, ebenso wie nahezu im gesamten Stiftsareal. Eine erste Erwähnung des Kreuzgangs erfolgt im Jahr 1288. Allerdings ist von der damaligen Anlage nichts mehr unmittelbar anschaulich erhalten. Bei der Barockisierung 1624 wurde die zu dieser Zeit wohl bereits baufällige oder zumindest geschädigte mittelalterliche Substanz zwar teilweise einbezogen, doch die Gesamtanlage in ihren bis heute bestimmenden Raumformen weitgehend neu konzipiert. Die einzelnen Flügel sind mit Kreuzgratgewölben überfangen. Die zum Kreuzgarten hin sich öffnenden Stichbogenfenster gehören in ihrer Grundform dem Umbau von 1624 an und haben von den gotischen Öffnungen nichts bewahrt. Lediglich der Grundriss der Anlage dürfte in unmittelbarer Kontinuität zum gotischen Vorgänger zusammen mit den Grundmauern beibehalten worden sein. An den Umbau von 1624 erinnert eine Inschrifttafel im Kreuzgang-Westflügel. Dort heißt es: *HIC AMBITVS VE / TVSTATE RVINOSVS / SVMPTIBVS CAPITV / LI A FVNDAMENTIS INSTAVRATVS ET RE / STITVTVS EST ANO / MDCXXIV* (Dieser infolge seines Alters baufällige Kreuzgang wurde auf Kosten des Kapitels [= Kollegiatstift] im Jahre 1624 von Grund auf in Stand gesetzt und wieder hergestellt).

Ebenfalls im Westflügel findet sich an der Westwand die „Heinrich-Kunigunden-Säule“. Über einem in fünf Seiten des Achtecks gebrochenen Wandpfeiler sitzt ein ebenfalls polygonales Schreingehäuse mit Wimpergen und Fialen an den Ecken. Auf der Frontseite ziehen die als Relief ausgeführten Darstellungen einer Pietà sowie seitlich die Heiligen Heinrich und Kunigunde den Blick auf sich. Die Stifterfiguren halten ein Kirchenmodell, die Alte Kapelle symbolisierend, über die Vespergruppe. Das Relief dürfte wohl um 1480/1490 entstanden sein. Es ist aus Sandstein gearbeitet und im Kreuzgang in Zweitverwendung aufgestellt. Der Pfeilersockel sowie der architektonische Aufbau mit Wimpergen und Fialen sind mit teilweise mit Gips anmodellierte Zutaten um etwa1906.

Die neue Sakristei, um 1600 aus der Zusammenlegung der Mariä-Schnee- und der Dreikönigskapelle hervorgegangen, fügt sich in den Raum zwischen dem gotischen Hochchor, dem südlichen Querhausarm und dem nördlichen Kreuzgangflügel. In diesem Bereich befand sich der Überlieferung nach ursprünglich ein kleiner Friedhof. Archäologische Untersuchungen im Jahr 1993 lieferten hierfür konkrete Anhaltspunkte. Unter dem Westteil der Sakristei wurden die Umfassungsmauern eines Rechteckraumes aus der Romanik ergraben, die noch den Ansatz eines Gewölbes erkennen ließen. Bei dem Rechteckraum dürfte es sich mit großer Wahrscheinlichkeit um einen Karner gehandelt haben.

Das ursprüngliche Gewölbe, dessen Scheitel deutlich über das Fußbodenniveau der heutigen Sakristei hinausgeragt hätte, wurde wohl im Zusammenhang mit dem Bau des gotischen Hochchors, spätestens jedoch mit der Einrichtung der Sakristei zerstört.

Ein zweiter, jedoch ebenfalls bereits aufgelassener Friedhof befand sich westlich des Kreuzgangs bis hin zur Kapellengasse. Er diente der zum Stift gehörenden Pfarrei Sankt Kassian als Gemeindefriedhof und ist 1477 erstmals urkundlich fassbar.

Die an den Kreuzgang unmittelbar anschließenden Stiftsgebäude

Südlich an die Zantkapelle anschließend und wie diese unmittelbar an den Kreuzgangostflügel angebaut, begrenzt der 1240 erstmals erwähnte, ehemalige Getreidekasten das Stiftsareal. Er wurde in seiner bis heute erhaltenen Substanz 1694 neu errichtet und 1899 nochmals weitreichend umgebaut. Eine Inschriftentafel im zweiten Obergeschoss dokumentiert den barocken Umbau: *HOC GRANARIVM / VETVSTATE TEM / PORVM PENITVS FER / ME COLLAPSVM SVM / TIBVS CAPITVLI AD / VET CAPELLAM PER / MAGNI DENVO RE / AEDIFICATVM ET AM / PLIATVM EST ANNO / MDCXCIV* (Dieser im Lauf der Zeiten fast völlig eingefallene Kornspeicher wurde auf Kosten des Kapitels zur Alten Kapelle wieder aufgebaut und vergrößert im Jahre 1694). Das seit dem Umbau 1899 als Mesnerhaus genutzte Gebäude hat der östlich anschließenden Speichergasse ihren Namen gegeben.

Südlich des Getreidespeichers stand ursprünglich der Kastnerhof. Hier befand sich der Sitz des für den Speicher zuständigen Verwaltungsbeamten, des Kastners. Als 1924 eine Aufstockung des Hauses erfolgte, erfuhr die Südostecke des Stiftsareals eine städtebaulich wirksame Akzentuierung, zusammen mit der westlich anschließenden Neuen Dechantei präsentierte sich das Stift nach Süden mit zwei wohl proportionierten Einzelgebäuden. Heute, nach dem 1972 erfolgten Abbruch des städtebaulich wichtigen Eckhauses, beeinträchtigt ein viergeschossiger Stahlbetonskelettbau den baulichen Zusammenhang zwischen der Neuen Dechantei und dem ehemaligen Getreidekasten.

Die Alte Dechantei des Stifts, also das Wohnhaus der Stiftsdekane, greift als einziges der Stiftsgebäude über die Kapellengasse hinaus nach Westen. Das Äußere des im Kern mittelalterlichen Gebäudes wird seit 1905/1906 durch die romantisierende Fachwerkgliederung des Architekten Karl Frank bestimmt. Lediglich das breithingelagerte, korbbogige Renaissanceportal mit seitlichen Pilastern und einem kräftigen Volutenaufsatz an der Ostfassade lässt die bewegte Geschichte des Gebäudes auch nach Außen lebendig werden.

Die für das Stift herausgehobene Funktion der Wohnung des Stiftsdekans ging nach 1889 auf das nunmehr als Neue Dechantei bezeichnete Gebäude südlich des ehemaligen Friedhofs von Sankt Kassian über. Das 1860 erbaute Haus bildet zusammen mit der spätgotischen Beinhauskapelle den südwestlichen Abschluss des Stiftsareals. Seine Wirkung wird im Wesentlichen durch die kräftig bemalte wuchtige Hohlkehle bestimmt, welche über dem ersten Obergeschoss zum Walmdach überleitet. Formal besonders aufwendig und fein in der Durcharbeitung präsentiert sich das in der Mittelachse der straßenseitigen Südfassade angeordnete Hauptportal. Pilastervorlagen mit Reliefdarstellungen des Kaisers Heinrich und der Kaiserin Kunigunde unter bewegten Baldachinarchitekturen rahmen es ein. Kaiser Heinrich erscheint an der Außenfassade ein weiteres Mal. An der abgeschrägten Ecke zur Kapellengasse hin birgt eine Nische die vollplastische Figur, welche durch Krone und Schwert ausgezeichnet ist. Die von der Neuen Dechantei zur Kirche führende westliche Abschlussmauer entlang der Kapellengasse wurde ebenfalls von Karl Frank im Jahre 1905 zeitgleich mit der Fassadenumgestaltung der Alten Dechantei errichtet.

Abb. 184
Das Portal der Neuen Dechantei mit dem heiligen Kaiserpaar Heinrich und Kunigunde.
Errichtet von Karl Frank 1905.

Würdigung

Die Lage im Stadtgrundriss konnte bereits die Bedeutung des Stiftsareals der Alten Kapelle im Kontext der Stadtgestalt Regensburgs anschaulich werden lassen. Die Stiftsgebäude zeichnen über ihre jeweilige Einzelbedeutung hinaus in einer beachtenswerten Kontinuität die bauliche Aktivität der Stiftskanoniker vom Mittelalter bis ins frühe 20. Jahrhundert nach. Dabei wird deutlich, dass die Stiftertradition mit Heinrich und Kunigunde als den entscheidenden Förderern des Stifts nie in Vergessenheit geraten war. Noch die Neugestaltung der Fassade der Neuen Dechantei um 1909, also eine der letzten baulichen Maßnahmen der Kanoniker, rückte das Stifterpaar am Hauptportal in eine beherrschende Position. Die Stiftsgebäude der Alten Kapelle werden so – trotz der Verluste an der Südostecke – zu einem beredten Zeugnis für die über mehr als ein Jahrtausend lebendige Institution des Kapitels.

Weissenlamm Gasse
Am Stecken
Goliath
Brucken Strasse
Unter den Schwibboegen
Wallfisch Gasse
St. Georgen Platz
Hühner Platz
Wagmarkt
Bischofshof
Niedermünster
Niedermünster Platz
Dom Platz
Domkirche
F
Dom Strasse
Korn Markt
Residenz Strasse
Schwanen Platz
Neu Pfarr Platz
E
Hauptwache
Dreiholm Gasse
Woelel Gasse
Frauenbergel
Pfauen Gasse
Kapellen Gasse
Alte Kapelle
Speicher Gasse
Minoriten Platz
Minoriten Kloster
Schwarzenbaeren Strasse
Dreikronen Gasse
St. Klara
Klaren Anger
Casians Platz
G
Lutzen Gasse
Schoffner Strasse
Wiener oder Wermuth Strasse
Weisse Lilien Gasse
Mahler Strasse
Wintering Gasse
Gret
Koch Gasse
Goldenen Engels Strasse
Turken Strasse
Nikolaus Gasse
Jesuiten Gebäude
58
68
70
56
55
54
47
49
48
39
37
36
34
33
89
41
42
43
44
84
45/46
20
110

Die Kanonikalhäuser der Alten Kapelle

Richard Strobel

◁ Abb. 185
„Urkarte“ von Regensburg (Ausschnitt).
Lithographie von N. St. Johanser. 45,6 cm x 91,8 cm.
Regensburg 1812.

Das bauliche Erscheinungsbild der Kollegiatstifte in mittelalterlichen Städten setzt sich zusammen aus verschiedenen Gebäuden unterschiedlicher Größe und Funktion. Schwerpunkt bildet immer die Kirche, um die sich weitere kleinere Bauten sakralen oder halbsakralen Charakters gruppieren können: Kapellen, Sakristei, Schatzkammer, Kreuzgang mit Kapitelsaal, Bibliothek usw. Dazu treten die Wohngebäude der Kanoniker, deren Verfassung und Möglichkeiten des Grundstückserwerbs durch Kauf, Tausch oder Schenkung die Lage am Kreuzgang, in Kirchennähe oder verstreut im Stadtgebiet bestimmen. Je nach Größe des Stifts, Anzahl der Kanoniker und Bedeutung zur Entstehungs- und Blütezeit sind die einzelnen Bauwerke entstanden, verändert worden oder nur noch durch Bildquellen oder in Fundamenten rekonstruierbar. In Bischofsstädten ist man besonders herausgefordert, Lage und bauliche Erscheinung der Höfe oder Kurien der Domkanoniker zu benennen. Das ist für Regensburg noch zu leisten, während es für andere Städte bereits mit mehr oder weniger großem Erfolg geschah. Würzburg,[766] Trier,[767] Paderborn,[768] Bamberg[769] seien genannt.

Sechs Stifte sind in Regensburg – neben den Klöstern, Ritterorden, Spitälern – baulich in Erscheinung getreten. Es sind die drei Frauenstifte Ober-, Mittel- und Niedermünster sowie die drei Männerstifte an Dom, Sankt Johannis und das hier zu erörternde Stift der Alten Kapelle. Im Mittelpunkt unseres Beitrags wird das heutige Erscheinungsbild der Kanonikalhäuser stehen. Ferner stellen sich Fragen, wie der Hausbestand weiter zurück ausgesehen hat oder wenigstens vorzustellen ist. Das kann nicht ohne Benennen der schriftlichen und bildlichen Quellen erfolgen sowie der maßgeblichen Veränderungsschritte im Laufe der Jahrhunderte. Vorweg kann gesagt werden, dass trotz des „prächtigen“ Stifts der Hausbestand eher bescheiden geblieben ist, im Altstadt-Ganzen keine allzu gewichtige Rolle spielt, Erkennungsmerkmale erst behutsam aufgesucht werden müssen. Insgesamt kommt bei allen Umbruchtendenzen den Kanonikalhäusern eine stabilisierende Rolle in der Stadtgestalt zu.

Die zum Kollegiatstift gehörigen Häuser sollen in folgender Reihenfolge beschrieben werden: Die unmittelbar an den Kirchen-/Kreuzgangbereich anschließenden Häuser, dann die westlich benachbarten, die südlich gelegenen und schließlich die wenigen restlichen verstreuten. Zugrunde liegen zwar die heutigen Erscheinungsformen, maßgeblich waren aber die Besitzverhältnisse um 1808, also *vor* der Säkularisation und der tiefgreifenden Zerstörung durch Napoleon 1809.

Bezüglich der Besitzverhältnisse des Stifts am Ausgang des Alten Reichs stehen wir durch den Historischen Atlas[770] auf sicherer Grundlage, der damit ältere, summarische Karten(skizzen)[771] ersetzt. Freilich ist die dort zugrundegelegte Karte von Johann Gottfried Mannhardt und Johann Mayr 1808 etwas irritierend, da in ihr weder die Grundstücksanteile maßgenau sind wie in der von N. St. Johanser gravierten „Urkarte“ von 1812, noch eine Unterscheidung zwischen bebauter (Wohnhaus/Stadel) und unbebauter Fläche (Hof/Garten) gemacht wird. Es wurde deshalb versucht, durch Übertragung der für die Alte Kapelle als „eigen“ bezeichneten Häuser vom gesüdeten Kupferstich von 1808 auf die genordete Lithographie von 1812 eine genauere Vorstellung des Hausbestandes des Stifts zu Beginn des 19. Jahrhunderts im Stadtganzen zu erhalten. Viele Kanonikalhäuser bekamen zwar erst zu Beginn des 20. Jahrhunderts ihre bauliche Gestalt, auch auf verändertem Grundriss, so dass zweifelsfreie Rückschlüsse auf ältere Verhältnisse nicht möglich sind. Der Bau- und Stadtgestaltforscher befindet sich hier im selben Dilemma wie der Historiker, der eingestehen muss: „die Objekte mit Litera-Bezeichnungen in den früheren Beschreibungen [gemeint ist der spätmittelalterliche Hausbestand[772]] wiederzuerkennen, ist unmöglich“[773]. Auch Bauforschung und Archäologie wären bei der Zuweisung von Bauresten etwa an das Domstift oder an die Alte Kapelle überfordert. So können für ältere Verhältnisse nur alte Abbildungen befragt und die frühest möglichen gesicherten Grundstücksverhältnisse (Lagerbuch um 1805/1806, Hauseigentümer der Pauluserwacht 1765 und Hausnummern 1808) mit Einschränkungen zurückprojeziert werden. Bei den Hausbeschreibungen ist unverzichtbar der Baualtersplan,[774] zu dem historische Belege in der Ortsliteratur treten.

Die Hausbeschreibungen

Speichergasse 2 (G 47, Getreidekasten, Mesnerhaus)[775]

Abb. 186
Keller.
Anwesen Speichergasse 2

Von den unmittelbar am Kreuzgang liegenden nicht-sakralen Gebäuden (zu denen etwa nur bedingt die Zantkapelle gehört) ist der ehemalige Getreidekasten bereits ein typisches Gebäude im engeren Stiftsbereich: Die äußere Erscheinung als dreigeschossiges, sechsachsiges Traufhaus von 1899, wobei ein Inschriftstein von 1694 auf den Wiederaufbau und die Vergrößerung des „fast gänzlich zerstörten Getreidespeichers“ hinweist, zu dem noch außer den Umfassungsmauern der Dachstuhl gehören dürfte. Der Keller ist jedoch älter: Seine Mauern mit Handquadern und das Tonnengewölbe mit extrem breiten und verhältnismäßig langen Verschalbretterabdrücken weisen noch ins 13. Jahrhundert. Ein *granarium* wird bereits am 4. Mai 1240 erwähnt,[776] weshalb der vorhandene Keller bereits damit gemeint sein könnte. Er besitzt einen heute vermauerten Aufgang nach außen neben dem jüngeren, noch begehbaren von 1694; letzterer zeichnet sich an der Ostfassade mit einem rundbogigen Steingewände ab.

Die Lage ist merkwürdig. An dieser Stelle sucht man in Klosterbereichen den Kapitelsaal und das Dormitorium. Hängt die Nähe zum Treffpunkt der Kanoniker mit Kreuzgang und Kirche damit zusammen, dass die Begründung des Generalkapitels vom 12. Juli 1581[777] schon immer zutraf, das Getreide sei der Lebensnerv unserer ganzen Kirche?

Abb. 187
Inschriftenstein von 1694.
Anwesen Speichergasse 2

Drei-Kronen-Gasse 3 (G 48, ehem. Kastner- oder Mesnerhaus, heute Geschäfts- und Bürohaus an der Ecke zur Speichergasse)[778]

Der viergeschossige Betonskelettbau von 1972/1973 (Enno Burmeister, Paul Schlienz) bedeutet an dieser Stelle den Einbruch der sogenannten Moderne in historische Bereiche, wobei die Tragekonstruktion ausdrücklich in Anlehnung an die Strebepfeiler der Stiftskirche konzipiert wurde.[779] Allerdings war der Vorgängerbau von 1834 mit Aufstockung von 1924 kein Denkmal; als Kanonikalhof errichtet, werden die früheren Funktionen mit Mesner- und Kastnerhaus angegeben. Davon ist heute nichts mehr zu verspüren und nach Fundamentaushub bis unter das römische Niveau nichts mehr an Befunden zu erwarten. Die Bahre-Ansicht 1644 zeigt ein schlichtes Satteldachhaus, das Aussehen nach 1834 durch spärliche Fotos überliefert: zwei-, ab 1924 dreigeschossiges Walmdachhaus von 7:4 Achsen mit rundbogigen Öffnungen und kräftiger Gesimsgliederung, nur teilunterkellert.

Inhaber des Kastenamtes (*granarius*) sind zahlreich überliefert, die Stiftskastner waren zeitweise Laien, ihre und ihrer Angehörigen Begräbnisse fanden auf dem Stiftsfriedhof, im

Kreuzgang oder in der Markus-Kapelle im Getreidekasten statt, von denen noch etliche Grabsteine zeugen.[780]

Drei-Kronen-Gasse 1 (G 49, Neue Dechantei, zuvor Kanonikalhof)[781]
Das zweigeschossige, auf mehrfach gebrochenem Grundriss 1860/1861 von Wilhelm Madler errichtete Eckhaus löste nach einem Umbau 1909 (Karl Frank) den alten Dekanalhof (bis 1889) in Kapellengasse 6 ab. Mit 5:2 Achsen, schmalen Gurtgesimsen, weit vorstehendem Traufgesims mit auffallender Bemalung in der großen Kehle gibt sich das Haus als „geistlich" vor allem an der repräsentativen Haustür und im Inneren zu erkennen. Die Steingewändetür ist in strengen Jugendstilformen mit Reliefs verziert, die Ausführung erfolgte durch die Firma Jakob Helmer Senior. Dargestellt sind das Stifterpaar Heinrich und Kunigunde unter Baldachinen seitlich, über dem Sturz in Halbfigur Maria.

Im Inneren berichten im Treppenhaus zwei Tafeln vom Baugeschehen 1860/1861. Ausführlich werden nicht nur Dekan und Kanoniker, sondern alle am Bau beteiligten Handwerker aufgezählt mit dem abschließenden Satz: „Sie alle haben wohlbedacht / Mit Fleiß die Sach' und gut gemacht. / Dies Zeugnis gibt der Bauherr ihnen, / Und scheidet mit zufriednen Mienen". Bemerkenswert ist nicht nur das Treppenhaus, sondern auch ein Zimmer mit Neurokokostuck-Bemalung.

Abb. 188
Ansicht von Regensburg aus der Vogelschau (Ausschnitt). Gezeichnet von Hans Georg Bahre 1614. Tusche auf Leinwand. Regensburg, Museen der Stadt.

Kapellengasse 6 (G 54, Alte Dechantei)[782]

Das Eckhaus zur Schwarzen-Bären-Straße von Karl Frank 1905/1906 mit älterer Substanz war über die Jahrhunderte Dekanalhof des Stifts. Sein heutiges Erscheinungsbild mag mit den „altdeutschen" Fachwerkreminiszenzen und dem „Glocken"-türmchen eher künstlich daran erinnern, während das Portal der Ostfassade mit denkmalartig wiederverwendetem Marienrelief von 1464 trotz des kompilatorischen Charakters als deutlicher Verweis auf die ehemalige Hausfunktion und den ersten Erbauer Dekan Johannes Hayden († 1490) verstanden werden kann.

Das zweigeschossige, im Erdgeschoss durch unmaßstäblich große Schaufenster von 1928, 1935 und wieder 1999 gestörte Haus lebt von der abwechslungsreichen „altfränkischen" Fachwerkgliederung. Der zweiachsige Fenstererker an der Südostecke wird von einer Stichbogen-Konsolreihe als Vorschuss-Andeutung getragen. Den südlichen Halbwalm durchstößt ein übereck gestelltes zweigeschossiges Glockentürmchen. An der Ostseite sitzt ein großes Zwerchhaus mit Walmdach auf, schräg darunter das stichbogige Portal, seitlich von gefelderten Pilastern begleitet, über dem Bogen Muschelmotive unter Voluten, dazwischen das bereits erwähnte Marienrelief mit dem Wappen des Dekans Johannes Hayden, der hier wie bei der Sankt Kassianskirche als Bauherr tätig gewesen sein dürfte. Wieviel mittelalterliche Bausubstanz sich aber noch tatsächlich im Haus von 1905/1906 verbirgt, könnte erst durch eine Bauuntersuchung abgeklärt werden.

Im Inneren dürfte der Keller noch aus dem 13. Jahrhundert stammen. Im ersten Obergeschoss erinnern ein steinernes geohrtes Kamingewände, einige Räume mit Voluten und zweiflügeligen Türen sowie die Treppe ins zweite Obergeschoss mit einem Balustergeländer um 1700 an die Dekanalzeit.

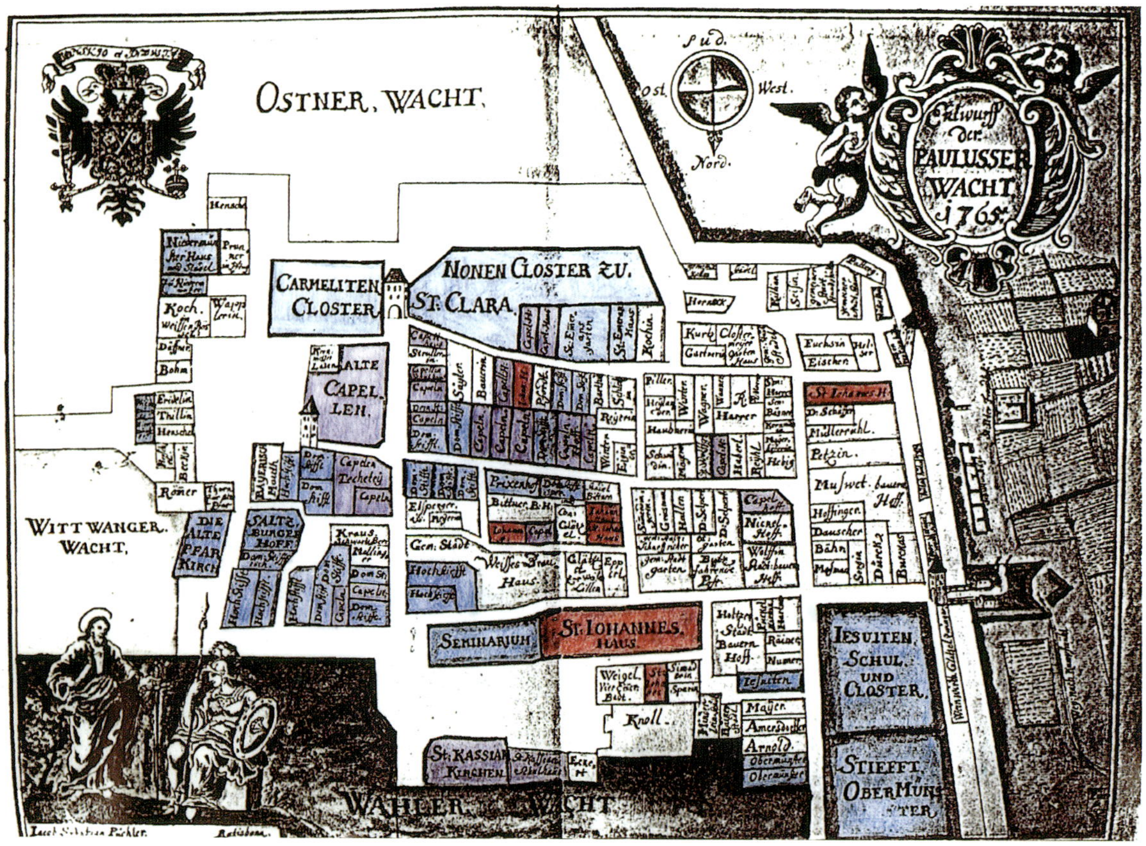

Abb. 189
Entwurff der Pauluss erwacht. 1765.
Regensburger Lageplan mit Angabe der Hauseigentümer. Besitz der Alten Kapelle in Lila.
Papier. 23,5 cm x 31 cm.
Regensburg 1765.
Regensburg, Kollegiatstift Sankt Johann.

Salzburger Gasse 1 (G 56/58, Musikseminar) und Schwarze-Bären-Straße 7 (G 55, Inspektorenhaus der Kirchenmusikschule)[783]

Die beiden Gebäude des Stifts an der Salzburger Gasse, die sie dominieren, stellen erst ein jüngeres Kapitel der Stiftsentwicklung dar. Zuvor befanden sich hier domstiftische Häuser, wie auch Kapellengasse 2 (G 53) mit dem romanischen Hausturm einst bis um 1830 gleichfalls dem Domkapitel gehörte. Anstelle von G 56 stand der domkapitelsche Getreidkasten, während G 57 als Privatbesitz mit einem Rückgebäude an den Glockenturm der Alten Kapelle anschloss. Dieses Haus wurde 1835 erworben für die wiederzuerrichtende und bis 1874 bestehende Aula Scholastica.[784] Schließlich wurden G 56–58 abgebrochen für das 1899 erbaute Seminargebäude des Studien- und Musik-Seminars. Planverfertiger war Architekt Paul Pirckmayer, Baumeister Anton Mayer. Bereits 1904 gab es eine Erweiterung nach Süd um vier Achsen durch Karl Frank. Das dreigeschossige Gebäude ist mit spröden Neorenaissanceformen gegliedert, am Gebäudeknick ein Rundturm mit Tür, im Gebälk die Inschrift „Studien- et Musik-Seminar zur Alten Kapelle“. An der Ecke sind römische Fundstücke aus 4 m Tiefe zu einem Türstock zusammengestellt. Im Südteil gliedert ein dreiachsiger Risalit mit Zierstufengiebel und Türmchen die Schulgebäudefassade. Das Innere erinnert mit Treppe und wenigen Details nach einem Umbau 1980 noch an die Schulfunktionen.

Abb. 190
Musikseminar.
Anwesen Salzburger Gasse 1.

Gleichzeitig mit der Erweiterung nach Süd wurde auch der Neubau von Schwarze-Bären-Straße 7 als Inspektorenhaus der Kirchenmusikschule des Stifts geplant und gebaut. Die Pläne stammen vom Baugeschäft Anton Mayer, als entwerfender Architekt war Karl Frank tätig. Das dreigeschossige Eckhaus ist trotz formaler Gleichläufigkeit in deutlich „moderneren“ Formen als das Nachbarhaus gebaut: Die strenge Axialität ist aufgegeben und die Schmuckdetails lassen Jugendstilformen anklingen. Der große Giebel wendet sich zur Salzburger Gasse und beginnt völlig unorthodox an der Gebäudekante über dem Polygonerker, die Haustür der Südfassade ist aus der dortigen schmalen Giebelachse verschoben. Der Baudekor bezieht sich ganz auf die Haus-Aufgaben: zwischen den Oberlichtfenstern als Relief „ST. CAECILIA“, dazu Lorbeerzweige; in den rahmenden Pilastern Eulen, hier als Weisheitssymbole eher dräuend, während Frosch und Katze wie die Schnecken-Kugeln im Gewände auf romanische Vorbilder anzuspielen scheinen. Über dem Sturz das Psalmwort (121,8) *Introitum et exitum Dominus custodiat*. Auch die Erkerbrüstungen werden von Reliefs belebt, den ligierten Symbolen für die drei theologischen Tugenden und den vier Kardinal-Tugenden *Justitia, Prudentia, Temperantia, Fortitudo.*

Abb. 191
Inspektorenhaus.
Anwesen Schwarze-Bären-Str. 7.

Schwarze-Bären-Straße 1 (G 68 und 70, Kanonikalhäuser), St.Kassians-Platz 7 (E 89, Pfarrhof von Sankt Kassian), Weißbräuhausgasse 3 (G 84, ehemaliges Kanonikalhaus)[785]

Zwei Kanonikalhäuser an der Pfauen- und Schwarze-Bären-Straße gehörten bis 1850 zur Alten Kapelle und wurden damals durch den Verleger Georg Joseph Manz unter Hinzunahme von G 69 zu einem einzigen Gebäude zusammengeschlossen. Nach der Ansicht bei Bahre 1644 hat es sich um schlichte Satteldachhäuser gehandelt. Ältere Substanz blieb jeweils in den Kellern erhalten, womöglich noch des 13. Jahrhunderts, jedoch dürfte auf das sonstige Aussehen eines Kanonikalhauses kaum noch zu schließen sein. Etwas anders steht es mit Weißbräuhausgasse 3. Dort hat sich ein Traufseithaus des 18. Jahrhunderts erhalten, seit 1909 im Besitz von Sankt Johann. Nachdem 1974 der Abbruch endgültig vom Tisch war,[786] hat die Sanierung zweier Häuser zu einem Umdenken in der Stadtgestaltpolitik geführt und den Weg zum Bayerischen Denkmalschutzgesetz weiter zu ebnen geholfen.

Der Pfarrhof von Sankt Kassian, der alten Pfarrkirche für die Alte Kapelle, wurde mit einem großen viergeschossigen Wohngebäude 1888 von A. Janker neu errichtet, anscheinend wie schon zuvor die Kirche teilweise überbauend.

Abb. 192
Haustüre.
Anwesen Schwarze-Bären-Str. 7.

Ehemalige Kanonikalhäuser zwischen Am Brixener Hof,
Drei-Kronen-Gasse und Maximilian-/Dr.-Wunderle-Straße
(alt G 33, 34, 36 = Schulhaus, 37, 39, 41–44, 45 = Bauernhof, 46)[787]

Die dem Stift gehörigen Häuser in diesem Geviert sind größtenteils 1809 zugrundegegangen und im Lauf der folgenden Jahre, hauptsächlich aber erst im 20. Jahrhundert zu Straßenflächen umgewandelt oder neu überbaut worden. Nicht der heutige Hausbestand kann deshalb von Interesse sein, sondern nur der Verweis auf spärliche ältere Substanz, auf das ehemalige Aussehen und wenige Sonderfunktionen.

In Kellern blieben ältere Mauern erhalten bei Drei-Kronen-Gasse 4, Am Brixener Hof 5 und 7. Drei-Kronen-Gasse 4 ist interessant wegen der alten Funktion als Schule des Stifts. Ob sich hier tatsächlich der bei Bahre abgebildete Turm befand, muss offen bleiben. Dieser Turm hätte nach seiner Lage und Stifts-Zugehörigkeit zu den ganz frühen, nicht-bürgerlichen gehört und wäre sicher ein interessantes Bauzeugnis gewesen, da er wegen seiner Pfalznähe auch Befestigungsfunktionen gehabt haben könnte, wie sein nördliches Gegenstück bei Alter Kornmarkt 1(F 127).

Das große Areal G 45 war der Stifts-Bau(ern)hof. Bei ihm fällt die relativ große Entfernung zum engeren Wohnbezirk auf, wie es bei den übrigen Stiften und Klöstern in Regensburg nicht der Fall war. So lagen der jeweilige Bauernhof bei Sankt Emmeram, Obermünster, Sankt Jakob, Heilig Kreuz, Domstift, Niedermünster nur durch eine Straße getrennt oder unmittelbar am jeweiligen Stift/Kloster. Sollte die späte Tradition des Platznamens „Am Königshof" auf seine Deutung als Außenhof der Königspfalz am Alten Kornmarkt berechtigt hinweisen,[788] könnte man in der entfernten Lage des Stifts-Bauernhofes eine alte Entsprechung zur Pfalz vermuten.

Häuser als „eigen" in weiterem Umkreis des Stiftes:
Schäffnerstraße 23 (G 110), Bertoldstraße 7 (H 111)[789]

Zwei vereinzelt liegende Häuser sind zu nennen, das eine aus historischen, das andere auch aus baulichen Gründen. Schäffnerstraße 23 ist ein Nachkriegsbau 1952, jedoch stand hier das bereits 1388 erwähnte Haus zur Rose.

In der Bertoldstraße der Ostnervorstadt trägt der Zwieffelhof, ein Haus, das ursprünglich wohl herzoglich, dann Sankt Johann gehörig war, eine Bauinschrift von 1720. Durch Alterung und Brandunglück in der Nachbarschaft sei ein Neubau von Grund auf durch das Kollegiatstift vorgenommen worden. Das stattliche Walmdachhaus von 3:4 Achsen ist allerdings innen 1984/1985 stark umgebaut worden.

Abb. 193
Inschriftstein um 1720.
Anwesen Bertoldstr. 7.

Funktionen und Zusammenfassung

Welche Häuser im 14./15. Jahrhundert und zuvor zum Stift gehörten, entzieht sich einer genaueren Kenntnis. Neben den gut belegten Häusern, wie Getreidkasten und Kastnerhaus, Dechantei und Mesnerhaus, verschiedenen Kanonikalhäusern, Schule und Bauernhof muss es weitere stiftseigene Häuser für verschiedene Funktionsträger gegeben haben, zuoberst das Propsteihaus. Allerdings residierten die Pröpste kaum in Regensburg. 1469, ungefähr zur Zeit der Erbauung des Dekanalhauses, gab es wegen des Propsteihauses „südlich der Stiftskirche" eine Auseinandersetzung zwischen den Brüdern Caspar und Conrad Schenk von Schenkenstein, die als Pröpste aufeinander folgten.[790] Damals wurde das Propsteihaus als ruinös bezeichnet und die Entscheidung getroffen, dass das Kapitel das Verfügungsrecht über das Haus hätte mit dem Recht der Vergabe und Bedingung des Unterhalts. Die Kanoniker mussten, wenn sie ein dem Stift gehöriges Haus erwerben wollten, 100 Gulden zahlen und für den Bauunterhalt aufkommen. Da das Haus mit allen Rechten an das Kapitel zurückfiel, waren diese Gelder verloren, weshalb Lockerungen in den Bestimmungen zugunsten der Hausreparaturen eingeführt wurden.[791]

Cellerar und Kammerer, Aedilis oder magister fabricae, der Kustos waren als Amtsinhaber wohl stets Kanoniker; daneben gab es eine Reihe von „Stiftskirchendienern", wie Vikare, Kapläne, den Schulmeister, die Choralisten und den Mesner (der früher allerdings Kanoniker war),[792] die Chorsingknaben, die ebenfalls in stiftseigenen Häusern gewohnt haben dürften. Zuständig für Bausachen war der Aedilis, der bereits 1204 genannt wird. Er musste alle Jahre die Häuserbeschau vornehmen und Bauschäden beheben lassen, mit dem Baumeister des Stifts hatte er die Baufallschätzung vorzunehmen, sobald ein Kanoniker starb oder sein Haus verkaufte oder vertauschte, bei Antritt seines Amtes wurden dem Aedil sämtliche Werkleute vorgestellt und zum Gehorsam ermahnt.[793] Der Anzahl der Kanoniker[794] entsprechend muss es sich immerhin um mindestens sechs Häuser im 18. Jahrhundert, 13 im 16./17. Jahrhundert und bis zu 18 Häusern oder Wohnungen im 12./13. Jahrhundert gehandelt haben.

Auffallend ist die Bautätigkeit zu Anfang des 20. Jahrhundert unter Stiftsdekan Joseph Schmid (1899–1923). Zu seiner Zeit wurden die großen Bauvorhaben an Kapellen- und Salzburger Gasse durchgeführt, ebenso die Restaurierung der Sankt Kassianskirche und der Gnadenkapelle. Es war eine Periode wirtschaftlichen Aufschwungs, wenn sie auch im Vergleich zu anderen Städten gedämpft ausfiel. 1910 wurde der Luitpoldhafen als Petroleumshafen eingeweiht, in dessen Gefolge sich Raffinerieanlagen, Benzin- und Ölwerke ansiedelten; Eisen- und Holzgewerbe hatten sich entwickelt; im Druck- und Verlagswesen waren erfolgreich Friedrich Pustet, Georg Josef Manz und Josef Habbel. Der Historische Verein blühte noch und die Denkmalpflege musste sich in der Altstadt erstmals bewähren. Gleichzeitig hat der Wohnungsbau wieder zu einer relativen Schmuckfreudigkeit zurückgefunden und zwar in zeitgemäßen Formen. So spiegelt das Bauwesen der Alten Kapelle um diese Zeit einen allgemeineren Trend wider und hat seinen bescheidenen Beitrag zum Wandel des Stadtbildes geleistet. Und zwar zu einem Wandel von denkmalpflegerischer Verträglichkeit und ohne entscheidende Verluste, nicht wie es später in den dreißiger Jahren in unmittelbarer Nachbarschaft bei zwei ehemaligen Domkanonikalhöfen durch Totalabbruch geschah: Alte Domdechantei mit der gotischen Willibaldskapelle (Alter Kornmarkt 9, Oberpostdirektion)[795] und der Domkanonikalhof Drei-Kronen-Gasse 2 (Raiffeisen-Zentralbankgebäude)[796] mit wertvollen gotischen Malereien und fünf Stuckdecken des späten 17. Jahrhunderts, deren Nachfolgebauten den Verlust des Alten umso herber empfinden lassen.

Abb. 195 ▷
Personifikation der Liebe (Caritas). Kopf und Gliedmaßen Holz, gefasst. Die Kleidung mit Gips und Leim getränkte Leinwand. 1763.

Abb. 196 ▷▷
Die Muttergottes mit dem Jesuskind. Ölgemälde auf Leinwand am Anna-Altar im südlichen Querhaus der Alten Kapelle (Ausschnitt). Gemalt von Johann Gebhard (1676–1756). Regensburg, um 1730.

Abb. 194
Relief von 1464.
Anwesen Kapellengasse 6.

Geistliches Leben im Kollegiatstift und seiner Kirche

Die geistlichen Aufgaben der Mitglieder des Stifts

Geistiges Leben im Umfeld der Alten Kapelle vom 15. bis zum 18. Jahrhundert

Musiküberlieferung und Musikpflege in der Alten Kapelle

Die Wappenwandkalender des „Kaiserlichen Kollegiatstiftes Unserer Lieben Frau zur Alten Kapelle"

Das Archiv und die Bibliothek des Kollegiatstifts zur Alten Kapelle

Grabsteine und Epitaphien in der Alten Kapelle

Die geistlichen Aufgaben der Mitglieder des Stifts

Georg Bertelshofer

Abb. 197
Das Kapitelkreuz (Vorderseite).
5,2 cm x 5,2 cm.
Regensburg, Alte Kapelle.

In Rom treten die Germaniker, die jungen Theologen aus Deutschland, die in der Mitte und im Zentrum der Weltkirche ihre theologischen Studien absolvieren, in roten Talaren auf. In Regensburg sind es ältere Herren aus dem Stiftskapitel Unserer Lieben Frau zur Alten Kapelle, die, neben dem Domkapitel, den roten Talar tragen.

Wie wird man Mitglied im Kapitel Unsere Liebe Frau zur Alten Kapelle?

Das Stiftskapitel, das satzungsgemäß aus sieben Priestern besteht – was allerdings in unserer Zeit des Priestermangels kaum zu erreichen ist –, schlägt nach eingehender Beratung einen Priester vor und der Ortsbischof von Regensburg bestätigt dann den Vorschlag und beruft den Kandidaten als Kanoniker. Die eigentliche Aufnahme in das Stiftskapitel erfolgt durch die Installation, die der Dekan des Kapitels vornimmt. Damit erhält der Berufene Sitz und Stimme im Stiftskapitel.

Bei der Installation wird dem Neokanonikus die Mozetta und das Birett sowie das Kapitelkreuz überreicht. Letzteres wird getragen an einem gold-rot-goldenem Band und zeigt auf der Vorderseite das Bild Unserer Lieben Frau, der Patronin des Stiftes, der das Stiftskapitel und jeder Kanonikus in besonderer Weise verbunden und verpflichtet ist, und auf der Rückseite die zweiten Stifter des Kapitels, Heinrich und Kunigunde.

Abb. 198
Das Kapitelzimmer. Stuckierung der Decke nach Formensprache und Detailbehandlung von Anton Landes (1712–1764). 1762. Am 29. August 1766 erhielt der Maler Joseph Zand für das Streichen des Eisengitters und des Holzwerks der Stiege in das *Neue Capitl Zimmer* 58 Gulden. Am 14. Januar 1767 vergoldete Johann Georg Kollmüller den Adler auf dem Ofen, er strich den Ofenfries mit weißer Farbe. Die Ausmalung mit indianischem Blumenmuster fertigte Johann Philipp Heugel 1767. Dieser übernahm auch das Vergolden der Stuckdekoration. 1767 gab man bei dem Steinmetz Johann Matthias Sigert eine neue Marmortischplatte in Auftrag; im März 1768 lieferte der Bildhauer Simon Sorg den Konsoltisch. Im März 1769 stellte der Maler Georg Caspar Zellner aus Stadtamhof für Fassung und Vergoldung eines Gestells zu einem Konsoltisch acht Gulden in Rechnung. Im September 1769 erhielt das Kapitelzimmer einen Wandschmuck in Form von vier Thesenbildern, für die der Maler Franz Sebastian Huber neue Rahmen machte und blau lackierte, und die an gelben Seidenbändern hingen.

Welche Aufgaben haben die Mitglieder des Stiftskapitels?

Abb. 199 ▷
Der Gekreuzigte mit Maria und Johannes. Aquarellfarben, Goldtinte auf Pergament. 35 cm x 23,5 cm (Blattgröße). Entnommen aus: *Canon episcopi vel praelati.* Süddeutsch/österreichisch, 2. Hälfte 17. Jahrhundert. In den Eckzwickeln: Oben rechts Wappen der Familie Toerring, links Wappen mit silbernem Kreuz auf zweistufigem Postament. Regensburg, Bischöfliches Zentralarchiv, Alte Kapelle Hs 5–1283.

Die erste und wichtigste Aufgabe des Stiftskapitels und jeden einzelnen Mitglieds ist die Feier der Eucharistie, sowohl in der Basilika Unserer Lieben Frau zur Alten Kapelle wie auch in Sankt Kassian, der alten Bürgerpfarrkirche in Regensburg. Dazu kommt an Sonn- und Feiertagen die Verkündigung des Gotteswortes in der Predigt.

Gottesdienste (Heilige Messen) finden in der Basilika jeden Tag um 7.00 Uhr und von Montag bis Freitag jeweils um 12.15 Uhr statt. An Sonn- und Feiertagen um 7.00 und 8.00 Uhr heilige Messen und um 9.15 Uhr das heilige Amt, festlich gestaltet durch den Stiftschor. In Sankt Kassian werktags um 8.15 Uhr und an Sonn- und Feiertagen um 10.45 Uhr.

Neben der Feier der Eucharistie gehört es zur Aufgabe der Kanoniker, Sakramente zu spenden. Als erstes ist die Spendung des Bußsakramentes zu nennen, jeden Samstag in der Basilika von 15.00 bis 16.30 Uhr. Darüber hinaus sind die Kanoniker des Stiftskapitels zur regelmäßigen Beichtaushilfe in der Karmeliterkirche eingeteilt. Zur Spendung der Sakramente gehören ferner immer wieder Tauf- und Hochzeitsfeiern. Und wenn der Tod sich meldet in der kleinen Pfarrgemeinde von Sankt Kassian mit ihren etwa 100 Seelen, ist auch die Begräbnisfeier zu vollziehen.

Das gemeinsame Stundengebet ist nach der Satzung des Kapitels für die Kanoniker verpflichtend an jedem Morgen von Montag bis Freitag.

Neben der Feier der Eucharistie und der Spendung der Sakramente werden auch die Weihungen und Segnungen, wie sie im Laufe des Kirchenjahres treffen, vollzogen, wie die Kräuterweihe am Feste Mariä Himmelfahrt (15.08.) oder die Segnung des Weines am Fest des heiligen Johannes des Evangelisten (27.12.) sowie auch die Speisenweihe an Ostern. Eine wichtige Weihe ist in der Osternacht und am Tag vor Dreikönig die Wasserweihe, die darüber hinaus immer wieder nötig wird, so oft Weihwasser von den Gläubigen verlangt wird.

Zu all dem kommen dann noch die Andachten: Im Marienmonat Mai die Andachten zu Ehren Unserer Lieben Frau am Mittwoch und Sonntag. Die erste und letzte Maiandacht wird besonders feierlich gestaltet. Jeden ersten Sonntag im Monat findet nachmittags um 15.00 Uhr der Sühnerosenkranz mit Predigt statt. Und an jedem 13. des Monats beten wir in Sankt Kassian den feierlichen Rosenkranz zu Ehren der Gottesmutter von Fatima vor ausgesetztem Allerheiligsten.

Nach der Renovierung der Basilika wurde es immer mehr nötig und Brauch, für die zahlreichen Pilgergruppen die Führungen zu übernehmen, um den Besuchern die altehrwürdige Basilika in ihrer Geschichte, wie auch die theologische Tiefe ihrer künstlerischen Ausgestaltung zu erklären – was im übrigen gut und gern angenommen wird.

In Notfällen ist das Stiftskapitel bereit, Aushilfen für Eucharistie und Predigt zu übernehmen, soweit das nach Maßgabe unseres eigenen Aufgabenbereiches möglich ist.

Zur rechten Einteilung für all diese Dienste und Aufgaben trifft sich das Kapitel zu regelmäßigen Sitzungen beim Dekan, in denen beraten und beschlossen wird, was den einzelnen Kanoniker betrifft.

Die Priester in den roten Talaren vom Stiftskapitel Unsere Liebe Frau zur Alten Kapelle wissen sich der 1200-jährigen ehrwürdigen Vergangenheit des Stiftes verpflichtet und schauen mit Gottvertrauen und Gelassenheit in die Zukunft – ad multos annos.

Maria, wir Dich preisen,
Die Du von Gott erwählt,
Wie Dir vom Geist verheißen,
Trägst Du den Herrn der Welt.

Du Herrin hast geboren
Den, der allein das Heil
Für alle, die verloren
Uns werden lässt zuteil.

Erhöre unser Flehen,
Bring uns aufs neu den Sohn,
Der in des Geistes Wehen
Uns schenkt des Kreuzes Lohn.

INRI

Geistiges Leben im Umfeld der Alten Kapelle vom 15. bis zum 18. Jahrhundert

Alois Schmid

◁ Abb. 200
Erbärmdechristus (Ecce homo) in der Zantkapelle. Sandstein. 190 cm hoch. Regensburg, um 1490.

Der Kulturbetrieb des Mittelalters fußte fast ausschließlich, der der Frühen Neuzeit noch immer in einem beträchtlichen Ausmaß auf Einrichtungen der Kirche. Diese Feststellung gilt in besonderem Ausmaß für den altbayerischen Raum, der von der Kirche eine seiner entscheidenden Prägungen erhielt. Diese ist ohne Zweifel eine der wichtigsten Formungskräfte Bayerns geworden. Dabei müssen die verschiedenen Institutionen des kirchlichen Lebens auseinandergehalten werden, weil sie unterschiedliche Wirkung entfalteten. Sehr nachhaltige Einflüsse gingen von den Prälatenklöstern aus, die ihre beträchtlichen wirtschaftlichen Ressourcen auch zu großzügiger Kulturpflege einsetzten. Die Mendikanten verblieben bewusst im Hintergrund und setzten andere, ordenskonforme Akzente. Entsprechendes gilt für die Ritterorden. Die Frauenkonvente entwickelten, insgesamt gesehen, geringere kulturelle Aktivitäten als die Männerklöster.[1]

Noch wirkungsvollere Initiativen als vom Ordensklerus gingen von der Weltgeistlichkeit aus. Die Bischofshöfe stehen mit am Anfang der Kulturpflege im nordalpinen Raum überhaupt. Der Pfarrklerus hat sie mit weniger herausragenden Spitzenleistungen dann in die Breite getragen; seine zu wenig beachteten Bemühungen vor allem um die ländlichen Gebiete sind zu seinen Hauptverdiensten zu rechnen. Dieser Klerikergruppe sind auch die Säkularkanoniker zuzuordnen, deren Leistungen im einzelnen von unterschiedlichem Gewicht waren. Es gab Säkularkanonikerstifte, die kaum geringere Anstrengungen auf kulturellem Gebiet unternahmen wie die Prälatenklöster und ähnlich bedeutende Leistungen vollbrachten. Daneben stehen Kommunitäten von Weltgeistlichen, bei denen kaum kulturelle Aktivitäten festzustellen sind.[2] Die im einzelnen sehr unterschiedliche Anteilnahme am Kulturbetrieb hängt vor allem mit der spezifischen Aufgabenstellung der Kanonikerstifte zusammen. Notwendigerweise wurde hier den kirchlichen, herrschaftlichen oder auch sozialen Verpflichtungen der Vorrang vor der Kultur eingeräumt.[3]

Das Kollegiatstift Unsere Liebe Frau zur Alten Kapelle in Regensburg[4] ist innerhalb dieses breiten Spektrums im Zwischenbereich einzuordnen. Es gehört zu den Kanonikerstiften, deren kulturelle Bedeutung zwar beachtlich ist, aber im Laufe ihres langen Bestandes doch einem deutlichen Wandel unterworfen wurde. In ihrer karolingischen Anfangszeit war die Alte Kapelle wegen der hochrangigen und auch für das herrschaftliche Leben gewichtigen Schriftkultur einer der Brennpunkte des Literaturbetriebes im gesamten ostfränkischen Reichsteil gewesen.[5] Der Verlust der politischen Bedeutung des Stiftes hatte den Niedergang dieser für die Frühzeit erstrangigen Kulturpflege im Haus zur notwendigen Folge. Im Hochmittelalter erfuhr sie insofern eine Weiterführung, als das Stift im Territorialstaat der frühen Wittelsbacher das Herz der entstehenden landesherrlichen Kanzlei bildete. In das Spätmittelalter reicht dessen Schriftkultur aber nur mehr in Ausläufern hinein, weil mit der Verlagerung des Herrschaftsschwerpunktes auch die Kanzlei aus der aufsteigenden Reichsstadt Regensburg in die neuen Vororte des Territorialstaates abgezogen wurde. Die Jahrhunderte der frühen Neuzeit sind von andauernden, im Ganzen gesehen aber weniger bedeutsamen Betätigungen auf kulturellem Gebiet gekennzeichnet. Eine große Ausnahme stellen die Bildenden Künste dar, die zumindest im 18. Jahrhundert in anspruchsvollster Form gepflegt wurden. Für die übrigen Sektoren des Kulturbetriebes blieb im breiten Tätigkeitsspektrum des Stiftes nur begrenzter Raum. Dieser soll für die frühe Neuzeit vom 15. bis zum 18. Jahrhundert ausgeleuchtet werden.

Das 15. Jahrhundert

Das ausgehende Mittelalter wird von einer Ausweitung des Kulturbetriebes gekennzeichnet, deren Ausläufer auch das Kanonikerstift der Alten Kapelle erreichten. Sie lassen sich am deutlichsten an der Stiftsbibliothek festmachen. Bei der Würdigung der Bestände[6] muss auffallen, dass sich in ihnen die eigene große Vergangenheit des Ortes in keiner Weise widerspiegelt. Das gilt sowohl für die römischen Anfänge des Standortes des Stiftes[7] als auch die mit ihm in enge Verbindung gebrachte Rupertus- oder Heinrichsvita sowie den Laterantopos. Selbst die für das Mittelalter hochbedeutsame Marienwallfahrt zur Alten Kapelle hat im Schrifttum der Bibliothek keinerlei Niederschlag hinterlassen.[8] Entsprechendes gilt sogar für die Verehrung Karls des Großen, dessen großen Sieg über die Heiden vor Regensburg die Stiftsherren seit 1454 zwar mit einem feierlichen Gedächtnisgottesdienst würdigten, literarisch wurde der abendländische Idealkaiser aber vor allem von den irischen Benediktinern bei Sankt Jakob verherrlicht.[9] Der Schottenlegende haben die Chorherren der Alten Kapelle nichts entgegengesetzt. Die Tradition, dass die Alte Kapelle von Karl dem Großen gegründet worden sei, findet sich erstmals beim in unmittelbarer Nähe wohnenden und wirkenden Domherrn Konrad von Megenberg.[10] In der literarischen und paläographischen Kultur der Stadt spielt die Alte Kapelle in dieser Epoche keine bedeutendere Rolle mehr.[11]

Dennoch belegt der Blick in die Stiftsbibliothek des 15. Jahrhunderts ein bereits in vorreformatorischer Zeit recht ausgeprägtes Interesse der Chorherren am Kulturbetrieb, das sich aber weithin in einer rezeptiven Teilhabe erschöpfte. Vielleicht hängt dieser Aufschwung mit Verschiebungen in der sozialen Zusammensetzung des Kollegiums zusammen. Dessen Mitglieder kamen seit dem 15. Jahrhundert nicht mehr ausschließlich aus adeligen, sondern verstärkt bürgerlichen Familien, die den fehlenden Adelsstatus durch eine akademische Ausbildung ersetzten. Der herausragende Vertreter dieses neuen Typus des bürgerlichen, studierten und dementsprechend kulturbewussten Stiftsherrn ist der aus Sachsen stammende Rudolf Volkart von Häringen († 1465), ein in vielen Positionen und Ämtern bewährter Geistlicher, der den theologischen und medizinischen Doktorgrad erworben hatte und dessen beachtliche Büchersammlung der Grundstock der Münchner Stadtbibliothek werden sollte.[12] Seit 1436 Hofrat der wittelsbachischen Landesherrn zu München, bekleidete er von 1426 bis 1465 auch die Würde eines Stiftskanonikus, seit 1440 bis 1462 zudem das Amt des Dekans an der Alten Kapelle. Auf diesem Wege stellte er eine Verbindung aus der Reichsstadt Regensburg zum wittelsbachischen Herzogshof in München her, die 1486 schließlich auch politisch wirksam werden sollte.

Drei Mitglieder des Kollegiums traten durch aktive Beteiligung am Kulturschaffen hervor: die Dekane Johannes von Reinbach († 1401) und Johannes Hayden († 1490) sowie der Kanonikus Ulrich Ohnsorg († 1491). Über alle drei ist erst wenig bekannt. Jeder von ihnen ist durch Stiftungen an die Alte Kapelle hervorgetreten; auch das Stiftungswesen war eine bezeichnende Eigenheit spätmittelalterlicher Lebenskultur.

Johannes von Reinbach kam aus Köln an die Donau und wirkte hier als Stadtadvokat. Zudem übernahm er über lange Jahre hinweg von 1379 bis 1401 im Stift zur Alten Kapelle das Amt des Dekans. Trotz seines breiten Pflichtenkreises hat er sich auch auf dem Gebiet der Literatur betätigt. Seine bemerkenswerteste Schöpfung ist ein kurzes rhythmisches Gedicht, in dem die Alte Kapelle als die älteste und erste, aus einer heidnischen Kultstätte hervorgegangene, von Kaiser Karl dem Großen (reg. 769–814, Kaiser seit 800) hochgeschätzte und von Heinrich II. (reg. 1002–1024, als Kaiser seit 1014) weiter geförderte Kirche Bayerns gerühmt wird, an der die Gottesmutter eine innige Verehrung als besondere Schutzherrin Bayerns erfuhr. Die wichtigsten Verse lauten:

Inter Ecclesias tu es prima,
Et prae ceteris es divina,
In terra hac Bavariae.

O Maria hic Patrona,
Gratiam tuam nobis dona,
Cum caeteris reliquiis.[13]

Dieses kurze, auf verschlungenen Wegen außerhalb des Stiftes auf uns gekommene Gedicht ist das älteste und aus dem Mittelalter einzige Zeugnis der Haustradition der Alten Kapelle, dass sie die erste unter den Kirchen des Landes sei. Diese Überlieferung wurde offensichtlich im 14. Jahrhundert begründet und in der Folgezeit weiter ausgebaut, indem man eine Verbindung zum agilolfingischen Bayernherzog Theodo herstellte, der an diesem Ort zusammen mit seinen Angehörigen und den Einwohnern der Stadt Regensburg die Taufe empfangen habe. Diese Haustradition ist neben die Gründungsgeschichten (*fundationes*) zu stellen, mit denen in eben diesen Jahrzehnten viele Klöster ihre Anfänge literarisch ausgestalteten.[14] Auch die Stiftsherren schlossen sich den Bemühungen an, die vor allem die Benediktiner pflegten. An der Alten Kapelle wurde ein sehr eigenständiger Typus der Hauslegende entwickelt, weil sie stärker auf die Geschichte Bezug nahm und sich weniger der Bilderwelt der Bibel öffnete. Die Hauslegende der Alten Kapelle hat im übrigen nur in mehreren Urkunden dieser Zeit ihren schriftlichen Niederschlag gefunden.[15] Allein Johannes von Reinbach hat ihr literarische Form verliehen. Er hat ihr zudem durch die Stiftung eines Kaplaneibenefiziums auf dem Marienaltar gerade in der Kapelle *sub gradu* Rechnung getragen.[16] Die Ausgestaltung der Hauslegende der Alten Kapelle, die bei Konrad von Megenberg grundgelegt ist, scheint wesentlich mit dem Wirken des Johannes von Reinbach zusammenzuhängen und fügt sich bestens in die allgemeine literarische Entwicklung ein. Des weiteren steht Dekan Johannes in Verbindung mit den Anfängen der Regensburger Stadtbibliothek, die damit in ungewöhnlich frühe Jahre zurückführen.[17]

Johannes Hayden begegnet zunächst als Pfarrer zu Roding, später an Sankt Kassian; zu dieser Zeit übte er weiterhin das Amt des Stiftsdekans aus, in dem er Rudolf Volkart von Häringen 1462 nachfolgte.[18] Er gilt als einer der tüchtigsten Dechanten überhaupt, die der Kommunität vorstanden, und hat sich auch als Bauherr bleibende Verdienste erworben. Seine Hauptleistung ist die Reform der Stiftsverwaltung, die durchaus in den Rahmen der humanistischen Erneuerungsbemühungen seiner Zeit zu stellen ist. Denn die von ihm 1467 veranlasste Fixierung der Stiftsstatuten baute er auf das gründliche Studium der verfügbaren Urkunden auf. Von seinen weiteren Aufzeichnungen sind hervorzuheben die autographen Kapitelsprotokolle der Jahre 1462 bis 1487 mit zahlreichen aufschlussreichen Hinweisen zur Stifts-, Stadt- sowie Reichsgeschichte.[19] Hayden ist am 2. Dezember 1490 verstorben und hat sein Grab in der Stiftskirche gefunden. Ein Wappenstein in Sankt Kassian erinnert noch heute an ihn.

Ulrich Ohnsorg gilt als die bedeutendste Literatenpersönlichkeit, die dem Stift überhaupt angehörte.[20] Sein Geburtsjahr ist nur ungenau um 1430 zu ermitteln, gestorben ist er am 3. April 1491. Doch ist bekannt, dass er seine Studien an der damals hochbedeutenden Universität zu Pavia absolviert und mit dem Licentiat im Kirchenrecht abgeschlossen hat. Nach der Beendigung seines Pfarrdienstes in Reissing war er Chorherr an der Alten Kapelle

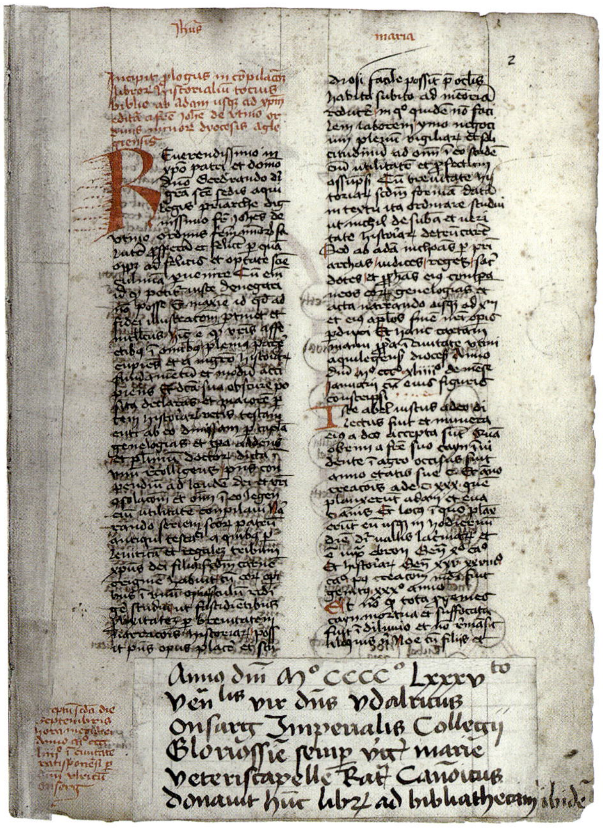

Abb. 201
Ulrich Ohnsorg
(um 1430–um 1490),
Chronik von Bayern, Blatt 2r.
Autograph. Um 1485.
30 cm x 22 cm.
München, Bayerische
Staatsbibliothek, Clm 721.

geworden. In dieser Eigenschaft verfasste er mehrere historische Werke in lateinischer Sprache, deren Eigenständigkeit und Wert freilich noch nicht hinreichend geklärt sind.[21] Der synoptische Papst- und Kaiserkatalog steht gänzlich in der Tradition des Martin von Troppau und des Andreas von Regensburg; er entspricht völlig zeitüblicher historiographischer Praxis. Im Unterschied dazu wandte sich das „Chronicon Bavariae" der neuen Gattung der territorialen Historiographie zu. Es bietet manche bemerkenswerte Angabe zur Orts- und Stiftsgeschichte, gehört aber dennoch von der Gattung her zu den frühesten Landeschroniken in Bayern, ohne freilich an die großen Leistungen der Hauptvertreter Andreas von Regensburg, Ulrich Fuetrer, Hans Ebran von Wildenberg oder gar Veit Arnpeck heranzureichen. Den Codex mit diesen Hauptschriften übereignete der Autor selber im Jahre 1485 der Stiftsbibliothek.[22] Auch der Historiograph Ulrich Ohnsorg hat die verdiente Gesamtwürdigung noch nicht erfahren.[23] Nach üblicher Ansicht führte er die Kulturpflege des Stiftes im Spätmittelalter auf ihren bescheidenen Höhepunkt.

Das Zeitalter der Reformation

Die von Martin Luther 1517 zu Wittenberg veröffentlichten Thesen lösten breite Verschiebungen im deutschen Kulturbetrieb aus. Deren Auswirkungen erreichten auch das Kanonikerstift an der Alten Kapelle, dessen Mitgliederzahl damals zurückging. Die Hauptfolge war, dass die recht rege Kulturpflege im Stift einbrach, ohne jedoch bedeutungslos zu werden. Es verblieb bei einer insgesamt gesehen rezeptiv bestimmten Teilhabe.[24] In die theologische Abwehr der Lehren Luthers hat sich keiner der Kanoniker aktiv eingeschaltet und dazu zum Federkiel gegriffen. Sie verfolgten das Zeitgeschehen zwar mit Entschiedenheit, aber doch mehr passiv.[25]

Abb. 202
Missale Ratisponense.
Papier, Kanon Pergament.
Verlegt bei Johann Pfeyl,
Bamberg 1518. 39 cm x 28 cm.
Doppelseite. Links:
Kreuzigungsszene mit Maria
und Johannes unter dem
Kreuz, darunter drei Wappen,
darunter Jahreszahl *1571*.
Rechts: Textbeginn des
Kanons mit Opferszene
Abraham-Isaak und Engel
(rechts); Randleiste mit
Miniaturmalereien der
Schöpfungsgeschichte
(Sechstagewerk), Ranken-
malerei mit Blüten und
Früchten.
Regensburg,
Bischöfliches Zentralarchiv,
Alte Kapelle 172.

Ihr Interesse war auch darin begründet, dass sie zumindest über die Betreuung der Stiftspfarrei Sankt Kassian unmittelbar mit der Reformation in der Reichsstadt Regensburg konfrontiert wurden. Wenn sie ihre pfarrlichen Pflichten ernst nahmen und der gezielten Untergrabung der Position des Klerus entgegenwirken wollten, dann mussten sie die Argumente der sich verfestigenden Gegenseite kennenlernen. Dieses Interesse spiegelt sich am ehesten in der Stiftsbibliothek wider. Ein Verzeichnis wichtiger Einzelbände hat sich im Nachlass des bibliophil sehr interessierten kaiserlichen Hofrates Kaspar von Nydbruck erhalten, der im Umkreis des Reichstages wirkte. Offensichtlich wurde ihm Zugang zum Stift und auch seiner Bibliothek gewährt.[26] Doch beschränkten sich die Kanoniker nicht auf die Abwehr der neuen Lehre. Im Sinne der katholischen Reform öffneten sie sich den altkirchlichen Erneuerungsbestrebungen. Das belegt vor allem das wichtige *Missale Ratisponense* von 1518, das nur in wenigen Exemplaren bekannt ist. Eines davon hatten die Stiftsherrn an der Alten Kapelle in Gebrauch.[27]

In dieser Epoche sind lediglich zwei Chorherren literarisch durch eine wichtige eigene Schöpfung hervorgetreten: Der eine ist Leonhard Widmann.[28] Um 1490 im nahen Tegernheim geboren, empfing er 1511 die Priesterweihe und stieg schließlich zum Vikar der Alten Kapelle auf. Als solcher ist er am 11. März 1557 verstorben. Widmann hat eine Chronik der ereignisreichen Jahre zwischen 1511 und 1555 in Regensburg hinterlassen, die sogar in die bedeutsame Reihe der „Chroniken der deutschen Städte“ aufgenommen wurde.[29] Im Grunde handelt es sich mehr um tagebuchartige, in schlichter Form gehaltene, in bunter Mischung viele Lebensbereiche erfassende Aufzeichnungen über die Vorgänge der näheren Umgebung, in denen sich auch das allmählich erwachsende Eigenbewusstsein der Einzelperson widerspiegelt. Widmann fertigte darin lebensvolle Schilderungen der Reichstage, der Religionsstreitigkeiten, der inneren Auseinandersetzungen sowie sonstiger Vorgänge in der Stadt bis hin zu Unglücksfällen oder Missernten an. In Entschiedenheit verfocht er dabei

Abb. 203
Die Aussendung der Apostel.
Gedächtnistafel für
den Kanoniker
Erasmus Ganß († 1559).
Gemalt von Franz Kirchmaier
(† 1589). Öl auf Lindenholz.
111 cm x 108 cm.
Regensburg, 1560.
Regensburg, Alte Kapelle.

die Positionen von Reich und Kaiser; entschlossen verteidigte er seine Stadt als Reichsstadt. Alle Unruhen lehnte er ab. Natürlich trat der Chorherr der reformatorischen Bewegung mit größten Vorbehalten entgegen, ohne andererseits die Reformbedürftigkeit der Kirche zu verkennen. Mit deutlichen Worten geißelte er die Missstände in der alten Kirche, von denen er selber nicht unberührt blieb: 1553 musste er den eigenen *lieben son* Erasmus zu Grabe tragen. In seiner Weltsicht führte der sich ausbreitende Protestantismus die Gegenwart auf einen Abgrund zu. Gerade diese autobiographischen Aufzeichnungen des galligen Vikars Leonhard Widmann sind ein aussagekräftiges Zeugnis der antilutherischen Einstellung des Stiftskapitels der Alten Kapelle. Zugleich belegen sie die ganz behutsame Öffnung gegenüber der großen Kulturbewegung des Humanismus, die zaghaften Eingang in das Stift fand.

Das belegt in ähnlicher Weise der Kanoniker Dr. Peter Krafft. Der Sohn des gleichnamigen bayerischen Hofrates hatte 1491 ein Studium an der bayerischen Landesuniversität Ingolstadt aufgenommen und dieses mit dem doppelten Doktorat in den Rechtswissenschaften sowie den Schönen Künsten abgeschlossen. Am 3. August 1500 wurde er von Bischofsadministrator Rupprecht zum Weihbischof zu Regensburg ernannt; dazu erhielt er 1508 ein Kanonikat an der Alten Kapelle. Auch Dr. Krafft ist auf literarischem Gebiet durch

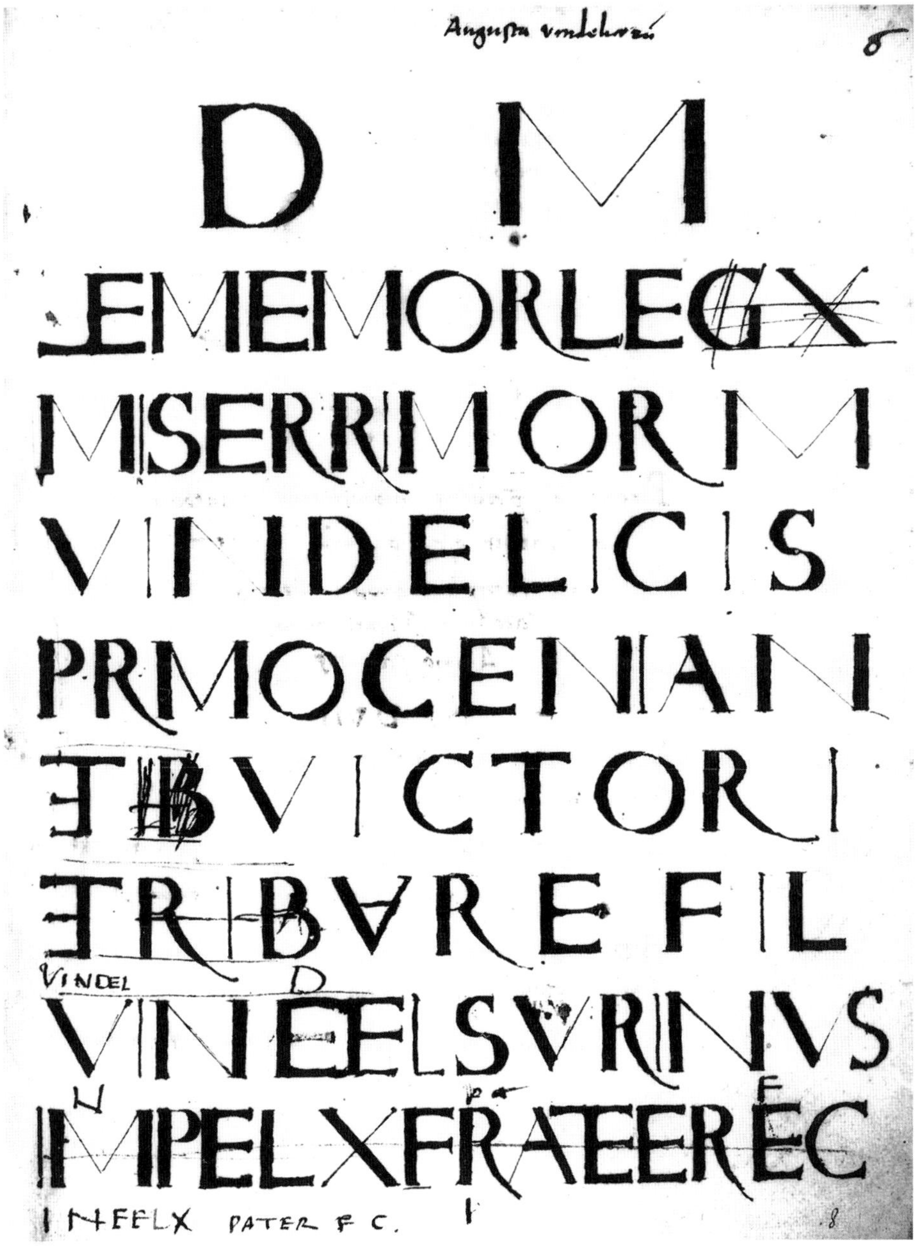

Abb. 204
Römischer Inschriftenstein des Vindelicius Surinus. Aufgenommen von Johannes Aventinus (Turmair) (1477–1534) für seine Sammlung Vetustates Romanae. Regensburg, 1507. 28,5 cm x 21,5 cm. München, Bayerische Staatsbibliothek, Clm 967 Blatt 6r.

ein Tagebuch hervorgetreten, das seine gesamte Amtszeit als Weihbischof umfasst und zusätzliches Licht in die ereignisreichen Umbruchsjahre in der Reichsstadt bringt.[30] An seinen Tod am 16. März 1530 erinnert eine erhaltene Grabplatte.

Über alle Wissenschaftsbegeisterung wurde aber das unbeirrbare Bekenntnis zur römischen Kirche gestellt. Vornehmlich aus diesem Grunde erhielt der kirchenkritische Humanist Johannes Aventinus, der oftmals und viel in Regensburg arbeitete, keinen Zugang zum Archiv und zur Bibliothek des Stiftes zur Alten Kapelle. Aventin hat wohl den zu seiner Zeit an der Außenmauer des Baukomplexes befestigten römischen Inschriftenstein des Vindelicius Surinus entdeckt und in seine wissenschaftsgeschichtlich hochbedeutsame Sammlung der *Vetustates Romanae* (1507) aufgenommen.[31] Dementsprechend baute er die Inschrift auch in seine „Annales ducum Boiariae" und die „Bayerische Chronik" ein.[32] Im übrigen aber hat er sich zur Alten Kapelle nur an einer einzigen Stelle in Kürze über die Gründung und besondere Förderung des Stiftes durch Kaiser Heinrich II. geäußert.[33] Die karolingischen Anfänge des Stiftes sind Aventin nicht ersichtlich geworden.

Die Gegenreformation

Die Reformation schuf gerade in der konfessionell gespaltenen Reichsstadt Regensburg eine sehr spannungsgeladene Konkurrenzsituation, der sich auch die Chorherren an der Alten Kapelle zu stellen hatten. Sie waren sogar direkt angesprochen, da die lutherische Gegenseite ihre Hauptkirche geradezu in Abgrenzung zur Alten Kapelle zunächst als Neue Kapelle benannte, woraus schließlich die Bezeichnung Neupfarrkirche erwuchs. Ihr Stift wurde vor allem von den Wirren des Dreißigjährigen Krieges in den Jahren 1633/1634 sehr in Mitleidenschaft gezogen, als die Chorherren die Stammgebäude vorübergehend sogar räumen mussten.[34]

Die Auseinandersetzung der Konfessionen brachte eine lebhafte kirchengeschichtliche Forschung in Gang. An ihr beteiligten sich allerdings die Kanoniker an der Alten Kapelle in keiner Weise. Aus diesem Grunde vermochte Wiguläus Hundt in seine „Metropolis Salisburgensis“, ein Hauptwerk der frühen Kirchengeschichte Bayerns, über die Alte Kapelle nur sehr wenige Angaben einzubauen. Er konnte diesen Abschnitt nicht auch mit Dokumenten aus der Alten Kapelle selber anreichern. Seine Hauptgewährsmänner waren Aventin, nach dem er die Gründung durch Heinrich II. darstellte, und Konrad von Megenberg, dem er neben Andeutungen auf die frühmittelalterliche Tradition vor allem den Schlusssatz zu den Pfarrrechten des Stiftes in der Reichsstadt Regensburg entnahm.[35] Der Abschnitt über die Alte Kapelle ist auffallend kurz ausgefallen und hat nicht den methodisch hohen Rang, der die Ausführungen über mehrere Klöster auszeichnet. Doch dürfte daran die Hauptschuld den Chorherren selber zukommen, weil sie den Hofrat nicht mit Abschriften aus ihrem Archiv unterstützten. Sie verschlossen sich gerade gegenüber den wissenschaftlichen Bemühungen des Münchner Herzogshofes, dessen politische Begehrlichkeiten auch gegen ihr Stift gerichtet sein mussten. Deswegen spielt die Alte Kapelle in dessen Forschungsprogramm im Gegensatz zum benachbarten Emmeramsstift[36] keine Rolle.[37]

Trotz der fehlenden Unterstützung durch die Kanoniker gelang dem höfischen Forscherkreis ein entscheidender Fortschritt. Der Hofhistoriograph Marcus Welser führte auf der Grundlage Konrads von Megenberg die karolingischen Anfänge der Alten Kapelle in die bayerische Landeshistoriographie ein.[38] Hocherfreut trat er mit dieser Erkenntnis Aventin entgegen, dessen Deutung der bayerischen Geschichte es zu überwinden galt. Welser hatte damit einen methodisch abgesicherten Baustein gefunden, auf dem eine Kernaussage der barocken Landeschronistik aufgebaut werden konnte. Mit der Alten Kapelle wurde eine weitere wichtige Einrichtung des kirchlichen Lebens mit den Karolingern in Verbindung gebracht. Da diese als Vorgänger der Wittelsbacher in Anspruch genommen wurden, war damit ein zusätzlicher Beleg für die Kirchenliebe der regierenden Dynastie gewonnen.

Begierig griffen die folgenden Hofhistoriographen im Umkreis Maximilians I. (reg. 1598–1651) diese wichtige Neuerkenntnis auf. Am auffälligsten tat dies Christoph Gewold, der die *Metropolis Salisburgensis* des Wiguläus Hundt überarbeitete und durch die Einbeziehung und Beigabe vieler unbekannter Quellen zum auf Jahrhunderte hin gültigen Grundwerk der bayerischen Kirchengeschichte ausbaute. Er hat auch den entsprechenden Abschnitt über die Alte Kapelle durch eine umfängliche *Additio* auf das Doppelte ausgedehnt.[39] Sie verdient eine eingehendere Beachtung. Natürlich war auch Gewold der Widerspruch zwischen Aventin und Hundt einerseits sowie Marcus Welser andererseits aufgefallen. Er stellte ihn betont heraus und entschied sich in Anschluss an Welser für die karolingischen Anfänge des Stiftes. An diese Feststellung schloss Gewold einen bemerkenswerten Exkurs über die Kirchen- und Klosterpolitik der Karolinger an. Auch dieser Exkurs ist in Zusammenhang zu bringen mit den gerade von Gewold ausgearbeiteten Bemühungen um die Herleitung der Wittelsbacher von den Karolingern.[40] Auf diesem Wege gewann Gewold aus der Geschichte der Alten Kapelle ein neues Argument für die bereits in dieser Frühzeit förderliche Kirchenpolitik der bayerischen Landesherrn.

Die Informationen dieses Grundwerkes der bayerischen Kirchengeschichte bildeten das tragende Gerüst der meisten folgenden Berichte über das Stift bis weit ins 18. Jahrhundert hinein, die von Geschichtsschreibern beider Konfessionen angefertigt wurden: Andreas Raselius,[41] Eberhard Wassenberg,[42] Jeremias Grienewaldt,[43] Andreas Brunner[44] und Johannes Vervaux.[45] Gerade der Protestant Raselius formulierte bemerkenswert kritische Gedanken zu den Anfängen des Stiftes, indem er sich breit mit den römischen Überresten beschäftigte und Ordnung in die Chronologie zu bringen trachtete.[46] Freilich wurde auch diese Diskussion gänzlich außer Hauses geführt, keiner der Stiftsherren griff in sie ein. Entsprechendes gilt für die historiographische Ausarbeitung und Fixierung der Hauslegende, die in dieser Epoche erfolgte. Sie wird am ehesten in der bedeutsamen Geschichtsschreibung des benachbarten Reichsstiftes Sankt Emmeram bei Cölestin Vogl,[47] Anselm Godin[48] und Johann Baptist Kraus[49] fassbar.

Von den Stiftskanonikern ist auf literarischem Gebiet in dieser Epoche am wirkungsvollsten Kaspar Macer († 1576) hervorgetreten.[50] Er war gebürtig aus dem oberfränkischen Weismain und hatte mehrere akademische Grade an unterschiedlichen Fakultäten erworben; seit 1558 gehörte er sogar dem Lehrkörper der Artistenfakultät der bayerischen Landesuniversität Ingolstadt an. Macer, der von 1571 bis zu seinem Tod ein Kanonikat innehatte, war ein begnadeter Redner und wurde deswegen schließlich als Domprediger an den Dom zu Regensburg berufen. Er machte sich als Herausgeber von Gedichten und Predigten einen Namen.[51] Von ihm ist weiterhin eine Bischofsliste bekannt, die er dem damaligen Domdechanten und späteren Bischof David Kölderer gewidmet hat; sie wurde in ihrer Zeit oftmals benützt. Des weiteren nahmen die Kanoniker am liturgischen Leben bemerkenswerten Anteil. In einem Prozessionale ist ein von der Literaturgeschichte wegen seiner späten Fixierung im frühen 17. Jahrhundert vielbeachtetes lateinisch-deutsches Osterspiel mit dazugehörigen Melodien überliefert, das ein nachhaltiges Interesse der Kanoniker für die Visualisierung des Heilsgeschehens belegt.[52] Es weist deutliche Bezüge zu einem alemannischen Spiel aus Freiburg auf. Im übrigen begnügte sich das Stift gänzlich mit der Verfolgung des religiösen und religionspolitischen Diskurses. Aktiv hat in den regen Disput der Gegenreformation um die rechte Konfession außer Macer kein Stiftskanoniker der Alten Kapelle eingegriffen.

Die Aufklärung

Die Aufklärung fand auch in der Reichsstadt Regensburg bemerkenswerten Eingang. Vor allem das protestantische Bürgertum mit seinen vielfältigen Verbindungen ins mittlere und nördliche Deutschland öffnete die Wege zur breiten Rezeption. Das Personal des Immerwährenden Reichstages unterhielt noch weiterreichende Kontakte.[53] Auf diesen zwei Schienen kam die Aufklärung – für süddeutsche Verhältnisse ungewöhnlich früh und intensiv – nach Regensburg. Das fand auch in einer besonders hingebungsvollen Pflege der katholischen Aufklärung in dieser Stadt seinen Niederschlag. Diese hatte ihre Schwerpunkte eindeutig in den Benediktinerkonventen Sankt Emmeram, Sankt Jakob und Prüfening.

In dieser Epoche trat das Kollegiatstift Unsere Liebe Frau zur Alten Kapelle auf literarischem Gebiet nicht mehr aktiv in den Vordergrund und beließ es gänzlich bei seiner rezeptiven Anteilnahme. Eine Öffnung des Gesichtskreises hin zu den profanen Wissenschaften wie bei den Prälatenorden ist bei den Stiftsherren nicht zu beobachten. Eine intensivere Beschäftigung mit Geschichte, Geographie, Recht oder Naturwissenschaften darf auch aus den wenigen Bänden mit entsprechender Thematik in der Büchersammlung nicht abgeleitet werden.[54] Es wurde keine umfassendere Bibliotheksarbeit aufgenommen. Die Alte Kapelle griff nicht in den überkonfessionellen Austausch ein, der in Regensburg zwischen Gelehrten katholischer und protestantischer Konfession durchaus anlief.[55] Anders als die Prälatenklöster beteiligten sich die Stiftsherren auch nicht an der zeitüblichen Festkultur und veranstalteten keine besonderen Jubiläumsfeierlichkeiten, die auch bei ihnen durchaus denkbar gewesen wären.[56] Eine breitere Anteilnahme an der Briefkultur des Zeitalters der Aufklärung ist nicht ersichtlich. Die Kanoniker pflegten keine Haushistoriographie und legten keine Stiftschronik vor. Die Alte Kapelle spielt auch im Veröffentlichungsprogramm der „Monumenta Boica" der Bayerischen Akademie der Wissenschaften keine Rolle.[57] Kontakte der Stiftsherrn zu dieser bedeutendsten Forschungseinrichtung im gesamten süddeutschen Raum gibt es im Gegensatz zu den Benediktinern im benachbarten Emmeramskloster oder bei Sankt Jakob nicht.[58] Die in Gang kommende wissenschaftliche Auseinandersetzung besonders mit der Frühgeschichte des Hauses wurde ausschließlich von auswärtigen Gelehrten getragen. Die wichtigen Abrisse der Stiftsgeschichte in den Kompendien von Paricius[59] und Kayser[60] fußten noch immer weithin auf den Angaben der „Metropolis Salisburgensis".

Das Stift konzentrierte alle seine kulturellen Aktivitäten in den Bereich der Bildenden Künste. Das macht am eindrucksvollsten die glanzvolle Neuausstattung der Stiftskirche deutlich. Ihre Hauptabsicht war die sichtbare und augenfällige Dokumentierung der Lebenskraft der sich erneuernden römischen Kirche. Die Chorherren setzten damit einen weiteren architektonischen und künstlerischen Glanzpunkt in die Reichsstadt, dem die protestantische Kirche nichts Vergleichbares an die Seite zu stellen hatte.[61] Das historisch anspruchsvolle Ausstattungsprogramm der neuen Stiftskirche war aber wohl mehr das Werk der ausführenden Künstler.[62] Die Baumallee vor dem Nordportal war ein Geschenk des französischen Gesandten am Immerwährenden Reichstag 1782,[63] obwohl die Chorherren im übrigen keine engeren Verbindungen zu dessen kulturbewusstem Personal pflegten.[64] Das Stift suchte die Öffentlichkeit weit weniger als die Prälatenklöster und fand dementsprechend bei ihr auch nur begrenzte Beachtung.[65]

Dennoch verschlossen sich die Stiftsherren in keiner Weise dem Fortschritt. Das zeigt vor allem eine bemerkenswerte und durchaus bezeichnende Neuerung. Sie betrifft die alte Stiftsschule. Seit dem 13. Jahrhundert ist an der Alten Kapelle eine Schule nachzuweisen. An ihr erhielten die Chor- und Ministrantenknaben entsprechend alter monastischer Praxis unentgeltlichen Unterricht. Mit dem Eintritt in die Neuzeit wurde das Bildungsziel der Schule auf die Nachwuchsrekrutierung des katholischen Klerus ausgerichtet. Die Anzahl der Studiosen war immer begrenzt. Sie konnten alle zusammen in einem Raum von einer einzigen Person betreut werden, obwohl Unterricht im deutschen und lateinischen Ausbildungsgang erteilt wurde. Der Lehrer war die meiste Zeit kein Kanoniker, sondern ein weltlicher Angestellter. Das war die Realität des Unterrichts an der Stiftsschule bis weit ins 18. Jahrhundert hinein.

Die Pädagogik der Aufklärung rückte diese Praktiken immer mehr ins Zwielicht. Deswegen ging das Stiftskapitel schließlich daran, zumindest im Bereich seiner Schule neue Wege zu beschreiten. Es beschloss in den Monaten März/April des Jahres 1793, den deutschen und den lateinischen Ausbildungsgang stärker gegeneinander abzugrenzen. Die getrennten Klassen sollten künftig in eigenen Räumen von eigenen Geistlichen geführt werden. Als erster klerikaler Lehrer der lateinischen Klasse fungierte von 1793 bis 1803 der

Kanonikus Georg Winner, ihm folgte Thomas Blümelhuber. Im Jahre 1811 ging die *aula scholastica* der Alten Kapelle schließlich im Königlich Bayerischen Gymnasium auf.[66] Die am Ende des 18. Jahrhunderts getroffenen Neuerungen belegen, dass die pädagogischen Impulse der Aufklärung auch im Kollegiatstift an der Alten Kapelle beachtet und umgesetzt wurden.

Die Säkularisation

Wie die übrigen Klöster und Stifte in Regensburg fiel die Alte Kapelle bei der Säkularisation dem neugebildeten Fürstentum des Fürstprimas Dalberg zu. Doch hat dieser die Säkularisation nicht durchgeführt. Sie unterblieb auch, als 1810 das Fürstentum an das Königreich Bayern kam. Es sind kaum Kulturwerte nach München transferiert worden, auch wenn hochbedeutende Gelehrte wie Carl Theodor Gemeiner[67] und der Exbenediktinerhistoriker Roman Zirngibl von Sankt Emmeram[68] mit der Sichtung der einschlägigen Materialien und damit Dokumentation von Besitzansprüchen betraut wurden. Der Großteil des kulturellen Erbes ist am Ort verblieben. Das kulturelle Schaffen, das im Vergleich mit den übrigen Trägern in der Reichsstadt Regensburg wegen der mehr rezeptiven als aktiven Anteilnahme nicht überbewertet werden darf, ging hier bruchlos in die neueste Zeit über.[69] Deswegen ist das Kollegiatstift Unsere Liebe Frau zur Alten Kapelle ein Ort, an dem kulturelle Kontinuität von den Anfängen im Frühen Mittelalter bis in unsere Gegenwart in einer Weise wie nur an wenigen anderen Orten in Deutschland gegeben ist.[70]

Abb. 205
Die Bibliothek des Kollegiatstifts zur Alten Kapelle in Regensburg. Bibliotheksschränke Fichtenholz, 2. Hälfte 18. Jahrhundert.

Musiküberlieferung und Musikpflege in der Alten Kapelle

Raymond Dittrich

Abb. 206 ▷ *Liber Missalis secundum ordinem siue breuiarium chori ecclesiae Ratisponensis.* Papier, Kanon Pergament. Verlegt bei Johann Pfeyl, Bamberg, 1510. 36,5 cm x 24 cm. Beginn des gedruckten Missale des Bistums Regensburg von 1510, mit handgezeichneter Goldgrund-Schmuckinitiale „A" des Introitus zum 1. Adventssonntag, „Ad te levavi", König David mit Harfe und Gott Vater. Seitlich farbige Rankenverzierung. Regensburg, Bischöfliche Zentralbibliothek, 2 A. Kap. 120

Musikinventare, überlieferte Musikalien, Akten und Urkunden über das Musikpersonal, Besoldungslisten, Verordnungen und Instruktionen, Anstellungsdekrete, Aufführungshinweise, Zeitungsberichte und dergleichen mehr bilden die Quellen, auf die zurückgegriffen werden muss, wenn das Bild einer Jahrhunderte zurückreichenden Musikpflege skizziert werden soll. Dies gilt auch für Repertoire und Aufführungspraxis der Kirchenmusik in der Alten Kapelle zu Regensburg. Das über sie vorhandene Quellenmaterial ist – wenn auch für die Zeit vor dem 18. und 19. Jahrhundert nur äußerst lückenhaft – sehr reichhaltig. Es erlaubt nicht nur die Darstellung musikhistorischer Schwerpunkte, es berichtet auch von dem hervorragenden Rang, den die Musikpflege in der Stiftskirche stets eingenommen hat.

Einstimmiger Gesang

Der einstimmige liturgische Gesang war ein tragender Pfeiler der täglichen Chorgebete und der Konventämter. Zwar haben sich so gut wie keine Zeugnisse der Choralpflege in der Alten Kapelle aus dem Mittelalter erhalten, doch existiert im Bestand der Stiftsbibliothek eine Reihe gedruckter und handschriftlicher Choralia des 16. und 17. Jahrhunderts, deren tatsächlicher Gebrauch in der Alten Kapelle vermutet werden darf.

Das älteste erhaltene gedruckte Antiphonale – ein Choralbuch, in dem die Gesänge für die Chorgebete aufgezeichnet sind – stammt aus dem Jahr 1511 und ist Augsburger Provenienz.[71] Antiphonal-Drucke aus der Zeit nach dem Trienter Konzil (1545–1563) schließen sich an, aus den Jahren 1609,[72] 1611[73] und 1630[74]. Letzteres, ein Buch aus der Ingolstädter Druckerei von Caspar Sutor, wurde nachweislich über längere Zeit in der Alten Kapelle verwendet, existieren doch zwei in sehr sauberer Handschrift vom Stiftsorganisten Johann Nepomuk Fuhrmann (1740–1808) noch 1783 eingerichtete Abschriften des Bandes unter dem Titel *ANTIPHO- / NARIUM / ROMANUM. / AD RITUM BRE- / VIARII, EX DECRETO. / SACROSANCTI CONCILII / TRIDENTINI RESTITUTI. / Et Clementis VIII. auctoritate recog- / niti. M.DC.XXX. / NUNC VERO / Festis recentioribus, Antiphon, Hymnis, / aliisq., auctum, / Et ad hodiernum usum adcurate dispositum. / OPERA / Joan. Nep. Fuhrmann Organoedi in Eccle- / sia Collegiata B.V.M. ad Veterem Capellam. / RATISBONAE. / M.DCC.LXXXIII.*[75] Dem wegen seines kunstvollen Orgelspiels hochgeschätzten Musiker Fuhrmann, der seit 1766 als Choralist und Organist an der Alten Kapelle angestellt war, übertrug das Stift die Anfertigung und Ausbesserung der Choral- und Messbücher.[76] Außerdem existieren unter den gedruckten Gradualia – Choralbücher, die die wechselnden Gesänge der Messe enthalten – aus älterer Zeit noch zwei nachtridentinische Bände von 1599[77] und 1611[78]. Erhalten hat sich auch ein mit Noten versehenes Psalterium aus der Antwerpener Druckerei Moret von 1609.[79] Neben diesen Drucken steht eine interessante Choralhandschrift im Folio-Format aus dem Anfang des 17. Jahrhunderts[80] – der Einband trägt die Jahreszahl 1613 und das Monogramm *C[apitulum] V[eteris] C[apellae]* –, die Gesänge zu verschiedenen Offizien (z. B. Corona Domine, Angeli custodis) und Lamentationen für die Karwoche in römischer Quadratnotation enthält; sie dürfte eigens im Stift für den dortigen liturgischen Gebrauch angefertigt worden sein.

Incipit liber Missalis scd'm ordinē siue breuiariū chori ecclesie Ratisponensis. Dominica prima in aduentu domini ad missam. Introitus

AD te leuaui aiam meam deus meus. in te cōfido nō erubescā. neq; irrideāt me inimici mei. etenī uniuersi qui te expectant non confundentur. Ps. Vias tuas dñe demonstra mihi. et semitas tuas edoce me. Sine Gloria in excelsis. qd ab hinc vsq; ad natiuitatē dñi exclusiue non dicit. exceptis festis sanctorū nouē lectionū. Oratio

Excita qs dñe potentiā tuā et veni. ut ab imminētib' pctōr nostrorū periculis: te mereamur ptegēte eripi. te liberante saluari. Qui cū pře. Scd'a de sctā maria. tercia de oibus sctis. Lcō eplē beati pauli apli Ad romanos. xiij

Fřēs: Scietes qa hora est iam nos de somno surgere. Nunc enim ppior est nostra salus q̄ cū credidim'.

I

Nox precessit dies aūt appropinquabit. Abiiciam' ergo opera tenebrarū et induamur arma lucis sic ut in die honeste ambulem'. Nō i cōmessationibus et ebrietatib': nō in cubilibus et ipudiciciis. nō in cōtentiōe et emulatiōe. sed induimini dñm ihm xpm. Gr. Uniuersi q̄ te expectāt nō cōfundent dñe. V. Vias tuas dñe demōstra mihi. et semitas tuas edoce me. Alla. V. Ostende nobis dñe misericordiā tuā. et salutare tuū da nobis. Scd'm Matheū. xxj

In illo tpe: Cū appropinquasset ihs hierosolimis. et venisset bethfage ad mōtē oliueti: tūc misit duos discipulos dicēs eis. Ite in castellū qd cōtra vos est: et statim inuenietis asinam alligatā. et pullū cū ea Soluite et adducite mihi. Et si qs vobis aliqd dixerit: dicite qa dñs his opus habet: et confestim dimittet eos. Hoc aūt totū factū est: vt adimpleret qd dictū est p pphetā dicētē. Dicite filie syon: ecce rex tuus venit tibi mãsuetus. sedens sup

a

Dieses besaß auch mehrere Messbücher, in denen einzelne Teile der Messe, wie die Praefation, Kyrie- und Gloria-Intonationen oder (häufig tropierte) „Ite missa est“, mit Noten versehen sind. Genannt sei insbesondere das erste gedruckte Regensburger Missale, eine Inkunabel aus dem Jahr 1485.[81] Ein späterer, 1510 gedruckter *Liber Missalis secundum oridinem siue breuiarium chori ecclesiae Ratisponensis* enthält neben notierten Präfationen und Intonationen auch handgemalte Initialen, darunter ein psallierender David zu Beginn des Adventsintroitus „Ad te levavi“.[82] Eine komplett auf den lydischen Passionston ausnotierte Matthäuspassion findet sich in einem *Missale Ratisponensis* von 1512.[83] Benotete Prozessions-Gesänge weist auch ein *Obsequiale sive benedictionale secundum consuetudinem ecclesie et dyocesis Ratisponensis* auf, eine Art kombiniertes Rituale und Prozessionale mit liturgischen Texten für Sakramentsspendungen, Prozessionen und andere liturgischen Handlungen.[84]

Besondere Aufmerksamkeit verdient ein kleines handschriftliches Prozessionale, das neben 52 Stationsgesängen zu den einzelnen Festzeiten die Stationsfeier zum Karfreitag einschließlich eines deutschsprachigen Osterspiels überliefert.[85] Es trägt auf dem Vorsatzblatt den Besitzvermerk *Ad veteram Capellam* und weist in manchen Initialen in bzw. über einem kleinen Wappenschild die Buchstaben *J. M.* und *G. K.* auf. Joseph Poll[86] erkannte darin die Anfangsbuchstaben von Johann Mülich und Georg Kreizmeier, die beide im ersten Drittel des 17. Jahrhunderts im Dienst der Alten Kapelle standen. Der aus Trunstadt in Franken stammende Mülich[87] (ca. 1590–1641) war von 1621 bis 1623 Kanoniker am Kollegiatstift und trat auch als Komponist mehrstimmiger Gesänge hervor.[88] Er gilt als der mutmaßliche Schreiber des Prozessionale. Georg Kreizmeier ist zwischen 1617 und 1636 als Choralist an der Alten Kapelle nachweisbar und hat möglicherweise die farbige Ausschmückung der Initialen mit Masken und Rankenwerk besorgt.

Die Ausführung des einstimmigen Gesangs oblag den Choralisten. Diese waren seit der Mitte des 16. Jahrhunderts festangestellte Laien,[89] die zur Teilnahme an den täglichen Chorgebeten und den täglichen Konventämtern verpflichtet waren. Sie sangen die Antiphonen, Responsorien und Hymnen der Stundengebete, unterstützen die Kanoniker bei der Rezitation[90] der Psalmen und trugen die Gesänge des Ordinariums (Kyrie, Gloria, Credo, Sanctus mit Benedictus, Agnus Dei) und des Propriums (Introitus, Graduale, Offertorium, Communio) der Messe vor. Ihre Zahl betrug über die Jahrhunderte hinweg niemals mehr als vier. Für die Choralisten wurden eigene Instruktionen erlassen, die ihr Verhalten während der liturgischen Verrichtungen und die Ausführung des Singens und Rezitierens im Presbyterium betrafen.[91] Einer der Choralisten führte häufig auch das Amt des Organisten aus.

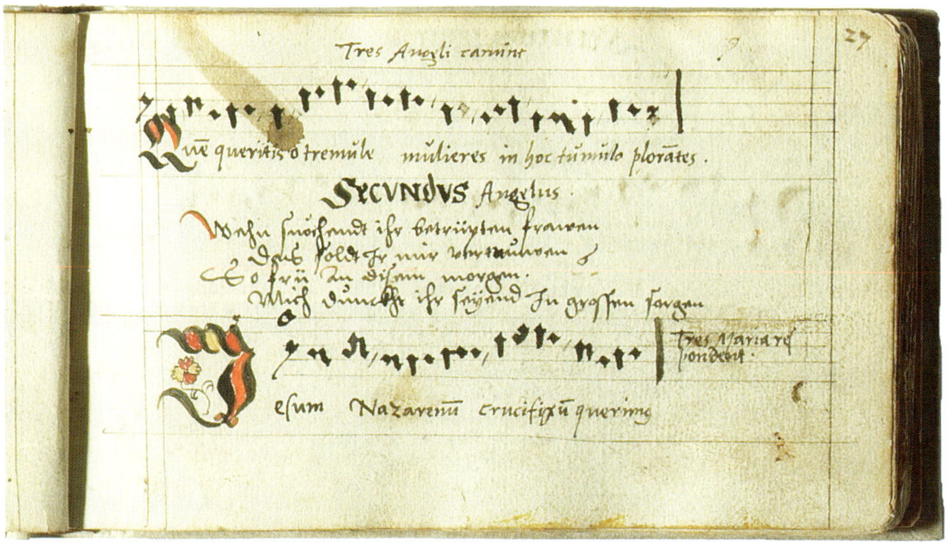

Abb. 207
Deutsches Osterspiel. Papierhandschrift mit Pergamenteinband auf Pappe. S. 27r. *Tres angeli canunt: Quem queritis o tremulae mulieres in hoc tumolo plorantes.–Secundus angelus: Wehn suechendt ihr betrüpten frawen / Das soldt ihr mir vertrawen / So frü zu disem morgen / Mich dunckht ihr seiend ihn grossen sorgen.– Tres Mariae respondent: Jesum Nazarenum Crucifixum querimus.* Geschrieben von Kanonikus Franz Mülich († 1641). Hufnagelnoten und federgezeichnete, mehrfarbige Initialen. Regensburg, um 1620. 10 cm x 16 cm. Regensburg, Bischöfliche Zentralbibliothek, Ch 1*.

Aufschlussreich ist in diesem Zusammenhang eine handschriftliche, leider undatierte, aber anhand der Schrift und der Sprache wahrscheinlich ins frühe 17. Jahrhundert zu verlegende Ordnung,[92] die den Einsatz der Orgel (bzw. des Regals, der kleineren, transportablen Orgel) in Vesper und Gottesdienst regelt und darüber hinaus festlegt, wann *choraliter*, also einstimmig, und wann *musicaliter* (mehrstimmig) gesungen werden soll:

Ordnung Fürohin in Unserer
Collegiat Kürchen
Under der Vesper Unnd Hochampt Zu singen Unnd die Orgel Zu schlagen.

1. *In den Festen Prime Classis unnd Herrn Dechants* [= Dekanalfeste], *soll die erst:* [= erste Vesper am Vorabend eines Festtages] *unnd andere* [= zweite Vesper; diejenige am Festtag selbst] *Vesper zusambt dem Hochambt solenniter gehalten und durchaus Musicaliter gesungen werden.*
2. *In den Festen aber der Herrn Canonicorum* [= Kanonikalfeste] *soll allein die erste Vesper sambt dem Hochambt Musicaliter, die ander Vesper aber Choraliter gesungen werden, iedoch daß nach endung eines ieden gesungenen Vers das Regal umbgewexleter* [= umgewechselt, alternatim] *geschlagen werde.*
3. *In den Sontägen, ausgenommen im Advent unnd Fasten, solle das Regal so wol bei der ersten alß anderen Vesper under dem Hymno und Magnificat nach iedem gesungenen Vers geschlagen werden, also daß ein Vers gesungen, der ander aber geschlagen werde: die Antiphonae[,] Commemorationes unnd Suffragia*[93] *müssen das ganze Jahr hindurch gesungen werden.*
4. *Alma Redemptoris, Ave Regina, Regina Coeli, Salve Regina sollen nach dem Completorio ieder Zeit Choraliter gesungen werden.*
5. *Den Sontägen das gantze Jahr, ausgenommen in den Fasten und im Advent, wie auch an den gebotenen Feyertägen, alß wie da ist das Fest Mariae Magdalenae unnd dergleichen soll das Hochambt in der Zeit Musicaliter gehalten werden.*
6. *Wan die sonsten bißhero vorgeschribene unnd ausgezeichnete Festa Duplicia oder Octavae einfallen, würdet under dem Ambt das Regal geschlagen, iedoch das allzeit der Introitus unnd Gloria Patri gesungen, für den Psalm aber unnd Sicut erat etc. das Regal geschlagen werde, under dem Kyrieeleison unnd Gloria in Excelsis würdt das Regal wie nit weniger anstatt des Graduals geschlagen, das Alleluja aber unnd hernach das Credo werden allzeit Choraliter gesungen: das Offertorium soll niemahls, herentgegen das Sanctus, unnd Agnus Dei, theils gesungen theils geschlagen werden. Communio soll allzeit gesungen werden.*

Diese Ordnung, das früheste erhaltene zusammenhängende kirchenmusikalische Dokument aus der Alten Kapelle, gibt Einblicke in die liturgischen Gepflogenheiten der Stiftskirche. In aufführungspraktischer Hinsicht ist vor allem bedeutsam, dass auch dort im 17. Jahrhundert wechselweise ein Vers choraliter gesungen, der nächste entweder mehrstimmig ausgeführt oder rein instrumental von der Orgel gespielt wurde. Diese alternatim-Praxis fand häufig beim Vortrag des Magnificats Anwendung; das zwischen Epistel und Evangelium gesungene Graduale, der virtuoseste unter den liturgischen Sologesängen, konnte sogar komplett durch ein Orgelstück ersetzt werden, insbesondere, wenn kein geeigneter Sänger zur Verfügung stand. Das unmittelbar anschließende Alleluja musste aber auf jeden Fall wieder gesungen werden.

Neben den Choralisten waren am Kirchengesang die Singknaben beteiligt, die sich aus den Schülern der Stiftischen Präbende rekrutierten und, nach Einführung der Vokalpolyphonie, als Diskantisten und Altisten an der Aufführung mehrstimmiger Kompositionen mitwirkten. In dem oben angesprochenen Osterspiel stellten sie offenbar den zweiten Chor der *Pueri.* Sie erhielten Gesangsunterricht vom Schulmeister, dem *magister sive rector scolarum,* in dessen Händen auch die Leitung des Kirchengesangs lag. Als man diese Aufgabe seit der Mitte des 16. Jahrhunderts für rund 300 Jahre einem Laien übertrug, dem Kantor, seit dem 17. Jahrhundert *regens chori* oder Chorregent genannt, übernahm dieser auch die musikalische Ausbildung der Präbendisten.[94] Aus der Zeit um 1700 existiert noch ein kleiner, lateinisch geschriebener Unterrichtstraktat, der in die Anfangsgründe des Choralgesangs einführt: *Principia / Succincte collecta pro addiscendo cantu chorali.*[95] In sieben Lektionen werden Hexachorde, Solmisation, Schlüsselwechsel, die Kirchen- und Psalmtöne (letztere in *sollenner* und *communer* Variante) und die Ausführung von Introitus und Hymnus behandelt.

Aus der oben zitierten Ordnung ist ersichtlich, dass an bestimmten Festtagen für Vesper und Hochamt eine *musicaliter* aufgeführte polyphone Kirchenmusik verlangt wurde. Träger des mehrstimmigen Gesangs waren insbesondere die schon erwähnten Singknaben der Präbende, welche die Sopran- und Altstimmen stellten und im 16. Jahrhundert in einer Stärke von zwei bis sieben auftraten.[96] Die tiefen Stimmen wurden mit Tenor- und Bassstipendiaten besetzt.[97] Diese waren in der Regel Studenten, die gegen einen gewissen Geldbetrag, das Stipendium, zur Mitwirkung an der Figuralmusik verpflichtet wurden. Spätestens seit dem 19. Jahrhunderts beteiligten sich darüber hinaus auch die Choralisten an der Aufführung polyphoner Musik; bei ihrer Einstellung wurden Tenöre in Hinblick auf eine Mitwirkung bei der Figuralmusik bevorzugt.[98]

Mehrstimmige Vesperkompositionen, vor allem Psalmen, das Magnificat und gegebenenfalls der Hymnus, sind in einem handschriftlichen Chorbuch des 16. Jahrhunderts aus der Stiftsbibliothek überliefert.[99] Es enthält vier- bis sechsstimmige Sätze in weißer Mensuralnotation ohne Komponistenangaben. Der Verfasser könnte unter den Angehörigen des Stiftes zu suchen sein, da die Stücke vermutlich für den dortigen liturgischen Gebrauch geschrieben wurden. Die Psalmen erscheinen nicht als auskomponierte Psalmmotetten, sondern in Form von mehrstimmig gesetzten Psalmodien, sogenannten *falsobordoni*, nach deren Modell man sämtliche Verse eines Psalms sang und daher in der Niederschrift oftmals, wie auch hier, untextiert blieben. Seit dem 16. Jahrhundert war diese Technik zum Vortrag der Psalmen in der Vesper und in der Komplet weit verbreitet. Zahlreiche Komponisten des 16. bis 18. Jahrhunderts verfassten derartige Sätze. Im Chorbuch aus der Alten Kapelle finden sich vier- bis fünfstimmige falsobordoni in den acht Psalmtönen. Es enthält außerdem vier- und fünfstimmige Magnificatsätze in unterschiedlichen Kirchentonarten, die ein gutes Beispiel für die in der Alten Kapelle gepflegten alternatim-Praxis geben. Es sind nämlich nur die geraden Verse des Magnificats mehrstimmig vertont, während die ungeraden choraliter ergänzt wurden. Das Chorbuch enthält auch mehrere, vier-, fünf- und sechsstimmige Sätze des die Vesper einleitenden „Domine ad adjuvandum". Auch finden sich in den Band Vesperhymnen für verschiedene Festtage.[100]

Außer in den feierlichen Vespern kam polyphone Musik insbesondere im Hochamt zur Aufführung. Nach der oben zitierten Ordnung des frühen 17. Jahrhunderts wurden die Hochämter *musicaliter* gehalten an jedem Sonn- und gebotenen Feiertag außerhalb der Advents- oder Fastenzeit, an den Dekanal- und Kanonikalfesten[101] sowie den Festen *Prime Classis*.[102] In der Messe sind es zum einen die Teile des Ordinariums, die mehrstimmig erklingen, also Kyrie, Gloria und so weiter, zum anderen die Propriumsgesänge. Letztere finden sich mehrstimmig vertont in einem Chorbuch,[103] das ein gewisser Leonard Faber oder Schmiedt, der um 1600 anscheinend als Sänger (Diskantist?) an der Alten Kapelle wirkte, angelegt oder besessen hat.[104] Er vermerkte auf fol. 165[R]*: Leonardus Faber vel Schmiedt discansta [sic] Veteris capelle anno domini 1602.* Ob dieser Faber nur der Schreiber des Chorbuches war oder auch als Komponist der darin enthaltenen Stücke zu gelten hat, muss offen bleiben. Notiert sind in Chorbuchanordnung anonyme vierstimmige liturgische Gebrauchstücke, Vertonungen des Proprium missae, und zwar überwiegend Introitus, Alleluja-Verse und Communiones in der Folge des Kirchenjahres vom dritten Adventssonntag bis zum Sonntag Laetare in der Passionszeit (am Anfang und Schluss fehlen mehrere Blätter). Dass die ungefähr zeitgleiche Ordnung aus dem Kollegiatstift gerade an den Sonntagen des Advents und der Fastenzeit ausdrücklich keine mehrstimmigen Vertonungen vorsah, fällt auf. Das Buch ist spätestens 1602 im Besitz der Alten Kapelle gewesen, wie der Eintrag des

Sängers Leonard Faber bezeugt. Unter den Stücken finden sich Sätze von kontrapunktischer Komplexität, wie etwa der Introitus „Memento nostri Domine“ zum vierten Adventssonntag, in dem der Sopran nicht notiert, sondern als Kanonstimme zum Alt konzipiert und nur mit dem Ausführungsvermerk *Fuga* [hier = Kanon] *in Diatesseron* [= Quarte] versehen ist.

Überwiegend anonyme marianische Antiphonen, vor allem vier- bis fünfstimmige Salve-Regina-Vertonungen, enthält ein handgeschriebenes Chorbuch,[105] das um 1601[106] der Kanonikus und Scholastikus der Alten Kapelle Ghisbert Horstius (um 1571–1637) dem Stiftschor zum Geschenk machte, wie ein Vermerk auf dem Vorsatzblatt mitteilt: *Ad usum chori B. M. Virginis ad Vetterem Capellam hoc cantionale dd. Ghisbertus Horstius, ibidem canonicus et Scholasticus, renovare curavit M.DC:+1*. Die Initialen der Stücke zieren Ornamente aus roter Tinte.

In aufführungspraktischer Hinsicht interessiert ein 1606 von dem *ludimoderator* (Schulmeister) der Alten Kapelle Joachim Heldt (tätig 1600–1607) geschriebenes Chorbuch,[107] das je drei vierstimmige anonyme – resp. von Heldt *ex diversis authoribus*[108] zusammengestellte – Responsorien für die drei Nokturnen an Gründonnerstag, Karfreitag und Karsamstag sowie ein vierstimmiges Requiem von Blasius Amon (ca. 1560–1590) überliefert. Letzteres bietet einen aufschlussreichen Beleg dafür, dass die Vokalpolyphonie in der Alten Kapelle nicht unbegleitet gesungen wurde. Denn über den mensuralen Pausenzeichen des Vokalbasses ist – vermutlich von der Hand des Organisten – die Orgelstimme in deutscher Orgel-

Abb. 208
Chorbuch. Vesperale. Papierhandschrift mit Pergamenteinband, fol. $19^{v}/20^{r}$. Regensburg (?), 16. Jahrhundert. 33 cm x 22 cm. Vierstimmige Magnifikat-Sätze. Federgezeichnete Schmuckinitialen in Rot, Mensuralnotation. Regensburg, Bischöfliche Zentralbibliothek, Alte Kapelle Hs 4-1282.

Abb. 209 a und b
Giovanni Pierluigi da Palestrina (1525/26–1594), „Missa Tu es Petrus“. Titelblatt und erste Notenseite. Papierhandschrift. Abschrift durch Carl Proske († 1861), Rom, März 1835. 22,5 cm x 29,5 cm. Regensburg, Bischöfliche Zentralbibliothek, Pr.-M Palestrina II/2.

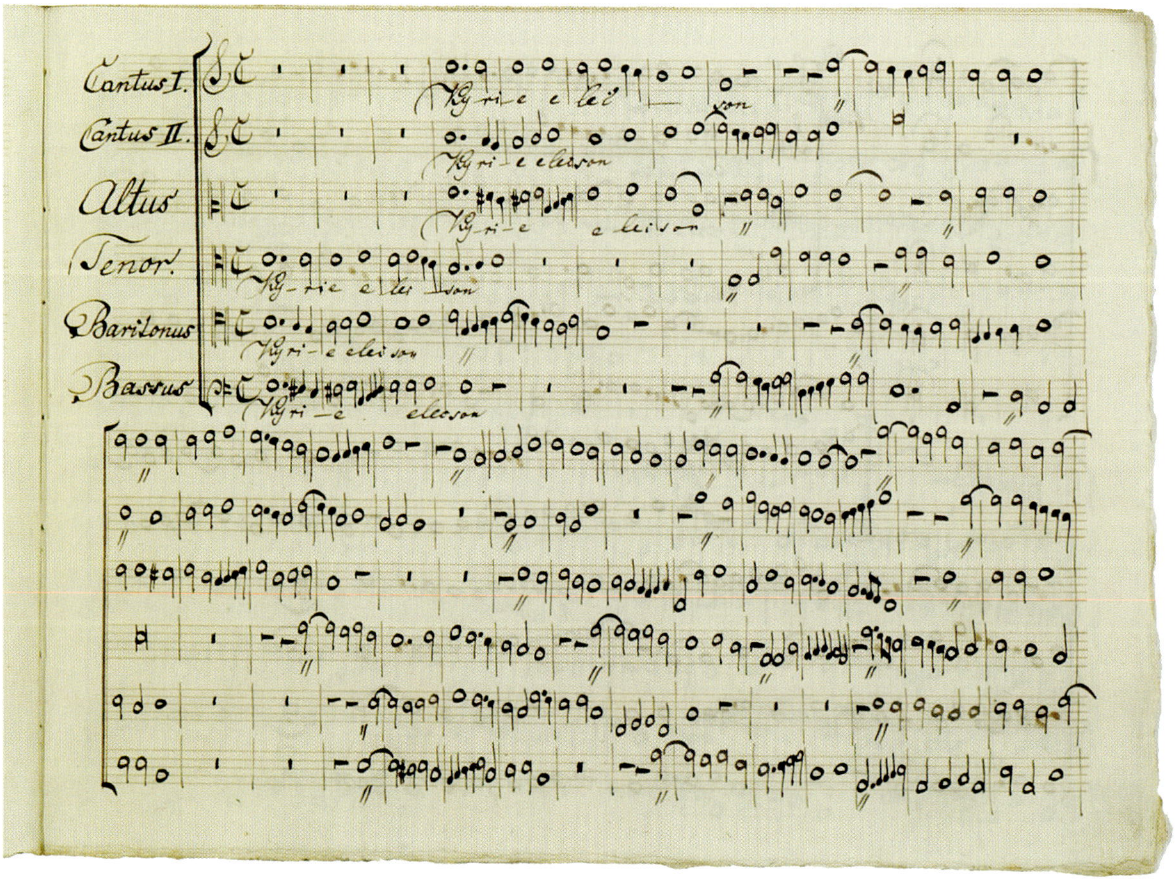

tabulatur ergänzt. Der Gesang des Chores wurde demnach zumindest von der Orgel unterstützt. Ob und in welchem Umfang man auch andere Instrumente zur Verstärkung der Gesangsstimmen hinzuzog, lässt sich nicht mit Gewissheit sagen; doch sind Ankäufe von Instrumenten durch das Stift (Posaunen, Zinken, Violen) im 16. und 17. Jahrhundert bekannt.[109] Angesichts der enormen Anforderungen, die die Aufführung der altklassischen Vokalpolyphonie an die Sänger stellt, erscheint die stützende Mitwirkung von Instrumenten, zumindest der Orgel, plausibel. Die Idee einer unbegleiteten „kirchlichen" Vokalmusik entstammt dagegen primär dem Postulat nach „Reinheit der Tonkunst", wie es die vom Historismus beeinflusste musikalische Restaurationsbewegung des 19. Jahrhunderts nach dem Vorbild der Aufführungspraxis in der päpstlichen Kapelle vertrat. Denn dort, in der Cappella Sistina, war zur Unterstützung des Gesangs noch nicht einmal die Orgel zugelassen.[110]

Im Gebrauch der Stiftskirche dürfte auch ein aus dem Anfang des 17. Jahrhunderts stammendes Chorbuch[111] gewesen sein mit vierstimmigen Gesängen aus unterschiedlichen liturgischen, teils die Stundengebete, teils die Messe betreffenden Kontexten. Es enthält ohne Komponistenangaben Introitus-Sätze, ein Magnificat, untextierte falsobordoni, ein Regina coeli mit tropiertem Alleluja am Schluß, Versikel zur Präfation, den Kirchweihhymnus „Nova veniens", je ein vierstimmiges „Veni sancte Spiritus" und „Da pacem Domine in diebus nostris" und andere Sätze.

Dürften die vorerwähnten Liturgika überwiegend im Stift selbst für die eigene liturgische Praxis entstanden sein, so gelangten in den Besitz der Alten Kapelle eine Anzahl weiterer Chorbücher unterschiedlicher Provenienz, die sich heute in der Proskeschen Sammlung der Bischöflichen Zentralbibliothek zu Regensburg befinden. Hierzu zählt insbesondere der berühmte, nach seinem vormaligen Besitzer Petrus Pernner benannte „Pernner Codex"[112] aus dem frühen 16. Jahrhundert.[113] Der aus zwei ursprünglich selbständigen Teilen zusammengesetzte Codex enthält auf 342 Seiten 99 Kompositionen wie Messen, Motetten, Chansons und deutsche Liedsätze von Alexander Agricola, Philippe Basiron, Anton Brumel, H. Bucis, Loyset Compère, Johannes de la Fage, Josquin Desprez, Heinrich Isaac, Erasmus Lapicida, Colinet de Lannoy, Jean Mouton, Pierre de la Rue, Johannes de la Val, Giovanni de Medici (später Papst Leo X.), Ninot le Petit, Jacob Obrecht, Matthaeus Pipelare, Johannes Prioris, Ludwig Senfl und Verbonet (= Johannes Ghiselin). Wann und unter welchen Umständen diese teils in der habsburgischen Hofkapelle Kaisers Maximilians I., teils in Augsburg um 1520 entstandene Sammelhandschrift in den Besitz der Alten Kapelle gelangte, lässt sich nicht mit Sicherheit sagen. Ein Besitzvermerk weist auf S. 5 die Stiftskirche als zeitweiligen Aufbewahrungsort aus: *ad Veterum Capellam*, ein dortiger Gebrauch ist deshalb nicht auszuschließen. Dies gilt ebenso für zwei Chorbücher[114] der Proskeschen Sammlung aus der Mitte und aus dem zweiten Drittel des 16. Jahrhunderts, die, aufgrund des Schreiberbefundes,[115] möglicherweise aus dem Regensburger Gymnasium poeticum in die Alte Kapelle gelangten. Sie überliefern neben anonymen Werken überwiegend Motetten, vereinzelt Messen und Magnificat-Vertonungen von hochrangigen Komponisten der Zeit wie Thomas Cricquillon, Heinrich Isaac, Clemens non Papa, Antoine de Févin, Ludwig Senfl, Pierre de la Rue u. a.

Mit ihrem Bestand an polyphoner Vokalmusik erweist sich die Kapelle auf der Höhe der Zeit. Berücksichtigt man, dass die Aufführung eines derartigen Repertoires einem ungeschulten Ensemble kaum möglich gewesen sein dürfte, so werfen die Chorbücher zugleich ein bezeichnendes Licht auf die Leistungsfähigkeit des Stiftschores im 16. und 17. Jahrhundert.

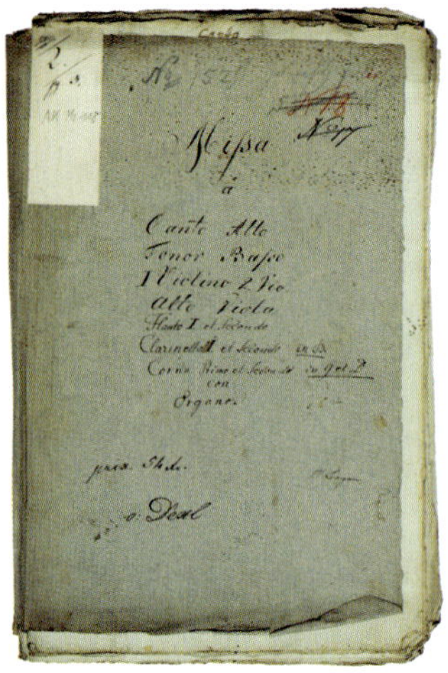

Abb. 210 a
Alois Dexl († 1816).
Missa für Sopran, Alt, Tenor, Bass, 2 Violinen, Viola, 2 Flöten, 2 Klarinetten, 2 Hörner und Orgel. Umschlagtitel. Papierhandschrift (Autograph), ca. 1790. 37 cm x 25 cm. Regensburg, Bischöfliche Zentralbibliothek, AK Ms 118.

Instrumentale Kirchenmusik

Mit dem 18. Jahrhundert wendete sich die Alte Kapelle der zeitgenössischen instrumentalbegleiteten Kirchenmusik zu. In den Verzeichnissen über die vergebenen *Accidentien* für Aufführungen von Figuralmusik finden sich nun neben den bezahlten Vokalstipendiaten (Tenor, Bass) regelmäßig auch die Inhaber von Instrumentalstipendien, und zwar zumeist zwei Geiger, ein Violonspieler, zwei Trompeter und ein Pauker.[116] Sie spiegeln die Grundbesetzung der instrumentalen Kirchenmusik an der Alten Kapelle wider, die, wenn nötig, durch weitere Instrumentalisten wie Holzbläser, also Flötisten, Klarinettisten und so fort, von Fall zu Fall aufgestockt werden konnte. Auffallenderweise gehörte kein regelmäßig bezahlter Violaspieler zum festen Bestand, obwohl das Stift im Besitz einer Viola war.[117] In der Praxis dürfte sich eine Lösung in der Regel dadurch ergeben haben, dass einzelne Musiker verschiedene Instrumente beherrschten; das erhaltene Aufführungsmaterial bestätigt auch den Einsatz einer Bratsche.

Die Tage, die eine feierliche, mit Blechbläsern besetzte instrumentale Kirchenmusik verlangten, ergeben sich aus einer Antwort des Stiftskapitels auf eine Klage des Chorregenten Anton Schneider, dem die Leitung des Stiftschores von 1828 bis 1839 oblag, über die Unzuverlässigkeit der Trompeter vom 6. November 1828.[118] In seiner als Revers verfassten, von den betreffenden Musikern unterzeichneten Antwort vom 16. November, setzte das Stiftskapitel den Aufgabenbereich der Instrumentalisten ausdrücklich fest: *Auf die offizielle Anzeige, daß die beiden Stiftstrompeter zur alten Kapelle [...] den Musikchor ungemein säumselig besuchen, hat der Scholasticus die beiden Säumigen im Namen und aus Auftrag des Stiftskapitels vorgerufen und ihnen bedeutet, daß, woferne sie nicht an allen Dekanal- und Kanonikal-Festen, sowie an allen Sonn- und Feiertagen, sich auf dem Musikchor zum Trompeten- und Hornblasen* [sic] *wollten brauchen lassen, das Stifts-Kapitel bemüssigt sei, für diese Verrichtung andere Subjekte anzustellen. Ein gleiches geschah mit dem Violonisten [...].*[119] Die hier pauschal mitgeteilten Äußerungen über die Aufführung instrumentaler Kirchenmusik an Dekanal- und Kanonikalfesten sowie an Sonn- und Feiertagen entspricht im wesentlichen den Regelungen, die die oben zitierte Ordnung aus dem frühen 17. Jahrhundert für die Ausführung von Figuralmusik traf. Außer an den genannten Feiertagen in Messe und Vesper dürfte also auch an jedem Sonntag zumindest im Hochamt eine feierliche, instrumentalbegleitete Musik erklungen sein. Darüber hinaus ist dem Revers zu entnehmen, dass die beiden Trompeter zugleich auch als Hornisten fungierten.

Über das Repertoire geben die noch erhaltenen Musikalien Auskunft, die in einem Band der *Kataloge Bayerischer Musiksammlungen* erfasst sind.[120] Von dem insgesamt 883 Signaturen umfassenden Bestand gehören rund 100 Manuskripte der instrumentalen Kirchenmusik an. Leider setzt die Überlieferung erst ab ca. 1790 ein, in der Zeit der Chorregentschaft von Alois Dexl (Chorregent 1777–1816), von dem auch eine eigene Komposition erhalten ist, eine Messe für vierstimmigen Chor, 2 Violinen, Viola, je 2 Flöten, Klarinetten, Hörner und Orgel.[121] Mit seinem größeren, auch Flöten und Klarinetten hinzuziehenden Bläserapparat weist das Werk über die „Normbesetzung“ der Alten Kapelle hinaus, belegt aber zugleich die Aufgeschlossenheit des Chorregenten für die zeitgenössische Vorliebe einer Instrumentierung mit Klarinetten. Dexl und seine Nachfolger – Johann Weingärtner (1816–1826), Michael Hampp (1826–1828) und Joseph Anton Schneider (1828–1857, seit 1839 erkrankt) – bereicherten den Kapellbestand um Werke (vor allem Litaneien, Vespern, Messen, Requien, Miserere, Hymnen) von Johann Georg Albrechtsberger (1736–1809), Franz Bühler (1760–1823), Anton Diabelli (1781–1858), Wolfgang Joseph Emmerig (1772–1839), Johann Melchior Dreyer (1746–1824), Franz Gleißner (1761–1818), Benno Grueber (1759–1796),

Abb. 210 b
Alois Dexl († 1816).
Missa für Sopran, Alt, Tenor, Bass, 2 Violinen, Viola, 2 Flöten, 2 Klarinetten, 2 Hörner und Orgel.
Erste Notenseite Canto.
Papierhandschrift (Autograph), ca. 1790.
37 cm x 25 cm. Regensburg, Bischöfliche Zentralbibliothek, AK Ms 118.

Joseph Haydn (1732–1809), Joseph Willibald Michel (1745–1816), Eugen Pausch (1758–1838), Anton Schermer (1759–1821), Johann Baptist Schiedermayr (1779–1840), Bonifaz Stöckl (1745–1784), Joseph Touchemoulin (1727–1801), Peter von Winter (1754–1825) und anderen. Bei den vertretenen Komponisten ist neben den Namen von überregionaler Bedeutung – wie Albrechtsberger, Diabelli und Haydn (von letzterem wurde z. B. die „Missa in tempore belli" Hob. XXII, 9, die sog. Paukenmesse, aufgeführt nach einer Stimmenabschrift des Chorregenten Anton Schneider) – nicht zuletzt der lokalgeschichtliche Bezug bedeutsam, waren viele Musiker doch in den umliegenden Regionen tätig, wie der Weltenburger Klosterkomponist Benno Grueber, der aus Neumarkt (Oberpfalz) stammende Pausch, der bis zur Säkularisation Chor- und Seminardirektor im Zisterzienserkloster Walderbach war, oder Anton Schermer, der in Neuburg an der Donau seine musikalische Ausbildung erhielt, bevor er Domkapellmeister in Eichstätt wurde. Einen direkten Regensburger Bezug stellen drei Litaneien für Sopran, Alt, Tenor, Bass, zwei Violinen und Orgel des Thurn- und Taxis'schen Hofkapellmeisters Touchmoulin dar. Beziehungen zum Hof des Fürsten von Thurn und Taxis bestanden über den Chorregenten Anton Schneider, der zuvor Kapellmeister des Fürsten war. Besondere Beachtung beanspruchen neben einigen Abschriften auch acht autographe Kompositionen, vor allem Vespermusiken, von Wolfgang Joseph Emmerig,[122] dem Seminarinspektor und Regens chori des Regensburger Klosters Sankt Emmeram, der 1834 als Kanonikus und Scholastikus in das Stiftskapitel gewählt wurde.[123]

Das Stift besitzt noch heute eine kleine Anzahl älterer Instrumente. Das wertvollste Stück ist ein Kontrabass des Regensburger Instrumentenbauers Simon Jakob Schmidbauer[124] (1805–1848), einem Schüler von Joseph Fischer (1768–1834), der ebenfalls Geigenbauer in Regensburg war. Das Instrument stammt, dem eingeklebten Zettel zufolge, aus dem Jahr 1846, also aus der Zeit der Chorregentschaft von Johann Georg Mettenleiter, der dieses Amt von 1841 (vertretungsweise schon ab 1839) bis 1858 innehatte. Der Bass zeigt eine für die Regensburger Werkstatt charakteristische in die Länge gezogene, nach oben schmal zulaufende Form. Nachdem er erstmals 1946 (Reparaturzettel) ausgebessert wurde, hat die Alte Kapelle den wertvollen Kontrabass nun durch die Regensburger Geigenbauwerkstatt Goldfuss wieder zu einem spielbaren Zustand restaurieren lassen. Aus der Zeit um bzw. kurz vor 1900 existieren noch zwei Violoncelli von der Mittenwalder Firma Neuner & Hornsteiner (fl. ca. 1811–1930).[125] Da es sich bei einem der Instrumente um ein 3/4-Cello handelt,[126] könnte es aus dem der Alten Kapelle angegliederten, 1900 vollständig neu gebauten und 1904 erweiterten Studien- und Musikseminar stammen, jedenfalls war es bei einem Spieler mit einer kleineren Hand in Gebrauch. Hiermit würde auch übereinstimmen, dass am 7. November 1900 der damalige Seminarinspektor und Chorregent Joseph Wagner beim Stiftskapitel den Antrag stellte, für das neue Studienseminar neue tiefe Streichinstrumente anzuschaffen, nämlich drei Violen, zwei Violoncelli und ein Violon.[127] Es ist von daher durchaus möglich, dass beide Celli sowie ein weiterer noch erhaltener Sperrholz-Kontrabass aus der Zeit um 1900 – er diente ganz offensichtlich Übungszwecken – aus dem Studienseminar stammen. Zum älteren Instrumentenbestand der Alten Kapelle zählt noch ein Harmonium aus der zweiten Hälfte des 19. Jahrhunderts der Feuchtwanger Orgel- und Harmoniumbaufirma Georg Holländer;[128] ein weiteres, nach 1927 entstandenes, trägt die Plakette seines Erbauers *Max Horn / Werdauer Orgel- Harmonium-Fabrik / Eisenberg/Thür[ingen].*

Dass sich Instrumente aus der Zeit vor der zweiten Hälfte des 19. Jahrhunderts nicht erhalten haben, verwundert insofern nicht, als unter dem Scholastikus Michael Ederer (1817–1902, Kanoniker seit 1879) eine Anzahl nicht mehr gebrauchter Musikinstrumente an einen Antiquitätenhändler Lang in München verkauft worden sind. Michael Haller teilt dies in einem Randvermerk mit, den er nachträglich niederschrieb auf dem *Inventar über die*

◁ Abb. 211
Kontrabass.
Gefertigt von Simon Jacob Schmidbauer (1805–1848).
Regensburg 1846.
Regensburg, Alte Kapelle.

Musikalien, Instrumente u[nd]. sonstige Geräthschaften auf dem stiftischen Musikchor zur alten Kapelle, wie sich diese Ende Juli 1855 daselbst vorfanden. Mit Hilfe des stiftischen Chorregenten Mettenleiter angelegt von dem Canonicus und Scholasticus Dr. Wiser.[129] Dieses Inventar verzeichnete einen kleinen und einen großen Violon, eine Viola, vier Violinen, zwei Corni, zwei Clarini und zwei Pauken. Am Rand findet sich die Bleistiftnotiz von der Hand Hallers, die sich anscheinend auf die zuletzt aufgeführten Blasinstrumente bezieht: *wurde unter Schol[astikus]. Ederer an den Antiquitätenhändler Lang aus München verkauft. Haller.* Hiermit stimmt überein, dass – im Zuge der kirchenmusikalischen Reform – seit spätestens 1861 keine Instrumentalstipendien mehr von der Alten Kapelle vergeben wurden.

So wertvoll manche der Werke instrumentaler Kirchenmusik waren, so gab deren Ausführung immer wieder Anlass zu Klagen. 1813 sah sich der Chorregent Alois Dexl vor die Aufgabe gestellt, sich dem Stiftskapitel gegenüber vor dem Vorwurf mangelhafter Aufführungen zu rechtfertigen. In seinem Antwortschreiben vom 15. September gibt er ein anschauliches Bild von den musikalischen Verhältnissen am Stift.[130] Die Gründe für die unbefriedigende Musikpraxis erklärt Dexl insbesondere aus dem desolaten Zustand der Instrumente und der abgenutzten Musikalien. Darüber hinaus fehle es an guten Musikern und den erforderlichen finanziellen Rahmenbedingungen, so habe er nötige Auslagen, etwa für Reparaturen von Instrumenten und Bezahlung von Aushilfskräften mehrmals aus eigener Tasche bestreiten müssen.

Die kirchenmusikalische Reformbewegung

Die Reform der Kirchenmusik, aus der die bis in die Gegenwart hineinreichende „Regensburger Tradition“ hervorgehen sollte, ist untrennbar mit der Person Carl Proskes (1794–1861) verbunden.[131] Ursprünglich Mediziner, erhielt er nach einem Zweitstudium der katholischen Theologie 1826 in Regensburg die Priesterweihe und setzte sich vehement für eine Verbesserung der kirchenmusikalischen Verhältnisse in den Regensburger Kirchen ein. Sein Ziel war es, die Musik wieder ganz in den Dienst der gottesdienstlichen Liturgie zu stellen, wozu ihm der einstimmige gregorianische Gesang und die altklassische Vokalpolyphonie am geeignetsten erschienen. Diese Rückwendung zur liturgischen Einstimmigkeit und zu den frühen Formen der Mehrstimmigkeit ist indessen nicht als Einzelphänomen zu betrachten, sondern vor dem Hintergrund der geistesgeschichtlichen Bewegung des Historismus, die sich im 19. Jahrhundert auf den verschiedensten Gebieten des geistigen Lebens artikulierte. Im Bereich der Musik waren der Aufsatz „Alte und neue Kirchenmusik“, den E.T.A. Hoffmann 1814 in der „Allgemeinen musikalischen Zeitung“ anonym veröffentlichte, sowie insbesondere der Traktat „Über der Reinheit der Tonkunst“ (1. Auflage anonym, Heidelberg 1825; 2. Auflage 1826[132]) von Anton Friedrich Justus Thibaut richtungsweisend.

Proske, der selbst über beachtliche pianistische Fähigkeiten verfügte, kam sehr wahrscheinlich schon früh, bereits während seiner Schuljahre im schlesischen Leobschütz (ca. 1800–1810) mit der über die Kompositionslehre von Johann Joseph Fux (1660–1741) tradierten Lehre vom „stylus ecclesiasticus“ in Berührung.[133] Sein medizinischer Studienaufenthalt in Wien (1810–1813), der ihm den Besuch der Aufführungen von Werken Palestrinas durch die Wiener Hofkapelle ermöglichte, dürfte seine Kenntnisse der traditionellen Vokalpolyphonie noch vertieft haben. Allerdings dachte Proske, trotz seines entschiedenen Eintretens für die alten Meister, niemals an eine vollständige Entfernung jeglicher Instrumente aus dem gottesdienstlichen Raum. So empfahl er 1829 in seinen „Bemerkungen über den zunehmenden Verfall der gottesdienstlichen Musik in der Regensburger Kathedralkirche, nebst

Vorschlägen zur Verbesserung derselben“[134] einem zukünftigen „Musikvorstand“ der Dommusik ausdrücklich *die planmäßige Ausbildung eines eigenen Instrumentenchors [...] jedoch stets mit ernster Würdigung kirchlicher Einfachheit und antiker Lokalitaet* und bemerkt, dass *insbesondere für eine stärkere Vokal Musik die Begleitung einer reinen und kräftigen Orgel höchst wichtig* sei. Proske kam es vielmehr auf die Auswahl gehaltvoller Werke und ihre Ausführung auf einem gehobenen, dem kirchlichen Raum angemessenen Niveau an. So verlangt er vom Musikvorstand weiter *nur dasjenige aus der neueren [sic] u[nd] klaßisch aelteren Literatur auszuwählen, was unverkennbar und auch dem Nicht-Musiker fühlbar von dem Geiste des Heiligen und Kirchlichen durchprägt ist; auch bei Abhaltung der Vorträge ein gleiches Prinzip vorwalten laßen, und sonach in Auswahl wie Darstellung Alles zu entfernen wißen, was wegen geistiger Gehaltlosigkeit, einseitiger Technik, Luxus der Kunstmittel, oder profaner Einstellung kein würdiger Stoff für gottesgeweihte Chöre im Heiligthume eines Tempels seyn kann [...].* Proskes Reformpläne, die er mit Hilfe des kunstverständigen Regensburger Bischofs Johann Michael Sailer (1751–1832, Bischof seit Oktober 1829) zunächst am Regensburger Dom zu verwirklichen hoffte – bereits im Mai 1829 übergab Sailer Proskes oben zitiertes Memorial dem bayerischen Minister des Innern, Eduard von Schenk[135] –, verloren 1832 mit dem Tod des Bischofs jegliche Unterstützung.

Proske, 1830 zum Kanonikus an der Alten Kapelle berufen, verlegte nun seine reformerischen Bestrebungen, für die er im Dom keine Realisierungsmöglichkeiten sah, in die Stiftskirche. Bereits um 1833 im Besitz einer ansehnlichen Musikaliensammlung, die Theoretika ebenso wie Liturgika, ältere wie neuere Vokalmusik sowie Instrumentalkompositionen umfasste, unternahm er zwischen 1834 und 1838 mit Genehmigung des Stiftes drei Stu-

△ Abb. 213
Porträt Johann Georg Mettenleiter (1812–1858) als Dirigent mit erhobenem Dirigentenstab vor einem Klavier oder Cembalo. Darunter das Monogramm *I.G. METR* (= *I*oann Georg *MET*tenleite*R*). Stahlstich, datiert 1848. Meister nicht bekannt. 21,2 cm x 15,8 cm. Regensburg, Bischöfliche Zentralbibliothek.

◁ △ Abb. 212
Porträt Dr. Carl Proske (1794–1861). Ölgemälde auf Leinwand von Barbara Popp, Regensburg 1860. Über dem Talar trägt Proske am roten Halsband das Kanonikerkreuz. 112 cm x 86 cm (mit Rahmen). Regensburg, Bischöfliche Zentralbibliothek.

Abb. 214
König David mit der Harfe. Stuckrelief auf dem südlichen Oratorium. Stuckiert von Anton Landes (1712–1764) (?).

dienreisen nach Italien, um in dortigen Bibliotheken und Archiven Abschriften von Werken der altklassischen Vokalpolyphonie anzufertigen, die die Grundlage zu einem neuen Kirchenmusikrepertoire legen und Material für zukünftige Editionen bereitstellen sollten. Mit reichen musikalischen Schätzen, Abschriften wie Originaldrucken, kehrte er in die Donaustadt zurück und begann, nach mehrjährigen Vorarbeiten, ab 1853 mit der Herausgabe älterer Vokalmusik in der zunächst auf vier Bände angelegten Sammlung „Musica divina", die Stücke für alle liturgischen Verrichtungen des Kirchenjahres enthält.[136]

Einen Mitstreiter, der seine Reformpläne in die Praxis umzusetzen begann, fand Proske in Johann Georg Mettenleiter (1812–1858),[137] einem jungen Chorregenten an der Stadtpfarrkirche Sankt Sebastian in Oettingen. Auf Vermittlung Proskes stellte das Regensburger Stiftskapitel Mettenleiter 1839 als Nachfolger des erkrankten Chorregenten Anton Schneider ein, zunächst als Choralist und Organist sowie als Lehrer an der Aula scholastica für Kalligraphie, Zeichnen und Gesang. Im Mai 1841 wurde er offiziell zum Chorregenten an der Alten Kapelle ernannt.

Beharrlich arbeitete Mettenleiter an der Hebung des Aufführungsniveaus, an einer sorgsamen Auswahl qualitätvoller kirchenmusikalischer Werke aus dem Bereich der instrumentalen Kirchenmusik und der Einführung von Vokalpolyphonie im Wechsel mit Gregorianik im Gottesdienst. Daneben führte er außerhalb der Kirche zu bestimmten Anlässen, wie zum alljährlich begangenen Cäcilienfest am 22. November, große instrumentalbegleitete Werke des 18. und 19. Jahrhunderts auf, wie die „Schöpfung" von Haydn oder die „Missa solemnis" von Beethoven. Sein eigenhändig lithographiertes *Verzeichnis aller Messen, Motetten, Psalmen usw. die in einem Zeitabschnitte von 10 Jahren zu Regensburg unter meiner Leitung eingeübt und theils auf dem Musikchor des k. Collegiat-Stiftes z. alt. Kapelle, als theils privat ausgeführt worden waren*[138] legt Rechenschaft ab über Aufführungen von mehr als 600 Werken im Zeitraum zwischen 1839 und 1849, also der ersten zehn Jahre seines Wirkens in Regensburg. Es finden sich hier Motetten des 16. bis 19. Jahrhunderts mit und ohne Orgelbegleitung, instru-

Abb. 215
Die heilige Cäcilie an der Orgel.
Stuckrelief auf dem nördlichen Oratorium.
Stuckiert von Anton Landes (1712–1764) (?).

mentalbegleitete und A-cappella-Messen, Sinfonien und Oratorien. Editorisch verhalf Mettenleiter der kirchenmusikalischen Reform zur Durchsetzung durch die Herausgabe des „Enchiridion chorale" von 1853, in dem er einstimmige liturgische Gesänge mit Orgelbegleitung für das ganze Kirchenjahr versah.[139] Wie Proske legte auch Mettenleiter eine umfangreiche und wertvolle Musikaliensammlung an, die durch seinen Bruder Dominicus (1822–1868), seit 1850 Chorvikar an der Alten Kapelle, noch beträchtlich erweitert wurde und die heute, vollständig bibliothekarisch erschlossen,[140] der wissenschaftlichen Forschung zur Verfügung steht. Die von Mettenleiter in der Alten Kapelle aufgeführten Werke, darunter zahlreiche Abschriften der Sparten Proskes, entstammten nahezu ausschließlich seiner eigenen Notenbibliothek, denn während seiner Dienstzeit wurde der Musikalienbestand der Stiftskirche nicht weiter ausgebaut.

Einen regelmäßigen Etat für Neuerwerbungen erhielt erst Mettenleiters Nachfolger, der Musiker und Priester Johann Georg Wesselack (1828–1866). Ihm standen in der Regel jährlich 80 Gulden für Anschaffungen von Musikalien zur Verfügung.[141] Wesselack war selbst ein fleißiger Notenkopist. Aus seiner Feder gingen über 600 Abschriften von A-cappella-Kompositionenen hervor, zum Teil nach Vorlagen aus der Musikaliensammlung Proskes. Allein im ersten Jahr seiner Anstellung (1859) erwarb er für den außerordentlichen Betrag von ingesamt 186 Gulden Messen, Motetten, Vesperpsalmen, Falsobordoni, Magnificat-Vertonungen, Hymnen, Litaneien, Lamentationen und Abschriften anderer hochrangiger liturgischer A-cappella-Literatur des 16. bis 19. Jahrhunderts, unter anderem von Jacques Alardy, Felice Anerio, Abundio Antonelli, Giuseppe Baini, Giuseppe Antonio Bernabei, Moritz Brosig, Gaetano Carpani, Giovanni Battista Casali, Claudio Casciolini, Caspar Ett, Ruggiero Giovanelli, Giovanni Domenico Guidetti, Hans Leo Hassler, Orlando di Lasso, Antonio Lotti, Giovanni Bernardino Nanino, Giovanni Pierluigi da Palestrina, Pietro Alessandro Pavona, Giuseppe Ottavio Pitoni, Alessandro Scarlatti, Francesco Soriano, Annibale Stabile, Gregorio Turini, Orfeo Vecchio, Lodovico Viadana, Tomás Luis de Victoria.

Schon die Auswahl der Werke zeigt, dass sich der Schwerpunkt nun mehr und mehr zur unbegleiteten oder nur mit der Orgel begleiteten Vokalmusik hin verschob. Als Wesselack die Chorregentschaft 1859 übernahm, gehörten der „Stiftskapelle" auf Stipendienbasis noch zwei Violinisten, ein Violonist, zwei Trompeter und ein Pauker an,[142] also die Grundbesetzung, wie sie auch während der Dienstzeit Mettenleiters bestand. Doch um die zur Verfügung stehenden Gelder für gute Sänger zu verwenden, deren es zur Ausführung der nicht leicht singbaren Vokalpolyphonie dringend bedurfte, reduzierte das Stiftskapitel die Instrumentalistenstellen, bis schließlich am 1. Juli 1861 die letzten noch bestehenden Instrumentalstipendien, diejenigen der Trompeter und des Paukers, endgültig eingezogen wurden.[143] Die Wendung hin zu einer ausschließlich vokalen oder nur von der Orgel begleiteten Kirchenmusik vollzog sich also während der Chorregentschaft Johann Georg Wesselacks.

Diese nun etablierte Tradition wurde von dessen Nachfolger Michael Haller (1840–1915) ab 1867 fortgesetzt. Den ihm zur Verfügung stehenden Erwerbungsetat von jährlich nurmehr 30 Gulden (ab 1875 rund 52 Mark) verwendete er auf praktische, teils abschriftliche, teils gedruckte Aufführungsmaterialien von liturgischer Vokalmusik, für Neuausgaben von Choralia, die Palestrina-Gesamtausgabe und den nach Proskes Tod ab 1865 zunächst vom Regensburger Domkapellmeister Joseph Schrems herausgegebenen, später von Franz Xaver Haberl weitergeführten zweiten Jahrgang der „Musica Divina". In den jährlich von Haller geführten Neuanschaffungslisten[144] finden sich neben Werken der altklassischen Vokalpolyphonie nun auch vermehrt Namen von Komponisten, die zum großen Teil, wenn auch nicht ausschließlich, der sich allmählich etablierenden cäcilianistischen Bewegung zuzurechnen sind, wie Joseph Hanisch, Alois Taux, Franz Xaver Witt, Franz Nekes, Friedrich Koenen, Adolph Kaim, Carl Hubert Cohen, Ignaz Mitterer, Joseph Renner sen., Ludwig Ebner, Joseph Albert Auer, Joseph Modlmayr. Speziell für die Bedürfnisse des Stiftschores komponierte Haller, wie auch schon seine Vorgänger, liturgische Gebrauchsmusik.[145] Als Haller 1899 zum Kanoniker an der Alten Kapelle berufen wurde, gab er den Chorregentendienst auf.[146]

Kirchenmusik im 20. Jahrhundert

Das für die musikalische Ausbildung an der Alten Kapelle wohl wichtigste Ereignis zu Beginn des 20. Jahrhunderts war die Gründung eines Studien- und Musikseminars. Das 1900 in der Salzburgergasse errichtete und 1904 erweiterte Seminar verstand sich als Nachfolgeeinrichtung der bis ins 9. Jahrhundert zurückreichenden Aula scholastica, der alten Lateinschule des Stiftes. Das neue Seminar, quasi ein Erziehungs- und Studienheim für Schüler des staatlichen humanistischen Gymnasiums, des Realgymnasiums und der Oberschule, bot seinen Zöglingen besondere Unterrichtsmöglichkeiten in den Fächern „Gesang, Klavier, Orgel, Violine, gegebenenfalls auch in anderen Instrumenten und in Harmonielehre"[147]. Unmittelbar nach Gründung des Seminars stellte dessen Inspektor Joseph Wagner, zugleich Chorregent, beim Stiftskapitel den Antrag, für den Unterricht mehrere Streichinstrumente, drei Violen, zwei Violoncelli und einen Kontrabass anzukaufen, was auch bewilligt wurde.[148] Ausdrücklich waren Sänger und Musiker des Seminars verpflichtet, „ihr Können in den Dienst des Instituts zu stellen, besonders auch bei den gottesdienstlichen Verrichtungen am Stiftskirchenchor mitzuwirken"[149]. Die Zahl der Chorsänger in der Alten Kapelle konnte auf diese Weise erheblich vergrößert werden.[150] Regelmäßig wurden für das Seminar Noten angeschafft, überwiegend Vokalmusik cäcilianistischer Prägung, Werke von Vincenz Goller, Ignaz Mitterer, Ludwig Ebner, Peter Griesbacher, Michael Haller, Alois

Edenhofer, Ludwig Auer, Franz Xaver Witt und anderen.[151] Während des Zweiten Weltkriegs ist das Studien- und Musikseminar vorübergehend als Lazarett der Wehrmacht verwendet worden,[152] zum 15. Juli 1957 wurde es aufgelöst.

1935 wurde an der Alten Kapelle unter Leitung von Studienprofessor Johann Baptist Dietl eine zur Förderung speziell des Choralgesangs eigene Stiftsschola gegründet, der Sänger vom Volksschul- bis ins junge Erwachsenenalter angehörten.[153] Die Mitglieder erhielten eine gründliche Unterweisung im liturgischen Gesang, die es ihnen ermöglichte, an der Regensburger Kirchenmusikschule die sogenannte „Kleine Choralprüfung" abzulegen, womit sie die Befähigung erlangten, selbst im Choral zu unterrichten. Die Aktivitäten der Schola sind in mehreren Zeitungsberichten der 50er Jahre gewürdigt worden.[154]

Nachdem in den Nachkriegsjahren Dr. Ernst Schwarzmaier, der mit seinem Collegium musicum das Musikleben Regensburgs bereits seit den 30er Jahren nachhaltig prägte,[155] der Stiftsmusik zu einem vielbeachteten Aufschwung verhalf, liegt seit 1985 die Leitung der Kirchenmusik in den Händen von Stiftskapellmeister Prof. Josef Kohlhäufl. Unter seiner Direktion singen je nach Anlass vier spezialisierte Vokalensembles: der Chor der Basilika, der Regensburger Motettenchor, die Regensburger Vokalsolisten und die Choralschola ehemaliger Regensburger Domspatzen. Ergänzend zu den Vokalkräften besteht – neben dem Stiftsorganistenamt – das Kammerorchester der Alten Kapelle, das den Chor der Basilika bei Aufführungen instrumentalbegleiteter Kirchenmusik unterstützt. Ein neues Orgelpositiv, 1989 von Heribert Friedrich Heick, Stadtamhof, erbaut, ergänzt den Instrumentenbestand. Im Repertoire der Stiftsmusik zeichnen sich drei Schwerpunkte ab: Regelmäßige Choralämter, ausgeführt von der Choralschola, setzen die Pflege des einstimmigen liturgischen Gesangs fort, wie sie unter Mettenleiter und Proske wieder neu belebt wurde. Ganz der Regensburger Tradition verpflichtet sind die Aufführungen von Werken altklassischer und neuerer Vokalmusik, Messen und Motetten von Palestrina, Orlando di Lasso, Antonio Lotti, Ludovico da Vittoria, Michael Haller, Vinzenz Goller, Carl Thiel, Joseph Renner, Lorenzo Perosi, Hermann Schroeder, Wolfram Menschik und anderen, aber auch Vokalwerke des von den Cäcilianern zu Unrecht verpönten Joseph Rheinberger finden sich auf den Programmen. Den dritten großen Komplex bilden Orchestermessen, wie sie ja auch von Mettenleiter noch gepflegt wurden und erst im Zuge einer allzu rigorosen Auslegung der Kirchenmusikreform seitens der späteren Cäcilianer zeitweise vernachlässigt worden sind. Die Leistungen der Stiftskirchenmusik dokumentieren CD-Einspielungen aus dem Bereich der liturgischen Einstimmigkeit sowie mit Vokalpolyphonie von Michael Haller, Palestrina, Gregor Aichinger und Francesco Suriano.[156]

Abb. 216
Johann Georg Mettenleiter (1812–1858), „Da pacem Domine in diebus nostris". Zwei Zeilen eines Cantus firmus mit Begleitung der Orgel und 6 Bläserstimmen. Tinte auf Papier, 19 cm x 23,5 cm. Abschrift von Johann Georg Wesselack, datiert: *1859*.
Regensburg, Bischöfliche Zentralbibliothek, AK Ms 357.

Die Wappenwandkalender des *„Kaiserlichen Kollegiatstiftes Unserer Lieben Frau zur Alten Kapelle“*

Josef H. Biller

Die Herausgabe von Offiziellen Wappenwandkalendern[157] war ein Brauch, den zahlreiche unabhängige und eigenständige Institutionen des Heiligen Römischen Reiches Deutscher Nation vom Beginn des 16. Jahrhunderts bis meist zur Säkularisation pflegten. Auf geistlicher Seite allen voran die hochadeligen Domkapitel von Fürstbistümern, dann adelige Kollegiatstifte sowie einige Fürstabteien und Fürstpropsteien; auf weltlicher Seite souveräne Ritterorden und Freie Reichsritterschaften, Reichsstädte und ambitionierte Bischofsstädte, der Reichshofrat in Wien, kaiserliche Land- und Stadtgerichte wie auch eine Reihe Schweizer Kantone, wobei die Herausgeberschaft nicht auf den katholischen Bereich beschränkt war. Insgesamt folgten rund hundertzehn Gremien dieser Gepflogenheit. Diese großen und im Laufe der Zeit immer prunkvoller ausgestatteten Wandkalender dienten neben ihrer Funktion als Zeitweiser einmal als Direktorien für die Gestaltung der Liturgie, zum andern als Personalschematismus, zur Repräsentation sowie als vornehmes Geschenk für illustre Gäste und benachbarte Souveräne. Erst relativ spät schloss sich auch das *Kaiserliche hochansehnliche Kollegiatstift Unsere Liebe Frau zur Alten Kapelle* dieser Tradition an.[158]

Der Holzschnittkalender (1674–1807)

Als das Kapitel im Jahre 1672 beschloss, einen Stiftskalender *gleichermaßen zur gebührenden Ehre der Kirche wie auch zum Nutzen der Kanoniker* einzuführen, folgte es dem Beispiel des fürstbischöflichen Domkapitels, das bereits seit 1570, also seit über hundert Jahren, einen großen Wappenkalender herausgab,[159] wie auch des konkurrierenden Regensburger Kollegiatstiftes SS. Johann Baptist und Evangelist, das seit 1637 bzw. 1640 über einen eigenen Stiftskalender verfügte.[160]

Doch zur Durchführung dieser Absicht bedurfte es zunächst der Zustimmung des regierenden Fürstbischofs Albrecht Sigismund (reg. 1668–1685), der in Personalunion auch dem Fürstbistum Freising (reg.1652–1685) vorstand. So leitete das Regensburger Konsistorium am 9. September 1672 die Voranfrage des Stiftskapitels an diesen mit dem Hinweis weiter, dass *von etlichen vermaint werden will, daß auch in diesem Collegiat Stüfft schon ohne das vorhero und zu alten Zeiten* ein Stiftskalender in Observanz gewesen sei und dass zumindest schon Fürstbischof Franz Wilhelm (1649–1661) *von selbst gern gnädigst gesprochen und wahrgenommen hätten, daß auch dieses Collegiatstüfft sich mit aignen gewohnlichen Calender versehen lassen möchte.*[161] Für beide Behauptungen lässt sich zwar keine archivalische Bestätigung beibringen, doch verfehlte sie nicht den Eindruck auf den Fürstbischof, der schon am 28. September 1672 die Eventualbewilligung des Konsistoriums ratifizierte[162] und am 22. Oktober 1672, aufgrund des endgültigen Antrags vom 16. Oktober 1672, definitiv die Genehmigung erteilte.[163]

Nunmehr konnte das Stiftskapitel darangehen, die notwendigen Schritte zur Umsetzung seines Vorhabens einzuleiten. Dazu gehörte vor allem die Suche nach geeigneten Künstlern für Entwurf und Ausführung einer entsprechenden Druckform. Dies stellte sich für ein

katholisches Stift in der weitgehend evangelischen Reichsstadt Regensburg, die keinen Katholiken als Bürger (wohl aber als Beisitzer) in ihrem Hoheitsgebiet duldete, schwierig dar, zumal damals auch nicht gar so viele Künstler zur Verfügung standen. Nachdem man für den Entwurf des Kalenderfrontispizes einen Künstler selber Konfession im kurbayerischen und damit katholischen Stadtamhof gefunden hatte – es war der aus Straubing stammende Maler und Ratsherr Georg Bernhard Abril,[164] der die Zeichnung für vier Gulden lieferte[165] –, tat man sich mit der Wahl eines geeigneten Holzschneiders im näheren Umkreis schwerer. Der Auftrag ging schließlich an den in Nürnberg tätigen evangelischen Formschneider Jobst Spörl d. J. (1621–1675), der sich einige Jahre zuvor schon, zwischen 1664 und 1667, mit dem Fürstbischöflich Passauer Wappenkalender profiliert hatte.[166] Den Satz des Kalendariums besorgte der Regensburger evangelische Buchdrucker Christoph Fischer (1603–1681).[167] Mitte Dezember 1673 konnte der neue Stiftskalender auf das Jahr 1674 zum ersten Mal verteilt werden, was auf große Befriedigung nicht nur bei den Chorherren, sondern auch beim Propst Johann Philipp von Egloffstein in Bamberg stieß, dem das Kapitel am 19. Dezember 1673 voll Stolz zwei Belegexemplare übermittelt hatte.[168]

Abb. 217
Kopfstück des 1674 eingeführten und bis 1807 vom Kollegiatstift zur Alten Kapelle herausgegebenen Wappenwandkalenders in Holzschnitt. Formschnitt von Jobst Spörl d. Ä. (1621–1675), Nürnberg 1673, nach Entwurf von Georg Bernhard Abril (um 1638–1694), Stadtamhof 1673. Abzug aus den Jahren zwischen 1729 und 1762 mit eingesetztem Wappen von Fürstbischof Johann Theodor von Bayern. 31,2 cm x 44 cm. Regensburg, Kunstsammlungen des Bistums.

Von diesem ersten Typ des Kollegiatstiftskalenders hat sich bisher kein einziges vollständiges Exemplar auffinden lassen, und dies trotz seiner eminent langen Laufzeit von 126 Jahren und seiner extrem hohen Gesamtauflage von rund 25000 Exemplaren. Nur zwei

Abdrucke des Kopfholzschnitts haben sich erhalten, wovon der eine und wohl ältere im Britischen Museum zu London liegt,[169] der andere in den Kunstsammlungen des Bistums Regensburg.[170] Die Mitte der Darstellung nimmt das von einem lambrequinbesetzten Baldachin bekrönte und von einem breiten Velum hinterfangene Gnadenbild der Alten Kapelle ein, das durch eine Inschrifttafel mit vier Textzeilen näher erläutert wird. Zu beiden Seiten des Gnadenbildes erscheinen auf einstufigem Podest vor dem breit gerafften Vorhang die Patrone des Stifts: rückwärts links Kaiser Heinrich als – der Tradition nach – Gründer (*S. Henricvs fvndavit.*) und rechts Kaiserin Kunigunde als Stifterin (*S. Cvnegvndis dotavit.*), außen links der heilige Bischof Rupert von Salzburg, der die Weihe vornahm (*S. Rvpertvs Ep.vs Consecravit.*) und rechts der heilige Wolfgang als Visitator des Stifts (*S. Wolffgangvs Ep.vs visitavit.*). Zu Füßen der Patrone liegen deren Attribute.[171] Unter dem Gnadenbild und seiner Inskription ist das von zwei Putten als Schildhaltern begleitete Wappen des regierenden Fürstbischofs eingefügt.[172]

Die Abrilsche Komposition zeigt eine auffallende Eigenwilligkeit in der Gestaltung eines Kalenderkopfes, die deutlich vom herkömmlichen Kanon abweicht. Während sonst die Madonna *personaliter* entweder in einer illusionistischen Himmelsgloriole auftritt oder als Mittelpunkt einer Reihe von Stiftspatronen figuriert, erscheint sie hier stellvertretend im Gnadenbild, also *in effigie*. Im Gegensatz dazu agieren die vier Patrone, die sonst oft als Skulpturen und Altarfiguren interpretiert werden, hier als leibhaftige Personen. Damit bewirkt der Künstler eine bemerkenswerte Umkehrung der Bedeutungs- und Realitätsebenen. Mit dieser nicht alltäglichen bildnerischen Invention einher geht die erstaunliche Qualität der handwerklichen Ausführung: Die Darstellung ist routiniert geschnitten und im Vergleich zu den Holzschnitt-Fassungen anderer Stifte durch dichte Schraffuren und betonte Schattierungen recht plastisch modelliert: Man spürt allenthalben die geübte Hand eines professionellen Formschneiders.

Als Lieferant fungierte anfangs für vier oder fünf Jahre der uns schon bekannte evangelische Buchdrucker Christoph Fischer, der dann 1678 oder 1679 bereits von seinem katholischen Kollegen Johann Egid Raith abgelöst wurde.[173] Er betrieb seine Offizin zunächst in Stadtamhof, bevor er um 1688 in die kurz zuvor neu gegründete „Hochfürstlich bischöfliche Hofdruckerei bei St. Emmeram" wechselte und dort die Auflagen bis 1707 betreute.[174] 1708 bis 1715 fiel der Druck aus, dann folgte 1716 bis 1751 Johann Baptist Lang,[175] 1752 bis 1759 Johann Veit Radlmayr,[176] 1760 dessen Witwe Elisabeth Radlmayr,[177] 1761 bis 1790 (mit Unterbrechung 1786 und 1787) Johann Michael Englerth,[178] 1791 bis 1793 dessen Schwiegersohn Anton Lang,[179] 1794 und 1795 dessen Witwe Maria Barbara Lang[180] und schließlich von 1796 bis zum Ende 1807 deren zweiter Ehemann, Johann Baptist Rothermund.[181]

Der Kupferkalender 1750 bis 1807

Als rund 75 Jahre seit Einführung des Stiftskalenders verflossen waren, regte sich der verständliche Wunsch des Kapitels, die – zumindest als Repräsentationsgegenstand – längst unmodern gewordene Holzschnittfassung durch einen Kupferstich zwar nicht ersetzen, aber ergänzen zu lassen.[182] Dieser Entschluss war überfällig, denn allenthalben waren die benachbarten Kollegiatstifte schon längst auf die neuzeitliche, technisch verfeinerte und künstlerisch ausdrucksvollere Faktur übergegangen: Sankt Andreas in Freising 1686, Sankt Veit ebenda 1691, das Liebfrauenstift in München 1690, Sankt Johann Baptist in Vilshofen ebenfalls um 1690, Sankt Jakob und Tiburtius in Straubing 1726/27, Sankt Martin und Kastulus in Landshut 1720 (Planung) bzw. 1741 (Einführung) oder Sankt Johann in Freising

1739. Selbst die Konkurrenzsituation zum Johannes-Stift (1733) in Regensburg hat die Stiftsherren der Alten Kapelle nicht sehr beflügelt, denn erst 17 Jahre nach diesem, im Jahre 1750, konnten sie den neuen Kupferkalender in Empfang nehmen.

Als das Kapitelsprotokoll vom 7. April 1747 das Thema erstmals aufgriff, befand man sich schon mitten in den Vorbereitungen: Der renommierte, weitgereiste und hochgebildete Regensburger Barockmaler Martin Speer (1702–1765)[183] hatte den Entwurf ausgearbeitet und war gerade dabei, eine Grisaille-Ölskizze wohl im Ausführungsformat zu malen, wofür er ein Honorar von 12 Dukaten erhielt.[184] Genau vierzehn Tage später, am 21. April 1747, unterrichtete dann der Dechant das Stiftskapitel über den mit Kupferstecher Bernhard Gottlieb Fridrich[185] ausgehandelten Kontrakt zum Stich der Kalenderplatten zum Preis von 100 Maxd'or bzw. 633 Gulden 20 Kreuzer.[186]

So glücklich die Wahl des Entwerfers gewesen war, so ungünstig sollte sich für das Kapitel im weiteren Verlauf die Auftragsvergabe an Fridrich erweisen. Dieser war zwar in dieser Aufgabenstellung nicht ganz unerfahren: Sein Vater war als Kalenderstecher bekannt und hat seine Söhne in dieser Kunst sicher intensiv unterrichtet, außerdem hatte sich Bernhard Gottlieb Fridrich bereits mit Entwurf und Stich des Regensburger Ratskalenders profiliert, den er 1736 zusammen mit seinem Schwager Johann Christoph Steinberger[187] geschaffen hatte. Doch der junge Fridrich erwies sich auch als unsteter Künstler, der oft genug unter Geldsorgen litt, Schulden machte und seinen Verpflichtungen nur mit Mühe nachkam. Das sollte auch das Stiftskapitel der Alten Kapelle zur Genüge zu spüren bekommen.[188]

Im Gegensatz zur Holzschnittfassung sind uns vom Kupferkalender mindestens acht vollständige Exemplare überliefert. Diese stammen jedoch alle aus der zweiten Hälfte der von 1750 bis 1807, also 58 Jahre währenden Laufzeit, wobei die Ausgabe in den Jahren 1786 und 1787 unterblieben ist und 1801 statt eines Neudrucks nur Restexemplare des Vorjahres aktualisiert wurden.

Alle überlieferten Exemplare zeigen eine insgesamt sehr tonige Stimmung und einen auffallend düsteren Charakter, der auf den ersten Blick eher an Mezzotinto-Technik denken lässt denn an die für die Wappenkalender des Barocks und Rokokos typische Mischtechnik von aufgestochener Radierung. Im kompositorischen Aufbau der unteren Platte herrscht noch deutlich die Vorstellung des 17. Jahrhunderts mit einer kraftvoll akzentuierten Säulenarchitektur vor, während im oberen Teil in einer für Wappenkalender des Rokokos ganz untypischen Weise einem historischen Ereignis großer Raum gegeben und die illusionierend himmlische Szenerie auf ein Minimum beschränkt ist. Die Forderung des Stiftskapitels, das Kopfstück als selbständiges Thesenblatt verwendbar zu machen, hat dazu geführt, dass beide Teile des Kalenderfrontispizes nun perspektivisch individuell konstruiert sind, damit jeweils einen eigenen Fluchtpunkt besitzen und somit keine harmonische Einheit bilden.

Wir legen der Beschreibung den frühest überlieferten Jahrgang 1775 zugrunde.[189] Das Frontispiz ist aus zwei Papier-Bogenteilen montiert und misst übers Ganze 130,7 x 64,5–65,1 cm (Bildgröße) bzw. 142,6 x 76,2 cm (Blattgröße); dabei beträgt die Bildhöhe des (auch als Thesenblatt verwendbar gedachten) Kopfstücks 54,5 cm, des Fußstücks 76,2 cm. Die Signaturen erscheinen im unteren Plattenrand und lauten links: *Martin Speer pinxit.*, rechts *Bern: Gottl. Fridrich sculps. Ratisbon.*

Die Darstellung des Oberteils ist nach Art eines Historienbildes angelegt und zeigt die Übergabe des Gnadenbildes, das sich seit 1694 in der südlichen Seitenkapelle der Stiftskirche befindet, durch Papst Benedikt VIII. als – der Tradition gemäß – Krönungsgeschenk an Kaiser Heinrich II. und seine Gemahlin Kunigunde am 14. Februar 1014. Es handelt sich dabei also um dasselbe Thema, das fünf Jahre nach Entstehen des Kalender- bzw. Thesenblatts Christoph Thomas Scheffler im Langhausfresko der Stiftskirche gestaltete. Die Szene

Des Kaiserl.
Ansehnlichen Collegiat-Stiftes
Unsrer Lieben Frau
zur alten Kapelle in Regensburg,
Almanach auf das Jahr nach der gnadenreichen Geburt unsers
lieben Herrn und Heilands Jesu Christi, M. DCC. LXXV.
Von Erwählung des Glorwürdigsten Kaisers JOSEPHI II. das XII.
JANUARIUS
MARTIUS
MAIUS
JULIUS
SEPTEMBER
NOVEMBER

spielt in Rom vor dem Hintergrund einer Kirchenfassade, die mit der links anschließenden figurenbestandenen Rundkolonnade als Stankt Peter zu identifizieren ist. Vor dem im Freien auf dreistufigem Podest aufgeschlagenen Thron überreicht der Papst mit Assistenz eines Kardinals das der Legende nach vom Evangelisten Lukas gemalte Gnadenbild der Madonna mit Kind dem auf die Knie gesunkenen Kaiser und der hinter ihm stehenden, von Reisigen und Pagen begleiteten Kaiserin. Darüber erscheint in einer von Putten erfüllten Wolkengloriole Gottvater mit der Heiliggeisttaube in Sacra Conversazione mit dem Evangelisten Lukas, der in beiden Händen seine Malutensilien, Pinsel und Palette, vorweist, während zu seinen Füßen sein Symbol, der Stier, lagert. Rechts von ihm wendet sich der heilige Bischof Rupert, ausgewiesen durch Salzkufe und Bischofstab, an die höfische Gesellschaft und schafft die Verbindung zur göttlichen Sphäre. Schier unvermittelt geht das Proszenium dieser feierlichen Handlung in den Architrav der Architekturgliederung über, die, wie ein Altaraufbau das Altarblatt, hier das Kalenderfeld rahmt. Im Auszug des tiefgestaffelten „Altarraums" mit seinem schweren, von Säulen und Pilastern getragenen Gesims, haben sich die Allegorien der drei göttlichen Tugenden Glaube (Mitte, mit Kelch und Hostie), Hoffnung (links, mit Anker) und Liebe (rechts, mit Kleinkind), niedergelassen, während darunter Chronos mit Sichel und Sanduhr von der Ebene des Überirdisch-Ewigen zur Zeitlichkeit des Diesseits überleitet, die durch das Jahreskalendarium versinnbildlicht wird. Daneben spielen das (mitgestochene) Wappen mit dem doppelköpfigen Reichsadler (mit bayerischem Rauten-Herzschild!) auf den Status des Stiftes als kaiserlicher Gründung an und das (eingeklebte) Wappen des regierenden Fürstbischofs auf die jeweils aktuelle Hierarchie: Auf dem Kalender von 1775 ist das Graf Anton Ignaz Fugger von Kirchberg und Weißenhorn (reg. 1769–1787). Zu beiden Seiten des Kalendariums sind die (ebenfalls aufkaschierten) vierzehn Wappen von Propst, Dechant und den Stiftskanonikern vor Obelisken aufgereiht, die bei genauerem Zusehen nur an lockeren Bändern hängen und rechts von einem Putto gehalten werden, links von einem ganz profanen Nagel. An den Stirnseiten der Sockelnische greifen drei Historische Szenen aus der Bistumsgeschichte die Programmatik des Kopfstücks wieder auf: Links zerstört Sankt Emmeram ein Götzenbild, in der Mitte tauft Sankt Rupert den Bayernherzog Theodo und weiht rechts die Stiftskirche.

Ebenfalls eingeklebt ist der alljährlich neu in Fraktur gesetzte bzw. im Stehsatz geänderte, meist in schwarzer und roter Farbe in Buchdruck hergestellte Almanach, auf dem in sechs Zeilen auch der eigentliche Titel des Kalenderblatts zitiert wird. Im vorliegenden Falle: *Des Kaiserl. // Ansehnlichen Collegiat Stiftes // Unsrer Lieben Frau // zur alten Kapelle in Regensburg, // Allmanach auf das Jahr nach der gnadenreichen Geburt unsers // lieben Herrn und Heilands Jesu Christi, M.DCC.LXXV. [...]* Den Abschluß des Kalendariums bildet in der letzten Zeile das Impressum: *Regensburg / gedruckt bey Johann Michael Englerth / hochfürstl. bischöfl. Hofbuchdrucker.*

Trotz der schlechten Erfahrungen, die das Kapitel mit Kupferstecher Fridrich gemacht hatte, wurde dieser zunächst weiter mit Unterhalt der Platten sowie Änderung und Neustich von Kanonikerwappen betraut. 1765 versuchte man es mit Johann Stephan Loibl, der für das Stift schon wiederholt für Stich und Aufstich der Andachtsbilder mit Unserer Lieben Frauen Bildnis, nämlich dem Gnadenbild, in verschiedenen Formaten tätig war, [190] und im nächsten Jahr mit Johann Nepomuk Maag,[191] mit dem aber das Stift ebenso wenig Glück hatte wie mit Fridrich. Zwar führte er die Wappenänderung 1766 noch zur Zufriedenheit der Stiftsherren durch,[192] doch schon der nächste größere Auftrag, die nach 18jährigem Gebrauch ausgedruckten Platten zu renovieren, führte zu neuen Troublen.[193] Wider alle Erwartung aber trafen die aufgefrischten Kupfer noch rechtzeitig zum Auflagendruck für 1768 im Stift ein.

◁ Abb. 218
Stiftskalender auf das Jahr 1785. Ausgegeben von 1750 bis 1807. Frontispiz aus zwei Platten in aufgestochener Radierung von Bernhard Gottlieb Fridrich (1712–1756), Regensburg 1747 (Kopfplatte) und 1749 (Fußplatte) nach Entwurf von Martin Speer (1702–1765), Regensburg 1747. Zweiter Zustand nach Aufstich 1767 von Johann Nepomuk Maag (um 1724–1800?), Regensburg und München. Kupferdruck mit 15 aufgeklebten Wappen und eingeklebtem, gesondert in zweifarbigem Buchdruck gefertigten Almanach von Hofbuchdrucker Johann Michael Englerth (um 1713–1791), Regensburg 1784. Papier (zwei Bogenteile), 144, 2 cm x 76,2 cm (Blattformat). Regensburg, Museen der Stadt.

Abb. 220 ▷
Lateinische Bibel (Böhmische Bibel). Pergamenthandschrift, zwei Bände, mit zahlreichen Miniaturen. Pilsen oder Prag 1424–1425, fol. 286V. 41 cm x 29,5 cm. Beginn des Buchs der Psalmen. Schmuckinitiale „B" mit Miniatur thronender König David. Regensburg, Bischöfliches Zentralarchiv, Alte Kapelle Hs. 49-1957.

Nach diesen misslichen Erfahrungen kehrte das Stift bei weiteren Aufträgen wieder zu bewährten Stechern zurück: Zu Johann Stephan Loibl (1769/1770), Johann Wolfgang Richter (1770) und Johann Gottlieb Fridrich (1776), dem Sohn Bernhard Gottlieb Fridrichs,[194] bevor ab 1782 der hochstiftische Kupferstecher Josef Karl Murmann[195] verpflichtet wurde, künftig für Neustich und Renovierung der Wappen zu sorgen. Zu einem weiteren Aufstich der Platten kam es allerdings nicht mehr, wiewohl ein solcher nach gut fünfzehn oder zwanzig Jahren seit der letzten Renovierung fällig gewesen wäre.[196]

Über die jährlichen Druckauflagen des Kupferkalenders sind wir aufgrund der in dieser Zeit fast lückenlos erhaltenen Stiftsrechnungen aufs beste informiert. Nachdem die anfängliche Stückzahl bei 125 Exemplaren (1750) lag, stieg sie in den Folgejahren kontinuierlich auf 140 (1751), 150 (1752) und 160 (1753) Drucke an, um nach wiederholten Schwankungen 1761 mit 176 Kalendern den Höhepunkt zu erreichen, in den 1760er bis 1790er Jahren zwischen 150 und 160 Blatt zu pendeln und dann auf 100 (1802, 1804–1806) sowie schließlich (1803, 1807) auf 60 Abzüge zu sinken. Wie schon wiederholt erwähnt, fiel der Druck 1786/87 wegen Differenzen mit einem Kanoniker aus, ebenso 1801, als man sich wegen der geldklemmen Zeiten damit begnügte, statt einer neuen Jahresauflage 37 ältere Exemplare durch Nachkleben eines Almanachs zu aktualisieren. Unter Berücksichtigung dieser Einschränkungen summiert sich die Gesamtauflage aller Kupferkalender in den 58 Jahren ihrer Laufzeit zwischen 1750 und 1807 unter Berücksichtigung des Ausfalls 1786/1787 und 1801 auf exakt 8104 Exemplare.

Davon sind uns glücklicherweise prozentual weit mehr komplette Belegstücke überliefert als beim Holzschnittkalender. Es handelt sich dabei um folgende acht Jahrgänge 1775: Regensburg, Kunstsammlungen des Bistums Regensburg (Inventar Alte Kapelle 0109), derzeit im Kollegiatstift der Alten Kapelle (Sitzungssaal); 1784: München, Staatliche Graphische Sammlung (Inv. Nr. 1950/122);[197] 1785: Museen der Stadt Regensburg; 1800: ebenda; 1802: Bamberg, Staatsbibliothek (Sign.: HVG 12/8); 1803: ebenda (Sign.: HVG 12/9); 1805: Regensburg, Kunstsammlungen des Bistums Regensburg (Inventar Alte Kapelle 0110), derzeit ebenfalls im Kollegiatstift der Alten Kapelle (Sitzungssaal); 1807: Thurn- und Taxis-Zentralarchiv, Sammlung Resch (Ratisbonensia Band V, Bl. 9). Darüber hinaus sind in der Literatur zwei weitere Jahrgänge zitiert, deren heutiger Standort nicht festgestellt werden konnte: 1753: Zur Westen 1937, S. 88, 94 (mit Abb.), und 1791: Schwarzkopf 1792, S. 339.[198]

Durch die besondere historische Konstellation am Ende des Alten Reiches, die Regensburg dem Reichserzkanzler und Fürstprimas Karl Theodor von Dalberg von Napoleons Gnaden übergab, wurde dem Hochstift eine kurze Gnadenfrist eingeräumt. Während die allgemeine Säkularisation von 1802/1803 ansonsten für fast alle Fürstbistümer und Klöster auf dem Gebiet des Kurfürstentums Bayern die Aufhebung brachte, konnte sich das Fürstbistum Regensburg bis 1810 behaupten und damit auch sein Hochstiftskalender. Drei Jahre zuvor bereits, 1807, endete die Kalendertradition der Kollegiatstifte zur Alten Kapelle und von Sankt Johann, obwohl gerade sie nie aufgehoben wurden und bis heute existieren.

Abb. 219
Die segnende Hand Gottes. Schlussstein am Gewölbe der Zantkapelle. Kalkstein, farbig gefasst. Um 1300.

Das Archiv und die Bibliothek des Kollegiatstifts zur Alten Kapelle

PAUL MAI

I. Archiv[199]

Das Kollegiatstift Unsere Liebe Frau zur Alten Kapelle in Regensburg besitzt ein vorzügliches Archiv, das den Unbilden der Zeit weitgehend getrotzt hat. Im Dreißigjährigen Krieg, als die Schweden unter Bernhard von Weimar sich Regensburg näherten, haben die Kanoniker ihr Stiftsarchiv umsichtig nach Österreich verlagert und nachdem die Gefahr zu Ende war, es wieder nach Regensburg zurückgeholt. Auch die Säkularisation des Jahres 1810 überlebte das Stiftsarchiv durch die besondere Situation als kostbarer Schatz in der Alten Kapelle. Die im Stift aufbewahrten Urkunden und Akten waren in drei Räumen untergebracht: Über der Sakristei, im Dechantshof auf einem Kirchendachboden und auf dem Dachboden der Sankt Kassianskirche. Die Bombardierung Regensburgs im Jahre 1809 durch Napoleon trug die Zerstörung bis hart an die Mauern der Stiftskirche und im letzten Weltkrieg schlugen sieben Bomben in den nördlichen Teil der Stiftskirche ein.

Obwohl sich der Stiftsvikar Dr. Adalbert Ebner zwischen 1887 bis 1892 um die Ordnung der Urkunden Verdienste erworben hat, gelang es jedoch erst dem Stiftsdekan DDr. Joseph Schmid, Urkundenregesten zu erstellen und diese in zwei Bänden 1911 und 1912 zu publizieren. Das übrige Archivmaterial hat in früheren Zeiten öfters Ordnungsversuche erfahren. Jedoch wurde jeweils nur ein Teil des Archivs und der Registratur erfasst. So hatte ca. 1811 der Historiker und ehemalige Konventuale von Sankt Emmeram Roman Zirngibl (OSB) eine Ordnung von Teilen des Archivs vorgenommen. Um 1855 ordnete der damalige Stiftsdekan Dr. Thomas Wiser weitere Teile des Bestandes. Diese und andere Ordnungs- und Umordnungsversuche waren jedoch zwischenzeitlich weitgehend wieder verlorengegangen.

Das Gesamtarchiv des Stiftes befindet sich als Depositum seit 1982 im Bischöflichen Zentralarchiv, das 1961 neue Räume erhielt und auf das Modernste ausgestattet wurde. Die Sorge um Archiv- und Bibliotheksgut und um die entsprechende Erschließung für die neu gegründete Regensburger Universität veranlasste schon 1971 Bischof Dr. Rudolf Graber, sich an die Alte Kapelle und an das Stift Sankt Johann zu wenden, um eine Überführung deren Archive in das Bischöfliche Zentralarchiv anzuregen.

Während des Stiftskapitel von Sankt Johann dieser bischöflichen Bitte umgehend nachkam, ließ sich das Stiftskapitel zu Unserer Lieben Frau unter Stiftsdekan Michael Prem noch zehn Jahre Zeit, bis auch das Stiftskapitel zu Unserer Lieben Frau unter Stiftsdekan Ludwig Zausinger am 14. Juli 1981 einstimmig beschloss, die Bestände als Depositalgut dem Bischöflichen Zentralarchiv zur Betreuung zu übergeben.

In der Folgezeit wurde in mehreren Abschnitten das Archiv an das Zentralarchiv übergeben. Nachdem vor allem der Aktenbestand sich in großer Unordnung befand, musste man in Etappen an die Neuverzeichnung des Materials gehen. Angesichts der bevorstehenden Jubiläumsfeierlichkeiten 2002 wurden nach eindringlichem Bitten von Stiftsdekan Wilhelm Schätzler die Neuverzeichnungsarbeiten forciert. Da 1997 die Arbeiten an der Diözesanmatrikel beendet werden konnten, haben die Archivare Dr. Johann Gruber, Dr. Stephan Acht und Josef Mayerhofer sich energisch an die Arbeit gemacht, so dass am

◁ Abb. 221
Kämpfende Tiere in Schlosshof.
Velourpapier. Samt-Teigdruck; gelblicher Leimgrund mit weinrotem Wollstaub. Als Einbandschmuck aufgeklebt auf der Deckelinnenseite eines um 1479 in Memmingen oder Basel gedruckten *Formularium instrumentarium ad usum curiae Romanae.* 32,5 cm x 22,5 cm. Regensburg um 1480. Das Blatt gehört zu den wenigen in dieser Technik erhaltenen Stücken. Es wurde von einem Holzstock gedruckt und in feuchtem Zustand mit weinrotem Wollstaub bestreut.
Regensburg, Bischöfliches Zentralarchiv, Alte Kapelle, Ink. 7-1798.

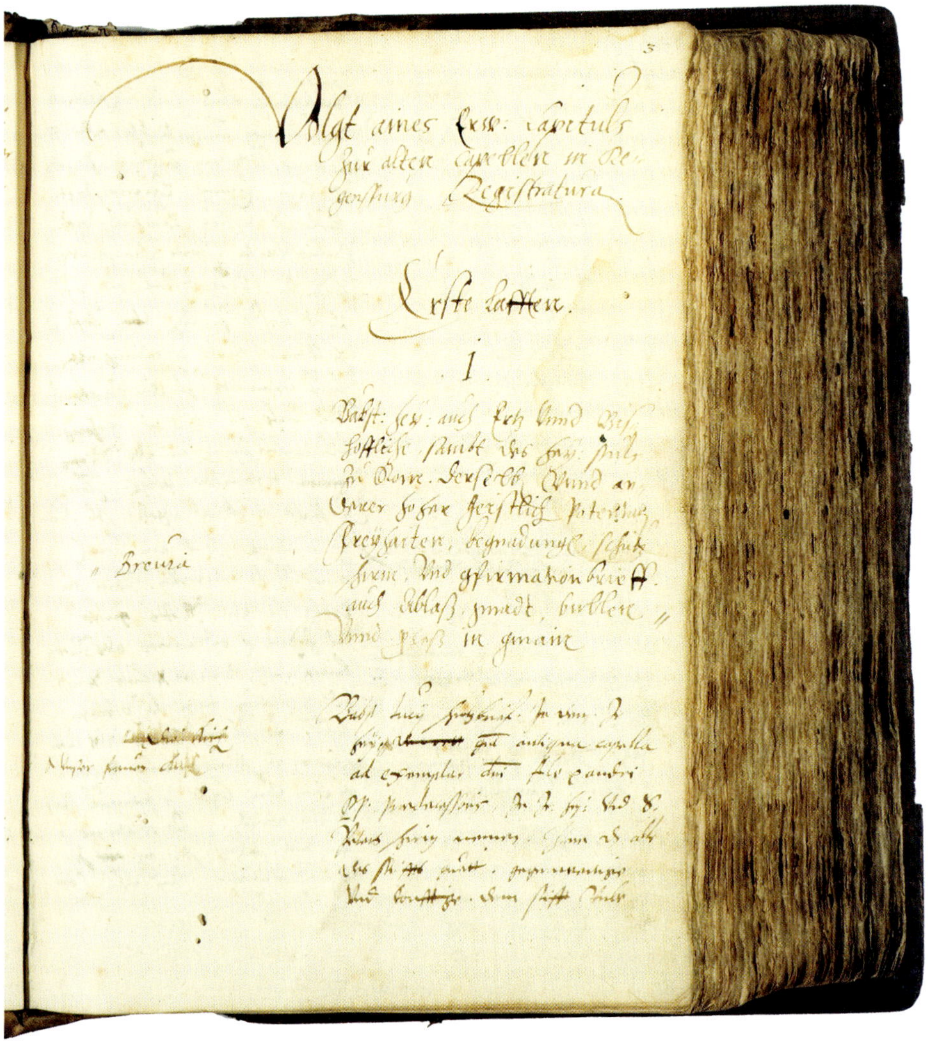

Abb. 222
Ältestes Registratur- und Archivrepertorium der Alten Kapelle, S. 3: *Volgt eines Erw: Capituls zur alten capellen in Regensburg Registratura.* Papierhandschrift, Halblederband mit Holzdeckeln. Angelegt 1586. 33,5 cm x 25 cm. Regensburg, Bischöfliches Zentralarchiv, Alte Kapelle 1462.

14. Juni 1999 in sieben Bänden das Repertorium zum Archiv der Alten Kapelle fertiggestellt werden konnte. Der Umfang des Schriftgutes umfasst etwa 150 Regalmeter, dazu 3645 Urkunden und über 1000 Fotos und sonstige bildliche Darstellungen.

Das in dem Archiv überlieferte Schriftgut reicht zeitlich von ca. 1133 bis in die siebziger Jahre dieses Jahrhunderts, in Einzelstücken bis zur Gegenwart. Es hat ausschließlich der Urkunden einen Umfang von fast 150 Regalmetern. Ein großer Teil besteht aus Amtsbuchserien, besonders Rechnungen und Sitzungsprotokollen.

Die von Joseph Schmid bearbeiteten 3357 Urkundenregesten wurden in zwei Bänden veröffentlicht. Band I (1911) umfasst die Nummern 1 (etwa 1134) bis 1819 (4. Oktober 1519) und einen Nachtrag mit den Nummern 1820 (2. Januar 1351) bis 2035 (14. Dezember 1499). Band II (1912) enthält die Nummern 1 (5. Mai 1365) bis 1322 (11. Januar 1800). Sie sind weiterhin unter der Signatur AK I bzw. AK II (= Alte Kapelle Teil I bzw. II) und der entsprechenden Nummer bei den Regesten von Joseph Schmid zu bestellen.

Eine Überprüfung der von Joseph Schmid bearbeiteten 3357 Urkunden aus dem Bestand der Alten Kapelle ergab, dass 1999 neun Urkunden fehlten. Ihr derzeitiger Aufbewahrungsort konnte nicht ermittelt werden. Sie müssen als verloren angesehen werden.

Neben diesen bereits bekannten Urkunden kommen jetzt noch 288 neue Urkunden hinzu (ohne Doppel- bzw. Dreifachüberlieferungen). Von diesen sind 177 als Pergamenturkunden und 111 als Papierurkunden überliefert. 111 Urkunden wurden in lateinischer und 177 in deutscher Sprache abgefasst.

Unter anderem sind folgende drei Königsurkunden überliefert, die Urkunde Ludwigs des Bayern vom 19. September 1322 als Insert, die Urkunde Karls IV. vom 20. Juni 1354 als Transsumpt und das stark beschädigte Original von Maximilian I. vom 31. August 1495. Daneben treten noch 21 Papsturkunden hinzu, deren Überlieferung aber erst mit dem 18. Jahrhundert beginnt, sowie 41 Notariatsinstrumente, die vor allem aus dem 14. und 15. Jahrhundert stammen.

Insgesamt umfassen die 288 neu aufgefundenen Urkunden den Zeitraum von etwa 1210/1220 bis 30. Mai 1949. Sie sind in Zukunft unter der Signatur AK III (Alte Kapelle Teil III) und dem jeweiligen Datum zu bestellen. Die Bezeichnung AK mit Nummer neben dem Datum bedeutet, dass die Urkunde aus der angegebenen Aktennummer herausgenommen ist.

Die Bearbeitung der Urkunden erfolgte mit dem Textverarbeitungsprogramm, ebenso die der Fotos. Die Urkunden werden, vom übrigen Bestand gesondert, im Urkundenmagazin des Bischöflichen Zentralarchivs aufbewahrt. Die Datenbank mit den Akten und Einzelbänden wurde nach Abschluss der Arbeiten im Mai 1999 sowohl nach laufenden Nummern als auch nach Gruppentiteln ausgedruckt. Allerdings ermöglicht das Programm nur den teilweisen Ausdruck der eingegebenen Daten. So sind die alten Signaturen, von denen wegen der vielen Umordnungen auf zahlreichen Akten mehrere vorhanden sind, meist unvollständig im Repertorium ausgedruckt. Die alten Titel können überhaupt nicht ausgedruckt werden. Wer ein Archivale nach einer alten Signatur oder einem alten Titel suchen will, wird in der Regel einen PC, auf dem die Datenbank „Alte Kapelle" enthalten ist, benutzen müssen. Die in der Datenbank gespeicherten allgemeinen Schlagworte (Sachbegriffe) wurden nach dem Ausdruck mit Hilfe des Textverarbeitungsprogramms alphabetisch geordnet und ergeben somit einen Sachindex zu dem Repertorium. Einen zuverlässigen Orts- und Personenindex zu erstellen und auszudrucken war mit dem vorhandenen Datenbankprogramm nicht möglich. Dennoch können die betreffenden gespeicherten Daten für die Benutzung oft hilfreich sein.

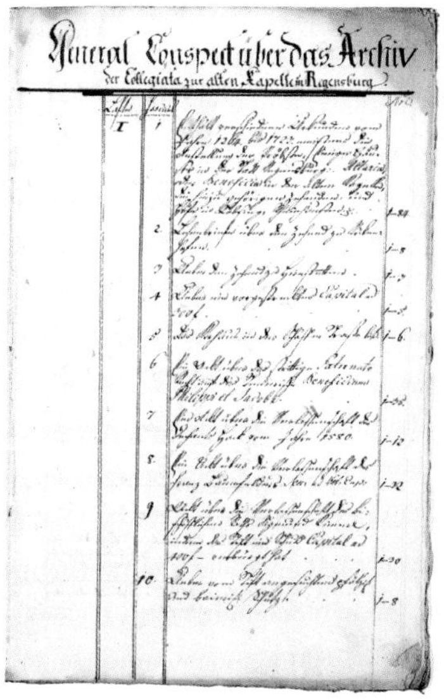

Abb. 223
General Conspect über das Archiv der Collegiata zur alten Kapelle in Regensburg. Seite 1^{r}.
Papier, 34,5 cm x 21,5 cm.
Regensburg, um 1780.
Regensburg,
Bischöfliches Zentralarchiv,
Alte Kapelle 3300.

II. Bibliothek[200]

Die Bibliothek des Kollegiatstifts Unsere Liebe Frau zur Alten Kapelle in Regensburg hat – ähnlich wie das Archiv – alle Gefahren der Zeit überstanden.

Ein ansehnlicher Handschriften- und Inkunabelbestand sowie rund eineinhalbtausend Bücher vom Jahr 1501 an aufwärts befinden sich heute als Depositum (Dauerleihgabe) in der Bischöflichen Zentralbibliothek Regensburg.

Über die Geschichte der Bibliothek, über ihr Wachsen über die Jahrhunderte hin, ihren Bestandsaufbau, ihre Benutzung, ihre Aufbewahrung, ihre Gefährdungen und eventuellen Verluste ist bisher relativ wenig bekannt. Auffällig ist, dass für das 875 erstmals urkundlich bezeugte Kollegiatstift Unsere Liebe Frau zur Alten Kapelle der Bestand der Bibliothek erst mit Beginn des 15. Jahrhunderts einsetzt. Für das erste halbe Jahrtausend der Existenz des Stifts fehlt ein Bibliotheksbestand und dies, obwohl spätestens seit dem 12. Jahrhundert eine Stiftsschule unterhalten wurde. Tatsächlich war nach dem Übergang Regensburgs vom Fürstentum Dalbergs an das Königreich Bayern am 22. Mai 1810 im Oktober dieses Jahres auch eine *Obsignation* (Bestandserfassung) der Stiftsbibliothek durch den Landesdirektionsrat Karl Theodor Gemeiner und den geistlichen Rat und Archivar Roman Zirngibl im Auftrag der kgl. Hofkommission erfolgt. In einem Schreiben vom 30. August 1811 genehmigte die Finanzdirektion des Regenkreises dem Kollegiatstift Unsere Liebe Frau zur Alten Kapel-

Abb. 224 ▷
Einband. Bernardus Parmensis, *Casus longi super quinque libros decretalium.* Ledereinband auf Holz, teilweise abgeschrägte Deckelkanten, Rollen- und Einzelstempel wie herzförmige Palmettenblätter, Blüten, Schriftband *ave maria*, Streicheisenlinien, 2 Messingschließen-Ansätze (Schließen fehlen). Basel, Michael Wenssler, nicht nach 1479. 30,5 cm x 22 cm. Regensburg, Bischöfliches Zentralarchiv, Alte Kapelle. Ink. 117-2038.

Abb. 225 ▷
Einband. Antonius Florentinus, *Summa theologica. Pars. 1.* Ledereinband auf Holz, Rollen- und Einzelstempel wie aufsteigender, vierbeiniger geflügelter Drache in Raute, Schriftprägung auf Vorderdeckel *Prima pars sum[ma] Antonini cu[m] ta[bulis]*, Messingecken mit Schriftprägung *ave maria gracia plena*, Messingbuckel, 2 Messing-Schließansätze (Schließen fehlen). Basel, Michael Wenssler, dec. Kal. Apr. (23. März 1485). 35,5 cm x 25 cm. Regensburg, Bischöfliches Zentralarchiv, Ink. 118-2039.

le in Regensburg, dass das Landes-Directorial-Siegel an der Bibliothek abgenommen und *die Bibliothek zum bestimmungsmäßigen Gebrauche geöffnet werden könne*.

Im Gegensatz zu den meisten anderen Regensburger Kloster- oder Stiftsbibliotheken ist für die Bibliothek des Kollegiatstifts Unsere Liebe Frau zur Alten Kapelle kein mittelalterlicher, frühneuzeitlicher oder auch nur barocker Bibliothekskatalog überliefert. Das erste Bestandsverzeichnis stammt vom Juli 1824.

Ein nächster Katalog datiert vom Jahre 1854. Er wurde von Kanonikus Dr. Thomas Wiser angelegt. Die Vorbemerkung Wisers zum Katalog enthält einige wichtige Angaben zur Geschichte der Bibliothek: Die bisher ganz ungeordnet durcheinander liegende stiftische Bibliothek sei von ihm unter Beihilfe der stiftischen Vikare Joseph Metz und Raimund Ries in den Raum oberhalb der Gnadenkapelle gebracht und dort, nach verschiedenen Disziplinen geordnet, aufgestellt worden. Bei der Aufstellung sei die sogenannte Schöpperl'sche Bibliothek, die das Stift um 200 Gulden kaufte, mit der bisherigen Stiftsbibliothek vermengt worden. Wiser führt zum Stichtag 11. Januar 1854 insgesamt 2135 Bände bei 1425 Werken auf. Wiser schätzte den Wert der Bibliothek zu diesem Zeitpunkt auf 400 bis 450 Gulden, allerdings ohne die Inkunabeln. Die Bibliothek war laut Bandkatalog in folgende acht Gruppen eingeteilt: I. Homiletische und katechetische Werke; II. Bibeln und exegetische Werke; III. Polemische, dogmatische und moralische Schriften; IV. Ascetische und mystische Schriften; V. Kirchenrechtliche und juridische Schriften; VI. Kirchen- und profangeschichtliche Schriften; VII. In die Pastoral und Liturgie einschlagende Schriften; VIII. Profanwissenschaftliche Schriften, und zwar A. Naturgeschichtliche, B. Geographische, C. Mathematische, D. Philosophische, E. Pädagogische, F. Philologische, G. Schriften verschiedenen Inhalts, H. Inkunabeln und andere altertümliche Bücher und Schriften, I. Nachtrag. Dabei war der letzten Gruppe VIII mit der Untergruppe H. „Inkunabeln und andere altertümliche Bücher und Schriften" der wertvollste Bestand der Bibliothek zugeteilt, nämlich Handschriften vom 15. bis zum 18. Jahrhundert, Inkunabeln und für besonders wertvoll erachtete Drucke, insgesamt 270 Bände. Von Bedeutung war, dass alle Bände mit Numerus currens, d. h. fortlaufender Nummer, versehen wurden. Die Bände wurden mit einem handgeschriebenen kleinen Rückenschild beklebt, das bei den Inkunabeln und Handschriften noch heute größtenteils erhalten ist.

Die von Wiser 1854 vergebenen Nummern gingen in das von Joseph Schmid 1907 bei Manz in Regensburg gedruckte Handschriften- und Inkunabelverzeichnis ein. Schmid erfasste 57 Handschriften und 116 Inkunabelbände mit den Signaturnummern 1777 bis 2046 des Bandkatalogs von 1854. Die Handschriften ordnete er – in Abänderung der Gruppeneinteilung von 1854 – neun Gruppen zu.

Die Handschriften erschloss Schmid durch einen Autoren-, Sach- und Schreiberindex, die Inkunabeln durch einen Personen- und Sachindex. Unerfindlich bleibt, warum Schmid rund ein Dutzend Inkunabeln nicht in dieses gedruckte Verzeichnis aufgenommen hat.

Joseph Schmid, Dekan der Alten Kapelle von 1900 bis 1923, erwarb sich durch das genannte Handschriften- und Inkunabelverzeichnis, ferner durch die Publikation der zweibändigen Urkundenregesten (1911/1912) und eine fundierte Geschichte des Kollegiatstiftes Unsere Liebe Frau zur Alten Kapelle (1922) zweifellos bleibende wissenschaftliche Verdienste um dieses Stift, doch hätte sein Wirken die Bibliothek beinahe in eine Katastrophe gestürzt. Um die zuletzt genannte Monographie der Geschichte der Alten Kapelle zu finanzieren, verfiel der Dekan auf die Idee, Handschriften und Inkunabeln der Alten Kapelle zu verkaufen.

Eine weitere ernsthafte Bedrohung brachte der Zweite Weltkrieg: Beim Luftangriff am 20. Oktober 1944 wurden das nördliche Seiten- und Querschiff der Stiftskirche Unserer Lieben Frau zur Alten Kapelle durch sechs Bomben getroffen, im Bibliotheksraum über der Gnadenkapelle auf der Südseite der Kirche gingen alle Fenster zu Bruch. Unmittelbar nach Kriegsende verblieben daher die in den Glockenturm ausgelagerten Handschriften und Inkunabeln noch einige Zeit an diesem Lagerplatz, bis sie wieder in den rund 40 Quadratmeter großen Bibliotheksraum über der Gnadenkapelle zurückgebracht wurden.

Die Bibliothek wurde 1982 – zusammen mit dem Archiv – als Depositum in die Bischöfliche Zentralbibliothek, St. Petersweg 11–13, in Regensburg abgegeben. Zurückbehalten „im Sekretär" wurden einige „Prunkstücke", so die beiden Pergamenthandschriftenbände der sogenannten „böhmischen Bibel" (Nr. 1956/1957), die Inkunabel mit dem Teigdruck (Nr. 1798), die Inkunabel eines mit Ranken gezierten „Vocabularius" (Nr. 2018), der Frühdruck eines Regensburger Missale von 1518 (Nr. 1901) und ein Missale Romanum mit rotem Samteinband und reichen Silberbeschlägen aus dem Pustetverlag von 1900.

Handschriften

Der Handschriftenbestand des Kollegiatstifts Unsere Liebe Frau zur Alten Kapelle zählt derzeit – die beiden Bibelhandschriften Nr. 1956/1957 mitgerechnet – insgesamt 73 Bände. Gegenüber dem gedruckten Handschriftenverzeichnis von Joseph Schmid von 1907 müssen, wie durch die stiftseigene Revision von 1927 festgestellt, die Nummern 1890 und 1941 für immer für verloren gelten. Dagegen sind durch die Neukatalogisierung des Bibliotheksbestandes der Alten Kapelle durch die Bischöfliche Zentralbibliothek einige zusätzliche Handschriften aus dem Gesamtbestand herausgefiltert worden:

Nr. 733 Geistlich oberpfälzische Recess, Papierhandschrift 17. Jahrhundert.

Nr. 2127 Katechismus der christlich katholischen Religion für Jugend- und Volck-Unterricht im Bisthum Regensburg, Papierhandschrift 18. Jahrhundert mit Exlibris des Dekans Johann Franz von Velhorn (reg. 1746–1782).

Nr. 2128 Constitutiones pro canonicis regularibus […]. Regeln für Regularkanoniker des Augustinerchorherrenstiftes Tremessen (bei Gnesen, Polen), Papierhandschrift 1646.

Nr. 2129 Theologiae moralis, Pars secunda: De sacramentis, Papierhandschrift 16. Jahrhundert.
Nr. 2130 Theologiae moralis, Pars prima: De regulis actionum humanorum seu de conscientiae legibus et conceptibus, Papierhandschrift 16. Jahrhundert.
Nr. 2131 Tractatus theologicus de fermentis sententia extrema unctione ordine et matrimonio, Papierhandschrift 16. Jahrhundert.
Nr. 2132 Quaestiones theologicae morales, Papierhandschrift 16. Jahrhundert.
Nr. 2133 Tractatus theologicus de pelatis, gratia, iustificatione et merito, Papierhandschrift 16. Jahrhundert.
Nr. 2135 In primam partem Doctoris Angelici (Thomas von Aquin): De Deo optimo Maximo, Papierhandschrift um 1600.
Nr. 2139 Antiphonarium Romanum, Schreiber Johann Nepomuk Fuhrmann, Organist bei der Alten Kapelle zu Regensburg, Papierhandschrift 1783.
Nr. 2140 Antiphonarium Romanum, Schreiber Johann Nepomuk Fuhrmann, Organist bei der Alten Kapelle zu Regensburg, Papierhandschrift 1783 (identisch mit Nr. 2139, jedoch am Schluss mit eingeklebter Vesper zum Festum Maternitatis, zweiter Sonntag im Oktober).
o. Nr. Kalendarium und Statuten der Alten Kapelle, Mischbuch, Pergamenthandschrift 2. Hälfte 15./1. Hälfte 16. Jahrhundert, mit ganzseitiger Buchmalerei: Madonna mit Kind, darunter Wappen.
o. Nr. Gebetbuch: Gottgefälliges Hertzens-Opffer, mit vielen gezeichneten Kupferstichen, Papierhandschrift nach 1729.
o. Nr. Gebetbuch: Gott ist die reinste Liebe. Mein Gebeth und meine Betrachtung, Papierhandschrift, Schreiber Nicolaus Huber 1796.
o. Nr. Gebetbuch: Orationes selectae et ad usum quotidianum comparatae. Mit Exlibris „Michael Haller. Canonicus", Papierhandschrift 18. Jahrhundert (bibliotheksfremdes Signaturschild: 12).
Ferner:
o. Nr. Stadtansicht. Unbekannte Stadt mit runder Mauer und vier Toren. Federzeichnung auf Papier, aufgeklebt auf Holzbuchdeckel, 2. Hälfte des 15. Jahrhunderts.

Die weitaus meisten Handschriften gehören dem 15. Jahrhundert an, die älteste datiert vom Jahr 1402 (Nr. 1810). Die prächtigste und wertvollste Handschrift ist sicherlich die sogenannte „Böhmische Bibel". Die zweibändige Pergamenthandschrift in Großfolioformat wurde in den Jahren 1423 bis 1425 von den Schreibern Simon von Plan und Johann von Königgrätz in Pilsen oder Prag geschrieben. Zwei verschiedene Illustratoren beziehungsweise Illustratorenwerkstätten statteten die Bände mit rund 90 reizvollen Bildinitialen und wunderschönen Rankenverzierungen aus.

Inkunabeln

Der Inkunabelbestand wurde nach der Übernahme in die Bischöfliche Zentralbibliothek neu verzeichnet. Als Signatur wurde Numerus currens 1 ff. verwendet und – um eine Kontinuität mit der alten Signatur herzustellen – mit der alten Bandnummer des Katalogs von 1854 bzw. des von Schmid gedruckten Inkunabelverzeichnisses von 1907 mit Bindestrich kombiniert. Gegenüber den bei Schmid aufgeführten Inkunabeln hat sich seit den Turbulenzen der 1920er Jahre ein Verlust von fünf Inkunabeln als dauerhaft herausgestellt (Nr. 1787, 1808, 1816, 1838, 1971). Auch gilt ein deutscher Kalender für 1493, gedruckt in Ingolstadt, seit 1927 als verloren. Andererseits kamen 16 von Schmid nicht verzeichnete Inkunabeln ans Tageslicht (Nr. 1783, 1798, 1800, 1802, 1803, 1804, 1831, 1868, 1886, 1926, 1931, 1952, 1985, 1986, 1987). Auch tauchte die als „verloren" geltende Inkunabel Nr. 1069 wieder auf.

Hingegen mussten drei bei Schmid im Inkunabelverzeichnis geführte Nummern als Frühdrucke herausgenommen werden, nämlich Nr. 1863, 1864 und 1978. Gegenwärtig zählt der Bestand – die Inkunabel mit dem Teigdruck (AKap Ink. 7-1798) und den Vokabularis (AKap Ink. 99-2018) mitgerechnet, 123 Bände. Da in manchen Bänden eine oder mehrere Inkunabeln beigebunden sind, erhöht sich die tatsächliche Zahl der Inkunabeln um 35 auf 158.

Drucke ab 1501

Die von den Handschriften und Inkunabeln getrennt aufgestellten Drucke ab Erscheinungsjahr 1501 der Bibliothek der Alten Kapelle wurden in der Bischöflichen Zentralbibliothek im Jahr 1998 neu katalogisiert. Der Bestand wurde nach Numerus currens, aber nach zwei Formaten getrennt (Folioformat und Sonstige) aufgestellt. Dubletten wurden ausgeschieden und stehen dem Kollegiatstift der Alten Kapelle zur weiteren Verwendung zur Verfügung. Katalogisiert wurden damals 168 Folio- und 1 360 Quart- und Oktav-Bibliographieeinheiten, insgesamt 1 528 Bibliographieeinheiten (Signatureinheiten). Da es sich bei vielen Einheiten um Konvolute oder mehrbändige Werke handelt, ist die tatsächliche Bandzahl beträchtlich höher (2 445 Bände). Der Katalogisierungsstand von 1988 ist detailliert im Handbuch der historischen Buchbestände festgehalten, aufgeschlüsselt nach Jahrhunderten des Drucks, nach Sprachen und nach Fächern.

Unter Hinzunahme der bei der Inkunabelkatalogisierung angefallenen Frühdrucke und weiterer Bände ergibt sich im Jahr 2000 ein Bestand von 173 Folio-Bibliographieeinheiten und 1365 sonstigen Bibliographieeinheiten, insgesamt also von 1538 Bibliographieeinheiten. Archiv und Bibliothek des Kollegiatstifts zur Alten Kapelle werden seit 1981 vom Bischöflichen Zentralarchiv und der Bischöflichen Zentralbibliothek verwaltet aufgrund eines Depositalvertrags, der zwischen Bistum und Kollegiatstift geschlossen worden ist.

Abb. 226
Türe im ehemaligen Archiv des Kollegiatstifts zur Alten Kapelle.
Holz, profiliert, kanneliert, gebeizt, perspektivisch eingelegt. Reicher Beschlag.
Regensburg, 2. Hälfte 16. Jahrhundert.

Grabsteine und Epitaphien in der Alten Kapelle

Hermann Reidel

Wie in den anderen altehrwürdigen Kirchenbauten Regensburgs befinden sich auch in der Alten Kapelle zahlreiche Grabsteine und Epitaphien. Über 200 von ihnen zieren Stiftskirche, Kapellen, Kreuzgang und Innenhöfe.

Sie erinnern an die lange Geschichte des Stifts, an seine Bewohner und Vorsteher sowie an seine Förderer, Freunde und Gönner; auch manche hochgestellte Persönlichkeit fand ihre letzte Ruhestätte in der Alten Kapelle. Die Grabsteine und Epitaphien erzählen aber nicht nur als Erinnerungstafeln Geistes-, Sozial- und Wirtschaftsgeschichte, sie sind auch künstlerischer Ausdruck ihrer jeweiligen Zeit und vergegenwärtigen Geschichte, wie etwa eine Entwicklungsgeschichte der Bestattungssitten, der Epigraphik und der Kunstgeschichte.

An einigen ausgewählten Grabsteinen und Epitaphien soll der reiche Bestand, den die Alte Kapelle verwaltet, aufgezeigt und die Biographie der Bestatteten – soweit möglich – kurz geschildert werden.[201]

Zu den ältesten Grabsteinen zählt die Platte des Regensburger Bürgers Sifrid Sarurch (Sarburch) († 1334). Sie besteht aus rotem Marmor. Die Inschrift in gotischen Majuskeln lautet: + *ANNO . DOMINI + / M . CCC . XXX . IIII . IN . OCTAVA . SCE . / KATHERINE . VIR / GINIS .OBIIT . SIFRIDUS . DCS . SARURCH .* (Im Jahre des Herrn 1334 in der Oktav der hl. Jungfrau Katherina starb Sifridus, genannt Sarurch). Der Verstorbene ist in einem vertieften Mittelfeld im Flachrelief wiedergegeben. Sein beidseits gelocktes Haupt ruht auf einem Kissen, die Hände sind vor der linken Brust gefaltet, den Körper kleidet ein knöchellanges Gewand. Zwischen den Füßen liegt sein Wappen, drei ineinander gelegte Ringe einer Kette.

Die Grabplatte von Sifrid Sarurch oder Sarburch zeichnet sich durch die ganzfigurige Darstellung des Verstorbenen aus, die in der damaligen Zeit meist regelmäßig Klerikern oder Adeligen vorbehalten war. Für einen Bürger der Stadt Regensburg kommt in ihr ein außergewöhnlich hoher Anspruch zum Ausdruck, den Sarurch mit seiner Verwandten Wilbirgis teilt.[202] Zeitlich und motivisch vergleichbar ist ein Grabstein im Domkreuzgang, den sich der 1326 verstorbene Domdekan Ulrich von Au setzen ließ.[203] Ursprünglich befand sich dieser im Dom vor der Kapelle der heiligen Katharina. Trotz der weitaus größeren bildhauerischen Qualität ist das Reliefbildnis der Klerikers mit einem Buch in seinen Händen mit der Darstellung des Bürgers Sarurch in Verbindung zu bringen, dessen Hände gefaltet sind. Die Frisuren beider Verstorbenen zeigen die für die erste Hälfte des 14. Jahrhunderts typischen Locken.[204]

Eine weitere bedeutende Grabplatte erinnert an Johannes von der Laiter zu Pern († 1490). Die umlaufende zweizeilige Inschrift in gotischen Minuskeln lautet: *A Dmi 1490 hat / der frum wolgeborn Her Hr Johannis von der Laiter, Herr zu / Pern und Vinsenß, derzeit vicedom in nidern Beirn u sein letzte Zeit mit bothen und fasten / an Samßtag nach / elisabett beschlosse des Vater und dreyen seine(n) bruderen vn / irem erbliche landt./ und h(er)rschaften durch dy Venedig an aller (r)echtfertigug v(er)tribe(n).* Über der Helmzier ist der Spruch eingemeißelt: *got fugs iren Nachkume zu pest(e)n*. Das Wappen mit der viersprossigen Leiter, die seitlich zwei Hunde

hinaufklettern wollen, schmückt die monumentale Rotmarmorplatte. Gerahmt wird das leicht vertiefte Relieffeld von einem Wimperg mit Dreipaßmaßwerk.

Die Vorfahren des Verstorbenen waren als Zweig der Aribonen Mitte des 10. Jahrhunderts nach Verona gekommen und hatten sich nach der Burg Schala südlich von Melk benannt. Aus Schala wurde im Italienischen Scala = Leiter. 120 Jahre konnten sich die Scaliger als Stadtherren von Verona behaupten, bis sie 1387 den Visconti aus Mailand weichen mussten. Brunore, der Letzte der italienischen Scala, ging nach Wien. Sein jüngerer Bruder Paulus wurde Begründer der bayerischen Linie der Scala, die sich fortan von der *Laiter, Herr zu Pern und Vicenz* nannten. Sein Sohn Johannes wurde Vitztum in Bayern-Landshut. 1475 ist er in der Festchronik zusammen mit seiner Gattin Helene von Closen zu Arnstorf als Gäste der Landshuter Fürstenhochzeit bezeugt. In seinen letzten Jahren wirkte er ab 1484 als Pfleger und Landrichter in Schärding am Inn. 1598 starb mit Johann Dietrich von der Laiter der letzte Namensträger und wurde in der Dorfkirche von Amerang beigesetzt.

Auch an den Dekan Johannes Hayden († 1490) erinnert eine Grabplatte aus rotem Marmor mit einer umlaufenden gotischen Minuskelinschrift: *Anno. dm . M . CCCC . LXXXX . secunda / die mesis decembris . obiit venerabilis pater dns Johannes/ Haiden decanus hui: ecclesie/ ac pleban: Sanct cassian cuius aia requiescat in pace* (Im Jahre des Herrn 1490, am 2. Dezember, starb der ehrwürdige Vater Herr Johannes Hayden, Dekan dieser Kirche und Pfarrer von Sankt Kassian, dessen Seele ruhen möge in Frieden.)

Der in einem flachen Relief dargestellte Verstorbene ruht auf einem ornamentierten Kissen, bekleidet mit Talar, Albe und Hermelin-Mozetta. Den Kopf bedeckt ein zylinderförmi-

◁◁ △ Abb. 227
Grabplatte für Sifrid Sarurch († 1334).
Roter Marmor.
190 cm x 90 cm.

◁ △ Abb. 228
Grabplatte für Johannes von der Laiter zu Pern († 1490).
Roter Marmor.
270 cm x 135 cm.

△ Abb. 229
Grabplatte für Johannes Hayden (Haiden) († 1490).
Roter Marmor.
225 cm x 115 cm.

Abb. 230
Grabplatte für Rupert Storch (✝ 1503).
Roter Marmor.
200 cm x 95 cm.

Abb. 231 ▷△
Grabepitaph für Konrad Hanauer (✝ 1530).
Roter Marmor.
110 cm x 72 cm.

Abb. 232 ▷▷△
Grabstein für Georg Liebhart von Rauchlechsperg (✝ 1614).
Roter Marmor.
208 cm x 102 cm.

ges Birett. In der linken Hand, an der eine Art von Gebetskette hängt, hält er einen Kelch mit Dreipassfuß, während die Rechte segnend erhoben ist. Links unten zeigt ein kleines Kind als Wappenhalter das Wappen des Dekans.

Johannes Hayden zählt zu den bedeutendsten und verdienstvollsten Dekanen der Alten Kapelle. In Sulzbach in der Oberpfalz geboren, wurde er 1452 Pfarrer in Hainsacker und Roding. 1457 wurde er zum Vikar an der Alten Kapelle ernannt. 1462 erwählte man ihn zum Dekan der Alten Kapelle und ernannte ihn zum Pfarrer von Sankt Kassian. 1467 verfasste er für das Kollegiatstift neue Statuten, die er nach einem gewissenhaften Urkundenstudium erarbeitet hatte; diese Statuten waren nebst einigen Ergänzungen bis ins 19. Jahrhundert hinein gültig.

Infolge des hohen Alters der Sankt-Kassianskirche wurde eine Restaurierung in der zweiten Hälfte des 15. Jahrhunderts unumgänglich. 1477 war die Instandsetzung beendet. Die alte Kirche wurde nach Westen verlängert, die Seitenschiffe nach Norden und Süden verbreitert und das Mittelschiff durch einen eingezogenen Fünfachtelschluss abgeschlossen. Die Seitenschiffe erhielten neue Abschlüsse durch dreiseitige Polygone. Dekan Hayden tätigte mehrere Stiftungen. Vor dem von ihm in der Alten Kapelle gestifteten Heinrich-und-Kunigunden-Altar ließ er sich bestatten. Mit päpstlichem Auftrag wirkte er auch bei der Einführung der Nürnberger Karthäuser in das aufgehobene Benediktinerkloster Prüll im Jahre 1486 mit.[205]

Bemerkenswert ist der Grabstein des Kanonikus Rupert Storch (✝ 1503) aus rotem Marmor mit umlaufendem Inschriftband in gotischen Minuskeln: *Anno dni M.CCCCC.III/ die*

XXI. mensis augusti. obiit vener(a)b(i)lis vir Dnus Rupertus/ Storch, canon. huius/ Ecclesiae hic sepultus: cuius anima deo vivat (Im Jahre des Herrn 1503, am 21. August, starb der ehrwürdige Mann Herr Rupert Storch, Kanonikus dieser Kirchen und ist hier begraben, dessen Seele, möge leben in Gott.).

Inmitten des breiten Randes mit der Inschrift ist der Verstorbene in einem vertieften Feld als liegende Flachrelieffigur auf kleinem Kopfkissen abgebildet. Sein Gesicht ist im nach rechts gewendeten Viertelporträt wiedergegeben. Die Hände sind vor der Brust gefaltet, der Kopf mit den strähnigen langen Haaren trägt ein hohes, zylinderförmiges und oben abgerundetes Birett. Der Verstorbene ist in Chorkleidung mit Mozetta mit Hermelinschwänzen dargestellt.

Kanonikus Storch wurde in Haunersdorf, Diözese Passau, geboren und im Mai 1478 Kanonikus an der Alten Kapelle. Er bekleidete ein weiteres Kanonikat in Eichstätt und war von 1477 bis 1496 Pfarrer in Beilngries. Kurz vor seinem Tod verkaufte er 1503 seinen Hof zu Pullach bei Kelheim samt den 2/3 Zehent dort an das Stiftskapitel, um seine Bestattung in der Stiftskirche zwischen dem Briccius- und Kreuzaltar zu sichern. Weiter bestimmte er, dass das Fest Mariä Verkündigung feierlich begangen und an diesem Tag eine bestimmte Summe an die Armen gegeben werde. Ferner sollte ein Jahrtag für seine Seelenruhe und für die seiner Angehörigen gehalten werden. Wiederum sollte dies mit einer Spende an die Armen zu seinem Todestag verbunden sein.[206]

Abb. 233
Grabepitaph für Peter Franz Appiani († 1724).
Roter und grauer Stuckmarmor.
330 cm x 200 cm.

Abb. 234
Grabepitaph für Maria Juliana Franziska von Stingelheim († 1757).
Weißer und roter Marmor.
350 cm x 110 cm.

Das Grabepitaph des Kaplans Konrad Hanauer († 1530), aus rotem Marmor gehauen, ist im unteren Drittel mit einer vierzeiligen Inschrift in gotischen Minuskeln verziert. Sie lautet: *Eya, theotocus unigenitum cui pendet / Ubere Virgineo verbum unigenitum / Capellanus ut tibi Conrad Hanauer devote / Comitat dilecto hic humatus tuo* (Eja, Mutter Gottes der Sterbenden, an Deiner jungfräulichen Brust ruht das eingeborene Wort Gottes (= Christus). Begleite den mit gleicher Liebe Dir treu ergebenen Diener Kaplan Conrad Hanauer, der hier bestattet ist). Auf dem Spruchband des vor der Muttergottes knienden Kaplans steht die Bitte: *O mater dei miserere mei* (Oh Muttergottes, erbarme Dich meiner).

In der Zantkapelle befindet sich die Grabplatte für Hanauer mit einer Darstellung des Verstorbenen in Flachrelief in priesterlicher Gewandung mit Kelch und Segensgestus. Aus der sehr kunstvoll und präzise gefertigten umlaufenden Inschrift erfahren wir, dass Hanauer am 16. Februar 1530 verstorben ist. Er war Kaplan am Dreikönigsaltar und stammte aus Gunzenhausen. 1497 erhielt er das Benefizium am Dreikönigsaltar. Ungewöhnlich ist, dass es neben der aufwendigen Grabplatte ein Wandepitaph gibt, das Hanauer möglicherweise bereits zu Lebzeiten angeschafft haben könnte.

Aufmerksamkeit zieht auch der Grabstein für den Dekan Sigismund Pender († 1560) auf sich. Er besteht aus rotem Marmor. Unter der halbfigurigen Darstellung des Verstorbenen befindet sich ein Inschriftenfeld mit eingetiefter Kapitalis eines wenig geübten Schriftensteinmetzen: *ANNO DOMINI MDLX FERIIS EPIPHANIAE / OBIIT. D. SIGISMUNDVS PENDER / VENETVS REVERENDIS ANTISTI / TIS RATISBON: CONSVLARIVS HVIVS / ECCLESIAE: DECANVS VIR ANTIQVA VIR= / TVTE ET IN OMNI DOCTRINAE GENERE ITA EXCELLENS: / VT IIS CV(M) / QVIBVS VIXIT NO(MEN) VVLGARI QVON= / DAM FVERIT ORNAMENTO ET / SIT ETIAM NVM ILLVSTRIS EXEMP(L)I. / VIVAT DEO* (Im Jahre des Herrn 1560 am Dreikönigsfest starb Herr Sigismund Pender aus Venedig, ehrwürdiger Rat des Bischofs zu Regensburg, Dekan dieser Kirche, ein Mann von altehrwürdiger Tugend und in jeder Art von Gelehrsamkeit so hervorragend, dass sein Name seinen Zeitgenossen einst zur außergewöhnlichen Zierde gereichte und auch heute noch als leuchtendes Beispiel dient. Er möge leben in Gott!).

Abb. 235
Epitaph für Johann Michael Franz von Velhorn († 1782). Roter und weißer Marmor, Kalkstein. 260 cm x 115 cm.

Abb. 236
Epitaph für Johann Joseph Thomas von Haas († 1811). Roter und weißer Marmor. 250 cm x 118 cm.

Der außergewöhnliche Stein stellt den Dekan in halbfiguriger Pose als Renaissance-Gelehrten mit schwungvoll von den Schultern herabwallendem Mantel in flachem Konturenrelief dar. Die vertikalen, eng geführten Streifen bilden ein lineares Muster. Den Kopf bedeckt ein Barett. Mit beiden Händen hält der Verstorbene ein Buch.

Der als Sohn deutscher Eltern in Venedig geborene Pender studierte an der Univerität zu Pavia und legte dort das Magisterexamen ab. 1512 wird er als Sekretär und Notar an der Aftersynode von Pisa erwähnt und deshalb mit Zensur belegt, wovon ihn Papst Leo X. (reg. 1513–1521) lossprach. Im Mai 1514 erscheint er als Sekretär des berühmten Kardinals Matthäus Lang von Salzburg. 1517 erhält er ein Kanonikat an der Alten Kapelle, zehn Jahre später war er bereits Dekan.

1535 unternahm er eine Reise an die römische Kurie. 1545 wurde er von Bischof Pankratius von Sinzenhofen (reg. 1538–1548) zum Reichstag nach Worms geschickt. Dabei ging es um eine Klage gegen die Reichsstadt Regensburg, die die Reformation begünstigte und 1542 den neuen Glauben angenommen hatte.

1515 wurde ihm ein Kanonikat zu Sankt Johann in Regensburg verliehen, das er 1519 wieder abgab. 1542 wirkte er als Pfarrer in Niedermünster, wo er auch das Benefizium Simon und Juda inne hatte. Von 1543 bis 1560 bekleidete er auch das Amt des Dekans von Pondorf an der Donau.

Der Grabstein für Kanonikus Georg Liebhart von Rauchlesperg († 1614) besteht aus rotem Marmor; ihn schmückt ein umlaufendes Schriftband mit Inschrift in gotischen Minuskeln: *Anno Dni MDC (XIIII) die 20 Augusti/ obiit venerabilis DNS Georgius Liebhart de Rauchlechsperg/ bavarus, canonicus et senior/ B.M.V. veteris capellae ratisbonensis cuius aia requiescat in scta pace amen* (Im Jahre des Herrn 1614, am 20. August, starb der ehrwürdige Herr Georg Liebhart von Rauchlechsperg, ein gebürtiger Bayer, Kanonikus und Senior an der Alten Kapelle U.L. Frau zu Regensburg, möge dessen Seele ruhen in heiligem Frieden, Amen).

Der Verstorbene ist als frontale Liegefigur in flachem Relief ausgeführt. Als Kanonikus trägt er Chorkleidung mit Mozetta und Birett. Sein Kopf ruht auf einem Kissen mit vier Quasten. Die linke Hand trägt einen Kelch mit Hostie, die von der Rechten gesegnet werden. Neben dem rechten Fuß ist das Wappen Liebharts mit Schild und Helmzier angebracht. Eine ringsumlaufende, profilierte Leiste trägt die Inschrift. Die Grabplatte hält am Typus der spätmittelalterlichen Grabsteindarstellungen mit ganzfiguriger Liegefigur und umlaufender Inschrift fest; für das frühe 17. Jahrhundert ist sie sehr rückwärtsgewandt.

Georg Liebhart von Rauchlechsperg wird zu den verdienstvollsten Stiftsherren gezählt. Er hat sich durch viele Stiftungen hervorgetan. Auf seine Kosten errichtete er im Jahre 1600 einen neuen Hochaltar sowie, an der Südseite des Chores, den Altar Mariä Heimsuchung. Er ließ auch die Michaelskapelle auf dem Friedhof hinter dem Chor renovieren. 1596 erscheint er als Kaplan des Christophoros-Altars in der Pfarrkirche von Sankt Rupert bei Sankt Emmeram. Eine von ihm gestiftete vergoldete Statue des heiligen Heinrich hat sich nicht mehr erhalten.[207]

Eine Besonderheit bildet das Grabepitaph für den Stuckateur und Baumeister Peter Franz Appiani († 1724). Es ist aus rotem und grauem Stuckmarmor aufgebaut. Auf der schwarzen Mitteltafel mit Goldrahmung befindet sich die Inschrift in eingetiefter Kapitalis und mit einem Chronogramm, das durch vergoldete Buchstaben hervorgehoben wird: *1724 / HIC / JACET SEPULTUS / ARTIFICIOSUS DO: / PETRUS FRANCISC: / APPIANI ITALUS / MEDIOLANENSIS, NATUS / IN PORTO: RATISBONAE / OBIIT XIV. AUGUSTI. / LVX aeternItatIs / LVCeat eI DoMIne* / + (1724. Hier liegt begraben der kunstfertige Herr Peter Franz Appiani, Italiener aus dem Mailändischen, geboren in Porto [Ceresio], gestorben in Regensburg am 14. August. Das ewige Licht leuchte ihm, oh Herr).

Das groß dimensionierte Grabdenkmal hat einen altarähnlichen Aufbau und wird von schräg angesetzten Pilastern gerahmt. Über dem verkröpften Gesims erhebt sich ein Giebelaufzug in Form eines Auszuges mit einer Kartusche, die ein Relief trägt, das ein Stadttor zeigt, über dem ein Adler thront. Eine schlichte schwarze Tafel im Zentrum des Epitaphs trägt die Inschrift.

Der Verstorbene zählte zu den bedeutendsten Stuckatoren um 1700. Mit einer großen, als Familienbetrieb organisierten Werkstätte wirkte er vor allem in Süddeutschland. Peter Franz Appiani (geb. 31.1.1670) stammt aus einer deutsch-italienischen Künstlerfamilie aus Porto Ceresio am Luganer See, die um 1700 mit ihrer Werkstatt in Fürstenfeldbruck und ab 1702 in München aktiv wird. Zusammen mit seinem jüngeren Bruder Jakob, der die Werkstatt nach Peter Franz' Tod weiterführt, werden Stuckaturen, Stuckplastiken und Stuckmarmoraltäre und Kanzeln ausgeführt. Wichtigste Werke sind in Fürstenfeldbruck, Kaisheim, München-Sendling, Sankt Margarethe, Pielenhofen, Rebdorf, Regensburg, Deutschordenskommende und Stift Niedermünster. Appianis Sohn Joseph Ignaz (1706–1785) wurde kurmainzischer Hofmaler, 1758 Gründer und Direktor der Mainzer Bau- und Kunstakademie; er war einer der wichtigsten Freskanten des 18. Jahrhunderts in Südwestdeutschland.

Das Grabepitaph ist ein typisches Beispiel für die Qualität der Appianischen Werkstätte, die um 1724 gerade stark in Regensburg beschäftigt war. Der Bruder des Verstorbenen Jakob dürfte wohl das Grabdenkmal entworfen haben.[208]

Das Grabepitaph für Maria Franziska Juliana von Stinglheim († 1757) im südlichen Seitenschiff der Alten Kapelle besteht aus einer ovalen Weißmarmorplatte mit Inschrift in Rotmarmorrahmung, einem Muschelwerkaufsatz mit Wappen aus Sandstein und einem Sockel aus Sandstein. Die Inschrift in Fraktur lautet: *Hier ruhet in Gott / die weyl(and) hochwohlgebohrne / Frau Frau Maria Franzisca Ju= / liana verwittibte Freyfrau von / Stinglhaim, gebohrne Reichfreyin von / Rosenbusch: so den 8. Octobre: 1689 die / Natur gezeiget: die Tugend sohin trefflich gebil= / det: die gnad ausnehmend gezieret: der Himmel / endlich gekrönet: / Nemlich / Unschuld und Andacht=seifer / schon in zarten Alter / Treue und Mutter=Liebe / in gesegneten Ehestand/ Einsambkeit und Gedult / in trostloser Wittibschafft / Christl(ich) mildeste Freygebigkeit gegen den Ar= / men stellten der Welt zu bewundernden vor / Den AnnehMLIChIsten / Rosen-bVsCh / wohl würdig, / in das Himmlische Para= / deiß versetzt zu werden / den 5. April / R. I. P.* Das Chronogramm ergibt 1757.

Das sehr hohe und schlanke Grabdenkmal verkörpert den Typus der von reichem Rokokostuckwerk gerahmten Inschriftentafel auf mehrstufigem Sandsteinsockel, der ein Weihwasserbecken aus rotem Marmor trägt. Die ovale Inschriftentafel aus weißem Marmor wird unten von reichem asymmetrischen Muschelwerkstuck getragen, der einen Totenkopf einschließt. Die Rotmarmorrahmung der Tafel wird seitlich von C-Spangenmotiven gehalten und oben durch ein Engelsköpfchen betont. Stuckaturen mit C-Bögen leiten zum Muschelwerkauszug über, dem die Wappenschilde der Familien Stinglheim und Rosenbusch vorgeblendet sind. Bekrönt wird der Aufbau unter vier großen C-Bögen durch die Freiherrenkrone.

Die Steinmetzarbeit wird dem Bildhauer Franz Ignaz Mühlbauer zugeschrieben, der 1762 das Epitaph für die Äbtissin Magdalena von Dondorf in Obermünster geschaffen hatte. Im Verzeichnis von 1780 wurde die Bodenplatte vor dem Epitaph über der eigentlichen Bestattung mit der Inschrift *Maria Franc. Juliana B. de Stinglheim, nata B. de Rosenbusch obiit 5 April 1757 R.I.P.* vermerkt.

Die Familie der Freiherren von Stinglheim residierte in Kürn nördlich von Regensburg.

Das Epitaph des Stiftsdekans Johann Joseph Thomas von Haas zu Pühlhofen († 1811) trägt die Inschrift: *Hic / situs est / Dei famulus Ioan. Ios. Thom. de Haas ad / Pühlhofen, / Hienheimensis parochiae per XV annos pastor / vigilantissimus, / Consiliarius eccles. actual. Cancellariae episcop. Ratisb. / Director, Canonicus a latere episc. et Decanus ad veterem Capellam, / Sacerdos Iubilaeus. / Qui / MDCCXXXII Idibus Aug. Schnaittachii vivere / coepit. / magna in rebus ecclesiasticis civilibusque gerendis / dexteritate conspicuus, juste pieque vivere / perexit et / MDCCCXI pridie Idus Febr. in Christo vivere / desiit. / Multum praefuit, multum profuit, / multo labore dignus honore vitam complevit, / facultates opimas pro studios: paup. / stipendiis collocavit, / sic que aere monumentum / aere perennius sibi posuit. / R.I.P / +* Hier liegt begraben der Diener Gottes Johann Joseph Thomas von Haas zu Pühlhofen, 15 Jahre lang ein sehr wachsamer Hirte der Pfarrei Hienheim, wirklicher Rat und Kanzleidirektor der Kathedralkirche zu Regensburg, bischöflicher Kanoniker und Dekan an der Alten Kapelle, Jubelpriester. Am 13. August 1732 trat er zu Schnaittach ins Leben, zeichnete sich aus durch besondere Gewandtheit bei der Erledigung von geistlichen wie weltlichen Geschäften, führte immer ein gerechtes und frommes Leben und beschloß es am 12. Februar 1811 in Christus. Er stand viel an erster Stelle, stiftete viel Nutzen, wurde großer Arbeit für würdig befunden und vollendete sein Leben in Ehren. Seine reichen Geldmittel legte er in Stipendien für arme Studenten an und setzte sich so mit seinem Vermögen ein Denkmal, das dauerhafter ist als Erz. Er möge ruhen in Frieden.
Das Epitaph lehnt sich in der Anlage an das gegenüberliegende des Vorgängerdekans Velhorn an.

Abb. 237 ▷ Personifikation der Ecclesia (Kirche). Kopf und Gliedmaßen Holz, gefasst, die Bekleidung leimgetränkte und gefasste Leinwand. Entstanden 1763.

Ein Verwandter der Verstorbenen, Johann Georg von Stinglheim, übte von 1754 bis 1759 das Amt des Weihbischofs in Regensburg aus. Eine Tochter, Maria Theresia von Stinglheim († 1764) wurde ebenfalls in der Stiftskirche beigesetzt.[209]

Eine herausragende Bedeutung kommt im Hinblick auf den Verstorbenen dem Epitaph des Stiftsdekans Johann Michael Franz von Velhorn († 1782), am südlichen Chorpfeiler neben der Kommunionbank zu. Es ist aus rotem und weißem Marmor sowie Kalkstein geschaffen. Die Inschrift in Fraktur lautet: *Requiem precare animae / PLUR. REV. AC ILLUST. / D. MICH. FRANC. DE / VELHORN / ab Ursensoln, & in Tressau, 7.mo ab hinc lapide sepulti, / VIRI OMMNI EX PARTE PRAESTANTISSIMI, / Qui / episcopali hujati Curiae per annos 46. / TAMQUAM CONSILIARIUS INDEFESSUS ET PRUDENTISSIMUS / insigni cum laude operam praestitit. / Impeiali Collegiatae ad vet. Capellam per annos 36 / QUA DECANUS STRENUUS ET VIGILANTISSIMUS / maxima cum utilitate praefuit. / Ecclesiae huic / a vetustate purgatae et splendide ornatae / LIBERALI MUNIFICENTIA PROFUIT. / Populo cristiano / pietate erga Deum et devotione erga Deiparam / CULTOR ZELOSISSIMUS, / Sacerdotio denique ipsi / EXEMPLAR INTEGERRIMUM ET JUBILAEUM DECUS / PRAELUXIT. / hinc mature nimis, merito cum luctu suorum, / etsi / DIERUM ET MERITORUM PLENUS / maturus coelo morte justorum / obiit / Die 3.May 1782. Aetat. an. 83, mens 6. d.9. / MEMORIA IPSIUS / IN BENEDICTIONE ERIT. / +* (Ewige Ruhe erbitte für die Seele des Hochwürdigsten und Hochedlen Herrn Michael Franz von Velhorn von Ursensoln und auf Tressau, bestattet mit dem 7. Stein auf dieser Seite (unten), ein in jeder Hinsicht herausragender Mann, der 46 Jahre lang als unermüdlicher und kluger Rat für die hiesige bischöfliche Kurie mit ausgezeichnetem Ruhme gearbeitet, hat, der das kaiserliche Kollegiatstift zur Alten Kapelle 36 Jahre lang als tüchtiger und wachsamer Dakan zu seinem größten Nutzen leitete, der diese Kirche von ihrem alten Aussehen reinigte, ihr neuen Glanz verlieh und sie in seiner Freigebigkeit großzügig bedachte, der dem christlichen Volk durch seine Frömmigkeit zu Gott und seine Verehrung der Gottesmutter als seeleneifriger Priester, dem Priestertum schließlich selber als untadeliges Muster und jubilierende Zierde (=Jubelpriester) voranleuchtete.
So starb er allzu früh, zu Recht betrauert von den Seinen, gleichwohl reich an Tagen und Verdiensten, doch reif für den Himmel, den Tod der Gerechten, am 3. Mai 1782 im Alter von 83 Jahren, 6 Monaten und 9 Tagen. Sein Andenken wird gesegnet bleiben.)

Das aus einer ovalen Inschriftenplatte mit Pilasterrahmung und Wappenbekrönung bestehende Epitaph aus Kalkstein und Rotmarmor ist im Stile des strengen Frühklassizismus gestaltet im Kontrast zum jubelnden Stuck der Rokokoausstattung im Kirchenschiff.

Dekan Velhorn stammte aus Ursensollen im Bistum Eichstätt und wurde 1723 von Papst Innozenz XIII. zum Kanonikus ernannt. Nach Tätigkeiten als Pfarrer von Hienheim und Sankt Kassian wurde Velhorn im Jahre 1746 zum Dekan gewählt. Sein größter Verdienst war die Umgestaltung der Stiftskirche ab 1750. Die Konzeption der neuen Einrichtung mit nur noch einem Hochaltar, zwei Seitenaltären und sechs Nebenaltären anstatt der 29 früheren Altären geht auf ihn zurück. Velhorn konnte bedeutende Künstler für die Renovierung des Innenraumes gewinnen und schuf mit Ihnen sicherlich einen der eindrucksvollsten Rokokoräume in Altbayern.[210]

Die Grabdenkmäler und Epitaphien spiegeln die Geschichte des Kollegiatstifts zur Alten Kapelle und seiner Bewohner wider. In eindrucksvoller Erhabenheit dokumentieren sie deren Bedeutung. Den Besucher der Kirche rufen sie auf, inne zu halten, der Verstorbenen zu gedenken und auch das eigene Lebensziel nicht aus dem Auge zu verlieren. So verbinden sie Vergangenheit und Gegenwart miteinander und verdeutlichen das Besondere der Alten Kapelle, die ihre ungebrochene Aktualität aus einer mehr als tausendjährigen Geschichte schöpft.

Anhang

Übersetzung der Urkunde des Papstes Lucius III. (reg. 1181–1185) vom 27. Februar 1185.

Verona 1185 Februar 27

Lucius, Bischof, Knecht der Knechte des Herrn, (verfügt) für seine geliebten Söhne, Dekan Erbordus und die Kanoniker (der Kirche der) heiligen Maria in Regensburg, genannt Alte Kapelle, sowohl die gegenwärtigen als auch die, welche in Zukunft zu solchen eingesetzt werden, auf ewig: Ein mit frommer Absicht verbundenes Vorhaben muss durch die nachfolgende Ausführung vollendet werden. Daher geliebte Söhne im Herrn stimmen wir Euren begründeten Anliegen gnädig zu und nehmen die vorgenannte Kirche der hl. Maria in Regensburg, genannt die Alte Kapelle, in der ihr in Gottes Dienst gestellt seid, nach dem Beispiel des Papstes Alexander seligen Angedenkens, unseres Vorgängers, unter den Schutz des heiligen Petrus und unter den unseren und bestätigen sie durch das Privileg der vorliegenden Urkunde, wobei wir festlegen, dass alle Besitzungen, alle Güter, welche die nämliche Kirche in der Gegenwart rechtmäßig besitzt oder in Zukunft durch Entgegenkommen von Bischöfen, Freigebigkeit von Königen und Fürsten, Gefälligkeit von Gläubigen oder sonst irgendwie auf rechtmäßige Weise mit dem Beistand des Herrn erwerben kann, fest und unvermindert Euch und Euren Nachfolgern verbleiben sollen, wobei wir folgende ausdrücklich bezeichnen: die Kirchen Roding mit Zubehör, Nittenau mit Zubehör, Zeitlarn mit Zubehör, Pfakofen mit Zubehör, Moosham mit Zubehör, Eining mit Zubehör, nämlich Laimerstadt und (Sand-)Harlanden, Sankt Kassian (in Regensburg) mit Zubehör, nämlich Lappersdorf und Königswiesen, das Gut in Harthausen mit Zubehör, das Gut in Wolfersdorf mit Zubehör, einen in der Vorstadt (von Regensburg) gelegenen Hof mit Zubehör, einen Hof in Hölkering mit vier Weingärten, fünf Weingärten auf dem Berg, die zur Pfründe gehören, sowie sechs, die zur Oblei (Institution zur Verwaltung von Gottesdienststiftungen) gehören, ferner die Zehnten aller Weingärten innerhalb der Grenze (der Stadt Regensburg).Wir legen ferner fest, dass beim Ausscheiden Eures jeweiligen Propstes keiner dort durch listiges Erschleichen oder mit Gewalt an die Spitze gestellt werde, sondern nur der, den die Brüder einstimmig oder der Teil von ihnen, der die vernünftigere Einsicht hat, nach dem Willen Gottes auswählen. Wir wollen auch nicht, dass es dem Propst erlaubt sei, irgendwelche Höfe, Zehnten, Huben (Hube = halber Hof), oder irgendeine Pfründe, die Eurem Stift übertragen wurden, irgendjemand persönlich zu übergeben, zu verleihen oder auf andere Weise zu entfremden ohne Zustimmung des Kapitels oder von dessen größerem und verständigerem Teil. Der Propst soll auch nichts von den Gütern des Stiftes zu seinem eigenen Nutzen verwenden, bevor nicht der Pfründeanteil der Brüder vollkommen berechnet wurde, wie von alters her festgelegt ist, und dem Kellermeister (Ökonom), den die Brüder als geeignet und zuverlässig sich ausgewählt haben, zur Verteilung übertragen wurde. Außerdem soll der Propst sich nicht erlauben, von den Stiftungsgeldern, auf die er keinen Rechtsanspruch hat, etwas für sich in Anspruch zu nehmen, sondern der Kämmerer, der nach einer alten und vernünftigen Einrichtung speziell zur Verwaltung und Verteilung dieser Gelder aufgestellt wurde, soll sie mit der gebührenden Umsicht verteilen. Vom Wein oder vom Bier der Brüder darf der Propst nichts abziehen, außer das, von dem er weiß, dass es nach den Gepflogenheiten Eures Stiftes zu seinem Anteil gehört. Wir untersagen ferner, dass der Propst Eure Kirchen rechtswidrig in alleiniger Entscheidung irgendeinem Priester verleiht, sondern er möge zusammen mit dem Dekan und den anderen Brüdern in einer Kapitelsitzung einen Priester mit ehrbarem Lebenswandel auswählen und den Erwählten mit den anderen älteren (Chorherren) dem Bischof vorschlagen, von dem er die Erlaubnis zur Seelsorge erhält und dem er in geistlichen Angelegenheiten verantwortlich sein möge, Euch aber in weltlichen. Mit apostolischer Gewalt wollen wir darüber hinaus verhindern, dass Euer Vogt das Stift oder was dazu gehört zu bedrücken oder mit ungebührlichen Forderungen zu belästigen wagt, sondern er soll sich mit dem zufrieden geben, was ihm in alten Zeiten zugestanden wurde und rechtmäßig gehört. Wir bestimmen auch, dass dieses Stift freies Begräbnisrecht habe, damit sich dem Wunsch und dem freien Willen derer, die sich dort begraben lassen wollen, es sei denn, sie wären gerade exkommuniziert oder unterlägen einem Interdikt (hier strafweiser Ausschluss der betreffenden Person von Gottesdienst, Sakramenten und kirchlichem Begräbnis), keiner widersetzen möge, unbeschadet des Rechtes der Kirchen, bei denen diese Toten sonst zu begraben wären. Dies alles aber, wie es von alters her festgesetzt und gehalten wurde, bestätigen wir Euch und durch Euch Eurem Stift mit apostolischer Gewalt. Wir bestimmen also, dass kein Mensch das Recht habe, die vorgenannte Kirche blindlings zu belästigen, deren Besitzungen wegzunehmen, die weggenommenen zurückzuhalten oder zu schmälern oder (das Stift) mit sonstigen Plagen zu belästigen, sondern alles möge völlig zum Nutzen derer bewahrt werden, zu deren Verfügung und Unterhalt es einst zugestanden wurde, unbeschadet der apostolischen Gewalt und dem kanonischen Recht des Diözesanbischofs. Wenn also in Zukunft irgendeine kirchliche oder weltliche Person in Kenntnis dieser unserer Urkunde gegen diese blindwütig vorzugehen versucht und nach der zweiten und dritten Ermahnung sein Vergehen nicht mit der gebührenden Entschuldigung wieder gutmacht, soll sie ihrer amtlichen Würde und ihrer Ehre verlustig gehen, wissen, dass sie wegen des begangenen Unrechts dem göttlichen Gericht unterliegt, vom (Empfang des) heiligsten Leib(es) und Blut(es) Gottes und unseres Herrn und Erlösers Jesus Christus ausgeschlossen sein und beim letzten Gericht der Strafe Gottes verfallen. Mit allen aber, welche die Rechte des genannten Stiftes bewahren, sei der Friede unseres Herrn Jesus Christus, damit sie die Frucht der guten Tat erhalten und beim gestrengen Richter den Lohn des ewigen Friedens finden. Amen Amen Amen.

Ich Lucius, Bischof der katholischen Kirche unterschreibe.
Ich Teodinus Bischof von Porto und von Santa Rufina unterschreibe.
Ich Heinrich Bischof von Albano (Provinz Rom, Italien) unterschreibe.
Ich Teobaldus Bischof von Ostia und Velletri (südöstlich Rom, Italien) unterschreibe.
Ich Johannes Kardinalpriester von San Marco unterschreibe.
Ich Laborans Kardinalpriester von Santa Maria jenseits des Tiber mit dem Titel Calixtus (Santa Maria in Trastevere) unterschreibe.
Ich Arditio Kardinaldiakon von San Teodoro unterschreibe.
Ich Gratianus Kardinaldiakon von San Cosma e Damiano unterschreibe.
Ich Soffredus Kardinaldiakon von Santa Maria in Via lata unterschreibe.
Ich Albinus Kardinaldiakon von Santa Maria nova unterschreibe.

Gegeben zu Verona durch die Hand des Albertus, Kardinalpriesters und Kanzlers der heiligen römischen Kirche, am 27. Februar 1185, im vierten Pontifikatsjahr des Papstes Lucius III.

Zu Renate Baumgärtel-Fleischmann, Die Regensburger Heinrichsgewänder

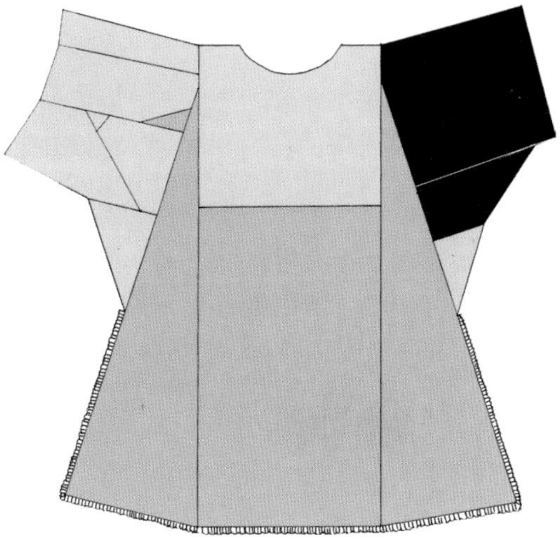

Umrisszeichnungen zur Verwendung der Gewebe Ia, Ib und Ic.

Abb. A (links)
Dalmatika des schwarzgoldenen Ornats. Vorderseite.

Abb. B (rechts)
Dalmatika des schwarzgoldenen Ornats. Rückseite.

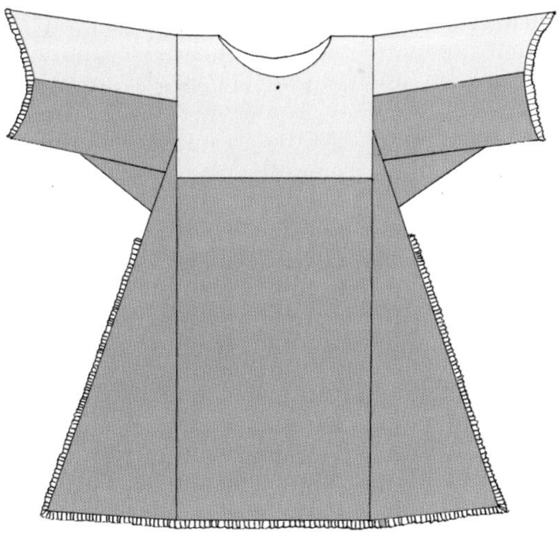

Abb. C (links)
Tunicella des schwarzgoldenen Ornats. Vorderseite.

Abb. D (rechts)
Tunicella des schwarzgoldenen Ornats. Rückseite.

Legende zu den Abbildungen:

Fehlstelle

Stoff I a

Stoff I b

Stoff I c

Anmerkungen

Zu Werner Schiedermair, Die Geschichte

1 Hugo Graf von Walderdorff, Regensburg in seiner Vergangenheit und Gegenwart, 4. Auflage, Regensburg 1896, S. 7 ff., 70 ff. Joseph Schmid, Die Geschichte des Kollegiatstifts U. L. Frau zur alten Kapelle in Regensburg, Regensburg 1922, S. 1. Vgl. auch die zusammenfassende Darstellung bei Karl-Heinz Betz, Das ikonologische Programm der Alten Kapelle in Regensburg, Verhandlungen des Historischen Vereins für Oberpfalz und Regensburg, 118. Band, Regensburg 1978, S. 9 ff.

2 Ferdinand Janner, Geschichte der Bischöfe von Regensburg, Bd. 1, Regensburg/New York/Cincinnati, 1883, S. 35, 225. J. Schmid (wie Anm. 1), S. 2. Peter Schmid, Die Alte Kapelle in Regensburg zur Karolinger- und Ottonenzeit in: Paul Mai/Karl Hausberger, Das Kollegiatstift Unserer Lieben Frau zur Alten Kapelle in Regensburg. Regensburg 2000, S. 11.

3 Walderdorff (wie Anm. 1), S. 70 ff, 252. J. Schmid (wie Anm. 1), S. 2 f.

4 Urkunde vom 3. September 1392 und vom 9. November 1392; siehe Joseph Schmid, Urkunden-Regesten des Kollegiatstifts U. L. Frau zur Alten Kapelle, Erster Band, Regensburg 1911, S. 85 Nr. 449. Dort heißt es von der Alten Kapelle, sie sei *ein anvankch [...] aller gotz häuser in Bayrn*; ders. (wie Anm. 1), S. 1.

5 Siehe hierzu ausführlich J. Schmid (wie Anm. 1), S. 4, 6.

6 P. Schmid (wie Anm. 2), S. 12 mit Fußnote 12 und weiteren Nachweisen.

7 Zitiert nach J. Schmid (wie Anm. 1), S. 7 Fußnote 3. Siehe auch die Übersetzung S. 37.

8 Siehe hierzu P. Schmid, Die Alte Kapelle als Pfalzkapelle, in diesem Buch S. 33 ff.

9 J. Schmid (wie Anm. 1), S. 11. Franz Fuchs, Zur Geschichte der Alten Kapelle in Regensburg im hohen und späten Mittelalter, in: Mai/Hausberger (wie Anm. 2), S. 75, 77.

10 Siehe die Abbildung der Urkunde sowie ihre Transkription und Übersetzung S. 37.

11 Vertiefend hierzu P. Schmid (wie Anm. 8), S. 35.

12 Urkunde vom 23. August 885; vgl. auch J. Schmid (wie Anm. 1), S. 9.

13 J. Schmid (wie Anm. 1), S. 14; P. Schmid (wie Anm. 2), S. 19–21.

14 Urkunde vom 15. Oktober 967; vgl. auch J. Schmid (wie Anm. 1), S. 10.

15 Die in lateinischer Sprache abgefasste Urkunde bezeichnet die Alte Kapelle als *dilapsa est atque destructa*. Wie es zu diesem Zustand kam, wird nicht beschrieben. Neben mangelndem Bauunterhalt dürften auch kriegerische Einwirkungen sowie Brände ursächlich gewesen sein. J. Schmid (wie Anm. 1), S. 10; P. Schmid (wie Anm. 8), S. 21.

16 Ausführlich hierzu Bernd Schneidmüller, Heinrich II. als zweiter Gründer der Alten Kapelle in Regensburg, in diesem Buch S. 45 ff.

17 Zitiert nach der Übersetzung der Urkunde in diesem Buch S. 61 sowie nach J. Schmid (wie Anm. 1), S. 12.

18 P. Schmid (wie Anm. 8), S. 28; Schneidmüller (wie Anm. 16), S. 59 ff.

19 Peter Schmid, Regensburg. Stadt der König und Herzöge im Mittelalter (= Regensburger Historische Forschungen, Bd. 7), Kallmünz 1977, S. 69 f.

20 So mit Recht P. Schmid (wie Anm. 2), S. 28 f.

21 Zur Titulatur, die dem Stift vor allem im 18. Jahrhundert streitig gemacht wurde, siehe Betz (wie Anm. 1), S. 47 f.

22 Siehe zum hier angeschnittenen Fragenkreis Karl Busch, Wie Altdorfers „Schöne Maria" gefunden wurde, in: Der Zwiebelturm 18, Regensburg 1963, S. 217 f., 221. Achim Hubel, „Die Schöne Maria" von Regensburg. Wallfahrten – Gnadenbilder – Ikonographie, in: Paul Mai (Hrsg.), 850 Jahre Kollegiatstift zu den heiligen Johannes Baptist und Johannes Evangelist in Regensburg 1127–1977, München/Zürich 1977, S. 199–231, hier S. 214, 215; Josef Gerl, Zum Gnadenbild der Alten Kapelle, in: Mai/Hausberger (wie Anm. 2), S. 187–201, hier S. 188 mit 192.

23 Abgedruckt in: Monumenta Germaniae Historica. Diplomata Regum et Imperatorum Germaniae. Tomus IV. Conradi II. Diplomata, hrsg. von Walter Bresslau, München 1980, Nr. 206 (= S. 279–281).

24 Abgedruckt in: Monumenta Germaniae Historica (wie Anm. 23), Tomus V. Henrici III. Diplomata, München 1980, Nr. 3 (= S. 3/4).

25 Abgedruckt in: Monumenta Germaniae Historica (wie Anm. 23), Tomus VI. Henrici IV. Diplomata, München 1941–1978, Nr. 25 (= S. 30/31). Vgl. auch J. Schmid (wie Anm. 1), S. 14.

26 Urkunde vom 27. Februar 1185 abgebildet in diesem Buch S. 90 mit Transkription zur Übersetzung siehe S. 364.

27 J. Schmid, Urkunden-Regesten I (wie Anm. 4), S. 4, Nr. 8.

28 Ebenda, S. 6, Nr. 17.

29 Ebenda, S. 9, Nr. 30.

30 Ebenda, S. 47, Nr. 236.

31 Ebenda, S. 80, Nr. 425.

32 Ebenda, S. 192, Nr. 989.

33 J. Schmid (wie Anm. 1), S. 30, 31, 32, 33, 35. Franz Fuchs, Zur Geschichte der Alten Kapelle in Regensburg im hohen und späten Mittelalter, in: Mai/Hausberger (wie Anm. 2), S. 79.

34 J. Schmid, Urkunden-Regesten I (wie Anm. 4), S. 4, Nr. 9. J. Schmid (wie Anm. 1), S. 15. Lothar Altmann, Das Kollegiatstift und die Pfarrei Sankt Kassian, in diesem Buch S. 101 ff.

35 J. Schmid, Urkunden-Regesten I (wie Anm. 4), S. 33, Nr. 154.

36 Ebenda, S. 100, Nr. 528.

37 Fuchs (wie Anm. 33), S. 75, 77.

38 Franz Fuchs, Bildung und Wissenschaft in Regensburg, Neue Forschungen und Texte aus St. Mang in Stadtamhof (= Beiträge zur Geschichte und Quellenkunde des Mittelalters, hrsg. von Horst Fuhrmann, Bd. 13), Sigmaringen 1989, S. 128 f.

39 München, Bayerische Staatbibliothek, Clm 721. Abgedruckt bei Andreas Felix Oefele (Hrsg.), Rerum Boicarum Scriptores, Bd. 1, Augsburg 1763, S. 354–373.

40 J. Schmid (wie Anm. 1), S. 263.

41 Fuchs (wie Anm. 33), S. 77 f.

42 J. Schmid (wie Anm. 1), S. 107.

43 Fuchs (wie Anm. 33), S. 80.

44 Zu Chunrat der Sunnär siehe auch Johann Gruber, Zur wirtschaftlichen Absicherung des Stifts und der Alten Kapelle, in diesem Buch, S. 88 ff., sowie J. Schmid (wie Anm. 1), S. 110, 186.

45 J. Schmid (wie Anm. 1), S. 115, 116, 182.

46 J. Schmid (wie Anm. 1), S. 72, 119.

47 Ebenda, S. 185 ff.

48 Hubel (wie Anm. 22), S.

49 J. Schmid (wie Anm. 1), S. 130, 131.

50 Ebenda, S. 18.

51 J. Schmid, Urkunden-Regesten I (wie Anm. 4), S. 304, Nr. 1496.

52 Ebenda, S. 339, Nr. 1646.

53 J. Schmid, Die Urkunden-Regesten des Kollegiatstiftes U. L. Frau zur Alten Kapelle in Regensburg, Zweiter Band, Regensburg 1912, S. 31, Nr. 108.

54 Ebenda, S. 178, Nr. 644.

55 J. Schmid (wie Anm. 1), S. 126.

56 Ebenda, S. 17, 19.

57 Ebenda, S. 139.

58 Ebenda, S. 146, 144, 143.

59 Ebenda, S. 147.

60 Ebenda, S. 182.

61 Zitiert nach J. Schmid (wie Anm. 1), S. 20.

62 Ebenda. Siehe auch Johann Gruber, Stiftungen bei der Alten Kapelle, in: Mai/Hausberger (wie Anm. 2), S. 83–123.

63 J. Schmid (wie Anm. 1), S. 150.

64 J. Schmid (wie Anm. 1), S. 153, 154.

65 J. Schmid (wie Anm. 1), S. 183.

66 Siehe hierzu die einschlägigen Beiträge von Georg Paula und Dagmar Dietrich in diesem Buch S. 159 ff. und S. 186 ff.

67 J. Schmid (wie Anm. 1), S. 151, 157, 156, 158, 159.

68 J. Schmid (wie Anm. 1), S. 271, 275.

69 Die nach Österreich verbrachten Gegenstände sind in noch erhaltenen Listen aufgezählt; siehe die Aktenfaszikel im Bischöflichen Zentralarchiv Regensburg sign. 2431 und 527. Vgl. auch J. Schmid (wie Anm. 1), S. 24, sowie Dirk Götschmann, Das Kollegiatstift und die unterbliebene Säkularisation, in diesem Buch S. 80.

70 J. Schmid (wie Anm. 1), S. 24.

71 Götschmann (wie Anm. 69), S. 82; J. Schmid (wie Anm. 1), S. 24; Karl Hausberger, „Körperschaften, welche dermal keinen Zweck mehr haben", Zur Existenzgefährdung des Regensburger Kollegiatstifts bei der Alten Kapelle im frühen 19. Jahrhunderts, in: Mai/Hausberger (wie Anm. 2), S. 203–229.

72 Vgl. dazu Werner Schiedermair, Zur beweglichen Ausstattung der Alten Kapelle, in diesem Buch, S. 245; J. Schmid (wie Anm. 1), S. 24, 183, 301.

73 J. Schmid (wie Anm. 1), S. 25.

74 J. Schmid (wie Anm. 1), S. 26; Hausberger (wie Anm. 71), S. 222.

75 J. Schmid (wie Anm. 1), S. 27, 302.

76 Das Reorganisationsdekret ist abgedruckt bei Hausberger (wie Anm. 71), S. 226–229. Siehe auch J. Schmid (wie Anm. 1), S. 27.

77 J. Schmid (wie Anm. 1), S. 28, 275; Astrid Eiler, Die Aula Scholastica beim Kollegiatstift Unserer Lieben Frau zur Alten Kapelle im 19. Jahrhundert, in: Mai/Hausberger (wie Anm. 2), S. 367–419.

78 J. Schmid (wie Anm. 1), S. 183.

79 Ebenda, S. 28.

80 Camilla Weber, Die Dekane, Kanoniker und Chorvikare der Alten Kapelle seit 1830, in: Mai/Hausberger (wie Anm. 2), S. 251.

81 Ebenda, S. 257 f. Zu Mettenleiter siehe Raymond Dittrich, Musiküberlieferung und Musikpflege in der Alten Kapelle, in diesem Buch, S. 334 ff.

82 Weber (wie Anm. 80), S. 232, 233.

83 Ebenda, S. 244, 245; J. Schmid (wie Anm. 1), S. 167.

84 Weber (wie Anm. 80), S. 248, 249.

85 Ebenda, S. 236, 237.

86 Ebenda, S. 243.

87 Ebenda, S. 245.

88 Ebenda, S. 260, 261.

89 Bericht der Augenzeugin Anni Poll vom 16.08.1983. Archiv des Kollegiatstifts.

90 Weber (wie Anm. 80), S. 238, 239.

91 Ebenda, S. 239, 240.

92 Siehe hierzu Harald Gieß, Die Restaurierung der Alten Kapelle, in diesem Buch, S. 267.

I. Kapitel zu Peter Schmid Die Alte Kapelle als Pfalzkapelle

1 Vgl. Das Königtum. Seine geistigen und rechtlichen Grundlagen (Vorträge und Forschungen, Bd. 3), Lindau/Konstanz 1956; Marc Bloch, Die wundertätigen Könige, München 1998.

2 Vgl. Gerhard Streich, Burg und Kirche während des deutschen Mittelalters. Untersuchungen zur Sakraltopographie von Pfalzen, Burgen und Herrensitzen (Vorträge und Forschungen, Sonderbd. 29), Sigmaringen 1984, S. 40.

3 Vgl. Streich, Burg und Kirche (wie Anm. 2), S. 14 ff.

4 Vgl. Walter Schlesinger, Merseburg, in: Deutsche Königspfalzen, Bd. 1 (Veröffentlichungen des Max-Planck-Instituts für Geschichte, Bd. 11/1), Göttingen 1963, S. 204; Josef Fleckenstein, Die Hofkapelle der deutschen Könige, Bd. 1, Stuttgart 1959, S. 97 mit Anm. 350; ders., Über das Aachener Marienstift als Pfalzkapelle Karls des Großen, in: Festschrift für Berent Schwineköper zu seinem siebzigsten Geburtstag, hrsg. von Helmut Maurer und Hans Patze, Sigmaringen 1982, S. 20; Adolf

Gauert, Zur Struktur und Topographie der Königspfalzen, in: Deutsche Königspfalzen, Bd. 2 (Veröffentlichungen des Max-Planck-Instituts für Geschichte, Bd. 11/2), Göttingen 1965, S. 5; Streich, Burg und Kirche (wie Anm. 2), S. 39 f.

5 Vgl. Ludwig Falkenstein, Karl der Große und die Entstehung des Aachener Marienstiftes (Quellen und Forschungen aus dem Gebiet der Geschichte, NF 3), Paderborn / München / Wien / Zürich 1981; Fleckenstein, Aachener Marienstift (wie Anm. 4), S. 19–28; Karl Heinemeyer, Zur Entstehung und Aufgaben der karolingischen Pfalzstifte, in: Studien zum weltlichen Kollegiatstift in Deutschland, hrsg. von Irene Crusius (Veröffentlichungen des Max-Planck-Instituts für Geschichte, Bd. 114; Studien zur Germania Sacra, Bd. 18), S. 114 ff.; Streich, Burg und Kirche (wie Anm. 2), S. 26–32.

6 Einhardi vita Karoli magni, hrsg. von Georg Waitz, MGH SS rer Germ XXV, Hannover [6]1911, S. 20.

7 Vgl. Fleckenstein, Hofkapelle, I (wie Anm. 4), S. 19–28, bes. S. 26 f.; ders., Aachener Marienstift (wie Anm. 4), S. 26–28.

8 Vgl. Streich, Burg und Kirche (wie Anm. 2), S. 31.

9 Ludwig der Fromme begann in Diedenhofen *instar Aquensis* mit der Errichtung einer *capella*. Vgl. Reginonis abbatis Prumiensis chronicon cum continuatione Treverense, hrsg. von Friedrich Kurze, MGH SS rer Germ L, Hannover 1890, S. 161. Karl der Kahle gründete 877 nach dem Aachener Vorbild das Marienstift in Compiègne als Ersatz für das ihm nicht mehr zugängliche Marienstift in Aachen. Vgl. Falkenstein, Entstehung des Aachener Marienstiftes (wie Anm. 5), S. 33 ff.; Streich, Burg und Kirche (wie Anm. 2), S. 41; Fleckenstein, Hofkapelle, I (wie Anm. 4), S. 21, 26 mit Anm. 35; Heinemeyer, Karolingische Pfalzstifte (wie Anm. 5), S. 126 f.

10 Vgl. Hermann Heimpel, Bisherige und künftige Erforschung deutscher Königspfalzen, in: GWU 16 (1965), S. 486 weist darauf hin, dass Pfalzen Herrschaftszeichen im Sinne von Percy Ernst Schramm, Herrschaftszeichen und Staatssymbolik. Beiträge zu ihrer Geschichte vom 3. bis zum 16. Jahrhundert, Bd. 1 (MGH Schriften, Bd. 13), Stuttgart 1954, S. 1, waren und *„ihr Besitz und die Besitznahme […] rechtlichen Charakter hat, einen Rechtsanspruch auf das Reich mitbegründet […] oder begründen soll."* Vgl. auch Streich, Burg und Kirche (wie Anm. 2), S. 8, 31; Heinemeyer, Karolingische Pfalzstifte (wie Anm. 5), S. 127.

11 Vgl. MGH Capitularia regum Francorum, Bd. I, hrsg. von Alfred Boretius, Hannover 1883, Nr. 136 S. 271.

12 Vgl. Rudolf Schieffer, Die Karolinger (Urban-Taschenbücher, Bd. 411), Stuttgart/Berlin/Köln [2]1997, S. 129 ff., 140 ff.

13 Am 26. März 842 urkundete er *Aquisgrani palatio regio* (D LdDt 31). In den Jahren 870 und 873 urkundete er wiederum *Aquisgrani palatii* (D LdDt 133,134) bzw. *Aquisgrani palatio regio* (D LdDt 148, 149, 150).

14 Vgl. Schieffer, Karolinger (wie Anm. 12), S. 126.

15 Vgl. LdDt 40, 48, 62, 87, 88, 100, 101, 110–113, 119, 161, 165. Vgl. auch Andreas Kraus, Civitas regia. Das Bild Regensburgs in der deutschen Geschichtsschreibung des Mittelalters (Regensburger Historische Forschungen, Bd. 3), Kallmünz 1972, S. 15 ff.; Peter Schmid, Regensburg. Stadt der Könige und Herzöge im Mittelalter (Regensburger Historische Forschungen, Bd. 7), Kallmünz 1977, S. 435–436.

16 Vgl. P. Schmid, Regensburg (wie Anm. 15), S. 437 f.

17 Vgl. P. Schmid, Regensburg (wie Anm. 15), S. 307 ff., 457 f.; ders., König – Herzog – Bischof. Regensburg und seine Pfalzen, in: Deutsche Königspfalzen, Bd. 4 (Veröffentlichungen des Max-Planck-Instituts für Geschichte, Bd. 11/4), Göttingen 1996, S. 53–62; Wilfried Hartmann, Die Synoden der Karolingerzeit im Frankenreich und in Italien (Konziliengeschichte, hrsg. von Walter Brandmüller, Reihe A), Paderborn / München / Wien / Zürich 1989, S. 104 f.; Egon Boshof, Ludwig der Fromme, Darmstadt 1996, S. 26, 50.

18 Vgl. P. Schmid, König – Herzog – Bischof (wie Anm. 17), S. 67–72.

19 Vgl. Streich, Burg und Kirche (wie Anm. 2), S. 34. Zu dem im Umfeld der Alten Kapelle formulierten Anspruch, die Pfalzkapelle der Agilolfinger gewesen zu sein, vgl. Peter Schmid, Die Alte Kapelle in Regensburg zur Karolinger- und Ottonenzeit, in: Kollegiatstift Unsere Liebe Frau zur Alten Kapelle in Regensburg (Beiträge zur Geschichte des Bistums Regensburg, Bd. 34), Regensburg 2000, S. 11 f. Archäologische Befunde scheinen darauf hinzudeuten, dass die Niedermünsterkirche die erste agilolfingische Pfalzkapelle gewesen ist. Vgl. dazu Silvia Codreanu-Windauer, Martin Hoernes, Arno Rettner, Karl Schnieringer und Eleonore Wintergerst, Die städtebauliche Entwicklung Regensburgs von der Spätantike bis ins Hochmittelalter, in: Peter Schmid (Hrsg.), Geschichte der Stadt Regensburg, Regensburg 2000, S. 1016. Zur Diskussion um die agilolfingische Pfalzkapelle vgl. P. Schmid, Regensburg (wie Anm. 15), S. 64 ff.; ders., König – Herzog – Bischof (wie Anm. 17), S. 53–62.

20 Notker der Stammler, Taten Kaiser Karls des Großen, hrsg. von Hans Friedrich Haefele, MGH SS rer Germ, NS XII, Berlin 1962, S. 69. Nach Einhardi vita Karoli magni, hrsg. von Oswald Holder-Egger, MGH SS rer Germ XXV, Hannover [6]1911, S. 20 hat Karl der Große in Aachen *opere mirabili* eine *basilica sanctae Dei genitricis* errichtet.

21 Die Weihe erfolgte am 1. September 852 durch den Mainzer Erzbischof Hrabanus Maurus. Vgl. Elisabeth Orth, Frankfurt (Die deutschen Königspfalzen. Repertorium der Pfalzen, Königshöfe und übrigen Aufenthaltsorte der Könige im deutschen Reich des Mittelalters, Bd. 1: Hessen, Bd. 2), S. 195 ff., Nr. 15–44; Marianne Schalles-Fischer, Pfalz und Fiskus Frankfurt (Veröffentlichungen des Max-Planck-Instituts für Geschichte, Bd. 20), Göttingen 1969, S. 104 ff.

22 Vgl. Max Piendl, Fragen zur Regensburger Stadttopographie, in: VHVO 106 (1966), S. 79; P. Schmid, Regensburg (wie Anm. 15), S. 67; Streich, Burg und Kirche (wie Anm. 2), S. 47.

23 Vgl. D LdDt 161.

24 Vgl. Notker der Stammler (wie Anm. 20), S. 69.

25 Eine Bestandsaufnahme erfolgte im Rahmen der 1998 abgeschlossenen Sanierungsmaßnahmen. Frühere, allerdings nur punktuell angelegte Bauuntersuchungen wurden von Winfried Leonhardt, Die Alte Kapelle in Regensburg und die karolingische Pfalzanlage. Eine baugeschichtliche Untersuchung, in: Zeitschrift für Bauwesen 75 (1925), S. 83–110 und Karl Zahn, Die Ausgrabungen des romanischen Domes in Regensburg, München 1931 durchgeführt.

26 Vgl. Codreanu-Windauer, Hoernes, Rettner, Schnieringer und Wintergerst, Städtebauliche Entwicklung (wie Anm. 19), S. 1022 f. Zum Baubestand der Alten Kapelle vgl. auch Felix Mader, Die Kunstdenkmäler von Bayern. Regierungsbezirk Oberpfalz, Bd. XXII: Stadt Regensburg, Bd. II, München 1933, S. 22–24; Helmut-Eberhard Paulus, Baualterspläne zur Stadtsanierung. Regensburg, Bd. 5, München 1984, S. 50 ff.

27 Vgl. Streich, Burg und Kirche (wie Anm. 2), S. 35.

28 Vgl. LdDt 40, 48, 62, 87, 88, 100, 101, 110–113, 119, 161, 165. Außer Regensburg wurde so nur Pavia genannt. Vgl. D Karlmann 4. Vgl. auch Kraus, Civitas regia (wie Anm. 15), S. 15 ff.; P. Schmid, Regensburg (wie Anm. 15), S. 435–436.

29 Vgl. Walter Schlesinger, Beobachtungen zur Geschichte und Gestalt der Aachener Pfalz in der Zeit Karls des Großen, in: Studien zur europäischen Vor- und Frühgeschichte, H. Jankuhn gewidmet, Neumünster 1968, S. 269.

30 Vgl. D O I 316: *precipua cis Alpes regis sedes*.

31 Vgl. Heinemeyer, Karolingische Pfalzstifte (wie Anm. 5), S. 114, 147.

32 In D LdDt 161 sind *fratres* genannt. D LdK 78 spricht von *canonicis in capella Radisponensis*. Vgl. auch D K III 72, 127. Auch in Frankfurt bestand an der Pfalzkapelle ein Kanonikerstift. Vgl. Schalles-Fischer, Frankfurt (wie Anm. 21), S. 253 ff. Vgl. die Bestimmungen der Reichssynode von Aachen 816 über Kanoniker MGH Concilia, I, Hannover 1893, S. 394–421; Josef Semmler, Die Kanoniker und ihre Regel im 9. Jahrhundert, in: Irene Crusius (Hrsg.), Studien zum weltlichen Kollegiatstift in Deutschland (Veröffentlichungen des Max-Planck-Instituts für Geschichte, Bd. 114; Studien zur Germania Sacra, Bd. 18), Göttingen 1995, S. 62–109. Vgl. auch Fleckenstein, Hofkapelle, I (wie Anm. 4), S. 152, 219 f.; Bd. 2, Stuttgart 1966, S. 281.

33 Vgl. Peter Schmid, Civitas regia: Die Königsstadt Regensburg, in: Peter Schmid (Hrsg.), Geschichte der Stadt Regensburg, Regensburg 2000, S. 106.

34 Vgl. Notker der Stammler (wie Anm. 20), S. 68–69: *Tempore vero letaniarum de palatio discaltiatis pedibus usque ad ecclesiam pastoralem vel ad sanctum Hemmerammum, si quidem esset Reganesburg, crucem sequi solitus erat.*

35 Vgl. Streich, Burg und Kirche (wie Anm. 2), S. 47 f. gegen Fleckenstein, Hofkapelle, I (wie Anm. 4), S. 41.

36 Vgl. Fleckenstein, Hofkapelle, I (wie Anm. 4), S. 168 ff., 218 f.; Heinemeyer, Karolingische Pfalzstifte (wie Anm. 5), S. 131–134.

37 D LdDt 6.

38 D LdDt 35.

39 Baturich ist in seinen Funktionen als Bischof und *summus cappellanus* (D LdDt 35) genannt. Erchanfred schenkte Besitz an Sankt Emmeram (Josef Widemann [Hrsg.], Die Traditionen des Hochstifts Regensburg und des Klosters Sankt Emmeram [Quellen und Erörterungen zur Bayerischen Geschichte, NF 8], München 1943, Nr. 22) und bekleidete von 847/8 bis 864 die Regensburger Bischofswürde. Vgl. Schieffer, Karolinger (wie Anm. 12), S. 150; Ferdinand Janner, Geschichte der Bischöfe von Regensburg, Bd. 1, Regensburg/NewYork/Cincinnati 1883, S. 201–213; Karl Hausberger, Geschichte des Bistums Regensburg, Bd. 1, Regensburg 1989, S. 36–38. Zu Adalleod vgl. D LdDt S. XVIII. Vgl. auch P. Schmid, Regensburg (wie Anm. 15), S. 441.

40 D LdDt 161.

41 D LdDt 161: *ut eis pro omnium nostrum prosperitate domini clementiam delectabilius exorare delectet*. Vgl. auch D LdK 78. Vgl. Eugen Ewig, Der Gebetsdienst der Kirchen in den Urkunden der späteren Karolinger, in: Festschrift für Berent Schwineköper zu seinem siebzigsten Geburtstag, hrsg. von Helmut Maurer und Hans Patze, Sigmaringen 1982, S. 70 ff., 83; Heinemeyer, Karolingische Pfalzstifte (wie Anm. 5), S. 148 f.

42 Aller Wahrscheinlichkeit nach liegt Hemma, die Gemahlin Ludwigs des Deutschen, in Sankt Emmeram bestattet. Vgl. Franz Fuchs, Das Grab der Königin Hemma († 876) zu Sankt Emmeram in Regensburg, in: Regensburg und Ostbayern. Max Piendl zum Gedächtnis, hrsg. von Franz Karg, Kallmünz 1991, S. 1–12. Zu den Herrschergräbern in Sankt Emmeram allgemein vgl. Alois Schmid, Die Herrschergräber in Sankt Emmeram zu Regensburg, in: DA 32 (1976), S. 333–369.

43 Vgl. Wolfgang Metz, Das karolingische Reichsgut, Berlin 1960, S. 132 ff.; ders., Zur Erforschung des karolingischen Reichsgutes (Erträge der Forschung, Bd. 4), Darmstadt 1971, S. 39 ff.; Falkenstein, Entstehung des Aachener Marienstiftes (wie Anm. 5), S. 82 f.; Schalles-Fischer, Frankfurt (wie Anm. 21), S. 253. Zu Altötting vgl. D K III 128.

44 D K III 127. Vielleicht kann auch der Umstand, dass einige der Alten Kapelle inkorporierte Kirchen zu Königsgütern gehörten, als Hinweis auf die Grundausstattung gewertet werden. Vgl. dazu Josef Klose, Die dem Kollegiatstift Unserer Lieben Frau zur Alten Kapelle in Regensburg ehemals inkorporierten Pfarreien, in: Das Kollegiatstift Unsere Liebe Frau zur Alten Kapelle in Regensburg (Beiträge zur Geschichte des Bistums Regensburg, Bd. 34), Regensburg 2000, S. 125–145.

45 Vgl. Joseph Schmid, Die Urkunden-Regesten des Kollegiatstiftes U. L. Frau zur Alten Kapelle in Regensburg, Bd. 1, Regensburg 1911, Nr. 3. Vgl. auch Klose, Inkorporierte Pfarreien (wie Anm. 44), S. 135–137.

46 Vgl. Eugen Trapp, Sankt Kassian in Regensburg – Anmerkungen zur mittelalterlichen Bau- und Ausstattungsgeschichte, in: Das Kollegiatstift Unsere Liebe Frau zur Alten Kapelle in Regensburg (Beiträge zur Geschichte des Bistums Regensburg, Bd. 34), Regensburg 2000, S. 147 ff.

47 Vgl. Max Heuwieser, Die Entwicklung der Stadt Regensburg im Frühmittelalter, in: VHVO 76 (1925), S. 128 ff.; Ernst Klebel, Zur Geschichte des

Christentums in Bayern vor Bonifatius, in: Sankt Bonifatius. Gedenkgabe zum zwölfhundertjährigen Todestag, Fulda 1954, S. 295; Jürgen Sydow, Fragen um die Sankt Kassians-Kirche in Regensburg. Ein Beitrag zur Geschichte des Bistums Säben, in: Schlern 29 (1955), S. 454 (wieder abgedruckt in: Jürgen Sydow, Cum omni mensura et ratione. Ausgewählte Aufsätze. Festgabe zu seinem 70. Geburtstag, hrsg. von Helmut Maurer, Sigmaringen 1991, S. 269–274); Richard Strobel, Jürgen Sydow, Der „Latron" in Regensburg. Ein Beitrag zum Kontinuitätsproblem, in: HJb 83 (1964), S. 24; Matrikel des Bistums Regensburg, Regensburg 1997, S. 335, 577, 583.

48 D Karlmann 1, 2, 12, 13.

49 Vgl. D Karlmann 2, 14; Josef Pfennigmann, Studien zur Geschichte Altöttings im Früh- und Hochmittelalter. Beitrag zur Geschichte des Reichsguts und der Pfalzen in Altbayern, Phil. Diss. masch. München 1952, S. 161–166; Walter Brugger, Die herzogliche und karolingische Pfalz zu Altötting, in: Oberbayerisches Archiv 105 (1980), S. 87–88; Wilhelm Störmer, Die Anfänge des karolingischen Pfalzstifts Altötting, in: Ecclesia et regnum. Festschrift für Franz-Josef Schmale zu seinem 65. Geburtstag, hrsg. von Dieter Berg und Hans-Werner Goetz, Bochum 1989, S. 61–71; ders., Die Bedeutung der früh- und hochmittelalterlichen Pfalz Altötting für das Herzogtum Bayern und das Königtum, in: ZBLG 58 (1995), S. 201–203.

50 D K III 72.

51 D K III 107.

52 Vgl. D K III 127.

53 Vgl. Fleckenstein, Hofkapelle, I (wie Anm. 4), S. 196, 221. Ein *Engilmar abbas* begegnet in zwei Regensburger Traditionsurkunden als Zeuge. Vgl. Widemann, Traditionen (wie Anm. 39) Nr. 89 [ca. 878–885], 96 [882–885]. Die Frage, ob Engilmar mit dem gleichnamigen Bischof von Passau identisch ist, muss vorerst ungeklärt bleiben. Vgl. dazu die Vorbemerkung zu Nr. 152, S. 39–40 der Regesten der Bischöfe von Passau, Bd. 1, bearbeitet von Egon Boshof (Regesten zur bayerischen Landesgeschichte, Bd. 1), München 1992. Dem Abt Engilmar ist wohl auch die metrische „Vita s. Erasmi", in: MGH Poetae, Bd. V/1, Berlin 1937, S. 80–94 gewidmet.

54 Vgl. Notker der Stammler (wie Anm. 20), S. 78; Annales Fuldenses, hrsg. von Friedrich Kurze, MGH SS rer Germ VII, Hannover 1891, S. 107; Eduard Hlawitschka, Lotharingien und das Reich an der Schwelle der deutschen Geschichte (MGH Schriften, Bd. 21), Stuttgart 1968, S. 29.

55 In diesen Zusammenhang könnte auch die Nonenschenkung vom 25. August 885 an die Kapelle in Altötting gehören. Möglicherweise sollte damit Königsgut im Osten Bayerns dem Zugriff Arnulfs entzogen werden. Vgl. D K III 128.

56 Vgl. Ex Arnoldi libris de S. Emmerammo, hrsg. von Georg Waitz, in: MGH SS IV, Hannover 1841, S. 551; Max Piendl, Die Pfalz Kaiser Arnulfs bei Sankt Emmeram in Regensburg, in: Thurn und Taxis-Studien, Bd. 2, Kallmünz 1962, S. 96–126; P. Schmid, Regensburg (wie Anm. 15), S. 53 ff., 72 ff.; ders., König – Herzog – Bischof (wie Anm. 17), S. 72–74; Carlrichard Brühl, Palatium und civitas. Studien zur Profantopographie spätantiker Civitates vom 3. bis zum 13. Jahrhundert, Bd. 2, Köln/Wien 1990, S. 246 ff.; Alois Schmid, Regensburg. Reichsstadt-Fürstbischof-Reichsstifte-Herzogshof (Historischer Atlas von Bayern. Teil Altbayern, Bd. 60), München 1995, S. 49–50.

57 Vgl. Piendl, Pfalz (wie Anm. 56), S. 100; ders., Stadttopographie (wie Anm. 22), S. 80.

58 Vgl. D O II 14. Zur Diskussion um die Deutung des Namens Alte Kapelle vgl. P. Schmid, Regensburg (wie Anm. 15), S. 71–73.

59 D LdK 78. Ohne Datum. Überarbeitet.

60 Vgl. Annales Fuldenses (wie Anm. 54), S. 119.

61 Vgl. Die Sachsengeschichte des Widukind von Korvei, hrsg. von Hans-Eberhard Lohmann und Paul Hirsch, MGH SS rer Germ LX, Hannover 1935, S. 120–121; Annalista Saxo, hrsg. von Georg Waitz, in: MGH SS VI, Hannover 1844, S. 611; Kurt Reindel, Die bayerischen Luitpoldinger 893–989. Sammlung und Erläuterung der Quellen (Quellen und Erörterungen zur bayerischen Geschichte, NF XI), München 1953, Nr. 104.

62 Vgl. D O II 14: *antiquam cappellam quam olim antecessor noster beate memoriae Hludovicus imperator construxerat in honore sanctae dei genitricis Mariae et modo dilapsa est atque distructa.*

63 Vgl. D O II 14.

64 D H II 26.

65 Vgl. P. Schmid, Regensburg (wie Anm. 15), S. 76; ders., König – Herzog – Bischof (wie Anm. 17), S. 62-66.

66 Vgl. die Beschreibung der Königspfalz am Alten Kornmarkt in der Translatio S. Dionysii Areopagitae. Verbesserter Text bei Kraus, Civitas regia (wie Anm. 15), S. 111–112.

67 Vgl. D H II 28.

68 Vgl. D H II 61.

69 Vgl. D O III 294: Rom 998: *cuidam suo [=Herzog Heinrich IV.] nostroque fideli Tagini quoddam curtile inter nostram capellam et nostra edificia ac cortem sancti Rodperti Radasbone situm in proprietatem liberaliter sumus largiti.*

70 Vgl. D O III 351: Quedlinburg 1000 April 6: *dedimus capellano Heinrici ducis nostrique consanguinei dilecti Tageni nomine.*

71 Vgl. H II 26. Vgl. auch D H II 61.

72 Vgl. D O II 14.

73 Vgl. D O III 294.

74 D O III 294.

75 Zu den Besitzverhältnissen von Herzog und König vgl. P. Schmid, Regensburg (wie Anm. 15), S. 151–164.

76 Vgl. Piendl, Stadttopographie (wie Anm. 22), S. 77; Klaus Schwarz, Die Ausgrabungen in Niedermünster zu Regensburg, Kallmünz 1971, S. 43 ff.; ders., Archäologische Geschichtsforschung in frühen Regensburger Kirchen, in: Der Regensburger Dom, hrsg. von Georg Schwaiger (Beiträge zur Geschichte des Bistums Regensburg, Bd. 10), Regensburg 1976, S. 24–26; P. Schmid, Regensburg (wie Anm. 15), S. 76; ders., Das hohe Mittelalter (900–1200), in: Regensburg. Geschichte in Bilddokumenten, hrsg. von Andreas Kraus und Wolfgang Pfeiffer, München [2]1986, S. 37 f.; ders., Von der Herzogskirche zum kaiserlichen Reichsstift. Das Stift Niedermünster in Regensburg, in: Ratisbona Sacra. Das Bistum Regensburg im Mittelalter (Kunstsammlungen des Bistums Regensburg. Diözesanmuseum Regensburg. Kataloge und Schriften, Bd. 6), München/ Zürich 1989, S. 143; Karl Schnieringer, Das Niedermünster in Regensburg im Spiegel der jüngsten Ausgrabungen im ehemaligen Kreuzgang, in: ebenda, S. 150.

77 Vgl. D H II 29, 116.

78 Vgl. Stefan Weinfurter, Heinrich II. (1002–1024). Herrscher am Ende der Zeiten, Regensburg 1999, S. 35 mit Anm. 82–84.

79 Auch Kaiser Otto II. hob mit der Urkunde vom 5. Oktober 967 auf die karolingische Tradition der alten Kapelle ab, als er betonte, dass sie *olim antecessor noster beate memoriae Hludovicus imperator construxerat in honore sanctae dei genitricis Mariae.* D O II 14.

80 Vgl. D O III 294.

81 Vgl. Gerd Althoff, Otto III., Darmstadt 1996, S. 187; Weinfurter, Heinrich II. (wie Anm. 78), S. 30 ff., 36 ff.; Peter Schmid, Zur Frühzeit der Alten Kapelle am Alten Kornmarkt, in: Romanik in Regensburg. Kunst, Geschichte, Denkmalpflege (Regensburger Herbstsymposion zur Kunstgeschichte und Denkmalpflege, Bd. 2), Regensburg 1996, S. 23.

82 Vgl. den Bericht der Translatio S. Dionysii Areopagitae bei Kraus, Civitas regia (wie Anm. 15), S. 111; P. Schmid, Regensburg (wie Anm. 15), S. 443 ff.

83 Vgl. D H II 196.

84 Vgl. Hans-Walter Klewitz, Königtum, Hofkapelle und Domkapitel im 10. und 11. Jahrhundert, in: Archiv für Urkundenforschung 16 (1939), S. 122.

85 Zur Zusammenstellung der Quellenbelege vgl. P. Schmid, Alte Kapelle (wie Anm. 19), S. 25, Anm. 76.

86 Vgl. J. Schmid, Urkunden-Regesten (wie Anm. 45), I , Nr. 300: *im Latron in dem Brunhof hinter dem Gotteshause zur Alten Kapelle.*

87 Vgl. Translatio S. Dionysii Areopagitae bei Kraus, Civitas regia (wie Anm. 15), S. 111.

88 MB XXXVI/1, München 1852, S. 530. Vgl. auch S. 529, wonach für die Bischöfe von Augsburg, Bamberg, Brixen, Eichstätt, Passau, Regensburg und Salzburg Hoffahrtspflicht nach Regensburg gefordert wird. *Den sol der hertzog da rihten, swaz si ze chlagen habent.* Vgl. auch A. Schmid, Regensburg. Reichsstadt-Fürstbischof-Reichsstifte-Herzogshof (wie Anm. 56), S. 75 f.

89 Vgl. Kraus, Civitas regia (wie Anm. 15), S. 111: *hic curiae dux praesidens omnium negotiorum civilium publice et privatim ut nobilissimus moderamina disponit.*

90 D H II 26, 28. Vgl. auch Die Chronik des Bischofs Thietmar von Merseburg und ihre Korveier Überarbeitung, hrsg. von Robert Holtzmann, MGH SS rer Germ, NS IX, Berlin 1935, S. 24, wonach König Heinrich I. in Merseburg *aecclesiam, quae nunc mater est aliarum* errichtet hat.

91 Vgl. die Zusammenstellung der Titel der Lateranbasilika bei Romuald Bauerreiss, „Caput, matrix, magistra omnium ecclesiarum", in: Münchener Theologische Zeitschrift 13 (1962), S. 202–203.

92 Zum Lateranproblem vgl. P. Schmid, Alte Kapelle (wie Anm. 19), S. 25–28 mit einschlägiger Literatur.

93 Vgl. P. Schmid, Regensburg (wie Anm. 15), S. 69 f.; Heinemeyer, Karolingische Pfalzstifte (wie Anm. 5), S. 133.

94 Vgl. J. Schmid, Urkunden-Regesten (wie Anm. 45), I, S. IX.

zu Bernd Schneidmüller, Heinrich II. als zweiter Gründer

95 Die Urkunden Heinrichs II. und Arduins, hrsg. von Harry Bresslau (Monumenta Germaniae Historica. Diplomata regum et imperatorum Germaniae 3), Hannover 1900–1903, Nr. 26 [die Urkunden Heinrich II. werden in der Folge zitiert als: D H II mit Nummer. Monumenta Germaniae Historica wird künftig abgekürzt: MGH]. Die Urkunde (Original: Staatsarchiv Bamberg, Bamberger Urkunden 15 = Kaiserselekt 194; 35 cm hoch, 52,5 cm breit) wird in diesem Band abgebildet und übersetzt. – Für Hinweise und Unterstützung danke ich meinen Mitarbeitern am Bamberger Lehrstuhl Dr. Tania Brüsch, Dr. Klaus van Eickels, Ulrike Siewert.

96 D H II 28, 61.

97 D H II 196. Die Urkunde (Original: Staatsarchiv Bamberg, Bamberger Urkunden 50 = Kaiserselekt 249; 34 cm hoch, 51,5 cm breit) wird in diesem Band abgebildet und übersetzt.

98 Vgl. Renate Klauser, Der Heinrichs- und Kunigundenkult im mittelalterlichen Bistum Bamberg, in: Bericht des Historischen Vereins für Bamberg 95, 1956, S. 1–211; Robert Folz, Les saints rois du moyen âge en occident (VIe–XIIIe siècles) (Subsidia Hagiographica 68), Brüssel 1984; Klaus Guth, Die Heiligen Heinrich und Kunigunde. Leben, Legende, Kult und Kunst, Bamberg 1986.

99 Vgl. dazu die grundlegende Biographie von Stefan Weinfurter, Heinrich II. (1002–1024). Herrscher am Ende der Zeiten, Regensburg [2]2000.

100 Dazu Peter Schmid, Die Alte Kapelle in Regensburg zur Karolinger- und Ottonenzeit, in: Das Kollegiatstift Unsere Liebe Frau zur Alten Kapelle in Regensburg (Beiträge zur Geschichte des Bistums Regensburg 34), Regensburg 2000, S. 11–29. Herrn Kollegen Peter Schmid (Regensburg) bin ich für die frühzeitige Überlassung seiner in diesem Band vorgetragenen Überlegungen zu Dank verpflichtet.

101 Zu ihm Ferdinand Janner, Geschichte der Bischöfe von Regensburg, Bd. 1, Regensburg 1883, S. 420–465.

102 Die vielfältige Literatur bei Franz-Reiner Erkens, Einheit und Unteilbarkeit. Bemerkungen zu einem vieldiskutierten Problem der frühmittelalterlichen Geschichte, in: Archiv für Kulturgeschichte 80, 1998, S. 269–295.

103 Wann und mit welcher Absicht das geschah, ist Gegenstand einer lebhaft geführten Forschungsdiskussion. Vgl. zusammenfassend Gerd Althoff, Die Ottonen. Königsherrschaft ohne Staat (Urban-Taschenbücher 473), Stuttgart/Berlin/Köln 2000, S. 55 ff.

104 Vgl. Hagen Keller, Widukinds Bericht über die Aachener Wahl und Krönung Ottos I., in: Frühmittelalterliche Studien 29, 1995, S. 390–453.

105 Widukind von Corvey, Res gestae Saxonicae, hrsg. von Hans-Eberhard Lohmann und Paul Hirsch (MGH. Scriptores rerum Germanicarum in usum scholarum 60), Hannover [5]1935, II 2, S. 67. Hier wie in der Folge werden zur besseren Benutzbarkeit des Beitrags durch interessierte Laien die lateinischen Quellen des Mittelalters in deutscher Übersetzung geboten. Die zitierte Passage findet sich: Widukind von Corvey, Res gestae Saxonicae – Die Sachsengeschichte, übersetzt und hrsg. von Ekkehart Rotter und Bernd Schneidmüller (Reclam Universal-Bibliothek 7699), Stuttgart 1981, S. 109.

106 Franz-Reiner Erkens, Fürstliche Opposition in ottonisch-salischer Zeit. Überlegungen zum Problem der Krise des frühmittelalterlichen deutschen Reiches, in: Archiv für Kulturgeschichte 64, 1982, S. 307–370; Gerd Althoff, Zur Frage nach der Organisation sächsischer coniurationes in der Ottonenzeit, in: Frühmittelalterliche Studien 16, 1982, S. 129–142.

107 Thietmar von Merseburg, Chronik, hrsg. von Robert Holtzmann (MGH. Scriptores rerum Germanicarum, Nova series 9), Berlin 1935, II 6, S. 44. Künftig (allerdings nicht in diesem Fall) wird auch die Übersetzung zitiert: Thietmar von Merseburg, Chronik, ed. Werner Trillmich (Ausgewählte Quellen zur deutschen Geschichte des Mittelalters 9), Darmstadt 1957. – Zur Regensburger Geschichte des Mittelalters vgl. die grundlegenden Gesamtdarstellungen von Peter Schmid, Regensburg. Stadt der Könige und Herzöge im Mittelalter (Regensburger Historische Forschungen 6), Kallmünz 1977; Alois Schmid, Regensburg. Reichsstadt – Fürstbischof – Reichsstifte – Herzogshof (Historischer Atlas von Bayern. Teil Altbayern 60), München 1995; Geschichte der Stadt Regensburg, 2 Bde., hrsg. von Peter Schmid, Regensburg 2000.

108 Weinfurter (wie Anm. 5), S. 14 ff.

109 Die Urkunden Ottos II., hrsg. von Theodor Sickel (MGH. Diplomata regum et imperatorum Germaniae 2,1), Berlin 1888, Nr. 40, 41.

110 Ebenda, Nr. 44.

111 Erich Frhr. v. Guttenberg, Die Regesten der Bischöfe und des Domkapitels von Bamberg, Würzburg 1932–1963, Nr. 5–6.

112 Franz-Reiner Erkens, ... *more Grecorum conregnantem instituere vultis*? Zur Legitimation der Regentschaft Heinrichs des Zänkers im Thronstreit von 984, in: Frühmittelalterliche Studien 27, 1993, S. 273–289; Gerd Althoff, Otto III. (Gestalten des Mittelalters und der Renaissance), Darmstadt 1996, S. 37 ff.

113 Gerd Althoff, Spielregeln der Politik im Mittelalter. Kommunikation in Frieden und Fehde, Darmstadt 1997.

114 Caspar Ehlers, Artikel Gandersheim, Bad, in: Die deutschen Königspfalzen, Bd. 4: Niedersachsen, Lfg. 3, Göttingen 2001, S. 247–333.

115 Michael Borgolte, Die Stiftungsurkunden Heinrichs II. Eine Studie zum Handlungsspielraum des letzten Liudolfingers, in: Festschrift für Eduard Hlawitschka zum 65. Geburtstag, hrsg. von Karl Rudolf Schnith und Roland Pauler (Münchener Historische Studien. Abteilung Mittelalterliche Geschichte 5), Kallmünz 1993, S. 231–250; Bernd Schneidmüller, Otto III. – Heinrich II. Wende der Königsherrschaft oder Wende der Mediaevistik?, in: Otto III. – Heinrich II. Eine Wende?, hrsg. von Bernd Schneidmüller und Stefan Weinfurter (Mittelalter-Forschungen 1), Stuttgart [2]2000, S. 9–46, hier S. 17 ff.

116 Kunigunde erfuhr in der neuesten Forschung besondere Aufmerksamkeit: Kunigunde – eine Kaiserin an der Jahrtausendwende, hrsg. von Ingrid Baumgärtner, Kassel 1997; Sven Pflefka, Kunigunde und Heinrich II. Politische Wirkungsmöglichkeiten einer Kaiserin an der Schwelle eines neuen Jahrtausends, in: Bericht des Historischen Vereins Bamberg 135, 1999, S. 199–290; Amalie Fößel, Die Königin im mittelalterlichen Reich. Herrschaftsausübung, Herrschaftsrechte, Handlungsspielräume (Mittelalter-Forschungen 4), Stuttgart 2000, S. 18 ff.; Amalie Fößel, Eine Königin im politischen Aus? Zu den Auswirkungen der „Moselfehde" auf die Stellung Kunigundes, in: Jahrbuch für fränkische Landesforschung 60, 2000, S. 20–28. Die Ergebnisse der Bamberger Ringvorlesung „Kaiserin Kunigunde. Konstruktionen von Herrschaft und Weiblichkeit am Beginn eines neuen Jahrtausends" sind veröffentlicht im Bericht des Historischen Vereins Bamberg 137, 2001.

117 Wipo, Gesta Chuonradi imperatoris, hrsg. von Harry Bresslau, Die Werke Wipos (MGH. Scriptores rerum Germanicarum in usum scholarum 61), Hannover/Leipzig [3]1915, cap. 39, S. 60, berichtet beim Tod Konrads II. 1039, dass Heinrich in Sohnespflicht die Leiche des Vaters getragen habe.

118 Johann Friedrich Böhmer, Theodor Graff, Die Regesten des Kaiserreiches unter Heinrich II. 1002–1024 (Regesta Imperii II/4), Wien / Köln / Graz 1971, Nr. 1483hh–kk.

119 Ebenda, Nr. 1483yy.

120 Karte bei Weinfurter (wie Anm. 99), S. 54.

121 Vgl. jetzt Ernst-Dieter Hehl, Merseburg – eine Bistumsgründung unter Vorbehalt. Gelübde, Kirchenrecht und politischer Spielraum im 10. Jahrhundert, in: Frühmittelalterliche Studien 31, 1997, S. 96–119.

122 Thietmar (wie Anm. 107), V 22, S. 247. Übersetzung S. 217.

123 Ebenda (eigene Übertragung wegen der nicht einwandfreien Übersetzung S. 217).

124 Thietmar (wie Anm. 107), V 28, S. 253. Übersetzung S. 223.

125 Leo von Vercelli, Versus de Ottone et Heinrico, in: MGH. Poetae latini 5/1–2, hrsg. von Karl Strecker, Leipzig/Berlin 1937–39, S. 482: *Triumphat Baioaria, fortis servit Francia, / Collum cassa fallatia flexit Alemannia, / Dat manus Lotharingia, fida est Turingia. / Pugnax currit Saxonia ad subiectum obvia. / Recepit iugum solitum Sclavus in opprobrium, / Ut sub tributis serviat, sicut quondam fecerat.* Teilübersetzung von Weinfurter (wie Anm. 99), S. 55.

126 Zur kontroversen Diskussion um den „Wendecharakter" des Jahres 1002: Otto III. – Heinrich II. Eine Wende?, hrsg. von Bernd Schneidmüller und Stefan Weinfurter (Mittelalter-Forschungen 1), Stuttgart 2. Aufl. 2000.

127 Vgl. Bernd Schneidmüller, Ottonen – Heinriche – Liudolfinger. Ein Herrschergeschlecht aus Sachsen, in: Europas Mitte um 1000. Beiträge zur Geschichte, Kunst und Archäologie, hrsg. von Alfried Wieczorek und Hans-Martin Hinz, Bd. 2, Stuttgart 2000, S. 676–688.

128 Thietmar (wie Anm. 107) I 24, S. 30/32. Übersetzung S. 27/29.

129 Thietmar (wie Anm. 107), VIII 34, S. 532. Übersetzung S. 477.

130 Vita Mathildis reginae, hrsg. von Bernd Schütte, Die Lebensbeschreibungen der Königin Mathilde (MGH. Scriptores rerum Germanicarum in usum scholarum 66), Hannover 1994. Zur Beurteilung der beiden Fassungen der Mathildenvita Gerd Althoff, Gandersheim und Quedlinburg. Ottonische Frauenklöster als Herrschafts- und Überlieferungszentren, in: Frühmittelalterliche Studien 25, 1991, S. 123–144; Bernd Schütte, Untersuchungen zu den Lebensbeschreibungen der Königin Mathilde (MGH. Studien und Texte 9), Hannover 1994.

131 Vita Mathildis reginae posterior, hrsg. von Bernd Schütte, Die Lebensbeschreibungen der Königin Mathilde (wie Anm. 130), S. 143–202, hier cap. 6, S. 155 f.

132 Adalbold von Utrecht, Vita Heinrici II. imperatoris, hrsg. von Hans van Rij, De Vita Heinrici II imperatoris van bisschop Adelbold van Utrecht, in: Nederlandse Historische Bronnen, Bd. 3, Amsterdam 1983, S. 44–95, hier cap. 1, S. 48; lateinische Fassung und deutsche Übersetzung bei Markus Schütz, Adalbold von Utrecht: Vita Heinrici II imperatoris – Übersetzung und Einleitung, in: Bericht des Historischen Vereins Bamberg 135, 1999, S. 135–198, hier S. 150/151.

133 Die Argumente bei Schneidmüller (wie Anm. 115), S. 11 f.

134 Transkription der „Bamberger Tafel" bei Pflefka (wie Anm. 116), S. 203; Farbabbildung bei Schneidmüller (wie Anm. 127), S. 679.

135 Vgl. Karl Schmid, Ein verlorenes Stemma *Regum Franciae*. Zugleich ein Beitrag zur Entstehung und Funktion karolingischer (Bild-)Genealogien in salisch-staufischer Zeit, in: Frühmittelalterliche Studien 28, 1994, S. 196–225; Karl Schmid, Geschlechterbewußtsein am Beispiel ausgewählter karolingischer (Bild-)Stemmata aus dem hohen Mittelalter, in: Georges Duby. L'écriture de l'histoire, hrsg. von Claudie Duhamel-Amado und Guy Lobrichon, Brüssel 1996, S. 141–159.

136 D H II 34 (hier wie in der Folge wird e-caudata nicht berücksichtigt). Ausführliche Interpretation bei Stefan Weinfurter, Der Anspruch Heinrichs II. auf die Königsherrschaft 1002, in: Papstgeschichte und Landesgeschichte. Festschrift für Hermann Jakobs zum 65. Geburtstag, hrsg. von Joachim Dahlhaus und Armin Kohnle (Beihefte zum Archiv für Kulturgeschichte 39), Köln/Weimar/Wien 1995, S. 121–134.

137 Farbabbildung in diesem Band. Vgl. Regensburger Buchmalerei. Von frühkarolingischer Zeit bis zum Ausgang des Mittelalters, Redaktion Florentine Mütherich und Karl Dachs, München 1987, S. 32 f. (Ulrich Kuder) und Tafel 6–7.

138 Horst Fuhrmann und Florentine Mütherich, Das Evangeliar Heinrichs des Löwen und das mittelalterliche Herrscherbild (Bayerische Staatsbibliothek, Ausstellungskataloge 35), München 1986, Tafel 3–4.

139 *Ecce triumphatis terrarum partibus orbis / Innumere gentes dominantia iussa gerentes / Muneribus multis venerantur culmen honoris. / Talia nunc gaude fieri, rex o benedicte, / Nam ditione tua sunt omnia iura subacta. / Hec modo suscipias, celi sumpture coronas*, MGH. Poetae latini 5/1–2, hrsg. von Karl Strecker (unter Mitarbeit von Norbert Fickermann), Leipzig/Berlin 1937–1939, S. 435. Übersetzung teilweise nach Regensburger Buchmalerei (wie Anm. 137), S. 32.

140 Stefan Weinfurter, Sakralkönigtum und Herrschaftsbegründung um die Jahrtausendwende. Die Kaiser Otto III. und Heinrich II. in ihren Bildern, in: Bilder erzählen Geschichte, hrsg. von Helmut Altrichter, Freiburg i. Br. 1995, S. 47–103; Weinfurter (wie Anm. 99), S 42 ff.

141 *Ecce coronatur divinitus atque beatur / Rex pius Heinricus proavorum stirpe polosus. / Huius Ôdalricus cor regis signet et actus, / Emmeramus ei faveat solamine dulci./ Propulsans curam sibi confert angelus hastam, / Aptat et hic ensem cui praesignando timorem*, MGH. Poetae latini 5/1–2 (wie Anm. 139), S. 434. Übersetzung teilweise nach Regensburger Buchmalerei (wie Anm. 137), S. 32.

142 Hartmut Hoffmann, Eigendiktat in den Urkunden Ottos III. und Heinrichs II., in: Deutsches Archiv 44, 1988, S. 390–423.

143 Thietmar (wie Anm. 107), Prolog zu Buch V, S. 220. Vgl. Georg Schwaiger, Bischof Wolfgang von Regensburg (ca. 924–994). Geschichte, Legende und Verehrung, in: Wallfahrten im Bistum Regensburg. Zur Tausendjahrfeier des Todes des hl. Bischofs Wolfgang (Beiträge zur Geschichte des Bistums Regensburg 28), München 1994, S. 7–36; Matthias M. Tischler, Die ottonische Klosterschule in Einsiedeln zur Zeit Abt Gregors. Zum Bildungsprofil des hl. Wolfgang, in: Studien und Mitteilungen zur Geschichte des Benediktinerordens und seiner Zweige 107, 1996, S. 93–181.

144 Zur Biographie Taginos Dietrich Claude, Geschichte des Erzbistums Magdeburg bis in das 12. Jahrhundert, Bd. 1 (Mitteldeutsche Forschungen 67/I), Köln/Wien 1972, S. 214–271. Vgl. auch Karl Uhlirz, Zur Biographie des Erzbischofs Tagino von Magdeburg (1004 Februar 2–1012 Juni 9), in: Mitteilungen des Instituts für österreichische Geschichtsforschung 15, 1894, S. 121–128.

145 Herbert Zielinski, Der Reichsepiskopat in spätottonischer und salischer Zeit (1002–1125), Stuttgart 1984; Albrecht Graf Finck von Finckenstein, Bischof und Reich. Untersuchungen zum Integrationsprozeß des ottonisch-frühsalischen Reiches (919–1056) (Studien zur Mediävistik 1), Sigmaringen 1989; Odilo Engels, Der Reichsbischof in ottonischer und frühsalischer Zeit, in: Beiträge zu Geschichte und Struktur der mittelalterlichen
Germania Sacra, hrsg. von Irene Crusius (Veröffentlichungen des Max-Planck-Instituts für Geschichte 93), Göttingen 1989, S. 135–175.

146 Dazu Peter Schmid (wie Anm. 100) und der Beitrag in diesem Band.

147 Wie Anm. 123.
148 Zu ihm Claude (wie Anm. 144), S. 136–213.
149 Vgl. die konträren Urteile von Hartmut Hoffmann, Mönchskönig und *rex idiota*. Studien zur Kirchenpolitik Heinrichs II. und Konrads II. (MGH. Studien und Texte 8), Hannover 1993, S. 108, und Johannes Fried, Der Weg in die Geschichte. Die Ursprünge Deutschlands bis 1024, Berlin 1994, S. 611. Zur neueren Diskussion um Heinrich II. Bernd Schneidmüller, Neues über einen alten Kaiser? Heinrich II. in der Perspektive der modernen Forschung, in: Bericht des Historischen Vereins Bamberg 133, 1997, S. 13–41.
150 Aus der intensiv geführten Debatte der letzten zehn Jahre vgl. exemplarisch Gerd Althoff, Von Fakten zu Motiven. Johannes Frieds Beschreibung der Ursprünge Deutschlands, in: Historische Zeitschrift 260, 1995, S. 107–117; Johannes Fried, Über das Schreiben von Geschichtswerken und Rezensionen. Eine Erwiderung, in: Historische Zeitschrift 260, 1995, S. 119–130; Michael Borgolte, Selbstverständnis und Mentalitäten. Bewußtsein, Verhalten und Handeln mittelalterlicher Menschen im Verständnis moderner Historiker, in: Archiv für Kulturgeschichte 79, 1997, S. 189–210; Franz-Reiner Erkens, Mirabilia mundi. Ein kritischer Versuch über ein methodisches Problem und eine neue Deutung der Herrschaft Ottos III., in: Archiv für Kulturgeschichte 79, 1997, S. 485–498.
151 Helmut Lippelt, Thietmar von Merseburg. Reichsbischof und Chronist (Mitteldeutsche Forschungen 72), Köln/Wien 1973.
152 Thietmar (wie Anm. 107), V 42–43, S. 268/270. Übersetzung S. 237/239.
153 Thietmar IV 20, S. 154. Übersetzung, S. 137.
154 Die Urkunden Ottos III., hrsg. von Theodor Sickel (MGH. Diplomata regum et imperatorum Germaniae 2,2), Berlin 1893, Nr. 294 (Kaiser Otto III. schenkt auf Bitten Herzog Heinrichs IV. von Bayern einen Regensburger Hof an seinen *fidelis Tagini*), 351 (Kaiser Otto III. schenkt auf Bitten Herzog Heinrichs IV. von Bayern ein Gut in Prüfening an Heinrichs Kapellan *Tageni*).
155 Über die Gründe für diese Aufwertung vgl. Peter Schmid in diesem Band.
156 D H II 26, 28.
157 D H II 26.
158 Peter Moraw, Über Typologie, Chronologie und Geographie der Stiftskirche im deutschen Mittelalter, in: Untersuchungen zu Kloster und Stift (Veröffentlichungen des Max-Planck-Instituts für Geschichte 68), Göttingen 1980, S. 9–37; Bernd Schneidmüller, Verfassung und Güterordnung weltlicher Kollegiatstifte im Hochmittelalter, in: Zeitschrift der Savigny-Stiftung für Rechtsgeschichte. Kanonistische Abteilung 103 (1986) S. 115–151.
159 Salzburger Urkundenbuch, Bd. 1, bearb. von Willibald Hauthaler, Salzburg 1910, Nr. 28, S. 204: *[…] ecclesiae, que matres et plebes nominantur*. Die Urkunde wurde vor 1023 in Regensburg ausgestellt.
160 Weinfurter (wie Anm. 99), S. 124.
161 Romuald Bauerreiß, Ein „Lateranpalast" in Altbayern, in: Jahrbuch für altbayerische Kirchengeschichte 23, 1963, S. 101–108. Die hier gebotene Wortwahl führt in die Irre. Die Heinrichsurkunde von 1002 spricht nämlich weder von *matrix* noch von *mater ecclesiarum*, sondern bietet: *in matrem aecclesiam*; im Casus rectus ist das als *mater aecclesia* aufzulösen. Die Quellenbelege für „Latron/Lateran" bei Peter Schmid (wie Anm. 6•), S. 25 f.
162 Peter Schmid (wie Anm. 100), S. 28.
163 Vgl. die in Anm. 159 genannte Urkunde.
164 D H II 61.
165 DD H II 6, 23, 27.
166 Farbabbildung in diesem Band. Zur Marienverehrung der Herrscher im 10./11. Jahrhundert Ernst-Dieter Hehl, Maria und das ottonisch-salische Königtum. Urkunden, Liturgie, Bilder, in: Historisches Jahrbuch 118, 1998, S. 271–310.
167 Urkunden Heinrichs II. für Obermünster: DD H II 213, 455. Zur Regensburger Sakraltopographie Werner Gauer, Urbs, Arx, Metropolis und Civitas Regia. Untersuchungen zur Topographie der frühmittelalterlichen Stadt Regensburg, in: Verhandlungen des Historischen Vereins für Oberpfalz und Regensburg 121, 1981, S. 15–84; Geschichte der Stadt Regensburg (wie Anm. 107), Bd. 2, S. 679 ff.
168 Franz Heidingsfelder, Heinrichs II. Beziehungen zu Regensburg, in: Verhandlungen des Historischen Vereins von Oberpfalz und Regensburg 75, 1925, S. 89–118.
169 Thietmar (wie Anm. 107), VI 38, S. 321 (Heinrich II. als *simpnista* Erzbischof Taginos von Magdeburg); VI 18, S. 294 (*rex coepiscopis presentibusque cunctis plurima questus est […]*).
170 D H II 335, Notitia S. 426. Vgl. Regesta Imperii II 4 (wie Anm. 118), Nr. 1865.
171 D H II 192.
172 D H II 143.
173 Thietmar (wie Anm. 107), VI 60, S. 348. Übersetzung S. 309.
174 Regesta Imperii II 4 (wie Anm. 118), Nr. 1699d. Die genannte Urkunde für Kloster Prühl (D H II 192) erwuchs aus den Regensburger Beratungen.
175 Zum negativen Urteil über die Nachfolger Ramwolds in der Vita sancti Wolfkangi des Otloh von Sankt Emmeram vgl. Siegfried Hirsch, Hermann Pabst und Harry Bresslau, Jahrbücher des deutschen Reiches unter Heinrich II., 3 Bde., Leipzig 1862–1875, hier Bd. 2, S. 214 ff. Zum Konvent Eckhard Freise, Die Äbte und der Konvent von Sankt Emmeram im Spiegel der Totenbuchführung des 11. und 12. Jahrhunderts, in: Das Martyrolog-Necrolog von Sankt Emmeram zu Regensburg, hrsg. von Eckhard Freise, Dieter Geuenich und Joachim Wollasch, MGH. Libri memoriales et Necrologia N.S. 3, Hannover 1986, S. 96–106.
176 Thietmar (wie Anm. 107), VI 41, S. 324/326. Übersetzung S. 289.
177 DD H II 441–443.
178 Guttenberg (wie Anm. 111), Nr. 37 ff.
179 Zur Besitzausstattung Wilhelm Störmer, Heinrichs II. Schenkungen an Bamberg: Zur Topographie und Typologie des Königs- und bayerischen Herzogsguts um die Jahrtausendwende in Franken und Bayern, in: Deutsche Königspfalzen. Beiträge zu ihrer historischen und archäologischen Erforschung, Bd. 4: Pfalzen – Reichsgut – Königshöfe, hrsg. von Lutz Fenske (Veröffentlichungen des Max-Planck-Instituts für Geschichte 11/4), Göttingen 1996, S. 377–408; Klaus van Eickels und Holger Kunde, Die Herrschaft Friedburg in Oberösterreich als Bamberger Außenbesitz. Ein neuentdecktes Urbar aus dem 14. Jahrhundert, in: Bericht des Historischen Vereins Bamberg 133, 1997, S. 199–260; Holger Kunde, Cölbigk, Burgscheidungen und Mücheln – Schenkungen Heinrichs II. an Bamberg? Zur Entstehung der bambergischen Besitzungen im thüringisch-sächsischen Raum, in: Sachsen und Anhalt 20, 1997, S. 175–211.
180 Wilhelm Störmer, Kaiser Heinrich II., Kaiserin Kunigunde und das Herzogtum Bayern, in: Zeitschrift für bayerische Landesgeschichte 60, 1997, S. 437–463.
181 Weinfurter (wie Anm. 99), S. 250 ff. Vgl. auch Rudolf Schieffer, Die Entstehung von Domkapiteln in Deutschland (Bonner Historische Forschungen 43), Bonn 1982, S. 281–283; Stefan Weinfurter, Die Zentralisierung der Herrschaftsgewalt im Reich durch Kaiser Heinrich II., in: Historisches Jahrbuch 106, 1986, S. 241–297; Bernd Schneidmüller, Das Herrscherbild, zwei Kaiser und die Bamberger Kirchengründungen, in: Die Bamberger Apokalypse. Kommentar zur Faksimile-Ausgabe der Handschrift Msc. Bibl. 140 der Staatsbibliothek Bamberg, hrsg. von Gude Suckale-Redlefsen und Bernhard Schemmel, Luzern 2000, S. 11–30.
182 Johann Looshorn, Gründung und I. Jahrhundert des Bisthums Bamberg, München 1886; Erich Frhr. v. Guttenberg, Das Bistum Bamberg, Bd. 1 (Germania Sacra II, I/1), Berlin/Leipzig 1937, S. 29 ff.
183 D H II 25. Vgl. zum folgenden Tania Brüsch, „Auch ist zu erwähnen und nicht ohne schweres Klagen zu bemerken […]". Heinrich II. und die Übertragung Memlebens an das Kloster Hersfeld, in: Memleben. Königspfalz – Reichskloster – Propstei, hrsg. von Helge Wittmann. Petersberg 2001, S. 105–134.
184 Zu den ottonischen Memorialorten: Herrschaftsrepräsentation im ottonischen Sachsen, hrsg. von Gerd Althoff und Ernst Schubert (Vorträge und Forschungen 46), Sigmaringen 1998, S. 235–266; Joachim Ehlers, Magdeburg – Rom – Aachen – Bamberg. Grablege des Königs und Herrschaftsverständnis in ottonischer Zeit, in: Otto III. – Heinrich II. Eine Wende?, hrsg. von Bernd Schneidmüller und Stefan Weinfurter (Mittelalter-Forschungen 1), Stuttgart 2. Aufl. 2000, S. 47–76.
185 Joachim Ehlers, Otto II. und Kloster Memleben, in: Sachsen und Anhalt 18, 1994, S. 51–82; Johannes Fried, Die Frauen und die politische Macht im 10. Jahrhundert. Grenzen der Erkenntnis oder Die Gründung des Klosters Memleben, in: Sachsen und Anhalt 20, 1997, S. 29–48; Johannes Fried, Das Missionskloster Memleben, in: Europas Mitte um 1000. Beiträge zur Geschichte, Kunst und Archäologie, hrsg. von Alfried Wieczorek und Hans-Martin Hinz, Bd. 2, Stuttgart 2000, S. 761–763; Memleben. Königspfalz – Reichskloster – Propstei, hrsg. von Helge Wittmann, Petersberg 2001. Zu Ostsachsen als Königslandschaft jetzt auch die Beiträge im Katalog Otto der Große, Magdeburg und Europa, 2 Bde., hrsg. von Matthias Puhle, Mainz 2001.
186 D H II 331.
187 Thomas Vogtherr, Die Reichsabteien der Benediktiner und das Königtum im hohen Mittelalter (900–1125) (Mittelalter-Forschungen 5), Stuttgart 2000, S. 92 ff.

zu Klaus Guth, Heinrich II., der Heilige

188 Vita Heinrici c. 33: SS IV, p. 811 oder: Marcus Stumpf (Hrsg.): Die Vita sancti Heinrici regis et confessoris und ihre Bearbeitung durch den Bamberger Diakon Adelbert, Hannover 1999 (= MGH SS in usum scholarum, Bd. 69), cap. 18, 4–15, S. 305.
189 Vgl. dazu die neuere Forschung bei Stefan Weinfurter, Bernd Schneidmüller, Werner Goez, Jürgen Petersohn, Werner Freitag, Johannes Fried, Rudolf Schiefer. Bibliographischer Nachweis in: Stefan Weinfurter, Heinrich II. Herrscher am Ende der Zeiten, Regensburg 1999, S. 329–380.
190 Nachweise bei: Klaus Guth, Kaiserin Kunigunde. Kanonisation und hochmittelalterlicher Kult, in: Würzburger Diözesan-Geschichtsblätter 62/63 (2001), S. 409–422, hier: S. 410–413.
191 Stefan Weinfurter, Heinrich II. (wie Anm. 189), S. 83: MGH D H II. 504.
192 Zierde für ewige Zeit. Das Perikopenbuch Henrichs II., hrsg. von Hermann Fillitz u.a., Zürich 1994.
193 Klaus Guth, Die Heiligen Heinrich und Kunigunde. Leben, Legende, Kult und Kunst, Bamberg 1986, S. 29 f.
194 Belege bei Stefan Weinfurter, Heinrich II. (wie Anm. 189), S. 97–109, S. 99 (Zitat).
195 Reinhart Staats, Das Glaubensbekenntnis von Nizäa-Konstantinopel. Historische und theologische Grundlagen, Darmstadt 1996, S. 193–202.
196 Klaus Guth, Die Heiligen (wie Anm. 193), S. 34 f.
197 Thietmar von Merseburg, Chronik, neu hrsg. von Werner Trillmich, Darmstadt 1970 (Freiherr vom Stein-Gedächtnisausgabe Bd. IX), lib. I, cap. 26, S. 30.
198 Rudolf Reinhardt, Kaiser Heinrich II. der Heilige, in: Georg Schwaiger (Hrsg.), Bavaria Sancta, Bd. I, Regensburg 1970, S. 233–248, hier: S. 236–243.
199 Stefan Weinfurter, Heinrich II. (wie Anm. 189), S. 146 (Zitat), S. 150 f.
200 MGH DD H II. 151–153 (Bamberg, 1. November 1007); ebenda 224 (Magdeburg), 368 (Paderborn). Vgl. Manfred Groten, Von der Gebetsverbrüderung zum Königskanonikat. Zur Vorgeschichte und Entwicklung der Königskanonikate an den Dom- und Stiftskirchen des deutschen Reiches, in: Historisches Jahrbuch 103 (1983), S. 1–34.
201 Deutscher Text der Urkunde bei: Klaus Guth, Die Heiligen (wie Anm. 193), S. 138. Lateinischer Text: Philipp Jaffé, Monumenta Bambergensia, Bd. 5, Berlin 1869, S. 331 f. Dazu Klaus Guth, Kaiser Heinrich II. der Heilige. Kult und Legende in staufischer Zeit, in: ders., Kultur als Lebensform. Aufsätze und Vorträge, Bd. II: Kontinuität und

Wandel, hrsg. von Elisabeth Roth, St. Ottilien 1997, S. 213–232, bes. S. 223–230.

202 Gesta episcoporum Cameracensium, hrsg. von Ludwig C.Bethmann, Hannover 1846, lib. III, cap. 38, S. 481 (MGH SS 7).

203 Vgl. dazu U. Stutz, Die Eigenkirche als Element des mittelalterlich-germanischen Kirchenrechts, Nachdruck Darmstadt 1955, S. 76–79. – Memleben. Königspfalz, Reichskloster, Propstei, hrsg. von Helge Wittmann, Petersberg 2001.

204 Vita cap. 4: MGH SS IV, p. 793. Ein weiterer Lieblingsheiliger Heinrichs war Mauritius. Dessen Reliquien ließ er nach Magdeburg übertragen.

205 Dehio-Handbuch: Die Kunstdenkmäler Österreichs. Salzburg Land und Stadt von Franz Martin, erneut durchgesehen von Franz Fuhrmann, Wien/München 1963, S. 85–91.

206 MGH D H II. 83. – Klaus Guth, Die Heiligen (wie Anm. 193), S. 40–43.

207 Die Regesten der Bischöfe und des Domkapitels von Bamberg, bearb. von Erich Frhr. von Guttenberg, Würzburg 1963, S. 78.

208 Klaus Guth, Die Heiligen (wie Anm. 193), S. 43.

209 Thietmar von Merseburg, Chronik (wie Anm. 197), lib.VI, cap. 38, S. 284: Heinrich im Gespräch mit Erzbischof Tagino von Merseburg in Pöhlde, 1008.

210 Renovatio imperii Romanorum. Dazu: Bernd Schneidmüller und Stefan Weinfurter (Hrsg.), Otto. III. – Heinrich II.: eine Wende?, Sigmaringen 1997.

211 Zugleich der 35. Geburtstag des Königs.

212 Zu den Legenden um Kaiserin Kunigunde vgl. Elisabeth Roth, Die hl. Kunigunde, in: Enzyklopädie des Märchens, Handwörterbuch zur historischen und vergleichenden Erzählforschung, Bd. 8, Berlin/New York 1996, Sp. 608–610.

213 Dazu Renate Klauser, Der Heinrichs- und Kunigundenkult im mittelalterlichen Bistum Bamberg, Bamberg 1957, S. 22–48.

214 MGH SS (in usum scholarum) Bd. 69: Die Vita sancti Heinrici regis et confessoris, hrsg. von Marcus Stumpf, (wie Anm. 188), bes. S. 148–159. Dazu Klaus Guth, Kaiser Heinrich II. der Heilige. Kult und Legende (wie Anm. 201), bes. S. 217–232.

215 Text der Kanonisationsurkunde für Kunigunde bei Jürgen Petersohn, Die Litterae Papst Innozenz III. zur Heiligsprechung der Kaiserin Kunigunde (1200), in: Jahrbuch für Fränkische Landesforschung 37 (1977), S. 20–25, hier: S. 21.

216 Die vita Sancti Heinrici regis, hrsg. von Marcus Stumpf (wie Anm. 188), cap. 18, S. 303–305, hier: S. 304.

217 Thietmar von Merseburg, Chronik (wie Anm. 10•), lib. VII, cap. 8, S. 360: *omnes populi mussant et christum Domini peccare occulte clamant.*

218 Dazu aus kunsthistorischer Sicht: R. W. Scheller, Die Seelenwägung und das Kelchwunder Kaiser Heinrichs II., Amsterdam 1997.

219 Marcus Stumpf, Die Vita (wie Anm. 188), cap. 10 und 11, bes. S. 280–283.

220 In der Legende zum Besuch des Kaisers auf dem Monte Gargano, Apulien, wird auch das Motiv, der Kaiser sei „lendenlahm" gewesen, überliefert, ähnlich dem Ausgang des Kampfes des Patriarchen Jakob mit dem Engel; bei Heinrich berührt ein Engel dessen Lende; von diesem Augenblick an war der Kaiser lahm. Vgl. MG SS IV, p. 818. – Heinrich Günter, Kaiser Heinrich II. der Heilige, Kempten/München 1904, S. 90.

221 Vgl. Leo Marsicanus, Chronica monasterii Casinensis, hrsg. von Hartmut Hoffmann, II, S. 43, in: MGH SS 34, Hannover 1984. Klaus Guth, Die frühe lateinische und deutsche Überlieferung der „Legende" von Kaiser Heinrichs II. Heilung im Kloster Montecassino, in: Volkskultur und Heimat. Festschrift für Josef Dünninger zum 80. Geburtstag, hrsg. von Dieter Harmening und Erich Wimmer, Würzburg 1986, S. 316–327.

222 Vita Sancti Heinrici, hrsg. von Marcus Stumpf (wie Anm. 188), cap. 8, S. 274–277, bes. S. 275.

223 MGH D H II. 143: *ut Deum sibi heredem eligeret*; Thietmar von Merseburg, Chronik (wie Anm. 197), lib. VI, cap. 31, S. 276.

224 *Civitas Bavanberg, unice dilecta*, nach Thietmar von Merseburg, Chronik (wie Anm. 197), lib. VI, cap. 30, S. 274.

225 MGH D H II.143.

226 Zusammenfassung jüngst bei: Stefan Weinfurter, Heinrich II. (wie Anm. 189), S. 250–268.

227 Thietmar von Merseburg, Chronik (wie Anm. 197), lib. VI, cap. 30, 31, 32; hier: S. 274, 276.

228 Klaus Guth, Kaiserin Kunigunde (wie Anm. 190), S. 412 f.

229 Philipp Jaffé, Monumenta Bambergensia (wie Anm. 201), S. 331–332.

230 Text bei: Jürgen Petersohn, Die Litterae Papst Innozenz III. (wie Anm. 215), S. 1–25.

231 Text bei: Jürgen Petersohn, Die Litterae (wie Anm. 215), S. 25.

232 Vgl. die Ausführungen von Werner Freitag, Heinrich II. – ein Kaiser der letzten Tage? Ein Beitrag zur politischen Anthropologie, in: Historische Anthropologie 6 (1998), Heft 2, S. 217–241.

233 Faksimile der Bamberger Apokalypse (Staatsbibliothek Bamberg, Msc. Bibl. 140) mit Kommentar, hrsg. von Gude Suckale-Redlefsen und Bernhard Schemmel, Luzern 2000.

234 Klaus Guth, Reformen und Reformpolitik Kaiser Heinrich II. Pragmatik und Modell des „Politisch-Möglichen" in sächsischer Kaiserzeit, in: ders., Kultur als Lebensform (wie Anm. 201), S. 143–151.

235 Dazu die zahlreichen Abbildungen in der Buchmalerei und Elfenbein-Schnitzkunst zur Zeit Kaiser Ottos II., Ottos III. und Heinrichs II. Beispiele dazu in der Buchmalerei der Heinrichszeit oder in der Magdeburger Ausstellung zu Otto dem Großen 2001, im Katalog: Otto der Große, Magdeburg und Europa, hrsg. von Matthias Puhle, Bd. II: Katalog, Mainz 2001, bes. S. 310 f.

zu Dirk Götschmann, Die unterbliebene Säkularisation

236 Zu diesen Vorgängen im Vor- und Umfeld der Säkularisation im allgemeinen s. Elisabeth Fehrenbach, Vom Ancien Régime zum Wiener Kongreß, München 21986, bes. S. 68–78.

237 Dieser lautet: *Alle Güter der fundierten Stifter, Abteyen und Klöster, in den alten sowohl als in den neuen Besitzungen, Katholischer sowie A(gustana) C(ongfessio) Verwandten, mittelbarer als unmittelbarer, deren Verwendung in den vorhergehenden Anordnungen nicht förmlich festgesetzt worden ist, werden der freien und vollen Disposition der respektiven Landesherren [...] überlassen.*

238 Konrad M. Färber, Kaiser und Erzkanzler. Carl von Dalberg und Napoleon, Regensburg 1994, S. 43 f.

239 Reichsdeputationshauptschluss § 25.

240 Bischöfliches Zentralarchiv Regensburg, Alte Kapelle Nr. 3893.

241 So bei den Regensburger Damenstiften; s. Claudia Märtl, Die drei Damenstifte Obermünster, Niedermünster und St. Paul, in: Geschichte der Stadt Regensburg, hg. von Peter Schmid, Bd. 2, Regensburg 2000, S. 745–763, S. 759 f.

242 Joseph Schmid, Die Geschichte des Kollegiatstifts U. L. Frau zur Alten Kapelle in Regensburg, Regensburg 1922, S. 24.

243 Anweisung vom 6. November 1802, Bischöfliches Zentralarchiv Regensburg, Alte Kapelle Nr. 486.

244 Erwähnt in einem Schreiben der Regierung der Oberpfalz vom 10. Mai 1838; Bischöfliches Zentralarchiv Regensburg, Alte Kapelle Nr. 3437.

245 Folgende Zahlungen sind nachweisbar: 1804: 27 800 Gulden, 1805: 13 470 Gulden; 1806: 7 650 Gulden; 1807: 13 315 Gulden; Aufstellung vom 26. April 1836, Bischöfliches Zentralarchiv Regensburg, Alte Kapelle Nr. 2368. Diese Zahlungen stehen im Widerspruch mit Angaben des Stiftes von 1831, wonach Dalberg in Anbetracht des Alters und der Nützlichkeit des Stiftes nicht nur auf Säkularisierung, sondern auch auf den Einzug des „Zehnten des reinen Ertrags" verzichtet habe. Bischöfliches Zentralarchiv Regensburg, Alte Kapelle Nr. 3811.

246 Färber (s. Anm. 238), S. 115 f.

247 Rudolphine Freiin von Oer, Der Friede von Preßburg, Münster 1965, S. 194.

248 Paul Mai, Die Kanonikatstifte der Stadt Regensburg, in: Geschichte der Stadt Regensburg, hg. von Peter Schmid, Bd. 2, Regensburg 2000, S. S. 808–820, S. 814.

249 Schreiben vom 30. September 1841, Bischöfliches Zentralarchiv Regensburg, Alte Kapelle Nr. 2994.

250 Das belegen u. a. Gesuche bayerischer Instuitionen und Privatpersonen an die bayerische Regierung, ihnen bei der Einforderung von Zinsen und Kapital aus österreichischen Staatsanleihen Unterstützung zu gewähren; s. Dirk Götschmann, Die Beschwerden an die Kammer der Abgeordneten des Bayerischen Landtags 1819–1818, München 1997, Bd. 1, Beschwerden Nr. 167, 218, 353, 427.

251 Auszug aus einem k. k. Patent vom 21. März 1818, Bischöfliches Zentralarchiv Regensburg, Alte Kapelle Nr. 385.

252 Auch das Stift hatte wiederholt Schwierigkeiten, seine Zinsen und vor allem die Rückzahlung von fällig gewordenen Kapitalien zu realisieren. Vgl. dazu die Vorgänge im Aktenbestand *Die Stifts- und Stiftungskapitalien in Wien und Österreich betreffend*, Bischöfliches Zentralarchiv Regensburg, Alte Kapelle Nr. 2994.

253 Bericht vom 30. September 1841, Bischöfliches Zentralarchiv Regensburg, Alte Kapelle Nr. 2994.

254 So z. B. in einem Schreiben an die Kammer der Abgeordneten im Jahre 1831, mit dem das Stift auf Debatten in dieser Kammer reagierte, in denen die Aufhebung des Kollegiatstiftes gefordert worden war; undatierter Entwurf zu diesem Schreiben im Bischöflichen Zentralarchiv Regensburg, Alte Kapelle Nr. 3811.

255 Paul Mai (s. Anm. 248), S. 814; ähnlich auch schon Norbert Backmund, Die Kollegiat- und Kanonissenstifte in Bayern, Windberg 1973, S. 92.

256 Verhandlungen der Kammer der Abgeordneten 1837, Protokolle Bd. 17, 97. öffentl. Sitzung vom 15. September 1837, Ausführungen des Abgeordneten Weinzierl, S. 291 ff.

257 Ausführungen des Abgeordneten Tischler, ebd. S. 294.

258 Ausführungen Abels, ebd. S. 302 f.

259 S. Bezugnahme auf diese Reskript in einem Schreiben von 1829, Bischöfliches Zentralarchiv Regensburg, Alte Kapelle Nr. 2338.

260 Abschrift des Dekrets im Bischöflichen Zentralarchiv Regensburg, Alte Kapelle Nr. 3437.

zu Johann Gruber, Zur wirtschaftlichen Absicherung

261 Monumenta Germaniae Historica, Diplomata (künftig: MGH DD Name des Ausstellers und Nr.) Ludwigs des Deutschen, Nr. 161.

262 Kurt Reindel in Handbuch der Bayerischen Geschichte, hrsg. v. Max Spindler (künftig: HBG), Bd. 1, München 21981, S. 216.

263 Erich Frhr. v. Guttenberg, Die Regesten der Bischöfe und des Domkapitels von Bamberg, Würzburg 1963 (künftig: Guttenberg, Regesten), Nr. 151; Vgl. auch Friedrich Prinz in HBG 1, S. 469.

264 Peter Schmid, Die Alte Kapelle in Regensburg zur Karolinger- und Ottonenzeit (künftig: P. Schmid, Alte Kapelle), in: Beiträge zur Geschichte des Bistums Regensburg (künftig: BGBR) 34, 2000, S. 11–29.

265 MGH, DD Karls III., Nr. 127.

266 Kursivdruck gibt, auch im Folgenden, die Schreibweise der Vorlage wieder.

267 Joseph Schmid, Die Urkunden-Regesten des Kollegiatstiftes U. L. Frau zur Alten Kapelle in Regensburg, Bd. I, Regensburg 1911 (künftig: J. Schmid, Regesten I), Bd. II, Regensburg 1912 (künftig: J. Schmid, Regesten II); hier Bd. I, S. 4 Nr. 9.

268 Matrikel des Bistums Regensburg, Regensburg 1997 (künftig: MatrR 1997), S. 577; Josef Mayerhofer, Zur Geschichte der Pfarrei St. Kassian in Regensburg, in: BGBR 34, 2000, S. 171–185.

269 Josef Klose, Die dem Kollegiatstift Unserer lieben Frau zur Alten Kapelle in Regensburg ehemals inkorporierten Pfarreien (künftig: Klose, Pfarreien), in: BGBR 34, 2000, S. 125–145, hier S. 136 f.

270 MGH, DD Karls III., Nr. 72.

271 Bischöfliches Zentralarchiv Regensburg (künftig: BZAR), Alte Kapelle (künftig: AK) 104, 1387, 1415, 1657, 1693, 2085, 2138.

272 MGH, DD Karls III., Nr. 107, auch für das Folgende.

273 J. Schmid, Regesten I, S. 26 Nr. 110.
274 BZAR, OA-Kl 3, 180.
275 MatrR 1997, 333.
276 MGH DD Ludwig d. Kind, Nr. 78.
277 P. Schmid, Alte Kapelle, S. 19 ff., auch für das Folgende.
278 P. Schmid, Alte Kapelle, S. 21 f.
279 MGH DD Heinrich II., Nr. 26, 28, 61.
280 Klose, Pfarreien, S. 131 f., auch für das Folgende.
281 Vgl. z. B. BZAR, AK 1436 (Urbar von 1367).
282 Guttenberg, Regesten, Nr. 81; Franz Fuchs, Zur Geschichte der Alten Kapelle in Regensburg im hohen und späten Mittelalter (künftig: Fuchs, Geschichte), in: BGBR 34, 2000, S. 75–82, hier S. 76.
283 P. Schmid, Alte Kapelle, S. 28.
284 J. Schmid, Regesten I, S. 2 Nr. 3 zu 1184 Febr. 28; Fuchs, Geschichte, S. 78, auch für das Folgende.
285 J. Schmid, Regesten I, S. 108 Nr. 572.
286 BZAR, AK 2045, 2107, 2946–2948.
287 J. Schmid, Regesten I, S. 17 Nr. 60, S. 19 Nr. 70, S. 86 Nr. 453, S. 381 Nr. 1832.
288 BZAR, AK-Urk. I, 1903.
289 BZAR, AK 839.
290 BZAR, AK 1606.
291 BZAR, AK 1511.
292 Vgl. z. B. BZAR, AK 1436 (Urbar von 1367).
293 Klose, Pfarreien, S. 125–128, auch für das Folgende.
294 Lexikon für Theologie und Kirche, 10 Bde., [3]1993–2001, hier Bd. 5, Sp. 503 f.; Klose, Pfarreien, S. 129.
295 Klose, Pfarreien, S. 129–136, 139, 140 f., 143 f.
296 Klose, Pfarreien, S. 135; zum Erwerb von Hackenberg s. unten.
297 Joseph Schmid, Die Geschichte des Kollegiatstiftes zur Alten Kapelle in Regensburg, Regensburg 1922 (im folgenden gekürzt: J. Schmid, Geschichte), S. 305; vgl. auch ebenda, S. 292.
298 Zur Funktion der Offiziale s. J. Schmid, Geschichte, S. 291 f.
299 J. Schmid, Regesten I, S. 14 Nr. 49.
300 BZAR, AK 1436, S. 23, auch für das Folgende.
301 BZAR, AK 761, 865, 952, 1301, 1875.
302 BZAR, AK 1420, 1779 f., 3853.
303 BZAR, AK 1436, S. 7, 26, 36.
304 BZAR, AK 909, 1568, 1608, 2984.
305 BZAR, AK 397, 538, 858, 860, 1087, 1568, 1590, 1604, 1608, 1781, 2046, 2081, 2157, 3735, 4121.
306 J. Schmid, Regesten I, S. 28. Nr. 124, S. 112 Nr. 597, S. 353 f. Nr. 1714, 1720.
307 BZAR, AK 1436, S. 16, 23, 27, 37, 42; vgl. auch J. Schmid, Regesten I, S. 18 Nr. 65.
308 BZAR, AK 409, 1403, 1933, 1936, 3178 f., 3852.
309 J. Schmid, Regesten I, S. 18 Nr. 65, S. 24 Nr. 100.
310 J. Schmid, Regesten I, S. 38 Nr. 184.
311 BZAR, AK 1436, S. 14, 16, 17, 24, 27, 37, 42, 50, 51, 52.
312 BZAR, AK 452 ff., 849, 864, 1109, 1235, 1421, 1549, 1566, 1611, 1681, 1835, 1882, 2127, 2174, 2961, 3040, 3514.
313 BZAR, AK 3079.
314 Vgl. MatrR 1997, 505.
315 BZAR, AK 1436, S. 5, 18, 21, 24 f., 28, 38, 48 f.
316 BZAR, AK 162 f., 218, 390, 810, 862, 1368, 1517, 1545, 1587, 1591, 1782, 1982, 2000, 2084, 2930, 3381, 3345, 3728.
317 BZAR, AK-Urk. I, 42.
318 J. Schmid, Regesten I, S. 238 Nr. 1204, Regesten II, S. 138 Nr. 500, S. 141 Nr. 511, S. 223 Nr. 796; BZAR, AK 89 ff., 133, 218, 283, 307, 848, 1533, 1542, 1599, 1758, 1794, 2124, 2958, 3364, 3377, 3520, 3556, 3729, 3731, 3848, 3890.
319 BZAR, AK 3524.
320 BZAR, AK 1436, S. 5, 15, 21, 24, 28, 29, 38, 46 f.
321 BZAR, AK-Urk. I, 520, 704, 706.
322 J. Schmid, Regesten II, S. 141 f. Nr. 512; BZAR, AK 265, auch für das Folgende.
323 BZAR, AK 415, 481 f., 836, 855, 1095, 1300, 1539, 1675, 1899, 2070, 2090, 2102, 2104–2106, 2941, 3084, 3522.
324 BZAR, AK 1436, S. 25 f. (das dort neben *Aüningen* aufgeführte *Alting* wurde später Teil von Eining; vgl. J. Schmid, Regesten I, S. 184 Nr. 941), 39, 45, 53.
325 BZAR, AK 3516.
326 BZAR, AK 458, 857, 1907 f., 2668–2671, 2950.
327 Klose, Pfarreien 134.
328 BZAR, AK 1438, fol. 52.
329 J. Schmid, Regesten II, S. 278 f. Nr. 981; BZAR, AK-Amtsbuchserien 10, fol. 55, fol. 65, auch für das Folgende.
330 BZAR, AK-Amtsbuchserien 11, fol. 25v, fol. 64, fol. 82v f.; BZAR, AK 1575, auch für das Folgende.
331 J. Schmid, Geschichte, S. 147.
332 BZAR, AK 1550, auch für das Folgende.
333 BZAR, AK 873, 1379.
334 BZAR, AK 1938, 2057.
335 BZAR, AK 3711.
336 J. Schmid, Regesten I, S. 166 Nr. 855.
337 BZAR, AK 3863.
338 BZAR, AK 392, 2188, 3863.
339 BZAR, AK 103, 392.
340 BZAR, AK 936.
341 BZAR, AK 822.
342 J. Schmid, Regesten I, S. 46 f. Nr. 235.
343 BZAR, AK 1436, S. 39.
344 BZAR, AK 967, 1626, 1632, 1634, 1642, 1647 f., 1658, 1707, 1710, 1880 f., 1958, 3155, auch für das Folgende.
345 BZAR, AK 1436, S. 40.
346 S. dazu unten.
347 BZAR, AK-Urk. I, 912.
348 BZAR, AK 113, 1883, auch für das Folgende.
349 J. Schmid, Regesten I, S. 29 Nr. 130.
350 BZAR, AK 9, 861, AK 1436, S. 21 f., AK 2088.
351 J. Schmid, Regesten II, S. 22 Nr. 76; BZAR, AK 1727, 1754 f., 1902.
352 J. Schmid, Regesten II, S. 184 f. Nr. 663, S. 194 Nr. 694; BZAR, AK 908, 1857 f., 2068, 3740.
353 BZAR, AK 608, 852, 1515, 1761 f., 1767 f., 2103.
354 J. Schmid, Regesten I, S. 40 Nr. 195.
355 BZAR, AK 851, 1966, 2115, 2118, 3350, 3357, 3361, 3569.
356 BZAR, AK 1436, S. 14.
357 BZAR, AK 680, 1516, 2050, 3518.
358 BZAR, AK 377 f., 923, 929, auch für das Folgende.
359 BZAR, AK 1031.
360 BZAR, AK 923, 1497, 1520, 1552.
361 BZAR, AK-Urk. I, 8, 12, 15; vgl. auch J. Schmid, Regesten I, S. 8 Nr. 24.
362 J. Schmid, Regesten I, S. 3 Nr. 5, S. 9 Nr. 31, S. 10 Nr. 32, S. 11 Nr. 39, S. 13 Nr. 45, S. 17 Nr. 61, 64, S. 38 Nr. 182; BZAR, AK-Urk. III 1344 Oktober 9, 1358 April 30, 1366 August 9; s. auch J. Schmid, Regesten I, S. 11 Nr. 38, S. 12 Nr. 41, S. 16 Nr. 58 f., S. 19 Nr. 71 f., S. 20 Nr. 74–76, S. 22 Nr. 85, S. 24 Nr. 96 f., S. 26 Nr. 113, S. 27 Nr. 118 f., S. 28 Nr. 121, 123, S. 29 Nr. 127 f., S. 31 f. Nr. 144 f., 149–151, S. 33 Nr. 152, 155, S. 34 Nr. 158–160, S. 35 Nr. 165, 170, S. 36 Nr. 172, S. 39 Nr. 191, S. 42 Nr. 210, S. 45 Nr. 226, S. 56 Nr. 292, S. 58 Nr. 298, 300, S. 59 Nr. 303 f.; BZAR, AK-Urk. III, 1361 Juli 5, 1364 Dezember 11; Zu den heute teilweise nicht mehr bestehenden Straßennamen und sonstigen Bezeichnungen von Örtlichkeiten s. Karl Bauer, Regensburg. Kunst-, Kultur- und Alltagsgeschichte, Regensburg [5]1997.
363 BZAR, AK 1436, S. 10–12.
364 BZAR, AK 3650.
365 BZAR, AK 503, 1297.
366 BZAR, AK 1441, fol. 140–158.
367 BZAR, AK 1441, fol. 164–176, auch für das Folgende.
368 BZAR, AK 1441, fol. 164.
369 BZAR, AK 184, 318, 3260, 3660.
370 BZAR, AK 159, 190–196, 198, 291 f., 437, 980, 1018 f., 1473, 1789, 2469 f., 2473, 2490, 2492 f., 2539, 2554, 2565 f., 2680, 2726, 2770 f., 2773, 2775, 2779, 2919, 2926, 2931 ff., 3066–3070, 3114 f., 3125, 3195, 3468, 3657, 3701, 3837.
371 Regensburger Bistumsblatt (künftig: RB), Jahrgang 1966, Nr. 16, S. 18; Tages-Anzeiger, Regensburger Anzeiger, Jahrgang 1966, Nr. 81, S. [13].
372 J. Schmid, Regesten I, S. 7 Nr. 20, S. 9 Nr. 28; BZAR, AK 1436, S. 6, 20.
373 BZAR, AK 842, 1798, 2001, 2027.
374 J. Schmid, Regesten I, S. 14 f. Nr. 48.
375 BZAR, AK 1436, S. 4, AK 1438, fol. 38, AK 1441, fol. 45, AK 1734, 2983.
376 J. Schmid, Regesten I, S. 13 Nr. 46; BZAR, AK 850, AK 1436, S. 15, 28, 45, AK 1678, 1752, 1921, 3515.
377 J. Schmid, Regesten I, S. 22 f. Nr. 89.
378 J. Schmid, Regesten I, S. 48 Nr. 243; BZAR, AK 1436, S. 13, 14, 17.
379 BZAR, AK 459.
380 J. Schmid, Regesten I, S. 40 Nr. 200; BZAR, AK 34, 322, 1524, 3131.
381 J. Schmid, Regesten I, S. 48 Nr. 242; BZAR, AK 321, 3570.
382 J. Schmid, Regesten I, S. 46 Nr. 234, S. 248 Nr. 1248; BZAR, AK 1436, S. 9, 17, 22.
383 BZAR, AK 1605.
384 BZAR, AK 1436, S. 7, 20, 43; J. Schmid, Regesten I, S. 70 Nr. 370, S. 108 f. Nr. 575, S. 118 Nr. 632; BZAR, AK 8, 10, AK 1441, fol. 179, 179v, AK 3136.
385 BZAR, AK 161, 457, AK 1436, S. 6, 7, 13, AK 1439 f., 1769 ff., 1887, 1900, 2982.
386 BZAR, AK 1436, S. 16.
387 Vgl. z. B. BZAR, AK 1437, 1438 (Salbücher von um 1520 bzw. 1586).
388 BZAR, AK 400, 989, AK-Urk. III, 1769 Oktober 24.
389 MatrR 1997, 40.
390 S. z. B. BZAR, AK-Amtsbuchserien 986–1057.
391 BZAR, AK 579, 3568.
392 BZAR, AK 2534, 2536, 2459, 3011, auch für das Folgende.
393 BZAR, AK 21, 2459, 2535, 3013, auch für das Folgende.
394 BZAR, AK 4126.
395 BZAR, AK 67, AK 274, AK-Amtsbuchserien 56 Nr. 408 u. Nr. 458; Werner Chrobak und Emma Mages (Hrsg.), Ein Bayer in der Paulskirche. Die Briefe des Regensburger Abgeordneten Adolf von Zerzog aus der Frankfurter Nationalversammlung 1848/49, Regensburg 1998, S. 12 f.
396 BZAR, AK 990.
397 Johann Gruber, Stiftungen bei der Alten Kapelle, in: BGBR 34, 2000, S. 83–123 (im Folgenden gekürzt: Gruber, Stiftungen).
398 Gruber, Stiftungen, S. 122, auch für das Folgende.
399 Gruber, Stiftungen, S. 120 f.
400 Gruber, Stiftungen, S. 97.
401 Gruber, Stiftungen, S. 101–105, auch für das Folgende.
402 BZAR, AK 841, 3732.
403 BZAR, AK 106, 859, 1906.
404 BZAR, AK 1441, fol. 36v f., AK 2051, 2089, 3741.
405 BZAR, AK 416 f., 1530.
406 BZAR, AK 2150, 2970 f., 3730.
407 BZAR, AK 247, 1876.
408 BZAR, AK 414.
409 BZAR, AK 1254 f., 1262, 1425, 1577.
410 BZAR, AK 246, 840, 1371.
411 BZAR, AK 4, 854.
412 BZAR, AK 1370, 1753, 2152, 3523.
413 BZAR, AK 155.
414 BZAR, AK 1923, 2986.
415 BZAR, AK 1922, 2006, 2111, 3724.
416 BZAR, AK 476 f.
417 BZAR, AK 679.
418 BZAR, AK 334, 2010 f., 2013 f., 3103.
419 J. Schmid, Regesten I, S. 20 Nr. 75, BZAR, AK 170, 1901.
420 RB, Jahrgang 1998, Nr. 38, S. 14.
421 Die ganze erste Zeile (bis *perpetuum*) in der im Hochmittelalter für den Anfang von Papst- und Herrscherurkunden üblichen Elongata (Zierschrift mit verlängerten Buchstaben).
422 Wie die erste Zeile (vgl. Anmerkung 421) in Elongata.
423 Unleserliche Teile sind, wie auch im Folgenden, in eckige Klammern gesetzt.
424 Rota (in Papsturkunden übliches kreisrundes Urkundenzeichen, das unter anderem die Devise des ausstellenden Papstes enthält).
425 Monogramm für *Bene Valete*, den in Papsturkunden üblichen Segenswunsch.
426 In Elongata-Schrift.

zu Lothar Altmann, Das Kollegiatstift und Sankt Kassian

427 Peter Schmid, Das karolingische Regensburg, in: Regensburg im Licht seines geschichtlichen Selbstverständnisses (Regensburger Herbstsymposion zur Kunstgeschichte und Denkmalpflege, Bd. 3), Regensburg 1997, S. 60; ders., Die Alte Kapelle in Regensburg zur Karolinger- und Ottonenzeit, in:

Das Kollegiatstift Unsere Liebe Frau zur Alten Kapelle in Regensburg (Beiträge zur Geschichte des Bistums Regensburg, Bd. 34), Regensburg 2000, S. 16 f.

428 Josef Mayerhofer, Zur Geschichte der Pfarrei Sankt Kassian in Regensburg, in: Das Kollegiatstift Unsere Liebe Frau zur Alten Kapelle in Regensburg (Beiträge zur Geschichte des Bistums Regensburg, Bd. 34), Regensburg 2000, S. 171 f.

429 Eugen Trapp, Sankt Kassian in Regensburg. Anmerkungen zur mittelalterlichen Bau- und Ausstattungsgeschichte, in: Das Kollegiatstift Unsere Liebe Frau zur Alten Kapelle in Regensburg (Beiträge zur Geschichte des Bistums Regensburg, Bd. 34), Regensburg 2000, S. 151.

430 Trapp (wie Anm. 429), S. 152.

431 Josef Klose, Die dem Kollegiatstift Unserer Lieben Frau zur Alten Kapelle in Regensburg ehemals inkorporierten Pfarreien, in: Das Kollegiatstift Unsere Liebe Frau zur Alten Kapelle in Regensburg (Beiträge zur Geschichte des Bistums Regensburg, Bd. 34), Regensburg 2000, S. 135 f.

432 Klose (wie Anm. 431), S. 128.

433 Trapp (wie Anm. 429), S. 152.

434 Trapp (wie Anm. 429), S. 154.

435 Mayerhofer (wie Anm. 428), S. 176.

436 Denkmäler in Bayern, Bd. III.37: Stadt Regensburg, Regensburg 1997, S. 504.

437 Der jetzige Dachreiter stammt von 1864.

438 Trapp (wie Anm. 429), S. 154 ff.

439 Mayerhofer (wie Anm. 428), S. 177.

440 Trapp (wie Anm. 429), S. 159 ff.

441 Trapp (wie Anm. 429), S. 158.

442 Achim Hubel, „Die Schöne Maria" von Regensburg. Wallfahrten – Gnadenbilder – Ikonographie, in: Paul Mai (Hrsg.), 850 Jahre Kollegiatstift zu den heiligen Johannes Baptist und Johannes Evangelist in Regensburg 1127–1977, München/Zürich 1977, S. 206 f.; Claudia Behle, Hans Leinberger. Leben und Eigenart des Künstlers – Stilistische Entwicklung – Rekonstruktion der Gruppen und Altäre (Miscellanea Bavarica Monacensia, Bd. 124), München 1984, S. 131 ff., 170 ff.; Bernhard Decker, Das Ende des mittelalterlichen Kultbildes und die Plastik Hans Leinbergers (Bamberger Studien zur Kunstgeschichte und Denkmalpflege, Bd. 3), Bamberg 1985, S. 272 ff.; Peter Morsbach: Kunst in Regensburg, Regensburg 1995, S. 116.

443 Achim Hubel, Die Schöne Maria von Regensburg. Überlegungen zu den bildlichen Darstellungen und zum Ort der Wallfahrt, in: Regensburg im Licht seines geschichtlichen Selbstverständnisses (Regensburger Herbstsymposion zur Kunstgeschichte und Denkmalpflege, Bd. 3), Regensburg 1997, S. 97.

444 Eduard Isphording, Die Fresken des Gottfried Bernhard Göz im Bistum Regensburg, in: 1250 Jahre Kunst und Kultur im Bistum Regensburg. Berichte und Forschungen (Kunstsammlungen des Bistums Regensburg, Diözesanmuseum Regensburg, Kataloge und Schriften, Bd. 7), München/Zürich 1989, S. 446.

445 Christina Gramminger, Leben und Werk des Barockmalers Otto Gebhard von Prüfening, Regensburg 2000, S. 75 f.

446 Isphording (wie Anm. 444), S. 445 ff. Vgl. auch Eduard Isphording, Gottfried Bernhard Göz 1708–1774. Ölgemälde und Zeichnungen, Weißenhorn 1982, S. 64 ff.; ders., Gottfried Bernhard Göz 1708–1774. Ein Augsburger Historienmaler des Rokoko und seine Fresken, Weißenhorn 1997, S. 60 f.

447 Karl-Heinz Betz, Simon Sorg (1719–1792). Hofbildhauer des Fürsten Thurn und Taxis, ein Regensburger Meister des bayerischen Rokoko (Thurn und Taxis-Studien, Bd. 12), Kallmünz 1980, S. 142.

448 Hubel (wie Anm. 442), S. 207.

449 Eberhard Kraus, Historische Orgeln in der Oberpfalz, München/Zürich 1990, S. 361.

450 Betz (wie Anm. 447), S. 192 f.

451 BZAR Alte Kapelle Nr. 2729 Mirakelprotokolle.

452 Mayerhofer (wie Anm. 428), S. 179 ff.

453 BZAR Alte Kapelle Nr. 1287, zitiert nach Mayerhofer (wie Anm. 428), S. 175.

II. Kapitel zu Walter Haas, Die Baugeschichte

1 Siehe die Urkunde in diesem Buch S. 37.

2 Monumenta Germaniae Historica Scriptores II, S. 574.

3 Monumenta Germaniae Historica (im Folgenden Mon. Germ. Hist.) Dipl. II, S. 21.

4 Siehe die Urkunde in diesem Buch S. 61.

5 Mon. Germ. Hist. Dipl. III, S. 75.

6 Siehe die Urkunde in diesem Buch S. 64.

7 Mon. Germ. Hist. Script. XVII, S. 586, 589.

8 Joseph Schmid, Die Urkunden-Regesten des Kollegiatstiftes U. L.Frau zur Alten Kapelle, Regensburg 1911, S. 245.

9 Ebenda, S. 246.

10 Beispiele für die mittelalterliche Verwendung römischer Bauten bieten der Hof der Äbte von Cluny in Paris (Musée Cluny), das Kloster in Tholey (Saarland), das Kloster in Pfalzel bei Trier oder die Porta Nigra in Trier.

11 Diese Erwähnung von 1392 (J. Schmid [wie Anm. 8], S. 451) bezieht sich speziell auf die Rupertuskapelle, die als Kristallisationspunkt der Alten Kapelle angesehen wurde.

12 Peter Schmid, Zur Frühzeit der Alten Kapelle am Alten Kornmarkt, in: Romanik in Regensburg. Kunst, Geschichte, Denkmalpflege (Regensburger Herbstsymposien zur Kunstgeschichte und Denkmalpflege, Bd. 2), Regensburg 1996, S. 21–25.

13 Der Ort, der als bei Sankt Emmeram liegend angegeben wird, ist nicht genauer bekannt. Der Vorschlag von Max Piendl (Thurn und Taxis Studien 2 [1962]), die Arnulfspfalz im Bereich der Vorhalle von Sankt Emmeram zu lokalisieren, ist zwar unwidersprochen geblieben, aber bisher auch nicht aufgegriffen worden.

14 Georg Dehio, Handbuch der Deutschen Kunstdenkmäler. Bayern V. Regensburg und die Oberpfalz, bearbeitet von Jolanda Drexler und Achim Hubel. München/Berlin 1991, S. 469.

15 Karl Zahn, Die Ausgrabung des romanischen Domes in Regensburg, München 1931, S. 88 f.

16 Winfried Leonhardt, Die Alte Kapelle in Regensburg und die karolingische Pfalzanlage. Eine baugeschichtliche Untersuchung (Monographien des Bauwesens 3; Zeitschrift für Bauwesen 75), Berlin 1925.

17 Felix Mader, Stadt Regensburg, Bd. II (Die Kunstdenkmäler von Bayern, Oberpfalz Bd. 22), München 1933, S. 13–59.

18 In Würzburg z. B. führte Hermann Bernhard Röttger, seit mit dem Wiederaufbau des stark zerstörten Domes begonnen worden war, sehr ergebnisreiche Bauuntersuchungen durch. In Köln begann die Domgrabung 1946. Sie lief parallel zur Instandsetzung von Dächern und Gewölben.

19 Als Ausnahme einer Befundpublikation ist zu nennen: Lutz-Michael Dallmeier, Alter Kornmarkt 8, Römerquader unter der Alten Kapelle, in: Denkmalpflege in Regensburg 7, Regensburg 2000, S. 184–187. Sonst unpublizierte Forschungsergebnisse sind auch verwertet in: Peter Schmid (Hrsg.), Geschichte der Stadt Regensburg, Regensburg 2000, S. 1022 ff.

20 S.o. Anm.9.

21 Mader (wie Anm. 17), S. 20f. vermeidet eine Datierung; R. Strobel, Romanik in Regensburg, 1963, S. 108: „Das Portal ist sicher mit den Ausbesserungsarbeiten nach dem Brand von 1152 in Verbindung zu bringen." Dehio (wie Anm.14), S. 470: „[...] romanisches Stufenportal, um 1200, mit Dreiviertelsäulenvorlagen."

22 Die Untersuchungsstelle blieb für mehrere Jahre offen, wurde aber bei der jüngsten Restaurierung des Innenraumes wieder verputzt.

23 Dallmeier (wie Anm. 19).

24 Mader (wie Anm. 17), S.44 f. sieht in diesem Raum die frühere Sakristei.

25 Maßskizze im Bayer. Landesamt für Denkmalpflege (im Folgenden BLfD). Karl Schnieringer hat freundlicherweise Kopien seiner Aufmaßblätter für diese Ausarbeitung zur Verfügung gestellt.

26 Leonhardt (wie Anm. 16), S. 86. Die dort publizierte Zeichnung gibt Anlass, an der Befunddeutung zu zweifeln.

27 Als Beispiele können genannt werden die Dome in Augsburg, Bamberg und Freising sowie die Kloster- und Stiftskirchen in Biburg, Frauenchiemsee, Reichenhall-St.Zeno und Windberg.

28 Auch sie liegen im BLfD München, Planarchiv des Referats Bauforschung (siehe Anm. 25).

29 In der Vermauerung sind zahlreiche Stücke des zu den Fenstern gehörenden Maßwerks verbaut.

30 Leonhardt (wie Anm. 16), S. 87.

31 Mader (wie Anm. 17), Abb. 13, S. 16. Hier Abb. 58, S. 114.

32 Pläne von Dipl.-Ing. Arthur Pufke, datiert Juli 1988, in der Administration der Alten Kapelle.

33 Mader (wie Anm. 17), S. 41 f.

34 Freundl. Mitteilung von Dipl.-Ing. Karl Schnieringer.

35 Leonhardt (wie Anm. 16), S. 86; Mader (wie Anm. 17), S. 15, 24, 39 f.

36 Siehe Anm. 11.

37 Datierungsanhalte für diese Maßnahme bestehen nicht. Sie könnte wohl, muss aber nicht, gleichzeitig mit den tiefgreifenden Veränderungen des 18. Jahrhunderts getroffen worden sein.

38 Mader (wie Anm. 17), S. 16 verzeichnet einige nur noch mit Mühe lesbare Reste römischer Inschriften, die die antike Herkunft des Steinmaterials bestätigen.

39 Gut zu erkennen auf der Fotoaufnahme von K. Müllerklein in Mader (wie Anm. 17), Abb. 18, S. 23.

40 Die Höhe ist auch deshalb nicht genauer feststellen, weil die Terrainhöhe der Bauzeit nicht bekannt ist.

41 Zuverlässige Höhenmasse lassen sich auch deshalb nicht ohne größeren Aufwand feststellen, weil im Erdgeschoss eine Schuttfüllung unbekannter Mächtigkeit verblieben ist.

42 Ergebnis einer Nachuntersuchung von K. Schnieringer am 28.2.2002.

43 Dieses Gewölbe wurde 1919 durchbrochen, um den bis heute bestehenden Einstieg in das vorher lange Zeit unzugängliche Erdgeschoss zu schaffen. KD (wie Anm. 17), S. 22.

44 Mader (wie Anm. 17), S. 22.

45 Klaus Schwarz, Die Ausgrabungen im Niedermünster zu Regensburg. Grablegen der Bischöfe St. Erhard und Albert, des Bayernherzogs Heinrich I. und seiner Frau Judith ; Fundamente profaner und kirchlicher Bauwerke aus römischer, merowingischer, karolingischer und ottonischer Zeit (Führer zu archäologischen Denkmalen in Bayern 1), Kallmünz 1971.

46 Heinrich I. († 955) war der Bruder Kaiser Ottos I. und der Großvater Kaiser Heinrichs II.

47 Mader (wie Anm. 17) schreibt S. 24: „Die Vermutung, dass an der Nordseite ein entsprechender zweiter Turm stand, ist nicht zu gewagt."

48 Den Herren Christian Wanninger und Markus Lemm bin ich für ihre Hilfe zu großem Dank verpflichtet. Sie haben mir jeden irgend erreichbaren Punkt in Kirche und Turm zugänglich gemacht, alle erbetenen Auskünfte gegeben und alles Archivmaterial bereitwilligst zur Verfügung gestellt.

zu Martin Hoernes, Der Kapellenkranz

49 Felix Mader datierte die Kapelle stilkritisch um 1270–1280. Bezüglich der Schlusssteine verwies er auf den Dollingersaal – ein Vergleich der in keiner Weise überzeugen kann (Felix Mader, Stadt Regensburg, Bd. II (Die Kunstdenkmäler von Bayern, Oberpfalz Bd. 22), München 1933, S. 18, 40). Zu den gänzlich anders gestalteten Schlusssteinen des Dollingersaales vgl. Strobel Richard, Mittelalterliche Bauplastik am Bürgerhaus in Regensburg (Das deutsche Bürgerhaus, Bd. 30), Tübingen 1981, S. 38 f., Abb. R. 12a–d. Richard Strobel datierte die Vituskapelle auf ca. 1325, indem er auf eine angebliche Stiftung „Leupold Gumprechts" verwies (ebenda, S. 44). Das heran-

gezogene Dokument ist jedoch das bereits erwähnte Testament Gumprechts an der Haid, in dem jedoch nicht von einer Kapellenstiftung, sondern nur von einer Messstiftung in der bestehenden Kapelle die Rede ist (1325 VI 6, Josef Widemann, Regensburger Urkundenbuch, Bd. 1, Urkunden der Stadt bis zum Jahre 1350 (MB, Bd. 53), München 1912 – im Folgenden zitiert RUB I – Nr. 486). Damit ist aber zumindest ein terminus ante quem gewonnen. Während die kaum mit anderen Regensburger Stücken vergleichbaren Schlusssteine stilistisch nur schwer einzuordnen sind, legen die Konsolen mit ihrem grob gearbeiteten, wulstigen Blattwerk eine Datierung ins erste Viertel des 14. Jahrhunderts nahe.

50 1325 VI 6., RUB I Nr. 486.

51 Joseph Schmid, Die Geschichte des Kollegiatstiftes U. L. Frau zur Alten Kapelle in Regensburg, Regensburg 1922, S. 173 f.

52 1327 IV 2., RUB I, Nr. 524.

53 Zur Kassianspfarrei: J. Schmid (wie Anm. 51), S. 307.

54 1320 VIII 31., BayHStA: KU Rgbg. Obermünster. Vgl. Martin Hoernes, Die Hauskapellen des Regensburger Patriziats. Studien zu Bestand, Überlieferung und Funktion (Regensburger Studien und Quellen zur Kulturgeschichte, Bd. 8), Regensburg 2000, S. 224 f. Zur Familie Gumprecht: Hubert Emmerig, Die Regensburger Münzerhausgenossenschaft im 13. und 14. Jahrhundert, in: Verhandlungen des Historischen Vereins für Oberpfalz und Regensburg – im Folgenden zitiert VHVO – 130 –: (1990), S. 7–170, S. 128–136.

55 1367 V 12., Joseph Schmid, Die Urkunden-Regesten des Kollegiatstiftes U. L. Frau zur Alten Kapelle in Regensburg, 2 Bde., Regensburg 1911–1912, hier Bd. 1, Nr. 299. J. Schmid (wie Anm. 51), S. 174.

56 Hoernes (wie Anm. 54), S. 36–41, 120 f.

57 Mader (wie Anm. 49), S. 18 f., 40.

58 Das Todesdatum Leupolds II. findet sich auch im Sterbematrikel von Sankt Kassian (Johann Hecht, Die Grabdenkmäler der Stiftskirche U. L. Frau zu Alten Kapelle, in: Blätter des bayerischen Landesvereins für Familienkunde 1925, Nr. 1–3, S. 9–19, hier S. 13). Vgl. J. Schmid (wie Anm. 51), S. 175; Emmerig (wie Anm. 54), S. 131, 133.

59 J. Schmid (wie Anm. 51), S. 175. Hecht (wie Anm. 58), S. 13.

60 Johann Schmuck, Ludwig der Bayer und die Reichsstadt Regensburg. Der Kampf um die Stadtherrschaft im späten Mittelalter (Regensburger Studien und Quellen zur Kulturgeschichte, Bd. 4), Regensburg 1997, S. 172–174. Emmerig (wie Anm. 54), S. 73–76, 128–136; Fritz Morré, Ratsverfassung und Patriziat in Regensburg bis 1400, in: VHVO 85 (1935), S. 1–174, hier S. 47 f.

61 Schmuck (wie Anm. 60), S. 115–133.

62 1325 VI 6., RUB I Nr. 486. 1327 IV 2., RUB I, Nr. 524.

63 Artur Dirmeier, Armenfürsorge, Totengedenken und Machtpolitik im mittelalterlichen Regensburg, in: Martin Angerer und Heinrich Wanderwitz (Hrsg.), Regensburg im Mittelalter. Beiträge zur Stadtgeschichte vom frühen Mittelalter bis zum Beginn der Neuzeit, Regensburg [2]1998, S. 217–236, hier S. 220 f. Zum Neuen Spital vgl. Hoernes (wie Anm. 54), S. 159 mit Angabe der älteren Literatur.

64 Necrologium Monasterii Inferiori Ratisbonensis, in: MGH Nec. III, S. 273–289, hier S. 273.

65 Hugo Walderdorff, Regensburg in seiner Vergangenheit und Gegenwart, Regensburg/New York / Cincinnati [4]1896 (Nachdruck Regensburg 1973), S. 259 f. Vgl. Johannes Schinnerer, Die gotische Plastik in Regensburg, Straßburg 1918, S. 31. Heute befindet sich in der Kapelle eine Kopie der Statue. Auch der verschließbare Baldachin scheint eine Kopie des älteren Stücks, von dem vielleicht die bemalten Flügel erhalten blieben, zu sein. Niedermayer berichtet, dass das Stück zu seiner Zeit beschädigt war (Andreas Niedermayer, Künstler und Kunstwerke der Stadt Regensburg, Landshut 1857, S. 146). Schmid bildet schon die Kopie des Baldachins ab. Er vermutet ohne Beleg, dass die Statue aus der Marienkapelle stammt. (J. Schmid [wie Anm. 51], S. 175).

66 Historisches Museum der Stadt Regensburg, Inv. HVE 112. Vgl. Josef A. Endres, Führer durch die mittelalterliche und neuzeitliche Sammlung im Oberpfälzischen Kreismuseum zu Sankt Ulrich in Regensburg, in: VHVO 70 (1920), S. 3–37, hier S. 18.

67 Franz Hula, Mittelalterliche Kultmale. Die Totenleuchten Europas, Karner, Schalenstein und Friedhofsoculus, Wien 1970, S. 56–60, 104–106.

68 Walderdorff (wie Anm. 65), S. 259–261; J. Schmid (wie Anm. 51), S. 2, 175, 243 f.; Betz, Alte Kapelle 1998, S. 22.

69 Mader (wie Anm. 49), S. 39 f.

70 J. Schmid (wie Anm. 51), S. 178. Mader (wie Anm. 49), S. 40.

71 Zu einem ehemaligen Nordportal der Stiftskirche: Peter Morsbach, Die romanischen Portalskulpturen der Alten Kapelle. Kritische Bemerkungen zu altbekannten Werken, in: VHVO 129 (1989), S. 237–241. Franz Diehteuer, Die beiden Beichtfiguren am Nordportal der Alten Kapelle zu Regensburg, in: VHVO 129 (1989), S. 223–235. Schmid (wie Anm. 51), S. 244 f.

72 Peter Schmid, „Haupt und Mutter aller Kirchen“. Die Alte Kapelle in Regensburg, in: Ausstellungskatalog „Ratisbona Sacra. Das Bistum Regensburg im Mittelalter“ (Kunstsammlungen des Bistums Regensburg, Diözesanmuseum Regensburg, Kataloge und Schriften Bd. 6), München/Zürich 1989, S. 158–160, hier S. 158.

73 J. Schmid (wie Anm. 51), S. 3.

74 Bauerreiss Romuald, Caput, matrix magistra omnium ecclesiarum, in: Münchener Theologische Zeitschrift 13, 1962, S. 202–206, hier S. 204 f.; P. Schmid (wie Anm. 72), S. 159. Gegen die These Bauerreiss' vgl. den Beitrag von Schneidmüller in diesem Band, S. 45 ff.

75 *[...] veterem capellulam in ecclesia Veteris Capelle Ratisponensis, que ipsius beate Virginis Marie est insignita vocabulo, queque Norice seu Bavarie telluris prima omnium ecclesiarum et exordium exsistit* (1392 VIII 26., J. Schmid [wie Anm. 55], Bd. 1, Nr. 447). Vgl. J. Schmid (wie Anm. 51), S. 1, 192.

76 1392 VIII 26., J. Schmid (wie Anm. 55), Bd. 1, Nr. 448; J. Schmid (wie Anm. 51), S. 190f.

77 *[...] Altar in der chlain Altenchappelle zu Altenchappelle, da unser fraw ynn rast under der styeg, da man hinauf get hintz sand Erasem, und dy ein anvankch ist aller gotz häuser in Bayrn* (1392 IX 3., J. Schmid [wie Anm. 55], Bd. 1, Nr. 449). *[...] Altar in der alten Chappelle zu Altenchappelle under der styeg, da man hin auf get hintz sand Erasem, da unser fraw ynn rast und dy ein anvankch ist aller Gotzhäuser in Bairn* (1392 XI 9., J. Schmid [wie Anm. 55], Bd. 1, Nr. 451). *[...] chlainen alten Cappellen zu alten Cappel under der stieg, da man hin auf get hintz sand Erasm* (1409 IX 7., J. Schmid [wie Anm. 55], Bd. 1, Nr. 600).

78 Ulrich Ohnsorg ist der Verfasser des Chronicon Bavariae aus dem späten 15. Jahrhundert (J. Schmid [wie Anm. 51], S. 121). Er äußert sich dort folgendermaßen: *Hic [Henricus II.] [...] in Ratispona veterem capellam ampliavit in venerabile collegium Canonicorum. In hac Ecclesia permansit cappellula sub gradu quae ampliata in latitudine non plus habebat quam longitudinem altaris, quod permansit immobile. Haec cappellula fuit prima Ecclesia in Bavaria, unde et nomen vetus capella accepit* (Udarici Onsorgii, Chronicon Bavariae, hrsg. von Andreas F. Oefele, Rerum boicarum scriptores, Bd. 1, Augsburg 1763, S. 354–369, hier S. 359). Zur Präsentation dieser Legende durch Inschriften und die Stiftstradition im 17. Jahrhundert: J. Schmid (wie Anm. 51), S. 4 f.

79 Walderdorff (wie Anm. 65), S. 262. Vgl. J. Schmid (wie Anm. 55), Bd. 1, S. VIII f.

80 Grienewaldt berichtet: In der Kapelle *stehen 2 nicht gar hohe columnell oder Säulen, auf welchen auch dergleichen abscheulichen Götter sollen gestanden seyn, welche noch vor der Hand, aber weil ich dieselben nicht gesehen, noch einen Abriß von solchen bekommen möge, weiß ich nicht gewiß davon zu schreiben, allein, daß ich gehört, daß faßt dergleichen abscheuliches Bildnüs an der steinernen Brück auf dem mittleren Thurm zu finden seyen.* (Jeremias Grienewaldt, Ratisbona oder sumarische Beschreibung der uralten namhafften Stadt Regensburg [...], 1615, [Abschrift: Stadtarchiv Regensburg – im Folgenden zitiert SAR –: Ms. I Ae2 9], S. 51).

81 J. Schmid (wie Anm. 51), S. 2 f.

82 Zur jüngeren Baugeschichte der Kapelle: Walderdorff (wie Anm. 65), S. 257–259; J. Schmid (wie Anm. 51), S. 179 f., 183; Mader (wie Anm. 49), S. 41 f.

83 Mader (wie Anm. 49), S. 41 f.

84 J. Schmid (wie Anm. 51), S. 55; Mader (wie Anm. 49), S. 44. Zu Befunden im Dachraum: G. Prell, Stiftskirche Unserer Lieben Frau zur Alten Kapelle in Regensburg. Bauuntersuchung (Typoskript in der Administration der Alten Kapelle), S. 6.

85 1344 XII 26., Bayerisches Hauptstaatsarchiv München – im Folgenden zitiert BayHStA –: KU Rgbg. St. Emmeram, Nr. 419. Für die Angabe Kurzs, der Bau und die Wahl des Jakobspatroziniums seien auf Betreiben des Regensburger Bischofs Nikolaus von Ybbs, kurz nach dessen Rückkehr von Avignon (1319), erfolgt, fehlt jeder Belege (J. Kurz, Die Alte Kapelle – älteste Wallfahrtskirche Bayerns, in: Der Zwiebelturm 19 (1964), S. 193–195, hier S. 193 f.). Das Regensburger Schottenkloster mit seinem Jakobspatrozinium bot sicher ebenso viel Anregung zur Wahl des Patroziniums!

86 Kamillo Trotter, Die Auer in Regensburg, in: Blätter des Bayerischen Landesvereins für Familienkunde 5 (1927), S. 25–43, hier S. 29 f. J. Schmid (wie Anm. 51), S. 109, 178 f.

87 1344 XII 26., BayHStA: KU Rgbg. St. Emmeram, Nr. 419. 1355 II 21., RUB II 137; 1360 III 19., RUB II, Nr. 366.

88 Roman Zirngibl, Codex diplomaticus der Wolfgangsbruderschaften (Bischöfliches Zentralarchiv Regensburg – im Folgenden zitiert BZAR –: BDK 15), S. 120.

89 1326 X 16., QE NF 21, Nr. 127. Zur Ursulakapelle: Martin Hoernes, Romanische Kapellen in Regensburg, in: Helmut-Eberhard Paulus, Hermann Reidel und Paul W. Winkler (Hrsg.), Romanik in Regensburg. Kunst, Geschichte, Denkmalpflege (Regensburger Herbstsymposien zur Kunstgeschichte und Denkmalpflege, Bd. 2), Regensburg 1996, S. 32–40, hier S. 32 mit Angabe der älteren Literatur.

90 Trotter (wie Anm. 86), S. 29. Vgl. das Orientierungsschema zur Familie Auer bei Hoernes (wie Anm. 54), S. 197.

91 Hoernes (wie Anm. 54), S. 160.

92 Franz S. Gsellhofer, Beiträge zur Geschichte des ehemaligen Klosters U. L. Frauenzell, gesammelt aus Gemälden, Grabsteinen und anderwärtigen Dokumenten, in: VHVO 8 (1844), S. 41–62, hier S. 53–55; Joseph Sächerl, Chronik des Benediktiner-Klosters Frauenzell, in: VHVO 15 (1853), S. 257–465, hier S. 262–272, 389–393.

93 Hoernes (wie Anm. 54), S. 159.

94 Hoernes (wie Anm. 54), S. 154–197.

95 Hoernes (wie Anm. 54), S. 99–113.

96 Hoernes (wie Anm. 54), S. 160–162.

97 Zum Todesjahr von Heinrich Zant: Hoernes (wie Anm. 54), S. 88, Anm. 8.

98 Bereits Elias Eppinger († 1625) überlieferte die Inschrift, welche sich *heraußen an der Kirchen gegen die Statt* befand: *Anno Dni Millesimo CCLXXXXVI. III. idus Iuly hec structura, Domus et Capella fundata est de Bonis Heinrici Dentis proprijs, bone memorie. Est autem operis et laboris executor Cunradus Scultetus frater eius in memoriam anime sue et omnium parentum suorum.* An einem Strebepfeiler und am Altar der Kapelle befanden sich Wappen der Familie (zitiert nach Schratz Wilhelm, Die Epitaphien bei St. Lazarus, in: Korrespondenzblatt des Gesamtvereins der deutschen Geschichts- und Altertumsvereine 35 [1887], S. 75–76, hier S. 75). In Zirngibls Codex diplomaticus der Wolfgangsbruderschaften findet sich eine abweichende Lesung der ehemaligen Inschrift und eine Weihenachricht: *Domus leprosorum S. Lazari auf der Staingrueb Ratisp., per Heinricus civem Ratisp. constructa et ecclesia eius est per dnm. Conradum Epm. Ratisp. in octava pascae consecrata. Anno domini 1299* (Zirngibl [wie Anm. 88], S. 111). Die Existenz einer Inschrift mit dem Gründungsjahr 1296 und der Erinnerung an die Brüder Heinrich und Konrad Zant bestätigt auch die Bauamtschronik, welche ihre Angaben anscheinend der lateinischen Inschrift auf dem *stain am eckh* der Kirche entnommen hat (Christoph Obermeier, Die erste Regensburger Bauamts-

chronik, Edition und Kommentar, Magisterarbeit [masch.] Regensburg 1987, S. 33–34). Vgl. Hoernes (wie Anm. 54), S. 89 f.

99 So das Schultheißenverzeichnis Gölgls (SAR: Historica II 8, fol. 14r).

100 Berta Ritscher, Die Entwicklung der Regensburger Ratsverfassung in der gesellschaftlichen und wirtschaftlichen Struktur der Zeit von 1245–1429, 3 Teile, in: VHVO 114–116 (1974–1976), hier Teil 3, S. 13.

101 Ritscher (wie Anm. 100) Teil 3, S. 13.

102 Morré (wie Anm. 60), S. 49 f., 79; Ritscher (wie Anm. 100), Teil 3, S. 13–16, 42, 53, 58, 73; Emmerig (wie Anm. 54), S. 147 f.

103 Vgl. Joseph R. Schuegraf, Geschichte des Domes von Regensburg und der dazu gehörigen Gebäude größtentheils aus Originalquellen bearbeitet, 2 Bde. (VHVO Bd. 11, 12), Regensburg 1847–1848, hier Bd. 1, S. 79–81. Hoernes (wie Anm. 54), S. 89–92. Dirmeier Artur, Die Zant. Geschichte und architektonisches Erbe einer Patrizierfamilie, in: ders. und Wido Wittenzellner (Hrsg.), Die Spitalkirche zu Regensburg. Mausoleum der Zant, Regensburg 2000, S. 147–158.

104 wie Anm. 105.

105 Achim Hubel und Manfred Schuller, Der Dom zu Regensburg. Vom Bauen und Gestalten einer gotischen Kathedrale, Regensburg 1995, S. 26–31.

106 Vgl. dazu die Aufmaßpläne der Strebepfeiler: Forschungsprojekt Regensburger Dom, Planarchiv 0.005.c, 0.047a (Eckart Rüsch). Frau Katarina Papajanni danke ich für ihre Hilfe.

107 Vgl. dazu: Peter Kurmann, Der Regensburger Dom – Französische Hochgotik inmitten der freien Reichsstadt, in: Angerer und Wanderwitz (wie Anm. 63), S. 387–400, bes. S. 394 ff.

108 Hoernes (wie Anm. 54), S. 90–92, Abb. 41, 42, 44, 45.

109 *Anniversarius Henricis Dentis est agendus in hospitali, in capella Omnium Sanctorum cum 32 candelis [...] | In margine additur „Intravit sub magistro Ruperto. Anno domini 1295 obiit sepultus in capella Omnium Sanctorum in Hospitali quam anno domini 1287 construxit."* (Zirngibl [wie Anm. 88], S. 111). Neben dem nachträglich im Inneren der Kapelle angebrachten Grabstein des Ulrich Zant († 1250), der aus der ehemaligen Katharinenkirche des Spitals stammte, befanden sich dort weitere, zu einem Hochgrab der Zant gehörende Werkstücke (Martin Hoernes, in: Martin Angerer (Hrsg.), Regensburg im Mittelalter. Katalog der Abteilung Mittelalter im Museum der Stadt Regensburg, Regensburg 1995, S. 106–107).

110 Artur Dirmeier, Die Spitalkirche zu Regensburg. Mausoleum der Zant, in: ders. und Wittenzellner (wie Anm. 103), S. 9–41, bes. 13–17.

111 *ANNO · DNI · M^{O} · CC^{O} · LXXXVII · FCA · EST · HEC · STRVCTURA* (BAP VIII, S. 182–187). Vgl. Artur Dirmeier, Leprosenhaus St. Lazarus. Die Stiftung der Zant als Nukleus für Almosenamt und Evangelische Wohltätigkeitsstiftung, in: Ulrich Landskron (Hrsg.), 700 Jahre Leprosenhaus St. Lazarus, Regensburg 1996, S. 9–46, hier S. 14.

112 Hoernes (wie Anm. 54), S. 87–99.

113 Jürgen Sydow, Bemerkungen zu der bei St. Kassian aufgedeckten Inschrift, in: VHVO 96 (1955), S. 437–438.

114 Eine vermauerte Spitzbogennische mit einer Inschrift in der Westwand des Vorjochs kann daher nicht als ehemaliges Kapellenportal angesprochen werden, wie dies versucht wurde (vgl. Mader [wie Anm. 49], S. 48; Karl Schnieringer und Eleonore Wintergerst, Entdeckung eines romanischen Karners unter der Sakristei, in: Denkmalpflege in Regensburg 4 (1993), S. 82–85, hier S. 84 f.).

115 Hecht (wie Anm. 58), S. 9. Vgl. J. Schmid (wie Anm. 51), S. 186 f.

116 Baualterspläne zur Stadtsanierung Regensburg, Bd. 1–10 (Baualterspläne zur Stadtsanierung in Bayern 2–12), München 1973–1993 – im Folgenden zitiert BAP I–X – V, S. 53. Anke Borgmeyer, Achim Hubel, Andreas Tillmann und Angelika Wellnhofer, Stadt Regensburg (Denkmäler in Bayern Bd. III.37), Regensburg 1997, S. 546–548.

117 Friedrich Zoepfl, Beinhaus, in: Reallexikon zur Deutschen Kunstgeschichte, Bd. 2, Sp. 204–214. Vgl. Stephan Zilkens, Karner-Kapellen in Deutschland. Untersuchungen zur Baugeschichte und Ikonographie doppelgeschossiger Beinhaus-Kapellen (Veröffentlichungen der Abteilung Architektur des Kunsthistorischen Instituts der Universität zu Köln, Bd. 22), Köln 1983.

118 J. Schmid (wie Anm. 51), S. 72, 308.

119 Hoernes (wie Anm. 54), S. 38 f.

120 J. Schmid (wie Anm. 51), S. 72; Mader (wie Anm. 49), S. 19.

121 Zum Folgenden: Schnieringer und Wintergerst (wie Anm. 114).

122 wie Anm. 121

123 Schnieringer und Wintergerst (wie Anm. 114), S. 83 f. nehmen hier einen Balkenrost an, der den Karner begehbar machte und die Einebnung des Knochenmaterials ermöglichte. Der Beinraum unter der romanischen Michaelskapelle bei Sankt Emmeram hatte in seinem hohen Gewölberaum eine Empore, von der aus die Gebeine eingebracht wurden (vgl. Zilkens [wie Anm. 117], Taf. XXI).

124 Schnieringer und Wintergerst (wie Anm. 114), S. 83 f.

125 Schnieringer und Wintergerst (wie Anm. 114), S. 84 f.

126 J. Schmid (wie Anm. 51), S. 247 f.

127 Schnieringer und Wintergerst datieren die Maßnahme allgemein in die Zeit der barocken Neugestaltung der Kirche 1748–1765 (Schnieringer und Wintergerst [wie Anm. 114], S. 82–84).

128 Zilkens (wie Anm. 117), S. 219 f.; Richard Strobel, Der Karner von Chammünster, in: VHVO 110 (1970), S. 205–219, bes. S. 215–218; Karl Busch, Regensburger Kirchenbaukunst 1160–1280, Kallmünz 1932, S. 46.

zu Karl-Heinz Betz, Die Ikonographie

*Der Aufsatz ist die gekürzte und überarbeitete Fassung der Magisterarbeit des Verfassers: Das ikonologische Programm der Alten Kapelle in Regensburg, in: Verhandlungen des Historischen Vereins für Oberpfalz und Regensburg 118 (1978), S. 7–52. Auf Einzelverweise auf diese Arbeit im Text wurde verzichtet.

129 Öfele, Rerum boicarum scriptores, Bd. I, S. 359 f.; zitiert nach Schmid, Geschichte (siehe Anmerkung 130), S. 8.

130 Joseph Schmid, Die Urkunden-Regesten des Kollegiatstiftes U. L. Frau zur Alten Kapelle in Regensburg, 2 Bde. 1911 und 1912 (= J. Schmid, Regesten), Nr. 449; derselbe, Die Geschichte des Kollegiatstiftes U. L. Frau zur Alten Kapelle in Regensburg, 1922 (= J. Schmid, Geschichte), S. 1. „Vita primigenia" von 870/71, zitiert nach M. Doeberl, Entwicklungsgeschichte Bayerns, Bd. I, 1906, S. 60 und J. Schmid, Geschichte, S. 2; Mausoleum: Ratisbona Monastica. Clösterliches Regenspurg. Erster Theil. Oder Mausoleum, Herrliches Grab ... verfasset Anno 1680 Von Coelestino (Vogl) ... vermehret, und biß auf das Jahr 1752 fortgesetzet Durch Joannem Baptistam (Kraus), ... Vierdte Auflag ... Regenspurg, ... 1752 (=Mausoleum), 14, S. 240.

131 Mausoleum, S. 240 ff.; Paricius: Allerneueste und bewährte Nachricht Von der des Heil. Röm. Reichs Freyen Stadt Regensburg, ... von Johann Carl Paricio ..., 1753 (=Paricius), S. 344; J. Schmid, Geschichte, S. 1 ff.

132 Hugo Graf von Walderdorff, Regensburg in seiner Vergangenheit und Gegenwart, ^{4}1896 (=Walderdorff), S. 263.

133 Dominikus Mettenleiter, Mitteilungen über die Stift-Pfarrkirche St. Cassian, 1864, (= Mettenleiter), S. 77.

134 Felix Mader, Stadt Regensburg, Bd. II (Die Kunstdenkmäler von Bayern, Oberpfalz Bd. 22), München 1933 (= KDB), S. 39 f.; Joseph Mayer, Die Stiftskirche U. L. Frau zur Alten Kapelle in Regensburg, 1938 (= Mayer), S. 59.

135 Walderdorff, S. 259 ff.; J. Schmid, Geschichte, S. 175, 192; KDB, S. 15 ff.; Mayer, S. 62 f.; Die Inschriften der ehemaligen Fresken aus der Rupertus-Vita in der Vitus-Kapelle sind aufgeführt bei Mettenleiter, S. 78.

136 Regensburger Adressbuch von 1841, historischer Vorspann eines unbekannten Verfassers.

137 Walderdorff, S. 257; J. Schmid, Geschichte, S. 243.

138 Mayer, S. 63.

139 Wilhelm Braun, Christoph Thomas Scheffler. Ein Asamschüler. Beiträge zu seinem malerischen Werk, in: Beiträge zur schwäbischen Kunstgeschichte 1 (1939) (= Braun), S. 67.

140 Mausoleum, S. 242; KDB, S. 26; Mayer, S. 72 f.; Braun, S. 66 f. Zur Ikonographie Kaiser Heinrichs II. vergleiche Paul Stintzi: „Heinrich II.", in: LCI 6, Sp. 478–481; Martin Lechner: „Heinrich und Kunigunde", in: LCI 6, Sp. 483–485; zusammenfassende Darstellung der Legenden über Heinrich und Kunigunde bei Klaus Guth, Die Heiligen Heinrich und Kunigunde Leben. Legende, Kult und Kunst, 1986; zur historisch greifbaren Persönlichkeit Heinrichs siehe Stefan Weinfurter, Heinrich II. (1002–1024). Herrscher am Ende der Zeiten, 1999, mit Nachweis der jüngsten Literatur.

141 Braun, S. 65 f.; Mayer, S. 72 ff.; zur Ikonographie der Heiligen, die im einzelnen nicht angeführt wird, vergleiche die jeweiligen Stichwörter im LCI.

142 Zu den Altarpatrozinien J. Schmid, Geschichte, S. 186 und 201.

143 J. Schmid, Geschichte, S. 184 f.,195, 198 f., 199 f.

144 Zur Legendenbildung über Heinrich und Kunigunde, deren zeitliche Entstehung und Entwicklung sowie deren Gründe siehe Renate Klauser, Der Heinrichs-und Kunigundenkult im mittelalterlichen Bistum Bamberg, 1957 (= Klauser), besonders S. 69–120.

145 Braun, S. 66; Mayer, S. 184 f.; LCI, a.a.O., Nr. 9.

146 Vita Sancti Heinrici Additamentum, c. 2, MG SS IV, S. 818; Braun, S. 67; Mayer, S. 158; Klauser, S. 110 ff.; in der Literatur meist als „Vision des Kaisers" bezeichnet.

147 Deutsche Übertragung der Legende bei Rudolf Graber, Kaiser Heinrich II., der heilige, 973–1973. Zwei Predigten zur 1000-Jahrfeier seines Geburtstags, 1973, S. 14 f.

148 Mettenleiter, S. 80. Diese wie alle übrigen Bildinschriften, die Braun noch kannte und für seine Scheffler-Monographie verwertete, wurden bei der Innenrenovierung 1936/1937 beseitigt. Die Mißachtung dieser für das Verständnis des Kirchenprogramms ungemein wichtigen Schriftzeugnisse belegt das Desinteresse, das zeitweilig der historischen Dimension kirchlicher Kunst entgegengebracht wurde.

149 Vita Heinrici, c. 21, MG SS IV, S. 805; Jacobus de Voragine, Legenda aurea, übersetzt von Richard Benz, 1955 (= Legenda aurea), S. 572; Braun, S. 66; Mayer, S. 168 ff.; LCI, Nr. 6; A.Pigler, Barockthehmen 1, ^{2}1974; Klauser, S. 75, 109 f.

150 Vergleiche Klauser, S. 92 f.

151 Braun, S. 67; Mayer, S. 168; LCI, Nr. 5; Legenda aurea, S. 978; Mausoleum, S. 242; Paricius, S. 345 f.

152 Mausoleum, S. 242 f.

153 Mettenleiter, S. 80.

154 Zum Zusammenhang zwischen Missions- und Taufbefehl und der Taufe und Krönung eines Herrschers vergleiche Konrad Hoffmann, Taufsymbolik im mittelalterlichen Herrscherbild, in: Bonner Beiträge zur Kunstwissenschaft 9 (1968), besonders S. 28 f., 37, 41, 48.

155 Paricius, S. 343.

156 Kapitular-Protokoll vom 11.6.1762, fol. $188^{r/v}$.

157 Zu Datierung und Künstlern vergleiche die Kastenamtsrechnungen der betreffenden Jahre sowie Karl-Heinz Betz, Simon Sorg (1719–1792), Hofbildhauer der Fürsten Thurn und Taxis. Ein Regensburger Meister des Bayerischen Rokoko (Thurn und Taxis-Studien 12), 1980.

158 Zu dieser für Rokokoskulptur typischen Art des Ausdrucksverhaltens vergleiche Veit Loers, Rokokoplastik und Dekorationssysteme. Aspekte der süddeutschen Kunst und des ästhetischen Bewußtseins im 18. Jahrhundert. in: Münchner Kunsthistorische Abhandlungen 8 (1976).

159 Ähnlich Mayer, S. 104 ff.

160 E. Köllmann und K. A. Wirth, Erdteile, in: Reallexikon zur Deutschen Kunstgeschichte V, 1967, Sp. 1107–1202; E. Kreuzer, „Erdteile", in: LCI 1, Sp. 661–664.

161 Vergleiche Jörg Traeger, „Pferd", in: LCI 3, Sp. 411–415.

162 Braun, S. 65; hier, wie auch jeweils bei den nachfolgenden Bildern, Zitat der ehemaligen Epigramme. LCI, Nr. 1; Vita Heinrici, c. 2, MG SS IV, S. 792; Mausoleum, S. 81 f.; das Mausoleum dürfte auch als Quelle für die Bildgestaltung in der Alten Kapelle gedient haben, da Heinrich abweichend von der übrigen Literatur als *Herzog* erscheint.
163 Braun, S. 65; LCI, Nr. 2.
164 Braun, S. 65; LCI, Nr. 3; Heinrich Günther, Kaiser Heinrich II. der Heilige, in: Sammlung illustrierter Heiligenleben, 1904 (= Günther), S. 59 f.
165 Braun, S. 65; LCI, Nr. 4; Vita Heinrici c. 4 MG SS IV, S. 793; Günther, S. 24; Klauser, S. 73; Gisbert Kranz, Politische Heilige und katholische Reformatoren, 2. Folge, 1959: Kaiser Heinrich II, S. 36–60, 36 f.
166 Braun, S. 65; Vita Sanctae Cunigundis, c. 1, MG SS IV, S. 821; Klauser, S. 92 ff.
167 Braun, S. 65; LCI, Nr. 10.
168 Vita Heinrici, c. 32, MG SS IV, S. 810; Legenda aurea, S. 572, 978; Günther, S. 80 ff., besonders S. 84; Klauser, S. 73 f., 103.
169 Braun, S. 65; Vita Sanctae Cunegundis, c. 5, MG SS IV, S. 822 f.; Klauser, S. 94; P. Manns (Hrsg.), Die Heiligen in ihrer Zeit, 2 Bde., ²1966, S. 503 f.
170 Braun, S. 65.
171 Braun, S. 65; LCI, Nr. 11; Vita Heinrici, lib. II, Adalberti Miracula Sancti Heinrici, c. 10, MG SS IV, S. 813 f.; Klauser, S. 55 ff.
172 J. Schmid, Geschichte, S. 248.
173 J. Schmid, Geschichte, S. 12 ff.
174 Vergleiche die Reihenfolge der Pröpste bei J. Schmid, Geschichte, S. 74 ff.
175 Vergleiche z. B. die wertende Reihenfolge bei Paricius, der neben Dom, Sankt Emmeram, Niedermünster, Obermünster auch noch das Schottenkloster Sankt Jakob vor der Alten Kapelle anführt.
176 Kapitular-Protokolle 1754–1758, 5.4.1757, fol. 144r.
177 Ausführliche Darstellung des „Titelstreits" und seiner möglichen Gründe in Betz, Ikonologische Programm, S. 47 ff.

zu Georg Paula, Der Kircheninnenraum

178 Literatur zum Bau: Karl-Heinz Betz und Harald Gieß, Die Stiftskirche Unserer Lieben Frau zur Alten Kapelle in Regensburg, KKF Nr. 415, München/Zürich ¹⁰1998; Anke Borgmeyer, Achim Hubel, Andreas Tillman und Angelika Wellnhofer, Stadt Regensburg (Denkmäler in Bayern, Bd. III. 37), Regensburg 1997, S. 34 ff.; Georg Dehio, Handbuch der deutschen Kunstdenkmäler, Bayern V: Regensburg und die Oberpfalz, bearbeitet von Jolanda Drexler, Achim Hubel u. a., München 1991, S. 469 ff.; G. Lautenbacher, Die Stiftskirche Unserer Lieben Frau zur Alten Kapelle, in: Der Zwiebelturm 19 (1964), H. 9, S. 203 ff.; Georg Lill, Die Stiftskirche U. L. Frau zur Alten Kapelle in Regensburg, KKF Nr. 415, München 1940; Felix Mader, Stadt Regensburg, Bd. II (Die Kunstdenkmäler von Bayern, Oberpfalz Bd. 22), München 1933, S. 13 ff.; Joseph Mayer, Die Stiftskirche U. L. Frau zur Alten Kapelle in Regensburg, Regensburg 1938; Joseph Poll, Die Stiftskirche U. L. Frau zur Alten Kapelle in Regensburg, Regensburg 1952.
179 Vgl. die Umgestaltung der nahen Stiftskirche Sankt Emmeram (1732 ff. durch Cosmas Damian und Egid Quirin Asam) oder der Klosterkirchen in Rottenbuch (1737 ff. durch Joseph bzw. Franz Xaver Schmuzer und Matthäus Günther), Steingaden (1741 ff. durch Franz Xaver Schmuzer und Johann Georg Bergmüller) und Indersdorf (1754 ff. durch Franz Xaver Feichtmayr d. Ä. und Matthäus Günther bzw. Johann Georg Dieffenbrunner), bei denen ohne Ausnahme vergleichbare Voraussetzungen bestanden haben. Vgl. Christine Liebold, Das Rokoko in ursprünglich mittelalterlichen Kirchen des bayerischen Gebietes – ein von maurinischem Denken geprägter Stil (= MBM H. 98), München 1981 (zur Alten Kapelle s. S. 60 ff.).
180 Die ehemalige Rupert- oder Marienkapelle gilt als Gründungsbau der Alten Kapelle.
181 In der ehemaligen Jakobskapelle wird seit 1694 das legendäre Gnadenbild aufbewahrt.
182 Karl-Heinz Betz, Das ikonologische Programm der Alten Kapelle in Regensburg, in: Verhandlungen des Historischen Vereins für Oberpfalz und Regensburg 118 (1978), S. 51.
183 Wie Anm. 182.

zu Georg Paula, Die Fresken

184 Vgl. Anm. 179.
185 Bischöfliches Zentralarchiv Regensburg (künftig: BZAR), Stiftsarchiv Alte Kapelle (künftig: AK), Amtsbuchserien, Kapitelsprotokolle Bd. 36 (1750–1753), fol. 123r, No. 4.
186 BZAR, AK, Amtsbuchserien, Amtsrechnungen Bd. 190 (1751/1752), fol. 77v, No. 71: *So wurdet auch noch diss Jahr in Verrechnung gebracht die mit hE: Thomas Scheffler Kunstmahlern in Augspurg vi capit: Prot: 3. Febr: 1752. §. 4. accordirte Zahlung und Reißgelt vor der Kürchen fresco Mahlerey mit 2100 fl.*
187 BZAR, AK, Amtsbuchserien, Kapitelsprotokolle Bd. 36 (1750–1753), Sitzung vom 19. Januar 1753, fol. 172r, No. 1. Mit den *Seithenstuckhen* sind die Wandbilder im Mittel- und Querschiff gemeint.
188 BZAR, AK, Amtsbuchserien, Kapitelsprotokolle Bd. 36 (1750–1753), Sitzung vom 9. Februar 1753, fol. 177r, No. 13.
189 BZAR, AK, Amtsbuchserien, Kapitelsprotokolle Bd. 36 (1750–1753), fol. 178v, No. 8.
190 BZAR, AK, Amtsbuchserien, Amtsrechnungen Bd. 191 (1752/1753), fol. 72rv, No. 39: *Vigore Conclusi capit: 9. Febr. § 13. 9. Marty § 8. 1753. seynt Thomasen Scheffler Fresco Mahlern aus Augspurg vor die in der Stiffts Kürchen Gemahlte 12 seithen Stückh accordirt: und und bezahlet worden 1200 fl.*
191 BZAR, AK, Amtsbuchserien, Kapitelsprotokolle Bd. 37 (1759–1763), fol. 188rv, No. 6.
192 BZAR, AK, Amtsbuchserien, Amtsrechnungen Bd. 201 (1762/1763), fol. 104v, No. 40: *Den 6ten 8bris: ao: 1762 erhaltet Gottfried Bernhard Göz Kayserl: Hofkunstmallern von Augspurg vor ain in den: dies Würdig Unser Lieben Gottshaus Chor oben auf in Fresco Gemahlenes Stuck: oder Plafon die pactirt= und Capitulariter Gdig: Bewilligte 1000: und sonderbar zum Rais Geld= respee: Douceur 30: in Beed posten also gegen Schein 1030 fl:.*
193 BZAR, AK, Amtsbuchserien, Kapitelsprotokolle Bd. 37 (1759–1763), Sitzung vom 8. Oktober 1762, fol. 203v, No. 3: *Die dem Mahler Göz Vor Verfertigung eines Stückhs in den Chor der Stüffts Kirchen bewilligte 1000. fl: seynd bey nunmehro zu standt gebrachter arbeith nebs 30. fl: Rays Geldt zu bezahlen gdg. Verwilliget worden, jedoch daß Er Göz wegen dißen letztern 30. fl: den Versprochenen abriss zum Chor Altar gratis verfassen und alhero übermachen solle, zu welchem Er sich auch anheischig gemacht hat.*
194 BZAR, AK, Amtsbuchserien, Amtsrechnungen Bd. 201 (1762/1763), fol. 104v und 105r, No. 41: *Bemelten Gözen: und seinen Bey sich gehabten Sohn als Cholarn, wurde auch die Freye Kost= Trunck: und Ligerstatt Bedungen, welche sich Vermög Specification Hiebey zwar in allen auf 37 fl: 34 x: Beloffen: Es hat aber Rechnungs-Führer hierfür nichts anbegehrt: sondern die mit seiner Eheconsortin U: L: Frauen zu Ehren: qua Neuangestandener Kastner zu dero: und einen Hochwürdigist. Capitl Höchent ersprüßlichen Dienstleistung Frey hergeschenckt, daß demnach ein solches alhero Nachrichtl: hiemit gezimment: Vorgemerckt: entworffen aber würdet.*
195 BZAR, AK, Amtsbuchserien, Kapitelsprotokolle Bd. 38 (1764–1768), Sitzung vom 4. Juni 1765, fol. 73v: *Conferentia in Sacristiae die 4. Juny 1765. Wan der Mahler Göz Von Augspurg in den Stiffts Chor die 2 Seyten Stuckh Vmb 600 fl: mahlen will, sollen Ihme solches yberlassen – nebenbey auch bewilliget werden, dem zum farben Reiben mit Vorgeschlagenen Man gegen tägl: 30 x mitzunehmen.*
196 Georg Paula, Huber, Johann Joseph Anton, in: Marienlexikon, Bd. 3, St. Ottilien 1991, S. 253 f. – Es bestanden auch verwandtschaftliche Verbindungen, da Franz Regis Göz 1759 Hubers Schwester Maria Anna geheiratet hat.
197 BZAR, AK, Amtsbuchserien, Amtsrechnungen Bd. 204 (1765/1766), fol. 69v und 70r, No. 49 und 50: *Den 9.ten augt: 1765 seint dem Kayserl: Hofkunstmallern zu augspurg Herrn Gottfried Bernhart Götz vor die in Stüffts Chor Neu Gemahlene 2 seithen Stückh nach abgeschlossenen accord bezalt worden, und zwar auf gnädige Capitular Bewilligung 600 fl. Item den zum Farben Reiben mit Gebrachten Mänern ab 16 tägen a 30 x: 8 fl und obigem G: Götz mit Compagnion Johan Joseph Huber, welche die in hinntern Gemähl des Langhaußes bey 2 Zuchlöchern durch abstossung des mertlwurffs beschechene beschädigung wiederumben Reparirt, zum Respee: Douceur 4 Bayerische Thaller est 10 fl: – x: – hl: –.*
198 Vgl. Christina Grimminger, Otto Gebhard (1703–1773). Leben und Werk des Prüfeninger Barockmalers, Regensburg 2000. Bis 1752 hatten sie in folgenden Regensburger Kirchen Fresken ausgeführt: 1731 ff. und um 1747 Benediktinerklosterkirche Sankt Emmeram, Seitenschiffe und Kapellen; 1738 Pfarrkirche Sankt Andreas in Stadtamhof, Chor; 1751 Dominikanerinnenkirche Heilig Kreuz.
199 Speers Leben und Freskenwerk ist bislang unbearbeitet, eine von Christine Hackel an der Universität Regensburg verfasste Magisterarbeit mit dem Titel „Der Regensburger Barockmaler Martin Speer (1702–1765). Katalog der Tafelbilder" nur beschränkt verfügbar. Vgl. zuletzt Georg Paula, Neues zur Barockmalerei im Pfaffenwinkel, in: Lech-Isar-Land 2000, S. 55 ff.
200 Bruno Bushart, Asams Umkreis, in: Bruno Bushart und Bernhard Rupprecht (Hrsg.), Cosmas Damian Asam 1686–1739. Leben und Werk (Ausstellungskatalog Aldersbach 1986), München 1986, S. 85 ff., hier S. 90.
201 Wilhelm Braun, Christoph Thomas Scheffler, ein Asamschüler. Beiträge zu seinem malerischen Werk (Beiträge zur schwäbischen Kunstgeschichte 1), Stuttgart 1939; Thomas Balk, Der Historienmaler Christoph Thomas Scheffler (1699–1756) (DKV-Kunstführer Nr. 537/9), München/Berlin o. J. [1999].
202 Das Gebäude wurde am 19. Januar 1794 durch die Franzosen niedergebrannt.
203 Ernst Dubowy, Felix Anton Scheffler. Ein Beitrag zur Kunstgeschichte des 18. Jahrhunderts, in: Jahrbuch des Vereins für Christliche Kunst in München 6 (1926), S. 91 ff.
204 1733 Unterliezheim, Klosterkirche; 1734 Aulzhausen, Pfarrkirche; 1737 Dillingen an der Donau, Franziskanerinnenklosterkirche, und Todtenweis, Pfarrkirche; 1740 Witzighausen, Pfarr- und Wallfahrtskirche; 1742 Haunstetten, Kapelle; 1750/1751 Dillingen an der Donau, Studienkirche.
205 Zur Ikonologie vgl. den grundlegenden Aufsatz von Karl-Heinz Betz, Das ikonologische Programm der Alten Kapelle in Regensburg, in: Verhandlungen des Historischen Vereins für Oberpfalz und Regensburg 118 (1978), S. 7 ff. (mit ausführlichen Angaben zur älteren Literatur).
206 Peter Morsbach, Kunst in Regensburg, Regensburg 1995, S. 111 f.
207 Tuschfeder, grau laviert, weiß gehöht, auf graublauem Tonpapier, in Blei quadriert. 57 x 30,5 cm. Vgl. Ausstellungskatalog „U. L. Frau zur Alten Kapelle – Ars Sacra", Regensburg 1964, S. 19 Nr. 66 (mit Abb. 27); Achim Hubel, Die „Schöne Maria" von Regensburg. Wallfahrten – Gnadenbilder – Ikonographie, in: 850 Jahre Kollegiatstift zu den heiligen Johannes Baptist und Johannes Evangelist in Regensburg 1127–1977, hrsg. von Paul Mai, München/Zürich 1977, S. 199 (mit Abb. 81).
208 Vgl. Braun, Scheffler (wie Anm. 201), S. 66 f. (mit Abb. 21). Die Divergenzen beschränken sich auf unwesentliche Details wie die Gestaltung der Rokokokartusche über der Mitte des Baldachins oder die im Fresko scheinbar nach innen gerückten Säulen, die deshalb vollständig sind, da das Rahmensegment an dieser Stelle weniger einschwingt als ursprünglich vorgesehen. Damit ist aber auszuschließen, dass wir es hier mit einem ricordo Schefflers zu tun haben.
209 Scheffler kannte das Gnadenbild offenbar schon vor dem Regensburger Auftrag, denn bereits 1751 brachte er es in das nordwestliche Langhausfresko der Dillinger Studienkirche ein, das die Jesuitenmission in Amerika zeigt. Bemerkenswert dabei ist, dass die Darstellung der Muttergottes mit dem Kind gegenüber der vorbereitenden Federzeich-

nung von 1750 seitenverkehrt ist. Zum Entwurf vgl. Braun, Scheffler (wie Anm. 201), S. 91 f. (mit Abb. 17); Ausstellungskatalog „Der barocke Himmel. Handzeichnungen aus dem Besitz der Staatsgalerie Stuttgart", Stuttgart 1964, S. 48, Nr. 109 (mit Abb. 36). Zum Fresko vgl. Werner Meyer und Alfred Schädler, Die Kunstdenkmäler von Schwaben VI: Stadt Dillingen an der Donau, München 1964, S. 202 ff. (mit Abb. 108 und 111).

210 Betz, Programm (wie Anm. 205), S. 22 ff.

211 Braun, Scheffler (wie Anm. 201), S. 67; Betz, Programm (wie Anm. 205), S. 19 ff.

212 Entsprechende Szenen finden sich bereits 1714 in der Frauenbergkirche von Weltenburg (Landkreis Kelheim); vgl. Georg Paula, Ein unbekannter Freskenzyklus von Cosmas Damian in Weltenburg, in: Ars Bavarica 67/68 (1992), S. 71 ff.

213 Braun, Scheffler (wie Anm. 201), S. 66; Betz, Programm (wie Anm. 205), S. 27 f.: „Der Becher [...] ist eine genaue Wiedergabe des bis zur Säkularisation in der Alten Kapelle verwahrten Heinrichs-Kelches. Wieder, wie schon im Fresko mit der Übergabe des Gnadenbildes, dient ein im Besitz der Stiftskirche befindlicher Kultgegenstand zur Beglaubigung des dargestellten Vorgangs, dieser selbst zur Legitimierung der an das Objekt geknüpften Ansprüche."

214 Zitiert nach Betz, Programm (wie Anm. 205), S. 28; Braun, Scheffler (wie Anm. 201), S. 67.

215 Der hinterste Kopf neben der Fahne dürfte Ursula gehören; vgl. die bis auf die Drehung identische Wiedergabe der Heiligen im Vierungsfresko.

216 Braun, Scheffler (wie Anm. 201), S. 66; Betz, Programm (wie Anm. 205), S. 28 f.: „Die Episode [...] dient offensichtlich dazu, Rang und Bedeutung Kunigundes zu unterstreichen. [...] Der erfahrene Gnadenakt als göttlicher Beweis ihre heiligmäßigen Lebens bildet somit das Pendant zu den Heinrichsmirakeln auf der Gegenseite."

217 Braun, Scheffler (wie Anm. 201), S. 67 f.; Betz, Programm (wie Anm. 205), S. 29 f.: „Heinrich erscheint in dieser Szene als Initiator eines Aktes von höchster welt- und heilsgeschichtlicher Bedeutung. Er ist nicht nur Friedenskaiser, der endgültige Banner der Ungarngefahr [...], er vollbringt auch durch das ‚Opfer' seiner Schwester Gisela und die damit verbundene Bedingung ein geistliches Erlösungswerk: die Befreiung der Ungarn vom Heidentum."

218 Braun, Scheffler (wie Anm. 201), S. 65 f.; Betz, Programm (wie Anm. 205), S. 24 ff.

219 Lukas, der als Madonnenmaler in der Rechten statt einer Schreibfeder einen Pinsel hält und den linken Arm auf ein Gemälde stützt, wurde verschiedentlich als Selbstporträt Schefflers angesehen; vgl. Braun, Scheffler (wie Anm. 201), S. 65.

220 Zwei weitere Apostel, von denen nur die Köpfe sichtbar sind, befinden sich zwischen Jakobus und Petrus.

221 Bei dem Kopf links neben Philippus dürfte es sich um den vierten Evangelisten Matthäus handeln. Aus Platzmangel hat ihm Scheffler anstelle des üblichen Engels lediglich ein Buch beigegeben.

222 Die Köpfe im Hintergrund gehören wohl den beiden übrigen Hauptpropheten Hesekiel und Daniel.

223 Nach Betz, Programm (wie Anm. 205), S. 25.

224 Seitenverkehrte Wiederholung der beiden Jungfrauen im Wandfresko des nördlichen Querarms.

225 Die beiden Köpfe über Nepomuks rechter Schulter waren nicht zu benennen.

226 Nicht zu identifizieren war der Bärtige zwischen Abraham und Joseph.

227 Die bei Braun, Scheffler (wie Anm. 201), S. 65 angeführten Inschriften sind inzwischen verschwunden. Auf die einzelnen Darstellungen geht Braun nicht ein.

228 Betz, Programm (wie Anm. 205), S. 41: „Nicht nur die Ergebenheit Heinrichs in den Willen Gottes und seine vorbildliche Haltung angesichts des Todes kommen in dieser Legende zum Ausdruck, sondern [...] auch seine besondere Auserwähltheit und die Gottgewolltheit seiner Herrschaft."

229 Tuschfeder, grau laviert, weiß gehöht, auf hellblauem Tonpapier, mit Resten einer Bleiquadrierung. 23,6 x 17,9 cm. Städtische Kunstsammlungen Augsburg, Inv. Nr. G 11865. Provenienz: Sammlung Carl König, Wien (Lugt 583); Kunsthandlung P. de Vries, Amsterdam. Vgl. Rolf Biedermann, Ausstellungskatalog „Meisterzeichnungen des deutschen Barock aus dem Besitz der Städtischen Kunstsammlungen Augsburg", Augsburg 1987, S. 364, Nr. 176 (mit Abb.).

230 Ehem. Epigramm: *Defensori Ecclesiae*. Betz, Programm (wie Anm. 205), S. 41: Heinrich als Vorbild „für alle christlichen Herrscher" und „als treuer Sohn der Kirche."

231 Ehem. Epigramm: *Victori generoso*. Betz, Programm (wie Anm. 205), S. 41: „Topos des Herrscherlobes, die ‚Clementia' Heinrichs, die Gnade vor Recht ergehen lässt."

232 Ehem. Epigramm: *Forti per panem fortium*. Betz, Programm (wie Anm. 205), S. 41 f.: Hinweis auf die „Glaubensstärke und das Gottvertrauen Heinrichs". Nach der Legende erschien die Heiligenquadriga dem Kaiser beim Gebet und schlug, dem Heer voranschwebend, die Polen in die Flucht.

233 Der stattliche Barockbau mit den beiden Fassadentürmen und dem südlich anschließenden niedrigeren Klostertrakt dürfte eine fiktive Wiedergabe des um 1017 von der Kaiserin gegründeten Benediktinerinnen- und späteren Kanonissenstifts Kaufungen sein, das 1527 aufgehoben und folglich niemals barockisiert worden ist.

234 Ehem. Epigramm: *Benefactrici omnium*. Betz, Programm (wie Anm. 205), S. 42: „Förderung der Kirche und Werke der Barmherzigkeit, die Pflichten der ‚Vita activa' einer christlichen Herrscherin, werden hier als vorzügliche Tugenden gerühmt."

235 Hierzu hat sich eine weitere Zeichnung Schefflers erhalten, die analog den beiden anderen Entwürfen ausgeführt ist. Tuschfeder, grau laviert, weiß gehöht, auf blauem Tonpapier, quadriert; verso mit Blei beschriftet *Joh. Wolf. Baumgartner* und *112*. 23,8 x 18,7 cm. Städtische Kunstsammlungen Augsburg, Inv. Nr. G 11866. Provenienz: Sammlung Carl König, Wien (Lugt 583); Kunsthandlung P. de Vries, Amsterdam. Vgl. Biedermann, Meisterzeichnungen (wie Anm. 229), S. 364, Nr. 176.

236 Ehem. Epigramm: *Conjugibus virgineis*. Betz, Programm (wie Anm. 205), S. 42: „Die Keuschheit in der Ehe [...] erscheint wegen der damit verbundenen übernatürlichen Entsagungsfähigkeit als Zug persönlicher Begnadetheit; die für ein Herrscherpaar an sich schmachvolle Kinderlosigkeit wird dadurch zur Folge heiligmäßigen Lebens und überirdischer Tugend stilisiert."

237 Betz, Programm (wie Anm. 205), S. 42: „Weltentsagung um Christi Willen, Bescheidenheit trotz ihres hohen Ranges [...] charakterisieren sie vollends als Heilige."

238 Ehem. Epigramm: *Sponsae Christi*.

239 Ehem. Epigramm: *Mundo mortuae*.

240 Betz, Programm (wie Anm. 205), S. 42.

241 Ehem. Epigramm: *Conjugibus thaumaturgis*.

242 Ehem. Epigramm: *Gloria et honore coronato*.

243 Eduard Isphording, Gottfried Bernhard Göz 1708–1774. Ölgemälde und Zeichnungen, Weißenhorn 1982 (Textband) und 1984 (Tafelband); derselbe, Die Fresken des Gottfried Bernhard Göz im Bistum Regensburg, in: 1250 Jahre Kunst und Kultur im Bistum Regensburg, Berichte und Forschungen, München/Zürich 1989, S. 445 ff.; derselbe, Gottfried Bernhard Göz 1708–1774. Ein Augsburger Historienmaler des Rokoko und seine Fresken, Weißenhorn 1997.

244 Vgl. Georg Paula, Die Meister und Gesellen der Augsburger Malerzunft von 1648 bis 1827, in: Zeitschrift des Historischen Vereins für Schwaben 92 (1999), Augsburg 2000, S. 124.

245 StA Augsburg, M. S. Nr. 570, Codex Halder, p. 133 ff.

246 Paula, Meister und Gesellen (wie Anm. 244), S. 114.

247 Identisch mit dem 1762 in den Stiftsprotokollen genannten *Cholarn*.

248 Das Privileg wurde 1755 um weitere zehn Jahre und 1766 nochmals um fünf Jahre prolongiert.

249 Zitiert nach dem am 7. März 1755 in Wien ausgestellten Schutzprivileg; vgl. Isphording, Göz 1982 (wie Anm. 243), S. 358.

250 Rudolf Wildmoser, Gottfried Bernhard Göz (1708–1774) als ausführender Kupferstecher. Untersuchungen und Katalog der Werke, in: Jahrbuch des Vereins für Augsburger Bistumsgeschichte e. V. 18 (1984), S. 257 ff., 19 (1985), S. 140 ff.

251 1739 Augsburg, Palais Köpf; 1741 Meersburg, Neuen Schloss, Kapelle; 1742 Weingarten, Benediktinerabtei, Audienzsaal; 1748 Habsthal, Klosterkirche; 1749 Birnau, Wallfahrtskirche, und Konstanz, Dompropstei, Weißer Saal; 1750 Wörnitzstein, Kalvarienbergkapelle; 1758 Schussenried, Prämonstratenserkloster, Treppenhaus; 1766 Augsburg, Domsakristei.

252 Eduard Isphording, Die Fresken des Gottfried Bernhard Göz in der Kathedral- und Pfarrkirche St. Ursen zu Solothurn, in: Jahrbuch für Solothurnische Geschichte 56 (1983), S. 123 ff.

253 Zitiert nach Isphording, Göz 1982 (wie Anm. 243), S. 374.

254 Nach dem Stiftsprotokoll (vgl. Anm. 191) Kap. 5, Vers 10 (*et fecisti nos Deo nostro regnum, et sacerdotes: et regnabimus super terram.*), nach der Inschrift im aufgeschlagenen Buch des Johannes jedoch *APO CP 4 ET 5*.

255 An dem Stein hat der Künstler seine Signatur angebracht: *GBG(ligiert)öz Pinxit 1762*.

256 Betz, Programm (wie Anm. 205), S. 32: „Durch die Einbeziehung Heinrichs und Kunigundes an bevorzugter Stelle – neben dem Thron Gottes bilden sie den zweiten Brennpunkt der ellipsenförmigen Komposition – wird die Vision des letztzeitlichen Geschehens zugleich zum Schauplatz der Apotheose des heiligen Kaiserpaares und gleichzeitig auch zum Ort der Verherrlichung ihrer Stiftung, der Alten Kapelle."

257 Mt 16,18–19.

258 Joh 21,16–18.

259 Tuschfeder, laviert und leicht aquarelliert, quadriert, mit Randlinien. Unten bezeichnet *G. B. Göz inv. Del.* Inschriften: *IGNOTO DEO* am Sockel der Büste rechts, *AREOPAGIS* am Pfeiler links. 12,5 x 9,0 cm. Kunsthalle Bremen, Inv. Nr. Z. 41/4. Vgl. Isphording, Göz 1982 (wie Anm. 243), S. 73 und 224, Kat. Nr. A I 16; Isphording, Göz 1984 (wie Anm. 243), Abb. 107.

260 Apg 17, 23.

261 Isphording, Göz 1997 (wie anm. 243), S. 79.

262 Nach Isphording, Göz 1997 (wie Anm. 243), S. 79 war an dieser Stelle ursprünglich ein Kreuz eingeritzt.

263 Nach Betz, Programm (wie Anm. 205), S. 35 enthalten beide Szenen „konkrete Anspielungen auf Heinrichs Herrschaftsausübung. So verweist die Illustration zu den Worten Christi im Hintergrund der Schlüsselübergabe auf die Rolle Heinrichs als Kirchenerbauer und Beschützer der Kirche; [...]. Das Fresko mit der Predigt des Paulus, des ersten großen Missionars, erinnert an den Missionsauftrag des Herrschers, der von Heinrich vorbildlich erfüllt worden war, [...]."

264 Den architektonischen Aufbau des östlichen Bildes übernahm Otto Gebhard 1768 für das „Gastmahl des ägyptischen Joseph" an die Decke des Festsaales im Zisterzienserkloster Walderbach (Landkreis Cham). Vgl. Grimminger, Gebhard (wie Anm. 198), S. 84 mit Abb. 70; ebenso Harald Gieß, Der Festsaal im ehemaligen Zisterzienserkloster Walderbach. Geschichte – Ausstattung – Restaurierung, in: Denkmalpflege Informationen Ausgabe D Nr. 15 vom 25. Juni 1992.

265 Vgl. Anm. 207, 229 und 235.

266 Vgl. „Begegnung Heinrichs mit Papst Benedikt VIII. vor den Toren Roms".

267 Vgl. „Heinrich übergibt Kunigunde auf dem Sterbebett eine Lilie".

268 Vgl. die Entwürfe für die Dillinger Studienkirche in der Graphischen Sammlung der Staatsgalerie Stuttgart.

269 Die Retuschen und Übermalungen von 1886/1888 konnten 1936/1937 nur teilweise rückgängig gemacht werden; vgl. Georg Lill, Die Alte Kapelle in Regensburg und die Wiederherstellung ihres Innenraums, in: Münchner Jahrbuch der bildenden Kunst 1938/39, S. 175 ff. Die letzte Restaurierung 1992–1998 beschränkte sich nach der Entfernung konturierender Ergänzungen auf eine Festigung und Konservierung der Fresken; vgl. Harald Gieß, Die Restaurierung der Stiftsbasilika „Unserer Lieben Frau zur Alten Kapelle". Eine Maßnahme im Spannungsfeld zwischen histori-

scher Substanz und barocker Raumästhetik, in: Alte Kapelle Regensburg (Arbeitsheft des Bayerischen Landesamtes für Denkmalpflege 114), München 2001, S. 17 ff.

270 Bushart, Asams Umkreis (wie Anm. 200), S. 90.

271 Zitate nach Isphording, Fresken (wie Anm. 243), S. 463.

zu Eva Christina Vollmer, Der Stuck

272 Siehe die Beiträge von Harald Gieß und Michael Kühlenthal in: Alte Kapelle in Regensburg (Arbeitsheft des Bayerischen Landesamtes für Denkmalpflege 114), München 2001.

273 Die beiden älteren Brüder sind noch nicht ausreichend erforscht. Sie arbeiteten 1733 unter der Leitung des Wessobrunner Meisters Anton Gigl in der Vikariatskirche St. Vigil in Rattenberg/Tirol. Engelmund Landes stuckierte anschließend 1734 in der Pfarrkirche zu Höslwang, während Joseph Landes sich für etwa zehn Jahre (1738–1747) in Amberg niederließ. Seine Werkliste umfasste bisher lediglich die Arbeiten im oberfränkischen Wunsiedel (1739) und in Neustadt an der Waldnaab (1737–1744; siehe Hugo Schnell und Uta Schedler, Lexikon der Wessobrunner, München / Zürich 1988, S. 166–170). Unlängst wurde eine weitere Dekoration von Joseph Landes entdeckt: Es handelt sich um den Rocaillestuck in der Wallfahrtskirche St. Leonhard am Buchet (Gemeinde Babensham) aus dem Jahre 1763. Die Baurechnungen dieser im heutigen Landkreis Rosenheim gelegenen Kirche befinden sich im Staatsarchiv München Gericht Kling, Kirchenrechnungen. Für den Hinweis auf Stuckator und Quelle möchte ich Anna Bauer, München, hiermit bestens danken. Nicht erwiesen, aber anzunehmen ist die Mitarbeit von Engelmund und Joseph Landes im Trupp ihres vielbeschäftigten Bruders Anton.

274 Ulrich Thieme und Felix Becker, Allgemeines Lexikon der bildenden Künstler von der Antike bis zur Gegenwart 22, Leipzig 1928, S. 293.

275 Reinhard H. Seitz, Unbekannte Stukkaturen des Wessobrunner Zimmermann-Neffen Anton Landes in der Oberpfalz, in: Verhandlungen des Historischen Vereins für Oberpfalz und Regensburg 116 (1976), S. 208.

276 Aus dieser Ehe stammte eine Tochter Anna Maria Schmid, die 1790 den Kunstmaler Sebastian Jaud aus Achental (Tirol) heiratete. Der Maler Johann Jaud, Sohn der vorigen, war um 1825 der letzte bekannte Besitzer des Hauses „beim Schreiber". Siehe Wilhelm Neu, Zur Häusergeschichte von Haid bei Wessobrunn im 17. und 18. Jahrhundert, in: Lech-Isar-Land 1968, S. 87.

277 Das Bewerbungsschreiben veröffentlichte erstmals Seitz (wie Anm. 275), S. 208. Die im Staatsarchiv Amberg unter Kirchenakten 7995 Prod. ad 53, jetzt Risse 25 aufbewahrte Quelle zitieren auch Schnell und Schedler (wie Anm. 273), S. 166 sowie Eva Christina Vollmer, Die Stuckdekorationen in Schloß Leitheim – das Meisterwerk des Wessobrunners Anton Landes, in: Werner Schiedermair (Hrsg.), 850 Jahre Leitheim, Kaisheim 1997, S. 70.

278 Georg Dehio, Handbuch der deutschen Kunstdenkmäler. Bayern V: Regensburg und die Oberpfalz, S. 530 f. und Christina Grimminger, Otto Gebhard (1703–1773). Leben und Werk des Prüfeninger Barockmalers, Regensburg 2000, S. 171.

279 Lediglich die um 1755/1757 anzusetzende Dekoration der Westwand des Langhauses in Stadtamhof zeigt Landes' Handschrift. Für die Kirchenumgestaltung des 18. Jahrhunderts gibt es keine Unterlagen. Es wird vermutet, dass der Baumeister ein Stiftsmitglied war, das die missverstandene Deckengliederung erklärt, welche das Asam'sche Vorbild aus Sankt Emmeram mit seiner genialen Überlagerung verschiedener Raumschichten zu einem unausgegorenen Nebeneinander degradiert. Grimminger (wie Anm. 278, S. 59) datiert das Otto Gebhard zugeschriebene Chorfresko 1738, da es in diesem Jahr das 600jährige Jubiläum der Stiftsgründung zu feiern galt, und stellt dabei fest, dass Gebhard in den beiden Wandbildern des Chorraumes allerneueste Dekorationsformen, wie zum Beispiel C- und S-förmig geschwungene, mit Rocaillen besetzte Bögen verwendet. Da Otto Gebhard nicht zur ersten Riege der Barockmaler gehört, lässt eine so zeitige Verwendung modernster Rocaillen denn doch stutzen. So reizvoll die Überlegung erscheint, dass zumindest der Chorraum (für das Langhaus fehlte zunächst das Geld) 1738 zum genannten Jubiläum neu dekoriert worden sei – für die Stuckdekoration trifft dieses Entstehungsjahr nicht zu. Eine vom Duktus her annähernd zeitgleiche Stuckausstattung besitzt die ehemalige Benediktinerklosterkirche Frauenzell (siehe Anm. 280), welche 1752 umgestaltet wurde. Aufschlussreich ist ein Vergleich der Wandgemälderahmen im Chor von Stadtamhof mit den Stuckrahmen der Wandgemälde in der Wallfahrtskirche Scheuer (Landkreis Regensburg), einem archivalisch gesicherten Werk des Stuckators Franz Xaver Höflmayer aus dem Jahre 1760. Ebensolche Rahmen findet man in der Amberger Salesianerinnenkirche (1758–1760), deren Stuckdekor von Anton Landes entworfen und in Zusammenarbeit mit Höflmayer ausgeführt wurde: *Franzen Höpflmayr, Stugador, welcher seiner Kunst u[nd]: Geschicklichkeit an der Closterfrauen-Kirche zu [...] Amberg ein rühmliches Probstückh gezeuget* (Seitz [wie Anm. 275], S. 216). Die frappierenden Übereinstimmungen betreffen auch den Puttentyp und die auffälligen Apostelkreuzbeigaben. Das Bartholomäuskreuz beispielsweise ist in Stadtamhof, in Scheuer und auch in der Regensburger Kassianskirche gleich gestaltet, was eine Mitarbeit Höflmayers in Sankt Kassian bedeuten würde. Die Gesichtszüge des gekrönten, bärtigen Kopfes dieser Apostelbüste besitzen zusätzlich ein Pendant bei dem Männlein der Winterallegorie in der Amberger Salesianerinnenkirche. Auch in Stadtamhof ist daher Höflmayer, der einen vorzüglichen Ruf als Stuckator genoss und als *damals der Berühmteste seiner Kunst* gelobt wurde (vgl. Vollmer [wie Anm. 277], S. 71–73) in Erwägung zu ziehen. Entstanden sind die Stuckaturen frühestens 1748–1750, als auch das Chorgestühl von Simon Sorg aufgestellt wurde. Stilistisch lässt sich sogar eine Datierung bis 1760 vertreten, wie sie unlängst vorgeschlagen wurde (Anke Borgmeyer, Achim Hubel, Andreas Tillmann und Angelika Wellnhofer, Denkmäler in Bayern, Bd. III. 37: Stadt Regensburg. Ensembles – Baudenkmäler – Archäologische Denkmäler, München 1997, S. 90). Die langweilig-unbeholfene, kleinteilige Bandwerkstuckatur am Langhausgewölbe in Stadtamhof, die in merkwürdigem Kontrast zur der gelungenen Rocailleornamentik am Rahmen des Langhausdeckenbildes steht, lässt sich zur Zeit noch nicht zuordnen.

280 Die Stuckaturen in der Benediktinerklosterkirche Frauenzell wurden im Vergleich mit Franz Xaver Höflmayers Arbeit in Scheuer „als Werk der gleichen Hand vermutet" (Thieme-Becker [wie Anm. 274], Bd. 17, Leipzig 1924, S. 193). Herbert Schindler, Barockreisen in Schwaben und Altbayern, München 1964, S. 210, 215, schrieb dagegen Frauenzell Anton Landes zu. Dieser Zuweisung ist zuzustimmen. Die Stuckdekoration in Frauenzell lässt sich mit Sankt Kassian in Regensburg vergleichen. Neue Motive bei Landes sind kleine, in die Stuckmasse eingestanzte Kreuzchen, ferner sogenannte (von kleinen Öffnungen durchbrochene) Lochrocaillen und wie Wirbelknochen gestaltetes Stuckwerk. Die beiden letztgenannten Neuerungen basieren auf graphischen Blättern von Joseph Anton Feichtmayer und Gottfried Bernhard Göz aus den 1740er Jahren. Alle drei Motive erlauben auch die Zuschreibung des hervorragenden Stucks in der Sakristei und im Psallierchor des ehemaligen Benediktinerklosters Reichenbach. Die Datierung bei Grimminger (wie Anm. 278, Abb. VIII und Abb. 39) ist mit 1743/1744 jedoch zu früh. Die vergleichbaren Arbeiten von Landes in Frauenzell und Sankt Kassian und die chronologische Abfolge seiner Werkliste legen eine Entstehung zwischen 1755 und 1757 nahe.

281 Siehe Vollmer (wie Anm. 277), S. 76. In Mainz erhielt der *Stuckhaturer Lantz* für die Ausgestaltung der Peterskirche laut Quittungen 2000 Gulden 48 Kreuzer (Rechnungsprüfungsprotokoll vom 14. August 1760 im Domarchiv Mainz, Kasten 38/III. Fasz. 1).

282 Auch die 1759 ff. datierte Stuckdekoration der Maria Schnee-Kapelle ist „anscheinend im Umkreis des Stuckators Anton Landes (oder des Franz Höflmayer) entstanden" (Dehio [wie Anm. 278], S. 529).

283 Der Auftrag der Medinger Dominikanerinnen 1755 an Anton Landes könnte auf Empfehlung seines Vetters Johann Baptist Zimmermann erfolgt sein, der in Maria Medingen 1718/1719 die Klosterkirche freskierte und möglicherweise im Pfortenzimmer des Klosters vier Reliefbüsten als Allegorien der Jahreszeiten in Stuck modellierte.

284 Abgebildet bei Seitz (wie Anm. 275), S. 222.

285 Zum Beispiel die Stichkappen über dem Nonnenchor, wo auch als Relief gestaltete Stuckvasen vorkommen; siehe Abb. S. 198 in: Hermann und Anna Bauer, Johann Baptist Zimmermann und Dominikus Zimmermann, Regensburg 1985.

286 Abb. S. 147 bei Bauer (wie Anm. 285).

287 Abb. S. 143 bei Bauer (wie Anm. 285).

288 Sterbeeintrag im Wessobrunner Matrikelbuch Band E, pag. 32.

289 Merck, für den fünf längere Aufenthalte am preußischen Hof, zuletzt 1771, belegt sind, war seit etwa 1740 oberster Stuckator des Königs von Preußen und maßgeblich an der Ausgestaltung von Schloss Sanssouci beteiligt. Siehe Eva Christina Vollmer, Stuckdekorationen von Johann Michael Merck im Weilheimer Gebiet. Ein Beitrag zu Leben und Werk des Hofstukkators Friedrichs des Großen, in: Lech-Isar-Land 1979, S. 3–27.

290 Maria Barbara *4.12.1756 (E 35); Franz Aloys *1.08.1759 (E 49); Maria Theresia *23.04.1761 (E 57); Johann Georg *12.04.1762 (E 63). Die drei Kinder aus der ersten Ehe – Franz Benedikt *22.01.1750 (D 282), Maria Theresia *29.08.1751 (E 3) und Maria Theresia *25.01.1756 (E 30) – starben alle kurz nach der Geburt.

291 Bischöfliches Zentralarchiv Regensburg (künftig: BZAR), Stiftsarchiv Alte Kapelle (künftig: AK), Amtsbuchserien, Amtsrechnungen Bd. 192 (1753/1754), fol. 85v, No. 56.

292 BZAR, AK, Amtsbuchserien, Amtsrechnungen Bd. 190 (1751/1752), fol. 76^{v} und 77^{r}, No. 66.

293 BZAR, AK, Amtsbuchserien, Amtsrechnungen Bd. 191 (1752/1753), fol. 73^{r}, No. 44, 45 und 46.

294 BZAR, AK, Amtsbuchserien, Amtsrechnungen Bd. 193 (1754/1755), fol. 65^{r}, No. 51. Schon 1752 hatte *Martin Röhrl Caminfeger den Camin auf dem Neuerbauthen Jbs* (= Gips) *Ofen 6 mahl kehret a 6 x.* (BZAR, AK, Amtsbuchserien, Amtsrechnungen Bd.191 [1752/1753]), fol. 74^{v}, No. 63).

295 BZAR, AK, Amtsbuchserien, Kapitelsprotokolle Bd. 36 (1750–1753), fol. 25^{r}.

296 Ebenda, fol. 43^{r}.

297 Ebenda, fol. 124^{r}.

298 BZAR, AK, Amtsbuchserien, Amtsrechnungen Bd. 190 (1751/1752), fol. 76^{r}, No. 60 und 61.

299 Auch 1752 sind am 21. Oktober *dem Vorreuther in Nidermünster bezahlet worden vor 36 Köpf seines Diensts Trunckhs Gerstenbier, so zu Stuckodorarbeith über nohmen worden [...] 45 x* (BZAR, AK, Amtsbuchserien, Amtsrechnungen Bd. 191 [1752/1753], fol. 75^{r}, No. 67). Das Bier wurde der Stuckmasse beigemischt, um den Erhärtungsprozess zu verlangsamen. Ein Biereimer beinhaltete 64 Mass = 68,4 Liter. Ein Kopf entsprach der heute gebräuchlichen Mass = 1,07 Liter. Siehe Johann Andreas Schmeller, Bayerisches Wörterbuch, Band 2, 2. Ausgabe München 1872–1877, Sp. 1274 und Fritz Verdenhalven, Alte Maße, Münzen und Gewichte aus dem deutschen Sprachgebiet, Neustadt an der Aisch 1968, S. 51.

300 Der Bauherr der Kaisheimer Sommerresidenz in Schloss Leitheim, Abt Coelestin Mermoos, entsandte das virtuose Duo Gottfried Bernhard Göz und Anton Landes 1751 auch nach Wörnitzstein, um die dortige Kalvarienbergkapelle auszuschmücken.

301 Die folgenden Ausführungen basieren streckenweise auf der noch nicht gedruckten Dissertation von Meinrad von Engelberg, Renovatio Ecclesiae. Die Umgestaltung mittelalterlicher Kirchen zwischen Reformation und Säkularisation, Augsburg

2001. Herr von Engelberg gewährte freundlicherweise Einblick in das Manuskript, wofür ihm herzlich gedankt wird.

302 Von Engelberg (wie Anm. 301), Bd. 2, S. 422.

303 Ebenda, S. 402.

304 Bernhard Rupprecht und Wolf-Christian von der Mülbe, Die Brüder Asam, Regensburg 1980, S. 164. Vgl. dort auch die instruktiven Abbildungen der Stuckdekoration in Sankt Emmeram auf S. 161, 163, 165, 167.

305 In der Alten Kapelle sind das neben Blüten, Blättern, Palmetten, Zierknöpfen, Stuckzungen und Voluten auch Teile der Kapitelle, ferner die Kartuschen und Agraffen für die Rahmen der Hochwandfresken. Auch die meisten der geflügelten Puttenköpfe waren Fertigware aus Modeln, die von Bildhauern hergestellt wurden. Siehe dazu den Beitrag von Dagmar Dietrich in diesem Buch, S. 186.

306 Bei der Restaurierung der Alten Kapelle fanden sich Vorzeichnungen des Stucks in Holzkohle, bei Feinheiten manchmal auch mit dem Pinsel und roter Farbe. Siehe Michael Kühlenthal, Die Raumfassung der Alten Kapelle in: Alte Kapelle Regensburg (wie Anm. 272), S. 33 und Abb. 9.

307 Kühlenthal (wie Anm. 272), S. 33 und Abb. 6 und 7. Ein Eintrag in den Kapitularprotokollen bestätigt den Befund der Restauratoren: *den 9. July* [1753] *seynd Von Johann Baptist Dirr Bildhauer in Stadt am Hof erkaufft worden 4 geschnidtene Blumen Grueg per 3 fl: 30 x:*

308 Die Stiftsprotokolle notieren 1751: *Eisenhandlers Grienewalds conto betragen auf Bau: und Stuckodor arbeit [...] 109 fl. 56 x.* (BZAR, AK, Amtsbuchserien, Amtsrechnungen Bd. 190 [1751/1752], fol. 73v, No. 39), und 1752: *Unterschiedlich Eißen Nothdurfft seynd aus der Gottlieb Grienewaldschen handlung abgelanget worden per 199 fl. 6 x.* (BZAR, AK, Amtsbuchserien, Amtsrechnungen Bd. 191 [1752/1753], fol. 73v, No. 50).

309 Die Nepomukfigur gilt als ungefähr 1740 entstandenes Werk von Franz Anton Neu; siehe Karl-Heinz Betz und Harald Gieß, Alte Kapelle Regensburg (Schnell, Kunstführer Nr. 415), Regensburg 10 1998, S. 22. Am 6. August 1754 lieferte der Bildhauer Johann Baptist Dirr *[...] 5 geschnittene Stern Zur Bildnus S: Joannis Nepomuceni Unter dem Music Chor per 1 fl: 30 x:* (BZAR, AK, Amtsbuchserien, Amtsrechnungen Bd. 193 [1754/1755], fol. 60r, No. 8).

310 Die Formensprache der Stuckaturen in den Seitenschiffen der Alten Kapelle verführt zu der Überlegung, ob die 1751 datierte Schlosskapelle Sankt Augustin in Neubeuern (Landkreis Rosenheim) ebenfalls ein Werk von Anton Landes ist. Für die Stuckdekoration wurde bisher kein Meister benannt. Auf die naheliegende, aber trügerische Fährte, Johann Baptist Zimmermann zu vermuten, weil dieser 1746 den Entwurf für den Hochaltar der Schlosskapelle lieferte, ließ sich die Forschung bisher zu Recht nicht ein. Zimmermanns Stuckausstattungen zeigen in den 1750er Jahren eine gänzlich andere, prall-naturalistische Handschrift (zum Beispiel in Andechs, Wemding oder Schäftlarn). Ein auf ihn weisendes Motiv sind allerdings die ionischen Kapitelle in Neubeuern, denen wir bereits in der Amberger Jesuitenkirche (1718–1720) begegnet sind, die er aber auch noch in der Wallfahrtskirche Maria Brünnlein in Wemding (1752–1754) benutzt. Als einstigem engen Mitarbeiter Zimmermanns waren Landes solche Motive bekannt und nur ein Zimmermann sehr nahestehender Künstler kommt für den Stuck in Neubeuern in Frage.

311 BZAR, AK, Amtsbuchserien, Kapitelsprotokolle Bd. 37 (1759–1763), fol. 114v.

312 Siehe Beitrag von Dagmar Dietrich in diesem Buch, Anm. 339.

313 Die Protokollbücher enthalten zwei Einträge zu Gipslieferungen. 1761 wurden *Niclassen Kürmberger Flosmeistern zu Gärmisch ab zum Gotts Haus Chor Pau geliferten 50 Väsl Jbs nach 2 fl: 15 x: behalt Scheines 112 fl: 30 x:* bezahlt. *Dennen Statt Schroder: oder sogenanten Balnpünder das sye solche von der zillen zu land gebracht haben a 2 x: von Väsl, [...] 1 fl: 40 x:* (BZAR, AK, Amtsbuchserien, Amtsrechnungen Bd. 200 [1761/1762], fol. 75v, No. 39). Und für das folgende Jahr liest man: *Den 6.ten Aug: wurden aufm Wasser 30 Väßlen Gips gelifert, und denen Schroder= oder sogenannten Balnbünder, dass Sye solche aufs Landt Gebracht a 2 x: Bezahlt. 1 fl: Den Niclas Kürenberg Floßmaistern zu Garmisch zwar für Obige 30 Vässl Jps a 2 fl: 20 x: 70 fl:, Alldieweillen aber das Stifft Nidermünster hiervor 2 Väßlen anverlangt, die man denselben ad 4 fl: 40 x: Verabfolgen lassen [...]* (BZAR, AK, Amtsbuchserien, Amtsrechnungen Bd. 201 [1762/1763], fol. 104r, vor No. 39 und fol. 104rv, No. 39).

314 BZAR, AK, Amtsbuchserien, Amtsrechnungen Bd. 201 (1762/1763), fol. 111v, No. 83.

315 Ebenda, fol. 104v, No. 41.

316 Zu den Oratorien siehe den Beitrag von Dagmar Dietrich in diesem Buch S. 199.

317 Franz Xaver Höflmayer erwähnt in einem Schreiben vom 7. Februar 1761, dass er *andere in Regensburg verschribene Arbeith* auszuführen habe, ferner ist ein Schreiben der Regierung Amberg vom 17. Juli 1761 an *Höpffelmayr, Stuccador, dermahlen in der Refier Regenspurg* gerichtet; siehe Seitz (wie Anm. 275), S. 216.

318 BZAR, AK, Amtsbuchserien, Amtsrechnungen Bd. 202 (1763/1764), fol. 74v, No. 36, 37. Eine Elle entsprach einer Länge von ungefähr 60 bis 70 Zentimetern, 48 Ellen waren also etwa 29 bis 34 Meter.

319 Mehr dazu im Beitrag von Dagmar Dietrich in diesem Buch S. 200.

320 Hypothese von Dr. Xaver Luderböck, der vor Beginn der Restaurierungsmaßnahmen für die ausführende Firma Preis & Preis eine Quellendokumentation erstellte, hier S. 60, Anm. 3.

321 Thomas Johannes Kupferschmied, Stucco finto oder der Maler als „Stukkator". Der fingierte Stuck von Egid Schor bis zu Januarius Zick (Europäische Hochschulschriften: Reihe 28, Kunstgeschichte, Bd. 223), Frankfurt/Main 1995, S. 311 f.

322 Der Stuckorgie im ersten Chorjoch stehen aber auch ruhigere Partien gegenüber. Die Gewölbezwickel des mittleren Chorjochs beispielsweise gliederte Landes mit schmalen Goldleisten, die den Kanten der Stichkappengrate, der Rundung des Freskorahmens und den Linien der halbierten Gurtbögen folgen. Diese Bandzüge werden in regelmäßigen Abständen durch Blumenbüschel unterbrochen. Dasselbe Motiv schmückt auch die Chorbogenwand in Sankt Mang in Stadtamhof, was für eine späte Datierung (ungefähr 1755/1757) dieser Stuckausstattung spricht. Vgl. dazu Anm. 279.

323 Eduard Isphording, Gottfried Bernhard Göz 1708–1774. Ölgemälde und Zeichnungen. 2 Bde., Weißenhorn 1982. Siehe Bd. I, S. 223 f. und Bd. II, Abb. 100.

324 Gemeint ist die aufspringende und sich zu gegenläufigen Voluten einrollende oberste Kämpferplatte samt dem stützenden Akanthusblattfächer, beides Motive aus der 30 Jahre älteren Klosterkirche Sankt Emmeram.

325 Die vier Vasen insgesamt, speziell aber die das Element Wasser symbolisierende Vase erinnert an das von Göz gezeichnete und später gestochene Blatt „Der offen stehende Brunn", Bestandteil einer in den 1740er Jahren entstandenen mariologischen Stichserie. Siehe dazu Isphording (wie Anm. 323), Bd. I, S. 285 f. und Bd. II, Abb. 232. Auch die mit vielen Attributen nach Art einer Bilderbibel versehenen Apostelbüsten in verschiedenen von Landes stuckierten Kirchen – die im einzelnen aber wohl eher seinem Mitarbeiter Franz Xaver Höflmayer zuzuordnen sind – weisen motivisch teilweise deutliche Parallelen zu Göz'schen Vorlagen auf, wie zum Beispiel zu der 1736 gezeichneten und wenig später verlegten Stichfolge mit Darstellungen der zwölf Apostel. Siehe Isphording (wie Anm. 323), Bd. I, S. 238 ff. und Bd. II, Abb. 137–148.

326 Zu der Vase, die das Element Wasser symbolisiert, lassen sich mehrere Parallelen bei Gottfried Bernhard Göz feststellen. Das aus Delphin, Putto, Brunnenschale und Fontäne bestehende Ensemble ähnelt einer kleinen Szene auf dem Blatt „Der heilige Petrus" aus der Kupferstichfolge von 1736 (Isphording [wie Anm. 323], Bd. II, Abb. 137). Die große Muschel erinnert zum einen an die obere Muschel auf einem „Entwurf für einen Deckelhumpen" (um 1745/1750; siehe Isphording [wie Anm. 323], Bd. I, S. 286 und Bd. II, Abb. 236), zum anderen an die Muschelformen auf einem 1743 datierten Freskoentwurf mit mythologischen Figuren (Isphording [wie Anm. 323], Bd. I, S. 214 und Bd. II, Abb. 92). Jener Entwurf zeigt auch aus Muschelwerk gebildete Gehäuse, die den Rocailleaufbauten auf den Vierungspfeilern der Alten Kapelle verblüffend ähnlich sind.

327 Siehe dazu auch den Beitrag von Dagmar Dietrich in diesem Buch, S. 201/202.

328 Isphording (wie Anm. 323), Bd. II, Abb. 205 und 237.

329 Von Engelberg (wie Anm. 301), Bd. 2, S. 403.

zu Dagmar Dietrich, Altäre, Oratorien

330 Das Jahr 1754 feierte das Stift als Jahr des Milleniums, siehe die Handwerker- und Materialrechnungen, Bischöfliches Zentralarchiv Regensburg (künftig: BZAR), Stiftsarchiv Alte Kapelle (künftig: AK), Amtsbuchserien, Amtsrechnungen Bd. 192 (1753/1754), fol. 86r ff. und Bd. 193 (1754/1755), fol. 66r ff.; siehe auch Felix Mader, Stadt Regensburg, Bd. II (Die Kunstdenkmäler von Bayern, Oberpfalz Bd. 22), München 1933, S. 14.

331 BZAR, AK, Amtsbuchserien, Amtsrechnungen Bd. 193 (1754/1755), fol. 64v, No. 42 und fol. 66r, No. 57.

332 BZAR, AK, Amtsbuchserien, Amtsrechnungen Bd. 173 (1733/1734), fol. 150r, No. 8.

333 BZAR, AK, Amtsbuchserien, Amtsrechnungen Bd. 204 (1765/1766), fol. 72v, No. 71.

334 BZAR, AK, Amtsbuchserien, Kapitelsprotokolle Bd. 38 (1764-1768), fol. 254v und fol. 259r.

335 Siehe die vielen Eintragungen und Rechnungen in den jeweiligen Kapitelsprotokollen und Rechnungsbüchern.

336 BZAR, AK, Amtsbuchserien, Amtsrechnungen Bd. 230 (1791/1792), fol. 78r, No. 39; die Altäre wurden hierfür nochmals gereinigt; am 15. Juni des Jahres zahlte man dem Bildhauer Johann Augustin Mühlbauer ein Honorar für die *Kreuzl*, die er zur Weihe der zwölf Altäre in deren Mensaplatten eingehauen hatte. Auf der zentralen Kartusche des Hochaltars ist die Jahreszahl *1793* wiedergegeben; ob es sich bei dieser im Zuge der Renovierung von 1936/1937 erneuerten Inschrift um einen Lesefehler der damaligen Restauratoren handelte und hier ehemals die auf Reinigung und anschließende Weihe des Altars bezogene Datierung *1792* zu lesen war, kann lediglich vermutet werden, da während der letzten Renovierung in der Kartusche keine aufschlussgebenden Fassungsreste des 18. Jahrhunderts mehr aufgedeckt werden konnten.

337 BZAR, AK, Amtsbuchserien, Amtsrechnungen Bd. 236 (1797/1798), fol. 93r, No.85.

338 Richard Hoffmann, Der Altarbau im Erzbistum München und Freising in seiner stilistischen Entwicklung vom Ende des 15. bis zum Anfang des 19. Jahrhunderts, München 1905, S. 269 spricht in Bezug auf die bayerische Kirchenkunst vom „klassizistischen Rokoko" und charakterisiert damit eine Stilphase, „welche einerseits eine Nachblüte des Rokoko darstellt, andererseits bereits in die steifen Formen einlenkt, die sich in der Nachahmung der Antike gefallen". Er vermeidet damit den Stilbegriff des „Louis XVI.", der in dieser Zeit in der Kirchenkunst zumeist lediglich auf die Übernahme von französischen Ornamenten anzuwenden ist, ebenso wie den abwertenden Begriff des „Zopfstils", der, aus dem studentischen Sprachgebrauch der Revolutionszeit stammend, mit der altmodischen männlichen Haartracht des „verzopften" späten 18. Jahrhunderts auch eine rückwärts gewandte Gesinnung verspottete.

339 Franz Anton Neu entstammt einer alten Bildhauerfamilie, denn auch der Vater Anton (*18.09.1669) und der Großvater Matthias Neu (*9.02.1639) waren Bildhauer. Freundliche Mitteilung Gerhard Tausche, Stadtarchiv Landshut. Weitere Notizen zum Leben des Franz Anton Neu siehe Karl Heinz Betz, Simon Sorg (1719–1792). Hofbildhauer des

Fürsten Thurn und Taxis. Ein Regensburger Meister des Bayerischen Rokoko (Thurn und Taxis-Studien 12), Kallmünz 1980, S. 141.

340 Das bildhauerische Werk des Franz Anton Neu ist bislang nicht weiter erforscht, der bisherige Werkkatalog scheint durch zahlreiche Zuschreibungen belastet.

341 Johann Baptist Dirr ging vermutlich zunächst bei seinem Vater Martin (2.11.1674–20.02.1733) in die Lehre. Die Mutter Maria Anna war die am 10.05.1678 geborene Tochter des Weilheimer Goldschmieds Franz Kipfinger. Für Auszüge aus den Kirchenbüchern der Stadtpfarrkirche Weilheim ist Herrn Reinhard Schmid, Weilheim, zu danken.

342 Zu Johann Georg Dirr siehe Christa Häusler-Stockhammer, Johann Georg Dirr. Die Stukkaturen des Johann Georg Dirr im Schloss Salem (Bodensee-Bibliothek 30), Sigmaringen 1985, sowie Erika Dillmann, Klaus Zoege von Manteuffel und Hans Jürgen Schulz, Johann Georg Dirr (Kunst am See 3), Friedrichshafen 1980. Zu Franz Anton Dirr siehe Reinhard Helm, Ein Hausaltar von Franz Anton Dirr (1724–1801), in: Weilheimer Heimatblätter 12 (1999), S. 28.

343 BZAR, AK, Amtsbuchserien, Kapitelsprotokolle Bd. 36 (1748/1749), fol. 47r, No.3.

344 1754 fertigte er einen Grabstein, was seine Tätigkeit auch als Steinbildhauer belegt, siehe BZAR, AK, Amtsbuchserien, Amtsrechnungen Bd. 193 (1754/1755), fol. 63v, No. 30, im Jahr darauf lieferte er die geschnitzten Docken zu dem vom Schreiner Carl Heinrich erneuerten Kirchengestühl, siehe BZAR, AK, Weißenhorn, Amtsrechnungen Bd. 193 (1754/1755), fol. 66r, No. 56.

345 Der Altar ging 1863/64 verloren. Im Besitz des Kollegiatsstiftes zur Alten Kapelle hat sich jedoch das um 1750 entstandene Modell erhalten; siehe hierzu Peter Volk (Hrsg.), Bayerische Rokokoplastik. Vom Entwurf zur Ausführung, München 1985, Nr. 111, S. 108. Das Modell diente als Grundlage zur 1908 erfolgten Rekonstruktion des ganz in die Raumarchitektur einkomponierten und als architektonisches Möbel aufgelösten Aufbaus im Chor von Sankt Kassian, Regensburg.

346 Weitere biographische Notizen und Werkzuweisungen siehe Betz (wie Anm. 339), S. 142.

347 Zu Leben und Werk siehe Betz (wie Anm. 339).

348 Betz (wie Anm. 339), S. 23.

349 Vgl. Betz (wie Anm. 339), S. 87; dass Simon Sorg allerdings auch nach dem Entwurf anderer Künstler arbeitete, zeigt sich in der Schlosskapelle von Zaitzkofen, deren Altar eine von der Alten Kapelle deutlich unterschiedene, wesentlich fortschrittlichere und dem Stilwollen des Frühklassizismus verpflichtete Haltung zeigt. Hier geht der Entwurf aller Wahrscheinlichkeit auf den Maler Giovanni Nepomuk della Croce aus Burghausen zurück, der das gleichfalls vom neuen Geist der Aufklärung geprägte Altarblatt lieferte.

350 Betz (wie Anm. 339), S. 84.

351 BZAR, AK, Amtsbuchserien, Kapitelsprotokolle Bd. 42 (1776–1780), unpaginiert, Sitzung vom 27.03.1779, Punkt 6.

352 BZAR, AK, Amtsbuchserien, Amtsrechnungen Bd. 222 (1783/1784), fol. 81r, No. 43 und No. 44.

353 BZAR, AK, Amtsbuchserien, Amtsrechnungen Bd. 230 (1791/1792), fol. 79v, No. 44.

354 Betz (wie Anm. 339), S. 84. Siehe auch die Zusammenstellung biographischer Angaben zu den Mitgliedern der Familie Zellner bei Ursula Baumer, Johann Koller und Katharina Walch: Die Rekonstruktion der Zellner-Lacke auf den Altären der Alten Kapelle, in: Alte Kapelle Regensburg (Arbeitsheft des Bayerischen Landesamtes für Denkmalpflege 114), München 2001, S. 41.

355 BZAR, AK, Amtsbuchserien, Amtsrechnungen Bd. 223 (1784/1785), fol. 85r, No. 51.

356 BZAR, AK, Amtsbuchserien, Amtsrechnungen Bd. 236 (1797/1798), fol. 93r, No. 85.

357 BZAR, AK, Amtsbuchserien, Amtsrechnungen Bd. 207 (1768/1769), fol. 89v, No. 26.

358 Siehe den Beitrag von Harald Gieß in diesem Buch, S. 267 ff.

359 BZAR, AK, Amtsbuchserien, Kapitelsprotokolle Bd. 39 (1769–1771), unpaginiert, Sitzung vom 19.05.1769, Punkte 1 und 2.

360 BZAR, AK, Amtsbuchserien, Kapitelsprotokolle Bd. 40 (1772–1775), unpaginiert, Sitzung vom 28.08.1772, Punkt 6.

361 BZAR, AK, Amtsbuchserien, Amtsrechnungen Bd. 212 (1773/1774), fol. 89v, nach No. 54 und Bd. 213 (1774/1775), fol. 99v, vor No. 49 und fol. 97r, No. 23 und No. 24.

362 BZAR, AK, Amtsbuchserien, Kapitelsprotokolle Bd. 41 (1776–1780), unpaginiert, Sitzung vom 26.04.1776, Punkt 3; siehe auch Betz (wie Anm. 339), S. 86 ff.

363 Am Altar war ein Teil der Nische drehbar angelegt, was an einer horizontalen Fuge über der Muttergottesfigur auch heute noch vom Schiff aus ablesbar ist. Die auf der Altarrückseite einsehbare Drehvorrichtung wurde jedoch wahrscheinlich bereits bauzeitlich fixiert. Inwieweit ein 1879 als bereits entfernt erwähnter, offenbar hinter dem Altar befindlicher *Kasten für die große Muttergottesnische am Hochaltar* mit der ursprünglich vorgesehenen Drehvorrichtung zusammen hing, ist nicht mehr zu eruieren, siehe BZAR, AK, Amtsbuchserien, Kapitelsprotokolle Band 64, 1875–1882, unpaginiert, Sitzung vom 30.9.1879, Punkt 196. Auch am Altarmodell ist die Figurennische drehbar ausgebildet.

364 Vgl. Betz (wie Anm. 339), S. 89.

365 BZAR, AK, Amtsbuchserien, Kapitelsprotokolle Bd. 37 (1759–1763), fol. 203v.

366 Betz (wie Anm. 339), S. 87 bewertet die Mitteilung ebenfalls skeptisch; Eduard Isphording, Gottfried Bernhard Göz, 1708–1774. Ölgemälde und Zeichnungen, Weißenhorn 1982, Teil 1, S. 70 f., nimmt dagegen ohne weitere Begründung an, dass der ab 1769 gefertigte Altar nach dem Entwurf von Göz durch einheimische Künstler ausgeführt wurde.

367 Göz war aufgrund seiner architektonischen Kenntnisse, mit denen er die zahlreichen Architekturstaffagen in seinen Fresken gestaltete, sicher in der Lage, eine Altararchitektur zu konzipieren. Doch sind außer in diesem Regensburger Fall keine weiteren derartigen Entwurfsambitionen des Malers bekannt, so dass Vergleichsmaterial zur Absicherung einer konkreteren Aussage fehlt.

368 Vgl. Betz (wie Anm. 339), S. 87 f.

369 BZAR, AK, Amtsbuchserien, Amtsrechnungen Bd. 203 (1764/1765), fol. 80v, No. 77.

370 Regensburg, Historisches Museum der Stadt, Inv. Nr. K 1932/10; Erstpublikation und Zuschreibung an Sorg bei Betz (wie Anm. 339), S. 93, Abb. 54, 55; siehe auch Volk (wie Anm. 345), Nr. 112, S. 109 ff.

371 Vgl. dagegen die wesentlich eleganter und in kapriziöser, rokokohafter Pose gegebenen, um 1751/1752 entstandenen Figuren des Gnadenaltars von Johann Baptist Dirr, siehe S. 222 f.

372 Vgl. Betz (wie Anm. 339), S. 93 f.

373 BZAR, AK, Amtsbuchserien, Amtsrechnungen Bd. 213 (1774/1755), fol. 100r, No. 51.

374 Das Bild wird seit 1451 im Chor erwähnt, siehe hierzu auch den Beitrag von Achim Hubel, in diesem Buch S. 219 ff.

375 BZAR, AK, Amtsbuchserien, Amtsrechnungen Bd. 213 (1774/1755), fol. 97r, No. 23. Ob mit dieser zeitlich greifbaren Fassung der Aufbauten jedoch auch deren Entstehung erst zehn Jahre nach dem Tod des Anton Landes zu fixieren ist, scheint eher fraglich.

376 Die Kopie entstand am 27. September 1810, siehe Josef Gerl, Zum Gnadenbild der Alten Kapelle, in: Das Kollegiatstift Unsere Liebe Frau zur Alten Kapelle in Regensburg, hrsg. von Paul Mai und Karl Hausberger (Beiträge zur Geschichte des Bistums Regensburg 34), Regensburg 2000, S. 187–201, hier S. 193.

377 Gerl (wie Anm. 376), S. 192 ff.

378 Gerl (wie Anm. 376), S. 193, Anm. 35 und S. 199.

379 Auf ihr Entstehungsdatum verweisen Zahlungen vom August 1764 für 44 2/3 Ellen Leinwand *zu den Statuen auf die oratoria* und von 130 Gulden im Januar 1765 an Simon Sorg für die Verfertigung der *4 Weldtheil auf die oratoria im Chor: so ander Bildhauer Arbeith ain Scheines*, siehe BZAR, AK, Amtsbuchserien, Amtsrechnungen Bd. 203 (1764/1765), fol. 79r, No. 63 und fol. 76v, No. 78.

380 Mader (wie Anm. 330), 1933, S. 30.

381 Betz (wie Anm. 339), S. 81.

382 Siehe Karl-Heinz Betz, Das ikonologische Programm der Alten Kapelle in Regensburg, in: Verhandlungen des historischen Vereins für Oberpfalz und Regensburg 118 (1978), S. 7–52, hier S. 30 ff. sowie Beitrag von Betz in diesem Buch, S. 135 ff.

383 Betz (wie Anm. 339), S. 79 schreibt den Entwurf dagegen Anton Landes zu und sieht in dem Stuckator auch den Entwerfer des figuralen Schmucks, nach dessen Zeichnungen oder Modellen Simon Sorg gearbeitet habe.

384 Siehe Anm. 379.

385 Zur Materialuntersuchung siehe Bayerisches Landesamt für Denkmalpflege, Dokumentation der Restaurierung durch die Firma Preis & Preis: Alte Kapelle Regensburg, Untersuchungsbericht 1991 sowie Detailaufnahmen während der Restaurierung. Abbildung eines der Lattengerüste, über denen die Figuren entwickelt sind, bei Michael Kühlenthal, Die Raumfassung der Alten Kapelle, in: Alte Kapelle Regensburg (Arbeitsheft des Bayerischen Landesamtes für Denkmalpflege 114), München 2001, S. 34, Abb. 8.

386 Eva Christina Vollmer, Wiesbaden, ist für den Hinweis zu danken, dass figurale Stuckplastiken im Werk des Anton Landes eine untergeordnete Rolle spielt und der Stuckator seine ornamentalen Arbeiten lediglich durch kleinere Tierdarstellungen, Puttenköpfchen und Engelkinder bereicherte. Für deren Herstellung setzte Landes unterschiedliche Modelle ein. Um das Gebälk der Margaretha Ebner-Kapelle in Maria Medingen (Landkreis Dillingen) zu schmücken, übernahm er vermutlich von der Augsburger Stuckatorengruppe um Franz Xaver und Johann Michael (II) Feichtmayr Modelle, welche eindeutig die Handschrift des Augsburger Bildhauers Aegid Verhelst tragen (vgl. Dagmar Dietrich, Aegid Verhelst 1696–1749. Ein flämischer Bildhauer in Süddeutschland, Weißenhorn 1986, S. 126 f.); in Sankt Kassian in Regensburg zeigen die Landes-Puttenköpfchen dagegen eher gewisse Ähnlichkeiten zum Asamschen Kindertypus, den der Stuckator in Sankt Emmeram zu Regensburg hatte kennen lernen können. Im Chor der Alten Kapelle griff Landes dann offenbar unter anderem auch auf Modelle des Simon Sorg zurück, die sich durch ihre schlankeren Kopfformen und offene, waagrecht eingeschnittene Münder auszeichnen. Die Rohmodelle variierte der Stuckbildner jeweils durch Überarbeitungen und Ergänzungen.

387 Betz (wie Anm. 339), S. 78 ff. stellte die engen stilistischen Abhängigkeiten der Stuck- und Holzbildwerke erstmals fest, verfügte jedoch noch über keine näheren technischen Informationen zu den aus Holz und Leinwand zusammengesetzten Bildwerken in der Alten Kapelle bzw. über die häufig von Stuckatoren praktizierte Stuckabformung holzgeschnitzter, von Bildhauern gelieferter „Rohlinge".

388 BZAR, AK, Amtsbuchserien, Amtsrechnungen Bd. 202 (1763/1764), fol. 74v, No. 36 und No. 37.

389 Siehe Anm. 379.

390 Siehe Betz (wie Anm. 339), S. 79 ff. sowie die Gegenüberstellung der Heinrichshäupter, Abb. 52, 53.

391 Zur Ikonographie siehe Betz (wie Anm. 382), S. 39.

392 Freundliche Mitteilung von Herrn Hierl, Firma Preis & Preis, Parsberg vom 14.01.2002.

393 BZAR, AK, Amtsbuchserien, Amtsrechnungen Bd. 204 (1765/1766), fol. 72v, No. 71.

394 BZAR, AK, Amtsbuchserien, Amtsrechnungen Bd. 205 (1766/1767), fol. 70r, No. 44.

395 Vgl. auch Betz (wie Anm. 339), S. 83, Kat. 30.

396 Joseph Schmid, Die Geschichte des Kollegiatstiftes U. L. Frau zur Alten Kapelle in Regensburg, Regensburg 1922, S. 186.

397 J. Schmid (wie Anm. 396), S. 188 ff., 195.

398 Siehe J. Schmid (wie Anm. 396), S. 250; Joseph Mayer (Hrsg.), Die Stiftskirche U. L. Frau zur Alten Kapelle in Regensburg, Regensburg 1938, S.166 f. gibt als Todesdatum des Kanonikers den 14. Oktober 1730 an.

399 Vgl. Anm. 339.

400 Aufgrund der stilistischen Unterschiede gegenüber den Figuren des Anna-Altars bedürfte ihre Einordnung in das noch nicht aufgearbeitete Oeuvre des Franz Anton Neu einer nochmaligen Überprüfung.

401 Die Zuweisung der in der älteren Literatur zwischen Vater Johann und Sohn Otto Gebhard strittigen Bilder erfolgte kürzlich aufgrund der als „J. Gebhard" gelesenen Signatur am Hauptbild des Annenaltars an den älteren Gebhard, siehe Christina Grimminger, Otto Gebhard (1703–1773), Regensburg 2000, S. 13 ff., S. 92, 244, G 59, 60. Die Interpretation der Vornamensabbreviatur als „J" ist jedoch nach Mitteilung des Restaurators Rainer Preis, Parsberg, der das Bild während der Renovierung eingehend untersuchte, nicht eindeutig.

402 Mader (wie Anm. 330), 1933, S. 28 verweist auf die Ähnlichkeit der für Neu gesicherten Bildwerke am Magdalenen-Altar in Prüfening, der allerdings in der Literatur auf 1710 und damit für ein Werk des Franz Anton Neu doch wohl zu früh datiert wird; siehe Hans Karlinger, Georg Hager und Georg Lill, Die Kunstdenkmäler des Königreichs Bayern. Oberpfalz XX, Bezirksamt Stadtamhof, 1914, S. 220.

403 Das Motiv der Spiralsäulen mit aufgelegtem Band findet sich in nahezu identischer Form an den um wohl um 1735/1740 entstandenen Seitenaltären am Chorbogen in Sankt Mang in Stadtamhof. Die Altäre werden in der Literatur stilistisch mit Franz Anton Neu in Verbindung gebracht, was sich durch ihren Vergleich mit den gesicherten Arbeiten in der Alten Kapelle bestätigen lässt.

404 Die Altäre in Sankt Mang (vgl. vorhergehende Anmerkung) haben hier säulenbesetzte Auszüge und geben damit einen Hinweis auf die vermutete ursprüngliche Auszugsform der Neu-Altäre in der Alten Kapelle.

405 BZAR, AK, Amtsbuchserien, Amtsrechnungen Bd. 207 (1768/1769), fol. 91v, No. 42.; Sorg erhielt 75 Gulden für diverse Bildhauerarbeiten, die Neufassung besorgte Georg Kaspar Zellner 1769.

406 Betz (wie Anm. 339), S. 42, 86 begrenzt Sorgs Eingreifen lediglich auf diese ornamentalen Überarbeitungen und die Ergänzung einiger Putten. Letztere sind der Werkstatt Sorgs jedoch nicht ohne weiteres zuzuordnen, da sie mit hohen schmalen Schädelformen nicht unbedingt charakteristische Merkmale Sorgscher Kinderfiguren aufweisen.

407 Siehe hierzu Aufsatz Rainer Preis in diesem Buch, S. 282 ff.

408 BZAR, AK, Amtsbuchserien, Kapitelsprotokolle Bd. 38 (1764–1768), fol. 259r.

409 BZAR, AK, Amtsbuchserien, Amtsrechnungen Bd. 194 (1755/1756), fol. 60rv, No. 32.

410 Nachrichten zu einem Altar gleichen Patroziniums gehen in das 15. Jahrhundert zurück; nach J. Schmid (wie Anm. 396), S. 180 wird ein Barbara-Altar seit 1480 in der Alten Kapelle genannt, nach Mayer (wie Anm. 398), S. 205 hat bereits der Kanonikus Georg Zirkendorfer († 24.02.1462) einen Barbara-Altar in der Alten Kapelle gestiftet.

411 Mayer (wie Anm. 398), S. 172.

412 BZAR, AK, Amtsbuchserien, Kapitelsprotokolle Bd. 38 (1764–1768), fol. 228v.

413 Betz (wie Anm. 339), S. 202.

414 Bericht der Augenzeugin Frau Anni Poll, der Nichte des Dekans Poll, vom 16.08.1983; demnach wurden auch die beiden anderen Seitenaltäre im Nordschiff leicht beschädigt.

415 Siehe Mader (wie Anm. 330), 1933, S. 29, Abb. 21 bzw. Mayer (wie Anm. 398), S. 157, 159. Die Rekonstruktion des Altars erfolgte 1947/1949 durch den Bildhauer Scharer, anschließend wurde er von der Kirchenmalerfirma Ludwig Vogel neu gefasst, siehe siehe BZAR, AK, Amtsbuchserien, Kapitelsprotokolle (12.12.1944–7.12.1959), S. 47.

416 Hoffmann (wie Anm. 338), S. 252.

417 Eine Feier anlässlich des Festes Maria Schnee mit Prozession zum Marien-Gnadenbild im Chor der Alten Kapelle wurde bereits 1451 gestiftet, siehe Achim Hubel, „Die schöne Maria" von Regensburg. Wallfahrten – Gnadenbilder – Ikonographie, in: 850 Jahre Kollegiatstift zu den heiligen Johannes Baptist und Johannes Evangelist in Regensburg 1127–1977, hrsg. v. Paul Mai, München/Zürich 1977, S. 212.

418 Bei der Renovation von 1886/87 waren beide Altäre aus Geschmacksgründen zum Abbruch vorgesehen und sollten abgebaut werden, doch dann ließ man sie offensichtlich wieder instandsetzen; über die Maßnahmen im einzelnen berichten die bisher erschlossenen Quellen nichts; siehe BZAR, AK, Amtsbuchserien, Amtsrechnungen Bd. 325 (1886/1887), S. 263, Beleg-Nr. 421. Zu den Befunduntersuchungen siehe Bayerisches Landesamt für Denkmalpflege, Preis & Preis, Alte Kapelle Regensburg, Untersuchungsbericht 1991.

419 BZAR, AK, Amtsbuchserien, Amtsrechnungen Bd. 224 (1784/1785), fol. 85r, No. 51.

420 Deutlich ist die Ablehnung in einem kurfürstlichen Edikt von 1770 formuliert, siehe Helmut Hess, Das kurfürstlich bayerische Generalmandat vom 4. Oktober 1770. „Edle Simplizität" wird behördlich verordnet, München 1989, S. 10, bzw. Anhang, 9. Einer allgemeinen Auffassung der Zeit gibt auch Johann Georg Fünck in: Gottscheds „Neuer Büchersaal der schönen Wissenschaften und freien Künste", Bd. IV, 5. Stück, 1774, S. 411 Ausdruck, wenn er das Rokoko (und seine Ornamentik) als „Inbegriff des schlechten Augsburger Geschmacks" verurteilt. Etwa zur gleichen Zeit gab der Augsburger Johann Esaias Nielson, einen Stich heraus, der einen Mann zeigt, der, in beredter Weise neben einer klassizistischen Stele stehend, ein Blatt mit einem Rocailleornament zerreißt; siehe Hermann Bauer, Rocaille, Berlin 1962, Taf. 40, Abb. 95.

421 Das Vorhandensein eines Heinrichs- und Kunigunden-Altars ist für 1465 überliefert, siehe J. Schmid (wie Anm. 396). Ein Jakobus-Altar wird bereits 1351 in der an die Alte Kapelle angebauten Jakobskapelle (heute Gnadenkapelle) genannt; 1693 transferierte man ihn in das südlich Seitenschiff, siehe J. Schmid (wie Anm. 396), S. 178 f.

422 BZAR, AK, Amtsbuchserien, Amtsrechnungen Bd. 225 (1785/1786), fol. 81r, No. 36; Christian Wink erhielt für sein Gemälde 80 Gulden.

423 Johann Joachim Winkelmann, Gedancken über die Nachahmung der griechischen Werke in der Mahlerey und Bildhauerkunst, Dresden 1755, Nachdruck herausgegeben von Ludwig Uhlig, Baden-Baden/Straßburg 1969, S. 25.

424 Signiert und datiert: *J.S. 1629.*

425 BZAR, AK, Amtsbuchserien, Amtsrechnungen Bd. 229 (1790/1791), fol. 102v, No. 39; Sorg erhielt 300 Gulden, eine Restrate zahlte man ihm noch im August 1792 aus.

426 Ein Kreuz-Altar wird in der Alten Kapelle 1472 genannt, siehe J. Schmid (wie Anm. 396), S. 204. Nach Mayer (wie Anm. 398), S. 172 wird der Altar bereits 1268 erwähnt, er stand vor dem Chor und wurde dort 1754 abgetragen. Ein Benefizium der heiligen Katharina ist in einer Urkunde von 1345 bestätigt; siehe J. Schmid (wie Anm. 396), S. 184.

427 BZAR, AK, Amtsbuchserien, Kapitelsprotokolle Bd. 35 (1748/1749), fol. 64v, fol. 166r und Bd. 36 (1750–1753), fol. 77r.

428 Von der Plank-Kanzel hat sich lediglich ein Entwurfsplan mit Grundriss erhalten siehe BZAR, AK, Amtsbuchserien, Kapitelsprotokolle Bd. 60 (1856–1858), Sitzung vom 14.10.1856, Punkt 24 und Sign. 564, Akt Anschaffung einer neuen Kanzel betr. 1855 (Entwurfsplan mit Grundriss).

429 BZAR, AK, Amtsbuchserien, Amtsrechnungen Bd. 225 (1886/1887), S. 264, Beleg-Nr. 428.

430 Siehe Fotoaufnahme vor 1933 in Mader (wie Anm. 330), Taf. I, gegenüber S. 14. Zum Bildschmuck siehe Kostenvoranschlag der Firma Georg Brandl vom 1. Januar 1935 (BZAR, AK, Sign. 549). Die Christusfigur wird heute in einem Nebengelass der Alten Kapelle aufbewahrt.

431 Bayerisches Landesamt für Denkmalpflege, Ortsakten, Gutachten Konservator Hoffmann, 13.07.1936.

432 Siehe Innen-Renovation der Stiftskirche 1936/1937 und Kostenvoranschläge Kandlbinder und Roider vom 20. bzw. 21.05.1937 (BZAR, AK, Renovierungsakten 1935 ff., Sign. 549, 550) .

433 Mayer (wie Anm. 398), S. 140.

434 Eduard Isphording, Die Fresken des Gottfried Bernhard Göz im Bistum Regensburg, Weißenhorn. 1997, S. 460 f.

435 BZAR, AK, Amtsbuchserien, Amtsrechnungen Bd. 230 (1791/1792), fol. 79r, No. 42.

436 BZAR, AK, Amtsbuchserien, Amtsrechnungen Bd. 230 (1791/1792), fol. 79v, No. 44.

437 BZAR, AK, Amtsbuchserien, Amtsrechnungen Bd. 231 (1792/1793), fol. 77r, No. 39.

438 Betz (wie Anm. 339), S. 206. Im August 1794 erfolgten noch letzte Zahlungen an die Witwe Sorg, siehe BZAR, AK, Amtsbuchserien, Amtsrechnungen Bd. 233 (1794/1795), fol. 85rv, No. 80. BZAR, AK, Amtsbuchserien, Amtsrechnungen Bd. 237 (1798/1799), fol. 105rv, No. 82.

439 Bayerisches Landesamt für Denkmalpflege, Preis & Preis: Dokumentation zur Restaurierung, 1999, Ordner 2.1, S. 2.

zu Hermann Fischer/Theodor Wohnhaas, Das Orgelwerk

440 Verwendete Literatur:
Dominicus Mettenleiter, Musikgeschichte der Oberpfalz, Amberg 1867, S. 244–247.
Raimund W. Sterl, Ein Orgelvertrag aus dem Jahre 1583, in: musica sacra 85, H. 11 (Nov. 1965), S. 324–326.
Raimund W. Sterl, Leben und Werk Kaspar Sturms, in: Verhandlungen des Historischen Vereins für Oberpfalz und Regensburg 107 (1967), S. 65–83.
Eberhard Kraus, Beiträge zur Geschichte der Orgeln des Stiftes zur Alten Kapelle in Regensburg, in: Regensburger Beiträge zur Musikwissenschaft, hrsg. von Hermann Beck, Bd. 6: Studien zur Musikgeschichte der Stadt Regensburg I, Regensburg 1979, S. 351–392.
Karl-Heinz Betz, Die Stiftskirche Unserer Lieben Frau zur Alten Kapelle in Regensburg, Schnell, Kunstführer Nr. 415, München/Zürich [8]1987.

zu Achim Hubel, Das Gnadenbild

441 Christian Altgraf zu Salm, Neue Forschungen über das Gnadenbild der Alten Kapelle in Regensburg, in: Münchner Jahrbuch der bildenden Kunst, 3. Folge, Bd. 13 (1962), S. 49–62.

442 „Die Schöne Maria von Regensburg. Wallfahrten – Gnadenbilder – Ikonographie", Ausstellung der Kunstsammlungen des Bistums Regensburg im Haus Heuport, Regensburg, 24. Juni bis 15. August 1977.

443 Achim Hubel, Die Schöne Maria von Regensburg. Wallfahrten – Gnadenbilder – Ikonographie, in: 850 Jahre Kollegiatstift zu den heiligen Johannes Baptist und Johannes Evangelist in Regensburg, Festschrift, hrsg. v. Paul Mai, München/Zürich 1977, S. 199–237 (auch als Sonderdruck anlässlich der gleichnamigen Ausstellung erschienen, vgl. Anm. 442).

444 Hartmut Krohm, Muttergottes von Hans Leinberger, in: Ausstellungskatalog „Der Mensch um 1500. Werke aus Kirchen und Kunstkammern", anlässlich des 17. Deutschen Evangelischen Kirchentages, Berlin 1977, S. 17–25; Karl-Heinz Betz, Das ikonographische Programm der Alten Kapelle in Regensburg, in: Verhandlungen des Historischen Vereins für Oberpfalz und Regensburg 118 (1978), S. 7–52; Achim Hubel, Albrecht Altdorfer als Maler – Beobachtungen zu Form, Farbe und Licht, in: Albrecht Altdorfer und seine Zeit, hrsg. von Dieter Henrich (Schriftenreihe der Universität Regensburg Bd. 5), Regensburg 1981, S. 49 f.; Gerhard B. Winkler, Die Regensburger Wallfahrt zur Schönen Maria (1519) als reformatorisches Problem, in: ebenda, S. 103–121; Wilhelm Volkert, Die spätmittelalterliche Judengemeinde in Regensburg, in: ebenda, S. 123–149; Peter-Klaus Schuster, Exzesse der Bildverehrung – die Regensburger Wallfahrt, in: Ausstellungskatalog „Luther und die Folgen für die Kunst", Hamburg 1983, S. 132–135; Gisela Goldberg, Albrecht Altdorfer. Meister von Landschaft, Raum, Licht, München/Zürich 1988, S. 41–50; Hans Belting, Bild und Kult. Eine Geschichte des Bildes vor dem Zeitalter der Kunst, München 1990, S. 505–509; Barbara Möckershoff, Martin Luther und die „Schöne Maria" zu Regensburg, in: St. Johann in Regensburg – vom Augustinerchorherrenstift zum Kollegiatstift 1127/1290/1990, Festschrift, hrsg. im Auftrag des Stiftskapitels von Paul Mai, München-

Zürich 1990, S. 227–231; Wolfgang Pfeiffer, Die Schöne Maria mit dem Vorhang. Ein unbekannter Holzschnitt aus dem Altdorfer-Umkreis, in: Anzeiger des Germanischen Nationalmuseums und Berichte aus dem Forschungsinstitut für Realienkunde, Nürnberg 1990, S. 53–63; Walter Hartinger, Volksfrömmigkeit in und um Regensburg am Vorabend der Reformation, in: Ausstellungskatalog „450 Jahre Evangelische Kirche in Regensburg 1542–1992", Regensburg 1992, S. 41–48; Martin Weindl, Von der Wallfahrtskirche zur Schönen Maria zur protestantischen Neupfarrkirche, in: ebenda, S. 51–58; Christopher S. Wood, Ritual and the Virgin on the Column: The Cult of the Schöne Maria in Regensburg, in: Journal of Ritual Studies 6, Nr. 1 (Special Issue: Art in Ritual Context), 1992, S. 87–107; Christopher S. Wood, Albrecht Altdorfer and the Origins of Landscape, London 1993, S. 171–175; Johann Güntner, Die Schöne Maria in der Stiftskirche St. Johann zu Regensburg, in: Beiträge zur Geschichte des Bistums Regensburg 28 (1994), S. 207–213; Ulrich Merkl, Eine illuminierte Ablaßurkunde aus der Altdorfer-Werkstatt, in: Pantheon. Internationale Zeitschrift für Kunst 54 (1996), S. 181–189; Achim Hubel, Die Schöne Maria von Regensburg. Überlegungen zu den bildlichen Darstellungen und zum Ort der Wallfahrt, in: Regensburg im Licht seines geschichtlichen Selbstverständnisses: Kunst – Geschichte – Denkmalpflege. Beiträge des Regensburger Herbstsymposions zur Kunstgeschichte und Denkmalpflege, hrsg. von Helmut-Eberhard Paulus, Hermann Reidel und Paul W. Winkler, 3. Bd., Regensburg 1997, S. 85–100; Volkmar Greiselmayer, Albrecht Altdorfers „Schöne Maria" in der Kritik Martin Luthers und Albrecht Dürers, in: Karl Mösender (Hrsg.), Streit um Bilder. Von Byzanz bis Duchamp, Berlin 1997, S. 73–93; Johann Güntner, Die Wallfahrt zur „Schönen Maria" in Regensburg, Schnell Kunstführer (Reihe Hagiographie/Ikonographie/Volkskunde), Regensburg 1997; Karl-Heinz Betz und Harald Gieß, Die Stiftskirche Unserer Lieben Frau zur Alten Kapelle, Schnell Kunstführer Nr. 415, 10. erweiterte Auflage, Regensburg 1998; Michele Bacci, Il penno dell' Evangelista. Storia delle immagini sacre attribuite a san Luca, Piccola Biblioteca Gisem 14, Pisa 1998, S. 325 f.; Daniel Spanke, Bildformular und Bildexemplar. Die „Schöne Maria zu Regensburg" und der Wandel der Identität sakraler Bilder in der frühen Neuzeit, in: Das Münster 51 (1998), S. 212–221; Josef Gerl, Zum Gnadenbild der Alten Kapelle, in: Das Kollegiatstift Unsere Liebe Frau zur Alten Kapelle in Regensburg, hrsg. von Paul Mai und Karl Hausberger (Beiträge zur Geschichte des Bistums Regensburg 34), Regensburg 2000, S. 187–201.

445 Cornelia Ringer, Das Gnadenbild aus der Alten Kapelle in Regensburg. Technologische Untersuchung und deren Wertung, in: Die Alte Kapelle in Regensburg (Arbeitsheft des Bayerischen Landesamtes für Denkmalpflege 114), München 2001, S. 73–82; Andreas Burmester und Christoph Krekel, Das Blaupigment Vivianit als Schlüssel für die Datierung und die Herkunft des Regensburger Gnadenbildes?, in: ebenda, S. 83–86; Johann Koller, Ursula Baumer und Irene Fiedler, Eine Ikone aus Regensburg? Die Untersuchung der Bindemittel auf der Vorder- und Rückseite des Gnadenbildes aus der Alten Kapelle, in: ebenda, S. 87–92; Holger A. Klein, Zwischen *maniera greca* und *maniera italiana*. Das Gnadenbild der Alten Kapelle und seine künstlerischen Vorbilder, in: ebenda, S. 93–110; Thomas Hensel, Das Gnadenbild der Alten Kapelle und die „Schöne Maria" von Regensburg – Zur Frage ihrer Identität, in: ebenda, S. 111–116. Leider erfuhr ich von der Konzeption dieses Arbeitsheftes erst, als mein Beitrag fast fertiggestellt war. Dennoch habe ich versucht, mich mit den wichtigsten Ergebnissen und Thesen auseinander zu setzen und sie in eine hoffentlich schlüssige Gesamtdarstellung einzubinden. Herzlich danke ich Herrn Dr. Karlheinz Hemmeter und Frau Susanne Böning-Weis M.A., die mir noch vor dem Erscheinen des Arbeitsheftes die Manuskripte aller Autoren zugänglich gemacht hatten.

446 Vgl. Helmut Hager, Rückgewonnene Marienikonen des frühen Mittelalters in Rom, in: Römische Quartalschrift für christliche Altertumskunde und Kirchengeschichte 61 (1966), S. 209–212, Tafel 1; Belting 1990 (wie Anm. 444), S. 142, Farbtafel I; Karin Dotzer, Die Rekonstruktion der Marientafel aus Santa Maria Antiqua und ihre Aufstellung im Kirchenraum, in: Mitteilungen zur spätantiken Archäologie und byzantinischen Kunstgeschichte 2 (2000), S. 53–70; Klein 2001 (wie Anm. 445), S. 100.

447 Joseph Wilpert, Die römischen Mosaiken und Malereien der kirchlichen Bauten vom IV. bis XIII. Jahrhundert, 3. Ausgabe, Freiburg/Br. 1924, Bd. II, S. 1134–1138; Bd. IV, Tafel 271/272; Belting 1990 (wie Anm. 444), S. 79–87.

448 Salm 1962 (wie Anm. 441), S. 50.

449 Joseph Schmid, Die Urkunden-Regesten des Kollegiatstiftes U. L. Frau zur Alten Kapelle in Regensburg, Bd. 1, Regensburg 1911, S. 166 Nr. 851; Joseph Schmid, Die Geschichte des Kollegiatstiftes U. L. Frau zur Alten Kapelle in Regensburg, Regensburg 1922, S. 182; Salm 1962 (wie Anm. 441), S. 50.

450 Wilpert 1924 (wie Anm. 447), Band II, S. 1134–1138; Band IV, Tafel 271/272; Gerhard Wolf, Salus Populi Romani. Die Geschichte römischer Kultbilder im Mittelalter, Weinheim 1990, S. 22–28; Belting 1990 (wie Anm. 444), S. 79–87.

451 Salm 1962 (wie Anm. 441), S. 54.

452 Felix Mader, Stadt Regensburg, Bd. II (Die Kunstdenkmäler von Bayern, Oberpfalz Bd. 22), München 1933, Band 2, S. 15.

453 Achim Hubel, Der Regensburger Domschatz. Kirchliche Schatzkammern und Museen, hrsg. von Hugo Schnell und Paul Mai, Bd. 1, München/Zürich 1976, S. 20–22.

454 Hubel 1977 (wie Anm. 443), S. 212 f.; Verzeichnis der bei der Heiltumsschau 1496 vorgeführten Reliquien, Manuskript Regensburg 1496, Bayerisches Hauptstaatsarchiv München, Lit. Reichsstadt Regensburg Nr. 470 und 471, fol. 13r.

455 J. Schmid 1922 (wie Anm. 449), S. 182.

456 Ausstellungskatalog „Ars Sacra – Unsere Liebe Frau zur Alten Kapelle", Museum der Stadt Regensburg, Regensburg 1964, S. 13, Nr. 32; Wolfgang Pfeiffer, Notizen zu Irmgard Büchner-Suchland, Hans Hieber, in: Verhandlungen des Historischen Vereins für Oberpfalz und Regensburg 104 (1964), S. 236.

457 Gerl 2000 (wie Anm. 444), S. 192, Anm. 33.

458 Joseph Schmid, Die Urkunden-Regesten des Kollegiatstiftes U. L. Frau zur Alten Kapelle in Regensburg, Bd. 2, Regensburg 1912, S. 274 Nr. 969;
J. Schmid 1922 (wie Anm. 449), S. 182.

459 Franciscus Hieremias Grienewaldt, Ratispona, Manuskript Regensburg 1615; zitiert nach Everhard Wassenberg, Ratisbonensis Dioeceseos illustratae libri septem, Tomus V, Ratisbona Sancta, Manuskript Regensburg 1655/56, Bischöfliches Zentralarchiv Regensburg, p. 3230 f.

460 *Est in hoc eodem Templo alia et grandis picta Deiparae Imago Graecae manus, quam Sancti Lucae opus esse, à pluribus saeculis creditum est, et etiamnunc creditur. S. Henricus Imperator et Dux Bavariae illam à Summo Pontifice accepit, et in hoc antiquissimo totius Bavariae Sacrario reposuit. Adsunt alae altaris duae, quae S. Imaginem claudunt perantiquae picturae, quarum una Sanctam Lucam repraesentat cum epigraphe:* Hanc Imaginem ego pinxi, *altera Sanctum Henricum cum epigraphe:* Hanc Imaginem ego huc tuli (Wilhelm Gumppenberg, Atlas Marianus quo Sanctae Dei Genitricis Mariae Imaginum miraculosarum origines Duodecim Historiarum Centuris explicantur [...], München 1672, S. 992); vgl. Salm (wie Anm. 441), S. 50.

461 J. Schmid 1922 (wie Anm. 449), S. 182 f.

462 Vgl. Hubel 1977 (wie Anm. 443), Abb. 75, 77–80.

463 Vgl. Gerl 2000 (wie Anm. 444), S. 193 f.

464 Vgl. die ausführliche Darstellung zur Frühgeschichte der Kapelle in dem Beitrag von Martin Hoernes in diesem Band, S. 124 ff.

465 J. Schmid 1922 (wie Anm. 449), S. 178 f.; Die Kunstdenkmäler von Bayern (wie Anm. 452), S. 18, 41.

466 Die Kunstdenkmäler von Bayern (wie Anm. 452), S. 42.

467 Vgl. Betz 1978 (wie Anm. 444), S. 22–24; Farbabbildungen des Freskos im Arbeitsheft des Bayerischen Landesamts für Denkmalpflege (wie Anm. 445), S. 57 und Umschlag-Rückseite.

468 Karl-Heinz Betz, Simon Sorg (1719–1792). Hofbildhauer des Fürsten Thurn und Taxis – Ein Regensburger Meister des bayerischen Rokoko (Thurn und Taxis-Studien 12), Kallmünz 1980, S. 93, 184–188.

469 Betz 1980 (wie Anm. 468), S. 188 f.

470 J. Schmid 1922 (wie Anm. 449), S. 183.

471 Gerl 2000 (wie Anm. 444), S. 197. Die Verkleidung des Tafelbildes selbst, die aus vergoldetem Kupfer besteht und mit farbigen Steinen besetzt ist, dürfte aus stilistischen Gründen etwas älter sein und vielleicht von der Translation 1694 stammen.

472 Betz 1978 (wie Anm. 444), S. 44. Vgl. den Beitrag von Dagmar Dietrich über den Gnadenaltar in diesem Band S. 186 ff.

473 Verhandlungen des Historischen Vereins von Oberpfalz und Regensburg 26 (1869), S. 17–21; Joseph Mayer, Die Stiftskirche U. L. Frau zur Alten Kapelle in Regensburg, Regensburg 1938, S. 192–194; Ausstellungskatalog „Ars Sacra" (wie Anm. 456), S. 22, Nr. 74 und S. 25 f., Nr. 86. Die letzte, sehr ausführliche Zusammenfassung mit weiteren Quellenangaben findet sich bei Gerl 2000 (wie Anm. 444), S. 195–199. Die bei Gerl erwähnte, vom Regensburger Stadtrat 1862 bewilligte Überlassung eines gewirkten Teppichs aus dem Rathaus an das Bayerische Nationalmuseum scheint nicht zustande gekommen zu sein; jedenfalls befindet sich in der Textilsammlung des Nationalmuseums kein passender Teppich aus Regensburg.

474 Gerl 2000 (wie Anm. 444), S. 192 f.

475 Abbildung dieses historistischen Altars bei Mayer 1938 (wie Anm. 473), S. 190.

476 Die Kunstdenkmäler von Regensburg (wie Anm. 452), S. 179 f., Abb. 130.

477 Vgl. die Bildlegenden zum Gnadenaltar in diesem Band S. 223. Josef Gerl nennt das Datum 1923 für die Rückführung des Altars (Gerl 2000, wie Anm. 444, S. 199), was aber aus zeitlichen Gründen nicht zutreffen kann.

478 Harry Kühnel (Hrsg.), Bildwörterbuch der Kleidung und Rüstung, Stuttgart 1992, S. 168 f.

479 Kühnel 1992 (wie Anm. 478), S. 19.

480 Salm 1962 (wie Anm. 441), S. 53.

481 Salm 1962 (wie Anm. 441), S. 59.

482 Klein 2001 (wie Anm. 445), S. 105.

483 Salm 1962 (wie Anm. 441), S. 55.

484 Hanns Swarzenski, The Berthold Missal – The Pierpont Morgan Library MS 710 – and the Scriptorium of Weingarten Abbey, New York 1943; Das Berthold-Sakramentar. Vollständige Faksimile-Ausgabe der Handschrift Ms. M. 710 der Pierpont Morgan Library New York, Graz 1995, Kommentar hrsg. von Felix Heinzer und Hans Ulrich Rudolf, Graz 1999.

485 Christine Sauer, Ausstattung und Ausstattungsprogramm des Berthold-Sakramentars, in: Das Berthold-Sakramentar, Kommentar (wie Anm. 484), S. 157–163.

486 Salm 1962 (wie Anm. 441), S. 55; Renate Kroos, Die Bildhandschriften des Klosters Scheyern aus dem 13. Jahrhundert, in: Ausstellungskatalog „Wittelsbach und Bayern", Bd. I/1, Die Zeit der frühen Herzöge, Beiträge zur Bayerischen Geschichte und Kunst 1180–1350, München 1980, S. 477–495, hier S. 487 f., Abb. 167; Bd. I/2, S. 131 f., Nr. 159.

487 Achim Hubel, Die Glasmalereien des Regensburger Domes, München/Zürich 1981, S. 15–17, Farbtafeln 2–6; Gabriela Fritzsche, Die mittelalterlichen Glasmalereien im Regensburger Dom, Corpus Vitrearum Medii Aevi Deutschland, Bd. XIII,1, Berlin 1987, S. 14–24, Tafeln 1–12.

488 Kroos 1980 (wie Anm. 486), S. 477–495.

489 Ellen Beer, in: Ausstellungskatalog „Regensburger Buchmalerei – Von frühkarolingischer Zeit bis zum Ausgang des Mittelalters", München 1987, S. 76 f., Nr. 55; Dorothea und Peter Diemer, Zu den Bildern der Berliner Veldeke-Handschrift, in: Münchner Jahrbuch der bildenden Kunst, 3. Folge, Bd. 43, München 1992, S. 19–38; Dorothea und Peter Diemer, Die Bilder der Berliner Veldeke-Handschrift, in: Heinrich von Veldeke, Eneasro-

man. Die Berliner Bilderhandschrift mit Übersetzung und Kommentar, hrsg. von Hans Fromm (Bibliothek des Mittelalters – Texte und Übersetzungen), Bd. 4, Frankfurt/Main 1992, S. 927–932.
490 Hubel 1981 (wie Anm. 487), S. 16 f.; Achim Hubel, Rezension zu Fritzsche 1987 (wie Anm. 487), in: Kunstchronik 42 (1989), S. 364 f., Abb. 5–7; Rüdiger Becksmann, Deutsche Glasmalerei des Mittelalters, Bd. I, Voraussetzungen – Entwicklungen – Zusammenhänge, Berlin 1995, S. 50 f.; Achim Hubel, in: Denkmäler in Bayern, Bd. III. 37, Stadt Regensburg. Ensembles – Baudenkmäler – Archäologische Denkmäler, bearb. von Anke Borgmeyer, Achim Hubel, Andreas Tillmann und Angelika Wellnhofer, Regensburg 1997, S. 182 f.
491 Dagmar Hackner, Die Wandmalereien in der ehemaligen Vorhalle der Augustinerchorherrenstiftskirche St. Michael in Paring, in: Augustinerchorherrenstift Paring 1141–1191, Festschrift (Bischöfliches Zentralarchiv und Bischöfliche Zentralbibliothek Regensburg, Kataloge und Schriften 7), München/Zürich 1991, S. 79–82, Abb. 29–31.
492 Fritzsche 1987 (wie Anm. 487), S. 23 f., Tafel XV a–d.
493 Ringer 2001 (wie Anm. 445), S. 77, Abb. 7.
494 Frank Martin, Die Aschaffenburger Tafel und der Zackenstil. Versuch einer stilistischen Einordnung, in: Das Aschaffenburger Tafelbild. Studien zur Tafelmalerei des 13. Jahrhunderts, hrsg. von Erwin Emmerling und Cornelia Ringer (Arbeitshefte des Bayerischen Landesamtes für Denkmalpflege 89), München 1997, S. 307–320; Daniel Hess, Würzburg oder Mainz? Zur kunstgeographischen Einordnung der Aschaffenburger Tafel, in: ebenda, S. 321–323.
495 Ringer 2001 (wie Anm. 445), S. 76, 81; Burmester und Krekel 2001 (wie Anm. 445), S. 85.
496 Burmester und Krekel 2001 (wie Anm. 445), S. 85.
497 Vgl. die Tabelle der Pigmente und deren Interpretation bei Burmester und Krekel (wie Anm. 445), S. 83 f.
498 Das Bekleben einer Holztafel mit Leinwand hat den Sinn, die Malschicht einschließlich Grundierung vor dem klimabedingten Arbeiten des Holzes zu schützen; die Leinwand kann diesen Quell- und Schrumpfprozess in gewissen Grenzen „abfedern" und so die Bildung von Craquelé und Rissen verhindern. Die Maßnahme spricht dafür, dass die Vorderseite der Regensburger Tafel von vornherein sorgfältiger und aufwendiger bemalt werden sollte als die Rückseite. Eine ähnliche Aufgabe erfüllte auch das Bekleben mit Pergament wie bei der Aschaffenburger Tafel; vgl. Cornelia Ringer, Das Aschaffenburger Tafelbild. Untersuchung, Konservierung und Restaurierung, in: Emmerling und Ringer 1997 (wie Anm. 494), S. 193–276, hier S. 205–221.
499 Ringer 2001 (wie Anm. 445), S. 78 f.; Koller, Baumer und Fiedler 2001 (wie Anm. 445), S. 91.
500 Burmester und Krekel 2001 (wie Anm. 445), S. 84.
501 Ringer 2001 (wie Anm. 445), S. 81.
502 Koller, Baumer und Fiedler 2001 (wie Anm. 445), S. 91.
503 Burmester und Krekel 2001 (wie Anm. 445), S. 85.
504 Ringer 2001 (wie Anm. 445), S. 82, Anm. 25.
505 Klein 2001 (wie Anm. 445), S. 104.
506 Klein 2001 (wie Anm. 445), S. 105.
507 Klein 2001 (wie Anm. 445), S. 109, Anm. 113.
508 Ringer 2001 (wie Anm. 445), S. 78.
509 Wahrscheinlich denkt Cornelia Ringer hier – allerdings ohne nähere Ausführungen – an einen Gebrauch, der nach Karin Dotzer „für solche Ikonen in Frage kommt, denen durch Mitführen bei Prozessionen, durch Fußwaschungen sowie durch sonstige Huldigungen eine besondere Verehrung zuteil wurde. Eine Vorstellung dieser weiteren Verwendung geben uns die auf dem Athos benützten hölzernen Ikonenständer. Die Tafeln werden nur zu bestimmten Anlässen auf mobile Bildständer hinter bzw. in enger Verbindung neben dem Hauptaltar aufgestellt" (vgl. Dotzer 2000, wie Anm. 446, S. 67). Es gibt allerdings keinerlei Hinweise dafür, dass diese in der griechisch-orthodoxen Liturgie verwendeten Bildständer jemals nördlich der Alpen benutzt worden sind. Außerdem ist die unterschiedliche Gestaltung von Vorder- und Rückseite des Regensburger Gnadenbildes damit nicht erklärt.
510 Hans-Joachim Krause, Zur Geschichte und Funktion des spätromanischen Schranks im Halberstädter Domschatz, in: Sachsen und Anhalt. Jahrbuch der Historischen Kommission für Sachsen-Anhalt 19, Festschrift für Ernst Schubert, Weimar 1997, S. 455–494.
511 Achim Hubel, Reliquienschränke in Kirchenräumen des 13. Jahrhunderts. Überlegungen zu Funktion und Typus, in: Architectura et historia. Festschrift Marian Arszyñski, Toruñ 1999, S. 37–61, hier S. 43–46.
512 Annegret Laabs, Malerei und Plastik im Zisterzienserorden. Zum Bildgebrauch zwischen sakralem Zeremoniell und Stiftermemoria 1250–1430 (Studien zur internationalen Architektur- und Kunstgeschichte 8), Petersberg 2000, S. 97–102, Abb. 70–73.
513 Anton Legner, Kölnische Hagiophilie. Die Domreliquienschränke und ihre Nachfolgeschaft in Kölner Kirchen, in: Kölner Domblatt 51 (1986), S. 195–274.
514 Ausstellungskatalog „Ornamenta Ecclesiae – Kunst und Künstler der Romanik in Köln", hrsg von Anton Legner, Köln 1985, Bd. 2, S. 216–224, Abb. S. 217, 224–227; Legner 1986 (wie Anm. 513), S. 203, Abb. 16; Anton Legner, Vom Glanz und von der Präsenz des Heiltums – Bilder und Texte, in: Ausstellungskatalog „Reliquien – Verehrung und Verklärung", hrsg. von Anton Legner, Köln 1989, S. 81, Abb. 14.
515 Walter Borchers, Der Osnabrücker Domschatz, Osnabrück 1974, S. 86–90, Abb. 100–106, vor allem Abb. 102 und 104; Legner 1986 (wie Anm. 513), S. 203, Abb. 17.
516 Salm 1962 (wie Anm. 441), S. 58.
517 Vgl. Julius von Schlosser, Album ausgewählter Gegenstände der kunstindustriellen Sammlung des Allerhöchsten Kaiserhauses, Wien 1901, S. 2 ff.; Lino Moretti, in: Ausstellungskatalog „venezia e bisanzio", Venedig 1974, Nr. 112.
518 Leo Planiscig, Jacopo und Gentile Bellini. Neue Beiträge zu ihrem Werk, in: Jahrbuch der Kunsthistorischen Sammlungen in Wien, NF Bd. II, 1928, S. 51–62; Emerich Schaffran, Gentile Bellini und das Bessarion-Reliquiar, in: Das Münster 10 (1957), S. 153–157; Jürg Meyer zur Capellen, Gentile Bellini, Stuttgart 1985, S. 56, 141, Abb. 26; Legner 1989 (wie Anm. 513), S. 92, Abb. 43.
519 Friederike Klauner und Günther Heinz, Kunsthistorisches Museum Wien, Katalog der Gemäldegalerie, 1. Teil, Wien 1965, S. 15–17, Nr. 450: Inventar-Nr. 9109. Die Tafel auf Pappelholz mit den Maßen 102,5:37 cm passt als Tabernakeltür übrigens genau zu dem Reliquiar, das einschließlich Standkreuz 102 cm hoch und 33,03 cm breit ist; vgl. Schaffran (wie Anm. 518).
520 Karl Busch, Wie Altdorfers „Schöne Maria" gefunden wurde, in: Der Zwiebelturm 18 (1963), S. 221.
521 Busch 1963 (wie Anm. 520), S. 221; Christian von Mannlich, Fortgesetzte Beschreibung der Königlich Baierischen Gemäldesammlungen, Bd. III, München 1810, S. 4 c, Nr. 1404.
522 Vgl. oben (Anm. 460).
523 Wolf 1990 (wie Anm. 450), S. 24–28 (Santa Maria Maggiore); Belting 1990 (wie Anm. 444), S. 78 (Sancta Sanctorum).
524 Hager 1966 (wie Anm. 446), S. 209–212, Tafel 1; Belting 1990 (wie Anm. 444), S. 142, Farbtafel I.
525 Wilpert 1924 (wie Anm. 447), Bd. II, S. 1091.
526 Wilpert 1924 (wie Anm. 447), Bd. II, S. 1134–1138; Belting 1990 (wie Anm. 444), S. 79.
527 Walter und Elistabeth Paatz, Die Kirchen von Florenz, Bd. 1, Frankfurt/Main 1940, S. 158, Anm. 231.
528 Belting 1990 (wie Anm. 444), S. 78 f., Abb. 18, 19; Wolf 1990 (wie Anm. 450), S. 39 f., Abb. 1, 20, 21.
529 Bernhard Decker, Das Ende des mittelalterlichen Kultbildes und die Plastik Hans Leinbergers (Bamberger Studien zur Kunstgeschichte und Denkmalpflege 3, hrsg. von Achim Hubel und Robert Suckale), Bamberg 1985, S. 80.
530 Salm 1962 (wie Anm. 441), S. 57 f.; Wilpert 1924 (wie Anm. 447), Bd. II, S. 1101 f.; Bd. IV, Tafel 139, 1; Belting 1990 (wie Anm. 444), S. 78–83, Abb. 18, 19.
531 Belting 1990 (wie Anm. 444), S. 78.
532 Belting 1990 (wie Anm. 444), S. 64.
533 Wolf 1990 (wie Anm. 450), S. 37–59; Belting 1990 (wie Anm. 444), S. 79–83, 554–558 (Anhang 4).
534 Wolf 1990 (wie Anm. 450), S. 127 f.
535 Bacci 1998 (wie Anm. 444), S. 121 f., 147 f.
536 Es sei allerdings darauf hingewiesen, dass das um 1250/60 entstandene Aschaffenburger Tafelbild ebenfalls in einer vergleichbaren Technik gemalt wurde: „Auf dem Aschaffenburger Tafelbild liegt eine ausgeprägte Temperamalerei mit Eigelb-, Leim- und Kaseinbindemittel vor. Auch die Harzzusätze passen in dieses Erscheinungsbild. Diese sind charakteristisch für eine von der mittelalterlichen italienischen Malerei beeinflußte Maltechnik" (Ringer 1997, wie Anm. 498, S. 228). Dennoch geht die Forschung von einer Entstehung der Aschaffenburger Tafel in Mainz oder Würzburg aus (siehe Martin 1997 und Hess 1997, wie Anm. 494).
537 Ringer 2001 (wie Anm. 445), S. 76.
538 Klein 2001 (wie Anm. 445), S. 100–102. Er bezieht sich dabei auf Rebecca W. Corrie, die die Herkunft dieses ikonographischen Typs überzeugend nachgewiesen hatte: Rebecca W. Corrie, Coppo di Marcovaldo's *Madonna del bordone* and the Meaning of the Bare-Legged Christ Child in Siena and the East, in: Gesta 35 (1996), S. 43–65, hier S. 45–49. Vgl. auch Belting 1990 (wie Anm. 444), S. 321–327.
539 Klein 2001 (wie Anm. 445), S. 94.
540 Zitiert nach Belting 1990 (wie Anm. 444), S. 369.
541 Gude Suckale-Redlefsen, Die goldene Altartafel und ihre kunsthistorische Einordnung, in: Ausstellungskatalog „Der Basler Münsterschatz", hrsg. vom Historischen Museum Basel, Basel 2001, S. 293–303; Wolfgang Cortjaens, Die Konstruktion der Einzigartigkeit. Die goldenen Altartafeln von Basel und Aachen in der Kunstgeschichtsschreibung des 19. Jahrhunderts, in: ebenda, S. 304–309.
542 Vgl. Suckale-Redlefsen (wie Anm. 541), S. 297–303.
543 Stefan Weinfurter, Heinrich II. (1002–1024). Herrscher am Ende der Zeiten, Regensburg 1999, S. 36.
544 MGH D O III. 294. Für den freundlichen Hinweis und für die weiterführenden Gespräche danke ich Bernd Schneidmüller sehr herzlich.
545 Wolf 1990 (wie Anm. 450), S. 44–59, 315–317; Belting 1990 (wie Anm. 444), S. 555, Anhang 4 D.
546 Irene Frings, „Sancta Maria, quid est?" Hymnus, Herrscherlob und Ikonenkult im Rom der Jahrtausendwende, in: Analecta Cisterciensia 52 (1996), S. 224–250, hier S. 238 f.
547 Vgl. oben Anm. 446. Zur Identifizierung siehe Wolf 1990 (wie Anm. 450), S. 11, 23, 55, 143.
548 Frings 1996 (wie Anm. 546), S. 238 f. und Anm. 58.
549 Ernst-Dieter Hehl, Maria und das ottonisch-salische Königtum. Urkunden, Liturgie, Bilder, in: Historisches Jahrbuch 117 (1997), S. 271–310, hier S. 280–282. Für den freundlichen Hinweis auf diesen Aufsatz danke ich Bernd Schneidmüller.
550 Handschrift Wolfenbüttel 603, Helmst. 455, zitiert nach Hehl 1997 (wie Anm. 549), S. 281 Anm. 38. – In dem um 1000 entstandenen Codex Patr. 88 der Bamberger Staatsbibliothek findet sich ein Gedicht auf das Fest Mariä Himmelfahrt, in dem am Schluss der Beistand Mariens für Heinrich erfleht wird: *Adiutrix proprii Heinrici semper alumni / Sis foveasque tuum, domina, per secula servum!*. Vgl. Hartmut Hoffmann, Bamberger Handschriften des 10. und des 11. Jahrhunderts (Schriften/MGH, Bd. 39), Hannover 1995, S. 20. – Ebenso bezeugt ein Preisgedicht auf Heinrich II. in der Tegernseer Briefsammlung dessen ausgeprägte Marienverehrung: *Ecclesie petra Petrus te sistat in ethra / Iungat et eternis cum prece conciliis./ Omnis abesto minax, tibi constet gloria vivax,/ Quod prece conficiat sancta Maria tibi.*, aus: Die Tegernseer Briefsammlung (Froumund), hrsg. von Karl Strecker (MGH Epistolae selectae III), Berlin 1925, S. 116 f., Nr. XXXVIII, Z. 35–38.
551 J. Schmid 1922 (wie Anm. 449), S. 12.
552 Weinfurter 1999 (wie Anm. 543), S. 123 f. – Vgl. Bernd Schneidmüller, Heinrich II. als zweiter Gründer der Alten Kapelle in Regensburg, in diesem Band S. 45 ff.
553 Wolf 1990 (wie Anm. 450), S. 113. Wenn einige Autoren versuchten, die *mater ecclesia* mit der Lateranbasilika zu identifizieren, fehlen dafür überzeugende Gründe; vgl. Bernd Schneidmüller,

Heinrich II. als zweiter Gründer der Alten Kapelle in Regensburg, in diesem Band S. 45 ff.

554 Der Standort ist durch den Bericht im Mirakelbuch des Bartholomaeus Tridentinus von 1244 belegt; vgl. Wolf 1990 (wie Anm. 450), S. 93–97.

555 Wolf 1990 (wie Anm. 450), S. 111.

556 Wolf 1990 (wie Anm. 450), S. 108.

557 Wolf 1990 (wie Anm. 450), S. 140.

558 Wolf 1990 (wie Anm. 450), S. 242.

559 Da Tagino im Jahr 998 – zusammen mit Heinrich – in Rom gewesen sein dürfte, könnte das Marienbild letztlich auch durch ihn der Alten Kapelle geschenkt worden sein.

560 Vgl. Hubel 1977 (wie Anm. 443), S. 209.

561 Ernst Buchner, in: Ausstellungskatalog „Albrecht Altdorfer und sein Kreis", München 1938, S. 8 f., Nr. 34.

562 Vgl. Hubel 1977 (wie Anm. 443), S. 209–220; Hubel 1997 (wie Anm. 444), S. 85–90.

563 Spanke 1998 (wie Anm. 444), S. 215 f.; Klein 2001 (wie Anm. 445), S. 96; Hensel 2001 (wie Anm. 445), S. 111–114.

564 Hensel 2001 (wie Anm. 445), S. 111.

565 Hensel 2001 (wie Anm. 445), S. 114.

566 Patrick J. Geary, The Saint and the Shrine. The Pilgrim's Goal in the Middle Ages, in: Ausstellungskatalog „Wallfahrt kennt keine Grenzen", Themenband, hrsg. von Lenz Kriss-Rettenbeck und Gerda Möhler, München 1984, S. 265–273.

567 Joseph Staber, Religionsgeschichtliche Bemerkungen zum Ursprung der Marienwallfahrten im Bistum Regensburg, in: Beiträge zur Geschichte des Bistums Regensburg 7 (1973), S. 41–61, hier S. 41 f.

568 Staber 1973 (wie Anm. 567), S. 44 f.

569 Staber 1973 (wie Anm. 567), S. 46.

570 Barbara Möckershoff, Martin Luther und die „Schöne Maria" zu Regensburg, in: St. Johann in Regensburg – vom Augustinerchorherrenstift zum Kollegiatstift 1127/1290/1990, Festschrift, hrsg. im Auftrag des Stiftskapitels von Paul Mai, München(Zürich 1990, S. 227–231, hier S. 228.

571 Lenz und Ruth Kriss-Rettenbeck, Ivan Illich, Homo Viator – Ideen und Wirklichkeit, in: Ausstellungskatalog „Wallfahrt kennt keine Grenzen", Themenband, hrsg. von Lenz Kriss-Rettenbeck und Gerda Möhler, München 1984, S. 15.

572 Vgl. Hubel 1977 (wie Anm. 443), S. 201.

573 Willehad Paul Eckert, Die Juden im Zeitalter Karls IV., in: Ferdinand Seibt (Hrsg.), Kaiser Karl IV. – Staatsmann und Mäzen, München 1978, S. 123–130; Volkert 1981 (wie Anm. 444), S. 141 f.

574 Winkler 1981 (wie Anm. 444), S. 104 und 110 f.

575 Andreas Angerstorfer, Von der Judensiedlung zum Ghetto in der mittelalterlichen Reichsstadt Regensburg, in: Geschichte und Kultur der Juden in Bayern. Aufsätze (Veröffentlichungen zur Bayerischen Geschichte und Kultur Nr. 17/88), hrsg. von Manfred Treml und Josef Kirmeier, München 1988, S. 168.

576 Nikolaus Egender, Jerusalem – Ziel der Pilger damals und heute, in: Ausstellungskatalog „Wallfahrt kennt keine Grenzen", Themenband, hrsg. von Lenz Kriss-Rettenbeck und Gerda Möhler, München 1984, S. 309.

577 Hubel 1997 (wie Anm. 444), S. 95 f., Abb. 6; Silvia Codreanu-Windauer, Romanische Synagoge und Goldschatz. Erste Ergebnisse der Ausgrabungen am Neupfarrplatz, in: Regensburger Almanach, hrsg. von Konrad M. Färber, Regensburg 1997, S. 14–19.

578 Vgl. die Planzeichnung der topographischen Situation bei Hubel 1997 (wie Anm. 444), S. 88, Abb. 6.

579 Gerlinde Stahl, Die Wallfahrt zur Schönen Maria in Regensburg, in: Beiträge zur Geschichte des Bistums Regensburg 2 (1968), S. 178–181, 210–213.

580 Wood 1992 (wie Anm. 444), S. 89.

581 Wood 1992 (wie Anm. 444), S. 89. Zitiert nach Hans Rupprich, Dürer – Schriftlicher Nachlaß, Bd. 1, Berlin 1956, S. 210.

582 Wood 1992 (wie Anm. 444), S. 90–92, fig. 2.

583 Wood 1992 (wie Anm. 444), S. 99.

584 Wood 1992 (wie Anm. 444), S. 99 f. Vorher hatte bereits Hans Belting hingewiesen auf die ikonographische Bedeutung als „die erste triumphale Mariensäule auf freiem Platz, also außerhalb des Kirchenraums, von der wir wissen", vgl. Belting 1990 (wie Anm. 444), S. 505.

585 Wood 1992 (wie Anm. 444), S. 102.

586 Hubel 1977 (wie Anm. 443), S. 228 f.

587 Hubel 1997 (wie Anm. 444), S. 85–100.

588 Spanke 1998 (wie Anm. 444), S. 215.

589 Wolfgang Brückner, Lourdes und Literatur – oder die Faszination des Massenkultes, in: Ausstellungskatalog „Wallfahrt kennt keine Grenzen", Themenband, hrsg. von Lenz Kriss-Rettenbeck und Gerda Möhler, München 1984, S. 429–442; René Laurentin, Artikel „Lourdes" in: Marienlexikon, hrsg. von Remigius Bäumer und Leo Scheffczyk, Bd. 4, St. Ottilien 1992, S. 161–163.

590 Die Kunstdenkmäler von Mittelfranken, Bd. 8, Stadt Rothenburg ob der Tauber, Kirchliche Bauten, bearbeitet von Anton Ress, München 1959, S. 532 f.

591 Rosario Assunto, Die Theorie des Schönen im Mittelalter, Köln 1982, bes. S. 43 f.

592 Franz Winzinger, Albrecht Altdorfer – Graphik, München 1963, S. 84 f., Nr. 89; Hubel 1977 (wie Anm. 443), S. 217 f., Abb. 4; Hubel 1997 (wie Anm. 444), S. 86, Abb. 3.

593 Winkler 1981 (wie Anm. 444), S. 110 f.

594 Lexikon der christlichen Ikonographie, hrsg. von Engelbert Kirschbaum und Wolfgang Braunfels, Bd. 2, Rom/Freiburg/Basel/Wien 1970, Sp. 340 f.

595 Lediglich Bernhard Decker hat mehrfach auf derartige Zusammenhänge verwiesen: Decker (wie Anm. 529), S. 251, 261.

596 Hubel 1977 (wie Anm. 443), S. 217–231, Abb. 1–16, 21; Hubel 1997 (wie Anm. 444), S. 85–90, Abb. 1–5, 7, 13.

597 Decker (wie Anm. 529), S. 245–259, Abb. 93–94; Franz Winzinger, Albrecht Altdorfer – Zeichnungen. Gesamtausgabe, München 1952, S. 83, Nr. 65, Abb. 65.

zu Werner Schiedermair, Zur beweglichen Ausstattung

598 Siehe hierzu Achim Hubel, Das Gnadenbild der Alten Kapelle, in diesem Buch S. 219 ff sowie Josef Gerl, Zum Gnadenbild der Alten Kapelle, in: Das Kollegiatstift Unsere Liebe Frau zur Alten Kapelle in Regensburg, hrsg. von Paul Mai und Karl Hausberger (Beiträge zur Geschichte des Bistums Regensburg 34), Regensburg 2000, S. 187–201, beide mit zahlreichen weiteren Literaturhinweisen.

599 Joseph Schmid, Die Geschichte des Kollegiatstifts U. L. Frau zur Alten Kapelle in Regensburg, Regensburg 1922, vermerkt bei seiner Zusammenstellung aller Dekane und Kanoniker S. 102 ff, was von diesen im Einzelnen gestiftet worden ist.

600 Beispielsweise wurden bezahlt am 7.03.1768 ein Konsoltisch, am 17.09.1774 ein *Leviten Sessel*, am 11.04.1783 ein *Grosser Lain Sessel* usw.

601 J. Schmid (wie Anm. 599), S. 183 behauptet, die Kopie habe der damals in Regensburg ansässige Maler Joseph Franz Freiherr von Götz (1754–1815) angefertigt. Dem steht die Schilderung des Vorgangs durch den Kanoniker Anton Eberhard (1807–1887) entgegen, der den Namen des Malers nicht kennt; siehe Anton Eberhard, Das Gnadenbild in der alten Kapelle zu Regensburg – Predigt über die Verehrung der Heiligen, gehalten in der Domkirche zu Regensburg am 3. April 1864, Regensburg 1864.

602 Vgl. die Aufzählung bei J Schmid (wie Anm. 599), S. 173 ff.

603 Bei der Errichtung der Alten Kapelle durch Ludwig den Deutschen (reg. 843–876) wurden reiche Goldfunde verwendet, die vermutlich den Grablegen Agilolfinger Herrscher entnommen werden konnten; siehe hierzu Peter Schmid, Die Alte Kapelle in Regensburg zur Karolinger- und Ottonenzeit, in: Das Kollegiatstift Unsere Liebe Frau zur Alten Kapelle in Regensburg, hrsg. von Paul Mai und Karl Hausberger (Beiträge zur Geschichte des Bistums Regensburg 34), Regensburg 2000, S. 13. Die bewegliche Ausstattung der Kirche dürfte der äußeren Pracht entsprochen haben. Überliefert ist, dass die für die Kapelle „neu geschriebenen liturgischen Bücher fingerdick mit Gold" belegt wurden.

604 Hubel (wie Anm. 598) sowie Gerl (wie Anm. 598), S. 191 mit weiteren Nachweisen.

605 So Peter Morsbach, Die romanischen Portalskulpturen der Alten Kapelle in Regensburg, in: Verhandlungen des Historischen Vereins Regensburg 129, Regensburg 1989, S. 237 ff., 238. Siehe auch A. Niedermayer, Künstler und Kunstwerke der Stadt Regensburg. Ein Beitrag zur Kunstgeschichte Altbayerns, Regensburg 1857, S. 145; Hans Karlinger, Bayerische Kunstgeschichte, 1. Bd., München 1928, S. 48; derselbe, Die romanische Steinplastik in Altbayern und Salzburg, Augsburg 1924, S. 35; Romuald Bauerreiß, Kirchengeschichte Bayerns, 3. Bd., St. Ottilien 1951, S. 187; Ausstellungskatalog „Ratisbona sacra", München/ Zürich 1989, S. 160, Nr. 81; Karl-Heinz Betz, Das ikonologische Programm der Alten Kapelle in Regensburg, in diesem Buch, S. 135 ff.

606 Hugo Graf von Walderdorff, Regensburg in seiner Vergangenheit und Gegenwart, Regensburg/New York/Cincinnati 1896, S. 257; J. Schmid (wie Anm. 599), S. 243; Felix Mader, Stadt Regensburg, Bd. II (Die Kunstdenkmäler von Bayern, Oberpfalz Bd. 22), München 1933, S. 40; J. Mayer, Die Stiftskirche U. L. Frau zur Alten Kapelle in Regensburg, Regensburg 1938, S. 184.

607 J. Schmid (wie Anm. 599), S. 175; Mader (wie Anm. 606), S. 40; Johann Schinnerer, Die gotische Steinplastik in Regensburg, Straßburg 1918, S. 31; Theodor Müller, Alte Bairische Bildhauer, München 1950, Nr. 1; Ausstellungskatalog „Bayerische Frömmigkeit. 1400 Jahre christliches Bayern", München 1960, S. 168, Nr. 186.

608 Mader (wie Anm. 606), S. 21.

609 Mader (wie Anm. 606), S. 55.

610 Mader (wie Anm. 606), S. 55.

611 J. Schmid (wie Anm. 599), S. 131; B. H. Röttger, Der Maler Hans Mielich, München 1922, S. 98 f.; Mader (wie Anm. 606), S. 42.

612 J. Schmid (wie Anm. 599), S. 507, 132; „Bayerische Frömmigkeit" (wie Anm. 607), S. 220, Nr. 420; Röttger (wie Anm. 611), S. 137; Ausstellungskatalog „Ars sacra. U. L. Frau zur Alten Kapelle", Regensburg 1964, Nr. 64.

613 J. Schmid (wie Anm. 599), S. 143.

614 Der Bildhauer, der die Skulptur geschaffen hat, ist nicht bekannt. Dagegen ist unter dem Datum *August 1754* überliefert, dass Johann Baptist Dirr (1709–1763) das Kruzifix, das der heilige Nepomuk in den Händen hält, sowie *5 geschnittene Stern* schuf; siehe Bischöfliches Zentralarchiv Regensburg (künftig: BZAR), Stiftsarchiv Alte Kapelle (künftig: AK), Amtsbuchserien, Amtsrechnungen Bd. 193 (1754/1755), fol. 60r, No. 8.

615 Hinweise, welcher Künstler die Skulpturen geschaffen hat, konnten in den Archivalien nicht gefunden werden. Dasselbe gilt für die Konsolen, auf denen sie stehen, und die vermutlich um 1886 entstanden sind.

616 BZAR, AK, Amtsbuchserien, Amtsrechnungen Bd. 737 (1788/1789), fol. 86r, No. 41.

617 Das Original befindet sich im Historischen Museum der Stadt Regensburg. Dieses ließ, anlässlich des Erwerbs eines Gemäldes mit demselben Thema aus der Schweinfurter Sammlung Schäfer, eine vergleichende Untersuchung durchführen. Sie führte zu dem Ergebnis, dass es sich bei dem Gemälde aus der Sammlung Schäfer um das Original von Johann Zoffany und bei dem Gemälde aus der Alten Kapelle um eine Kopie von einem unbekannten Maler handelte.

618 Die beiden Gemälde sind im Inventar von 1850 wie folgt beschreiben, Rubrik Kirchenzierden: *Zwei Ölgemälde Christus in der Geisselung und in Purpurmantel darstellend, bestimmt für den Anna und Briccitialtar in der Fastenzeit auf der Gallerie*, Rubrik Gemälde: *Fastenbilder Öl, Leinwand, Heiland mit dem Spottmantel an der Geiselsäule spätes 18. Jahrh. 1, 34 : 0,75 auf dem Gang zum Sitzungssaal.*

619 BZAR, AK, Amtsbuchserien, Amtsrechnungen Bd. 731 (1782/1783),fol. 84v, No. 47; Mader (wie Anm. 606), S. 42; Karl Heinz Betz, Simon Sorg (1719–1792), Hofbildhauer der Fürsten Thurn

und Taxis. Ein Regensburger Meister des Bayerischen Barock (Thurn und Taxis-Studien 12), Regensburg 1980, S. 198, Kat.-Nr. 56.

620 Veröffentlichungen des Historischen Vereins von Regensburg 26, S. 17 ff.; J. Schmid (wie Anm. 599), S. 183.

621 BZAR, AK, Sign. 633 (Inventare von 1469, 1491 und 1497).

622 BZAR, AK, Sign. 633 (Inventare von 1501, 1504, 1508, 1517, um 1520/1523 und um 1550) und Sign. 1468 (Inventare von 1590-1593) sowie Sign. 1448, 1449, 1450–1453 und 4009 (Inventarverzeichnisse von 1607, 1621, 1674 mit Nachträgen bis um 1700).

623 BZAR, AK, Sign. 2431 (Inventarium von 1769).

624 Verzeugnüß derer beym Stifts Gottes Haus zur Alten Kapelle in Regenspurg Vorhandenen Pretiosen. Ohne Datum. Erstellt am Anfang des 19. Jahrhunderts wohl im Zusammenhang mit der damals geplanten, aber dann unterbliebenen Säkularisation. BZAR, AK, Sign. 267 sowie die Inventare Sign. 966 und Sign. 2430.

625 Inventar im Besitz des Kollegiatstifts; erstellt von Ursula Gillitzer und Werner Mayer.

626 Zitiert nach J. Schmid (wie Anm. 599), S. 20.

627 Vgl. hierzu BZAR, AK, Sign. 527 und Sign. 2431.

628 Siehe Herbert Brunner, Die Kunstschätze der Münchner Residenz, hrsg. von Albrecht Miller, München 1977, S. 144. Im „Verzeugnüß" vom Anfang des 19. Jahrhunderts (wie Anm. 624) sind erwähnt

15. ein kleines Kreuz von Cristalglaß worauf das Crucifix von Gold mit steinen besetzt, und einen kleinen Frauenbildt am Fuß Soll vom hl. Kayser Heinrich seyn [...]

24. ein kleiner Cristallener Becher vom Kayser Heinrich mit etwas vergolten Silber beschlagen. [...]

39. ein kleines altare portatile mit silber vergoldter einfassung soll v. Kayser Heinrich seyn. [...]

50. in der gnaden Kapelle ist die Mittere am des Altars, worin das vom hl Lucas gemahlen Gnadenbild Maria enthalten, Kupfer unvergolt, mit Silber verzieret, den Oben Auf befindliche Maria nahmen, samt den halben Mond von Silber, auch seynt die nächst am tabernacul befindliche zwey halb Engl, und das kleine Cricifix v silber.

629 BZAR, o. Nr.

630 Bayerische Verwaltung der staatlichen Schlösser, Gärten und Seen, Museumsabteilung, Rep. Reg. 27/4 (x74). Siehe dort auch „Akt über die Reiche Kapelle 1749–1874 (Sammelakt)", Rep. Reg. 26/1 (x142).

631 Siehe Anm. 629.

632 Schatzkammer der Residenz München, Katalog, 31970, S. 39 ff.

633 Zitiert nach Brunner (wie Anm. 628), S. 142. Siehe zu dem ganzen Fragenkomplex auch Achim Hubel, Verlorene Kostbarkeiten. Die Abwanderung von Kunstwerken aus Regensburg seit 1810, in: Regensburger Almanach 1980, Regensburg 1980.

zu Werner Schiedermair, Die Sakristei

634 Joseph Schmid, Die Geschichte des Kollegiatstifts U. L. Frau zur Alten Kapelle in Regensburg, Regensburg 1922, S. 247.

635 Ebenda.

636 Ebenda S. 55; erst von 1573 an gab es eine eigene Kapitelstube; sie befand sich in einem Raum über der heutigen Gnadenkapelle. J. Schmid, Geschichte (wie Anm. 634), S. 55 teilt auch mit, dass „im 19. Jahrhundert [...] die frühere obere Sakristei dazu bestimmt [worden sei]." Hierbei dürfte es sich um einen Druckfehler handeln. Aus den Kapitelsprotokollen ergibt sich eindeutig, dass der Raum im 18. Jahrhundert als neuer Kapitelsaal adaptiert und hierfür ausgestattet wurde. Siehe auch die Legende zu Abb. 198.

637 J. Schmid, Geschichte (wie Anm. 634), S. 248.

638 Ebenda.

639 Bischöfliches Zentralarchiv Regensburg (künftig: BZAR), Stiftsarchiv Alte Kapelle (künftig: AK), Amtsbuchserien, Kapitelsprotokolle Bd. 64 (1875–1882), unpaginiert, Sitzung vom 3.07.1878, Punkt 144.

640 BZAR, AK, Amtsbuchserien, Amtsrechnungen Bd. 205 (1766/1767), fol. 69r, No. 37.

641 BZAR, AK, Amtsbuchserien, Amtsrechnungen Bd. 204 (1765/1766), fol. 73v, No. 81.

642 BZAR, AK, Amtsbuchserien, Amtsrechnungen Bd. 205 (1766/1767), fol. 69rv, No. 39.

643 BZAR, AK, Amtsbuchserien, Amtsrechnungen Bd. 204 (1765/1766), fol. 73rv, No. 79.

644 BZAR, AK, Amtsbuchserien, Amtsrechnungen Bd. 206 (1767/1768), fol. 71r, No. 41 und Bd. 215 (1776/1777), fol. 76r, No. 33.

645 J. Schmid, Geschichte (wie Anm. 634), S. 248.

646 Siehe Anm. 636.

647 Zur Aufgabe und Funktion von Sakristeien allgemein siehe Andreas Heinz und Laurentius Koch, Stichwort Sakristei, in: Walter Kasper (Hrsg.), Lexikon für Theologie und Kirche, Freiburg/Basel/Rom/Wien 1993, Bd. 8, Sp. 1464 f.

648 J. Schmid, Geschichte (wie Anm. 634), S. 62 f. Die erste Erwähnung eines Kustos findet sich in einer Urkunde vom 20. Juli 1215. Siehe Joseph Schmid, Die Urkunden-Regesten des Kollegiatstiftes U. L. Frau zur Alten Kapelle in Regensburg, Bd. 1, Regensburg 1911, S. 3.

649 J. Schmid, Geschichte (wie Anm. 634), S. 62.

650 Zitiert nach J. Schmid, Geschichte (wie Anm. 634), S. 62.

651 J. Schmid, Geschichte (wie Anm. 634), S. 64.

652 Urkunde vom 18. Mai 1274; siehe J. Schmid, Regesten (wie Anm. 648), S. 14.

653 J. Schmid, Geschichte (wie Anm. 634), S. 64.

654 §§ 31, 28 der Statuten des Kollegiatstifts in der Fassung „vom 1. Adventssonntag 1983".

zu Renate Baumgärtel-Fleischmann, Die Heinrichsgewänder

Verf. dankt Frau Dipl. phil. Gisela Helmecke, Berlin, für das Lesen und Übersetzen der in den Stoffen eingewebten Inschriften, Herrn Werner Mayer M.A., Regensburg, für Aktenauszüge und Frau Textilrestauratorin Sibylle Ruß, Bamberg, für Umrisszeichnungen und Auskünfte sowie für manche Hilfe und Anregung Herrn Dr. Stefan Acht, Regensburg, Frau Dr. Birgitt Borkopp, München, Herrn Dr. Johann Gruber, Regensburg, Frau Dr. Susanne Netzer, Berlin, Frau Dr. Gaynor Nitz, Regensburg, Herrn Dr. Hermann Reidel, Regensburg, Frau Dr. Angela Völker, Wien, der Ltd. Textilrestauratorin Frau Marie-Theres Worch, Schloss Seehof bei Bamberg und Frau Dr. Jutta Zander-Seidel, Nürnberg.

655 Gegenwärtig befinden sich die Gewänder als Depositum im Diözesanmuseum Regensburg.

656 Bischöfliches Zentralarchiv Regensburg (im Folgenden abgekürzt: BZAR), AK, sign. 1449, *INVENTARIVM bonorum Ecclesiarum Collegiatae B.M.V. Veteris Capellae et parochialis S. Cassiani [..] De Anno 1621*, fol. 32r: *Khayser Hainrichs Ornat mit sambt baiden Leuitten Röckhen vnd dero Zuegehörung. Item Sanct Khunigundts Meßgewandt* [fol. 32v:] *gleicher sortten mit seinen zuegehörung, auch beiden Leuitten Röckhen.*

657 Zur Weiterverwendung liturgischer Gewänder aus vorreformatorischer Zeit vgl. die zahlreichen Belege bei Arthur Carl Piepkorn, Die liturgischen Gewänder in der lutherischen Kirche seit 1555 (Ökumenische Texte und Studien 32), Lüdenscheid-Lobetal 1987; Karen Stolleis, Messgewänder aus deutschen Kirchenschätzen vom Mittelalter bis zur Gegenwart. Geschichte, Form und Material, Regensburg 2001, S. 17 f.

658 Otto von Falke, Kunstgeschichte der Seidenweberei, Bd. 2, Berlin 1913, S. 55–57; Otto von Falke, Kunstgeschichte der Seidenweberei, Berlin 21921, S. 32; Joseph Schmid, Die Geschichte des Kollegiatstiftes U. L. Frau zur Alten Kapelle in Regensburg, Regensburg 1922, S. 253–254; J. Heinrich Schmidt, Der chinesische Seidenstil des hohen Mittelalters, in: Ostasiatische Zeitschrift NF 7 (1931), S. 170–183, bes. S. 173; Otto von Falke, Kunstgeschichte der Seidenweberei, Berlin 31936, S. 37; Ausstellungskatalog „Sakrale Gewänder des Mittelalters", München 1955, S. 30–31, Nr. 60 (Sigrid Müller-Christensen); Probleme der mittelalterlichen Textilforschung, in: Kunstchronik 8 (1955), S. 305–330, bes. S. 321–322; Ausstellungskatalog „Momenti di vita nobiliare nel tardo medioevo. Aus dem adeligen Leben im Spätmittelalter", Verona 1986, S. 82–89, Nr. 6 (Saskia Durian-Ress); Anne E. Wardwell, Panni Tartarici: Eastern islamic silks woven with gold and silver (13th and 14th centuries), in: Islamic Art 3 (1988/89), S. 95–173, bes. S. 98, 100; Ausstellungskatalog „Ratisbona sacra. Das Bistum Regensburg im Mittelalter", München/Zürich 1989, S. 163–164, Nr. 84 (Leonie von Wilckens und Hannelore Herrmann); Leonie von Wilckens, Die textilen Künste von der Spätantike bis um 1500, München 1991, S.92–93, 96. Jeweils mit weiterführender Literatur.

659 11. Ausstellung mittelalterlicher Kunstgegenstände zu kirchlichen Zwecken, in: Kirchenschmuck – ein Archiv für weibliche Handarbeit 1 (1857), 2. Bd., 11. Heft, S. 65–68, bes. S. 66.

660 Ausstellungskatalog „Momenti di vita nobiliare" (wie Anm. 658), Nr. 6; Ausstellungskatalog „Ratisbona sacra" (wie Anm. 658), Nr. 84. In beiden Katalogen finden sich Gewebeanalysen der Stoffe.

661 BZAR, AK, sign. 633, Inventar 1469, unfol.: *Item [..] II ornat kayser Haintrich casel vn(d) röck mit alem zu gehorung*.

662 Siehe Anm. 658.

663 Rückenlänge: 142,0 cm, Schulterbreite: 99,7 cm, vordere Länge (von der Schulter gemessen): 58,0 cm, vordere Länge (in der Mitte): 34,6 cm. Lampas mit Goldlancierung. Nach 42,0 cm in der Höhe und 24,2–24,8 cm in der Breite wiederholt sich das Muster. Der Musterrapport lässt sich jedoch nicht ermitteln, da bei keinem Schnittteil zwei der eingewebten goldenen Musterstreifen erhalten sind. Ebenso wenig ist das bei Gewebe I b möglich. Die Vorderseite der Kasel reicht heute nur noch bis in Brusthöhe. Sie ist um mehr als zwei Drittel verkürzt. Siehe dazu Anm. 719.

664 Dalmatika: Rückenlänge: 112,0 cm, Rückenbreite: 115,0 cm, vordere Länge: 108,5 cm. Tunicella: Rückenlänge: 113,0 cm, Rückenbreite (mit Armen): 123,0 cm, Vordere Länge: 108,5 cm. Lampas mit Goldlancierung. Nach 40,0–42,0 cm in der Höhe und 24,0 cm in der Breite wiederholt sich das Muster. Der Musterrapport ist nicht festzustellen. Siehe dazu Anm. 663. Zur Verwendung der Gewebe I a, I b und I c vgl. die Zeichnungen A und B (Vorder- und Rückseite der Dalmatika), C und D (Vorder- und Rückseite der Tunicella) im Anhang S. 365.

665 Dem Gewebe I c wird in der Literatur weit weniger Aufmerksamkeit geschenkt als den Stoffen I a und I b. Abbildung des nach London gekommenen Fragments von I c bei Albert Frank Kendrick, Catalogue of Muhammadan Textiles of the Medieval Period, London 1924, Tafel XXI Nr. 995 und bei Wardwell, Panni Tartarici (wie Anm. 658), Abb. 24. Vgl. dazu unten S. 265 mit Anm. 719.

666 Nach einer 1986 durch Hannelore Herrmann im Bayerischen Landesamt für Denkmalpflege erstellten Gewebeanalyse sind Material, Gewebebindung und Streifenbreite identisch (Registratur der Textilrestaurierung des Bayer. Landesamtes für Denkmalpflege, Schloss Seehof bei Bamberg, Restaurierungsdokumentation Regensburg, Alte Kapelle, Ornat I. Kasel, S. 15).

667 Wolfram Eberhard, Lexikon chinesischer Symbole. Die Bildsprache der Chinesen (Diederichs Gelbe Reihe 68), München 61999, S. 60–63, 181–182, 227–229.

668 Falke 2, 1913 (wie Anm. 658), Abb. 335 (Lesung von Ernst Kühnel?); Falke 1921 (wie Anm. 658), Abb. 279; Falke 1936 (wie Anm. 658), Abb. 289. Die Lesung wurde freundlicherweise von Gisela Helmecke, Berlin, bestätigt.

669 Falke 2, 1913 (wie Anm. 658), S. 56 f.; Falke 1921 (wie Anm. 658), S. 32; Falke, 1936 (wie Anm. 658), S. 37.

670 Nach freundlicher Auskunft von Gisela Helmecke kann es sich sowohl um eine persische als auch um eine arabische Inschrift handeln, wobei die persische Lesart den Vorzug hätte, grammatikalisch völlig richtig zu sein.

671 Schmidt, Der chinesische Seidenstil (wie Anm. 658), S. 173.

672 Ausstellungskatalog „Sakrale Gewänder des Mittelalters" (wie Anm. 658), S. 30, Nr. 60. Ähnlich äußerte sich Ernst Kühnel bei dem Kolloquium anlässlich der Ausstellung „Sakrale Gewänder des Mittelalters"; vgl. Kunstchronik 8 (1955), S. 321 f.

673 Nachweise bei Wardwell, Panni Tartarici (wie Anm. 658), S. 134–144.

674 Wardwell, Panni Tartarici (wie Anm. 658), S. 98–101.

675 Kasel: Rückenlänge: 141,0 cm, Rückenbreite: 96–98 cm, vordere Länge (in der Mitte gemessen): 105,5 cm. Dalmatika: Rückenlänge: 103,0 cm, Rückenbreite: 134,0 cm, vordere Länge: 102,5 cm. Tunicella: Rückenlänge: 128,5 cm, Rückenbreite mit Ärmeln: 112,0 cm, vordere Länge: 122,5 cm. Lampas, goldlanciert. Musterrapport II a: H. 18,5 cm, Br. 25–26 cm. Musterrapport II b: H. 20,0–21,5 cm, Br. 25,5 cm.

676 Bestimmung und Übersetzung der Inschriften von Gisela Helmecke, Berlin.

677 Die Marken wurden bei der zwischen 1954 und 1957 im Bayerischen Nationalmuseum München vorgenommenen Restaurierung entdeckt. Der knappe Restaurierungsbericht liegt in Kopie den Restaurierungsakten des Bayerischen Landesamts für Denkmalpflege von 1986 (wie Anm. 666) bei.

678 Leonie von Wilckens, Die mittelalterlichen Textilien. Katalog der Sammlung / Herzog-Anton-Ulrich-Museum Braunschweig, Braunschweig 1994, S. 17–20.

679 Walter Mannowsky, Der Danziger Paramentenschatz, 5 Bde., Berlin 1931–1938, Kat. Nr. 3, 30–33, 111–114, 132, 133, 133a.

680 Siehe S. 261.

681 Ausstellungskatalog „Der Basler Münsterschatz", hrsg. Historisches Museum Basel, Basel 2001, S. 26–27, Nr. 3 (Regula Schorta).

682 Viktor Griessmaier, Eine Kasel aus Hall in Tirol, in: Festschrift Oswald Trapp (Schlern-Schriften 208), Innsbruck 1959, S. 63–67 mit Abb.; Joseph Gottschalk, Ein Fürstenmantel der Herzogin Hedwig von Schlesien († 1243) aus chinesischem Goldbrokat? Beiträge zur Handelsgeschichte des Ostens, in: Zeitschrift für Ostforschung 15 (1966), S. 403–456 mit Abb.

683 Vgl. dazu Gottschalk, Fürstenmantel (wie Anm. 682), S. 405–413.

684 Arthur Saliger, Dom- und Diözesanmuseum Wien (Schriftenreihe des Erzbischöflichen Dom- und Diözesanmuseums Wien, NF 10), Wien 1987, S. 9–12. Wilckens, Textile Künste (wie Anm. 658). S. 92.

685 Wardwell, Panni Tartarici (wie Anm. 658), S. 101, Taf. VIII A und Abb. 14.

686 Wardwell, Panni Tartarici (wie Anm. 658), S. 101, Abb. 13.

687 Wardwell, Panni Tartarici (wie Anm. 658), S. 102.

688 Joseph Braun, Die liturgische Gewandung im Occicent und Orient. Freiburg i. Br. 1907, S. 188, 269, 280, 290, 293, bes. S. 188 mit Anm. 2. Schnittzeichnungen von Messgewändern des 15. Jahrhunderts bei Stolleis, Messgewänder (wie Anm. 657), S. 92 f.

689 Da die Regensburger Gewänder bei der zwischen 1954 und 1957 im Bayerischen Nationalmuseum München vorgenommenen Restaurierung vollständig zertrennt und neu zusammengenäht wurden, gingen die alten Nähfäden verloren, die eventuell zu datieren gewesen wären. Vgl. Anm. 677.

690 Mannowsky, Danziger Paramentenschatz (wie Anm. 679), Kat. Nr. 32 und 33.

691 Friedrich Fischbach, Die Geschichte der Textilkunst, Hanau 1883, S. 71.

692 BZAR, AK, sign. 633, unfol.

693 BZAR, AK, sign. 633, unfol.

694 BZAR, AK, sign. 1468, *INVENTARIVM bonorum Ecclesiarum Collegiatae B.M.V. Veteris Capellae & parochialis S. Cassiani Ratisbon: 1590*, unfol.

695 BZAR, AK, sign. 1448, *INVENTARIVM Des Khayserlichen Vnser Lieben Frawen Stifft zur Alten Capellen vnnd der Pfarrkhirchen bey St. Cassian Inn Regenspurg etc. 1607*, unfol.: *Khayser Hainrich Ornat mit sambt baiden Leuitten Röckhen vnd dero zuegehörungen. Item Sanct Kunigundts Meßgewandt gleicher sortten mit seiner zuegehörung, auch beeden Leuitten Röckhen.*

696 BZAR, AK, sign. 1449, *INVENTARIVM bonorum Ecclesiarum Collegiatae B.M.V. Veteris Capellae et parochialis S. Cassiani Ratisbon. De Anno 1621*, fol. 32r: *Khayser Hainrichs Ornat mit sambt baiden Leuitten Röckhen vnd dero Zuegehörung. Item Sanct Khünigundts Meßgewandt* [fol. 32v:] *gleicher sortten mit seinen zuegehörung, auch beiden Leuitten Röckhen.*

697 BZAR, AK, sign. 1450–1453, Inventar 1674 in vierfacher Ausfertigung. Zitiert nach sign. 1452, *INVENTARIVM über des Kayserl(ichen) Unser Lieben Frauen Collegiat-Stüffts zur Alten Capelln in Regenspurg: Kirchen-Geschmuk und Ornat [...] 1674*: Unter den *Casulae: Zwey von S. Heinrich und S. Cunegundt, durchgehents ein Goldtstück, eines dar von zu repariren, darbej zwenn Leviten Röckh von der gleichen Materj.*

698 Johann Gruber, Stiftungen bei der Alten Kapelle, in: Das Kollegiatstift Unsere Liebe Frau zur Alten Kapelle in Regensburg (Beiträge zur Geschichte des Bistums Regensburg 34), Regensburg 2000, S. 83–123, bes. S. 119 f.

699 Carl Theodor Gemeiner, Regensburgische Chronik, Bd. 3, Regensburg 1821 (unveränderter Nachdruck, hrsg. von Heinz Angermeier, München 1971, S. 750 f., 755–757); Leonhard Theobald, Die Regensburger Heiltumsweisung und das Regensburger Heiltumsverzeichnis von 1496, in: Zeitschrift für bayrische Kirchengeschichte 7 (1932), S. 17–27; Achim Hubel, Die Heiltumsweisungen in Regensburg, in: Der Regensburger Domschatz (Kirchliche Schatzkammern und Museen 1), München/Zürich 1976, S. 20–22; Hartmut Kühne, ostensio reliquiarum. Untersuchungen über Entstehung, Ausbreitung, Gestalt und Funktion der Heiltumsweisungen im römisch-deutschen Regnum (Arbeiten zur Kirchengeschichte 75), Berlin/New York 2000, S. 325–333.

700 Gedruckte Ausgaben wie in anderen Städten scheint es in Regensburg nicht gegeben zu haben.

701 Bayerisches Hauptstaatsarchiv München, Allgemeines Staatsarchiv München, Reichsstadt Regensburg, Lit. 470 und 471. Publiziert von Theobald, Heiltumsweisung (wie Anm. 699), S. 20–27.

702 BZAR, BDK 4890. Das Verzeichnis wurde bisher in die Regierungszeit des Regensburger Bischofs Johannes III. (1507–1538) datiert. Es wäre möglich, dass dem Konzept ein früheres (nicht erhaltenes) Heiltumsverzeichnis zugrunde liegt. Dafür würde sprechen, dass das Konzept mit dem zweiten (!) Gang beginnt, der durch nachträgliche Änderung von anderer Hand aber zum ersten Gang wurde.

703 Heiltumsverzeichnis 1496 (Lit. 470; wie Anm. 701), fol. 11v, 12r, 12v. Theobald, Heiltumsweisung (wie Anm. 699), S. 25–26.

704 Bayerisches Hauptstaatsarchiv München, Allgemeines Staatsarchiv München, HL Regensburg 116, fol. 034r–044v: *1525. Inuentary der bildnus vnd ander gefeßs, Monstrantzen vnd ornadt im Stifft Allten Capellen vnd der Pfarrkirchen sandt Cassian in Regenspurg*, hier: fol. 041v.

705 Hubel, Das Schicksal des Domschatzes im Dreißigjährigen Krieg, in: Regensburger Domschatz (wie Anm. 699), S. 26–29, bes. S. 28.

706 Herbert W. Wurster, Die Regensburger Geschichtsschreibung im 17. Jahrhundert. Historiographie im Übergang vom Humanismus zum Barock. Teile II und III, in: Verhandlungen des Historischen Vereins für Oberpfalz und Regensburg 120 (1980), S. 69–210, bes. S. 149–154.

707 BZAR, *Ratisbona Religiosa Ratisbonensis Dioeceseos illustratae Liber Quartus*, fol. 115v: *Inter alias veteris Capellae reliquias, duae casulae, quatur* [sic!] *Dalmaticae a S.S. Henrico et Cunegunde comparatae.* BZAR, *Ratisbona Sancta Huius Dioeceseos illustratae Liber Quintus*, S. 3179: *Neque solum sanctus Henricus Imperator et fundator, sed et ejusdem Augusta virgo consors, imperatrix et fundatrix hujus ejusdem Ecclesiae Collegiatae, in hanc suam munificentiam extendit. Asservatur ibidem enim, alia inter dona, ejusdem etiam pretiosa vestis.*

708 Mausoleum oder Herrliches Grab des Bayrischen Apostels und Blutzeugens Christi S. Emmerami [...]. Editio tertia, Regensburg 1680, S. 156. Vgl. Wurster, Regensburger Geschichtsschreibung (wie Anm. 706), S. 164–167.

709 Mausoleum oder Herrliches Grab des Bayrischen Apostels und Blutzeugens Christi S. Emmerami [..]. Straubing [2]1672, S. 116: *Man zaigt allhie in disem Stifft noch ein Meßgewandt daß Cunegundis auß ihren Klaidern hat zurichten lassen.* Im Inventar der Alten Kapelle von 1674 wird berichtet, dass eine der beiden Kaseln der Heinrichsgewänder reparaturbedürftig sei (BZAR, AK, sign. 1452, S. 16). Vielleicht war diese damals schon anstehende Reparaturmaßnahme der Grund dafür, dass Vogl nur eine Kasel erwähnte. In der ersten, 1661 in Straubing erschienenen Auflage des Voglschen Werks sind die Heinrichsgewänder nicht genannt.

710 Ratisbona Monastica. Erster Theil Oder Mausoleum, Herrliches Grab des Bayrischen Apostels und Blut-Zeugens S. Emmerami [...], Regensburg [4]1752, S. 242.

711 Allerneueste und bewährte Historische Nachricht von Allen in denen Ring-Mauren der Stadt Regensburg gelegenen Reichs-Stifftern, Haupt-Kirchen und Clöstern Catholischer Religion, Regensburg 1753, S. 349. Vgl. dazu Wurster, Regensburger Geschichtsschreibung (wie Anm. 706), S. 121.

712 Die Bamberger Kaisermäntel wurden bereits im September 1803 nach München verbracht. Im Gegensatz zu den goldenen Evangeliaren aus dem Bamberger Domschatz, die schon bald in die Königliche Bibliothek, die heutige Bayerische Staatsbibliothek München, überführt wurden, verblieben die Mäntel bis 1820 in der Münze. Dieser Umstand spricht dafür, dass das Interesse an den Textilien damals in München nicht sehr groß war. Möglicherweise beachtete man 1810, als die Säkularisation in Regensburg durchgeführt wurde, die Heinrichsgewänder der Alten Kapelle ebenso wenig. Vgl. zu den Bamberger Kaisermänteln Renate Baumgärtel-Fleischmann, Die Kaisermäntel im Bamberger Domschatz, in: Bericht des Historischen Vereins Bamberg 133 (1997), S. 93–126, bes. S. 113.

713 BZAR, AK, sign. 267, *Inventarium über alle Kirchengeräthschaften, Ornaten, Praetiosen und Silbergefäße [...] 1814*, Nr. 80 und sign. 633, *Designation über die bei dem kön(iglichen) Collegiat Stift zur alten Kapelle in Regensburg vorhandenen Kirchen-Geräthschaften. [...] 1825*, Nr. 227.

714 BZAR, AK, sign. 2292, *Inventarium über die in der Stiftskirche zur alten Kapelle in Regenburg vorhandenen Geld-* [sic!] *und Silbergegenstände, Paramenten und übrigen Utensilien, [...] 1850*, IIa Nr. 29.

715 BZAR, AK, sign. 2293 und 2560, *Inventar über die in der Stiftskirche zur alten Kapelle in Regensburg vorhandenen Silbergegenstände, Glocken, Paramente und übrigen Utensilien, 1875*. IV Nr. 29.

716 Abb. in: Genoveva Nitz u. a., Die im Licht sind. Heilige und Patrone im Bistum Regensburg, Regensburg 2001, S. 38.

717 F(ranz) Bock und G(eorg) Jakob, Die mittelalterliche Kunst in ihrer Anwendung zu liturgischen Zwecken. Aufzählung und Beschreibung sämmtlicher mittelalterlicher Kunstgegenstände, aufgestellt bei Gelegenheit der 2ten Generalversammlung der Diözesan-Kunstvereine in der St. Ulrichskirche zu Regensburg, den 15., 16. u. 17. Sept. 1857, Regensburg o. J., bes. S. 40–41, Nr. 172 und 173. Vgl. S. 257 mit Anm. 659.

718 Vgl. Leonie von Wilckens, Mittelalterliche Seidenstoffe. Bestandskatalog XVIII des Kunstgewerbemuseums der Staatlichen Museen zu Berlin, Berlin 1992, S. 9 und demnächst Birgitt Borkopp, Der Aachener Kanonikus Franz Bock und seine Textilsammlungen. Studien zur Geschichte der Kunstgewerbe im 19. Jahrhundert (Druck in Vorbereitung).

719 Gewebe I b: H. 14 cm, Br. 34,3 cm. Inv. Nr. 1863–8639. Abb. bei Kendrick, Catalogue (wie Anm. 665), Taf. XXII, 994. Vgl. Anm 720. Gewebe II b: H. 42 cm, Br. 35,5 cm. Inv. Nr. 1863-8288. Abb. bei Kendrick, Catalogue (wie Anm. 665), Taf. XXI, 993. Der Schnitt des ausgesprochen großen Fragments mit einer geraden linken und einer gebogenen rechten Seite legt den Schluss nahe, dass es sich um ein Stück aus dem (vom Betrachter aus gesehen) rechten unteren Bereich der Vorder- oder Rückseite einer Kasel handelt. Da die hellfarbig-goldene Kasel jedoch vollständig erhalten ist, kann das Londoner Fragment II b nur zu dem (heute fehlenden) Vorderteil der schwarz-goldenen Kasel gehört haben. Wenn diese Folgerung richtig ist,

müssten die schwarz-goldenen und die hellfarbig-goldenen Stoffe gemeinsam erworben worden sein. Dass man eine größere Menge des hellfarbig-goldenen Stoffs kaufte, als man für einen Ornat überhaupt benötigte, und diesen Stoff dann liegen ließ, ehe er für die schwarz-goldene Kasel verwendet wurde, ist kaum denkbar.
Gewebe I c: H. 33 cm, Br.19 cm. Inv. Nr. 1863-8601. Abb. bei Kendrick, Catalogue (wie Anm. 665), Taf. XXI, 995 und bei Wardwell, Panni Tartarici (wie Anm. 658), Abb. 24. Die Maße des Fragments I c sprechen dafür, dass es von der Vorderseite des rechten Ärmels der schwarz-goldenen Dalmatika stammt.
Zu den Verkäufen Franz Bocks an das South Kensington Museum vgl. Norbert Jopek, Kanonikus Dr. Franz Bock und das South Kensington Museum, in: Sancta Treveris. Beiträge zu Kirchenbau und bildender Kunst im alten Erzbistum Trier. Festschrift für Franz Ronig zum 70. Geburtstag, hrsg. von Michael Embach u. a., Trier 1999, S. 253–268, ohne Erwähnung der Regensburger Stoffe.

720 Gewebe I b: H. 25,5 cm, Br. 24 bzw. 30 cm. Inv. Nr. T 883/1865. Abb. bei Griessmaier, Kasel aus Hall (wie Anm. 682), Abb. 4 (wiedergegeben ist die Rückseite des Stoffes). Das Wiener und das Londoner Fragment von Gewebe I b dürften ursprünglich zusammengehört haben, da das Londoner Fragment das Muster des Wiener Fragments nach oben fortführt und in den Maßen zu letzterem passt. Es fehlt nur ein sehr schmaler Querstreifen von 3–4 mm, der vielleicht beim Begradigen des Stoffes wegfiel.

721 Es wird nur am 9. September 1857, in der 28. Sitzung des Jahres, der Beschluss gefasst, dass die *Meßgewänder von hl. Heinrich* für die Ausstellung in der Ulrichskirche ausgeliehen werden (BZAR, AK, Amtsbuchserien sign. 60, *Kapitels-Protocolle 1856–58*, § 235).

722 Josef Gerl, Zum Gnadenbild der Alten Kapelle, in: Das Kollegiatstift Unsere Liebe Frau zur Alten Kapelle in Regensburg (Beiträge zur Geschichte des Bistums Regensburg 34), Regensburg 2000, S. 187–201, bes. S. 197 f.

723 Ornamente der Gewebe. Gez(eichnet) u. hrsg. von Friedrich Fischbach, Hanau [1874], Tafel 144, 145.

724 Julius von Lessing, Die Gewebe-Sammlung des K(öniglichen) Kunstgewerbe-Museums Berlin, Band 4, Berlin 1900, Tafel 111a (Stoff I b), Tafel 111c (Musterstreifen I b), Tafel 111b (Musterstreifen I a).

725 Z. B. Ausstellung kirchlicher Kunstwebereien und Stickereien (Krefeld 1887), Chinesische Ausstellung (Berlin 1929), Sakrale Gewänder des Mittelalters (München 1955), Bayerische Frömmigkeit (München 1960), Bayern – Kunst und Kultur (München 1972), Momenti di vita nobiliare nel tardo medioevo. Aus dem adeligen Leben im Spätmittelalter (Verona 1986), Ratisbona sacra (Regensburg 1989).

726 Ein späteres Beispiel für die Umwidmung eines Messgewands, das am Gedenktag des Heiligen vom zelebrierenden Priester getragen wurde und einige Jahrzehnte später zu einem Messgewand des Heiligen selbst wurde, ist die sogenannte Kasel des heiligen Otto aus der zweiten Hälfte des 16. Jahrhunderts im Benediktinerkloster Michelsberg in Bamberg. Vgl. Gustav Frhr. von Horn, Der Zweidlersche Plan der Stadt Bamberg und deren Beschreibung von Bonius, in: Bericht des Historischen Vereins Bamberg 38 (1876), S. 17–29, bes. S. 23.

zu Harald Gieß, Die Restaurierung

727 Siehe zur Restaurierung der Alten Kapelle von 1993 bis 2002 ganz allgemein durch das Arbeitsheft Nr. 114 des Bayerischen Landesamts für Denkmalpflege, München 2002, das sich ausschließlich der Restaurierung der Alten Kapelle widmet.

728 Hierzu grundlegend Karl-Heinz Betz, Das ikonologische Programm der Alten Kapelle in Regensburg, in: Verhandlungen des Historischen Vereins für Oberpfalz und Regensburg 118 (1978), S. 7–52.

729 Erhalten hat sich dieser Befund im Original lediglich an der Südfassade im Bereich des Dachanschlusses über einer der später veränderten Seitenkapellen.

730 Zitiert nach den Akten des Bayerischen Landesamtes für Denkmalpflege.

731 Zitiert nach den Akten des Bayerischen Landesamtes für Denkmalpflege.

732 Barbara Fischer-Kohnert, Das mittelalterliche Dach als Quelle zur Bau- und Kunstgeschichte: Dominikanerkirche, Minoritenkirche, Dom, Rathaus und Alte Kapelle in Regensburg, Petersberg 1999, S.103 ff.

zu Rainer Preis, Die Querhausaltäre

733 Die Baudaten in diesem Abschnitt sind der Chronologie entnommen, die von den Werkstätten Preis & Preis (Xaver Luderböck) 1990/1991 zur Vorbereitung der Restaurierung erstellt wurde. Es sind hier im wesentlichen die Stiftsprotokolle und Rechnungsbücher ab 1747 ausgewertet. Die Chronologie umfasst drei Ordner und ist gegliedert in 18./19. und 20. Jahrhundert.

734 Zu Simon Sorg siehe Karl-Heinz Betz, Simon Sorg (1719–1792), der Hofbildhauer des Fürsten Thurn und Taxis (Thurn und Taxis-Studien 12), Kallmünz 1980.

735 Zur Beschreibung der Altäre siehe den Beitrag von Dagmar Dietrich, in diesem Buch S. 186 ff.

736 Joseph Schmid, Die Geschichte des Kollegiatsstifts Unserer Lieben Frau zur Alten Kapelle in Regensburg, Regensburg 1922, S. 5 und 250.

737 Siehe hierzu auch die Akten der Firma Preis und Preis, Regensburg.

738 Für die Bildhauerarbeit an den wesentlich kleineren Altären St. Jakob und St. Heinrich in den Seitenschiffen erhält Sorg 1783 die Summe von 360 Gulden. Mit Johann Heinrich werden dazu noch Schreinerarbeiten in gleicher Höhe abgerechnet (Chronologie 18. Jahrhundert).

739 Georg Caspar Zellner hat in der Kirche zwischen 1767 und 1776 unter anderem den Barbara-Altar und den Maria-Schnee-Altar in den Seitenschiffen sowie den Hochaltar gefasst (Chronologie 18. Jahrhundert). Zur Fassmaler-Familie Zellner siehe Fritz Markmiller, Barockmaler in Niederbayern. Die Meister der Städte, Märkte und Hofmarken, Regensburg 1982.

740 Zum Vergleich: 1768 erhält Zellner für die Fassung der kleineren Altäre St. Barbara und Maria-Schnee in den Seitenschiffen 540 Gulden (Chronologie 18. Jahrhundert).

741 Weitere Beispiele in der Kirche sind der Maria-Schnee-Altar und der Barbara-Altar in den Seitenschiffen, 1755 von Johann Baptist Dir geschaffen und erst 1767 von Georg Caspar Zellner gefasst (Chronologie 18. Jahrhundert).

742 Christina Grimminger, Otto Gebhard (1703–1773). Leben und Werk des Prüfeninger Barockmalers, Regensburg 2000, S. 244. Grimminger stützt die Zuschreibung an Johann Gebhardt neben stilistischen Kriterien auch auf die Signatur am Altarblatt des Anna-Altars. Der Vorname ist jedoch hier nicht ablesbar.

743 Karl-Heinz Betz, Die Stiftskirche Unserer Lieben Frau zur Alten Kapelle in Regensburg, Schnell Kunstführer Nr. 415 (1940), München/Zürich ^{4}1979.

744 Grimminger (wie Anm. 742), S. 68 ff.

745 Grimminger (wie Anm. 742), S. 51 ff.

746 Chronologie 18. Jahrhundert.

747 Die Materialanalysen zur originalen Fassung an den Querhausaltären wurden von Dr. Johann Koller vom Doerner-Institut München durchgeführt. Sofern nicht anders belegt, sind die Materialangaben in diesem Abschnitt seinem Untersuchungsbericht vom 17.05.1995 entnommen. Untersuchungen, die Hermann Kühn 1992 am Hochaltar durchgeführt hat, erbrachten ähnliche Ergebnisse. Die Befunde am Objekt sind im Restaurierungsbericht der Werkstätten Preis & Preis dokumentiert, der im Bayerischen Landesamt für Denkmalpflege archiviert ist.

748 Die Hölzer sind nicht näher analysiert. Am Hochaltar wurde für die Architekturelemente Tanne, für die Schnitzarbeiten Linde nachgewiesen.

749 Der konstruktive Aufbau war insgesamt nur eingeschränkt zu begutachten, weil die Altäre vor einer Wand stehen, somit rückseitig nicht zugänglich waren und für die Restaurierung nicht abgebaut wurden.

750 Steinkreide – zermahlenes Dolomitgestein, eine Mischung aus Calcium und Magnesiumcarbonat – wurde in Grundierungen der Barockzeit des öfteren nachgewiesen.

751 Der Kreidegrund besteht hier ausschließlich aus Kreide (Calciumcarbonat) und tierischem Leim.

752 Koller analysiert ein harziges Bindemittel mit einer darüber liegenden Sperrschicht aus Leim, Kühn weist am Hochaltar als Bindemittel Öl und Proteine aus. Bleiweiß – basisches Bleicarbonat – ist ein künstlich hergestelltes Weißpigment.

753 Als Poliment oder Bolus werden feine tonhaltige Ockerpigmente bezeichnet, die als Grundlage für die Blattgoldauflage dienen. Es kommen unterschiedliche, meist wässrige Bindemittel in Frage. Die untere Lage ist hier gelb, die obere orangerot.

754 Die Einarbeitung bildlicher Darstellung ist für Fassungen der Malerfamilie Zellner nicht ungewöhnlich. Weitere Beispiele finden sich am südlichen Seitenaltar der Kirche Sankt Johannes Baptist in Oppolding/Landkreis Landshut (von Johann Georg und Franz Xaver Andreas 1764) und an den Altären der Kirche Unsere Liebe Frau in Baierbach (von Franz Xaver Andreas 1763).

755 Es besteht auch die Möglichkeit, eine Paste in eine Form zu drücken oder zu gießen und nach dem Erhärten aufzukleben. Die Wiederholung gleichartiger Elemente, wie sie für dieses Verfahren typisch ist, konnte hier nicht nachgewiesen werden.

756 Zur Restaurierungsgeschichte siehe den Beitrag von Harald Gieß, „Von der Anschaulichkeit eines Gesamtkunstwerks“, in diesem Buch S. 267.

757 Zitat nach Anton Marxmüller, Die Stiftskirche U. L. Frau zur Alten Kapelle in Regensburg und ihre Restaurierung, in: Jahrbuch des Bayerischen Heimatbundes, München 1938–39, S. 175–178.

758 Chronologie 19. Jahrhundert.

759 Georg Lill, Die Alte Kapelle in Regensburg und die Wiederherstellung ihres Innenraumes, in: Münchener Jahrbuch der bildenden Kunst 13 (1938/39), München 1939.

760 Dies geht aus dem Kostenangebot der Fa. Brandl für die Restaurierung des Hochaltars vom 24. Januar 1937 hervor, in dem es einleitend heißt: „Für den Voranschlag gilt die Ausführung der bereits renovierten Seitenaltäre im Querschiff“.

761 Bearbeitungsvorschlag aus dem Angebot der Fa. Brandl für den Hochaltar vom 24. Januar 1935: „Die Überarbeitung wird mit Reparierhacken entfernt und der losgedeckte Originalmarmor mit Pansol [industriell hergestelltes Abbeizmittel mit Zusatz von Scheuersand] und Spiritus gereinigt.“

762 Siehe Foto im Beitrag von Harald Gieß (wie Anm. 267), S. 272.

763 Brief an Prälat Zausinger vom 16. August 1983.

764 Zum Restaurierungskonzept allgemein siehe den Beitrag von Harald Gieß (wie Anm. 756), S. 267 ff.

765 Um der Vergilbung des Lackes vorzubeugen, die durch Lichteinwirkung, insbesondere durch die energiereiche UV-Strahlung gefördert wird, kam bei der Erneuerung der Kirchenfenster ein spezielles Glas mit UV-Schutz zum Einsatz.

zu Richard Strobel, Die Kanonikalhäuser

766 Jörg Lusin, Die Baugeschichte der Würzburger Domherrnhöfe (Dissertation Stuttgart 1983), Würzburg 1984.

767 Rudolf Brandts, Die Trierer Domimmunität im Wandel der Baukunst vom 11. bis 18. Jahrhundert, in: Rhein. Vierteljahrsbl. 12 (1942), S. 89–121; Rudolf Holbach, Beiträge zu Geschichte und Topographie von Trierer Domkurien und Domfreiheit

im Mittelalter, in: Kurtrier. Jahrbuch 20 (1980) S.5–59.
768 Ursula Hoppe, Die Paderborner Domfreiheit. Untersuchungen zu Topographie, Besitzgeschichte und Funktionen (Münstersche Mittelalter-Schriften 23), München 1975.
769 Tilmann Breuer, Die Kunstdenkmäler von Bayern, Regierungsbezirk Oberfranken VII, Stadt Bamberg, Der Domberg, Die Immunitäten der Bergstadt, in Vorbereitung.
770 Alois Schmid, Regensburg. Reichsstadt – Fürstbischof – Reichsstifte – Herzogshof (Historischer Atlas von Bayern, Teil Altbayern, Heft 60), München 1995, Kartenbeilage 3, Teilkarte 3.
771 Heinz Stoob, Regensburg. Deutscher Städteatlas Lieferung I Nr. 8, Dortmund 1973, Tafel 3; Ernst Klebel, Regensburg, in: Studien zu den Anfängen des europäischen Städtewesens (Vorträge und Forschungen IV), Lindau und Konstanz 1957, Kartenbeilage.
772 Helmut Wolff, Regensburgs Häuserbestand im späten Mittelalter, in: Studien und Quellen zur Geschichte Regensburgs 3, Regensburg 1985.
773 A. Schmid, Historischer Atlas 1995 (wie Anm. 770), S. 262.
774 Helmut-Eberhard Paulus, Regensburg V, Baualtersplan (= BAP) zur Stadtsanierung Lit. G, Pauluserwacht (Baualterspläne zur Stadtsanierung in Bayern VII), München 1984; Joseph Schmid, Die Urkunden-Regesten des Kollegiatstiftes U. L. Frau zur Alten Kapelle in Regensburg, erster Band Regensburg 1911, zweiter Band 1912; ders., Die Geschichte des Kollegiatstiftes U. L. Frau zur Alten Kapelle in Regensburg, Regensburg 1922; Hugo Graf von Walderdorff, Regensburg in seiner Vergangenheit und Gegenwart, Regensburg ^{4}1896; Karl Bauer, Regensburg, Kunst-, Kultur- und Alltagsgeschichte, Regensburg ^{5}1997.
775 BAP V (wie Anm. 774), S. 53–54.
776 J. Schmid, Regesten I (wie Anm. 774), Nr. 21, S. 7–8.
777 J. Schmid, Geschichte (wie Anm. 774), S. 292.
778 BAP V (wie Anm. 774), S. 53–54 bei Alter Kornmarkt 8.
779 Horst E. Höller, Die Erhaltung der historischen Stadtgestalt als Schlüsselproblem der Sanierung, in: Regensburg. Die Altstadt als Denkmal, hrsg. von Richard Strobel, München 1978, S. 42 und Abb. 45.
780 J. Schmid, Geschichte (wie Anm. 774), S. 296–302; Felix Mader, Stadt Regensburg, Bd. II (Die Kunstdenkmäler von Bayern, Oberpfalz Bd. 22), München 1933, S. 50, 54, 56, 58.
781 BAP V (wie Anm. 774), S. 54–56 bei Alter Kornmarkt 8; Bauer (wie Anm. 774), S. 30.
782 BAP V (wie Anm. 774), S. 159–160.
783 BAP V (wie Anm. 774), S. 207–209 und 239–241; Bauer (wie Anm. 774), S. 108–109 und 103–104.
784 Astrid Eiler, Die Aula Scholastica beim Kollgiatstift Unserer Lieben Frau zur Alten Kapelle im 19. Jahrhundert; in: Das Kollegiatstift Unsere Liebe Frau zur Alten Kapelle in Regensburg, hrsg. von Paul Mai und Karl Hausberger (Beiträge zur Geschichte des Bistums Regensburg 34), Regensburg 2000, S. 374–375.
785 BAP V (wie Anm. 774), S. 224–226 und 252; BAP III, S. 127–128; Bauer (wie Anm. 774), S. 101.
786 Richard Strobel, Zwei sanierte Kanonikalhöfe des Stifts St. Johann zu Regensburg, in: 850 Jahre Kollegiatstift zu den heiligen Johannes Baptist und Johannes Evangelist in Regensburg 1127–1977, Festschrift hrsg. von Paul Mai, München/Zürich 1977, S. 145–154, hier S.150.
787 BAP V (wie Anm. 774), S. 175, 81, 84–85, 89–90.
788 Peter Schmid, Regensburg. Stadt der Könige und Herzöge im Mittelalter (Regensburger Historische Forschungen 6), Kallmünz 1977, S. 58–60.
789 BAP V (wie Anm. 774), S. 220; BAP VII, S. 55–56.
790 J. Schmid, Geschichte (wie Anm. 774), S. 33 und 90.
791 J. Schmid, Geschichte (wie Anm. 774), S. 58–60.
792 J. Schmid, Geschichte (wie Anm. 774), S. 30, 32, 55 und passim.
793 J. Schmid, Geschichte (wie Anm. 774), S. 63.
794 J. Schmid, Geschichte (wie Anm. 774), S. 43.
795 BAP V (wie Anm. 774), S. 57–61.
796 BAP V (wie Anm. 774), S. 120–121; Mader (wie Anm. 780), S. 210–212.

III. Kapitel zu Alois Schmid, Geistiges Leben

1 Hermann und Anna Bauer, Klöster in Bayern. Eine Kunst- und Kulturgeschichte der Klöster, München ^{2}1993.
2 Eine Zusammenstellung: Norbert Backmund, Die Kollegiat- und Kanonissenstifte in Bayern, Windberg 1973.
3 Die Statuten: Andreas Ulrich Mayer, Thesaurus novus iuris ecclesiastici potissimum Germaniae IV, Regensburg 1794, S. 61 ff. Vgl. Irene Crusius, Das weltliche Kollegiatstift als Schwerpunkt innerhalb der Germania Sacra, in: Blätter für deutsche Landesgeschichte 120 (1984), S. 241–253.
4 Maßgeblich: Joseph Schmid, Die Geschichte des Kollgiatstiftes U. L. Frau zur Alten Kapelle in Regensburg, Regensburg 1922; Backmund, Kollegiat- und Kanonissenstifte, S. 91–94 (Lit.); Paul Mai und Karl Hausberger (Hrsg.), Das Kollegiatstift Unsere Liebe Frau zur Alten Kapelle in Regensburg (Beiträge zur Geschichte des Bistums Regensburg 34), Regensburg 2000; Peter Schmid (Hrsg.), Geschichte der Stadt Regensburg II, Regensburg 2000, S. 810–814 (Paul Mai).
5 Josef Fleckenstein, Die Hofkapelle der deutschen Könige I, Stuttgart 1959, S. 219; Klaus Gamber, Ecclesia Reginensis. Studien zur Geschichte und Liturgie der Regensburger Kirche im Mittelalter, Regensburg 1979, S. 67–91.
6 Beitrag von Paul Mai, Das Archiv und die Bibliothek des Kollegiatstifts zur Alten Kapelle, in diesem Band. S. _.
7 Karlheinz Dietz, Udo Osterhaus, Sabine Rieckhoff-Pauli und Konrad Spindler, Regensburg zur Römerzeit, Regensburg 1979, S. 14, 26, 309, 423.
8 Andreas Kraus, Civitas regia. Das Bild Regensburgs in der deutschen Geschichtsschreibung des Mittelalters, Regensburg 1972, S. 42 f.
9 Pádraig A. Breatnach, Die Regensburger Schottenlegende – Libellus de fundacione ecclesie Consecrati Petri, München 1977.
10 Philipp Schneider, Konrads von Megenberg Traktat „De limitibus parochiarum civitatis Ratisbonensis", Regensburg 1906, S. 60, 118, 122.
11 Keine Nachweise im Ausstellungskatalog: Regensburger Buchmalerei. Von frühkarolingischer Zeit bis zum Ausgang des Mittelalters, hrsg. von Florentine Mütherich und Karl Dachs, München 1987.
12 Ernest Geiß, Rudolph Volkart von Heringen, der Theologie und Arznei Doctor, Dechant bei St. Peter in München, in: Oberbayerisches Archiv 16 (1856/57), S. 209–217; J. Schmid, Alte Kapelle, S. 115 f.
13 J. Schmid, Alte Kapelle, S. 110 f.; Franz Fuchs, Bildung und Wissenschaft in Regensburg. Neue Forschungen und Texte aus St. Mang in Stadtamhof, Sigmaringen 1989, S. 128 f.
14 Zur Gattung: Alois Schmid, Die Fundationes monasteriorum Bavariae. Entstehung – Verbreitung – Quellenwert – Funktion, in: Hans Patze (Hrsg.), Geschichtsschreibung und Geschichtsbewußtsein im späten Mittelalter, Sigmaringen 1987, S. 581–646.
15 Joseph Schmid, Die Urkunden-Regesten des Kollegiatstiftes Unserer Lieben Frau zur Alten Kapelle in Regensburg, 2 Bde., Regensburg 1911/12, S. 85 Nr. 447, 449 (a.a. 1392).
16 J. Schmid, Alte Kapelle, S. 111.
17 Carl Theodor Gemeiner, Regensburgische Chronik II, hrsg. von Heinz Angermeier, München ^{2}1988, S. 329 f. Vgl. Paul Kaegbein, Deutsche Ratsbüchereien bis zur Reformationszeit, Leipzig 1950, S. 18–20.
18 Über Johannes Hayden: Ferdinand Janner, Geschichte der Bischöfe von Regensburg III, Regensburg 1886, S. 602; Hugo Graf von Walderdorff, Regensburg in seiner Vergangenheit und Gegenwart, Regensburg ^{4}1896 (Neudruck 1973), S. 253, 267, 270; J. Schmid, Alte Kapelle, S. 119 u. ö.; Herbert W. Wurster, Die Regensburger Geschichtsschreibung im 17. Jahrhundert. Historiographie im Übergang vom Humanismus zum Barock, in: VHVO 120 (1980), S. 80 f.
19 Bischöfliches Zentralarchiv Regensburg, Alte Kapelle Amtsbuchserie Nr. 1. Vgl. J. Schmid, Alte Kapelle, S. IV f.
20 Über Ulrich Ohnsorg: Janner, Geschichte III, S. 507 f.; J. Schmid, Alte Kapelle, S. 8, 121, 213; Kraus, Civitas regia, S. 95.
21 Druck: Andreas Felix Oefele, Rerum Boicarum Scriptores I, Augsburg 1763, S. 354–373.
22 Joseph Schmid, Die Handschriften und Inkunabeln der Bibliothek des Kollegiatstiftes U. L. Frau zur Alten Kapelle in Regensburg, Regensburg 1907, S. 14 f. Der Codex befindet sich heute als einzige Handschrift aus dem Stift in der Handschriftenabteilung der Bayerischen Staatsbibliothek München (Clm 721). Er ist dort erstmals 1763 belegt. Wie er dorthin gelangt ist, wird nicht ersichtlich.
23 Hubert Glaser, Geschichtsschreibung, in: Max Spindler, Handbuch der bayerischen Geschichte II, 2. Aufl. hrsg. von Andreas Kraus, München 1988, S. 856; Rolf Sprandel (Hrsg.), Zweisprachige Geschichtsschreibung im spätmittelalterlichen Deutschland, Wiesbaden 1993, S. 356. Sehr kritisch: Jean-Marie Moeglin, Les ancêtres du prince, Genf 1985, S. 135 („pseudo Chronicon"), S. 235 f.
24 Leonhard Theobald, Die Reformationsgeschichte der Reichsstadt Regensburg, 2 Bde., München ^{2}1980 (Nürnberg 1951).
25 Walter Ziegler, Das Benediktinerkloster St. Emmeram zu Regensburg in der Reformationszeit, Regensburg 1970.
26 Österreichische Nationalbibliothek Wien, Cod. 5580, fol. 42v.
27 Zu diesem wichtigen Buch: Klaus Gamber, Das Missale Ratisponense, in: ders., Ecclesia Reginensis, S. 221.
28 Wurster, Regensburger Geschichtsschreibung, S. 85 (Lit.). Druck der Chronik: Die Chroniken der deutschen Städte XV, Leipzig 1878 (Nachdruck Göttingen 1967), S. 1–244; das folgende Zitat 237.
29 Die Chroniken der deutschen Städte XV, Leipzig 1878 (Nachdruck Göttingen 1967), S. 1–244, bes. 237.
30 Erwin Gatz (Hg.), Die Bischöfe des heiligen Römischen Reiches 1448 bis 1648. Ein biographisches Lexikon, Berlin 1996, S. 379f. [Karl Hausberger]. Druck: Karl Schottenloher, Tagebuchaufzeichnungen des Regensburger Weihbischofs Dr. Peter Krafft von 1500–1530, Münster i.W. 1920.
31 Bayerische Staatsbibliothek München, Clm 967, fol. 6r; ähnlich Clm 1281, fol. 7r.
32 Bayerische Staatsbibliothek München, Clm 1282, fol. 140r. Druck: Johannes Turmair's genannt Aventinus Sämmtliche Werke, hrsg. von der K. Akademie der Wissenschaften, 6 Bde., München 1881–1908, hier I, S. 259 f.; II, S. 154; IV, S. 697 f.
33 Aventinus, Sämmtliche Werke III, S. 27: *[...] deinde de integro in Boiaria extruxit a fundamento [...] templum, alterum Reginoburgii, quod plumbo texit, et Veterem Aediculam nominamus.*
34 Wolfgang R. Hahn, Ratisbona Politica. Studien zur politischen Geschichte der Reichsstadt Regensburg im 17. Jahrhundert bis zum Beginn des Immerwährenden Reichstages, in: VHVO 126 (1986), S. 78.
35 Wiguläus Hundt, Metropolis Salisburgensis, Ingolstadt 1598.
36 Bayerisches Hauptstaatsarchiv München, KL St. Emmeram/Regensburg Nr. 64.
37 Bayerische Staatsbibliothek München, Cbmcat. 1–3.
38 Marcus Welser, Rerum Boicarum libri quinque, Augsburg 1602, S. 215.
39 Christoph Gewold, Metropolis Salisburgensis, München 1620, S. 87 f.; Regensburg 1710, S. 59f.
40 Christoph Gewold, Genealogia Serenissimorum Boiariae ducum, München 1605; ^{2}1620; deutsche Fassung 1623.
41 Peter Wolf (Hrsg.), Andreas Raselius, Regensburg. Ein Stadtrundgang im Jahre 1599, Regensburg 1999, S. 27–30, 78 f.; ders., Bilder und Vorstellungen vom Mittelalter. Regensburger Stadtchroniken der frühen Neuzeit, Tübingen 1999, S. 336 f. u. ö.
42 Bischöfliches Zentralarchiv Regensburg: Eberhard Wassenberg, Ratisbonensis dioeceseos illustratae libri septem (Alte Kapelle IV, S. 113–122).
43 Bayerische Staatsbibliothek München, Clm 27 070:

Jeremias Grienewaldt, Ratisbona oder summarische Beschreibung der uralten namhafften Stadt Regensburg auf- und abnehmung (1615).
44 Andreas Brunner, Annales Boicae gentis, hrsg. von Ferdinand Ludwig Bresler, Frankfurt/Main 1710, S. 142 f.
45 Johannes Adlzreitter, Annales Boicae gentis, hrsg. von Ferdinand Ludwig Bresler, Frankfurt/Main 1710, S. 143: *Fama vetus eundem [...] facit conditorem.*
46 Wolf, Andreas Raselius, S. 27–29.
47 Cölestinus [Vogl], Mausoleum oder herrliches Grab des bayrischen Apostels und Blutt-Zeugens Christi S. Emmerami, Straubing 1661, S. 154 ff.
48 Anselm Godin, Ratisbona monastica, Regensburg 1729.
49 Johann Baptist Kraus, Ratisbona politica, Regensburg 1752, S. 240–243.
50 Zu ihm: J. Schmid, Alte Kapelle, S. 139; Biographisches Lexikon der Ludwig-Maximilians-Universität München, hrsg. von Laetitia Boehm, Winfried Müller, Wolfgang J. Smolka und Helmut Zedelmaier, Berlin 1998, S. 258 [Christoph Schöner] (Lit.); Wolf, Bilder, S. 337, 384 f., 388, 397.
51 Werkverzeichnis: Wilbirgis Klaiber, Kontroverstheologen und Reformer des 16. Jahrhunderts. Ein Werkverzeichnis, Münster 1978, S. 185 f.
52 Josef Poll, Ein Osterspiel enthalten in einem Prozessionale der Alten Kapelle, in: Kirchenmusikalisches Jahrbuch 34 (1950), S. 35–40; Gamber, Die Feier der Karwoche im Dom zu Regensburg, in: ders., Ecclesia Reginensis, S. 273; Verfasserlexikon VII, Berlin 1989, Sp. 1093–1094 [Hansjürgen Linke].
53 Edmund Neubauer, Das geistig-kulturelle Leben der Reichsstadt Regensburg (1750–1806), München 1979; Rudolf Reiser, Adeliges Stadtleben im Barockzeitalter. Internationales Gesandtenleben auf dem Immerwährenden Reichstag zu Regensburg, München 1969.
54 Bischöfliches Zentralarchiv Regensburg, Alte Kapelle 2523: Bibliotheca Regiae Collegiatae ad veterem Capellam Ratisbonae (1824).
55 Neubauer, Das geistig-kulturelle Leben, S. 118–122; Egon Johannes Greipl, Abt und Fürst. Leben und Leistung des Reichsprälaten Johann Baptist Kraus von St. Emmeram zu Regensburg, Regensburg 1980, S. 181–218.
56 Die Alte Kapelle spielt in der historischen Festkultur der Stadt keine Rolle: Karl Möseneder (Hrsg.), Feste in Regensburg. Von der Reformation bis in die Gegenwart, Regensburg 1986.
57 Ludwig Hammermayer, Sammlung, Edition und Kritik der Monumenta Boica 1763–1768, in: Oberbayerisches Archiv 80 (1955), S. 1–45. – Freilich waren die wertvollsten Urkunden, die Kaiserdiplome, schon im Mittelalter an das bischöfliche Archiv zu Bamberg abgegeben worden.
58 Ludwig Hammermayer, Geschichte der Bayerischen Akademie der Wissenschaften, 2 Bde., München 1983.
59 Georg Heinrich Paricius, Allerneueste und bewährte Nachricht von der des Heiligen Römischen Reichs Freyen Stadt Regensburg, Regensburg 1753, S. 343–360.
60 Albrecht Christoph Kayser, Versuch einer kurzen Beschreibung der Kaiserlichen freyen Reichsstadt Regensburg, Regensburg 1797 (Nachdruck 1995), S. 66.
61 Die Kunstdenkmäler der Oberpfalz XXII/2: Stadt Regensburg II, bearb. von Felix Mader, München 1933 (Nachdruck 1981), S. 13–59; Baualtersplan zur Stadtsanierung Regensburg V, Lit. G: Pauluserwacht, bearb. von Helmut-Eberhard Paulus, Regensburg 1984, S. 48–57 (Lit.).
62 Karl-Heinz Betz, Das ikonographische Programm der Alten Kapelle in Regensburg, in: VHVO 118 (1978), S. 7–52.
63 Christian Gottlieb Gumpelzhaimer, Regensburg's Geschichte, Sagen und Merkwürdigkeiten III, Regensburg 1838 (Nachdruck 1984), S. 1707.
64 Reiser, Adeliges Stadtleben im Barockzeitalter, bes. S. 86–93.
65 Eberhard Dünninger, Begegnung mit Regensburg. Stadt und Landschaft im Erlebnis der Jahrhunderte, Regensburg ²1972.
66 Christian Heinrich Kleinstäuber, Geschichte des vereinigten paritätischen Gymnasiums (1811–1880), in: VHVO 39 (1885), S. 163 f. Zur früheren Schulgeschichte: J. Schmid, Alte Kapelle, S. 263–275; Hans Soß, Das städtische Elementarschulwesen Regensburgs im 16. und 17. Jahrhundert, in: VHVO 78 (1928), S. 1–106, bes. 10, 12, 40 f.
67 Hermann Hage, Der Regensburger Historiker und Archivar Carl Theodor Gemeiner (1756–1823), in: VHVO 123 (1983), S. 213–216.
68 Andreas Kraus, P. Roman Zirngibl von St. Emmeram in Regensburg, ein Historiker der alten Akademie (1740–1816), in: Studien und Mitteilungen zur Geschichte des Benediktinerordens und seiner Zweige 66/67 (1956) [Sonderdruck], S. 222. S. 200: Klage Zirngibls über unerwartet wenig wissenschaftliche Funde im Stift.
69 Der Gesamtrahmen: Gelehrtes Regensburg: Stadt der Wissenschaft, hrsg. von der Universität Regensburg, Regensburg 1995; P. Schmid (Hrsg.), Geschichte der Stadt Regensburg II, S. 865–966.
70 Michael Buchberger (Hrsg.), Eineinhalb Jahrtausend kirchliche Kulturarbeit in Bayern, München 1950.

zu Raymond Dittrich, Musiküberlieferung

71 Antiphonarium speciale iuxta ritum ecclesiae Augustensis, Augsburg: Thum, 1511 (Signatur: 2° A. Kap. 123).
72 Antwerpen: Moret, 1609 (Signatur: 2° A. Kap. 3).
73 Antwerpen: Trognaesius, 1611 (Signatur: 2° A. Kap. 4; nur der Winterteil vorhanden).
74 Antiphonarium Romanum. Ad ritum Breviarii, ex decreto sacrosancti concilii Tridentii restituti. Et Clementis VIII. auctoritate recogniti, Ingolsstadt: Sutor, 1630 (Signatur: 2° A. Kap. 5).
75 Signatur: A. Kap. Hs. 2139 und 2140, vgl. Joseph Schmid, Die Handschriften und Inkunabeln der Bibliothek des Kollegiatstiftes U. L. Frau zur Alten Kapelle in Regensburg, Regensburg 1907, S. 30. Eine neue Verzeichnung der Handschriften liegt im Bischöflichen Zentralarchiv Regensburg vor.
76 Vgl. Dominicus Mettenleiter, Musikgeschichte der Stadt Regensburg: aus Archivalien und sonstigen Quellen bearbeitet, Regensburg 1866, S. 155, außerdem J. Schmid, Handschriften und Inkunabeln, S. 283.
77 Graduale Romanum De tempore, et de sanctis. Iuxta ritum Missalis, ex decreto sacrosancti concilii Tridentini restituti.: et Pii V. Pont. Max. iussu ed. Cum Calendario Gregoriano, & officiis aliquot ss, ex pracepto Sixti V. et sdn. Clementis VIII, Antwerpen: Moret, 1599 (Signatur: 2° A. Kap. 1).
78 Graduale Romanum de tempore et sanctis : ad ritum missalis ex decreto sacrosancti Concilii Tridentini restituti, Pii Quinti Pontificis Maximi iussu editi, et Clementis VIII. auctoritate recogniti, Venedig: Giunta, 1611 (Signatur: 2° A. Kap. 6; Titelblatt fehlt, unvollständig).
79 Psalterium Romanum. Decreto sacrosancti concilii Tridentini restitutum : ex Breviario Romano Clementis VIII. Pont. Max. auctoritate recognito, Antwerpen Moret, 1609 (Signatur: 2° A. Kap. 2).
80 Choralhandschrift ohne Titelblatt (Signatur: A. Kap. Hs. 1288; J. Schmid, Handschriften und Inkunabeln, S. 28).
81 Ohne Ort- und Verlagsangabe (Signatur: A. Kap. Ink. 1975).
82 Bamberg: Pfeil, 1510 (Signatur: 2° A. Kap. 120).
83 Ohne Ort- und Verlagsangabe (Signatur: 2°A. Kap. 119).
84 Vgl. Karl Josef Benz, Der Ritus der Weihe des Osterfeuers im Spätmittelalter unter besonderer Berücksichtigung der Alten Kapelle in Regensburg, in: Das Kollegiatstift Unsere Liebe Frau zur Alten Kapelle in Regensburg, Regensburg 2000 (Beiträge zur Geschichte des Bistums Regensburg 34), S. 55–74, s. S. 58.
85 Signatur Ch 1*, vgl. Dominicus Mettenleiter, Musikgeschichte der Stadt Regensburg, S. 246–248; Bruno Stäblein, Die Choralhandschriften in Regensburger Bibliotheken, in: Musica sacra 62 (1932), S. 199 f.; Eduard Hartl, Das Regensburger Osterspiel und seine Beziehungen zum Freiburger Fronleichnamsspiel, in: Zeitschrift für deutsches Altertum und deutsche Literatur 78 (1941), S. 121–132; Joseph Poll, Ein Osterspiel, enthalten in einem Prozessionale der Alten Kapelle in Regensburg, in: Kirchenmusikalisches Jahrbuch 34 (1950), S. 35–40 und 108 (mit vollständiger Textwiedergabe und Notenübertragungen). Wolfgang Sieber: Das Regensburger Osterspiel, in: Studien zur Musikgeschichte der Stadt Regensburg I, hrsg. von Hermann Beck, Regensburg 1979, S. 230–243; Udo Klotz: Liturgisches Spiel um drei Marien, in: Die Woche, 19. Juli 1984. Choralhandschriften in Regensburger Bibliotheken: Katalog zur Ausstellung in der Bischöflichen Zentralbibliothek Regensburg, 27. September bis 5. November 1999, Regensburg, 1999 (Kataloge und Schriften / Bischöfliches Zentralarchiv und Bischöfliche Zentralbibliothek Regensburg 15), S. 105 f (mit 2 Abb.).
86 Joseph Poll, Osterspiel, S. 35.
87 Vgl. Karl Weinmann, Johannes Mulichius (ca. 1590–1641) und Johannes Stomius v. Mulinus (1502–1562), in: Kirchenmusikalisches Jahrbuch 21 (1908), S. 62–71.
88 Überliefert sind in der Bischöflichen Zentralbibliothek Regensburg drei geistliche Stücke (leider in unvollständigen Stimmsätzen): [1] *Alleluja. Ehre sey Gott in der Höhe* (Signaturen A.R. 364–366 Beiband, Nr. 9: Cantus; A.R. 499–508, Beiband, Nr. 71: Cantus, Altus; A.R. 990–995, Nr. 31: Bassus; A.R. 996–1010, Nr. 116: Altus); [2] *Puer natus in Bethlehem* (Signatur: A.R. 364–366 Beiband, Nr. 10: Cantus, Tenor); [3] *Verbum caro factus est* (Signaturen: A.R. 364–366 Beiband, Nr. 8: Cantus und Tenor; A.R. 996–1010, Nr. 115: Altus). Vgl. auch August Scharnagl, Die Pflege der Kirchenmusik in der Alten Kapelle, in: Der Zwiebelturm 19 (1964), S. 196–198, zu Mülich S. 196.
89 Vgl. Joseph Schmid, Die Geschichte des Kollegiatstiftes U. L. Frau zur Alten Kapelle in Regensburg, Regensburg 1922, S. 276.
90 Aus Gottesdienstordnungen von 1850 und 1860 (BZAR AK 985 und AK 2546 bzw. 2282) geht hervor, dass zumindest zu dieser Zeit die morgentlichen (Matutin, Laudes) und Kleinen Horen (Prim, Terz, Sext, Non) an gewöhnlichen Tagen rezitiert, die Vesper und Complet dagegen *täglich gesungen* wurden. An Feiertagen wurden auch die Kleinen Horen gesungen, vgl. Raymond Dittrich, „Eines hochwürdigsten, gnädigsten Stiftskapitels unterthänigst gehorsamste Diener ...“: über Chorregenten, Musik-Stipendiaten und Choralisten an der Alten Kapelle in Regensburg in der zweiten Hälfte des 19. Jahrhunderts, in: Beiträge zur Geschichte des Bistums Regensburg 34 (2000), S. 327–365, s. S. 351 f.
91 Allerdings haben sich derartige Instruktionen erst aus dem 19. Jahrhundert erhalten, so z. B. die *Instruktionen für den Dienst der Choralisten am Stifte zur alten Kapelle in Regensburg* (Signatur: BZAR AK 2549), auszugsweise zitiert in: Raymond Dittrich, „Eines hochwürdigsten, gnädigsten Stiftskapitels ...“, S. 354 f.
92 BZAR AK 1458. Für die Datierung danke ich Herrn Oberarchivrat Dr. Johann Gruber.
93 Die Kommenmorationen und Suffragien (Fürbitten) wurden bis zu ihrer Abschaffung durch die Rubrikenreform 1960 an bestimmten Tagen außerhalb der Passions-, Oster-, Advents- und Weihnachtszeit an Laudes und Vesper angehängt. Sie bestanden aus Antiphonen, Versikeln und Bittgebeten, vgl. genauer: Artikel „Suffragien“, in: Lexikon für Theologie und Kirche, 3. Aufl., Bd. 9 (2000); außerdem: Ludwig Eisenhofer, Handbuch der katholischen Liturgik, Freiburg i. Br. 1933, Bd. 2, S. 524 f.
94 Vgl. J. Schmid, Geschichte des Kollegiatstiftes, S. 276.
95 BZAR AK 4024.
96 Vgl. J. Schmid, Geschichte des Kollegiatstiftes, S. 276.
97 Quellenmäßig bezeugt sind (Vokal- und Instrumental-) Stipendiaten unter diesem Begriff allerdings erst seit dem 19. Jahrhundert. In den vorhergehenden Jahrhunderten muss aber eine ähnliche Praxis bestanden haben, wurden doch 1694 einem Studenten der Rhetorik als *Vocalist und Cellist* sechs Gulden pro Quatember bezahlt (vgl. J. Schmid, Geschichte des Kollegiatstiftes, S. 288).

1711 erhielt ein gewisser Franz Sebastian Höckhmayr als Tenorist und Violinist mit 20 Gulden jährlich (ebenda). Tenoristen, Bassisten und Instrumentalisten (ausgenommen die Inhaber des Organistenamts) waren demnach in der Regel zu keinem Zeitpunkt festangestellte Musiker, sondern für ihre Dienste auf Stipendienebene bezahlte Kräfte. Für sämtliche an der Aufführung von Musik Mitwirkenden (Singknaben, Tenöre und Bässe, Choralisten, Chorregent, Organist, gegebenenfalls Instrumentalisten) verwendet Dominicus Mettenleiter (Musikgeschichte der Stadt Regensburg, S. 154) den Begriff „Stiftische Musikkapelle“ Dieser Terminus ist indessen nicht in den erhaltenen Akten des Stiftes belegt und scheint daher eine Kreierung Mettenleiters zu sein.

98 Vgl. die bei Raymond Dittrich, „Eines hochwürdigsten, gnädigsten Stiftskapitels ...“, S. 350 zitierte Stellenausschreibung von 1884. Joseph Schmid (Geschichte des Kollegiatstiftes, S. 282) nennt Gregor Molitor (1627–?) als Choralisten und Tenoristen. Die Choralisten scheinen demnach auch schon im 17. Jahrhundert an mehrstimmiger Musik mitgewirkt zu haben.

99 Signatur: AK Hs. 1282, vgl. J. Schmid, Handschriften und Inkunabeln, S. 28.

100 Zwei verschiedene Vertonungen des Vesperhymnus „Nova veniens“ für Kirchweih sowie der *Hymnus de confessoribus* „Qui pius prudens“.

101 In den *Instruktionen eines jeweiligen Stiftschorregenten* von 1867 (BZAR AK 2496) werden 15 Dechants- und 55 Kanonikalfeste genannt, zitiert in: Raymond Dittrich, „Eines hochwürdisten, gnädigsten Stiftskapitels ...“, S. 340.

102 Zu der Rangordnung der Feste innerhalb der katholischen Kirche vgl. Artikel „Feste“, in: Lexikon für Theologie und Kirche, 2. Aufl. Bd. 4 (1960), Sp. 99 (II B 4).

103 Signatur: AK Hs. 1287, vgl. Joseph Schmid, Handschriften und Inkunabeln, S. 28, dort falsche Blattzahl (67 anstatt 167) und falsche Bezeichnung (Antiphonarium).

104 Die erhaltenen Akten der Alten Kapelle geben keinerlei Auskunft über besagten Leonardus Faber.

105 Signatur: C 95. Eine Abbildung in: Liturgie im Bistum Regensburg von den Anfängen bis zur Gegenwart: Ausstellung anläßlich des Bistumsjubiläums 739–1989 in der Bischöflichen Zentralbibliothek Regensburg 30. Juni bis 29. September 1989, München [u.a.] 1989 (Kataloge und Schriften/Bischöfliches Zentralarchiv und Bischöfliche Zentralbibliothek Regensburg 3), S. 170.

106 Zur Datierung vgl. Gertraut Haberkamp, Bischöfliche Zentralbibliothek Regensburg, Thematischer Katalog der Musikhandschriften: 1. Sammlung Proske: Manuskripte des 16. und 17. Jahrhunderts aus den Signaturen A.R., B, C, AN, München 1989 (Kataloge Bayerischer Musikhandschriften [KBM] 14,1), S. 293.

107 Signatur: AK HS. 1289, vgl. J. Schmid, Handschriften und Inkunabeln, S. 28.

108 Vgl. Widmung und Schreibervermerk auf dem Titelblatt: *ADMODUM REVERENDIS / Nobilibus Clarissimis, Doctissimisque / Viris et DD. Georgio Steüb SS. Theol. Lic.*TO, */ Protonot. Ap.*CO *Decano, Georgio Lieb- / hardt Seniori, Georgio Myllero, Eustodi, / et ad S. Cassianum Parocho, M. Ghisberto / Horstio, Scholastico, Iacobo Wittigauero, / Paulo Steürer, Hieronimo Lackhnero, / Imperalis Collegiatae Ecclesiae B.M.Virg. ad Veterem Capellam Ra- / tisbonae Canonicis Capitula- / ribus Dominis suis gratio- / sisimis, & fautoribus / Musarum Optimus. Has Cantiones sacras (vulgas Responsoria / dicta) in Ecclesia Romana, per hebdoma- / dam sanctam, maxime utiles, adiuncta, / circa finem Missa defunctorum / Quatuor vocibus, ex diversis / authoribus, Collect. Perpetuae observantiae ergo scripsit & humiliter / dedicavit. / Ioachimus Heldt, pro tempore indignus / Ludimoderator ibidem. / Anno Virginei partus. / M.DC.VI.*

109 Belege bei J. Schmid, Geschichte des Kollegiatstiftes, S. 288.

110 Vgl. Bernhard Janz, Artikel „a cappella“, in: Die Musik in Geschichte und Gegenwart, 2. neubearb. Ausg., Bd. 1 (1994), Sp. 27: „Weder bei Praetorius noch bei Bernhard, Scacchi, Berardi oder Fux findet sich ein Beleg dafür, daß die a-cappella-Musik rein vokal aufgeführt wurde. Der Ausschluß jeglicher instrumentalen Stütze, wie es das a-cappella-Ideal des 19. Jh. fordert, geht anscheinend auf das Vorbild speziell der pästlichen Kapelle zurück, in der noch nicht einmal die Orgel zugelassen war.“

111 Signatur: AK Hs, 1781, vgl. J. Schmid, Handschriften und Inkunabeln, S. 29. Auf der Innenseite des Rückendeckels je ein deutscher und ein lateinischer Spruch: *Ju[nc]kfraun woldt ihr mit mir / ein dantzlen duen, ich bitt ihr / woldt mirs nit vervbell han/freilich mueß ich sein/ die weill ich's leben han // Noli emulari in malignantibus / neque zelaveris facientes iniquitates.*

112 Signatur: C 120.

113 Rainer Birkendorf, Der Codex Pernner: quellenkundliche Studien zu einer Musikhandschrift des frühen 16. Jahrhunderts (Regensburg, Bischöfliche Zentralbibliothek, Sammlung Proske, C 120), 3 Bde., Augsburg 1994 (Collectanea musicalogica 6); zuvor: Franz Krautwurst, Artikel „Pernner-Kodex“, in: Die Musik in Geschichte und Gegenwart Bd. 10 (1962), Sp. 1075 f., für die 2. Aufl., Bd. 7 (1997), Sp. 1544 f. wurde der Artikel von R. Birkendorf überarbeitet; außerdem: Haberkamp, Thematischer Katalog der Musikhandschriften (KBM 14,1), S. 312 ff.

114 Signaturen: C 96 und C 98, vgl. Haberkamp, Thematischer Katalog der Musikhandschriften (KBM 14,1), S. 295 ff. und 298 ff.

115 Haberkamp (Thematischer Katalog der Musikhandschriften [KBM 14,1], S. 295 und 298) erkennt als Schreiber u. a. die Hand von Johann Stengel (bei C 98 mit Vorbehalt), der von 1544 bis 1553 Kantor am Gymnasium poeticum war.

116 Vgl. z. B. das *Verzeichnis bey einem hochfürsth. Stüft, von deren Accidentien, so wohl ihn als außer dem Stüft, ordentliche Austheillung, von einem Gulden betreffent* (undatiert, ca. Ende 18. Jahrhundert), in: BZAR AK 3499.

117 Das *Inventar über die Musikalien und Instrumente u. sonstige Geräthschaften auf dem stiftischen Musikchor zu alten Kapelle, wie sich diese Ende Juli 1855 daselbst vorfanden* (BZAR AK 2497) verzeichnet einen kleinen und einen großen Violon, zwei Corni, eine Viola, vier Violinen, zwei Clarini und zwei Pauken, vgl. Raymond Dittrich, „Eines hochwürdigsten, gnädigsten Stiftskapitels ...“, S. 331. Natürlich haben gemietete Musiker auch ihre eigenen Instrumente mitgebracht.

118 BZAR AK 3499.

119 BZAR AK 3499.

120 Vgl. Christopher Schweißthal, Bischöfliche Zentralbibliothek Regensburg, Thematischer Katalog der Musikhandschriften: 4. Kollegiatstift Unserer Lieben Frau zur Alten Kapelle, Dom St. Peter und Kollegiatstift zu den Heiligen Johann Baptist und Johann Evangelist in Regensburg, München 1994 (Kataloge Bayerischer Musikhandschriften 14,4).

121 Vgl. Christopher Schweißthal, Thematischer Katalog der Musikhandschriften (KBM 14,4), S. 26.

122 Vgl. Thomas Emmerig, Wolfgang Joseph Emmerig (1772–1839): Komponist und Seminarinspektor von St. Emmeram in Regensburg; Biographie, Chronologisch-Thematisches Werkverzeichnis, Schriftenverzeichnis, in: Beiträge zur Geschichte des Bistums Regensburg 20 (19869, S. 367–542; Christopher Schweißthal, Thematischer Katalog der Musikhandschriften (KBM 14,4), S. 32–36.

123 Vgl. Camilla Weber, Die Dekane, Kanoniker und Chorvikare der Alten Kapelle seit 1830, in: Beiträge zur Geschichte des Bistums Regensburg 34 (2000), S. 231–269, s. S. 246.

124 Zu Schmidbauer vgl. Raimund W. Sterl, Regensburger Musikinstrumentenbauer von der Mitte des 15. Jahrhunderts bis zur Neuzeit, in: Verhandlungen des Historischen Vereins für Oberpfalz und Regensburg 113 (1973), S. 145–160, s. S. 158. Schmidbauer findet sich unter der Bezeichnung „Musikinstrumentenbauer“ im „Regensburger Bürgerbuch 1832–1869“ am 1.8.1833 verzeichnet, s. Raimund W. Sterl, Musiker und Instrumentenbauer in den Bürgerbüchern Regensburgs, in: Blätter des Bayerischen Landesvereins für Familienkunde 30 (1967), S. 335–338, s. S. 338. Ein weiterer Kontrabass von Schmidbauer befindet sich im Besitz der Evangelischen Kirche in Regensburg.

125 Das Vollcello trägt den Zettel *Neuner & Hornsteiner / Mittenwald / Baiern*, der handschriftlich mit Tinte datiert wurde: *1900*.

126 Ausgebessert von Neuner & Hornsteiner 1900; Reparaturzettel *K. Weidlich. Musikinstrumentenmacher Regensburg / Rep. 1920*.

127 BZAR AK 2482.

128 Das Firmenschild ist z. T. unleserlich, zu entziffern ist: *G. Hollae[...] / Orgelbauer / [...] CHTWA[...]*. Zu Holländer s. Alfred Reichling: Ein „Verzeichnis der Orgelbauer, Reparateure und Stimmer etc.“ in Deutschland, Österreich, Österreich-Ungarn und der Schweiz aus dem Jahre 1898, in: Acta organologica 18 (1985), S. 305–338.

129 BZAR AK 2497 und AK 3388.

130 Das Schreiben (AK 2432) ist vollständig zitiert bei: Raymond Dittrich, „Eines hochwürdigsten, gnädigsten Stiftskapitels ...“, S. 363 ff.

131 Zu Proske zuletzt: August Scharnagl, Carl Proske (1794–1861): ein Lebensbild, in: Musica Divina: Ausstellung zum 400. Todesjahr von Giovanni Pierluigi Palestrina und Orlando di Lasso und zum 200. Geburtstag von Carl Proske, Regensburg 1995 (Kataloge und Schriften / Bischöfliches Zentralarchiv und Bischöfliche Zentralbibliothek 11), S. 13–52; Rainer Kleinertz, Carl Proske: Arzt, Priester und Reformer der Kirchenmusik (1794–1861), in: Karlheinz Dietz und Gerhardt H. Waldherr (Hrsg.), Berühmte Regensburger: Lebensbilder aus zwei Jahrtausenden, Regensburg 1997, S. 232–241; Dieter Haberl, Präludium zu Carl Proskes Musica Divina, in: Beiträge zur Geschichte des Bistums Regensburg 34 (2000), S. 271–295.

132 Diese weit verbreitete 2. Auflage befand sich auch im Besitz von Johann Georg Mettenleiter, der Proskes Reformideen an der Alten Kapelle in die Praxis umzusetzen begann. Das erhaltene Exemplar (Signatur der Bischöflichen Zentralbibliothek Regensburg: Th 323) trägt seine Initialen.

133 Vgl. Dieter Haberl, Präludium zur Musica Divina, S. 276 ff.

134 Das Schreiben ist zitiert bei: Thomas Emmerig, Die Musik im Regensburger Dom vor der Verwirklichung der Reformpläne Proskes, in: Verhandlungen des Historischen Vereins für Oberpfalz und Regensburg 124 (1984), S. 421–445, s. S. 423–426.

135 Vgl. hierzu auch: August Scharnagl, Beiträge zur Musikgeschichte der Regensburger Domkirche, in: Beiträge zur Geschichte des Bistums Regensburg 10 (1976), S. 419–458, s. S. 433 f.; ders., Sailer und Proske: neue Wege der Kirchenmusik, in: Beiträge zur Geschichte des Bistums Regensburg 16 (1982), S. 351–364.

136 Zu Proskes Editionstätigkeit vgl. Dieter Haberl, Präludium zur Musica Divina, S. 191 ff.

137 Vgl. zuletzt Gertraut Haberkamp, Die Brüder Mettenleiter im Dienste der Alten Kapelle in Regensburg, in: Beiträge zur Gesichte des Bistums Regensburg 34 (2000), S. 297–325.

138 BZBR Mus. th. 4449.

139 Enchiridion chorale, sive Selectus locupletissimus cantionum juxta ritum S. Romanae Ecclesiae per totius anni circulum praescriptarum, redegit ac comitante organo ..., Regensburg 1853. Im selben Jahr erschien eine Kurzfassung unter dem Titel „Manuale breve“.

140 Gertraut Haberkamp, Bischöfliche Zentralbibliothek, Thematischer Katalog der Musikhandschriften: Sammlung Mettenleiter, 2 Bde., München 1998 (Kataloge Bayerischer Musikhandschriften 14,9 und 10).

141 Vgl. Raymond Dittrich, „Eines hochwürdigsten, gnädigsten Stiftskapitels ...“, S. 332 f.

142 Laut dem *Verzeichnis der Musik-Stipendiaten an der alten Kapelle pro 1858/59*, in: BZAR AK 2276.

143 Die entsprechenden Dokumente sind zitiert bei: Raymond Dittrich, „Eines hochwürdigsten, gnädigsten Stiftskapitels ...“, S. 335–337.

144 BZAR AK 3750.

145 Zu Haller als Komponist vgl: Heinrich Kammerer, Haller Michael: Katholischer Kirchenkomponist in Regensburg, München, Univ. Diss., 1956; derselbe, Michael Haller 1840–1915, in: Kirchenmusikalisches Jahrbuch 44 (1960), S. 92–130.

146 Seine Nachfolger waren Joseph Wagner (1899–1901), Karl Weinmann (1901–1908), Otto Jung (1908–1909), Joseph Brettner (1909–1920), Maximil-

lian Schreiber (1920–1925), vgl. J. Schmid, Geschichte des Kollegiatsiftes, S. 285. Mit Johann Pollmann und Ernst Schwarzmaier, den unmittelbaren Vorgängern des jetzigen Stiftskapellmeisters Josef Kohlhäufl wurden erstmals seit Johann Georg Mettenleiter wieder Laien mit dem Chorregentenamt betraut.

147 Studienseminar zur Alten Kapelle in Regensburg, Salzburgergasse 1, Regensburg [ca. 1930], S. 6.

148 *Jedes Musikseminar besitzt größere Streichinstrumente, Viola, Violoncello u. Violon (Baßgeige). So sind im Musikseminar St. Emmeram 4 Viola, 3 Violoncello, 2 Violen zur Benützung vorhanden, im bischöfl. Seminar Obermünster 3 Viola, 2 Violoncello, 2 Violon, selbst die kleine Dompräbende besitzt 3 Viola, 2 Cello u. 2 Violen. Soll nun das neue stiftische Musikseminar nicht zurückstehen und ein wirkliches Musikseminar sein, dann dürfen jene größeren Streichinstrumente nicht fehlen. Da aber dieselben nicht vorhanden sind, so stellt der ergebenst Unterzeichnete die Bitte, Ein hochwürdigstes Stiftskapitel wolle die Geldmittel gewähren zur Anschaffung von 3 Viola, 2 Violoncello, 1 Violon [...]* (Schreiben vom 7. November 1900, in: BZAR AK 2482). Randvermerk: *Genehmigt in der Sitzung vom 14. Nov. 1900 (§ 140). Schmid, Stiftsdechant.* Die beiden heute noch erhaltenen Violoncelli und der neuere der beiden Kontrabässe (s. oben) stammen möglicherweise aus dem Studienseminar. Da es sich im Antrag des Inspektors Wagner ausschließlich um tiefe Streichinstrumente handelt, ist davon auszugehen, dass Geigen, wie auch ein Klavier, bereits vorhanden waren.

149 Studienseminar zur Alten Kapelle in Regensburg, Salzburgergasse 1, Regensburg [ca. 1930], S. 6.

150 Vgl. J. Schmid, Geschichte des Kollegiatstiftes, S. 280.

151 Listen der angeschafften Musikalien in: BZAR AK 2482.

152 Dokumente dazu in: BZAR AK 2477.

153 Ein Typoskript (ohne Verfasserangabe) über die Geschichte der Stiftsschola befindet sich in BZAR AK 3970 unter dem Titel „Die Stiftsschola an der Alten Kapelle in ihrem Wesen und in ihrem Wollen" [ca. 1950], 11 S.

154 So schrieb beispielsweise Ferdinand Haberl im Regensburger Tagesanzeiger am 22.1.1951: „An der Stiftskirche unserer lieben Frau zur Alten Kapelle besteht seit zehn Jahren eine Knabenschola. Den jungen Leuten merkt man die Begeisterung für Choral und Liturgie an. [...] Dem Mangel der für diese bedeutende Kirche zu kleinen Knabenschola kann dadurch abgeholfen werden, daß sich begeisterungsfähige Knaben der bewährten Führung des Choralmagisters Professor Joh. Bapt. Dietl anvertrauen."

155 Eine Zusammenstellung von Kritiken, Zeitungsausschnitten und Konzertberichten zu musikalischen Aufführungen durch Ernst Schwarzmaier zwischen ca. 1930 und 1955 befindet sich in der Bischöflichen Zentralbibliothek unter der Signatur Mus. th. 2498.

156 Psallite Deo nostro: gregorianische Gesänge zum Kirchenjahr, Label Melisma 1996, Interpr.: Choralschola ehemaliger Domspatzen. Leitung: Josef Kohlhäufl; Michael Haller: Missa undecima in honorem Sancti Henrici imperatoris, Confessoris op 24. Motetten. Giovanni Pierluigi da Palestrina: Missa sine nomine, Label Melisma 1998, Interpr.: Regensburger Motettenchor. Männerchor ehemaliger Regensburger Domspatzen. Leitung: Josef Kohlhäufl; Gregor Aichinger: Missa de Beata Virginie. Motetten. Francesco Suriano: Missa „Nos autem gloriari oportet", Label Melisma 2000, Interpr.: Regensburger Vokalsolisten. Leitung: Josef Kohlhäufl.

zu Joseph Biller, Die Wappenkalender

157 Aus Platzgründen kann hier leider nicht auf die grundlegenden Aspekte von Definition, Genese und Geschichte der offiziellen Wappenwandkalender eingegangen werden. Sie sind vom Verfasser wiederholt in Folgenden Veröffentlichungen dargestellt worden: Josef H. Biller, Die großen Wappenwandkalender des Heiligen Römischen Reiches, in: Nordost-Archiv 53 (1979), S. 1–12, – im folgenden zitiert Biller 1979 – Josef H. Biller, Die Hochstiftskalender des Fürstbistums Eichstätt 1562-1803, Teil 1: Einführung und Holzschnitt- oder Kleiner Kalender, in: Sammelblatt des Historischen Vereins Eichstätt 75 (1982), S. 29–76, hier S. 29–40, im Folgenden ziertiert Biller 1982 – Josef H. Biller, Die offiziellen Wappenwandkalender des Heiligen Römischen Reiches. Erfassung, Erforschung und Katalogisierung, in: Wolfenbütteler Barock-Nachrichten 13/1 (1986), S. 1–12, – im Folgenden zitiert Biller 1986 – Josef H. Biller, Die Wappenkalender des Kollegiatstiftes SS. Jakob und Tiburtius in Straubing, in: Alte Straubinger Ansichten, Ausstellungskatalog Gäubodenmuseum Straubing 1995, S. 51–60, – im Folgenden zitiert Biller 1995 – Josef H. Biller, Die Wappenwandkalender des Hochstifts Augsburg 1519–1802, Einführung, in: Jahrbuch des Vereins für Augsburger Bistumsgeschichte e.V. 32 (1998), S. 66–135, hier S. 66–82, – im Folgenden zitiert Biller 1998 –.

158 Zur Stiftsgeschichte zuletzt Paul Mai und Karl Hausberger, Das Kollegiatstift Unsere Liebe Frau zur Alten Kapelle in Regensburg (Beiträge zur Geschichte des Bistums Regensburg 34), Regensburg 2000, mit zahlreichen Literaturangaben, – im folgenden zitiert Mai-Hausberger 2000 –.

159 Vgl. dazu Astrid Ruthemeyer, Die Hochstiftskalender des Bistums Regensburg, in: 1250 Jahre Kunst und Kultur im Bistum Regensburg. Berichte und Forschungen, Regensburg 1989, S. 351–369, – im Folgenden zitiert Ruthemeyer 1989 –.

160 Vgl. Johann Güntner, Der Stiftskalender von St. Johann in Regensburg, in: Beiträge zur Geschichte des Bistums Regensburg 29 (1995), S. 259–264, – im Folgenden zitiert Güntner 1995 –.

161 BZAR (=Bischöfliches Zentralarchiv Regensburg), OA-Kl 3, Nr. 264, fol. 17 (Original), 3–4 (Konzept).

162 Ebenda, fol. 5–6 (Original), 2 (Konzept).

163 BZAR, AK (= Alte Kapelle), Amtsbuchserien 18, fol. 38v–39v (Kapitelsprotokoll vom 16. Oktober 1672).

164 Wolfgang Saur (Hrsg.), Allgemeines Künstler-Lexikon, München 1992 ff. – im Folgenden zitiert Saur – Bd. 4, S. 586, bringt über ihn nur ungenügende Angaben, doch kann der Verfasser hier erstmals genauere Personaldaten mitteilen: Georg Bernhard Abril/April (benannt wohl nach dem Stadtteil *Im April*), geb. in oder nahe Straubing (im Taufbuch nicht erwähnt) um 1638, gest. an Schlaganfall auf der Steinernen Brücke und begr. Stadtamhof 2.10.1694, verh. 31.7.1662 Regensburg/Sankt Ulrich mit Witwe Anna Ursula des Hofmalers Lukas Regner.

165 BZAR, AK, Akten 3779, S. 2 f.; Amtsbuch 18, fol. 75RV, undatiertes Kapitelsprotokoll, wohl am 1.1.1674 eingetragen.

166 Da auch über ihn bei Ulrich Thieme und Felix Becker, Allgemeines Lexikon der Bildenden Künstler, 37 Bde., Leipzig 1907–1950, – im Folgenden zitiert Thieme/Becker – Bd. 31, S. 398 nur wenige vage Angaben zu finden sind, hat sich der Verfasser um die genauen Lebensdaten bemüht: Jobst Spörl (III.) d. Ä., get. als Sohn von Jobst d. Ä. (1583–1665) und Barbara Spörl 23.1.1621 in Nürnberg/Sankt Lorenz, verh. ebenda 7.7.1656 mit Elisabeth Winckler aus Weismannsdorf, begr. 10.11.1675 Nürnberg/Sankt Lorenz (frdl. Auskunft des Landeskirchlichen Archivs Nürnberg). – Spörl erhielt für die Anfertigung des großen Holzstocks für den Kalenderkopf 35 Gulden, für *2 Rosen und 2 Engelsköpfchen* (wohl analog zum Kopfstück für den Kalenderteil entstanden) weitere 6 Gulden und für 13 Wappen schließlich noch 42 Gulden, insgesamt also 83 Gulden (Quelle wie Anm. 165).

167 Geb. 14./15.1.1603 (errechnet) Leonfelden/OÖ, begr. Regensburg 8.2.1681; Bürger seit 1629 (frdl. Auskunft des Landeskirchlichen Archivs Regensburg). – Fischer verlangte für das Abziehen der Holzstöcke sowie Satz und Druck des darin eingeschlossenen Almanachs in einer Auflage von 200 Exemplaren 13 Gulden 20 Kreuzer, während die Papierkosten mit 14 Gulden 48 Kreuzer zu Buche schlugen und der Buchbinder für Beschneiden und Zusammenkleben der Bogenteile 1 Gulden 6 Kreuzer vereinnahmte. Damit kam der neue Kalender samt Grundkosten und Druck der ersten Auflage auf insgesamt 116 Gulden 14 Kreuzer zu stehen, eine für das Stift nicht unerhebliche Summe, die von der Beisteuer von Propst (10 Gulden) und Kanonikern (je 3 bis 4 Gulden) mit insgesamt 56 Gulden nur unzureichend gedeckt war, so dass der Rest von 60 Gulden 14 Kreuzer vom Kastenamt unter den Schulden verrechnet werden musste (BZAR, AK, Akten 3779, S. 13).

168 BZAR, AK, Akten 808, unpaginiert.

169 Signatur: 1922-4-7-2, abgebildet in Dorothy Alexander und Walter L. Strauss, The German Single-Leaf Woodcut 1600–1700, Bd. II, New York 1977 – im Folgenden zitiert Alexander-Strauss 1977 – Bd. II, S. 597 f. ohne Erkenntnis der Kalenderherkunft.

170 Signatur: 1984/341, abgebildet in Paul Mai (Hrsg.), 850 Jahre Kollegiatstift zu den heiligen Johannes Baptist und Johannes Evangelist in Regensburg 1127–1977, München/Zürich 1977, – im Folgenden zitiert Mai 1977 – Signatur: 1984/341, abgebildet in Mai 1977, Abb. 75 und S. 236 (Ikonografie) mit dem Vermerk: „Vielleicht Oberteil eines Kalenders."

171 Szepter und Reichsapfel für Kaiser Heinrich, glühende Pflugscharen für Sankt Kunigunde, eine Salzkufe für Sankt Rupert und das Kirchenmodell mit dem unvermeidlichen Beil für den heiligen Wolfgang.

172 Vgl. dazu den Kommentar in der Bildlegende.

173 Was die jährlichen Auflagen anlangt, so sind uns anfangs nur sporadisch Zahlen überliefert: 1674 betrug die Erstauflage, wie wir wissen, 200 Exemplare, und für 1699 sind 125 Stück durch die Originalrechnung des Buchdruckers Johann Egid Raith belegt (BZAR, AK, Akten 3706). Erst ab 1745 sind wir lückenlos über die Auflagenzahlen unterrichtet 1745, 1747 und 1748 betrug sie jeweils 250 Stück, sank 1746 kurzfristig auf 245, 1749 auf 225 und ab 1750 bis 1753 drastisch auf 125 Exemplare, um sich ab 1754 bei 115 Drucken einzupendeln. 1761 lag die Jahresauflage bei 100 Kalendern und ab 1771 – nach einem mageren Jahr mit nur 106 Stück – bei immerhin 125 Blatt. 1786 und 1787 fiel der Druck ebenso aus wie schon 1708 bis 1715. Ab 1788 werden dann nur noch 90 Stück verbucht, eine konstante Zahl, die erst 1802 wieder auf 94, 1803 auf 96 und 1804 bis zum endgültigen Ende auf 100 Exemplare steigt (sämtliche Angaben anhand der Stiftsrechnungen 1673 bis 1807: BZAR, AK, Amtsbuchserien 116–245). Wenn man anhand der dokumentierten Zahlen und der für die Anfangszeit nur überlieferten Druckkosten eine vorsichtige Hochrechnung wagt, so kommt man auf eine Gesamtauflage in der Laufzeit zwischen 1674 und 1807 – abzüglich der genau 10 Ausfalljahre – von rund 25 000 Stück.

174 Über diese nicht unbedeutende Hofbuchdruckerei liegt eine wissenschaftlich befriedigende Untersuchung ebenso wenig vor wie über den Regensburger Buchdruck des 17. und 18. Jahrhunderts überhaupt: J. A. Pangkofer und J. R. Schuegraf, Geschichte der Buchdruckkunst in Regensburg, Regensburg 1840 erweisen sich dabei gleichermaßen unzuverlässig wie Jürgen Sydow, Regensburger Buchdruckerkunst aus sechs Jahrhunderten. Herausgegeben anläßlich der Ausstellung im Museum der Stadt Regensburg, Regensburg 1956. Aus diesem Grunde hat der Verfasser versucht, zur Gewinnung einer verläßlichen Chronologie die Personaldaten aller mit dem Kalenderdruck betrauten Hofbuchdrucker soweit wie möglich zu eruieren. Der erste in dieser Reihe ist Johann Egid Raith, der etwa 1653 in Cham/Opf. (Taufbücher erst ab 1742!) als Sohn des Apothekers Wolf Raith geboren wurde, wohl ab 1670 (Ausstellung eines Religionszeugnisses in Cham) in Regensburg – vielleicht bei Christoph Fischer – lernte, erstmals am 16.6.1667 in Regensburg/Sankt Ulrich Eva Christine Burgholzer von Passau ehelichte, am 4.2.1682 in Sankt Rupert zum zweiten Mal heiratete und am 18.5.1708 bestattet wurde.

175 Johann Baptist Lang, get. Zwiefaltendorf/Schwaben 7.4.1676 (Eltern: Laurentius Lang aus Trofaiach/Steiermark und Rosina Knabb aus Haigerloch, beide *Vagi*), begr. Regensburg/Sankt Rupert 21.1.1754 (*vir omni laude dignus tam in servi-*

tio divino quam in commercio humano), verh. 3.6.1709 Sankt Rupert mit Margarethe Fux, Tochter des Schusters Matthias Fux in Irschenbach, geb. um 1682, begr. 17.2.1751 Sankt Rupert.

176 Johann Veit Radlmayr, Sohn des Straubinger Buchdruckers Gottlieb Radlmayr und seiner Frau Maria Anna, get. Straubing/Sankt Jakob 1.5.1715, gest. zwischen Februar 1758 und Ende 1759/Anfang 1760, verh. 15.2.1745 Sankt Rupert mit (Maria) Elisabeth Lang, Tochter seines Vorgängers Johann Baptist Lang, get. 28.9.1719 Sankt Rupert, gest. 21.6.1782 als Ehefrau von Radlmayrs Nachfolger Johann Michael Englerth (vgl. übernächste Anm.).

177 Vgl. vorhergehende und folgende Anm.

178 Johann Michael Englerth, geb. um 1713 Würzburg?, gest. 16.9.1791 Sankt Rupert, verh. 7.5.1760 ebenda mit der Witwe seines Vorgängers, Maria Elisabeth Radlmayr, geb. Lang.

179 Anton Lang, nicht verwandt mit dem obigen Hofbuchdrucker Johann Baptist Lang, geb. um 1756 als Sohn des fürstl. Lambergischen Jägers Tobias Lang und seiner Frau Sophia, geb. Mendl, gest. 29.8.1793 Sankt Rupert mit 37 Jahren, erstmals verh. 27.8.1786 Sankt Rupert mit Katharina Englerth, der 5.2.1761 getauften Tochter des Vorgängers Johann Michael Englerth, die am 19.2.1792 mit 33 Jahren starb; erneut verh. 4.6.1792 Sankt Rupert mit Maria Barbara Brunner, Tochter des Bauernehepaares Erhard und Elisabeth Brunner, geb. Stadler, von Pempfling, get. ebenda 4.11.1760, gest. 1842 als Witwe des Nachfolgers Johann Baptist Rothermund; vgl. übernächste Anm.

180 Siehe vorhergehende Anm.

181 Johann Baptist (Georg) Rothermund, geb. um 1767 Forchheim, gest. 12.12.1831 Regensburg/Sankt Rupert, verh. 20.1.1795 ebenda Maria Barbara Lang, geb. Brunner, get. 4.11.1760 Pempfling, gest. Regensburg/Sankt Rupert 11.12.1842.

182 Im Gegensatz zu manch anderen Stiften löste also der Kupferkalender die Holzschnittversion nicht ab, sondern erschien parallel zur älteren Form, die nun überwiegend als Direktorium für den niederen Klerus diente.

183 Martin Speer war seit etwa 1742 in Regensburg als Beisitzer ansässig; geb. 5.11.1702 Wildsteig bei Steingaden, gest. 28.10.1765 Regensburg (Grabplatte); verh. 30.8.1746 Regensburg/Sankt Ulrich mit Maria Theresia Thannhauser. Zu Leben und Werk Speers vgl. Christine Hackel, Der Regensburger Barockmaler Martin Speer (1702–1765). Katalog der Tafelbilder, Phil. Magistarbeit (masch.) Regensburg 1982 (vorhanden auch in der Bischöflichen Bibliothek Regensburg) – im Folgenden zitiert Hackel 1982 –.

184 BZAR, AK, Amtsbuchserien 34 (KP 1746/47), fol. 188v–189r. Die Originalquittung vom 7.5.1747 im Bestand AK, Akten 1184.

185 Bernhard Gottlieb Fridrich entstammte einer Augsburger evangelischen Kupferstecherdynastie und wurde get. am 25.3.1712 Augsburg/Barfüßerkirche als Sohn von Jakob Andreas Fridrich d. Ä. (1684–1751); begr. 8.4.1756 Regensburg (Friedhof Sankt Peter); verh. Mitte Dezember 1734 (Heiratskonsens 11.12.1734 Augsburg für auswärtige Heirat) Maria Elisabeth Steinberger von Augsburg (1708–1787); aus mindestens 6 Kindern die späteren Stecher Johann Matthäus (1735–1770), Johann Gottlieb (1743–1809) sowie Bernhard Gottlieb d. J. Fridrich (1748–1781).

186 BZAR, AK, Amtsbuchserien 34, fol. 195v. In dem uns glücklicherweise überlieferten Originalvertrag vom 5. Mai 1747 verpflichtete sich Fridrich, zunächst das Oberteil des künftigen Kalenderfrontispizes als *theses Bild samt einem besonderen hierzu proportionierten theses fueß mit sonderem fleiß und accuratesse [...] längstens bis anfang Septembris [...] zu verferttigen* und zum selben Termin auch die zweite Platte mit Kalenderrahmen und Wappen derart zu stechen, *daß diese der ersteren angesezt und also aus beeden das Format des Stüffts Calenders sich in vollkommenen Stand ... ergebe.* (BZAR, AK, Akten 1184). Gleichzeitig erhielt der Stecher 150 Gulden Vorschuß, weitere 100 Gulden waren ihm bei Ablieferung der oberen Platte mit Thesenfuß zugesagt, der Rest bei Fertigstellung der zweiten Platte und Abdruck des ganzen Kalenders.

187 Johann Christoph Steinberger d. J., ev. Kupferstecher in Regensburg, get. 9.5.1707 Augsburg/Sankt Anna, gest. 19.3.1742 Regensburg. Im selben Jahr 1736 schuf übrigens dessen Bruder Gottfried Steinberger (get. 13.8.1712 Augsburg/Sankt Anna, gest. 13.6.1782 München/Sankt Peter) den ersten Kupferkalender des Kollegiatstifts Sankt Johann; vgl. Güntner 8/1995, S. 23; Güntner 1995, S. 260/261 (mit Abb.). Gottfried Steinberger übersiedelte wahrscheinlich 1737 nach München, wo er am 7.1.1738 in der Frauenkirche heiratete, nachdem er zuvor offensichtlich konvertiert war.

188 Da sich aus den nun folgenden Irrungen und Wirrungen auch ein aufschlussreiches Sittenbild der Rokokozeit ergibt, sei es erlaubt, auf das mit allerlei Hindernissen belastete Zustandekommen des Kupferkalenders etwas ausführlicher einzugehen. Es begann damit, dass sich der Stecher ein Vierteljahr nach Vertragsabschluß plötzlich entschloss, zu seinem Vater nach Augsburg zu reisen und dort den bereits begonnenen Stich zu Ende zu führen, wozu er vom Stift auf Abschlag seiner nächsten Zahlungsrate 20 Gulden Reisespesen kassierte (BZAR, AK, Amtsbücher 34, fol. 247r, Kapitelsprotokoll vom 4.8.1747). Den Rest von 80 Gulden konnte er dann am 31. August in Empfang nehmen, nachdem er die Thesenplatte samt Fuß pünktlich abgeliefert hatte. In Verzug dagegen geriet Fridrich mit der gleichzeitig vereinbarten Fertigstellung der zweiten Platte: Sie lag weder Anfang September 1747 dem Stift vor noch ein Jahr später, was aber den säumigen Stecher nicht hinderte, am 30. September 1748 erneut um einen Vorschuß von 30 Gulden einzukommen (ebenda, Akten 1184). Als das Jahr verging, ohne dass der Künstler seiner längst überfälligen Lieferpflicht nachgekommen wäre, schaltete das Stift den Magistrat ein, um dem Stecher von Amts wegen eine letzte Frist zu setzen. Doch dieser ließ verlauten, *er könne den schon vor zwei Jahren accordierten Neuen Stifts Calender uf die ihm obrigkeitlich bestimmte Zeit nit verferttigen*, so dass das Stift gezwungen war, durch den Stiftskastner beim Magistrat eine weitere Klage einzureichen (ebenda, Amtsbuchserien 35, fol. 132v, Kapitelsprotokoll vom 15.2.1749). Daraufhin bequemte sich der offensichtlich wieder in finanziellen Schwierigkeiten befindliche Stecher dazu, die ausstehende untere Platte endlich fertigzustellen. (Fridrich musste nicht nur Fleisch auf Pump kaufen, wie eine Schuldverschreibung vom 1.7.1749 auf 66 Gulden 55 Kreuzer ausweist, sondern am 16.9.1749 auch einen Mitarbeiter mit Assignation über 21 Gulden 24 Kreuzer befriedigen; ja, am 27.12.1749 tauchte des Stechers Ehefrau unvermutet im Stift auf, um zur Bezahlung dringender Schulden einen weiteren Vorschuß von 25 Gulden zu erbetteln; BZAR, AK, Akten 1184.)
Anfang Juli 1749 scheint dann den Kapitularen ein Probeabzug des Kalenderfrontispizes vorgelegen zu haben, der aber auf Kritik stieß, da am 15. Juli die Anweisung an den Stiftskastner erging, *mit weiteren Vorauszahlungen an Fridrich zurückzuhalten, bis der allzu rohe und sehr mangel-fehlerhafte Abdruck [...] verbessert ist [...]* (BZAR, AK, Akten 1184). Eine undatierte, wohl zur selben Zeit erstellte Liste (ebenda) zählt denn auch nicht weniger als 19 Mängel auf, die der Kupferstecher noch zu korrigieren habe. Darunter befanden sich jedoch nicht nur Fehler in der eben vollendeten Fußplatte, sondern ganze zwölf Klagepunkte betrafen die Kopfplatte, die auch als Thesenplatte dienen sollte und von der – wie wir wissen – bereits Ende August 1747 die ersten Probeabzüge abgeliefert worden waren. Davon waren am 23. September 1747 an alle auswärtigen Chorherren Ansichtsexemplare verschickt worden, um deren Meinung und Verbesserungsvorschläge einzuholen (ebenda; der Versand basierte auf einem Kapitelsbeschluss vom 16.9.1747: BZAR, AK, Amtsbuchserien 34, fol 271v/272r). Offensichtlich hatte man aber mit der Kritik am Ausfall der Kopfplatte seinerzeit zurückgehalten, um nicht den Stecher zu verunsichern und die Fertigstellung der zweiten Platte zu verzögern, was aber aus anderen Gründen dennoch eintrat.
Ende Oktober 1749 scheinen dann die Korrekturen beider Platten abgeschlossen gewesen zu sein, da der Stecher am 25. Oktober zum Papiereinkauf wieder einmal einen Vorschuß von 25 Gulden erhielt. Anfang Dezember lag dann die erste Auflage des Stiftskalenders für 1750 in Höhe von 125 Exemplaren vor. Friedrichs Abschlußrechnung vom 5. Dezember 1749 für Stich von 13 Wappen und Auflagendruck belief sich auf 92 Gulden, die er bereits am folgenden Tag quittieren konnte (BZAR, AK, Akten 1184; dazu eine Gesamtzusammenstellung aller Kosten für den Kupferkalender vom 14.8.1750 in Höhe von 727 Gulden 20 Kreuzer).

189 Kunstsammlungen des Bistums Regensburg, Altk. 0109; aktueller Standort: Regensburg, Kollegiatstift Alte Kapelle, Sitzungssaal.

190 BZAR, AK, Amtsbücher 204, fol. 128r.

191 Johann Nepomuk Maag (Magg, Mack), kath. Zeichner und Kupferstecher in München und Regensburg, ist nach Thieme-Becker (Bd. 23, S. 502) unter Berufung auf Felix Joseph Lipowskys „Baierisches Künstler-Lexikon" von 1810 „um 1724" geboren und im „Mai 1800" gestorben. Beide Daten lassen sich weder in Münchner noch Regensburger Kirchenbüchern nachweisen. Maag hatte sich gewiß auch durch den 1766 nach einem Entwurf von Martin Speer gestochenen Kupferkalender für das Kollegiatstift Sankt Johann empfohlen; vgl. Güntner 8/1995_, S. 31; Güntner 1995, S. 261, Festschrift 1990_, S. 283, Kat.-Nr. 85 (Kopfstück, jedoch nicht als Kalenderbestandteil erkannt); die im Diözesanmuseum erhaltene Kupferplatte dazu (Leihgabe des Stifts, Signatur: L 1990/0096) auf S. 284 unter Kat.-Nr. 85a nachgewiesen.

192 BZAR, AK, Amtsbücher 205, fol. 121v.

193 Der Vertrag darüber wurde am 29. März 1767 geschlossen. Er sah vor, dass Maag bis längstens Oktober beide Platten durchgängig neu aufzustechen und insbesondere einen in der oberen Platte inzwischen entstandenen Riss zu schließen habe (BZAR, AK, Akten 1184). Als Honorar wurden 215 Gulden vereinbart, von denen der Stecher alsbald zweimal einen Vorschuß von 71 Gulden abrief (ebenda). Doch schon am 17. Juli 1767 musste der kurbayerische Rat und Hofgerichtsadvokat Johann Michael Joseph Speckner auf Pielhofen, der juristische Vertreter des Stifts, seinen Auftraggebern berichten, dass Maag bereits im Juni *wegen einer mit seinem weib, welche er sehr übl traktiert und geschlagen gehabt, entzweiung sich in der Stille davon und aus der Stadt gemacht, auch die zwei Calender Kupferplatten mit sich genommen habe, mit dem vorgeben, nicht mehr nach Regensburg zu revertiren, sondern die Arbeit zu München bei seinem gewesten Lehrherrn Franz Xaver Jungwirth zu verfertigen.* Nachdem aber der Berichterstatter erfahren habe, dass sich zwar Maag in einem Wirtshaus außerhalb der Stadt, der Bote aber, der ihm die Platten tragen sollte, noch in der Stadt befände, habe er noch in selbiger Nacht mit Hilfe städtischer Instanzen dem Boten die Platten abnehmen und am folgenden Tag dem Stecher durch seinen Diener das Angebot unterbreiten lassen, ihm die Platten zur Fertigstellung seines Auftrags nach München schicken zu lassen, sofern er von der Münchner Obrigkeit eine Kaution beibringe. Daraufhin traf Ende Juli eine vom kurkölnischen Kammerdiener und Hofkupferstecher Jungwirth in München am 23. Juli 1767 abgegebene Bürgschaftserklärung im Regensburger Stift ein, mit der Maags ehemaliger Lehrmeister für die ordnungsgemäße Ausführung des Auftrags gutstand. Nachdem daraufhin die Platten samt notwendigem Werkzeug – darunter auch Hammer und Ambos, Samtkissen und Leder sowie zwei Druckmuster – nach München übermittelt waren, konnte Maag seine begonnene Renovierungsarbeit fortsetzen und soweit voranbringen, dass Hofgerichtsadvokat Speckner Anfang November die Fertigstellung *in wenigen Täg* ankündigen konnte. Daraufhin resolvierte das Kapitel am 6. November 1767, dem Advokaten das noch ausstehende Honorar durch den Münchner Boten übersenden zu lassen (BZAR, AK, Amtsbuchserien 38, fol. 217v, Kapitelsprotokoll vom 6.11.1767). Dieser bestätigte am 17. November 1767 in Kloster Fürstenfeld vor München den Empfang eines Sack Geldes mit 172 Gulden 19 Kreuzer samt einem Schreiben des Stiftskastenamts vom 8. November (ebenda, Akten 1184).

194 Johann Gottlieb Fridrich, Sohn von Bernhard Gottlieb Fridrich (vgl. Anm. 185), get. 24.3.1743 Regensburg, gest. 13.11.1809 Kopenhagen.

195 Josef Karl Murmann, kath. Goldschmied, Zifferblatt- und Kupferstecher in Regensburg (Beisitz 1767), geb. 20.1.1737 Eichstätt als Sohn des Goldschmieds Johann Franz Murmann und seiner Frau Maria; gest. wahrscheinlich 1810 Regensburg; verh. 19.10.1767 Regensburg/Sankt Rupert mit Maria Josefa, Tochter des kurbayerischen Hauptmanns Nikolaus Harthamer und seiner Frau Maria Anna; unter seinen Kindern der spätere Regensburger Beisass und Maler Karl Murmann (ca. 1776–1834).

196 Für den Austausch der Fürstbischofswappen gemäß der jeweiligen Regierungzeit und die Lieferung durch den entsprechenden hochfürstlich bischöflichen Hofbuchdrucker – der sich ab 1803 *kurerzkanzlerischer* und ab 1806 *fürstprimatischer* Hofbuchdrucker nannte – gelten dieselben Zeitperioden und Namen wie beim parallel laufenden Holzschnittkalender.

197 Früher im Bayerischen Nationalmuseum, vgl. Joseph Aloys Mayer, Katalog der Abbildungen und Handzeichnungen zur Kultur- und Kunstgeschichte Bayerns (Kataloge des Bayerischen Nationalmuseums zu München 2), München 1887.

198 Walter von Zur Westen, Alte Kalenderkunst. Den Teilnehmern am Stiftungsfeste des Deutschen Vereins für Exlibriskunst und Gebrauchsgraphik e.V. zu Berlin am XX. April MDCCCCXXI gewidmet, o.O. 1920. (Das nur in 150 Expl. erschienene Folioheft ist vorhanden in der Bibliothek des Germanischen Nationalmuseums Nürnberg, Signatur: 2° Nn 2351 ne.).
Walter von Zur Westen, Religiöse und kirchliche Gebrauchsgraphik einst und jetzt, in: S. Wiborada-Jahrbuch 4 (1937), S. 84–109. Joachim von Schwarzkopf, Über Staats- und Adreß-Calender. Ein Beytrag zur Staatenkunde, Berlin 1792.

zu Paul Mai, Archiv und Bibliothek

199 Vgl. Paul Mai, Das Archiv der Alten Kapelle, in: Beiträge zur Geschichte des Bistums Regensburg 34 (2000), S. 421–424.

200 Vgl. Werner Chrobak, Die Bibliothek der Alten Kapelle, in: Beiträge zur Geschichte des Bistums Regensburg 34 (2000), S. 425–434.

zu Hermann Reidel, Grabsteine

201 Allgemeine Literatur: Joseph Schmid, Die Geschichte des Kollegiatstiftes U. L. Frau zur Alten Kapelle in Regensburg, Regensburg 1922, S. 73. Felix Mader, Stadt Regensburg, Bd. II (Die Kunstdenkmäler von Bayern, Oberpfalz Bd. 22), München 1933, S. 52 (im Folgenden zitiert KDB). Ludwig Zausinger, Verzeichnis der Grabstätten im Stift U. L. Frau zur Alten Kapelle, Manuskript 1985 (im Folgenden zitiert Zausinger). Ursula Gillitzer, Kunstinventar der Basilika U. L. Frau zur Alten Kapelle, Manuskript 1996, Altk.0322.

202 Stiftsdekan Zausinger erwähnt das Regensburger Urkundenbuch Bd. I, Nr. 576, in dem im Jahr 1329 in der Liste der „Genannten" der Bürger Sifrid der „Sarburch" mit dem gleichen Wappen erscheint. Im Chor der Regensburger Minoritenkirche befindet sich ein Grabstein mit dem Namen der Wilbirgis Sarburchin + (2.4.1348), einer Verwandten des Sifrid, möglicherweise Schwester oder Tochter (vgl. Die Inschriften der Stadt Regensburg I. Minoritenkirche, bearb. von Walburga Knorr u. a., Wiesbaden 1995, S. 31, hier allerdings kein Hinweis auf Sifrid Sarurch). 1355 starb Johannes Sarburch, Benefiziat von Sankt Georg an der Aha-Kirche in Regensburg, offensichtlich ein weiterer Verwandter (vgl. Thomas Ries, Generalschematismus aller Geistlichen des Bistums Regensburg, BZBR).
Stiftsdekan Ludwig Zausinger hat 1985 ein Verzeichnis aller Grabsteine und Epitaphien mit fotografischen Abbildungen angelegt.
Das Kunstinventar der Grabplatten und Epitaphien des Kollegiatstifts wurde 1996 von Ursula Gillitzer und Werner Meyer angelegt. Es liegt zur Einsichtnahme im Bischöflichen Zentralarchiv auf.

203 Achim Hubel, Mittelalterliche Plastik in Kreuzgang und Kapitelhaus des Regensburger Domes, in: Der Dom zu Regensburg. Ausgrabung. Restaurierung. Forschung, Kunstsammlungen des Bistums Regensburg, Kataloge und Schriften, Bd. 8, Regensburg/Zürich 1989, S. 53 f.

204 Siehe Bischöfliches Zentralarchiv, Bestand Alte Kapelle (im Folgenden zitiert BZAR AK) 3713, 3981. Walter Egger, Die bayerischen Scaliger, in: Altbayer. Heimatpost, Nr. 4 vom 10.10.1983, S. 6 f. VHVO 44 (1890), S. 98, 105, 169.

205 KDB Regensburg II, S. 38, 168 und 172. Schmid (wie Anm. 200), S. 119. Walderdorff 1896, S. 253. Zausinger 1985. Thomas Feuerer, Die Aufhebung des Benediktinerklosters Prüll im Kontext landesherrlicher Klosterpolitik des ausgehenden 15. Jahrhunderts, in: 1000 Jahre Kultur in Karthaus-Prüll, Regensburg 1997, S. 30.

206 KDB Regensburg II, S. 32. Schmid (wie Anm. 200), S. 122. Zausinger 1985. BZAR Ries. 1477–1496, Pfarrer in Beilngries.

207 BZAR AK 3713, 3981. KDB II, 22, II, S. 32, Nr. 3. Zausinger 1985. Schmid (wie Anm. 200), S. 141.

208 KDB II, 22, II, S. 56, Nr. 2. Zausinger 1985. Josef Heinzelmann, Artikel „Appiani", in: Saur, Allgemeines Künstler-Lexikon, Bd. 4, München-Leipzig 1992, S.561 f.

209 BZAR AK 3901, 3713. KDB II, 22, II, S. 36, Nr. 3. Schmid (wie Anm. 200), S. 326. Zausinger 1985.

210 KDB II, 22, II, S. 31, Nr. 1. Schmid (wie Anm. 200), S. 159. Zausinger 1985.

Register

Hinweise zu den Autoren

Dr. Lothar Altmann, geb. 1946, studierte Kunstgeschichte und Archäologie. Er wirkt als freischaffender Lektor und Kunsthistoriker. Zahlreiche Veröffentlichungen zu Kunst und zur Geschichte Bayerns.

Dr. Renate Baumgärtel-Fleischmann, geb. 1937, studierte Kunstgeschichte, Klassische Archäologie und Neuere Geschichte. Sie leitete bis zu ihrer Pensionierung das Diözesanmuseum Bamberg. Zahlreiche Veröffentlichungen zur kirchlichen Kunstgeschichte.

Georg Bertelshofer, geb. 1922, studierte Theologie und wirkte als Direktor am Studienseminar zur Alten Kapelle. Er ist Kanonikus am Kollegiatstift zur Alten Kapelle und bekleidet dort das Amt des Administrators.

Dr. Karl-Heinz Betz, geb. 1946, studierte Kunstgeschichte und Klassische Archäologie und ist Gebietsreferent für Bau- und Kunstdenkmalpflege am Bayerischen Landesamt für Denkmalpflege. Veröffentlichungen zur Kirchenarchitektur und zur Denkmalpflege.

Joseph H. Biller, geb. 1934, widmet sich seit vielen Jahren der Erforschung der Augsburger Grafik des 17. und 18. Jahrhunderts, vor allem der historischen Wappenkalender. Zahlreiche Veröffentlichungen.

Dr. Dagmar Dietrich, geb. 1945, studierte Kunstgeschichte, Germanistik und Theaterwissenschaften. Sie ist am Bayerischen Landesamt für Denkmalpflege tätig. Zahlreiche Publikationen zur Bau- und Kunstgeschichte Bayerns.

Dr. Raymond Dittrich, geb. 1961, studierte Musikwissenschaft und Philosophie. Er leitet die Musikabteilung in der Bischöflichen Zentralbibliothek Regensburg. Zahlreiche Beiträge zur Musikgeschichte.

Hermann Fischer, geb. 1928, studierte Naturwissenschaften und wirkte als Gymnasiallehrer in Aschaffenburg. Seit 1970 ist er als Sachverständiger für historische Orgeln tätig. Zahlreiche Veröffentlichungen.

Dr. Harald Gieß, geb. 1954, ist Kunsthistoriker und als Bau- und Kunstdenkmalpfleger am Bayerischen Landesamt für Denkmalpflege tätig. Er veröffentlichte zahlreiche Beiträge zu Fragen der praktischen Baudenkmalpflege.

Prof. Dr. Dirk Götschmann, geb. 1948, studierte Anglistik, Geschichtswissenschaften und Philosophie. Er wirkt als Professor für Landesgeschichte an der Universität Würzburg. Den Schwerpunkt seiner wissenschaftlichen Tätigkeit bildet der Parlamentarismus der deutschen Länder.

Dr. Johann Gruber, geb. 1946, studierte Philosophie, Kirchengeschichte, Historische Hilfswissenschaften, Geschichte und Lateinische Philologie. Er ist am Bischöflichen Zentralarchiv Regensburg tätig. Zahlreiche Veröffentlichungen zur Kirchengeschichte.

Prof. Dr. Klaus Guth, geb. 1934, studierte Philosophie, Klassische Philologie, Geschichte, Germanistik, Volkskunde und Theologie. Er wirkte als Professor an der Universität Bamberg. Von ihm erschienen zahlreiche Veröffentlichungen zu den Themen Frömmigkeitsgeschichte, Wallfahrtswesen, Alltagskultur und Europäische Kulturgeschichte.

Prof. Dr. Walter Haas, geb. 1928, studierte Architektur und wirkte zunächst als Referent für Bauforschung am Bayerischen Landesamt für Denkmalpflege, anschließend vertrat er das Fach Baugeschichte an der Technischen Universität Darmstadt. Sein besonderes wissenschaftliches Interesse gilt mittelalterlichen Sakralbauten.

Dr. Martin Hoernes, geb. 1965, studierte Kunstgeschichte, Geschichte und Religionswissenschaft. Er war Postdoktorand beim Graduiertenkolleg „Kunstwissenschaft – Bauforschung – Denkmalpflege" der Universität Bamberg und der TU Berlin und ist am Württembergischen Landesmuseum Stuttgart tätig. Zahlreiche Publikationen zur Regensburger Kunstgeschichte.

Prof. Dr. Achim Hubel, geb. 1945, studierte Kunstgeschichte und Geschichte. Er hat den Lehrstuhl für Denkmalpflege an der Universität Bamberg inne. Zahlreiche Veröffentlichungen zur mittelalterlichen Sakralarchitektur.

Dr. Paul Mai, geb. 1935, studierte Theologie, Geschichte, Klassische Hilfswissenschaften und Kunstgeschichte. Er ist Direktor der Bischöflichen Zentralbibliothek und des Bischöflichen Zentralarchivs Regensburg. Er publizierte zahlreiche Arbeiten zur Kirchengeschichte.

Dr. Georg Paula, geb. 1950, studierte Kunstgeschichte, Archäologie und Geschichte des Mittelalters. Er ist wissenschaftlicher Mitarbeiter am Bayerischen Landesamt für Denkmalpflege. Zahlreiche Veröffentlichungen zur bayerischen Kunstgeschichte des 18. Jahrhunderts.

Reiner Preis, geb. 1955, absolvierte den Studiengang Kunsttechnik und Konservierung. Er ist freischaffender Restaurator. Ihm war die Restaurierung der Alten Kapelle in den Jahren 1993 bis 2002 anvertraut.

Dr. Hermann Reidel, geb. 1952, studierte Kunstgeschichte und Klassische Archäologie. Er wirkt als Bischöflicher Konservator am Diözesanmuseum Regensburg. Zahlreiche Veröffentlichungen zur kirchlichen Kunstgeschichte.

Wilhelm Schätzler, geb. 1929, studierte Philosophie, Zeitungs- und Theaterwissenschaften sowie Theologie. Von 1983 bis 1996 nahm er das Amt des Sekretärs der Deutschen Bischofskonferenz wahr. Er ist Apostolischer Pronotar und Dekan des Kollegiatstifts zur Alten Kapelle.

Dr. Werner Schiedermair, geb. 1942, studierte Rechtswissenschaften, Kunstgeschichte und Klassische Archäologie. Er ist am Bayerischen Staatsministerium für Wissenschaft, Forschung und Kunst tätig. Zahlreiche Veröffentlichungen zur Denkmalpflege, zur Kulturgeschichte sowie zur bayerischen Klostergeschichte.

Prof. Dr. Alois Schmid, geb. 1945, studierte das Lehramt für Gymnasien für Deutsch, Geschichte und Sozialkunde. Er hat den Lehrstuhl für Bayerische Geschichte an der Universität München inne. In zahlreichen Veröffentlichungen widmet er sich schwerpunktmäßig der politischen Geschichte im Mittelalter und in der Frühen Neuzeit.

Prof. Dr. Peter Schmid, geb. 1945, studierte Geschichte, Deutsch und Sozialkunde für das Lehramt an Gymnasien. Er hat den Lehrstuhl für Bayerische Landesgeschichte an der Universität Regensburg inne. Sein besonderes wissenschaftliches Interesse gilt der Regensburger Stadtgeschichte, zu der er zahlreiche Beiträge publiziert hat.

Prof. Dr. Bernd Schneidmüller, geb. 1954, studierte Geschichte, Germanistik und Evangelisches Theologie. Er hat den Lehrstuhl für Mittelalterliche Geschichte an der Universität Bamberg inne. Sein besonderes wissenschaftliches Interesse gilt der mittelalterlichen Herrschaftsgeschichte. Zahlreiche einschlägige Veröffentlichungen.

Philipp Graf von Schönborn, geb. 1943, ist Fotokünstler. Einen Schwerpunkt seiner Tätigkeit als freischaffender Fotograf bilden die Landschaft und die kirchliche Kunst.

Dr. Richard Strobel, geb. 1936, studierte Kunstgeschichte und Archäologie. Er wirkte als Inventarisator am Bayerischen Landesamt für Denkmalpflege sowie anschließend am Landesdenkmalamt Baden-Württemberg. Er trat mit zahlreichen kunstgeschichtlichen Veröffentlichungen, vor allem auch zur Kunstgeschichte der Stadt Regensburg, hervor.

Dr. Eva Christina Vollmer, geb. 1947, studierte Kunstgeschichte, Musikwissenschaft und Germanistik. Zahlreiche Veröffentlichungen zur Kunst des Barock und Rokoko. Forschungsschwerpunkt sind Stuckdekorationen des 16. bis 18. Jahrhunderts.

Dr. Theodor Wohnhaas, geb. 1923, studierte Musikwissenschaft. Neben seiner Tätigkeit als Akademischer Direktor am Musikwissenschaftlichen Institut der Universität Erlangen-Nürnberg widmete er sich der Erforschung der Geschichte des süddeutschen Orgelbaus. Zahlreiche Publikationen.

Bildnachweis

Renate Baumgärtel-Fleischmann, Bamberg, S. 365.
Bayerische Staatsbibliothek, Bamberg, 28, 30, 31.
Bayerische Staatsbibliothek, München, 25, 26, 27, 134, 201, 204.
Bayerische Verwaltung der staatlichen Schlösser, Gärten und Seen, München, 23, 41, 42, 238.
Bayerisches Hauptstaatsarchiv, München, 13.
Bayerisches Landesamt für Denkmalpflege, München, 19, 56, 170, 182.
Biblioteca Apostolica Vaticana, Rom, 21.
Bischöfliches Zentralarchiv, Regensburg, Norbert Reitzner, 9 f., 12, 16 f., 18, 43–45, 47 f., 52–54, 147 a+b, 153, 167, 199, 202, 206–210 a+b, 212 f., 216, 220–225.
Achim Bunz, München, 135 f.
Erzbischöfliches Archiv, München, 40.
Achim Hubel, Bamberg, 137–140.
Kollegiatstift St. Johann, Regensburg, 189.
Kunsthalle Bremen, Bremen, 101.
Kunstsammlungen des Bistums Regensburg, Regensburg, 141–145, 217.
Museen der Stadt Regensburg, Regensburg, 169, 188, 218.
Preis & Preis, Parsberg, 171–173, 175 a+b, 177 a+b, 180 a–c, 181 a–c.
Philipp Schönborn, München, Umschlag, S. 1, Abb. 2, 4–8, 11, 15, 20, 24, 33–38, 46, 49–51, 55, 57, 60, 62–100, 104–133, 148–152, 154–162, 164–166, 168, 174, 176, 178 f., 183 f., 195–198, 200, 203, 205, 211, 214 f., 219, 226–237, 363.
Staatsarchiv Bamberg, Bamberg, 22, 29, 32.
Stadt Regensburg, Untere Denkmalschutzbehörde, 186 f., 190–194.
Städtische Kunstsammlungen Augsburg, Augsburg, 102 f.
Stiftung Preußischer Kulturbesitz, Kupferstichkabinett, Berlin, S. 2.
Dr. Richard Strobel, Stuttgart, 185.
Verlag Schnell & Steiner, Regensburg, Verlagsarchiv, 146.